東西文明的競合

貴族原則與平民原則

The Co-opetition
of Civilizations

ARISTOCRATIC PRINCIPLE & COMMONER PRINCIPLE

· 當代東西方最強勢的文明各是怎麼產生的？
· 有閒階級與中國傳統的考試制度對當代世界發揮了怎麼樣的作用？
· 兩大文明如何面對當前的世界問題、中美衝突？
· 臺灣在這兩大文明影響下如何自處？如何開創自身的文明？

林民程——著

對上述問題感興趣的讀者，
都可以從本書獲得嘗試性的解答。

目錄

目錄

目錄

第一章

緒言

「您談哪一個時代啊？」如果以下的文字有幸到您手上，我會非常欣慰您願意駐足久一點，而您的第一個提問應該是如此吧！我主要在談當代的臺灣與世界！不過，我無法把握這一個主題在多大程度上可以與讀者做深度有效的交流，但總是期待讀者心有所感地說「這就是我想的！」。

　　以貴族原則和平民原則這種對比性概念來談當前的臺灣和世界文明時，或許讀者會直覺：這是將世界分成老掉牙的貴族和平民兩個階級，進行階級對抗。不是的！這本書的整個論述主要不在做階層分析的，而是在談當前先進國家或是未來二十年有可能進入先進國家的國家，他們在政治、經濟、社會的發展和美感文化上的發展、交流時展現的兩個基本原則。「野心不小喔！」不容易受騙的讀者恐怕會這樣想的。確實也是如此！身為作者的我也只能盡力鋪陳，讓讀者們滿意，來彌補可能不識時務的態度。

　　2008 年一部日本電視劇《CHANGE》，內容描述一個在國小當老師的政治家兒子，因為父親連同準備接班的大哥不幸空難身亡後，被家族懇請回去繼承父親的「家族任務」競選眾議員（日本社會的深層脈絡中，還存在貴族文化中職業繼承的傳統，這會在以後的篇章中提及），後來還當了首相。這位國小老師立志要讓自己講的話能夠讓國小畢業生聽得懂，而不是用一些專有名詞、唱高調，像普通政客一般只為獲取選票。我非常羨慕這類政治家的抱負，但是一想到我在國中執教，擔任導師時，學生常演大鬧天宮，心裡不禁抱怨「這些孩子懂什麼！幹嘛讓他們懂啊！」氣在頭上，基本的矜持有時就擺一邊了，實在令人沮喪。心平氣和時，還是得正視這一個問題。將一個稍嫌龐大的論述闡明到國中畢業生能懂的程度，絕對是偉大的舉措，只是，這個野心真的太大，事後會證明我的論述能力當不成首相。

這本書在談哪些問題呢？這本書談的不只當前臺灣和世界面對的重大政治經濟問題，也包括一些不被視為問題的現象。就臺灣而言，近年來幾屆政府都在推動觀光政策，但是再怎麼努力，臺灣出國觀光的人數遠遠大於國外來臺灣觀光的人數。全球最不依賴旅遊業的八個國家或地區，分別為烏克蘭、俄羅斯、波蘭、加拿大、韓國、荷蘭、臺灣及盧森堡，臺灣以旅遊業產值達九十五億美元、占 GDP 僅為 1.8% 的成績，倒數第七名 [01]。這個問題背後的含義是什麼？臺灣大多數的市中心的外圍地區，若不是路邊亂停車，便是把車子直接開上人行道停放；許多大街小巷充斥著路霸，占公共道路為王，卻少有人檢舉，彼此忍讓，習以為常。這些「有礙於成為先進國家」的現象背後涵義何在？ [02] 再談中國地區，近年來新疆針對回教徒的「再教育營」引發歐美人權團體的關心，美國眾議院在 2020 年還制定了《新疆人權法案》施壓中國，但是中國政府似乎沒有停止的趨勢。有些讀者可能也注意到了，近年來在西藏和新疆地區也開始了公務人員考試，甚至在西藏地區近年來對藏傳佛教的修行者進行紙筆測驗式的考試，內容包括了宗教法律以及相關經典的內容，而這種考試也擴及許多中國內地的廟宇佛寺的修行者，特別是管理階層的僧侶 [03]。甚至說近來中共將軍級別將領的選拔也採取考試的方式，讓參試者面對不同的山頭攻防的問題進行口試與筆試 [04]。以上這些類似傳統科舉考試制度往不同的領域蔓延，背後所代表的涵義是什麼？中美衝突的表面 —— 經濟與政治的衝突，與衝突的深層 —— 東西方制度文化的差異，與上述這些現象產生多大的關聯？本書企圖闡述的是：這些看似不相干的事件、差異或衝突，存在著更為本質、更具有決定性的制度要素，這些要素如何影響我們個人的日常生活、社會集體行動甚至歷史事件發生的方方面面？

當本書的視角放到整個東亞的範圍，會關注到韓國的經濟發展動力自1990 年代末期開始超前臺灣，特別是在電影、電視、歌唱、表演等娛樂領域的創作以及帶來的收益開始對世界產生了一定的影響力，似乎能與日本的動畫平起平坐了；而在職業運動上的發展，如職棒、籃球、足球等領域超越臺灣，足球領域甚至超越日本，反觀臺灣最盛的職業運動棒球，多半還要靠企業贊助。即便近些年（2023 年）來臺灣的國民所得似乎趕上甚至超越了韓國，但是韓國在上述產業的優勢依然存在。那麼在這些產業上，為什麼臺灣容易遇到瓶頸呢？除了因為臺灣大量的企業投資移往中國外，是否還有其他原因呢？同樣是考試社會的韓國，在升學考測試英文聽力的時候，甚至禁止飛機起飛以防止噪音干擾，在這種考試細節下了很深的功夫。不是說考試社會比較沒有創造力，那為什麼韓國一枝獨秀？曾經去過日本觀光的人也一定會發現這一個國家不只經濟發展得好，他的建築空間呈現的簡潔、沉靜的美感，是其他國家所沒有的。一些學者認為臺灣、香港、新加坡、韓國、日本、越南、中國同樣屬於一個儒教的文化圈 [05]，但是仔細比較為什麼會產生這麼大的差別呢？

　　當本書關注到世界性問題時，會進行比較提問：以工業來推動整個國家的成長方面，為什麼當前就只有歐美和東亞各國，可能還包括以色列，真正走出了低度開發和開發瓶頸，而被列入或不久的未來預期被列入先進發展國？在與歐美競爭比較追趕的過程中，為什麼只有東亞國家（這裡不再說以色列了，因為它基本上是由歐美猶太中產階級移民或支助發展起來的國家，而不像東亞的現代化從無到有）由第一級產業迅速跨到以第二級產業為主體，之後漸漸進入第三級產業為主體的社會，因而準備步入已開發國家的行列？歐洲的觀光人潮為什麼總是排列在世界的第一位？這背後

有什麼樣的基礎在支撐、在連結？德國許多的表現與西歐，甚至整個歐美都不太一樣？他們背後是否有不一樣的基礎？

相信有些讀者關心過本書提到的問題和現象。聰明的讀者可能開始意會到這些問題與本書標題之間的相關性了。沒有錯，本書的觀點就是認為這些問題和現象背後是由這兩大原則在運作的。這兩大原則影響了這些國家或地區的制度安排、政策規劃，還有美學設計、美感的管理，也凸顯了某些國度在目前難以跨越的障礙因素。

相關文獻

對以下文獻感興趣的朋友也容易融入本書。與本書相關的文獻大致可以分成三個部分：西方中心論、中國威脅論和多元文明論。

◆西方中心論

此類的研究者提出發展的制度模式來解釋歐美政治經濟發展的經驗，以及非歐美文明社會擺脫不了腐敗貧窮的因素。此種西歐中心論的投射中，不乏悲天憫人的研究者們，企圖啟發那些還擺脫不了政治衝突泥淖的第三世界國家，似乎在告訴他們「別再鬧了，好好學著點，努力走出來吧！」以下介紹幾位作者相關的觀點。

尼爾・弗格森（Niall Ferguson）的《文明：決定人類走向的六大殺手級 Apps》[06] 書中歸納西方成為霸權的主要原因是六個由制度、觀念、行為構成的「複合體」所決定，分別是競爭、科學、財產權、醫學、消費社會與工作倫理。他的觀察與本書的觀察大致符合，例如競爭這個要素可以連結到本書以後要談的范伯倫（Thorstein Bunde Veblen, 1857-1929）之有

閒階級對力的崇拜以及多樣性追求這兩個特質，科學可以連結到對力的崇拜以及舒適感追求的內容中對智識的滿足這兩個特質，財產權則可以連結到有閒階級對所有權的主張，醫學則可以連結到對身體與智識上舒適感的追求，消費社會可以連結到對多樣性與舒適感的追求面，工作倫理則可以連結到精神面向上舒適感的追求。但是作為歷史學者的弗格森並未仔細去探討他所謂六個 APP 之間概念上的辯證關係，因此缺乏概念上的深刻與張力，無法解釋東亞與西歐發展的細微差異。

美國經濟學家達隆‧阿齊莫格魯（Daron Acemoglu）和詹姆斯‧羅賓遜（James Robinson）合著的《國家為什麼會失敗：權力，繁榮與貧困的起源》[07]（*Why Nations Fail: The Origins of Power, Prosperity, and Poverty*）書中提出廣納型（inclusive，包含一切的）和榨取型（extractive，提取的、萃取的）的制度分別造成國家的成功和失敗。廣納型的制度指向歐美先進國家所具有的制度運作，內容包括了安全的私有財產、公共法律制度、有公共服務所提供的公平原則下進行交易與締結合約、允許新企業的跨入、自由選擇職業、技術發展與教育制度等；這樣的制度不只呈現出自由民主和多元的社會型態，更因為國家獨占使用暴力的正當性權威而能為社會帶來基本的秩序與公共行政效能[08]。相反的榨取型的制度則指向第三世界國家，這種政治與經濟制度「肥了少數瘦了多數。……得利者一旦擁有的資源變便建立自己的軍隊和傭兵，收買司法，操縱選舉，持續掌權」，構築保護體系以鞏固權力，中飽私囊。這樣的制度創造了頻仍的謀殺、腐敗、暴力與巨大的貧富差距等等惡性循環[09]。這種分類法明顯區分出了一個好的制度和一個壞的制度，而且彼此間有非常大的鴻溝，似乎難以跨越。這樣的論述一樣是歐美文明中心主義的投射。有些讀者可能會覺得我的批評太過獨斷，其實我們只消把它兩個概念拿來分析科舉考試制

度，就可以看到他的粗糙與侷限。首先，東亞國家（日、韓、臺、中）在未民主化以前存在嚴重軍方勢力干政，操縱選舉、鞏固權力、中飽私囊的現象，但是他們都經歷過一段社會秩序穩定，經濟發展迅速的階段。當今專制的中國甚至在對抗新型冠狀病毒方面，一開始相較於那些廣納型制度的國家有更良好的績效，這樣的情況就很難單獨被歸類於是廣納型或是榨取型制度。第二，在兩位作者的理論中，只有廣納型可以伴隨而生並且容納熊彼得（Joseph Schumpeter）所謂的「創造性破壞（creative destruction）」── 就是以新的事物取代舊的事物，新的產業從舊的產業吸走資源，新科技讓老舊的機器變得過時[10]。然而像日本、韓國、臺灣政治制度民主化之後，也變成兩位作者書中廣納型制度的楷模，在過去好幾年來為了增加國際競爭力，這三個國家卯足全力，希望能產生創造性破壞的任何觀念與事務以提振國家經濟。很可惜的是這些東亞民主國家產品特徵多半是技術上規模變動較小、小範圍改革的新產品，只是在在原有技術上做小規模改良的產品。這只是一種「漸進式創新（改良）」。東亞民主國家很難真正做到「突破式創新」，而這樣的狀況是很難用廣納型和榨取型這樣的理論來理解的。第三，就本書觀點而言，架構當代東亞文明的考試制度很難用廣納型和榨取型兩來加以分類。這個制度表面上不分貧富貴賤把天下英雄收攏進來，似乎是廣納型的，然而另一方面，如唐太宗觀察到的這個制度讓「天下英雄盡入我彀中」，「彀」這字指的是弓箭所能達到的範圍，整句話的衍生含義就是君王把天下英雄攏絡入他可以控制的勢力範圍之內，一方面減少他們的造反可能，一方面可以詐取他們的才幹。再說東亞國家經濟發展的早期通常搭配嚴格的考試與明確的分數差別作為取材的標準，不同的分數進到不同的學校和科系，這是一種「分層萃取」的概念。這種壓縮學生只專注學習幾個特定科目，並藉此對學生的未來進行分

類，可以說是對學生腦力的榨取──「萃取」和「榨取」在英語裡面是同樣一個字根「extractive」。以上三點分析企圖指出：並不是兩位作者的理論發生錯誤，而是當他們的理論在面對東亞社會發展的時，解釋效力不足。

　　兩位作者新近的的著作《自由的窄廊：國家與社會如何決定自由的命運》[11] 同樣將歐美與東亞的日本、韓國、臺灣等列入通過了自由窄廊的國家，他們同屬於國家的力量很強，社會民間團體的力量也很強的制度範疇，而能制衡國家的巨靈。在他們的觀點裡面國家的巨靈有兩面性，一方面它防止了戰爭、保護人民公平解決衝突，並且提供公共服務和便利設施以及經濟機會，保持社會繁榮；人類的進步也同時取決於是否能擴大國家能力來因應新挑戰[12]。可是在另一方面，這個巨靈又會使公民沉默無聲，它不聽民意、宰制、拘禁、摧殘、殺害人民，偷竊人民勞動的成果，狼狽為奸[13]。因此在國家控制社會之後，作者建議採取以下的策略：首先打造可以妥協的聯盟來制衡國家機器，其次改革教育制度，第三從多面而非單一面向推動社會福利制度，第四避免從租稅和直接重分配來解決社會問題，而應該從經濟制度的改革進行更為平均的分配[14]。此一分析並未增加我們對國家和社會關係的理解，例如整篇文章沒有交代要通過自由的窄廊是先要據有國家巨靈？還是先形成多元的社會力量？──國家與社會如先孰後的問題將關係到發展中國家的策略選擇。再來，本書雖有論及德國由普魯士帝國演變成現代的民主德國、日本由大日本帝國演變成為現在的民主日本，以及包括臺灣和韓國都是從先擁有國家巨靈開始，最後在美國力量的支援才進一步走進了自由的窄廊；但是兩位作者只以歷史事件呈現的方式，並未在論證上清楚地指出這些國家並不是擁有豐沛的社會動員力量之後，才讓國家變民主化的；實際的情況是：在美國的支持之下，有企

圖地讓這些政權的國家宰制力量減弱之後，社會運動、社會組織的力量才逐漸蹦發出來。很顯然整本書的脈絡比較傾向於康德所謂的「分析判斷」而不是「綜合判斷」，無法獲得更多的新知與有效的國家發展策略。中國和俄羅斯在當前同樣是國家巨靈力量很強的國家，但是處理新冠病毒的能力差距就很大；美國和西歐，包括加拿大、澳大利亞、紐西蘭以及東亞國家同樣處在自由窄廊的地帶，處理新冠病毒的能力也是天差地遠，這本書也無法提供更多的論斷。只能說兩位作者對國家能力產生的機制了解的還不夠詳細才會造成其概念分析上的侷限。

在法蘭西斯・福山（Francis Fukuyama）的許多著作中，最有名的便是 1992 年出版的《歷史之終結與最後之人》（*The End of History and the Last Man*），此書是根據他 1989 年發表在《國家利益》期刊的論文 [15] 擴充出來的論述。主要觀點是人類歷史經過辯證的結果，將會終結在自由民主的制度。「在人類史的過程中，君主政治、貴族政治、神權政治到本世紀的法西斯和共產主義獨裁，各種政權都已出場，但是二十世紀結束前安然無傷活下來的唯一政府型態是自由民主。換言之以勝利者姿態出現的與其說是自由民主的實際，不如說是自由民主的『理念』。總之，世界大部分地區目前已經沒有一種偽裝普遍的意識形態足以跟自由民主競逐，也沒有一種普遍原理比人民主權更具正統性。……今後，非民主主義者為了把自己脫逸於這單一普遍的基準並加以正當化，也必須抬出民主這個詞 [16]。」這樣的論斷來自於他的兩個層次的觀察：第一層次是實際歷史的分析，首先是人們想進步，於是發展了科學技術；為了追求效益的最大化，於是選擇了市場經濟；這種發展趨勢造就了城市化與教育普及以及公民普遍參與的政治活動，最後帶來自由主義式的民主體制。第二層是著眼於黑格爾的主奴辯證：主人代表宰制者，奴隸代表被宰制者，主奴雙方都希望獲得對

方的認可、承認；主人只能透過戰爭勝利而獲得奴隸承認主人更為自由、
優秀、有上天賦予的權威，並且進而鞏固既定的宰制關係；奴隸首先甘願
接受缺乏自由的現實（黑格爾認為西方的禁慾主義和懷疑主義等哲學以及
基督教就是奴隸類型的意識形態），可是卻是透過基督教的信仰獲得了在
上帝之前眾人平等以及自由選擇信仰，並在死後於天堂獲得自由的理念；
其次奴隸透過勞動和經濟發展之後的教育訓練，發現可以支配自己，因此
進一步有機會意識到自己是奴隸而希望自己也能夠變成像主人一樣變得有
尊嚴，一樣擁有自由與平等[17]。於是奴隸開始尋求主人還有其他奴隸的承
認。奴隸以極大的「氣魄（thymos）」追求（被）承認的過程：奴隸先在
自己的內部形成內在認同（inner identity），於是逐漸將它的「原真性（a
supreme value on authenticity）」視為是最高的價值，以企圖獲取三種層次
的承認：一是家庭內部與愛相關的約定，第二是由市民社會法律所形成的
約定，第三是由國家整個等級制度，也就是上下級關係所衍生出的約定。
獲得這三項約定的承認之後，奴隸取得了西方政治秩序下的民主自由權
利。福山的論述說明了某些現象，表面上難以反駁，實際上卻有些侷限，
首先是對民主制度與理念反思上過於薄弱，把民主自由的理念當作是歷史
辯證的終點，結果便容易忽略自由民主的理念與制度可能存在的危機，從
對新冠病毒疫情的控制便可以看到這個危機的存在，自由民主國家失去了
更為嚴肅的警戒；或是美法等國國內發生少數民族警民衝突事件後，引發
的大規模暴動還難以找到妥善的管理方式等。其次是在福山發表這篇論著
之後世界局勢的發展並不如他理論所預測的往自由民主的方向移動，中東
與北非的民主化運動、中國境內以及香港的民主化運動都遭受重重的阻
礙，招致許多學者的批評。第三點，我於本書中也將揭露多數權利運動

（第一代到第三代人權的發展）的發起人士，多半來自貴族、上層階級或中產階級，中下階級只占極少數。很顯然是作為主人或是具有主人身份的宰制者想要獲得更舒服的樣態（主人和主人之間也會互相干擾或限制），並且從人性和同情的角度，才企圖將這樣的生活樣態推廣到社會其他角落，於是逐漸發展出當代的民主制度，而並非如黑格爾和福山所言主要是來自於奴隸的自我覺察與氣魄而發動的。第四點，福山由基督教的內容來探討民主自由制度的發展似乎暗示著唯有西方才能在民主制度的發展上披荊斬棘、開拓新的空間，不過他大概沒有注意到第一代人權到第二代、第三代、第四代人權的開拓者大半來自於盎格魯薩克遜人系統的國家，而不是平均分布於整個西北歐新教地區，這顯現「奴隸的氣魄」還是有地區差別的。

　　福山在他後來的論著《政治秩序的起源》（*The origins of political order*，2011、2014）歸納出當代自由民主國家表現優秀者是由三大制度所構成的政治秩序：國家、法治與民主問責（state, rule of law, democratic accountability）。其中，治理國家的政府必須有很強的行政能力；而社會中最有政治權力的人必須受到法律的約束（論文中特別指出西歐是所有法治制度化最深的地方，這是由於羅馬天主教教會的作用，可惜的是他沒有指出海洋法系和大陸法系如何影響出不同的政治結構）；而且施政者必須受到問責，問責的核心是議會制度 [18]。福山雖然也如同上述幾位作者研究世界各國歷史上的政治制度，旁徵博引加以說明，但是結論仍然不脫西方中心論的背景基調。

　　《新國富論》的作者大衛・藍迪斯（D. S. Lands, 1924-2013）就展現了一種「不屈就道德」的傳統觀點，直接認定在過去一千年的歐洲，或所謂

的西方，就是當代社會經濟發展和現代化最大的動力來源，他認為這樣的事實不需要從道德面向去採取多元文化的觀點來切入。不過他也非常務實的指出這一千年的歷史中唯一或者曾經超越歐洲成就的文明就是中國了，例如中國出現手推車、馬鐙、硬馬圈（以防止馬被勒死）、指南針、紙張、印刷術、火藥等等。不過他認為中國為何沒有繼續發揮這些潛能至今仍是個謎 [19]。對他而言不用西方中心論根本無法解釋現代社會，當然他也無需去解釋當代日本、亞洲四小龍以及中國率先從開發中國家脫穎而出，甚至威脅到西方中心論的霸權結構。本書指出這些後起國家依靠著「平民原則」以極快的速度追上西方國家，同樣也是「不屈就道德」的觀點。

◆中國威脅論

第二類文獻是從中美對抗的角度來理解東方與西方的差別與未來。此脈絡之一是以西方中心論來探討中國：見到中國經濟飛速的發展，可是政治制度繼續極權專制而萬分憂心；特別是中國共產黨透過華人移民、留學生以及各種文化機構與商業投資的項目逐漸入侵傳統西方的勢力範圍，甚至西方最核心的歐美社會價值的時候 [20]，西方研究者高舉「中國威脅論」以及重振、重新詮釋西方文化在對人類文明發展上的道德與制度權威，因而展開了一種與中國對抗的態度，並在這個態度上理解中國並且提出西方的因應策略。另一方面，在價值觀上，支持中國持續極權專制的研究者，則以拆解西方後殖民的企圖與和平演變中國的態度作為論述的核心，一樣採取了對抗的角度，因此兩者都是一種發展因應策略的現實主義論述。這兩種對抗型意識形態的選擇不可避免了限制了他們觀察的角度。

詹姆斯・麥唐諾（James Macdonald）的《大國的不安》中把中國比擬

成十九世紀末興起的德國與日本霸權，一種不屬於盎格魯薩克遜人之自由民主制度的威權專制政體。他舉例當前中國企圖控制稀土產量來威脅各國、或是控制外流河上游的水庫建設以威脅周邊國家，或者企圖保護自己的運輸為藉口擴張海軍，並且在南海島礁以及各個重要的水上通行要道或租或建海軍基地 —— 作者麥唐諾認為只有想當世界霸權才需要擔心航道被控制的問題。和當年的德國和日本一樣，中國認為自己是全球資源競爭中的晚來者，是在啃食先進資本主義國家的麵包屑 [21]。把十九世紀末的德國、日本的崛起和當代中國的崛起歸於同一類，是一般現實主義研究者常用的方式，但是他們很少去討論這類型的國家崛起的共同關鍵要素。在本書中我把這一類型的國家歸為平民原則國家，他們透過平民原則進行整合社會與政治經濟資源，在強大之後，便學習當代資本主義國家，特別簡化當代霸權的經營模式引為己用，強悍競爭各種資源，甚至引發世界大戰。當前的中美處在世界大戰的邊緣一樣源於這類模式。

　　日本學者中西輝政的《中國霸權的理論與現實》[22]深入探討中國歷史上形成霸權的原因、型態、變化、在古代的運作模式以及在當代的運作模式。作者發現將人、事、物「定義」為「中國」的過程與內容充滿著不定性與模糊性，這種定義程序像是一顆洋蔥，可以將許多外來的族群、擴張的地域不斷界定為中國或中國性。中西輝政要我們特別注意這顆洋蔥的「莖部」，也就是「中核部分」，的頑強運作 —— 造成中國定義的「洋蔥化」主要有地理因素和文字因素。前者包括中國位於歐亞大陸的最東邊，遊牧民族透過草原通道將西方新的知識和技術從西方、北方傳遞到東方和南方來，在征服的過程與原本中原的農耕民族互相結合與融合，不斷擴大了中國的版圖、文明以及種族的內容，致使「漢族」本身就有複雜的族群

內容。其次，中文方塊文字的特質，使得不同的方言或語系的族群可以透過方塊文字進行溝通，於是文字的使用成為「中國性」不斷擴張的中核部分。比中國使用方塊子更早的時期，蘇美爾人的楔形文字或埃及的象形文字（前 3000 年左右）就出現了，但最後都沒有留下來繼續使用，可能都是因為地處中亞各個種族遷徙征戰的交通要道，所以最後都沒有保留下來。不過我認為單單靠著地理和方塊文字這兩個因素還是不足以說明「中國」如同洋蔥一樣的定義。遼、金、西夏都有其方塊文字，可是卻無法如同漢字一樣的流傳到今日，同樣的地理條件與同類型文字之下卻有不同的結果，一定有其他因素發生作用。本書提出了另外兩個因素就是漢人的科舉考試制度與淵源流長的漢字文化典籍，發揮了作用，唐宋兩朝藉此架構了之後整個中國的文明發展方式，它才是真正中國認同的「中核部分」吧！進到這一個體系來的人只要通過考試便可以在朝廷當官，因此便沒有所謂族群與地域之分；此體系透過「逐路取士（針對不同的省份給予保障名額）」在選人方面展現了地理空間包容性，可是在考題的內容上（以漢字文化典籍為主）又具有了封閉性，因此促使了教育文化版圖的逐漸擴大，同時又透過考試的共通標準而造成文化上的一致性。科舉考試制度可以說是中國洋蔥的「莖部」。

《注定一戰？中美能否避免修昔底德陷阱》作者格雷厄姆・艾利森（Graham Allison）直接借用杭廷頓的文化衝突論比較美國和中國之間的文化衝突，其結果頗能夠總結中國威脅論的觀察視角下的「中國性」：在自我認知上一個是自覺世界第一（美國），另一個自覺是宇宙中心（中國）；在核心價值方面一個強調自由，一個強調秩序；對政府的觀念一個認為是必要之惡，另一個認為是必要之善；在政府的形式方面一個是民主共和，

一個是回應性威權政府；對於自身的精神價值一個認為必須對外推廣，一個認為他人無從效法；對待外國人的態度一個是接納，一個是排外；時間觀念方面一個強調眼下當前，一個重視永世不朽；對於整體社會的改變方面一個依靠發明，一個依靠復興與演進；外交政策方面一個重視國際秩序，一個強調和諧的階級序位；在戰略上一個習慣下西洋棋、重視武力與戰場，另一個習慣下圍棋、重視潛移默化、滴水穿石；前者重「力」，後者重「勢（觀察並且營造戰略格局的變化）」[23]。上述美、中文明的差異結構彰顯了當前雙方對抗的角力範圍，那是不是也彰顯了我在這本書要強調的貴族原則和平民原則的差異點呢？那倒未必，上述的差異結構，特別是關於美國的文明部分，確實顯示了由貴族原則演變出來面對世界的態度，但是關於中國文明的部分卻未必都是平民原則面對世界態度的展現。若是我們以當前已經進入民主制度超過三十年的臺灣經驗對於上述中國文明的內容進行檢視，我們將可發現經過民主制度這樣的篩選，留下來的是秩序的價值、政府作為必要之善的存在的觀點、靠著演進（而非復興）的改變道路（其實也想依靠「突破式創新」的發明，只是在平民原則的作用之下，力猶未逮），而這三點確實是平民原則在民主社會的重要特徵；但是平民原則國家未必都排外、也未必認為他人無從效法、也未必只重視永世不朽或是強調位階自序。不過，只要是平民原則國家，其早期發展階段與威權政府和強調傳統的秩序是脫離不了關係的。

中西輝政和艾利森對中國霸權的分析都指出：當前中共政府對其自身霸權的解釋缺乏辯證性，無法合理解釋自身霸權運作的細節，不管對其統治下的人民或者是外交政策，一句話「我的傳統就是如此啊，跟著我的傳統走就是了」，無法回答「為什麼」的深入問題。

這種以中國威脅論作為核心的論述，最大的弱點恐怕是只有利於西方或是美國來應對中國崛起的態勢，例如艾利森便建議美國可以採取調適（accommodation or appeasement）、破壞、談判出較長的和平，及重新定義雙方的關係這四個方式來面對中國霸權的崛起[24]，可是對中國而言如何讓他自己冷靜下來，而不要一直以強勢語言與關係壓迫臺灣或周邊國家，更不致於騷動如日本帝國和德意志帝國時代 —— 這兩個帝國相繼引發兩次世界大戰，被瓦解後才讓他們從平民原則式威權體制走出來。更何況當前不能再有任何一個世界大戰，而我們也不能簡單的就告訴中國「你就民主化就好了嘛！」共產主義的中國所以能存活七八十年，自有焦慮考量之處，至少不想向任何一個制度硬著陸。本書以為從平民原則來考量整個社會的觀點，可以提供可行的軟著陸的關鍵參考點與形成可運作的制度。

◆文明之間的互相影響：文化、文明、制度之間概念的差別

　　當前關於當代文明的文獻中，「文明衝突論」比「文明互相影響論」還要多。這是因為從西方中心論來看周圍的文明，通常是居高臨下，多半在影響並且指導其他文明，所以比較不會有互相影響的問題。但是對當代現代化不足的原初社會而言，就很容易受西方文明的影響，更何況當代平民原則社會的形成過程中，大量借用了貴族原則社會所創造的制度以及科學、政治學與經濟學等等知識，是受影響的區域。新近由於平民原則社會快速的經濟成長，整體上已超過貴族原則所架構的社會（本書將中國、亞洲四小龍、日本、德國歸類於前者，他們的經濟體總量已經超過了美國、西歐、加拿大、澳洲、紐西蘭的經濟總量），反過來引起後者的研究並且學習，因此這樣的影響是正在發生的事實，肯定當前文明之間互相影響的存在。

在探討相關文獻中關於文明互相影響的議題時，必須先將文化、文明和制度概念之間的關係釐清，才能確實地抓住不同文明之間互相影響的範圍。杭亭頓在他的《文明衝突》一書中並未明確去區分文化和文明兩個概念。他指出德國對文明的界定還包含著機械、科技與物質基礎等現代化的意涵，但他認為這樣的區分沒必要[25]。在他與哈瑞森（L. E. Harrison）共同編著的《為什麼文化很重要》[26]中，哈瑞森贊同艾通加嘉－曼谷利的說法：「文化是母親，制度是小孩」[27]，認為制度的改變通常是因為政治力的介入，但是這種影響是短期的，暗示著文化的影響是長期的（我不全然認同這一個說法，因為有些長久的制度會造成文化的變遷，例如科舉考試制度就造成了儒、道、佛教的教義在內容方面做選擇性的改變和強調，這在本書後面會做解釋）。他又引用諾斯（Douglass North, 1920-2015）在《制度、制度變遷與經濟成就》（*Institutions, Institutional Change & Economic Performance*）書中的觀點，認為制度演變中的「非正式約束」是來自於傳統中我們稱之為文化 —— 以語言為基礎的概念之社會傳承的資訊[28]。上述的引述並無法明確地釐清制度、文明、文化之間的關係。

本書中，我將三者的關係界定如下：首先文明必然指向地域性和制度性，地域性就是它存在特定的空間範圍，但是文化未必如此，例如我們會說「美國文化在臺灣」，而不會說「美國的文明在臺灣」[29]；文明的內容也必然包含著正式與非正式的制度，前者具有權威性的政府制定的遊戲規則，後者則繞著這一個正式規則運轉；但是文化這一個概念就不見得需要有正式制度，例如東南亞和美國的華僑一樣有著中華文化的影響，但未必能在當地創造出像中華文明一樣的制度。以上區分這三個概念為我們帶來以下的好處：首先我們可以判別文化是可以跨越時間、空間和制度向外傳播的，它不受文明和制度的侷限。其次，文明緊緊地和制度與其所在空間

位置扣在一起，因此具有區域的時間性與政治性意涵。文化的互相影響在短時間之內不會影響到文明的變遷，但是制度的改變就可能在短期和長期的影響下造成文明的變遷 —— 特別是學習他國的制度。

　　人類在早期中國與西方文明之間互相的影響集中於物質與宗教層次，可以界定在是屬於文化層次上的，而不在制度層次，例如馴養馬匹、使用馬轡頭、煉鐵技術，或是佛教、回教的東傳等等都是由中亞傳過來的。佛教眾生平等的觀念傳到中國經過了五百年的醞釀，部分影響著科舉考試制度的形成，但這種對制度的影響，是經過中國化的佛教。東方對西方的影響早期也集中在文化層次特別是物質文明。普魯士對公務人員考試制度的建立，如果說些微受到中國科舉考試制度影響的話，那也是從十八世紀才開始的。但是這種考試制度獨樹一幟，歐洲其他各國很難短時間學得起來。

　　中國受西方文明在制度上的影響，是從十九世紀中期鴉片戰爭之後才發生的，雖然文化上的影響很早就開始發生了。而今日的二十一世紀歐美社會的制度也開始受到東亞制度的影響。例如杭亭頓的文明衝突論指出：當前文明的衝突會發生在文明板塊的斷層之處；弔詭的是本書觀察到：當代最創新的產業卻都發生在貴族原則與平民原則這兩個文明板塊的交界地帶，例如美國的加州與華盛頓州（兩州都是東亞裔移民聚集之處）、日本與亞洲四小龍、中國的東南沿岸，以及十九世紀末德國的西部與南部。由這些結果來看可見的兩大文明板塊的越到後來越是緊密相關。

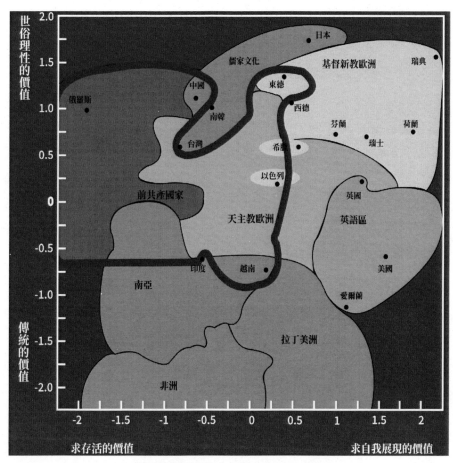

世界價值調查之文化圖　1999 － 2004

資料來源：杭亭頓與哈瑞森編著，2003[30]；英格爾哈特與韋爾策爾「1999 － 2004 世界（價值普查）文化地圖」。

說明：本圖右上角為新教歐洲，其下為英語區；中間最上為儒家（儒教）文化區；左上部分為希臘正教區，沿此區深色線條跨區圍起來者為前共產國家區；中間是天主教歐洲；中間偏左下是南亞，越南與印度被歸此區；最下右是拉美，最下左是非洲。與本研究相關的地區國名已改成中文，與本書最相關者更加重黑字。從中可見東德區域非常接近儒家文化圈。英國、法國、奧地利非常接近，代表歐洲貴族原則的三個中心。臺灣、南韓、中國非常接近，代表三個具平民文化的平民原則國家。日本在這個文化圖中很獨特，代表著正被平民原則「重度運作」的貴族文化。

或許讀者初次見到我將德國納入平民原則的影響範圍中會有些意外。
然而我們看看英格爾哈特（Ronald Inglehart, 1934-2021）於 1995 － 1998
年間從六十五個社會和跨文化的比較（藉由傾向「傳統價值」對傾向「世
俗理性價值」這一個軸線，交叉比對強調「求存活的價值」和強調「自我
展現的價值」這一個軸線 [31]）並加以定位之後，發現屬於儒教文明區的日
本和屬於新教的東德相鄰很近，英格爾哈特的解釋是「因為兩個社會都
是高度現世、富有、人口有很高的比例是產業工人」[32] 同時他也引用哈
瑞森認為儒教和新教文化有很多相似，來解釋這一個他發現的「反常」[33]
現象。

　　在本書來看，日本與德國（特別是原本處在普魯士王國境內的東德）
的關係如此接近並非是一種反常，而是平民原則共同發揮作用之後，再
搭配原本受貴族文化（因為有貴族文化的影響，使得日本在英格爾哈特
的圖表中離不受貴族文化影響或影響較弱的韓國、臺灣、中國比較遠）影
響下所產生的一致性現象。英格爾哈特與韋爾策爾（Inglehart & Welzel）
關於「1999 － 2004 世界（價值普查）文化地圖（The World Value Survey
Cultural Map 1999-2004）」研究結果顯示東德比西德的價值觀更接近儒家
文化圈，也更接近日本。而在後來的 「2005 － 2008 世界價值普查文化地
圖（The World Value Survey Cultural Map 2005-2008）」[34] 的研究結果也顯
示了統一之後的德國所在位置還是接近日本和儒家文化圈；這一研究加入
了香港，所在位置最接近臺灣。本書的後半部將會解釋這些現象：為什麼
東德的價值觀比西德更接近儒家文化圈？為什麼整個德國越到後來越接近
儒家文化圈？同樣屬於儒家文化圈中的日本，相對於中國、臺灣、韓國，
為什麼那麼接近西歐的文化圈？喜歡研究比較文化的讀者，相信可以從本
書中獲得滿意且意想不到的答案。

小結

本書提出貴族原則和平民原則這兩個對開的概念，首先在區分兩組現象，第一組現象是關於最初發生在西歐有閒階級的屬性及其所創造的相關文化，第二組現象這是關於考試制度緊密相關的東亞的經濟社會現象和延伸的相關文化。這樣的分類，也就是丹尼爾‧貝爾（Daniel Bell, 1919-2011）針對社會科學研究法所主張的「軸心原則」：並不是把他們（像貴族原則與平民原則等這些理論）看作是因果原則，而是把他們看作是分類原則[35]，目的在闡述其他相關的制度如何繞著平民原則和貴族原則的特徵進行塑造。其次，本書將透過歷史事件的變遷，結合平民原則和貴族原則的分類以辯證成相關的知識，用於解釋西歐相較於世界其他文明率先崛起的相關原因，並且解釋德國、日本以及亞洲四小龍與中國隨後可以迅速崛起，而其他第三世界國家卻遠遠無法崛起的可能原因。因此，從新的現象分類方式比對歷史事件因而產生了新的因果解釋的內容。期待被解釋的現象包括：（一）相對於西歐各國，德國、日本以及現在的亞洲四小龍和中國為什麼經濟可以快速崛起？（二）盎格魯薩克遜人為什麼在西歐率先脫穎而出，架構了當代的自由民主政治與資本主義霸權？（三）貴族原則與平民原則這兩個分類體系的文化與生活品味為什麼有那麼大的差異？（四）當下的中國和臺灣及其可能的未來？針對這四個問題展開的內容將會在本書後面進行解釋。

貝爾洞悉社會科學理論的「後設分析」。他認為思想是靠「發現」一種表達「基本格局」的語言來認識「自然（此處的自然指的是客觀環境現實）。這種基本格局的語言是一種對「社會自然」進行語言的架構，它不是社會現實的反映，而是一種「概念性圖示（conceptual schemata）」。這種概念性圖示可以將現實的複雜性透過概念性圖示的指涉，對他們進行

新的分類以辨別其異同，並且賦予一種邏輯順序的設計來闡述各種分類之間的關係。因此概念性圖示並非是對現實的真偽之辨，而是對現實的解釋有用與否之分 ── 概念性圖示所彰顯的社會事實不問真假而只問是否有用 [36]。從貝爾的論述來看貴族原則和平民原則這兩個對開的概念基本上就是一種概念性圖示。讀者在閱讀本書之後，將會發現這樣的概念性圖示將比西方中心論、中國威脅論，或者文化衝突論所賦予的概念性圖示更能有用、有效地去解釋上一段所說的四個問題，並且能看出他們所看不到的細節。

[01] Taiwan TTN 旅報，黃志偉，2017，〈台灣是觀光大國嗎？〉，https://www.ttnmedia.com/%E5%8F%B0%E7%81%A3%E6%98%AF%E8%A7%80%E5%85%89%E5%A4%A7%E5%9C%8B%E5%97%8E%EF%BC%9F/，搜尋時間：2021 年 8 月 9 日。

[02] Newstalk 新聞，2015，〈富比世：台灣不是先進國家的 5 個跡象〉，https://newtalk.tw/news/view/2015-12-11/67837，搜尋時間：2021 年 8 月 9 日。

[03] 新浪網，2019，〈原來和尚、尼姑也要期末考試：不僅考各類經書，還有英語、日語〉，https://k.sina.com.cn/article_6427719935_17f1f38ff00100d79q.html，搜尋時間：2021 年 2 月 15 日。

[04] 軍務魚，2019，〈像學生一樣考試！解放軍將領參加 8 小時長考〉，https://read01.com/zh-tw/zyd2D0j.html#.YCpgwXczZQI，搜尋時間：2021 年 2 月 15 日。

[05] Ronald Inglehart & Christian Welzel, 2005, *Modernization, Cultural Change, and Democracy: The Human Development Sequence*. Cambridge University Press. Ronald Inglehart & Chris Welzel. The WVS Cultural Map of the World，http://www.worldvaluessurvey.org/wvs/articles/folder_published/article_base_54，搜尋時間：2021 年 2 月 15 日。

[06] 尼爾‧弗格森（Niall Ferguson），黃煜文譯，2012，《文明：決定人類走向的六大殺手級 Apps》（*Civilization: The West and the Rest*），臺北市：聯經。

[07] 達隆‧阿齊莫格魯（Daron Acemoglu）和詹姆斯‧羅賓遜（James Robinson），吳國卿、鄧伯宸譯，2013，《國家為什麼會失敗：權

力，繁榮與貧困的起源》（*Why Nations Fail: The Origins of Power, Prosperity, and Poverty*），2012，新北市：衛城。

[08] 同前，頁 100-102。

[09] 同前，頁 373。

[10] 同前，頁 109。

[11] 達隆·阿齊莫格魯（Daron Acemoglu）和詹姆斯·羅賓遜（James Robinson），劉道捷譯，2020，《自由的窄廊：國家與社會如何決定自由的命運》（*The Narrow Corridor: States, Societies, and the Fate of Liberty*），新北市：衛城，2020。

[12] 同前，頁 632。

[13] 同前，頁 67-68。

[14] 同前，頁 611。

[15] Fukuyama, Francis (1989). "The End of History? ". The National Interest (16): 3-18.

[16] 李永熾譯，1993，臺北市：時報文化，頁 55-56。

[17] 同前書，頁 246-267。

[18] 頁 22-25，法蘭西斯·福山（Francis Fukuyama），林麗雪譯，2015，《政治秩序的起源》（*The Origins of Political Order*，2011、2014），臺北市：時報文化，下冊；黃中憲林錦慧譯，2014，臺北市：時報文化，上冊。

[19] 大衛·藍迪斯（D. S. Lands），汪仲譯，1999，《新國富論》（*The Wealth and Poverty of Nations*），臺北市：時報文化。

[20] 參見克萊夫·漢密爾頓（Clive Hamilton），江南英譯，2008，《無聲的入侵：中國因素在澳洲》（*Silent Invasion: China's Influence in Aus-*

tralia），新北市：左岸。

[21] 2016，洪慧芳譯，臺北市：如果，頁 348。

[22] 詹姆斯・麥唐諾（James Macdonald），2016，李雨青譯，《大國的不安：為什麼經濟互相依賴不會帶來和平？為什麼多極化的世界非常危險？》（*When Globalization Fails: The Rise and Fall of Pax Americana*），新北市：廣場。

[23] 格雷厄姆・艾利森（Graham Allison），包淳亮譯，2018，《注定一戰？中美能否避免修昔底德陷阱》（*Destined For War: Can America and China Escape Thucydides's Trap?*），新北市：八旗文化，頁 189。

[24] 同前書，頁 281-292。

[25] 杭亭頓，黃裕美譯，1997，《文明衝突》，臺北市：聯經，頁 33-35。

[26] 杭亭頓與哈瑞森（L. E. Harrison）編著，李振昌、林慈淑譯，2003，《為什麼文化很重要》（*Culture Matters: How Values Shape Human Progress*），臺北市：聯經。

[27] 同前書，第 xxii 頁。

[28] 同前書，第 xxiii 頁。

[29] 林民程，2010，〈科舉文明：被視為臺灣教育改革阻力的文化〉，《臺灣教育社會學研究》，10 卷 1 期，頁 227-276。

[30] 杭亭頓與哈瑞森編著，李振昌、林慈淑譯，2003，《為什麼文化很重要》，臺北市：聯經，第 107 頁。

[31] 同前書，頁 106-107。

[32] 同前書，頁 109。

[33] 同前書，頁110。引用自《為什麼文化很重要》（*Culture Matters: How Values Shape Human Progress*）一書，頁102-122。2003，臺北市：聯經

[34] Ronald Inglehart & Chris Welzel. The WVS Cultural Map of the World，http://www.worldvaluessurvey.org/wvs/articles/folder_published/article_base_54，搜尋時間：2021年2月15日。

[35] 丹尼爾‧貝爾（Daniel Bell），2008，陸象淦、金燁譯，《後工業社會》，北京市：社會科學院文獻，頁255-256。

[36] 高銛、王宏周、魏章玲譯，1995，《後工業社會的來臨》（*The Coming of Post-Industrial Society*），翻譯自1976年版本，臺北市：桂冠，頁9-11。

第二章

貴族原則與平民原則的定義：小談方法論

首任也是唯一帶猶太血統的英國首相班傑明・迪斯雷利（Benjamin Disraeli, 1804-1881）在解釋英國的民主制度中，為何貴族依舊具有特權時，做了以下的說明：

（有人）說英國是被一個普遍意義下的貴族制（aristocracy）所統治，這是不正確的。（實際上）英國被貴族原則（aristocratic principle）所統治。（在這個原則下）英國的貴族制吸收了所有的貴族以及所有遵循這一社會原則的（不同）等級和階級的人[01]。（括號內之文字為作者所加）

本書藉用此處「貴族原則」一詞發展成一個韋伯式（Max Weberian）的理念型概念，並藉相對於貴族的名詞，也就是平民，發展出了平民原則（commoner principle）這樣一個理念型概念。

本書所謂的貴族原則與平民原則的內容分別指涉將一個現代社會養成「貴族習慣」與養成「平民習慣」的原則。首先，這裡的社會指的並不是兩個截然不同的社會，因為在同樣一個社會裡面有可能兩種原則同時發生作用，例如日本與德國。第二、此處的平民習慣所指的並不是一些在當前貧困的國家還未及顧及衛生、環保，人民還處在飢餓邊緣的那一群人民而言，而是指向國家的經濟社會已經進展到可以與已開發國家並列程度的社會中的人民之生活習性而言，特別是指東亞社會的人民主要養成的習慣。這並不是說歐洲、美國就沒有平民原則的運作，這兩個在當前領導世界文明的兩大區當然有平民原則的運作，只是強度較弱。第三，貴族原則所指涉的主要是由貴族精神所形塑的社會，例如歐美各國，以及東亞的日本；這並不是說這些社會的主體是由貴族或是有貴族階級在主導，現在這些社會主要由中產階級在主導，但是這一群中產階級主要承接了貴族文化，而將這種文化擴及了整個社會而有了一種內在貴族精神運作的習慣和原則。

這看似一本在探討國家成功奧秘的書啊！很多的歷史學家像弗格森（Niall Ferguson, 1964-）或像是哲學家法蘭西斯福山（Francis Fuku-yama, 1952-）的研究已經在這方面做出了許多貢獻；而且這樣的書每年都會有幾本經典之作。本書的呈現不敢說是一種奧秘，但確實是對先進國家中先行的領導國家以及後來趕上的國家的國家發展經驗，進行政治經濟學的階段性考察。本書將闡述貴族原則在現代化最先發展的國家英國、荷蘭、法國、美國等國的運作，接著闡述平民原則在後來發展的德國、日本、二次戰後發展的亞洲四小龍，以及近四十年來超趕過來的中國（越南本也應該一併考慮進來，只是因為筆者時間、經驗與材料上的限制，所以在本書並未呈現出來）的運作。

　　有讀者可能會問：那麼全世界是不是只有這兩個原則在運作？答案當然是否定的。有些國家的主導原則是部落和幫派原則（關於部落和幫派原則的運作，本書不會深入探討，只希望在我的下一部著作裡面成為主題），例如中東、非洲和中南美洲的大部分國家，這些原則造成他們的政治發展極不穩定，民生經濟常常陷入困境。那麼讀者可能又會問：如果這一些國家想脫離政治經濟的惡性循環，是否一定得遵循平民原則或是貴族原則其中之一？歐美先進國家一直以來給予的答案是採取貴族原則下的民主制度來解決國家動亂與發展的問題，可惜的是許多第三世界國家獨立以來，雖然採取民主制度，但是大部分的國家通常都難以脫離貧窮、政治動亂、高失業率、產業結構不平衡、犯罪率高等等問題的困擾。本文最後會建議這些開發中國家嘗試採用平民原則下的民主制度來發展國家的政治和經濟，因為這樣的制度比較可能是人類社會經過兩三百年發展辯證能帶來發展速度較快、發展的結果相對較好的途徑。那麼是否有這兩個原則之外的其他原則，也能讓國家在政治經濟上的發展不落後於貴族原則主導的歐

美社會嗎？這一點作者就不敢保證了。在作者考察的範圍之內並未出現其他主導性的原則有辦法讓國家短時間內可以在政治經濟上脫胎換骨，以色列可能是個例外。這樣的結論最大的批評可能來自於對化約主義的批評，作者承認創造這兩個概念是在簡化現象，但是為了形成知識體系，適度的抽象簡化才能以簡馭繁，從人類過去的經驗裡面做更深度的學習，並且對制度未來的變遷與改革做出一定的洞悉與貢獻。

底下說明幾個與平民原則和貴族原則容易搞混的名詞概念。

平民原則與平民化運動

平民化運動並不一定會形成平民原則，歷史上有多次與貴族對抗的平民化運動，例如西方英國有克倫威爾的中產階級革命、法國大革命、列寧在俄羅斯發動的共產主義革命、東方中國在戰國時代之後秦朝廢封建改郡縣的運動，也包括現代毛澤東推動的文化大革命，都有一些平民化運動或是民粹主義運動的影子在裡面，但是這些運動都沒有形成本書所謂之平民原則。這是因為他們既未在義務教育上採用嚴格的升學考試制度、課程內容也未必包含了現代的數學與科學，也沒有在政府的人事錄用與升遷上面採取嚴格的公務員考試制度，更沒有對專業人員資格採取國家考試來認證等制度原則，而這些制度原則卻是平民原則的必要條件。平民原則並非平民化運動，不過平民原則就長期來說，而且也一定是長期的，會造成整體社會的平民化。

不管是貴族原則還是平民原則，基本上都傾向於保守主義與菁英主義，都尊重權威，但是構築權威與菁英階層的方式，兩個原則是不太一樣的。貴族原則傾向於完全以市場機制來進行菁英的再生產，平民原則則傾

向以非市場的、國家安排的考試機制來完成菁英的生產。這兩個原則都反對民粹主義。因為民粹主義帶著反制度化的部落原則，為了某種情緒和需求，融合成一種身體性的感受，反抗現有的權力機制，或是企圖摧毀這樣的機制：一方面帶來解放，一方面帶來混亂，類似無政府主義似的，不理會如何再建體制的問題，缺乏辯證的性格與深度。

蘇聯與中共共產主義在建立之初也是民粹主義式的、部落原則式的，他們帶有基督教傳教與征服的精神，他們將部落原則轉換為單位或小組，以作為一個行動者（agency），基本上較適應在戰鬥性的組織。這種制度發展到最後，容易因為矛盾過多而被取代或是轉化，因為他們無法妥善處理階級上升、權力分配，以及市場發展之間的矛盾。

西歐民主下的貴族原則以及東亞民主下的平民原則所以在二十一世紀可以各擅其場，還是因為他們在體制辯證上取得更佳的平衡點和緩衝點，這兩大原則為階級上升（也就是社會流動）、權利分配以及市場發展之間提供了一個緩衝區 —— 某種層面上，平民原則建構出的緩衝區還優於貴族原則。

▍權威的形態

在貴族原則影響下的社會，不同的行業都有其各自的權威，也就是展現了多元的權威。但是在平民原則之下，卻有一個相對獨大的權威，那就是科舉傳統、考試制度下的學歷光環，其他的權威都是次要的；這種原則讓各種行業的後代都往科舉考試、學歷光環去靠攏。不然，想要學習歐美社會間裡的權威型態，就得向歐美各種行業的海外多元權威點去尋求認同，例如臺灣社會會倚重國外的米其林餐廳的評等來印證自己的餐廳等

級，或是以獲得國外藝術館或學院的認同來肯定自己的藝術成就；亞洲的棒球運動員會以是否參加美國大聯盟作為衡量自己實力的標準；麵包師傅得參加在法國或其他歐美各國舉辦的國際麵包大賽來肯定自己做麵包的位階——這是因為東亞平民原則社會缺乏提供這種多元權威類型的機制。

貴族原則與新教倫理

　　韋伯提出來的新教倫理是否是貴族原則呢？韋伯為了解釋北方歐洲與南方歐洲不同的經濟發展程度，提出北方歐洲的新教倫理是使得西歐與北歐經濟發展好過南歐的主要原因，那麼這一個新教倫理是否有貴族原則內涵呢？答案是否定的。新教倫理非常可能只是另類的「平民精神」或平民化運動，因為它並未凌駕在貴族原則之上（在東方，特別是中國科舉文化影響的區域，平民原則的作用是凌駕在貴族原則之上的）。

　　在西歐，新教倫理部分吸收了貴族精神，才變成貴族原則的政治、經濟、文化的治理基礎之一。而所謂貴族原則或是平民原則乃指向對其影響範圍內之政治經濟文化的全面性治理，而這樣的治理指的是在治世時期，而非亂世之時期。

　　新教倫理特別指向工作的倫理，是一種平民化運動的倫理而並未進化成一種政治經濟制度的原則（特別要說明的是，法國雖然是一個天主教為主體的國家，非新教國家，但是本書依據其現代化理性傾向，把它歸類為貴族原則國家）；再者，當代許多西歐、北歐國家的人民已經很少在看聖經、進教堂禮拜了，但是即便沒有新教信仰，整個社會一就沿著貴族原則的軌道運行。貴族原則和平民原則都指涉在其各自受到主流價值習慣的影響下，所形成的一種政治經濟的運作原則。當前美國以人權外交來壓迫一

些第三世界國家的案例來看，這裡的人權不是新教倫理，而是在受**貴族精神應召之下，被制度化的保護人的形式與內容**。

因為平民原則是在貴族制度衰退、封建制度瓦解，經過大約一千五百年的醞釀才逐漸形成的，先了解貴族制度的樣態以及它對當代所造成的影響，以及它在當代文明的主導性，將更能呈現比較不為人熟知的平民原則。因此本書將先闡述貴族原則。

小談研究方法論 —— 貴族原則與平民原則的研究方法論

非學術型的讀者看到這個標題可以馬上跳開了，先去看看其他章節吧！如果是有志於研究學術、思維嚴謹、害怕被騙的讀者一定想要掀開這一個節，看看這一本書的「根部」到底是吸收哪些養份。本書的研究方法相當的貧瘠，並非社會科學裡面大量使用實證數據的論文，反而是大量根據親自的觀察以及二手文獻進行比較論證出來的結果。既然是比較論證的結果，那麼這本書的研究「視框」到底是什麼的問題就顯得重要了，因為他們將決定哪些資料會被選擇拿來比較，哪些資料可能會被排除而形成本書研究上的限制。本書最主要的視框是受到新制度主義（the New Institutionism）、年鑑學派（Annales School），以及社會學理論中關於結構和行動（Structure-Agency）相關論述的影響；後面兩個影響都可以總結在新制度主義的框架當中來理解。

新制度主義

本書討論相當多的范伯倫的《有閒階級論》便是這一個脈絡下的產物。新制度主義是相對於古典制度主義而言。不同點展現在以下幾個部

分 [02]：（一）古典制度主義研究的材料包括了法規、哲學、思想和歷史；新制度主義者除了前面四個內容之外還包括了所有的社會科學，像是社會學、人類學、經濟學、心理學、政治學等等內容，《有閒階級論》書中關於婦女、教堂的牧師、神父代位消費的問題便用了許多社會科學的研究。（二）就研究的主體而言，古典制度主義專注在正式制度，像是比較國家的憲法、政治結構、法律體系等等；新制度主義專注的範圍除了正式制度之外還包括了非正式制度，本書所談論的貴族原則和平民原則事實上多半是非正式制度，但是造成這一結果者，多半是由正式制度（陪審團制度、自由權的保障、考試制度）所引發的。（三）就行動者的角色而言，古典制度主義是不討論行動者的，大不了就是討論行動者如何被制度影響；但是新制度主義卻把行動者當成制度的主題之一，例如討論國家、利益團體、各種機關、各類團體裡面的菁英對制度的影響，有時也討論行動者的動機和利益在制度的影響下造成的非意圖結果。在本書當中談到許多影響制度的行動者特別是在第一代到第三代人權的開創人物本身通常是貴族後裔或新興中產階級，他們從舊的傳統中融合親身的經歷，開拓了新的利益型態並取得當代人的認可，促成制度的漸進式變遷；另外也提到許多的利益團體例如戰功集團，包括了容克貴族、關隴集團、薩長藩閥以及中國共產黨等，他們的利益與所屬政權創建考試制度之間的矛盾關係促成他們的擴張動能。（四）古典制度主義專注在某一個完整的制度議題上面，新制度主義者強調不同制度之間的連帶關係。范伯倫指出有閒階級的習性影響到了他們自身的社會、教育、政治、宗教、經濟、體育等等範圍的活動，本書則再進一步闡述有閒階級如何影響到當代西方文明的結構，特別是形成當代的貴族原則。另一方面在探討平民原則的時候，本書闡述了科舉考試制度如何影響了中國傳統倫理、道德、宗教往簡單便利的教義和儀式方

向移動；同時闡述了當代的考試制度與經濟制度、教育制度、人才篩選系統、民主制度之間的鑲嵌（embeded）關係；也透過對德國平民原則制度的探討闡述平民原則與保守主義、社會主義、共產主義、民族主義、極權主義和自由主義之間的關係，指出平民原則與保守主義和極權主義的親近性。（五）就路徑相依（path dependence）這個原則而言，古典制度主義似乎不考慮這一個原則，而新制度主義卻把這一個原則奉為圭臬。意謂制度之存在的特殊形態必有其預先的社會條件，這樣的社會條件既支持現有的制度特殊型態，同時也限制了某些要素出現在這一個特殊型態之中。陪審團制度、習慣法傳統、接近古希臘的特殊數理邏輯傳統、歐洲優良的水域條件所成就的貿易環境，這些預先條件影響西歐最早的貴族原則的形成，也影響當前貴族原則成為當代的話語權構築的場域。佛教的眾生平等的觀念、隋唐帝國開國的前幾位皇帝對佛教的親近性促使了科舉考試制度的建立，也影響了東亞後來的現代化對考試制度的選擇，形成了當代的平民原則社會的構成。

豪爾與泰勒（P. A. Hall & R. C. R. Taylor[03]）根據研究假設的不同，將新制度主義分為三個派別：「理性選擇制度主義」（rational choice institutionalism）、「社會學制度主義」（socioligical institutionalism）與「歷史制度主義」（historical institutionalism）。不過，這樣的分法忽略了一些制度經濟學者的觀點，像諾斯以「降低交易成本」來觀察在訊息不透明、不對稱、交易信用低的市場狀況下，制度存在的必要性[04]，以及像傑弗里‧M‧霍奇遜（Geoffrey M. Hodgson, 1946-）由結構與行動雙元並進來觀察制度變遷的演化制度主義（Evolutionary Institutionalism）[05]。這些派別的不同都源自於他們看問題框架的差別，每個派別都在提供對觀察制度問題不能忽略的角度，以及制度內各個要素之間可能的相關性。本書是以問題導向出發

的論述，所以針對新制度主義的各個派別並不需要加以嚴格區分，而是藉著他們不同的視框來讓問題的解決更完整地逼近答案。

本書面對的制度問題

根據上述這些派別所提供的視框，本書探討貴族原則和平民原則的議題時專注在以下幾個制度問題：

➤ 制度形成的條件有哪些？

➤ 制度形成的過程？

➤ 制度形成時的推動力量（行動者與事件的角色）

➤ 所形成的制度內容？

➤ 制度所造成的影響有哪些？

➤ 制度造成哪些非意圖的後果？行動者如何來面對這些非意圖的後果？

根據這六個問題，以下將補充說明本書所借用新制度主義的幾個視框。雖然說是「補充說明」實際上是想在這一小的章節裡面簡單介紹本書可能過長的論述。

社會學制度主義

本書藉用一些社會學者創造的概念來描述制度的內容，例如利用齊美爾在考察貨幣系統時發現的「系統信任」的概念。齊氏在《金錢、性別、現代生活風格》這本書裡面提到了「金錢變成了這種不受條件限制的目標，從原則上講人們任何時候都能追求這個目標……，這就給現代人的生活提供了持續不斷的刺激，貨幣給現代生活裝上了一個無法停止的輪子，

它使生活這架機器成為一部『永動機』，由此就產生了現代生活常見的騷動不安和狂熱不休。……。金錢只是通向最終價值的橋梁，而人是無法棲居在橋上的。[06]」我們將上述內容中的「金錢」或者「貨幣」轉換成為「科舉／考試制度」；再把「現代人」、「現代生活」轉換為「中國近世或當代東亞社會」，我們將發現一個新鮮的論述：「［科舉／考試制度］變成了這種不受條件限制的目標，從原則上講人們任何時候都能追求著一個目標……，這就給［中國近世或當代東亞社會］的生活提供了持續不斷的刺激，［科舉／考試制度］給［中國近世或當代東亞社會］裝上了一個無法停止的輪子，它使生活這架機器成為一部『永動機』，由此就產生了［中國近世或當代東亞社會］常見的騷動不安和狂熱不休。……。［科舉／考試制度］只是通向最終價值的橋梁，而人是無法棲居在橋上的。」這種轉換說明了貨幣體系與東亞的考試制度極其貼近地指涉「系統信任」的概念。中國近世的科舉考試制度早已經將中國社會系統化了，這遠遠早於歐洲透過貨幣制度所進行的社會系統化（民國初年的文化學者梁漱溟認為中華文化是個早熟的文化，這樣的直覺有其準確性）。這樣的轉換提供了一個新鮮的視角，像人們或家庭在考試制度中「騷動不安、狂熱不休、無法棲居在橋上」有了更鮮明而且恰當的畫面。

本書同樣也用了德國社會學家盧曼（Niklas Luhmann, 1927-1998）的「系統論」來澄清考試系統與其他系統之間的關係，我們發現考試制度是連結所有其他系統的中心位置，即使它在其他系統都是屬於子系統（次一級的系統），這個子系統對其他系統發揮了串連、人才評等與分流、統一基本價值體系的作用；不過某種程度上這個子系統的僵化性也抑制了其他系統擴張、變化和深化的程度。

年鑑學派

　　年鑑學派是由法國歷史學家馬克‧布洛克（Marc Léopold Benjamin Bloch, 1886-1944）和呂西安‧費夫爾（Lucien Febvre, 1878-1956）於 1930 年代前後結合當時蓬勃發展的社會科學，特別是地理學、社會學、經濟學與歷史學而成的大歷史、長時段史學觀點，豐富了關於經濟史學的知識。照字面上來理解年鑑學派應該與歷史制度主義有較強的關係，但是實際上恰好相反，因為歷史制度主義會著重在結構與行動者之間的互相轉化造成制度演變的關係，而年鑑學派反而著重在結構形成的條件與變遷（剛好也是本節中上面六個制度問題中的第 1 與 3 的問題）。除了多學科、長時段這些特點，年鑑學派特別還提示了不同時期某種特殊的社會結構的比較，例如年鑑學派第二代代表人物費爾南‧布勞岱爾（Fernand Braudel, 1902-1985）在其代表作《15 至 18 世紀的物質文明、經濟和資本主義》[07] 比較過不同時代最簡單的交易型態；布勞岱爾很有力的提問方式：「這樣的歷史狀況為什麼是在這裡發生而不是在哪裡發生？為什麼是在這個時間點發生而不是在那個時間點發生？」提供了我們觀察事件的問題意識的切入點。本書從人類地理學（這一個學科強調地理環境對人類的影響以及人類如何參與地理的改造）的觀點觀察到地中海、英吉利海峽、北海、波羅的海以及歐洲的內流河大約就是全世界最穩定的海流環境，他影響了歐洲封建莊園經濟的貿易型態間接支撐了貴族文化結合發達的經濟在這一個區域的制度型態，成為後來貴族原則社會的基礎之一；日本在德川幕府時期因為截彎取直了江戶城北邊河川，造就了日本最大的平原東京平原，這才讓整個日本長期戰亂的政治穩定下來，為日本更為精緻的貴族文化發展產生了決定性的影響。另外我們針對科舉文明政權（唐、宋、明、清）和平民原則政權（德國、日本、亞洲四小龍、中國）進

行跨時段跨區域的比較，這些政權一方面呈現了保守穩定的立國特徵，另一方面又被戰功集團綁架進行對外擴張侵略。

行動、結構、行動者的參考架構（reference structure）與非意圖後果

「行動」一詞在此處包含有行動者（actors）、能動者（agent）和能動性（agency）這三個意涵；「結構」一詞於此有制度（institution）、系統／體系（system）、不平等的社會結構（例如上級／下級、男／女、富有／貧困、貴族／平民、君／臣、長／幼、白／黑、動／靜、美／醜、城／鄉、官／民、學校好／壞、成績優／劣等等）三個概念的意涵。根據紀登斯（Anthony Giddens, 1938- ）[08] 的說法，結構對行動者而言既是限制、也是資源之雙重意涵；而且結構與行動互相影響具有雙重性（duality）。

不過根據本書所面對的制度變遷問題，我們要提問的是：結構和行動會不會發生衝突？如果會要如何解決？從西發利亞條約對宗教自由的保障、洛克提出的言論自由與出版自由、到所謂的第二代、第三代甚至第四代人權，這些制定新法律的保障促成了當代西方民主制度運作的精髓。促成這樣結構的變遷，若是沒有行動者不斷質疑結構，並且與既定的結構發生對抗，是不可能成行的。為解決這一個問題，筆者提出「參考架構」[09] 這一個概念。這一個概念的內容事實上在紀登斯分析結構和行動的內容時候隨處可見，只是他沒有將這一些分析從行動者的角度來進行結構與行動之間的「中間層次」概念化，也未加入某些具有對抗結構並且創造結構能力的行動者的歷程考察。「參考架構」包含了行動者在既有存在的結構的規範下對其行動的反省性監控（reflexive monitoring of action）、對行動的

合理化（rationalization of action）等等這一些推論性意識（discursive consciousness）與實踐性意識（practical consciousness），同時也包括行動者對上述這些內容的「批判」並且透過思考而提出「新的主張」；當然絕大多數的行動者都會有既定結構下的推論性意識和實踐性意識，然而在貴族文化現代化的過程當中，因為個體追求各個層面的舒適感導致有閒階級對於既定結構所引發的不舒適產生批判，並且對既有的規則提出新的想法甚至創造了新的規則，造成參考架構內容的變化。毛澤東也利用唯物辯證法重新改造了對中國社會的論述創造了屬於自己的參考架構，並且透過極高的實踐力量，將自己的創造的「參考架構」化身為中華人民共和國的「結構」。

有時候一些現象的發生並不是行動者所意圖的結果，也非結構所設定的功能，但是卻發生了而且可能在社會裡還長期存在，這形成了所謂的「非意圖後果（unintended consequences）」。貴族原則國家並沒有預想到犯罪率、高貧富差距大、休閒產業發達、對抗新冠病毒這種流行病難以管制的問題等等這些結果；平民原則國家也沒有預想到社會會缺乏突破型的創新、升學壓力太大、自殺率高、數理成績在世界名列前茅、街道景觀過度雜亂、汽機車影響到行人空間、有效管制流行病毒等等這些結果。這些非意圖結果的產生是行動者的利益和所採取的策略，再透過「結構」環境的作用意外創造出來的結果。討論這結果發生原因的背後邏輯是本書的重點之一。

問題與概念：現象學的凝視

現象學本身很難構成「工具性質的」方法論——或說是一種「理解的技藝學」，原因在於所有工具性的方法論背後都會指向某一個目的，而現象學本身並不在指向任何一個目的，反而是在澄清所有「指向」的意向

性，開展各種可能性的意義。通常可以作為某種工具性的方法論者是為了對某些議題（例如本書所指出的六個制度問題）進行研究，讓這些研究有所依據，例如本書根據新制度主義預設的方法原則來呈現論文本身；可是當我不研究制度問題了，偶爾當我在某一個場合遇見和我的主張相反的意見時，新制度主義的研究方法並不會馬上呈現出來，因為這種意見相左只是行動者和行動者之間的層次問題。可是，對受過現象學訓練的人而言，這時候現象學的提醒就會出現：要我們對於所思的對象先進行懸置、懸擱，先存而不論，進行還原，看見自身的或他人的偏見和假設 —— 也就是「視框」，檢查這個視框可能存在的侷限和問題，透過「整體－個別－整體」這種「詮釋學的循環」找到相對合理的視框，或者進行「視框融合」，以對問題和事件進行更合適的詮釋，此時的回應將更加的乾淨、清新、不落俗套、不入窠臼。因此現象學比較是一種面對所有認知性問題的態度而不是「理解的技藝學」、不是工具性的方法 [10]。我們不能夠否認這個領域的研究者們把現象學結合質性研究的方法論，發展出了讓初學者容易進入現象學研究的途徑（例如開始時直觀地對文本中躍出的重要訊息進行標記、編碼、註解，之後再理性的對他們的意義進行單元命名，進而產生初步概括性的理解，整個過程兼具了「感性直覺能力」與「理性析辯能力」的作用，之後逐步將子題、次主題、主題依序歸納，形成一種新的整體性的理解 [11]），但是現象學所採取的「凝視」的態度而讓意義直覺地「躍然紙面」的功夫，使它作為方法論太沉重了，就好像是說我在看眼前的這一張椅子，結果被說成眼睛是我的方法論，而讓我看見這一張椅子這麼的沉重。

關於採取現象學的態度，本書使用「凝視」這一個詞語，同時也積極接受胡塞爾的後繼者海德格對於存在（being，有時被翻譯成「存有」、

「是者」；不過，我私下覺得應該把它翻譯成為「是……」，在「是」後面加上「……」代表「正在肯定當中的所有不確定性」這一個主題是現代人應該仔細去關心的議題，參見本書第十三章）的「思」與「詩」，以及梅洛龐蒂的「身體運動感覺」優先性的切入方式。

　　本書的研究過程對三大主題進行持續性的凝視：第一是現象、第二是對問題、第三是對理論。作者過去生活中的與本書相關的現象太多，只能舉例幾個特殊而強烈的親身經歷現象，例如第一次到英國時，自機場轉往留學所在的 Bath 城的客運停留在某一處幾分鐘的時刻，在車窗外看見一個白髮蒼蒼的婦人把拆下的門板擺在漂亮的花園中央進行油漆，顯得悠閒自在，這是我在臺灣或是東亞其他地方旅行的時候不曾見到的；「蒙娜麗莎的微笑」這一幅肖像在有生以來已經不知道看過多少次了，也看過許多對她的改裝品，但是當作者到了巴黎羅浮宮，在遠遠見到原來這一幅小小的肖像的時候，本來在認識上覺得沒什麼的提醒，在接近她的時候轉變成為不可思議的顫動，即便到了現在都不知道這股顫動從何而來；同樣的事情發生在丹麥哥本哈根的美人魚雕像，一個虛構的童話、一個根據童話完成的、如果不被提醒會覺得不起眼的雕像，竟然聚集著大量的遊客與遊覽車，連自己都感覺一定要看到才會不虛此行，真的有點莫名其妙了；在德國漢堡第一次見到許多公有地上面被分割成小小一塊由個人經營的花園（後來得知在中文叫「市民農園」），整體看起來落英繽紛，仔細走過一遍卻各有特色；在瑞典北極圈裡面的一個小城鎮 Kiruna，意外發現一個大型木造歌德式教堂，如此偏遠的國境之北出現這一個美麗卻又寧靜的教堂，令人驚奇；瑞典和挪威的皇宮雖然不像英國、法國富麗堂皇，卻都穩穩當當、有模有樣，這趟旅行回來便確定了以貴族和平民的視角展開了這本書對東西方較先進的國家的制度文化比較的論述；在新加坡，看到像

學生宿舍一般的組屋，組屋之間都由有屋頂的人行道連結起來，以及看到在車牛水某一涼亭用餐被警察盤查的老人；在韓國、日本旅行時住青年旅舍，與韓國年輕人住同一間，其中一個年輕人竟然主動要求我先行使用浴室洗澡，因為年紀長者優先，而另一處的一個年輕人在結交為朋友之後，早餐為我煎蛋，中餐為我煮泡麵、開罐頭請我吃，一想到回臺灣學生對我亂取綽號，感覺有極大的差異；在日本下關長府的一條小小的老街上面，看見兩旁有許多各門各派的佛教寺廟擠在一起，這在臺灣是看不到的；在香港，從太平山山頂公園往龍虎山郊野公園走下去到香港大學的山路中，體會到與英國山區景觀相似與相異之餘，當時突然提問：華人的美感經驗在英國一百五十年殖民地的影響到底有多深的問題。在上海接近浦東機場的一個小小的捷運站下來之後，發現有當地人利用小小的摩托三輪車載客人，我與友人先問開車的婦人到她能開去最遠的地方要多少錢，她給我出了一個價錢讓我們同意之後，便載我們到這一個村落她認為最遠的地方，再把我們載回捷運站，一路上我問她為什麼你們的村落房子被拆的亂七八糟，她說這裡要蓋大型購物中心，必須整個遷村，許多的老房子都被拆掉了，許多的稻田還有許多的稻作、蔬菜，以及給都會區鋪草用的苗圃，有些房子因為談不攏還拆不了……前後大概花了四十分鐘，中間她還把車子騎回家，在家裡面拿了早餐來吃。最後載我們回捷運站，我們下車後給她人民幣鈔票找零錢，根據當初開的價錢必須要找回一半給我們，但是這位老婦人的說：「這是他的導遊費！」所以不找零錢給我們了，我和友人也笑笑就認了。以上這些現象都是單一案件，不能以偏概全去論述其文化特徵，但是對於這些現象的凝視事實上透過我的描述也產生了某些意向性，例如想要突顯某些社會文化的特質或是某一個政權的屬性，然而在某些時刻當我從心靈凝視這些經驗的時候，我可能還無法確認怎麼樣的還原這些

現象到最後「現象學的殘餘」，然而這種親自到現場的身體感很容易在我思索問題時去架構我的認知，進而非常容易去接受某一些理論而排除了另一些理論。

「對問題的凝視」事實上與「對理論的凝視」是一體兩面的，因為問題的提出常常暗示著答案的來源，而這樣進行現象學的凝視的重要性在於可避開自己看問題的月暈效應（halo effect），也就是帶著有色的眼鏡看問題，例如當我看到報紙報導 2020 年全球資料庫網站「Numbeo」最新公布的醫療保健指數（Health Care Index）排行榜，依據過去三年來的數據，將醫護人員、軟硬體設備、民眾花費、醫療保健系統等……進行整體評估，前三名分別是臺灣、南韓、日本，我馬上便會直覺這是平民原則發揮作用了。此時便提醒自己這可能是月暈效應，於是當我進一步花了功夫去檢查其它平民原則國家或地方的排名時，卻發現德國第 17 名、新加坡第 26、中國排在第 40 名、香港第 41[12]，這個結果打破了先前的認知，便感覺這一個現象不是簡單的平民原則和貴族原則可以解釋的。這一個範圍的現象學凝視，能不斷提醒作者去界定問題可以解釋的範圍以及不能解釋的範圍。

概念的現象學意義以及在本書中的作用

本書有自己的觀點，最後會形成自己的理論；有些讀者聽我這樣一說，恐怕覺得浮誇，確實是如此，我也難以否認。任何論述之所以可以形成理論其內容必然包含許多概念的運作；此處的概念，指涉一組界定清晰的詞語，而理論便是藉由這些清晰界定的詞語來說明問題，並釐訂概念之間的關係。有些人對概念界定不會如本書一樣，例如康德也將紅色、綠色

當成概念，但在本書中會把他們視為直觀獲得的「印象」；有些新儒家的研究者將傳統儒學中的「心」、「理」當成概念，在本書將之視為經驗性界定不夠明確的「印象概念」。本書所指的概念，不但具有直觀、經驗性，還具有數理邏輯般可清晰界定的特性——這樣設定乃意圖指出啟蒙運動以來自然科學、社會科學、法學等等發展出的「概念」才是將人類推入現代化的主角，這也是本書處理最多的概念群。

　　本書在談貴族原則的內容時，最重要的概念便是「有閒階級」，在談平民原則的時候會用到的概念包括了「系統信任」以及盧曼（Luhmann）在系統理論裡面使用到的概念：系統的環境、系統之間的偶合與滲透，另外還有作者在其他文章創造的「科學文明」這一個概念。而本書也創造了闡述理論的概念：「貴族原則」和「平民原則」就是兩個概念，另外還有「制度時間」來比較制度之間的長久穩定性問題；最後在探討臺灣街景的問題時也創造了物性與慣性、汽機車的靜態暴力與動態暴力、空間的形式暴力與內容暴力三組可以互相說明的概念。既然大量的使用並且創造概念，就必須把概念拿來進行現象學的「凝視」，並且簡略的表述自己長期觀察概念運作的心得，讓讀者了解他們在本書中的特殊角色和作用。

▌概念的作用

　　概念大約有四種作用：

　　（一）化解爭議：筆者在英國留學的時候與指導教授修・羅德（Hugh Lauder）針對東西方創造力的問題產生爭議，因為我認為西方的制度比較有創造力，但是他認為如果西方制度比較有創造力的話，那為什麼當今絕大多數的硬體的科技產品都是由東亞國家生產的，而且都有自己的生產公

司而非單單靠外來投資？這一點一時讓我啞口無言，但是我隨即說道：從工業革命以來諾貝爾獎得獎的幾乎都是西方文化制度下的工作者拿走，這些這麼有創造力的人物很少出現在東亞的制度中。修‧羅德教授似乎恍然大悟，便說：你講的是「Breakthrough Creativity」（突破型的創造力），我講的是「Incremental Creativity」（漸進式的創造力）。於是在這兩個概念的架構下消除了彼此的爭議，而且對這兩個概念的內涵進行了更進一步的觀察和研究。在本書當中這兩個概念也反覆出現。

　　（二）指出有形的資源和無形的資源可以投入的部分，以減少不必要的耗費並且讓資源的投入更有效率。當把創造力區分成「突破型的創造力」和「漸進式的創造力」這兩種概念類型的時候，我們便可以繼續去追問為什麼歐美的制度長於產生「突破型的創造力」，卻在改進速度上比不上東亞。而為何東亞國家長於產生「漸進式的創造力」可是卻短於產生「突破型的創造力」？這又是什麼樣的制度趨力所造成的呢？當我們發現並且設定了東亞因為考試制度的關係限制的想像力的發揮，而讓突破型的創造力在這一個地區難以發生的時候，同時認知到存在兩種不同的創造力時，就不會想要全然放棄考試制度 —— 因為放棄了考試制度有可能讓漸進式的創造力在本國消失而影響到商品技術的國際競爭力，於是東亞的國家就會設想兩全其美的方式：如何讓突破型的創造力在未來也能夠在自己的國家可以發生，同時卻又能夠保持漸進式的創造力繼續存在。有了這一層認知，東亞國家在進行教育與升學考試制度的改革時變有了較清晰的方向，歐美國家也不會一股腦的學習東亞的考試制度而放棄了原本有利於階級複製的升學方式 —— 這說明好的概念同時都可以避免資源的耗費，進而增加知識辯證或任何處理程序的精確性和穩定性。

（三）打開另一扇窗看世界：概念代表新的操作和新的理解方式。當范伯倫提出「有閒階級」的概念時，讓我們重新了解西方文化被創造出來的動力；陳寅恪提出「關隴集團」與「山東士族」這兩個描述精英集團的概念，也使我們重新理解唐朝的社會結構的演變。當本書觀察出汽機車在街道上的「靜態暴力」會生產「動態暴力」並且造成這兩種暴力的惡性循環時，本書提出新的操作方式便是確保行人與腳踏車最基本的路面以避免這種惡性循環的加劇。凡概念都有一定的邊界，它就像是一個窗戶的窗櫺，在不至於讓整棟建築物倒下的狀況下，為人們撕開了一個視野，看見了一個方向──不過這是指好的概念而言，壞的概念像是「階級鬥爭」則為人類開啟了人性中的惡劣競爭面向的操作模式，蘇聯與中共的階級鬥爭便是一種全新的操作方式。

（四）重建不同的對象、觀念、價值、規則、秩序之間的關係：「有閒階級」的概念觀察到當前西方文化當中關於對力量的崇拜、對個人權利無止盡的開發，以及對多樣性和舒適感的追求，構成當代西方的價值秩序。「系統信任」的概念揭示了像貨幣制度或考試制度中「不受時空條件限制的目標」──任何人在任何時間與地點都能追求的目標、對日常生活提供持續不斷的刺激的對象、人們在這系統下像無法停止的永動機追尋者某種共同的最終價值、追尋的過程充滿著騷動與狂熱。因此可以說新的概念的提出是開創了新的因果性和相關性的範疇。

概念的運作既然有這四種作用，可是他們卻不是人類社會中自古以來就有的，也並不是在每一個社會可以無中生有變出來的。貴族原則國家是人類歷史上第一個由概念所構築出來的社會；而平民原則國家則學習貴族原則國家，將貴族原則國家發現以及建構的概念引為己用，而成為歷史上第二個由概念構築出來的社會，即便在許多狀況下還是很不協調的。其他

類型的國家則都還在摸索當中。為什麼概念的運作最早產生在貴族原則社會而不是在其他社會呢？現象學的開山祖師爺胡塞爾（Edmund Gustav Albrecht Husserl, 1859-1938）曾經對概念的發生進行考察並且批判，我們先來看他幾個基本的意見，並且借助他的看法讓我們可以看清楚在過去以及未來平民原則的制度可能的發展方向。

對「概念作用」的批判

原本作為數學家而且已經拿到數學博士的胡塞爾，在 1935 年 —— 也就是他死前的三年，在維也納發表了《哲學與歐洲人的危機》內容認為促使歐洲當代文明發展起點的科學源自於古典希臘數學幾何體系 —— 基本上都是對複雜條件進行簡化的心理作用，從柏拉圖學園的告示牌：「不懂幾何學的人，不能進學園大門」就已經開始建構出以幾何學這種清晰的概念來構築推論體系的基本精神；到了伽利略則開始主張以數學來架構自然定律的科學體系 [13]。在這裡所說的幾何學和數學不只是一種對數字變化的研究，更重要的是對幾何概念和數學概念的形成與運用。這一種類似幾何學和數學的概念不只運用在自然科學的研究上讓科學家稱心如意，它促使一些自然科學家開始轉向到關於哲學、心理學、人類學、社會學、歷史學方面的探討，康德就是其中一位的佼佼者，康德的哲學很明顯的便是把哲學進行了類似幾何學推理形態轉變的學問。這一個轉向一方面逐漸造成現代社會中各種組織的形成以及組織之間關係的變遷，可是另一方面又因為這種被科技化影響的過於激烈，而產生的副作用。（進一步說明：對於概念的批判應該還不止於此，瑞士雕塑家賈科梅蒂（Alberto Giacometti, 1901-1966 年）認為在人類歷史進程當中知覺已經被「知性」轉化成為概

念了，寫實藝術中的「概念性真實」不等於「視覺真實」；前者是由幾何學原理所造出的客觀世界，後者則是人類具有流動性的視覺所構造出的生活世界。不過這樣的批判與本書探討的制度相關性不大，所以在此不展開討論 [14]。）

　　胡塞爾認為這種對現代社會進行數學化的科技的架構，乃是對我們日常「生活世界進行特殊的處理和總結 [15]」，扭曲的日常生活中原屬於人類社會較為完整的價值體系與生命意義的問題。他認為這是歐洲科學所面臨的危機。沿著這一個脈絡，他的一些晚輩如海德格以及後來的法蘭克福學派都嚴厲批判當代的科技理性對當代生活所進行的負面影響。胡塞爾的批判並不是本書在這一個章節所要強調的，本書想強調的是胡塞爾對當代社會源頭的現象學考察恰恰好呼應了本書對現代化結構的考察。

　　本書所強調的是「數學邏輯化的概念體系」對於現代社會的架構產生了決定性的影響，這樣的論斷是對胡塞爾所觀察到的「數學化的自然科學模式」對現代社會產生的負面影響的論斷又往更大的社會範圍進行推論。要進一步闡明這一個推論，在這一小節先簡略介紹概念與當代制度發展的脈絡關係。

▌概念與「當代制度」的脈絡關係

　　已故的歷史學者黃仁宇（1919-2000）在他的許多著作中像是《萬曆十五年》（1985）、《赫遜河畔談中國歷史》（1989）、《資本主義與廿一世紀》（1991）、《中國大歷史》（1993）等等這些書裡面反覆提到「數目字管理」是西方所以富強而中國所以衰弱的主要原因，中國要急起直追就必須在各方面進行「數目字管理」。本書對這樣的觀點提出的批判是：單單

靠著「數目字管理」是否就足夠讓國家強盛了、健康了？我們先來看看與萬曆皇帝（1563-1620）年代接近時的荷蘭，就已經發展出來接近現代的會計系統。在當時為了預測未來二十五年獲利，或是為了計算數千或數萬英里外商品的貿易價值，發展出了許多成熟的會計概念，例如簿計作業、成本會計、期望利潤、實際利潤、資產負債表、貸方分錄、借方分錄、儲存成本、運輸成本等等。曾經擔任阿姆斯特丹市長以及 1672 年擔任荷蘭東印度公司（VOC）的董事長胡德（Johannes Hudde, 1628-1704）本身就是數學家，也曾經和萊布尼茲（Gottfried Wilhelm Leibniz, 1646-1716）一起發明微積分，他與當代重要的科學家和哲學家都有書信往來。這樣特質的人在擔任 VOC 的董事長時特別要求下屬對每一筆交易、每一筆項目必須指定價值和虧損數字，也大量發明相關的統計概念以增強對公司財富的管理[16]。這種管理過程不單單只是「數目字管理」，更重要的事要在哪些「概念」之下進行數字管理；單純的「數目字管理」很可能統計出不重要的數字，特別是在沒有有效概念引導的狀況之下。

我們再來看看這一個時期光榮革命之後西歐各種權利概念的發展內容，例如人身自由權、財產權、生命權、居住遷徙自由的權利、言論自由權、公正審判權、專利權、著作權、社會權、工作權、環境權、民族自決權、女權、隱私權等等內容，每一種權利都是一種概念，明確的去界定其疆界，而成了當代西方制度最重要的文明財產之一。這些權利的內容多半不是用數字來界定，可見「數目字管理」的概念的侷限是不足以說明西方社會發展的奧秘。更何況如果單單就促使國家富強的因素來說，西方社會如果沒有上述這些權利的保障，就不可能創造出值得信賴的政府以及財政制度，也就根本無法擴大政府的財政信用，於是也無法產生超大數量級的資本提供商品社會做各種管道的投資（就像是美國政府當前的量化寬鬆政

策），國家也很難真正的富強。可見「概念化管理」是比「數目字管理」更能明確說明西方制度發展的脈絡，更何況如果只有強調「數目字管理」容易為當前中國過度的數位監控提供合理化論述的源頭。

「概念」可以說是歐洲的有閒階級在追求智識上的舒適感衍生的產物。「概念」的產生源自於有閒階級在某些層面上希望更加精確性規範與預測事物的需要，而「更加精確的需要」的滿足常常藉助於幾何學與數學發展上的想像力，而這樣的想像力如果沒有有閒階級恐怕是發揮不出來的。

同樣面對複雜的條件，傳統東亞社會和西歐社會就有不同的因應和反應模式，東亞社會把各種條件自然而然的凝聚成傳統、習俗和法規，而現代化過程中的西歐社會卻把各種條件進行了某一程度的而且是大範圍的概念化而創造了當前的西方制度的型態。由於貴族原則國家是各種極端概念化制度攢聚而成的社會，其他的社會在學習貴族原則國家制度文化的時候難免遇到一些困擾。福澤諭吉（1875 年）曾經比喻「西洋人的權利就像鐵，既難使它膨脹，也難使它收縮；而日本武人的權利就好像橡膠，其膨脹的情形隨著接觸物的不同而不同，對下（下屬）則大肆膨脹，對上（上司）則立時收縮[17]」之所以會產生這樣的差別是因為西洋人的權利是有嚴格的概念界定而成的，所以比較難以撼動，但是日本也如同中國一般並不是概念的發源地，因此在吸收西洋的權利概念的時候難免還是會維持原來社會的習性而有所伸縮。中國傳統的一些思想觀念例如《易經》裡面的「物極必反」、「天行健君子以自強不息」、「父子有親、君臣有義、夫婦有別、長幼有序、朋友有信」等等五倫的觀念都尚未達到格得「概念」的層次，而僅只於「涵意」的層次。「涵意」層次的思想僅止於體驗式的論述，感性的層次居多，它會讓你感受到他的「存在」、讓你「有感」，但是卻

無法像概念一樣強迫你打開眼睛，重新去面對一個視野，或重新去建構一個嚴謹複雜的秩序。東亞開始從西洋引進概念的運作是從日本開始的，無怪乎日本的右翼學者岡田英弘在他的著作《中國文明的歷史：非漢中心史觀的建構》非常得意地說：「（中國的現代化）採用的是經過日本消化，融入漢字文化的體制 —— 以日本製漢語為基礎的、共通的溝通體系。……中國的歷史在此失去了獨立性，而且必須鑲嵌進以日本為中心的東亞文化圈[18]。」這樣的說法對長期陷入平民原則漩渦中的日本貴族文化或許是不錯的安慰，但是一定會讓極端中國文化的崇拜者不舒服。

[01] In Lord George Bentinck, 555-7。引自 Robert Black, 1966, *Disraeli*, London: Methuen, P.282

[02] 參見 Lowndes, V. (2002). Institutionalism. In D. Marsh & G. Stoker (Eds.), *Theory and Methods in Political Science* (2nd ed., pp. 90-108). New York: Palgrave Macmillan Press. 頁 97-101。

[03] Hall, P. A., & Taylor, R. C. R. (1996). *Political Science and the Three New Institutionalisms*. Political Studies, 44, 936-957.

[04] Douglass C. North, 1981, *Structure and Change in Economic History*. NY: Norton.

[05] Geoffrey M. Hodgson ,2004, *The Evolution of Institutional Economics*. London: Routledge.

[06] 參見 Georg Simmel，劉小楓、顧仁明譯，2001，《金錢、性別、現代生活風格》，臺北市：聯經，頁 10-12。

[07] 施康強、顧良翻譯，2006，新北市：左岸文化。

[08] Anthony Giddens, 1984, Cambridge (UK): Polity

[09] Lin, M., 2007, Explanations for The Resistance to Educational Reforms in Taiwan: Taiwan's Educational Reforms (1994-2004): Agents' Reference Structures, Interests and Strategies. Unpublished Doctorial Dissertation, University of Bath, UK.

[10] 以上參見 Hans-Georg Gadamer，洪漢鼎譯，1993，《真理與方法》，臺北市：時報文化，頁 352-359、395-401。

[11] 參見高淑清，2008，《質性研究的 18 堂課：首航初探之旅》，高雄：麗文文化。

[12] Numbeo, 2020, *Health Care Index*, https://www.numbeo.com/health-care/rankings_by_country.jsp. 搜尋時間：2020 年 10 月 10 日

[13] 埃德蒙德‧胡塞爾 Husserl, Edmund，王炳文譯，2009，《歐洲科學的危機與超越論的現象學》，北京市：商務

[14] 參見孫周興，2011，「賈科梅蒂的真實」，《邊界上的行者》，上海市：上海人民。

[15] 趙敦華，2006，《現代西方哲學新編》，北京市：北京大學出版社。第 116 頁。

[16] 參見 Jacob Soll，陳儀譯，2017，《大查帳》，頁 171-172。

[17] 福澤諭吉，北京編譯社譯，1998，《文明論概略》，北京市：商務，頁 151。

[18] 岡田英弘，2017，《中國文明的歷史：非漢中心史觀的建構》，新北市：八旗文化，頁 273。

第一部分

貴族原則

　　此一部分在闡明貴族原則的來源、主要內容，以及它與各種產業、制度和文化的關係。在制度上，此部分特別關注貴族原則與經濟制度、政治制度 —— 特別關心人權、民主與各種權力的關係。與貴族原則相關的知識體系中，我們另闢一章專門討論精神與物質力量。以上這些主題形塑了當今的西歐文明。最後一章討論貴族原則的傳遞與未來。這一部分之內容不只在討論歐美地區，也夾雜著對東亞文化的批判。

第三章

貴族原則的起源：有閒階級的慣習

貴族原則乃源自筆者比較西歐與東亞歷史與制度發展的過程中，發現西歐呈現出來的特殊結構，因此在呈現貴族原則的內容時，需要爬梳較多的歐洲歷史。

貴族原則起源有閒階級的慣習與西方現代化過程互相鑲嵌之後演化出來的結果。這樣的過程可以分成三個階段。首先，當歐洲由部落社會轉變為具有財產與政治權利世襲基礎的貴族制後，產生了第一階段的有閒文化。接下來，因為地理位置或工業技術的發展的機遇，商人群體與中產階級興盛起來，他們模仿了貴族階級的有閒文化，於是共同創造了第二階段的有閒文化。再接下來，當代勞工與社會運動的興起，民選政府開始對普羅大眾的勞動權利進行保障，並且限制勞動時間，因而使普羅大眾有了更多的休閒時間，於是他們有足夠的時間和精力模仿前兩階段的有閒文化，而產生了第三階段的有閒文化，也成就了當代歐美共同的有閒文化。這三個階段的有閒文化，後面階段不斷去融合前面階段的有閒文化，意外地重新塑造了當代社會，也形成了本書所謂的貴族原則。

在第一階段的有閒文化之中，原本部落所具有的敵視和掠奪習性以一種「尚武」的精神在貴族制中保存下來，貴族對掠奪或賞賜而來的權益與財產的占有與繼承也被確立下來。不過，整個社會中也只有少數人擁有此種權益，可稱為特權。由此，貴族擁有閒暇的時間比其他的平民、奴隸來得更多，於是他們不只會追求舒適的生活，貴族們在互相攀比的過程中也發展出了不同的具有差異性的文化資產，例如象徵高階層權力的宗教儀式、寺廟、禮器，還有如公平的決鬥、優雅的儀容、服裝、美術、色彩、音樂、建築、莊園、飲食料理或家具陳設等等 [01]。

第二階段有閒文化的形成容易發生在商業發達的地區，像是古希臘的城邦、文藝復興之後的北義大利城市、北歐的漢薩同盟（Hanseatic

League，12 世紀— 1669 年）城市，以及大航海時代到工業革命初期的荷蘭、英國與法國城市。因為商人與地主，以及支持兩者發展的手工業者財富增加，而能與貴族平起平坐，有時貴族本身就是商人和地主。商業城市的興起，使得脫離領主統治的自由民身分受到重視，他們或與領主或教會抗爭，達成妥協後制定法律保障其政治與司法上的自治權利，逐漸形成了準公民權或市民權的意識 [02]；他們成立議會，選舉自己的執政官。這時候公民的身分尚未擴及城市裡所有的人口，僅少數具有一定財產者才擁有公民身份，於是在市民階級底下可能還包括一般平民、無產階級或奴隸為他們工作，讓他們擁有較多的閒暇，這些閒暇成為第二階段有閒文化的基礎。由於當時封建君主與貴族的權力差距並不是很大，而且許多都有姻親關係，為了方便自己與國家徵收賦稅，於是通常採用議會的形式來增進權威與進行政治權力的分配，例如古希臘與古羅馬時期的元老院、貴族院等等。英國大憲章（1215 年）便是君主與貴族共同簽訂的契約，雖然君主未必遵守。英國在十七世紀光榮革命之後，議會制度開始合法而正當地主導了國家政治，能參與國會主導國政成為貴族的至高榮耀之一。為了選上議員，貴族階級常會籠絡地主和商人，常會邀請他們參加貴族舉辦的餐飲宴會，以爭取政治上的支持，這就是托克維爾（Alexis-Charles-Henri Clérel de Tocqueville, 1805-1859） [03] 所謂的英國向其他階級開放的貴族制度。英國之外的其他歐洲國家，國王為了解決財政負擔而加冕一些富裕的中產階級成為新興貴族，或者賣官給中產階級，這些中產階級為了接近宮廷也開始學習貴族文化。於是這些貴族與富裕中產階級的磨合，使得貴族文化開始向有些閒暇的平民階級傳遞。較富有的平民階級不但因此學習、複製了第一階段的有閒文化，而且因為商業的發達、識字率的增加，為了控制風險，嚴謹的商業契約也

開始出現，在這些需求帶動下，使得豐富的文學藝術、哲學、科學、數學，甚至人權思想發展起來，形成了第二階段的有閒階級文化。古希臘的雅典時期、歐洲文藝復興和科學革命的時代，都有第二階段有閒階級發展出的文化特徵。

第三階段的有閒文化形成的基礎是在工業革命之後，機器取代人力，再加上福特式作業線（福特汽車生產方式）的生產步驟，使得生產力大幅提升，不只使大量生產成為可能，各領域技術革命使得勞力投入時間的縮短成為可能；生產革命不只解決了馬爾薩斯人口論中人口增長與食物供給之間的緊張關係，還為普羅大眾帶來休閒時間與空間的可能。雖然人力被被機器解放出來的空間加大，但是這樣的解放來得不易。一開始都市工人的處境十分惡劣，同情勞工處境的中產階級像馬克思、恩格斯等發起了勞工運動，爭取勞工權益；激進者還企圖推翻現行制度，重新建立社會主義或共產主義的國家。此時，勞工的訴求開始被民主政府納入考量。在上述第二階段晚期發展出來的天賦人權概念也開始在第三階段初期開始發酵，將公民權擴展到所有人民的運動成為難以阻擋的趨勢，最終民主制度成為這一個階段的主要特徵。普遍公民權與勞工權益結合的結果，開始立法規範普羅大眾勞動時間，並且進一步保障勞工的休閒時間。勞工休假法制化的結果使得所有公民成為制度保護下某種程度的有閒階級。二次大戰後西歐與北歐社會主義運動的結果更強化了全民的「有閒階級化」。另一方面，貿易全球化的發展，資本家為降低勞力成本於是將低端勞力密集產業外包到開發中國家，促成了本國的產業結構發生了巨大的變遷，第一與第二級產業結構縮小，而第三級產業逐漸放大，有閒文化也開始了產業化。普羅大眾開始模仿上流社會的生活型態，並且投入上流社會同樣喜好的有形與無形的「文化生產」，並發展出了像將「暴力博物館化」的職業運動

以及其他流行娛樂產業。貴族原則也在第三階段成為成熟的形式。

如果粗略地將這三個階段的主要制度做一個劃分的話，第一階段可說是貴族權利與財產世襲制度的確立；第二階段是市民階級經濟制度的確立；第三階段是民主制度的確立（同時也是貴族的權利與世襲制度的崩解，即便有些西歐國家仍然存在貴族，但與第一和第二階段相比，貴族的的權利已經大大削弱）。這三個階段的制度之間是一個累積的、演化的過程，有閒文化的發展在其中進行了擴張與創新，最後階段包含前面階段的成果，且共存在當代的歐美民主社會當中。貴族原則也在這三個階段逐漸形成。

▍有閒階級的分類

根據上面三個階段，現存的有閒階級蓋可分成三類：第一種叫做先天有閒，他們靠著上一代的餘蔭繼承爵位或財產而成為有閒階級，貴族或是我們現在說的富二代就是這一種先天有閒。第二種叫做後天有閒，他們靠著自己的努力而創造出有閒時間來，一般所謂的中產階級，第一代中產階級或第一代富翁可歸屬於後天有閒階級；另外一種異類是那些可以忍受貧窮、安貧樂道的居士、修行者或出家眾，也可算是後天有閒。第三種叫制度有閒，他們是受制度保護之下而產生的有閒階級，例如法律保障勞工的基本工作時間與休假權利，而讓勞工也成為制度上的有閒階級。

讀者大約了解了貴族原則在三階段有閒文化歷史中的累積過程後，以下也要請讀者跟著我爬一座大山，來熟悉貴族原則的主要內容。這一座大山就是范伯倫的名著《有閒階級論》[04]（*The Theory of Leisure Class*）。這本書發表在 1899 年，當時正當資本主義發展如火如荼，而勞

工運動正在積極醞釀當中，美國也在這個時候超越英國成為世界經濟最強的國家。在這一個歷史的轉振點上，范伯倫看到的卻是美國為數漸多的暴發戶與中產階級互相攀比的消費文化，他感到憂心忡忡，於是以這個階級的消費型態作為研究對象，以他熟悉的康德哲學論述方式作為分析的基調，將這一個階層的消費特徵串連在一起。其研究讓世人見識到炫耀性消費和炫耀性浪費，這些負面的詞語也成為當前主流經濟學的重要名詞之一。

《有閒階級論》這本書是在寫有閒階級的原理與原則性內涵，所以缺乏對歷史的差異性比較，也就是缺乏區域比較。古希臘雅典的有閒階級和當時中國前秦以前的有閒階級到底有什麼差別？秘魯印加帝國的有閒階級墨西哥阿茲特克帝國的有閒階級到底有什麼樣的差別？難道這一些差別都可以被忽略到而削足適履的穿上《有閒階級論》所提供的原理原則中嗎？范伯倫的論述中並沒有妥善的去正視這樣的比較性問題，這使得他的論述的影響性受到了某種限制。這或許是許多研究者會出現的侷限（可能包括作者我），他們在處理質性研究的論述、比較分析相關的歷史經驗現象時，常常只關注在他們的「共相性」以方便提煉出原理原則，一但提煉出來似乎就打住了，而以為是放諸四海為皆準的原理原則，可以解釋一切了。沿著范伯倫之後發展出來的新制度主義把重點放在博弈理論、理性選擇、交易成本的降低、成本效益分析，以及路徑相依等概念來研究制度的影響性以及制度變遷，似乎沒有離開范伯倫這一條路徑太遠。范伯倫在這一本書發表之後，他後來相關出版的其他論述之影響性似乎變小了，這恐怕與它採取的觀察途徑應該有關。反觀和他同時代的馬克斯韋伯（Max Weber）不但注意到問題的「共相性」也注意到不同事件之間的「異相性」，並且對這些異相性進行深入的分析解釋，而成就了更廣泛的影響

力。純粹理性和實踐理性之間需要存在一種判斷力，有判斷力才能夠解決問題。范伯倫或許這樣的判斷力較弱，也才會把自己的私生活搞的一蹋糊塗。如果你是一個經濟學素養很高的讀者看到這裡可能會把我臭罵一頓吧！但是我這幾年來的思索看到的結果就是如此啊！請您多包涵了。

▌有閒階級和有閒文化的不同

「有閒階級」和「有閒文化」有什麼不同呢？范伯倫將觀察有閒階級的對象鎖定十九世紀末的上流社會，因此有某種程度的封閉性，造成有閒與無閒的階級差別。但是本書裡面的有閒文化除了指涉上述的有閒階級的文化，更還包括了整個二十世紀，特別是在一九七〇年代之後先進國家絕大多數的人都享有假日休閒的狀態之下，不管任何階級都享有的有閒的生活；本書還要闡明他們會怎麼去完善自己的有閒生活以及在當今社會呈現出來的樣態。可以說，從 1900 年到 1970 年之間，在資本主義生產力大爆發的情況下，先進國家中原本屬於有閒階級的文化蛻變成普遍大眾的有閒文化，這個過程是范伯倫沒有觀察到的。

▌有閒階級的慣習結構

慣習（habitus，或翻成慣域）代表著可以影響某一群人的階級屬性，這個屬性具有外在制約、客觀化的、超越人主觀自由意志的與可傳承性的特質 [05]。

有閒階級的慣習結構

		對力的崇拜（A）	占有／所有權（B）	尋求差異（C）
尋求差異		多樣性的力崇拜	多樣性的權利型態	多樣性的辯證
追求舒適	身體的（a）	運動產業	第一、二代人權	休閒產業
	精神的（b）	運動產業心理諮商精神醫療	第二、三代人權	休閒產業
	美學的（c）	設計產業	智慧產權設計產業第四代人權	休閒產業設計產業
	智識上的（d）	教育產業	智慧產權教育產業對權力概念的定義	教育產業金融產業學術理論

　　范伯倫從人類學的角度來檢視與有閒階級並存的慣習要件，大概可以分為四種：對（暴）力的崇拜、占有／所有權、尋求差異，以及追求舒適。本書發現這四者中，後二者不但會與前二者進行辯證，而後二者之間也會進行辯證；而追求舒適此項包含有身體的、精神的、美學的、智識上（physical, spiritual, aesthetic, and intellectual conforts）的四的部分的滿足[06]，這一項在當代作用的範圍最廣。他們之間的互相辯證產生了有閒階級的慣習結構極其內容（包括多樣性的權利與產業），如上表所示。以下我們將簡單介紹每個概念的內容。

力的崇拜

　　有閒階級第一個慣習就是對力量或是暴力的崇拜。這並不是說有閒階級為了侵占、支配他人而對力量產生崇拜，也不是說人一旦有閒了就開始對力量產生崇拜，（范伯倫進入了人類學似的哲學分析）而是人類的行為不知不覺內化或同化了自然界的「動（animate）」與「靜（inert）」的意象區分與價值投射。這裡的「動」代表的是侵占性與崇尚武力。人們對大自然界中的風、電、暴雨等具有暴力性的東西產生了模仿式的崇拜，於是指向了為某種目的而展開的活動，例如支配他者。有些「動」是為了符合於自己的目的，有些則是為了追求並實現某種具體、客觀、非個人的目的。對「動」的崇拜導致傾向於喜歡看見成效與實用。在與「動」相關的德性當中，果敢、強壯、魁梧、自決、自主、好勝、進攻、敏捷、堅定等等形象，成為貴族、男性、功勳、有價值的、榮耀的、高貴的的代表。非常像易經裡面「陽」的觀念 [07]。

　　「靜」代表不具有抗拒能力之野生的、無理性的、凶殘的、無意識的死物（brute matter）素質。在人類社會的象徵就是女性的、雜役的、微不足道的、不體面的、不切實際的、虛擲浪費、無能、辛苦的、勞力的、惹人厭惡嫌棄的。類似易經裡面「陰」的觀念 [08]。

　　范伯倫依自己的觀察做了一個形而上預設：「動」馴服「靜」——不像易經裡面陰陽協調或是以靜制動的觀念。「動」透過兩種方式來馴服「靜」，其一是技藝的本能（instinct of workmanship）：將無理性、無意識的材料創造出新事物來，並賦予新的用途；其二是戰鬥：用以征服頑強的競爭者，不論是人或獸。前者產生的個人之間的競賽、歧視性的對比、互相的攀比較量，也造成美學、美感的演化，並且因著技術知識和工具運用

上的成長，使人類成為難以馴服之動物，並且自外於其他動物；後者則將殺戮視為無比的榮耀，也使因應殺戮的配件跟武器蒙上英雄色彩，並且產生了好鬥成性的心理結構，以戰鬥的角度來評判事務 —— 戰鬥成為男人日常生活與思維之中極其顯著的特徵，從而並衍生出的掠奪型的文化[09]。當代美國與歐洲歷史上不會排斥戰爭的習性可以從這面向來理解。

　　這種以動制靜、對力量的崇拜的有閒階級在人類學上面的特徵，對當代的事物產生什麼樣的作用呢？范伯倫觀察到（一）當代喜歡採用較凶殘的肉食性禽獸作為徽章或（在大型建築物門前和屋頂的）鎮邪之物，似乎捕獲或塑造了這些禽獸的形象後，禽獸的力量就會儲存在所有者身上，增加他們的力量存在感（不過，對比東、西方，或是說貴族原則和平民原則不同的社會，雖然兩者的許多廟宇和建築前面都使用凶猛的禽獸雕像作為門口的守護神，例如龍或獅子，細心的觀察者會發現兩者的凶猛的程度有明顯的差別，平民原則社會的守護神稍嫌溫和）。（二）范伯倫的《有閒階級》一書形成的十九世紀末，當時歐洲各國世襲的有閒階級（天生有閒）在整體社會的占比，相較於現今社會，有較高的比例，而且他們當時比新興的中產階級普遍呈現較濃厚的尚武精神與愛國主義；因為貴族階級原本就是因為戰爭而存在。范伯倫所經歷過的第一次世界大戰以及在他身後發生的第二次世界大戰，就他的理解脈絡來說，恐怕就是傳統貴族的尚武精神以及普羅大眾受其熏陶轉化而來的愛國精神所引發。（三）十一世紀到十九世紀末歐洲貴族存在著以決鬥作為解決衝突的手段，他們通常以保護名譽為藉口展現自己的騎士精神；凡遇到挑戰而不願接受邀約的個人會被階級視為此懦弱、不名譽。（四）當代體育活動或各種競賽充滿著掠奪的氣質，他們以敵對競爭為基礎、視狡猾詐騙為正當的技巧手段，企圖勝出取得戰利品。

對財產的占有

　　有閒階級的第二個慣習是對財產進行占有。人們從蠻荒時代就有使用暴力掠奪並占有戰利品的習慣，其後衍生出財產權和所有權的觀念。此一慣習（在有閒階級發展的第二階段）通過下級貴族和武士以及新興中產階級的奮鬥，對權利概念進行辯證性的詮釋，發展成了當代憲法裡面保障的基本權利，以及更為細緻的其他權利，像社會權、環境權、隱私權等概念，就是本書隨後會提到的第一代到第四代人權。

　　范伯倫認為有閒階級和所有權兩個概念是同時發生的。這是非常聰明的論斷而且難以反駁，有點像是三角形與其內角 180 度是同時存在一樣。有閒階級所以必然涵攝所有權的存在，是因為有閒階級被定義在不需要長期進行第一級與第二級產業勞動而有較多空閒者，這一個階級的人擁有「讓」其他人為他工作的本領。進一步說，此階級控制著某種權力和和具有某種權威（不管來自傳統的、法治的或合理的權威）而容易促使別人為他們工作，也使他們毫不猶豫、理所當然地認定對另一群人的工作時間擁有管理權或是交換權。這種權力與權威的發生，通常若不是因為他們擁有某種具體或抽象的籌碼，可以讓別人在某一段時間內願意服從，便是以合法暴力強迫他人永遠順服、為他們工作。這種具體和抽象的權利便形成最早所有權制度。有讀者可能會問：照此一說，難道沒有有閒階級就沒有所有權嗎？不是的，在平民原則的社會中許多人雖然沒有什麼閒情逸致，但還是擁有某種程度的所有權。同樣，反過來說，擁有所有權的人也未必都能發展出有閒文化，例如在平民原則社會；但是，要發展出有閒階級和文化，就必須先要有所有權。

范伯倫認為最早的財產所有制源自於對女性身體的掠奪和占用，隨後進一步演進到對女性勞務的占用，進而對奴隸的占用。對女性身體和勞務占用的習性在當代社會的某些地方像吉爾吉斯等中亞國家還存有搶婚的風俗，即便政府嚴格禁止還是無法完全杜絕；臺灣的布農族在過去也有搶婚的習俗，但是在今日只是作為婚姻典禮的象徵儀式。中國古代也有搶婚的習俗，主要發生在母系社會氏族內婚制向氏族外「對偶婚」制（指一個主妻與一個主夫有同居的義務，然則他們又被允許擁有小王與小三的婚外情制度，此制度的下一個階段就是一夫一妻制了）的過渡時期，但是在生產力進步以及私有制度產生之後，買賣婚姻開始流行，搶婚逐漸喪失原有的內涵[10]。這個觀點在人類學上應該不能一概而論，畢竟母系社會是否就少有奴隸制的出現，還是值得進一步考察的。范伯倫的說法暗示著：（一）母系社會較難以出現貴族體制，（二）父權社會優先於奴隸制度而存在：因為先存在男性將女性私有化，才出現財產權的觀念，而奴隸制是將他人當成私有財產，因而存在其後[11]。

　　在社會價值優位（俗稱「鄙視鏈」）排序中，財產累積取代了對功勳和爭奪而得的戰利品優位的時間點，發生在范伯倫觀察到的準和平（quasi-peaceable）階段；此階段相當於人類在遊牧和農耕的早期階段，生產活動取代了暴力掠奪活動。當農、林、漁、牧生產技術的進步，使得生產活動獲得財貨的成本低於掠奪活動的時候，掠奪財產活動就會減少了，甚至被宣布為非法行為——因為在同一時間財產所有制被建立起來。另一方面也是由於有閒階級之間的攀比競爭，促使原始人類將掠奪來的財貨加以合法化、正當化，以象徵自己過往力量的所得被鞏固下來；並且其後代為了比賽誰的祖先優秀、誰較具傳統性的世襲權威，於是將財產繼承權也加以合法化，讓下一代持續占有這些功勳與掠奪品。簡言之，生產技術的進步與攀比競爭的需要，暴力掠奪逐漸受到規範，於是財產私有制確立下來。

尋求差異

范伯倫在觀察有閒階級攀比競爭的各種樣態之中提到尋求差異的各種「成就」，意味著有閒階級尋求差異最主要的目標就是攀比競爭。這個觀點其實有所侷限，有閒階級去深山冒險、去海邊遊玩放鬆心情，常常就是想要放下過於競爭的都市生活，這種傾向不能完全把它歸因於炫耀性的攀比競爭。本書觀察有閒階級尋求差異的動機至少有三項：攀比競爭、尋求新鮮感以及後現代中的刺激消費。

◆ 攀比競爭的尋求差異

就第一個動機而言，范伯倫假定了有閒階級都是為了向別人證明自己的高大上、證明自己的高尚、財力以及閒散而沾沾自喜。例如為了形塑自己掠奪的功勛可以耐久的證據，便造出了徽章和勳章；而且也在自己的稱號（指公、侯、伯、子、男或是博士等）上和他人產生級別辨識，包括各種學位的制度的建立。而有閒階級的休閒也以高雅為標準，休閒的對象許多是以非實體物的形態出現，例如去學習或研究已經棄而不用的語言或是玄學知識、正確的拼字、讀音、造句和韻律學的知識，或是學習各地方的音樂和藝術的知識，也包括對時尚、服裝、家具、陳設的知識，或是對遊戲、運動、飼養動物 —— 如家犬或是賽馬祕訣的知識。對范伯倫而言，這些都是非生產性的、非勞務性的消遣時間的證據（本書必須強調：范伯倫的時代格局使他觀察不到上述的許多項目在當代都是具有生產性的、勞務性的休閒產業項目；以當代產業的標準來看，他只認定第一級產業和第二級產業是具有生產性的）。而當人們對這些具有學養的知識或是科目進行學習和陶冶，並且逐漸融入了言行舉止當中，於是產生了類似貴族的儀態、教養、禮貌、談吐、儀式性的禮數等等 [12]。並且在講究身分制度的社

會中，這些教養與禮數得到了蓬勃的發展，並使其具有兩個特質：首先，他們是精心規劃的；其次，他們變成了約定俗成的遺風，極具階級和文化的象徵意義。

◆ **新鮮感的需要**

尋求差異的第二個動機是新鮮感的需要。范伯倫將攀比競爭當作社會進步的動力，這裡面預設了人的自我肯定的源頭就是要比別人優秀，因此人好像沒有了為自己而活的心理空間。如果人只是為他人而生活，人的趣味範圍就變得很狹窄了，有閒階級不可能長期困在這個窘境中，必然會有人去尋求解脫之道。有閒文化之中追求新鮮感是很重要休閒的一部分。范伯倫在《有閒階級》第六章提過「新奇感」，他給了新奇感幾個有趣的命題：（一）新奇感是品味的輔助性感覺，「品味」指攀比競爭下對某一對象如庭園、寵物、駿馬、女性軀體、教堂建築等等所講究的美的準則，而新奇感是附著在美的準則之上。人們對於匠心獨運、精巧、卻又令人費解的設計抱持著好奇心。（二）因為炫耀性揮霍，而使新奇感凌駕於美的準則之上，並指向某一個客體的外貌或表象，呈現了特異性，例如一匹駿馬所以被視為「駿」，是因為它符合了長期性的市場價值、可以賣到昂貴的價格等條件而被嚴格篩選出來。但是這種新奇感極少能夠直接啟動或創立任何風格習慣，它的作用僅在於重新挖掘舊的、已存在的事物中新奇之處以保存之。例如當代的印刷業者有些走回古早風格以證明這本書的稀有性，或是一些手工製品所以比機械製品更有價值的原因竟然是根植於它有一些粗糙的地方；這種古早風格或是粗糙的空間只是某種新奇感並非美的準則[13]。所以范伯倫認為新奇感的原則是一種消極性多於積極性的定律，是一種制約性多於創造性的原則。

◆ 新鮮感的範圍

范伯倫將新奇感和美的原則並列討論，事實上範圍太過狹窄了，因為有閒階級尋求差異化的行動中不只是針對美感品味的東西而來，其他如哲學、科學等學術活動，甚至有關於智慧財產權的生產活動，也都是尋求差異化的行動。因此我會建議把新奇性原則和辯證原則並列討論，也就是把美的原則視為辯證原則的一部分。這裡的辯證原則指不斷看到概念的限制、論述的矛盾，而能開發新的概念與論述往前進。

◆ 追求經濟利潤

尋求差異的第三個動機是追求經濟利潤。有閒階級追求差異的第一個動機 —— 攀比競爭容易造成階級品味的強化，特別容易將自身階級與其他階級分隔開來；相較而言，第三個動機 —— 追求經濟利潤反倒是橫跨階級的。中下階級的勞工或是為勞工服務的律師去買一張樂透，兩者不會去考慮階級品味，他們共同的動機都不可能排除追求獎金，也就是利潤。第三個動機與第二個動機 —— 尋求新鮮感不同之處在於它不是那麼講究美學或科學上的好奇心，而是一場對數字的混戰、管理、賭注、累積、超越。

尋求差異對力的崇拜與所有權追求的辯證

有閒階級對力量崇拜這個慣習與追求差異這一個慣習互相辯證之下，產生了對力量投射的多樣性，如（先前）力量崇拜那一段所說的設計多樣的徽章和雕塑凶猛的動物造型，或是對上帝力量的投射而展示在教堂廟宇的金碧輝煌的建築上面等等範疇。而這樣的辯證也刺激了當代的運動產業的多元化，例如關於各種球類的運動以及各種田徑場上的競賽，或者在商品範疇中運動鞋和服裝所展現的動感投射。甚至在軍火工業方面也展現了

高度的多樣性，例如依據不同戰鬥條件所設計的不同類型的戰機、軍艦、飛彈、槍砲。再則，有閒階級在追求所有權這一個慣習與追求差異的慣習互相辯證之下產生多樣性的權利訴求（如前面所述的四代人權內容的多樣性），這樣的訴求似乎沒有歷史終結的一天。

追求舒適

　　范伯倫在《有閒階級論》的第二章討論到人們追求富裕（wealth）有兩個階段，第一個階段是為了生計（substantially a struggle for subsistence），或說是追求數量上的滿足；第二個階段是在技術發展之後開始追求生活的舒適，這樣的舒適包括了**身體的、精神的、美學的**，和**智識上**的等四個層次的滿足[14]——也就是說這一個追求的過程是由量變產生質變。我們在以後的章節會討論到有閒階級在追求差異的行動當中對於龐大數字的追求和管理導致了當代的金融制度的出現，但是貴族習性上卻又討厭會計制度——這完全是在數字的管理上下功夫的，也就是說他們在第一階段（為了生計）數量上的追求已經足夠，轉而追求第二階段的質感（追求富裕），而這種生活上的質感又是全方位的。

　　事實上范伯倫論述「追求舒適」這個主題的篇幅並不多，他特別強調有閒階級日常的支出常常超過其所需要的舒適程度以滿足習俗認可的禮節標準。對范伯倫這樣的論述，我想讀者應該不會意外，因為他對有閒階級的認知都聚焦在互相攀比、炫耀過度的路徑上面。

　　筆者認為研究當代西方社會的發展狀況，范伯倫這樣的討論遠遠不夠。當我們進一步去探討貴族原則和平民原則的對比時，舒適感的追求將是兩大原則之間最能呈現顯著區別的一項。以下我們先對舒適（comfort）進行定義，然後再進一步申論它在當代社會結構上所產生的作用。

舒適與便利的兩種價值

　　舒適具有兩個內涵，一個是放鬆，一個是減少干擾。在劍橋詞典裡面「comfort」的意義是「一種放輕鬆而且遠離痛苦的愉悅感受」，英文中「free from pain」就有減少干擾的意思。對比貴族原則，與平民原則較相關的概念是「便利（convince）」，在劍橋詞典裡面的意義是「把困難點降到最低的狀況下，方便達成所要的目的和需求」。這裡先破梗（也就是本書想要闡明的兩大原則的分界點）：那就是貴族原則社會裡，人們對舒適的追求勝過於便利；事實上舒適感一定包含著便利，但卻不會讓便利超過了舒適。但是在平民原則的社會裡，便利的重要性超過了舒適感，為了便利是可以忍受痛苦、容忍不舒適的環境的。舒適考慮的原則較多，而便利考慮的原則相對較少。在筆者正在書寫這一本書的時候，一位朋友見到我為這本書費盡寒暑、不隨他出國旅行覺得不可思議，要我稍微講點內容。我那時正坐在臺中市一家摩斯漢堡樓上，看到底下騎樓的環境，就跟他舉例說在歐美、日本這些貴族原則或文化構成的社會，你通常會看到有人行道，汽車也按照規矩到他的停車位去。有些國家甚至把腳踏車道都畫出來了。但是在臺灣你看到的是道路兩旁停滿了摩托車和汽車，甚至停了紅線黃線也不太有人去檢舉，可憐的行人總是在僅存的路面上和汽機車爭道。本來應該讓給行人的騎樓也被許多路霸擋住，絕少有人去舉發。這兩大原則社會的不同就是歐美重視的是舒適，不只要讓汽車、腳踏車行得舒適，也要讓行人走得舒適；但是在臺灣，我們重視的是便利，為了讓較能縮短行車時間的汽機車更為便利，於是人們隱約設想了汽機車有比行人較大的權威。因為汽車和機車的便利性通常比人腳走路更為便利，在臺灣並不是不考慮舒適的問題，而是與便利的問題相比，就變得其次了。行人們忍受

了痛苦，開車騎車的人也忍受了行車過程的雜亂。聽到這裡，我的朋友豁然開朗，回家之後拍了幾張臺灣人追求便利不講究舒適的照片給我，其中就有一張說在臺中火車站的後站需要收費的停車場裡面沒有幾部車，可是在馬路上大量的機車胡亂停車，習以為常。整個來說，要討論貴族原則和平民原則的對比，一定要涉及到舒適感的追求這一個議題，所以本書企圖將范伯倫對於舒適感追求的討論向前跨一大步。

舒適感的追求對其他追求（力量、所有權、差異）的修飾

有閒階級對舒適感的追求涉及到各個層面，某種程度上是對其他追求（力量、所有權、差異）的修飾，使他們達於最舒適的境地。我們將先前范伯倫從人類學的角度來檢視有閒階級的四種追求行動中的前三者：對（暴）力的崇拜（A）、占有／所有權（B）、尋求差異（C），對應到范伯倫提到舒適感追求的四個層次：身體的（a）、精神的（b）、美學的（c）、智識上的（d），架構了本書關於貴族原則所要討論的主題。首先，這樣的對應結構可以呈現出有閒階級所開創出的幾個大產業（運動產業、休閒產業、教育產業、金融產業以及設計產業），亦可洞悉這些產業發展的重點。這四大產業在有閒階級的發展上具有調和結構衝突的作用，例如運動產業是以遊戲的方式來規範並且保存蠻力崇拜以及輸贏競爭的緊張感；休閒產業則是以休閒的方式來緩解有閒階級之間的攀比競爭；教育產業則是以典雅教育（范伯倫提過從十六世紀開始的文法學校（grammar school）注重掌握知識以及強調大學預備科目，包括考試的時候考題會出現艱難的字根）來緩和階級競爭（也就是去確保小學、中學與大學之間貴族學校的升學關係）；金融產業則是有閒階級為了尋求利潤並且控制風險，先以數字來管理商業，在國家信用擴張後再以數字來管理更加龐大的

數字，當代的數位金融則是對數字附加資料串來創造數字的價值，都有著非常深刻的辯證過程；設計產業則是去確保上述這些產業同時能夠滿足身體的精神的美學的以及智識上的舒適感。

其次，這樣的對應結構在對關於所有權的探討中可以延伸出有閒階級對於自身權利的訴求奮鬥以及對權利內容的開發之探討，從新的脈絡來考掘權利發展的軌跡：第一代人權、第二代人權、第三代人權，甚至第四代人權等，都獲得了全新的觀察角度和論述內容。甚至我們在考察關於公平審判、智慧財產權的發展，以及選舉權的擴大這些相關議題時，這樣的對應結構不但可以發覺西方文明的獨特性，並且給予重新詮釋此文明內在制度與精神上獨特性發生的來由。這種重新的觀察對我們了解平民原則和貴族原則的差異以及兩者之間的辯證關係提供了有利的論證基礎。

以下，我們將展開貴族原則社會的內容。

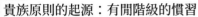

[01]　Norbert Elias，林榮遠譯，2020《宮廷社會》，上海：上海譯文。

[02]　參考 Henri Pirenne，陳國樑譯，2011，《中世紀的城市》，北京市：商務。

[03]　李焰明譯，2015，《舊制度與大革命》，臺北市：時報文化。

[04]　Thorstein Veblen, 1953, *The Theory of the Leisure Class: An Economic Study of Institutions*. New York: The New American Library.

[05]　參考 P. Bourdieu, 1977, *Outline of a Theory of Practice*. New York: Cambridge University Press.

[06]　參見 Thorstein Veblen，1953，第二章，線上版，https://oll.libertyfund.org/title/veblen-the-theory-of-the-leisure-class-an-economic-study-of-institutions#lf1291_label_018，搜尋時間：2021 年 8 月 31 日。

[07]　范伯倫，李華夏譯，2007，《有閒階級論》，新北市：左岸文化，頁 20-24。

[08]　同前書，頁 20-24。

[09]　同前書，頁 20-24。

[10]　參見張玉瑋、秦殿啟，2006，〈論中國古代搶婚文化〉，《東南文化》第 2 期，頁 57-60。

[11]　恩格斯在所著之《家庭，私有制和國家的起源》也有同樣觀點。參見谷風出版社編輯部譯，1989 年。臺北：谷風。

[12]　同註 7，《有閒階級論》，頁 48-54。

[13]　同前書，頁 105-122。

[14]　同前書，頁 13。

第四章

貴族原則與運動產業

休閒與運動產業常常是被合併一起討論的，不過為了凸顯「力的崇拜」，這裡特別將運動產業（sport industry）從休閒產業中拉出來單獨談；而運動產業恐怕也是當代「力的崇拜」範圍中最具有正當性的項目，戰爭與軍火工業，或是限制級的暴力電影或手機遊戲，其正當性都不若運動產業強。當代運動產業的內容包括了職業運動、運動行銷、運動贊助、運動紀念品、運動設備、大型運動場、運動觀光（sports travel）、運動穿著（服裝鞋子）、運動醫療保健、運動彩券（sports gambling）等等，之所以產生這麼多樣而且深入的內容，與有閒階級的慣習結構有很緊密的關係。

運動具有的蠻荒特質

范伯倫觀察到具有身體性的運動或是各種競賽，充滿著蠻荒的掠奪的氣質：設定了敵對競爭的條件，藉由經過多重訓練的技巧與現場狡猾詐騙的謀略，贏得勝利取得獎盃、獎品、獎金。觀眾在越是激烈的競爭中就越興奮，他們對自己支持的運動選手報以震耳欲聾的吶喊，對敵對的選手或觀眾耀武揚威、裝腔作勢、突顯狡點的面容和動作以展現男子氣概。更且，許多體育運動的俚語，多半來自軍事與戰爭的術語，並且新聞媒體也會以血淋淋的語氣來講述一場競賽活動。熱情的粉絲也會非常崇拜運動員強壯威猛的體格，甚至學習運動員自我鍛鍊、模仿他們在場上的英姿。運動員、觀眾、媒體、粉絲的共同投入，將野性、蠻荒、殘忍、狡猾的特質保留了下來。

運動具有的貴族特質

皮耶·布迪厄（Pierre Bourdieu, 1930-2002）認為業餘運動的理論（theory of amateurism）實際上是貴族運動哲學在特定面向的反映[01]。在這一個哲學底下，運動被構想成為可以鍛鍊勇氣與男子氣概，並進而養成高貴的品格，培養在共同設定的規則中求勝的意志；上述這些特質都是領導者的人格中不可或缺的特徵。對貴族而言，運動既是必要的卻也是業餘的，因為只有這樣，才能讓運動保持在一種與利益無關的運作中，而這樣運動本身也就無須其他終極性的、絕對性的目標，而這也讓運動具有了閒情逸致的色彩，符合貴族最基本的特質。

一場精彩的體育競賽除了需要上述運動員、觀眾、媒體、粉絲的參與外，裁判的角色也是不可或缺的。但是，裁判所代表的並不是保留蠻荒的暴力特質，而是代表著將蠻荒暴力「制度化」的執行者。

暴力制度化：把暴力圈養在籠子裡面

暴力制度化的目的一則在於控制暴力的範圍，以維持相關參與者的安全與基本尊嚴；另一則在增加蠻荒暴力展現實的精彩程度。暴力和蠻力是有閒階級崇拜的對象，最原始的有閒階級自己本身也常常在從事暴力和蠻力的相關活動，但是精密考量的結果又希望運用暴力和蠻力的時候，不至於造成對生命的傷害或是受害太深而造成殘廢或產生後續的仇恨等「不舒適」的後果，因此必須制定遊戲規則來規範暴力和蠻力的形式，這也就產生了現代的競技和職業運動形成的開始。

德國社會學家諾博特‧伊里亞思（Norbert Elias, 1897-1990）觀察到當代以運動的形式呈現的遊戲競爭中，對於肌肉控制的方式達到了前所未見的程度：井然有序與充足的自我規訓，這使得競爭性的遊戲得以在高張力的肢體競爭中與可能造成的肢體傷害之間取得某種程度的平衡，進而取得存在的正當性[02]。這種文明化的舉措減緩了身體的直接暴力，因為直接性的情緒表達在這一種間接的方式當中獲得的宣洩；且於過程當中可能產生的緊張和衝突都可以在控制的規範中具體展現出來，運動員自身以及周遭的觀眾因而獲得了身體和精神上的快感。於是原始的血腥暴力模式被虛擬的競爭對抗所取代。

這樣的過程本質上就是一種暴力的「博物館化」或是暴力的「動物園化」，把暴力圈養在籠子裡面。於是比賽的時候就有裁判依據暴力的危險程度給予不同等級的處罰，例如足球運動中的裁判會依照運動員在比賽當中侵害他人身體安全與其侵犯裁判執法時的尊嚴的嚴重性，而給予黃牌的警告或是紅牌離場的處罰，甚至更嚴重的禁賽等處分。研究也顯示比賽的規則越是嚴格、對得失分的影響越大，則球員對周圍的人實施暴力的發生率就會降低[03]。比賽過程中也僱用警衛維持秩序並且防止觀眾過度熱情引發暴動。暴力制度化某種程度上是有閒階級慣習之中「力的崇拜」與維護基本尊嚴的「權利的追求」兩者之間進行的辯證（本書常常用「辯證」一詞，指的是進行相關的議題性與概念性的討論）的結果，而且判斷的標準又以是否滿足有閒階級慣習之中在身體上的「舒適感」為判準。

在另一方面，這些競賽活動的愛好者為了追求更刺激、更可看的運動比賽，開始制定規則來規範可容許的欺騙和戰術幅度，並且聘請數名裁判員嚴格執行。這些動作都證明欺詐與哄騙並非只是競技的偶發性特色，而是長期存在人類社會 —— 特別是有閒階級社會的本質；透過這些儀式規

範，有閒階級間接影響了其他人們參與競賽活動，並且成為當代主流文化之一，從而讓這種掠奪型的氣質和習俗得以延續，更何況這大大降低用實際的戰爭來裝扮尚武精神所產生的代價。

職業球隊隊名隱含的蠻荒暴力與制度化的雙重特質

整體來看當代的職業運動隊伍所取的隊名同時隱含著蠻荒暴力以及被制度化後呈現的理性溫和狀態。在歐洲歷史較久的職業足球比賽各隊的隊名[04]幾乎都與地方城市或公司行號的名字相關（雖然他們的象徵圖案也多半與野獸、古代武器相關），有效形塑地方民眾粉絲的支持意識，只有少數像兵工廠、尤文圖斯（Juventus，拉丁文裡面是年輕人的意思）、熱刺等具有力量崇拜的含意。但是。反觀美國就呈現出多元的光譜，歷史較悠久的美國職棒大聯盟[05]裡面，具有力量崇拜意涵的球隊隊名也不多，在三十支球隊裡面只有勇士隊、馬林魚隊、紅人隊、釀酒人隊（可能有酒後亂性的暴力含義）、海盜隊、響尾蛇隊、藍鳥隊、紅雀隊、游騎兵隊、小熊隊、巨人隊、光芒隊（又有魔鬼魟魚的意思，雖然目前的商標是光芒，一樣多少有蠻荒崇拜意味）等十二隊有蠻荒與力量崇拜的意涵；相對的其他的球隊都非常的紳士，像國民隊、大都會隊、教士隊、紅襪隊等等，隊名所顯示的力量的意涵就比較低了，這應該顯示棒球還是一種接近士紳階級的運動或是說象徵著對地區的認同；更可能的是球隊的比賽保有著暴力崇拜的內涵，但是球隊的名稱已經向「多樣性追求」的方向轉進，用非暴力甚至更為非蠻荒、文雅的名稱（例如洋基、教士）。但是我們轉個方向來看美國職業籃球和美式足球的球隊隊名就顯示出了極大的差異。美國職業籃球三十個球隊的隊名幾乎都與蠻荒或是工業、軍事之力的意涵相關（大

概只有籃網隊、七六人隊、爵士隊等這對比較沒有暴力的意涵）[06]，顯示籃球是一個更需要身體對抗的蠻力博物館。相較而言，美式足球三十二支職業球隊的隊名[07]具有力量意涵的比美國籃球要少很多，但是比美國職棒還要多，這顯示美式足球是介於仕紳階級與普羅階級中間的共同地帶，特別是美式足球運動裡面有隱含著戰爭戰略的深刻意涵是許多知識分子層級戰略分析者喜好的內容。另外在北美曲棍球聯盟（又稱冰球聯盟）三十一支球隊的隊名方面也多半與蠻荒暴力或是工業的力量相關[08]，但是加拿大的隊名都非常的溫和，像楓葉隊、參議員隊、加拿大人隊，也可見美、加兩個國家力量崇拜的隱藏程度不太一樣。

◆美國職棒球隊名稱

國家聯盟

東區（East）	中區（Central）	西區（West）
亞特蘭大勇士隊 （Atlanta BRAVES） 邁阿密馬林魚隊 （Miami MARLINS） 紐約大都會隊 （New York METS） 費城費城人隊 （Philadelphia PHIL-LIES） 華盛頓國民隊 （Washington NATION-ALS）	芝加哥小熊隊 （Chicago CUBS） 辛辛那提紅人隊 （Cincinnati REDS） 密爾瓦基釀酒人隊 （Milwaukee BREW-ERS） 匹茲堡海盜隊 （Pittsburgh PIRATES） 聖路易紅雀隊 （St. Louis CARDI-NALS）	亞利桑那響尾蛇隊 （Arizona DIAMOND-BACKS） 科羅拉多落磯隊 （Colorado ROCKIES） 洛杉磯道奇隊 （Los Angeles DODG-ERS） 聖地牙哥教士隊 （San Diego PADRES） 舊金山巨人隊 （San Francisco GI-ANTS）

美國聯盟

東區（East）	中區（Central）	西區（West）
巴爾的摩金鶯隊 （Baltimore ORIOLES） 波士頓紅襪隊 （Boston RED SOX） 紐約洋基隊 （New York YAN-KEES） 坦帕灣光芒隊 （Tampa Bay RAYS） 多倫多藍鳥隊 （Toronto BLUE JAYS）	芝加哥白襪隊 （Chicago WHITE SOX） 克里夫蘭印地安人隊 （Cleveland INDIANS） 底特律老虎隊 （Detroit TIGERS） 堪薩斯市皇家隊 （Kansas City ROY-ALS） 明尼蘇達雙城隊 （Minnesota TWINS）	休士頓太空人隊 （Houston ASTROS） 洛杉磯安那罕天使隊 （Los Angeles ANGELS OF ANAHEIM） 奧克蘭運動家隊 （Oakland ATHLET-ICS） 西雅圖水手隊 （Seattle MARINERS） 德州遊騎兵隊 （Texas RANGERS）

◆臺灣職棒球隊名稱

富邦悍將隊、樂天桃猿隊、中信兄弟象隊、味全龍隊、統一7-ELEVEn 獅

◆韓國職棒球隊名稱

斗山熊（Doosan Bears）、LG 雙子（LG Twins）、培證英雄（Kiwoom Heroes）、SSG 登陸者（SSG Landers）、韓華鷹（Hanwha Eagles）、起亞虎（Kia Tigers）、三星獅（Samsung Lions）、樂天巨人（Lotte Giants）、NC 恐龍（NC Dinos）、KT 巫師（kt wiz）

◆日本職棒球隊名稱

中央聯盟

讀賣巨人、東京養樂多燕子、橫濱 DeNA 海灣之星、中日龍、阪神虎、廣島東洋鯉魚

太平洋聯盟

北海道日本火腿鬥士、東北樂天金鷲、埼玉西武獅、千葉羅德海洋、歐力士野牛、福岡軟銀鷹

再來看看我們東亞在棒球方面，不論日本、韓國或是臺灣，球隊的隊名多半隱含著猛禽、龍獸、雷電、巨人、巨龍等力量的象徵，和美國職棒球隊隊名的豐富性產生巨大的差別。或許是因為美國不認為職棒隊名必得要具有的力量意涵，一個更為中性的、不受「動與靜」過度影響的名稱反而可以帶來新鮮感，將暴力的比賽提升到另一個層次。但是在東方受到平民原則影響的國度裡面就缺乏這一層辯證轉進的意涵，這裡的人們直覺棒球這樣的運動除了本身要有力量，就連隊名也要讓自己與觀眾感受到力量；這或許也顯示了平民原則社會本質上就是缺乏對力量的崇拜，因此好不容易在運動上可以展現力量的時候，隊名也不能放過，而歐美則不同，貴族原則的本質就讓他的社會自然而然孕育著豐沛的蠻力，有時候還必須透過理性的程序（例如取一個較溫馴、文明的隊名）把蠻力收攏起來才能好好運用。以上只是對這有趣的差異現象做的現象學的、短淺的、可能不太負責任的解釋，或許讀者們會有自己獨到的看法。

「差異化」的運動種類

　　有閒階級尋求差異的慣習也讓運動的種類產生極度的差異化。一個人不可能樣樣都行，於是在互相攀比的壓力下怕被別人比下去，選擇自己最有能力去從事的運動以期吸引他人注意就很重要，因此只要運動的種類越多就越有機會去挑選到適合自己的體能去自我實現的項目，於是不管在社會需求或是教育要求上面，發展多樣性的運動項目顯得理所當然。再則，發明一種運動而且吸引他人的好奇心來從事新的遊戲能夠滿足大家的新鮮感，並且容易令人興奮。更何況新的運動可以刺激參與人潮，進而帶動大眾購買運動相關器材、運動服裝和球鞋、興建運動場、還有賭博（早期參加的球隊之間常常會對賭輸贏，後來引發旁邊的觀眾也參加賭博），帶來十分可觀的經濟利潤，各種職業運動在這樣的背景下產生了。

　　最早在制度上對「差異化」的運動種類進行規範的國家，就是最早的貴族原則國家 —— 英國，兩者之間的相關性絕非偶然。在十九世紀後半，正當大英帝國的全球性殖民活動如日中天之際，也是英國中產階級大量產生的時候，有閒階級的慣習向更大範圍進行擴張，並且因為勞工運動使得政府對勞工權益進行保障，而讓勞工終於有閒暇時間可以從事其他活動，於是許多的體育活動經過了調整、淨化、美化並且組織起來，大量的運動比賽規則如雨過春筍般的被制定出來，並且在雇主的控制之下成為勞動者們發洩的方式 [09]。只不過在這時候休閒娛樂還是處在一種從屬的位置，還未發展成職業性運動。

　　有些人從功能論的角度預設了這些運動大量產生的原因是國家想要以運動競賽來取代武力戰爭，間接有利於減少世界的戰爭，並且團結殖民地與母國的人民，而方便大英帝國繼續宰制全球；這樣的推論或設想即便真

的存在，後來的結果也說明這樣的設想是錯的，因為兩次人類最嚴重的世界大戰與大英帝國的瓦解都發生在絕大多數體育運動規則被制定出來之後。范伯倫認為這樣的競賽活動是一種在不確定的界線上持續成長的「良性瘤」—— 他應該隱隱約約感受到體育運動可能在二十世紀大放光芒，成為一大產業，雖然他一直用冷嘲熱諷的字眼來形容這些競爭性的活動。

依各種體育活動相對正式成立的時間，簡述各類運動的產生以及最早對運動進行規範的國家。

- ➤ 1457 年現代的高爾夫球運動誕生於蘇格蘭，1744 年離現在最完整的高爾夫球規則也在蘇格蘭開始確立。王室貴族都喜歡這一種競賽。

- ➤ 1598 年的資料顯示板球已存在英國兒童之間的一種遊戲了。1750 年左右，漢普郡的翰伯頓（Hambledon, Hampshire）建立了一支板球俱樂部。1788 年，瑪莉波恩板球俱樂部（Marylebone Cricket Club, MCC）制定了第一套規範英格蘭各郡之間板球比賽的板球規則。

- ➤ 1834 年，美國波士頓出版一部運動書，介紹棒球運動。1846 年，第一場有正式紀錄的棒球比賽出現。

- ➤ 1845 年英國拉格比學校（Rugby School）確立了「拉格比規則」（Rugby rules），是現代橄欖球的直接源頭。1871 年第 1 個正式的橄欖球運動組織—英格蘭橄欖球聯合會（Rugby Football Union）成立。

- ➤ 1863 年世界第一個正式的足球組織「英格蘭足球協會」在英國倫敦成立。現代足球的比賽規則也是由這一個協會所製定的。

- ➤ 1869 年到 1880 年之間美式足球在常春藤大學之間逐漸發展完現在的規則。

➤ 1873 年現代的網球由英國人華爾特·科洛普頓·溫菲爾德（Walter Clopton Wingfield）少校發明，用來後院的派對中取悅客人。1877 年在英國倫敦溫布頓舉行了首場溫布頓網球錦標賽。

➤ 19 世紀中葉，印度出現了現代羽球運動。駐在當地英國人頗為喜愛這種新運動，因而將它傳回英國本土。1873 年，在英國伯明頓莊園舉行了一場公開表演，後來人們便以「伯明頓（Badminton）」來稱呼這項運動。188 年，「巴斯（Bath）羽球俱樂部」加以研究改良，完成了第一部書面羽球運動規則。

➤ 1886 年近代曲棍球誕生，全世界第一個有組織的國家曲棍球協會在英國成立。

➤ 1895 年美國麻省霍利奧克基督教青年會幹事威廉·摩根發明排球運動。1896 年，在麻省斯普林菲爾德的國際 YMCA 訓練學校（現名春田學院）舉行了第一場公開比賽。

➤ 1891 年美國麻塞諸塞州春田市基督教青年會學校（現今春田學院）體育教師詹姆斯·奈史密斯（James Naismith）博士發明籃球運動。

➤ 1894 － 1895 年，法國進行世界第一場賽車比賽，地點從巴黎到魯昂（Rouen）。

➤ 1898 年由丹麥人霍爾格·尼爾森（Holger Nielson）創手球運動。

➤ 桌球起源於 19 世紀末的英國。1926 年在德國柏林舉行了第一次國際桌球邀請賽，同時成立了國際桌球聯合會。

可見當前絕大多數的世界職業大賽都源於十九世紀後半期的英國和美國，特別是英國這種具有貴族文化根基長久的國家，社會條件中最早產生大量中產階級，同時也是資本主義發展的先行者。上述這些條件與運動休

閒娛樂產業有緊密的關係：首先、在這個受到貴族文化深刻影響的國度裡面，心理上比較可以接受休閒娛樂；第二、龐大的中產階級有錢又有閒，可以投入欣賞休閒娛樂業；第三、資本家從參與者和熱情的觀眾身上已經看到了這一種體育休閒產業發展的利基：包括門票收入、球衣球鞋、球襪等等休閒用的服裝，製造各種不同的球以及供球迷使用的比賽工具、廣告商、新聞報導，於是許多股東開始主動投資這樣的產業。

於是這種活動中帶給參與者和觀眾身體上、精神上和美學上的享受。漂亮的姿勢、精采緊張的對抗、超級明星的意志力、種種紀錄的打破、代表自己隸屬地方球隊的獲勝和失敗或者東山再起、球迷的熱情與仿效等等議題的集體參與、集體報導以及集體討論的結果，給人們帶來身體上的、精神上的和美學上的滿足，而同時更重要的還包括在智識上的滿足，以及將這些休閒活動正當化、合理化的論述。

運動欣賞與追求差異性、舒適感的辯證（包括在精神與智識上的滿足）

對於運動競賽有了詳細的規範之後，人們便能夠展現或是欣賞暴力的不同內容。這些內容包括了第一種展現**速度**：像是一百公尺和二百公尺的田徑比賽，或賽車、賽馬、游泳、單車比賽；棒球比賽中投手的投球球速、全壘打初速、跑壘或盜壘等等。第二種是展現**力量**：例如拳擊比賽中的重拳，棒球比賽中的揮棒、特別是全壘打。第三種**攻擊的角度**：在拳擊比賽中進攻頭部的角度、棒球投手投球進壘的角度、全壘打的仰角、足球比賽中射門的角度等。第四種展現**運動的路線**：足球或籃球展現過人的技巧、導球或是傳球的路線等等。第五種**抗壓性**的展現：這樣的力量展

現在最後幾秒鐘致命的一擊，或是在平手、延長賽或是割喉戰的狀況下展現了防守的抗壓性，或者如棒球比賽中最後一局作為終結者的投手的角色。第六種**類似軍隊般的作戰**：在像籃球、棒球、足球、美式足球等等的比賽中，每一個運動員通常有其規定的功能性角色，有不同的進攻與防守功能，甚至在美式足球裡面同一隊的成員會分屬不同的進攻軍團與防守軍團，在團體性的賽車或者單車競賽中也都有團隊作戰的影子，這些運動都可同時看到個別力量和集體力量的展現。第七種**團隊默契**，也就是具有化學作用的團隊精神所導引出來的力量，將上述角色和功能做有效發揮所看見的集體力量。第八種可觀察**詭計和策略**：利用詭計使對手的防守失去平衡，例如棒球利用變化球來迷惑打擊者、打帶跑的策略；或者是在足球中442或者是343的進攻和防守策略；棒球中防守隊伍根據打擊者打擊的傾向進行策略性布陣。這一項可以滿足智識上的舒適感需求。有些競賽不算在體能運動之中像是橋牌、西洋棋、圍棋、電競，他們的特質常展現在智識策略的競爭，也能吸引許多人的好奇參與。第九種、展現**耐力**，也就是力量的持續性：例如馬拉松比賽或是長途單車競賽；棒球比賽時馬拉松式的延長賽。第十種**爆發力**，例如足球比賽中射手瞬間的加速度、田徑比賽中的舉重、拋鉛球、幾千公尺賽跑中最後一圈的衝刺。第十一種則是**省力、防守或是防止受傷的技巧**：例如足球和籃球隊員要練習跌倒、被摔的技巧、或是要訓練省力的技巧，趁機休息以展現對暴力的因應以及對暴力的儲存，也就是在尚未轉化成力量前能量的儲存狀態；人們喜歡觀看力量遠勝於觀看能量，但是當力量還不足以使對方致命或取得勝利之前，如何策略性的將體能保存在競賽當中也是相當重要的。第十二種**對暴力等級做更為細緻的分化**：例如拳擊摔跤等比賽中分不同的重量等級；美國職棒依據球員能力分級：由低而高依次為 1A、2A、3A 和大聯盟。第十三種可以稱

之為「**暴力的異化**」：機械式的暴力，如賽車比賽、越野車比賽，特別是機器人大戰，這種機器式的暴力顯得更為血腥，因為受傷的並不是人體，在觀看和操控的時候人體處在極舒適和緊張的變化當中。以上這十三種欣賞的角度融合了所有有閒階級的慣習（在尋求權利這一塊可能少了一點）。

運動場上的氣勢、護身符、詛咒（Ab[10]：對暴力崇拜的行動在精神上的舒適感追求）

就社會的認可程度而言，暴力在精神上的呈現可以分成合理性的和不合理性的。合理的呈現又會被劃分成不同等級來呈現，不合理的呈現則會被壓抑（或許進入潛意識當中）而以心靈疏導的方式隱秘的呈現出來。范伯倫提到西方社會在精神上認可的暴力呈現：在觀眾爆滿的球場上面觀眾熱情的搖旗吶喊展現出來的氣勢、享受激情（在臺灣運動場上的觀眾相對來說變少了很多，氣勢上也不足）；比賽時球員互相激勵產生的誇張動作和叫聲，這些動作與叫聲又不是馬虎為之，而是經過細心的訓練所以會帶來有趣與新鮮，讓人會之一笑；許多的職業比賽球員運動員常是某種信仰的忠誠者，這些熱中競賽活動的人很多人習慣帶上一些符咒或是避邪物件的，偶爾也會供奉吉祥物以求在激烈的競爭中獲勝，這些物件都具有精神上的意義。2008 年一位波士頓紅襪隊的死忠的球迷恰巧來到紐約洋基隊的新球場工作，他趁機在施工地點埋下一件紅襪隊強棒的運動衫來詛咒死對頭洋基隊。洋基隊得到風聲之後花了五個小時鑽地尋找最後終於挖出，「破解魔咒！」其他還有在對手球場埋球帽的詛咒方式[11]。這種詛咒是一種精神上的暴力呈現，具體可能影響不大，但是心理上不能說完全沒有影響。當今被國際認可的體育運動，除了要滿足對身體與生命不受任何傷害

的競爭性條件之外，還要盡可能排除任何刻意製作的運氣成分[12]；這也難怪不管理衣服或是埋帽子是否真的會影響運氣，總之受詛咒的球隊依照規定也要盡可能把他們挖出來，排除魔咒的可能性，使得比賽的時候運動員和我方的球迷可以在精神上感覺更加的舒適。

暴力的「理性化」與細緻化

　　如何將暴力在社會結構、社會關係，以及暴力與自身的關係之間進行合理性安置使其對人精神上產生舒適感而不彆扭呢？這種追尋的行動在中文裡面可能與「功夫」修煉這類詞語的意涵有關。在傅柯的權力哲學裡面屬於「身體技藝」的意涵，行動者對於自己所認同的權力（權力也具有力量的意涵，比暴力受到更多的規範）引入自己身體，並運用自己認可的權力進行自我治理，在中文裡面這就是一種自我修養的功夫。這種對暴力的安置措施，當被放在宗教領域時，便會透過許多宗教儀式來達到精神上的舒適，儀式可能包括了布道、告解、禱告、祭拜，或是乩童進行與神靈溝通的儀式。「收驚」或「驅魔」便是一種將靈界未知的暴力進行協作調理的功夫，而讓受驚者、著魔者離開驚恐而重新獲得協調的力量、重新獲得精神上的舒適感。澳洲的運動員在比賽前常常會模仿土著跳起戰鬥舞，表現出讓人驚恐的表情和動作，這種「驅魔」和「著魔」同時並立的動作，標示著將古代與大自然的暴力以類似圖騰的方式在當下的戰鬥舞蹈當中進行跨越時空的疏理，將暴力（violence）「疏理」成權力／力量（power），讓力量同時具有神聖和野蠻的意涵。臺灣的國、高中排球、壘球比賽的女隊員們，一旦打球時間在我方得分的時候大聲吼叫，或是在防守前此起彼落的吶喊聲，或是啦啦隊的間接作用都是企圖在當下達成精神上的舒適感，而

使得往後力量的發揮更為徹底。而在上一段中運動員和球隊使用猛獸作為吉祥物或是符咒，或者是宗教家布道的時候使用血腥的字眼，也都是一方面在彰顯這個力量的龐大與狂暴，另一方面者透過儀式來顯示他們自身與暴力之間的協作關係，企圖鎮壓對手的氣勢而使自己處在舒適的精神狀態。

力與美

在體育運動中有一些強調力與美的比賽，像是花式溜冰、跳水、體操、馬術（范伯倫對於馬術的批評很有趣，他認為駿馬的樣態只是騎士自我滿足於凌駕他的鄰居坐騎的征服感和支配慾，然而這些高雅品味的騎術事實上是一種不舒服的騎姿和彆扭的步伐）[13]，或是舞蹈等等，都以力的美感作為評分標準。有時力量發動時，身體的流暢度也會引發美感，例如大聯盟選手揮棒與投球，這可能是身體的舒適感所引發的美感。

雄偉的運動場、航母戰鬥群、暴力美學

在當代把力量以美感安置下來的形式會出現在運動場這種超級大建築上，例如歐洲或美國職業球賽的大型運動場一次可容納十萬人左右。巴西的一座運動場設計可容納人口曾經高到二十萬人，因為發生踩踏事件才縮減座位。古代羅馬競技場裡面人與動物的纏鬥常常是吸引觀眾觀賞的綜藝節目；當今在西班牙還存在的鬥牛競技場，殘忍的刺牛、斬牛、逗弄牛的方式被視為西班牙的國技。當代一些大型航空母艦戰鬥群或是一些高功能的戰鬥機也多半是一種把巨大力量安頓下來的美學工具，威嚇性大於實用性 —— 這不表示他們沒有實用性；他們通常是以高功能攻擊性質搭配類似電影劇情的演

習來完成美學上的驚恐創作。當然,所有關於「暴力美學」的電影、小說或是其他類型的創作都在這一個範疇;暴力美學電影一直是好萊塢的主流,當然也是收入最好的一部分。暴力美學與貴族原則的社會似乎是同時並存。

臺灣的運動產業無法發達的原因

從貴族原則與運動產業關係的視角來檢視臺灣與東亞諸國的運動產業,會得到與 Ronard Inglehart 所做的跨文化的比較(參見第一章)相似的結果。根據臺灣教育部體育署「推估試算我國運動產業產值及就業人數研究報告」[14]顯示,2015 年到 2018 年間臺灣運動產值占整體 GDP 比重分別是 0.52%、0.39%、1.25%、1.19%,這些數字都遠低於世界各國運動產值占整體 GDP 比重的平均值 1.63%。關於這個數值的估計值,美國為 2.8%(2018);英國為 2.1%(2016)、2.44%(2018);日本是 2.4%(2012)、2.67%(2015);韓國是 2.6%(2013)、2.92%(2015)、3%(2018);中國大陸是 1.1%(2018)。上述先進國家都比臺灣來得高許多,只有中國大陸與臺灣最為接近。韓國整體經濟發展過程與臺灣接近,但是兩者運動產業產值(2018 年韓國運動產值約 457 億美元;臺灣 2018 年運動產業產值 4,788 億元,約 166 億美元)的差距如此之大,實在也值得去思考其中原因。

關於臺灣運動產業無法發達的原因本書有以下幾個論點:首先,受貴族文化影響越深的社會,本質上會有很強烈展現暴力的動機。這樣的社會會誘導暴力進行觀賞性的釋放,並且創造規則使其釋放更加的公平、合理、多樣並且更具有欣賞性,也會進行各種舒適感的追求。如同在以後幾章會談論到的「邊緣資本主義」,它促使原本是一種(在生活中)附加的、偶然的過程轉變成為強調速度、加乘和蓄意營造的模式。再加上這些

社會有足夠的閒暇讓人民去對這些運動「上癮」。這些因素使受到貴族文化影響較深的美國、英國、日本、韓國從事運動的比例還有深度上面遠遠高過於受平民文化影響較深的臺灣和中國大陸。

其次，受貴族文化影響較深的社會中，其社會階級分化會比平民原則社會更大。這樣的社會結構會讓主流文化的力量無法強大到足夠去壓抑次文化的發展，所以容易形成一群人有同樣運動嗜好的次文化。但是受到平民原則完全籠罩的社會裡面，例如臺灣和中國大陸，社會階級分化就沒有那麼大，所以會產生讀書考試的主流文化壓抑運動次文化的現象，例如中國文化裡面就有重文輕武、君子不器、禁止玩物喪志的傳統，目的在避免除了讀書之外的行為會對升學考試的成績產生影響。

第三、同樣受到平民原則影響的國家像日本和韓國，為什麼在運動產業中占整體 GDP 的比例遠遠高過於臺灣和中國大陸？本書觀察最主要的原因就是日本和韓國都存在實質上的貴族文化，韓國又受到近代基督教傳入的影響。日本近代開始受平民原則影響出現在在明治維新之後，所以整體來說受貴族文化的影響遠遠高於受平民文化的影響。再者，就韓國而言。雖然它的考試制度也延續了一千年左右，但是社會中激烈競爭的考試主要出現在以「兩班文化」階級作為核心的上層階級，其他階級因為參與科舉考試制度而可以獲得階級晉升的比例太低，而使韓國的中下階級對於投入科舉考試制度的動機並沒有像臺灣和中國大陸所形成的強勢文化，這種條件有利韓國產業往運動休閒方向發展。這非常像魏晉南北朝時候的九品中正制度，由兩班文化出身的試子在科舉考試成功的比例上面遠遠高過於其他階級，所以說這是實質上的貴族階級。因此在朝鮮半島上的階級產生了比臺灣和中國大陸更高的階級分化，這種階級分化容易容許多元價值的存在，即便其他價值沒有高過於主流的科舉考試制度。再說十七世紀初

傳入朝鮮半島的天主教，以及在十九世紀末逐漸在韓國站穩腳跟的基督新教，多少也把西方暴力崇拜的精神帶進了韓國；當前韓國新教徒人數高達一千一百萬人，天主教徒也有三百萬人，這使得韓國基督教徒人數占總人口的四分之一以上[15]，這麼龐大的數字背後潛在的精神轉向力量多少也影響到韓國民眾對於運動的價值觀。環繞在考試制度中的競爭，由於韓、日的中下階層比較不具有與上層階層競爭的條件，於是轉而發展其他社會價值的職涯，間接造成休閒運動產業的蓬勃發展。這個社會架構使得日本和韓國的運動產業占 GDP 的比例遠遠高過於臺灣和中國大陸。

在臺灣和中國大陸會常看到民眾或是學生繞著學校的操場跑步或快走運動[16]，這樣的行徑在我去韓國、日本、歐洲的旅行的過程幾乎沒有見過。這種現象的發生大概可以說明：在受到平民原則影響比較深刻的地方，民眾越能耐得住平凡而無聊的繞圈圈運動，用這種方式來鍛鍊身體既省錢又有效率，不過這對運動產業毫無助益。

小結

貴族原則國家對於「力量崇拜」這一項目的投入遠遠高於平民原則國家。從運動項目的開發、積極參與的人口、在奧運比賽得獎數目除以該國總人口數（或許可以稱之為「單位人口的含金量」），都可以看出貴族原則國家明顯的成就，特別是貴族原則的發明地 —— 「五眼聯盟」（英美澳加紐）更是顯眼。

貴族原則國家又常常率先制定規則以促使「暴力崇拜」的過程和結果更加刺激、安全、精彩、舒適。這樣的特質在過去三百年來持續地噴發，範圍擴及運動領域和軍火工業。

[01] P. Bourdieu, 1993, P.120。'How Can One Be A Sportman ?' in P. Bourdieu（Ed.）*Sociology in Question* (Pp. 117-131). London: Sage.

[02] Elias, 1986, P. 151. 'An Assay on Sport and Violence', in N. Elias and E. Dunning (Eds.) *Quest of Excitement*. Pp. 150-174. UK: Oxford.

[03] 蘭德爾柯林斯（Randall Collins），劉冉翻譯，2018，《暴力》（*Violence: A Micro-sociological Theory*），臺北市：臉譜城邦文化，頁386。

[04] 參見英國超級杯網站，https://www.premierleague.com/clubs；西班牙甲級聯賽網站，https://www.laliga.com/futbol-femenino/clubes；德國甲級聯賽網站，https://www.bundesliga.com/de/bundesliga/clubs；法國甲級聯賽網站，https://www.ligue1.com/clubs/List；義大利甲級聯賽網站，https://www.legaseriea.it/it。搜尋時間：2021 年 4 月 24 日。

[05] 參見 https://www.mlb.com/team，搜尋時間：2021 年 4 月 24 日。

[06] 參見美國 NBA 網站，https://www.nba.com/teams，搜尋時間：2021年 4 月 24 日。

[07] 參見國家美式足球網站，https://www.nfl.com/teams/，搜尋時間：2021 年 4 月 24 日。

[08] 參見美國冰球聯盟網站，https://www.nhl.com/info/teams，搜尋時間：2021 年 4 月 24 日。

[09] 參見 C. Dyer，莫玉梅譯，2010，《轉型的時代：中世紀晚期英國的經濟與社會》，北京市：社會科學文獻。

[10] 本書中在小標題上關於英文字母大小寫的組合含義，請參見第三章的說明。

[11] ETtoday 運動雲，2015，〈山羊魔咒不夠凶　工人在小熊球場埋白襪冠軍帽〉，https://sports.ettoday.net/news/558627。搜尋時間：2021 年 8 月 14 日。

[12] SportAccord, 2013, *Definition of sport*
https://web.archive.org/web/20131220121444/http://www.sportaccord.com/en/members/definition-of-sport/。搜尋時間：2020 年 9 月 6 日。

[13] 參見李華夏譯，《有閒階級論》，頁 121。

[14] 臺灣教育部體育署，2019，〈推估試算我國運動產業產值及就業人數研究報告〉，https://www.sa.gov.tw/PageContent?n=160，搜尋時間：2021 年 4 月 25 日。

[15] 丹尼爾圖德（Daniel Tuder），2013，胡菀如譯，《韓國：撼動世界的嗆泡菜》，臺北市：聯經，頁 65-71。

[16] 例如河北升學率很高的的衡水二中，參見 TVBS News，2013，〈中國進行式：天下第一！衡中晨操堪比「閱兵」〉，https://www.you-tube.com/watch?v=y7rkS-PjJZs，搜尋時間：2021 年 4 月 25 日。

第五章

貴族原則與休閒產業的精緻化：多樣化的舒適感追求

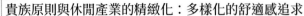

休閒（leisure）應該是有閒階級（leisure class）最直接的特徵，他們在英文上共用一個單字。休閒產業之所以要另闢一章來談主要的原因在於想要強調有閒階級在尋求差異（特別是尋找新鮮感）與舒適感這兩個慣習範疇所展現的能量；這是相較於前一章運動產業強調有閒階級的慣習中對蠻力的崇拜而來的。貴族原則社會中一旦掌握了任何產業的精髓，似乎就必然往精緻化的方向演進，這又是因為尋求差異的動機以及企圖透過休閒產業達到身體、精神、美學和知識上滿足，才讓這種精緻化的行動被凸顯出來，這樣的精緻化則又依靠著西方文化中特別的概念辯證法去推動的。這樣的辯證法在往後的章節會陸續出現，除了影響有閒階級追求權利的型態之外，也包括各種經濟活動中的經濟利潤更為有效的獲得。因此本章的後面也會講述概念辯證法。

尋求奇異經驗本身所蘊含的經濟價值

人們願意付出經濟代價來換取奇異經驗，在一個休閒社會裡面是很普遍的行為。在我構思這一部分論述的時間是在 2018 年 10 月，正好帶學生出去畢業旅行的時候，一般這樣的行程有一站會是遊樂園，這一年剛好在一個下午停在義大遊樂園。在這裡可以看到來自不同學校的學生爭先恐後排隊去體驗一些極為刺激的活動，例如雲霄飛車、天旋地轉、斷軌摩天輪、尬車、旋轉飛車、特技表演、動感臺灣、鬼屋、白色懼塔等等，參與過程多半都會刺激腎上腺素的分泌。這些活動並不是在滿足人們的吃喝拉撒睡這些需求，甚至不是獲得舒適的感受，而是讓人們體會「恐怖刺激」，許多人願意花大筆費用，而且趨之若鶩，顯示人們需要驚奇的經驗，他的目的是非常純粹的「商品之消耗（消費）」，而與「商品之獲取」

和「商品之累積」無關，因為你體會完這些活動後獲得不了什麼具體事物，而是屬於精神上的、美學上的滿足。當然我們不可能很自信地說有些人會因為參與這樣子感官的體驗而努力去賺錢，因為再怎麼說這種休閒產業一定是在基本生活滿足之後多出來的東西。

這樣一種產業的存在與壯大背後有許多社會條件的支持，這些社會條件在人民民主動能的推力下，已經產生了一種由儉入奢易由奢返儉難的驅力。在臺灣一般人基本上工作七天，那麼一個月的吃喝拉撒睡大概就可以解決了——我這裡指的地區並不是在市中心或住在市中心房屋或租金價格非常高的地區，而是就普遍而言，那麼一個月的收入裡面還有四分之三的部分可以拿來做什麼呢？就以保守一點來說，我們把其中的兩個禮拜的收入拿來投資、養老、保險、照顧家人之外，還有一個禮拜的收入可以妥善用來消費了，一個月剛好有八天的假期，這種不長不短的閒暇時間，剛好可以來做新鮮感受的開發。全民有閒階級時代在一例一休的法案通過之後大概只會向前進不會後退。

當代休閒產業的內容包括主題樂園（theme park）、休閒購物中心（shopping mall）、休閒渡假村（resort）、休閒俱樂部（club）、休閒農場（leisure farms）、飲食文化產業（cultural foods industry）、休閒運動健康產業（leisure sport health industry）、藝術文化產業（arts culture industry）、觀光產業（tourism industry）、生態旅遊（Ecotourism），[01] 範圍很廣。美國休閒產業從業人員在 1985 年約為 800 萬人，但是經過三十五年後，2020 年疫情前夕人數翻倍為 1,700 萬人，大約占美國所有就業人口的十分之一。而且從曲線圖趨勢來看，此部門從業人口在疫情結束之後還會不斷增加 [02]，這標示著為有閒階級服務的產業在未來國家經濟中的分量將會持續擴大。本文的論述將回歸到貴族原則如何透過有閒階級傳遞與再創造這

一個途徑上來，所以下面我們將從幾個部分來談論休閒娛樂產業：第一個
將從時間發展層面；接著將從貴族原則的 App 如何影響休閒娛樂產業；第
三個層面將從產業的辯證性發展如何影響休閒娛樂產業的方向。

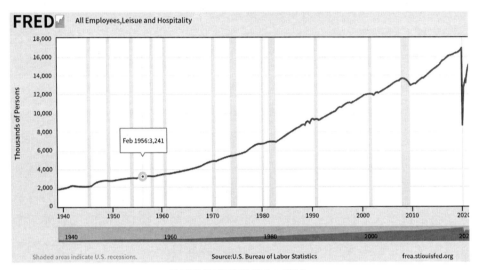

美國休閒產業從業人口變化

資料來源：FRED Economic Data, All Employees, Leisure and Hospitality[03]

十七－十九世紀：休閒娛樂產業的從屬位置

根據 C. Dyer（2010）《轉型的時代：中世紀晚期英國的經濟與社
會》[04]，十六世紀早期的一些英國作家大肆譴責各種遊戲與酒館 —— 現
在可能會令人莫名其妙。在那一個時代，許多村落會不時會禁止非法的體
育活動，例如足球和擲骰子遊戲，他們認為這一些運動既浪費時間又對公
共秩序造成威脅 —— 對當代讀者而言是不可思議的。當時的休閒娛樂被
視為妨礙治安，又是非道德的。敏感的讀者可能會問：那貴族的狩獵呢？

貴族在那時把狩獵當成一種有用的任務，可以訓練戰鬥、圍捕敵人，所以是合法的。

在中產階級開始大量出現的早期階段，社會氣氛還把消費當成「必要之惡」。在十七世紀末到十八世紀初，也就是在英國光榮革命之後的那三十年左右——奧蘭治威廉三世（1689-1702）和安妮女王（1702-1714）統治時代的英國，中產階級的戶數占總戶數的一半左右。而到了十八世紀末也就是工業革命的初期，英國中產階級的戶數已經超過了一半[05]——從當代西方將中產階級視為「富裕」的角度來看，英國在工業革命剛開始的時候就出現富裕的現象實在令人意外，標示著工業革命之前過半的英國人已經達到富裕程度了，工業革命只是讓他們更加富裕而已。在這一個時代，進口的或新款的商品已經成為社會消費的大宗貨物。在那一個年代，休閒有其必要的觀念，得自於休閒活動間接有利於維繫生產力，例如可以減少曠職、降低雇員的更換率，以及提高工作的積極性與勞動生產力[06]。那一個時代關於工作倫理的研究，如馬克斯·韋伯，也是從有利於生產的面向來切入的，他們強調勤勞、務實、進取、忍耐的工作價值；這一個時代的消費不過是作為生產之後的剩餘。

卡爾·馬克思的思想也是立基於對這一個時代的觀察，因此也有其侷限。例如他對人本質的定義是從「具有勞動潛在的能力」這個角度而不是「具有消費休閒潛在的能力」這個角度。而人與大自然之間的關係便構成了使用價值關係，也就是說自然對人而言是有「被使用」的價值，而不是站在自然有療癒人類心情的角度。在那一個年代，工業生產是主業，休閒是副業。

十九世紀休閒娛樂產業合理化和正當化的開端

在這些時代休閒娛樂雖然處於從屬的位置，但是它的正當性論述不斷增加。因為中產階級逐漸主導了社會，並且在一個有貴族文化影響的社會中，人們普遍期待著「舒適」與「快樂」的生活（這同時標示出了有閒階級追求舒適感滿足的部分），例如本書後面會介紹的《魯賓遜漂流記》的作者丹尼爾・笛福（Daniel Defoe, 1660-1731）認為「中道狀態」是世界上最好的狀態，也是最適合人類的快樂；它既不會暴露在悲慘環境當中，也不會像上層人士豪奢野心而覺得不好意思；也就是說既不會受困於必需品的基本滿足，需要討生活的窘境，可是又不會過於奢侈 —— 在這兩者之間是同時滿足倫理和現實條件最適化的區域 [07]。

特別是在工業革命之後，不止休閒時間被解放開來，傳統中被壓抑的衝動也逐漸被釋放出來。當機器代替人力之後，勞動生產力提高了，大幅縮短了為了討生活的社會必要勞動時間，促使人們休息和休閒的時間大大的延長。表面上看似人類從繁重的體力勞動中解放出來了，這種解放可不只是馬克思所謂的在生產過程中勞動者與生產工具之間的「異化關係」而已，因為有些工作繁而不重，例如按按鈕的工作，它把人們的動作壓縮到很小的一塊區域，這同時也壓縮了人們最原始的各種衝動。這些衝動似乎也必須在工作之後釋放出來，於是時間的釋放以及衝動的釋放逐漸強化後續的休閒娛樂產業的擴張。

羅伯特・麥克法倫（Robert MacFarlane）在《心向群山：人類如何從畏懼高山，走到迷戀登山》[08] 書中提到歐洲在十七世紀以前人們對高山充滿著恐懼，認為他們一無是處、毫無生產性的，但是到了十八世紀下半葉，開始有人們在精神上（而非生存的需求上）的驅使下，走向群山，對

於山嶺發展出越來越厚重的感性成分，逐漸可以欣賞山岳的壯麗風采與隱藏在深山中（且人為破壞相對較少）的大自然景觀；特別是在一些地質學家的帶領之下，對山的觀察也成為研究地球演化重要的知識來源。因此需要一定體能與可以體驗危險刺激的登山休閒活動，這同時也滿足了人們在身體、精神、美學和智識上舒適感的需求。到了十九世紀末，在歐洲阿爾卑斯山脈所有的峰頂都有人爬過了，而且大多數是被英國登山隊攻克，又是英國佬！其實想到上一章提到十九世紀末許多的體育運動多數被英國人調整、清晰化、美化並且組織起來的歷史，作為第一個貴族原則國家的英國，她的登山隊對人類在新鮮的休閒領域的拓荒成就，就不意外了。

二十世紀前半葉：關於休閒娛樂的「知識」

西歐和美國在進入二十世紀時候，人們生活上食、衣、住、行、育、樂方方面面開始向休閒娛樂暢開，敢於這樣的暢開必然是搭配政策、教育、傳播媒體的宣傳，才可能把這一個新興的產業視為理所當然。二十世紀可以說是休閒娛樂產業取得合理性、合法性和正當性論述的過程，以下分幾個層次來討論休閒娛樂的知識化。

（一）休閒娛樂與文化相關

在古代社會，一般祭拜的時間通常都是非工作的時間：禮拜天上教堂 —— 在基督教裡面規定週日不能工作，沒有工作的時間便可以投入與周圍相關的文化活動。許多傳統節日放假的理由也在這裡，例如基督教社會的聖誕節、復活節；中國的端午節、中秋節、春節等等都有一些相關的慶典與禮拜，所以休閒娛樂可以讓傳統文化再現並且獲得更好的傳承。

（二）休閒娛樂與社區發展、保護相關

推動社區發展環境保護或是進行保護弱勢的社會運動，都需要閒暇時間。參與者必須在可理性溝通的狀態下 —— 理智清楚的狀態下彼此進行溝通合作，特別是社會改良運動參加者中幾個中心的人物（本書在後面討論各種權利追求的時候會提到）通常一開始是要在沒有機構的基礎上建立一個新機構，以推動業務，由簡而繁。他們沒有足夠的休閒時間是不可能推動活動的，而這種活動又常常帶著沙龍氣質或嘉年晚會的性質。為了彼此鼓勵宴會中舉杯暢飲，高歌一曲自然必不可少。

（三）休閒娛樂與哲學沉思、創造發明相關

哲學家的工作當然是哲學沉思，但是這樣的工作很少人從事。大多數人士必須在工作之後空閒時間才能處在一種敏銳的沉思狀態，而為創造發明提供機會和能力，「休閒的本質和哲學的本質是相通的」[09]，而且娛樂中的遊戲是我們文化和文明的基礎，很多的發明往往就是在遊戲當中產生的 [10]。

（四）休閒娛樂和認識自我、發展潛能相關

在遊戲當中才能夠使人們扮演另一個不同原本自己的角色，而對現實世界做了另一層的超越。在遊戲中，人們可以處在悠閒的境界，擺脫了世俗的負擔而能夠重新認識自己的各種潛能。席勒曾經說過「只有一個在完整意義上被稱為人的人，才會遊戲；也只有當他在遊戲時，他才成為人。」[11]休閒透過自我認識、自我調整而獲得了自由，並且發現生活的意義。

（五）休閒娛樂與鑑賞力和技能的磨練習習相關 [12]

我們從家庭學校社區中所習得的鑑賞力和生活技能，常常可以從休閒娛樂、幫助他人或是交流資訊的聊天之中獲得鍛鍊。因為透過休閒體驗出來的東西通常都不必深思熟慮，而是一種直覺 —— 帶著一種富有啟發性的線索，例如參加演唱會、登山露營、長途旅行、野外求生或者單單與朋友看完電影、參觀畫展攝影展之後的討論，都是對鑑賞力和技能的磨練有很大的助益。

（六）休閒娛樂與同理心、同情心、愛心的培養相關

根據研究愛護保護動物的運動與迪士尼卡通影片的發展息息相關。迪士尼卡通以擬人化的方式把各種動物之間的相處互動以十分有趣、耐人尋味的方式表現出來，將人類對人的同理心擴大到對動物的同理心。一些賞鳥協會、荒野協會舉辦的活動也常帶領著人們對其他物種與大自然感同身受。另外，戲劇裡面表現出乞丐、流浪漢、雛妓、孤兒的心境，也常能夠使中產階級還有他們的小孩一開始帶著某種新鮮感進入不同的處境之中，而回到現實生活之後對這一些弱勢族群也能產生情緒上的自然流露。

這些對休閒娛樂正當化的論述，使得當代學校教育中摻入了對休閒娛樂的鑑賞力和技能的培養，例如從中小學到大學所開設的美術、表演藝術、音樂、體育、家政與工藝、團體活動、童軍活動等等課程。有趣的是當我們翻開臺灣教育改革內容中所設定的十大能力指標（十大指標分別為：一、了解自我與發展潛能；二、欣賞、表現與創新；三、生涯規劃與終身學習；四、表達、溝通與分享；五、尊重、關懷與團隊合作；六、文化學習與國際了解；七、規劃、組織與實踐；八、運用科技與資訊；九、主動探索與研究；

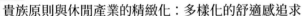

十、獨立思考與解決問題），將會發現他所培養的能力和素養實際上與有閒階級對休閒娛樂產業的正當化論述之內容有極大的相關性。

范伯倫在 1929 年過世，隔一年，從 1930 年代開始，北美開始週休二日。在他書寫《有閒階級論》這一本著作的時候，他還在恐慌整體社會休閒化的影子以及由於休閒所創造出來的產業。原本由道德或者社會功能切入的角度，已經變成由需求、消費、智識培養切入的角度。休閒娛樂甚至被整體社會高度的組織起來。政府的積極介入、設定發展目標，使得整個產業更加的專門化、規模化、個性化、民主化商業化。它已經如同學校教育、公安衛生、消防、健康、圖書館一樣，成為政府公共議題非常重要的主題[13]。

從新鮮感到精緻的辯證：在多樣性範疇中追求舒適感所衍生出的貴族原則

休閒產業之所以可以創造經濟利潤，主要在於激發有閒顧客之間攀比競爭與新鮮感、新奇感的體驗，范伯倫對有閒階級攀比競爭的描述已經足夠，因此本書在此節想針對新鮮感在休閒產業中的重要性進行深化討論。表面談新鮮感對一個受貴族文化影響的社會而言是不夠的，因為有些事物可能有新鮮感，但是不夠雋永，甚至無法帶來身體、精神和心靈更多面更深刻的感受的時候，常會被淘汰。我們這一節就要來討論從新鮮感開始，休閒娛樂產業進一步辯證發展的過程。

新鮮感的分析

新鮮感可以把它拆成「新」與「有感」兩個部分。「新」來自於舊，與已經存在的舊習慣不一樣，就可以算是新了。個人判斷「新」的方式大約

就是跟以前比較來判斷是不是「新」。有哲學家建議我們每天都得做一兩件與以前習慣不一樣的事來保持自己活躍的心靈 [14]。

有時「新」的判斷是由一些機構來完成，例如國家設置智慧財產局來判斷一個物件或作品是不是新穎、是不是創新；一些公立和私人的美術館、藝術館也會根據一些標準和委員會討論，來決定一個作品是不是達到新鮮的標準；各種職業運動也會創造不同的觀察要點來訴說運動員如何破了紀錄。

但是並不是所有的「新」就普遍為大眾所接受。許多通過專利審查的物件不見得就會暢銷；藝術館所審定出的新作品未必就能夠獲得市場上價值的認定；或是說一個游擊手在季後賽以游擊手的身份打出最多的全壘打，這種被人工刻意找出來的紀錄和以其他位置守備者打全壘打是否有所差異，也未必得到球迷的認可。這說明單單「新」還是不足，因為必須要「有感」。布希亞（Jean Baudrillard, 1929-2007）便主張當代許多的家具風格確實是從「功能」這一個角度解放出來了，有新鮮感了，但是還不夠雋永，這是美學上的殘缺 [15]。

新鮮感舉例：佛經的搖滾化

能引起共鳴的新鮮感必須包括一些無傷大雅的條件。一個國中生或許覺得新鮮便把一本佛經拿來亂唸、亂唱，自己感到很輕鬆、好玩，聽到的人有些只是笑笑、不會留意，但是另一些人可能就覺得是噪音，甚至認為是對宗教的侮辱，進一步可能引發對國中生的撻伐和責難，帶來爭議。單純的新鮮感無法持久。日本僧人藥師寺寬邦將佛經結合搖滾樂造成一小波流行 [16]，人們在聽搖滾樂的同時也可以讓心情平復下來，十分新鮮。他創作的背後遵守了一些美學原則，並且在激烈的搖滾樂與寧靜的佛經之間進行了一次辯證性調整，才讓這一種合宜的新鮮感產生出來。

古董的新鮮感來源

　　一件古董應該不再具有新鮮味了，但是把它放在特別的地方，例如典雅家居的某一個角落或是在博物館裡，它又會透露出種新鮮味道來。因此新鮮感的產生不一定在於事物本身，有時落在對周圍空間的調控也能符合新鮮感的辯證。其他包括對舊錢幣或是其他古物的蒐集，當愛好者將他們晾出來，而且與幾百、幾千年的相關歷史被述說得頭頭是道時，某種古意的新鮮感油然而生。

　　上述說明顯示了新鮮感的追求必要考量其他原則，不完全可以獨立存在。而且有新鮮感的「物件」或「事件」一旦符合某種美學辯證或提高比賽精彩度的原則，就能創造出一個新的價值市場。例如如把新的牛仔褲刮成舊的，並且在上面製造破洞而產生了邋遢的新鮮感；或是職業運動創立了一個新的規則（例如 NBA 籃球為了避免讓長人主宰籃下，於是將來下三秒的禁區的範圍逐漸加大），讓比賽更有挑戰性與刺激感。

　　新鮮感除了要符合美學辯證原則還必須結合其他原則 —— 歷史價值辯證，才容易獲得更廣大的正當性。最讓反納粹者頭痛的是新一代的年輕人不懂得過去歷史的傷痕，穿戴納粹的服裝與徽章；必須說畫家出身的希特勒可能替國家的軍裝與代表納粹黨的標記的設計上下了不少功夫，因此這些服裝、符號相對於當時其他軍服產生了一種新鮮感，會引發某些追捧，也無怪乎英國王子哈利在一場化妝舞會中學習穿戴納粹軍服，結果造成的爭議了；臺灣也有一所學校的校慶進場也模仿納粹軍團的軍威同樣惹來非議。這些衣著、徽章、模仿秀雖然符合美學原則，卻不符合社會歷史辯證原則，難以令人接受。

有些新鮮感的接受需要時間

在西方文藝復興時期對某些新奇之物之反抗極為激烈，主要的原因在於：不論新奇之物或者是舊傳統，兩者在當時的西方一樣都有很深的辯證體系。人類知識成長的動力來源很大部分源於好奇心，就是新鮮感。太陽中心說的支持者哥白尼（Nicolaus Copernicus, 1473-1543）與伽利略（Galileo Galilei, 1564-1642），前者在他的時代不敢說出來，後者雖然敢講但立即受到教會的迫害。一般受天主教洗禮的老百姓大概要經過一兩百年才能夠接受這樣的說法，這是因為新的辨證體系裡面大大攻擊了影響歐洲一千多年的天主教宗教系統——也同樣是一套辯證系統，甚至整合了亞里斯多德（Aristotélēs，前 384－前 322 年）哲學。本書的出版，也注定要經過一段很長的時間才會為人接受，因為它同樣在挑戰既定的觀念體系，作者我的下場應不至於像伽利略，但是本書很有機會淪為「漂書」，在某個圖書館外邊的涼亭的小架子上，成為樹林裡增添點人味的物件，直到漂落鍾靈毓秀之境，遇見閒情逸致、明心見性的讀者如你，才有幸釋放出它的「鮮味」！

中國對新奇之物缺乏知識上的辯證體系

中國對新奇之物缺乏知識上深刻的辯證系統，因此對新奇之物的接受度高，只是不夠精緻。中國沒有為宗教發動戰爭，東漢末年，佛教一傳進來便與道教結合，即便後來發生過「五宗滅佛」事件，但不是出於教義的衝突，而是太多人出家以逃避徭役與納稅；後來的佛教派別主要以禪宗為主，其他的派別的辯證系統就沒落了。在明朝時期的士人，接觸西方傳教士帶來的太陽中心說的時候，沒有因為地球不是宇宙中心這樣的言論，而

117

像歐洲一樣掀起論戰，甚至宗教迫害，最可能的因素就是中國的知識裡面缺乏深刻的辯證體系。中國第一批共產主義者陳獨秀（1879-1942）表示他一直到八國聯軍之後才知道原來中國不是世界的中心，還存有那麼多的外國，但驚訝之餘過不了多久便接受了。隨著經濟的快速成長，當代中國想要把自己當成世界的中心來經營，「一帶一路」確實能夠開啟一代人的好奇心，但後面的辯證體系是否完善則令人疑問，例如周邊許多國家根本還在動亂、政治不穩定、教育程度不足，在這些國家進行巨額的貸款、投資、建設，是否會變成花錢多、回饋少的無效投資？更甚者還被質疑為「債務資本主義／帝國主義」。

「精緻」的分析

要讓新的物件「有感」，並且更多符合人類社會既有的條件，促使他們達於「精緻」或許是個可靠的目標。精緻一詞字面上的意義是「精深細密」，它在休閒娛樂最後發展出來的產業上至少具有兩層面，第一是指涉「精確」的意涵，第二是指能夠達成身體上、精神上、美學上與智識上舒適感的滿足。本書在後面一個章節探討有閒階級在追求多樣性的歷程中，新興的中產階級會運用數字與科學研究來管理多樣性的追求，而使這樣的追求更為可靠、穩健而有效率。精緻未必等於精確，但是精緻必然包含精確。

在第二個層次上，精緻的物件可以讓人們在視、聽、嗅、味、觸五覺得到身體上的舒適感，也就是在眼、耳、鼻、舌、身五種感官上，盡可能的同時獲得滿足（佛家有所謂眼、耳、鼻、舌、身、意六大，至於「意」是屬於影響到整體知覺、情緒的部分）；五覺所帶出的情緒又可以貫穿新與舊的對象，照顧到人類二十七種基本的情緒（欽佩、崇拜、美學欣賞、

娛樂消遣、焦慮、敬畏、尷尬、無聊、冷靜、混亂、渴望、厭惡、同情痛苦、狂喜忘我、嫉妒、興奮、畏懼、恐怖、興致、喜悅、懷舊、浪漫、悲傷、滿足、性慾、同情、勝利。[17]）而達到精神上的舒適感。

精緻感的達成：概念辯證法的作用

精緻感的達成是在「設定新條件或是摒棄某些舊有的條件之下」（例如寫實主義印象派、超現實主義或者是抽象主義都分別對作品做了一些新的設定，或放棄了舊有的設定）開發出來的風格，不論新舊，都蘊含著美感上的鑑賞力提升或者拓展，而達到美學上的舒適感；這同時也包含這一系列開發出來的新概念。憑藉新概念，打開人們另一個視窗看見新的世界而帶來智識上的舒適感。

一個概念的形成就如同為世界撕開一個窗戶，一個新的觀看方式、新的操作方式、新的理解方式。它必然涉及一個系統的開口，這一個系統可大可小，大到可以是一個馬克思的理論，小的可以是像班雅明的文化觀察；概念有一定的邊界，像是一個窗戶的窗櫺，不至於讓整個建築物倒下的狀況下。幫建築物打開一個缺口展開了一個視野、看見了一個方向；概念再建構了不同物件、觀念、價值、規則、秩序之間的關係；概念和「涵義」是不一樣的，「涵義」的存在會讓你有感，也就是存在感，但是概念在打開你的眼睛，甚至強迫你打開眼睛，強迫你去面對一個是也或是協助你去建構一個視野。臺灣的藝術設計或者是創新受到傳統思維習性的影響，多半著重於「涵義」上面，強調作品自我存在感，而較少進入一個概念的層次去創作，感性多而知性啟蒙少；甚至有些作者不斷強調自己作品的變化，孰不知它只是「變化」的複製品。

但是必須說智識的範疇，不是只有概念而已，孫周興在他的一篇文章

〈賈科梅蒂的真實〉[18] 批判了概念，他引用梅蒂的看法：在歷史進程中，知覺已經被智性轉化成了概念，文藝復興之後人們開始從事原形尺寸的頭像、物件，因為他們認為概念上可以如此進行，因此人們不需要直接的觀看而是透過「我所認識的概念」來看你，於是直觀的觀看已經被認識中介化了，概念化的認識阻礙並且掩蓋了視覺和知覺的直接性和真實性——因為小尺寸才是人們真正觀看事物的尺寸，於是在這樣的論述裡面，設定了兩個真實：一個是寫實藝術的「概念性真實」，一個是前／後寫實藝術的「視覺真實」，前面那一個真實是從知識的意義上去認識，力求逼真，如同客觀主義以主體主義的認識論為前提；後者，也就是視覺真實，關心我們在一定空間距離下觀看人和物，他們必定是比較小的，在不同時間看一個人前後也已經不一樣了，所以視象是流動的，指向不在場、不確定、不同，即便不斷的接近也保持著差異的構成性，而不是去設定同一性。就本書而言，不論是概念性真實或者是視覺真實，這兩個概念所設定的條件是不一樣的，但是二者指向的涵義都是智識的一部分，滿足不同角度的欣賞。

一個物件要符合本文上述所設定的不同條件以達於精緻，必然需要設計專家的投入，他們在考量各種條件之下設計出符合不同人、不同品味者需求的物件，於是設計產業也就跟著休閒娛樂產業像雙胞胎一般被生產出來。

那麼從新鮮感到精緻是怎麼樣的的辯證過程呢？黑格爾曾觀察出最簡單的辯證過程：正－反－合。任何主體最初始「認知」到自己的觀點可以稱之為「正」，但是從「認知」到「主張」還是有一定的距離（例如某人認知到他贊成美國總統川普的理念，可是他這時候還未形成完整的主張），他得經過一連串的辯證才能肯定自己的某些主張，這時候他辯證

的對象就是與自己觀點相反或是不同（相異）的觀點 —— 我們可以稱之為「反」（這時候的「反」有時只是相異，而非全然的相反）。「正」因為「反」的出現，而會自我調整，印象上會往「正」與「反」的**中間**逼近，而形成了（也就是「辯證出了」）新的主張「合」 —— 也可以稱之為達到另外一個「正」。新的「正」具有往外擴張、精進的潛能（或所謂的「向上盤旋」），因此也會再度面對新的「反」，接著又會往中間進行辯證，又可能出現另一個「合」 —— 也就是更新的「正」，如此繼續辯證下去。這樣的過程基本上並無大錯，但是，本書從新鮮感到精緻的辯證的觀察，發現它的「合」並非沿著正與反的「中間」（這是屬於一種空間上平衡的概念）而行，**而是沿著最接近「反」的邊界，也就是沿著「異質之物」的邊界而行** —— 這是因為有閒階級的慣習當中「追求差異化」這個習性的結果。而且在貴族原則社會裡面運用這辯證法的前進常常是軟土深掘、得寸進尺、不知所終的（或所謂不斷向上盤旋）。黑格爾觀察的辯證法是正－反－合沿著螺旋方向上升的過程，但是本書觀察從新鮮感到精緻的辯證，卻是**沿著「反」的邊緣散射開來的**，有時非線性而不可測，「合」只是沿著「反」而行的「另一種正」。一些讀者一定會覺得我的觀察有些抽象，以下我以作為休閒娛樂產業一部分的餐飲精緻化的過程來說明。

餐飲的精緻化辯證過程

吃得飽、不餓肚子本來是基本生命需求，但是當餐飲進入休閒娛樂的範圍，它的經營和設計就遠非只是飽足感而已。食物對人的身體而言原本是、也主要是嗅覺和味覺的滿足，特別是以味覺作為主軸。在娛樂為主的餐廳上菜，基本上都會有酸、甜、苦、辣、鹹幾種味道，但是若是像小朋友扮家家酒將這五種味道亂炒亂加，那麼就會產生符合成語中「五味雜

陳」的味道，這將導致情緒萬端、難以分辨，對精緻的品味者而言就難以一言而盡，導致無法品味。因此一道菜味道不能多到超過味蕾的負荷，這是餐飲的基本條件。

除了味覺之外，如果配上嗅覺，就要求香。當然有些臭酸植物是可以吃的，像臭豆腐、臭乳酪、酸菜等都不會被當成腐敗之物，對許多人而言還是美味。一到食物若符合人們的味覺與嗅覺，我們將嗅覺和味覺視為餐飲業裡面的「正」，但是這個「正」不會因此而滿足，它會要求「色香味俱全」，或甚至更多。

於是它開始將嗅覺和味覺之外的另外三覺 —— 視覺、聽覺、觸覺等視為「反」，我們將會發現一些走精緻飲食的休閒業會去注重嗅覺和味覺與其他三種感覺的配合。照理說視覺應該是離味覺很遠，但是在人類的經驗裡面視覺會影響到味覺：食物的色彩構造若讓人感到舒適則可以提高食慾，方便麵裡面加入乾燥的青蔥，或是把紅色辣椒的種子去掉事實上都已經沒有辣味了，但是它的視覺功能還在，還能帶起強烈的食慾。透過噴槍作用的炙燒鮭魚、炙燒牛肉它的色彩所引起的味覺比真正的味覺還強，讓人很可以不考慮到致癌的危險。但是這些加入視覺感受的辯證，就能達到色香味俱全的要求。

食物到底能不能以觸覺來接近呢？印度的中下階級到現在吃飯還是用手抓飯，他們認為用手來接觸食物可以判斷食物的溫度與美味，並且透過觸覺引發食物的美味。一般不使用手直接來接觸食物的狀況下，主要的觸覺是靠著嘴巴和食道來感受，為追求精緻有些食物就要做到入口即溶、軟嫩，或者俱有嚼勁、酥脆。啤酒、汽水的氣泡可以刺激喉嚨和食道，許許多多的零食專門進攻人類嘴巴和食道的觸覺 —— 在其味覺還可以被接受的情況下。食物加入觸覺感受的辯證，使人們更容易上癮了。

再來，食物所放置的容器一直以來都是娛樂休閒的重要成分。「葡萄美酒夜光杯」——喝不同的酒類所用的不同樣態的玻璃杯或者是陶瓷杯不只呈現某種世俗「任性」，還誘導出食用者的心情。使用窄長透明的高腳杯喝冒著泡的香檳酒，像在品味鬱金花香，心情悠閒舒適的程度將大大有異於普通的紙杯。喝日本清酒時，採用陶瓷燒成的蛇目杯、枡、平盃、陶杯，一種古樸的新鮮感，就會帶進濃濃的風土味。

食物在味覺和嗅覺的基礎上再往視覺、聽覺和觸覺的方向移動，原本是侷限在一個小空間的行為，但是追求精緻化的餐飲業者不會以此為滿足，他們會將用餐環境的視覺往外做更廣大的擴張，例如他們會關心餐廳、酒吧裡面的氣氛，是古典風、工業風、鄉村風、北歐風、北美風、南歐風等等。一些更為精緻的餐廳酒吧還會考慮到聽覺的感受，例如怕顧客聊天聲音太大互相干擾，於是裝了吸音裝置；有的還會考慮到音樂播放的種類，村上春樹早年經營咖啡廳酒吧就非常注意這些質感，他本身就是音樂的愛好者。一些餐廳的經營還會在乎質感，特別透過一些擺設（地毯、地板、木頭、乾燥花草、布料等）粗糙細密可以誘發觸覺的感受，來呈現餐廳的溫暖或憂鬱性質，以讓顧客有更多樣的體會。

回頭看一下歐洲貴族食用文化的演進。歐洲在中古時代食用魚、肉類的時候也會像現在中華文化圈一樣會把動物的頭、腳、尾巴整隻拿來使用，甚至整隻擺上餐桌，但是後來的宮廷文化開始對動物的頭、腳、器官、尾巴放在餐桌上引發不適感，逐漸將「食物」和「動物」兩個概念分清楚，認為餐桌上要吃的是食物而不是動物，吃食物的時候不能夠聯想到動物，不能夠喚起野蠻和獸性的感覺，於是在後來的宮廷禮儀上就禁止將顯示動物特徵的物件擺上餐桌。

再來原本中古時代歐洲人吃飯也是用手，但後來宮廷文化裡因為覺得

雙手直接取餐過於油膩，於是改用刀叉，但是也由於使用刀叉無法將骨頭拿起來使用，因此骨頭部分也不能盛上餐桌，於是宮廷文化設定了這樣的「難堪界線」的條件往中下階層擴張而導致了[19]當代西方的飲食文化的形成。這種改變不只是從味覺、嗅覺作為根本的改變，而擴展到了視覺、觸覺，甚至美感的層次。正確的說也有聽覺的層次，例如在宮廷餐桌禮儀裡面是禁止放屁，如果不得已要放屁的時候必須要夾雜著咳嗽來覆蓋放屁的聲音。

　　近代歐洲在貴族和中產階級所主辦的沙龍之中通常進行知識與藝術的討論，免不了就要飲用酒類和下午茶，甚至一些點心。此刻食物已經不再是單純滿足身體視、聽、嗅、味、觸的舒適感，而是往精神的、美學的、智識的範圍擴張。日本的節目《深夜食堂》作用不單單只是食物的口味這一個「正」，而是往其「反」的邊界去觸及精神美學和智識上的舒適。

　　因為休閒娛樂用的食物有上述這麼一層辯證法的要求，許多相關的設計產業應運而生，例如餐廳、酒店的室內外設計，廚房各種器材用具、裝備（打果汁機、調理機、電鍋、洗碗機、電冰箱、抽油煙機、打蛋器、開瓶器、研磨機、冷凍肉類切割機、切割各種食物的刀具，或是最簡單的刀、叉、筷子、鍋碗瓢盆）的設計，蛋糕餅乾零食外型的設計，食品包裝——特別是對固體和液體食物分裝的設計，食品的廣告設計，麥當勞、肯德基、星巴克這些連鎖店的總體設計，一些針對不同標的人口的食物類型和購買動線、用餐環境設計，另外還包括對烹煮食物方法的介紹。有時透過食譜、有時則透過影音 APP 的媒介。YouTube 裡面變有數以百計介紹食物烹煮烘培的方法，而有些節目特別選擇在荒郊野外拿一把菜刀捕獵、採集野生的動植物，之後便直接在野外任意搭爐灶燃燒乾木材，烹煮、燒烤、窯烤食物，像是有閒階級回到蠻荒時代[20]。非常特別的是這

荒郊野外都有數不盡的進口與超市才買得到的多種香料放在一起，像極了炫耀性消費。單單透過觀眾的視覺，就引發食物的味覺、嗅覺、觸覺、聽覺；有時還會搭配一幾隻小狗在秋天落葉的溪流旁，或者滿天冰雪的湖邊，放大季節的聲音。這已經不再只是介紹食物的烹煮方法而是享用食物的美學了。這些 Youtuber 的點閱率常常都是破百萬、破千萬，這樣的影像本身就是一個精緻的設計。

范伯倫一定很難想像一個菜刀獨行俠在荒郊野外煮東西，還可以獲得大量的資金收入和觀眾的支持。如果不是有閒階級相關的產業在二十世紀膨脹的結果，根本不可能創造出這樣的工作機會。

有閒階級的產業發展沿著「反」的邊緣前進的辯證法，可以視為貴族原則的原則之一，是追求差異化這一個習性的衍生物。甚至不只在食物的範疇裡面如此，整個食、衣、住、行、育、樂各個面向的案例俯拾皆是，都可與身體感的視、聽、嗅、味（酸甜苦辣鹹）、觸（觸壓冷熱痛），精神上、美學上、智識上各方面進行深度辯證，但本書因為篇幅的關係就此打住。如果要非常全面的討論，可能又是一本書了。

辯證過程：對辯證法的批判

在本書的許多章節，特別是這一章用了「辯證過程」來架構了有閒階級整個對新鮮感的追求。此處所謂的辯證過程指的是對處理的對象進行比較、分析、綜合、質疑，還有使用「概念」清楚的表達這一些思維的意涵。這裡所謂的「辯證過程」與所謂的「辯證法」是不同含義的，當然，兩者也不是完全不同。以當前兩個最有名的辯證法來做說明，其中一個是易經的辯證法，另一個是黑格爾的辯證法。易經的辯證法由太極生兩儀、

兩儀生四象、四象生八卦、八卦生六十四個卦象。一些人把易經的變化隱約預設為宇宙人生變化的準則，而中國古人也把人生變化簡單分類，整理進去各個卦象繫爻辭裡面。但是這一種將易經的辯證法當成規律或是某種潛在的預設來對應人生的時候，事實上就**已經缺乏了**「**辯證過程**」，同時也缺乏了新鮮感了；這是因為一旦把易經當成了人生的預設，就不會、或是難以發現異端再去質疑，譬如不會去質疑為什麼太極生兩儀而不生三儀、四儀？又或為什麼不是五象、七象？等等。這些問題同樣可以質疑黑格爾的辯證法，他提出了正、反、合這樣的辯證歷程，如果我們把它當成了一個辯證運動的規律，那麼我們也進入了這樣的迷失：我們將會停止去質疑為什麼正跟反最後一定要合嗎？而正跟反難道不能和平共處嗎？再來難道所有的論證只有正跟反而已嗎？沒有中間灰色地帶嗎？希望我上面的解釋可以讓讀者了解我這裡所謂的辯證過程與辯證法是不同的。

再來想說明辯證的過程必須要用「概念」來表達的部分（這部分在第二章已經談過一些了，這裡再提是企圖強調貴族原則社會中有閒階級的慣習展現在尋求差異這一塊，特別是與平民原則社會不一樣的地方），這主要是針對中國傳統的辯證法在易經裡面或是在任何傳統諸子百家裡面，其呈現出來最多使用名詞的層次都還沒有到達「概念」的層次，最多只停留在「印象概念」（涵義）這一個層次。為什麼需要用更精密的概念來表達呢？這是因為精確的概念除了協助我們更進一步了解周遭的生活之外，同時也更進一步促使我們調整行動的諸多細節。比如說有人要求你的行為要符合仁、義、禮、智、信，有另一個人要求你的行為要符合當代的法律？或是為自己開創與他人或與環境更合理的倫理道德關係，那麼哪一個比較明確、哪一個比較方便你去遵守社會規範？這就是使用「印象概念」與使用概念之間的差別。西方在文藝復興之後大量使用「概念」來進行社會和

國家的建構，這也使他們在做細部調整的時候會更加精確，因此影響力也比較強。因為中國文化裡都沒使用概念來說明現象的論述與任何相關的學問，再加上科舉文明對思想的統一的效果，因此常讓一些突然發生的新鮮事物失去演化的動力，某段時期發達的藝術文化常常容易走到盡頭。宋神宗的瘦金體書法風格確實有貴族文化的啟示，但是他死後這樣的力道就沒有傳承下來了或繼續再發展了。蘇東坡的詩詞歌賦對當時帶來的新鮮感也一樣後繼無人（若有的話，那就是在非科舉制度時期出現的毛澤東了）。火藥是在中國發展出來了，但卻沒有發展成大砲與槍枝。活字印刷也發明了，但因為都只是用木頭容易毀損的關係，卻沒有發展成金屬的活字印刷，一直要等到西方傳教士想要印刷聖經的時候，才把西方的鉛體活字印刷術帶過來。抹茶的藝術在宋朝就有了，可是也沒有繼續發展下去，卻在日本加入了禪宗文化後讓日本茶道開花結果。就連對中國宋朝理學影響很大的佛教文化，其派別變化最後在中國屈指可數，但傳到日本之後在他們那一群有閒階級的討論融合之下，致使日本佛教的派別之多令人驚訝。我們也不能說宋朝沒有科學和科技，只是沒有使用「概念」的文化傳統，更加上受科舉制度之文化制約的效果，讓科學與科技的精緻化、精確化沒有得到豐富的土壤讓它繼續成長。科舉制度與隨後（現代化之後）形成的平民原則，雖然很快的可以讓整個社會進入安定繁榮的社會條件，但是同時也限制的藝術、科技、文化的放射性發展，最多就是維持原狀而已，讓可貴的文化生活的新鮮感消失了。

　　有歷史觀的讀者會反駁：中國在唐宋之後，少數富有階層的後代也有從事精緻文化的努力，例如從史景遷（Jonathan Dermot Spence, 1936- ）《前朝夢憶：張岱的浮華與蒼涼》[21] 著作中顯露了晚明時期就有許多這些世家大族的子弟在精緻文化展現了超越中國歷史上其他時期的功夫與情

調。為什麼這種精緻化的功夫沒有發展出與歐洲文藝復興時期同樣的文化動力？這個問題的答案在第二章時已經提及，那就是中國文字的特質限制了整個東亞「概念」運用出現的可能性，沒有「概念」的出現，出現不了西方的文藝復興；沒有「概念」運用的東亞，即使有精緻化的文化如晚明或日本的幕府時期，一樣無法建構類似西方的文藝復興時期的功績。

小結

　　這一章節我用了辯證過程來呈現所有對新鮮感的追求，企圖將新鮮感追求背後的複雜內容闡明出讓讀者可以理解的平臺。在這個平臺上，我們可以看到貴族原則影響下的產業最終往「精緻化」方向發展的過程，對應著沿著「反」的邊緣前進的辯證法過程，而且這樣的辯證過程常常是攜帶著「概念」而行的。本章特別從滿足五覺（視、聽、嗅、味、觸）角度切入來說明這一個過程。東亞國家在近一百年來也正往這個方向移動。

[01] 參見邱淑媛、李三仁，2008，〈休閒產業的現況發展與分析〉《康寧學報》，10: 261-272。

[02] 以上參見 FRED Economic Data, All Employees, Leisure and Hospitality, 2021，https://fred.stlouisfed.org/series/USLAH，搜尋時間：2021年 10 月 18 日。

[03] 同前。

[04] 莫玉梅譯，2010，北京市：社會科學文獻。

[05] 參見葉啟政、張震東，2002，〈從生產的政治經濟學到消費的文化經濟學：中產階級作為機制〉，《台灣社會學刊》，第 28 期，頁 153-230。

[06] 參見 T. L. Goodale & G. Godbey，成素梅、馬惠娣、季斌、馮世梅譯，2000，《人類思想史中的休閒》，昆明：雲南人民，頁 116-118。

[07] 同註 5。

[08] 羅伯特·麥克法倫（Robert MacFarlane），林建興譯，2019，《心向群山：人類如何從畏懼高山，走到迷戀登山》（*Mountains of the Mind: a History of a Fascination*），新北市：大家。

[09] T. L. Goodale & G. Godbey，同註 6，頁 18。

[10] T. L. Goodale & G. Godbey，同註 6，頁 183。

[11] T. L. Goodale & G. Godbey，同註 6，頁 199。

[12] T. L. Goodale & G. Godbey，同註 6，頁 282。

[13] T. L. Goodale & G. Godbey，同註 6，頁 122-134。

[14] 臺灣在 1980 年代末解嚴時期一位立法委員 —— 專研康德哲學和易經的哲學家朱高正所言。

[15]　布希亞，林志明譯，2018，《物體系》，臺北市：麥田城邦。

[16]　寺寬邦，2020，*Nilakantha Dharani* ／大悲咒，https://www.youtube.com/watch?v=Ctjt4nGvMwo，搜尋時間：2021 年 5 月 2 日。

[17]　參見 Emma stein，3C 新報，2017，〈不只喜怒哀樂！研究正式分類出人類有懷舊、嫉妒等共 27 種情緒〉，https://ccc.technews.tw/2017/09/17/wood-emotion-california-psychology/，搜索時間 2021 年 10 月 10 日。

[18]　2011，載於《邊界上的行者》，上海市：上海人民。

[19]　參見諾貝特‧埃利亞斯（Norbert Elias），王佩莉、袁志英譯，2009，《文明的進程》上海市：上海譯文。

[20]　Primitive Wildlife-Cooking big chicken in the rainforest-Eating delicious，https://www.youtube.com/watch?v=IeN2nh-TphA。https://www.youtube.com/watch?v=42Q3cNKoYxI。搜尋時間：2021 年 5 月 2 日

[21]　史景遷（Jonathan Dermot Spence），溫洽溢譯，2009，《前朝夢憶：張岱的浮華與蒼涼》（*Return to Dragon Mountain: Memories of a Late Ming Man*），臺北市：時報。

第六章

貴族原則與權利的變遷：第一代人權

三代人權與有閒階級的慣習

如果將有閒階級發展的三個階段、三種有閒階級（先天有閒、後天有閒、制度有閒）壯大的時間，對比瓦薩克（Karel Vasak，1977[01]，前法國駐聯合國國際文教處人權與和平局局長）提出三代人權發生的時間與內容，我們將會發現驚人的重疊性，這種看似巧合的重疊其實隱含著社會制度演變發展下的必然性。這個必然性之所以存在，原因在於有閒階級的慣習對人類基本權利的持續性開發與推動。

可以說，根據有閒階級發展的三個階段，權利（所有權／人權）的發展也有三代：第一代人權是對人民政治權力的拓展，相關人物有洛克、孟德斯鳩、盧梭、邊沁等，他們代表的是啟蒙時代、科學革命、科技進步導致戰爭死傷越來越激烈的時代，人們對傳統君權神授或絕對君權，以及教會所代表的神權過當行使所進行的反省，之後提出建設性的主張，促成人類基本權利的具體化。人類科學知識的發展直接促成這樣的發展。當地球不再是宇宙中心的觀念出現，神權便大受打擊；當解剖人體發現君王與一般人的人體沒什麼差異時，人們便會質疑君權也不過是一種傳統習慣而不是至高無上的道理。十八世紀歐洲主要發展出了平等權、自由權、財產權、參政權、生命權等等政治權利的概念，目的在摒除國家／政府對人民的不當干涉、所以也是一種消極性的人權。其中自由權、生命權、財產權非常重視身體上和精神上的舒適程度。此階段是有閒階級之中君王、教皇、貴族之間，以及貴族與中產階級之間權力關係的重新塑造。

三代人權與有閒階級追求舒適的慣習

		第一代人權	第二代人權	第三代人權
追求舒適	身體的	人身自由 居住遷徙自由 財產權 生命權 公正審判與訴訟	社會權 婦幼保障 休息權 環境權（健康）	民族自決 女權 集體發展權 隱私權 人格權
	精神的	宗教信仰自由 思想、言論、出版、集會、結社自由 公正審判與訴訟	工作權 婦幼保障 休息權 選舉／參政權 教育權	同工同酬 性別工作平等 閒暇 身體自主 永續發展／和平 隱私／人格權
	美學的		環境權（景觀）	環境權（美學） 想像的共同體
	智識的	專利權 著作權	教育權 商標權	女性主義 想像的共同體

（說明：有些權利橫跨了兩代，或者橫跨了身體／精神／美學／智識的兩個或以上的範疇）

第二代人權主要是社會與經濟權利的發展。此階段的代表人物是穆勒、聖西門、傅立葉、馬克斯等，他們主要針對過當的經濟權力的反省和批判。這一個時期各國為了競爭工業上的發展紛紛提升了國民的教育程度，再加上歐洲經濟成長使得中產階級人數大量增加，有閒階級（特別是後天有閒）也大幅擴大。他們開始去反思中下階級，特別是無產階級的生活處境，於是在十九世紀發展出了幾個重要的經濟上的、政府必須主動去維持的權利，例如生存權（包括健康權）、工作權（包括社會保險的權利）、休息權、教育權等，也開展了人類史上的第一次「積極人權」〔第

一代人權是「消極人權」，屬於免除（free from）國家不當侵犯的權利；而
積極人權是指可以主動要求國家保障的權利］。這些權利都兼具身體、精
神，與智識上的舒適感追求特質。

第三代人權主要是「解放（liberation）」的權利的發展。內容針對傳
統的、文化的、宗教的、社會的與新興科技的宰制等等的「微觀權力與政
治」的反省。主要的代表人物是尼采、傅科、女性主義者、結構主義者和
後現代主義者。在這一個時期智識上的發展，一則是社會統計調查越來越
深入、全面，特別是對從公領域的反省轉到對私領域的反省，揭露社會中
男女之間、弱者和強者之間、正常人和不正常人之間的不平等。其二，在
技術上的發展，像是紡織機、洗衣機、吸塵器、各種烹飪用機器等等家務
工具的發明，讓女性教育和職業婦女成為可能，並且變得十分普遍。第
三，在前一代人權落實保障之下，所創造的制度產生了比先前更大量的有
閒階級（制度有閒）。於是這些制度與社會結構上的變遷推動了在二十世
紀發展出了更為細緻的權利類型，像女權、性別平等權、同工同酬、閒
暇、文學藝術科學參與與享受（文化權、發展權）、人格權、隱私權、動
物權、環境權、身體自主權、婦幼權、民族自決權、族群文化尊嚴、原民
權等等，也都是國家必須主動進行保護的積極性人權；而這種積極性超越
了上一代，當代貴族原則國家更習慣主張把其國度內累積至此的（第一代
到第三代）人權擴及全世界，並且積極監督各國所謂的「普世價值」。這
些權利的內涵也多半包含在身體上的精神上的舒適感追求範疇之中。

另外選舉權、智慧財產權（專利權、著作權等）、商標權這些權利因為
只給予於特殊條件的人某些權利，是屬於特權而不屬於具有普遍性的人權
的範圍，而且這些權利的變遷就時間上橫跨的幅度比三代人權還要長，因
此本書不把他們放入三代人權的討論，而另闢一個章節來討論這樣的特權。

權利（right）的生產來自於對權力（power）關係不舒適的覺察

　　「權利」乃是對既往「權力」的反省，而對權力與權力關係進行重新配置後的結果。「權利是如何被生產出來的呢？」這是在研究三代人權的發展時常會問的問題，我們也可以發現對既有的權力關係所造成的負面、不舒適影響的察覺與批判，就可以理解權利的生產過程與方式。權利既然來自於對權力關係的反思，那麼權力就是比權利更原始的存在。對於傳統權力關係的反省經過了四個世紀的發展，產生出了三代人權涵蓋三十多種權利的內容，他們像三十多根柱子環繞、支撐、維護著有閒階級的生活，也像是身體裡面三十多條不同卻相關的「自主神經」交錯在一起，如雷達一般敏感地去覺察社會不同面向所帶來的不舒適感而期望加以解決（當前的中美大戰的起因，在三代人權發展的視角下，可以解釋為中共因其自身的習慣，例如對人身自由、學術自由、言論自由、智慧財產權等權利保護的輕忽，不只影響歐美民主社會對他的觀感，中共還將這樣的習慣帶進到歐美社會與其利益相關角落，某一程度上影響了歐美的生活習慣，挑戰了這人權相關的三十多條神經，而讓美國、歐洲等國感到不舒適而覺察出來，而現在的結果正是美國與其盟國對這一些不舒適所做的反應。這個內容在以後的篇幅也會提到）。這樣的結果不僅讓有閒階級的人數擴張了，並且讓他們活動的空間 —— 這裡指的是一個抽象的、精神的、美學的空間，變寬了！

平民原則社會不會主動去開發新的權利

由此，我們也將發現在貴族原則中，人們會不斷的去開發出屬於自身的合理權利，而且還會持續開發下去，只要是當代技術和社會權力關係不平衡所帶來的不舒適持續被有閒階級覺察，各類基本權利的開發將是無止盡的。不會令人意外的是，這些權利的開發沒有一個是從平民原則的國度裡原創出來的，即便是這一些國家享受半民主或民主的生活已經超過了一個世紀。這是一個非常值得關注的事項，平民原則的國度似乎更習慣於忍受，不習慣於享受；習慣於便宜行事，不習慣於追求舒適。這些習性當然不至於全然影響他們爭取權利，但是速度緩慢。香港在英國殖民的時代沒有積極去爭取參政權，竟然這樣就過了一百五十年，一直到公元 2000 年之後才意識到需要這樣的權利以求自我保障。德國、日本、韓國、臺灣都是在美國勢力的主導或支持下，才開始建立較完整的民主制度；他們追求權利的行動是「被動地」移植自貴族原則社會的。這樣被動的習性自然不可能要求他們自己去「開發」新的權利了。

第一代人權：從財產權出發

人類社會在范伯倫觀察到的準和平（quasi-peaceable）階段有一個小小的跳躍，那就是成文法律的出現 —— 表示所有權受到更大範圍的保護。此時，農、林、漁、牧生產技術的進步使得生產活動取代了遊牧社會時期主要的暴力掠奪活動；而同時因為貴族 —— 也就是當時主要的有閒階級 —— 之間攀比競爭的需要，對於祖先遺留財產的繼承權成為重要顯貴尊榮的符號象徵，這兩個趨勢讓財產私有制的確立有了條件。成文法律的

出現代表著掠奪財產是非法行為，這使得財產的累積成為可能，財產私有制進而確立下來。早期的成文法律不論是烏爾納姆法典（Ur-Nammu Law Code，成於約前 2100 －前 2050 年）或是漢摩拉比法典（The Code of Hammurabi，成於約公元前 1754 年），裡面就有財產權繼承權的內涵，還包括非經過合法的審判不得關押、奴隸合法化的法律，支持貴族制度的存在 [02]。這些成文法的出現就是為了在保護有閒階級。我們甚至可以發現從兩河流域、希臘到羅馬時期絕大多數的法律都有保護有閒階級的傳統 —— 只有少數例外，例如希臘時期的斯巴達採取的共產體制，但是這種共產體制不是將邦國內所有人一視同仁的共產，而是養了一大堆奴隸。只有統治國家的武士 —— 也就是公民，才會進行共產，嚴格說來也是保護少數人的制度。斯巴達的公民事實上相當忙碌，花費大量時間參與軍事訓練與戰爭，嚴格說來不算是有閒階級，因此並沒有像雅典的民主制度開創出燦爛的文化。斯巴達在今日希臘原本坐落的地點找不出什麼重要的文化遺產便可見一斑。

范伯倫認為所有權的確立與基本生計的滿足之間沒有因果關係；所有權的出現不是為了滿足基本需求，而是為了攀比競爭（emulation）（除了所有權制度外，范伯倫更認為攀比競爭的動機也主要導致了其他制度的發展，當然這與馬克思認為生產技術進步才是動因的論斷有很大的差異）。在社會比較和平穩定之後，世人開始對財產繼承的多寡給予的重視，甚至比當下掠奪而來得來的功績與戰利品給予的重視更高 —— 這可以說明在隋唐期間，山東的世家大族瞧不起武力戰功出身的關隴集團現象；屬於關隴集團脈絡的皇帝要嫁女兒給山東士族都不一定能成。

對原始法律制度的研究亦顯示在財產權與繼承權獲得保障之後，「人權」這條主線開始多元發展。當然，這樣的論斷並不是說人對物的權利這一個面向不再發展了，仔細檢查會發現這面向的發展的更為精細了（包括

後來的專利與智慧財產權），但是在另一個範疇 —— 關於人與人之間的關係這一個面向而言，藉由有閒階級的詮釋，人所擁有的權利範圍更加的遼闊而多元。此階段的有閒階級主要是貴族和新興中產階級為主，其中沒落的貴族或是勞工出身的中產階級，為了自身的權益不斷去詮釋關於「什麼是人」、「什麼是人與國家／政府／社會最恰當的關係」的問題，其產生的觀念當然深受貴族文化的影響。《漢摩拉比法典》中就有規定：「需要有證據才能夠定罪[03]」，這裡被保護的對象是「被允許擁有奴隸的自由人」，基本上保護有閒階級在此制度下的合理存在。西元前四世紀由羅馬貴族成立的委員會制定了《十二表法》（公元前 451 － 450 年）限制的貴族法官可以隨心所欲解釋法律的權力。1215 年英國王約翰（John, King of England, 1166-1216）頒布的《大憲章》，又稱為《自由大憲章》，內容保障的封建貴族的政治獨立與經濟權利，並且在人類歷史上第一次明確限制的封建君主的權力，裡面的內容到現在依然有效地保障了英國教會的自由、確立了倫敦以及其他城鎮的經濟自治的特權，以及所有的人都必須有合法的審判才能被監禁；內容還規定需要設置陪審團的審判程序（大憲章第 39 條規定：未經同輩組成的陪審團判決不得被處罰），以及所有的案件都要立案並且記錄。1689 年英國議會通過了「權利宣言」並且制定了《權利法案》，這標示了君主立憲政府在英國的建立。法案的內容不只以法律的形式限制了國王的「權力」、保障了貴族自己的「權利」，也包括國王若未經議會的同意不得隨意撤銷法律以及任意徵稅[04]。以上這些律法的內容都是針對自由人、公民或貴族權利的保障。

在近世以前，由於神權保障了君權，因此在深入的去談人民如何從君權取得屬於人民的基本權利之前，要先談文藝復興時候神權的崩解所產生的宗教信仰自由。

宗教信仰自由

宗教信仰、講學、言論、出版等自由，這些在今日民主國家看來稀鬆平常像喝水呼吸般自然的事情，卻是西方國家在近四百年來生死抗爭逐漸開發出來的結果。在爭取的過程中，許多成果是由小範圍死傷衝突一步步累積出來的；但有些卻是透過長期而大規模的戰爭、巨量死傷的慘痛經驗，才讓人類體會到自由、寬容的可貴。1517 年馬丁路德（Martin Luther, 1483-1546）發表九十五條綱論，質疑當時天主教會贖罪券的理念。他一定沒想到這樣的論述引發了將近一百五十年的宗教戰爭 —— 直接、間接由不同教派主張所引發的衝突導致遍及歐洲的巨大、長期的傷亡。相關的戰爭序列：第一場是德國農民戰爭（1524-1525），許多貧窮農民閱讀了馬丁路德翻譯的聖經，發現他們的領主與教會並未依循聖經的指示對待他們。在激進的宗教改革者領導下，農民企圖從領主與貴族手中奪取政府與議會、建立平民武裝軍隊、沒收教會財產、取消貴族與農民簽訂的不平等契約，廢除封建特權等等。後來諸侯聯手鎮壓農民，連馬丁路德都不贊成農民的武裝起義，最後有十萬名農人慘遭殺害。

馬丁路德對一個由自己理念所引發的戰爭採取的態度值得玩味，我們有必要進一步了解馬丁路德的背景。他的父母親都來自於貧苦的農家，父親努力奮鬥變成一個承租銅礦場和冶煉廠的礦主，也算是新興中產階級，馬丁路德是九個小孩中的第八個。還不到六歲就進入拉丁文學校就學，十七歲進圖林根大學哲學系就讀，二十三歲取得法學碩士。父親希望他繼續攻讀博士學位，成為社會菁英階層。但因為個人特殊的體驗，二十五歲決定當神父。父親非常憤怒，認為他拒絕家庭責任。二十六與二十七歲那一年，分別取得聖經碩士與神學碩士，三十歲取得神學博士，並開始在大

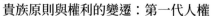
學授課。學術背景雖然轉折但還頗為順利。關於他的主張，上過國、高中歷史課的人都應該不陌生，內容這裡就不再贅述。但從他的出生背景和教育背景可以斷定他是中產階級出身的學者，他的邏輯論證清晰的信念引發了新教和舊教分裂。

第二場戰爭是施馬爾卡爾登戰爭（Schmalkaldic War, 1546-1548）：發生在神聖羅馬帝國皇帝查理五世（Karl V, 1500-1558）與薩克森諸侯之間，最後在 1555 年查理五世提出奧格斯堡宗教和約（Augsburger Reichs- und Religionsfrieden），允許諸侯與自由城市可自由選擇信奉新教。

第三場是在法國爆發，卡爾文教派與天主教派之間的宗教戰爭總共進行了三十六年（1562-1598），主要的參與者是與王室相關的貴族成員，因為戰爭或由戰爭帶來的饑荒或疾病，造成約三百萬民眾死亡。法國第一次與第二次世界大戰傷亡的人口大約二百三十萬人，如果各自對比當時的總人口數，不得不說法國的宗教戰爭比兩次世界大戰都來的可怕。最後由號稱法國最賢明的君主亨利四世（Henri IV, 1553-1610）發布了南特詔書（Édit de Nantes, 1598），規定了新教和舊教的教徒皆擁有同等的權利，才讓整個法國歸於平靜。不過這三十多年戰爭造成法國貴族大量死亡，為以後法國君主集權提供了條件。在這長期戰爭中人們也可見識到了某一個教派主政的時候往往會限制另外一個教派的言論、集會、出版、結社，還有遷徙等自由，最後直到大家都打累了，才逐漸獲得了這些權利。不過當時這些權利還是屬於君主的恩賜，並不是現代意義下的權利。

第四場是德國爆發的三十年戰爭（1618-1648）。這一場戰爭的傷亡人數更為驚人，也超過了德國第一次第二次世界大戰傷亡人數的總和，它讓德國核心地區的人口自一千八百萬降到七百萬。神聖羅馬帝國地區原本根據奧格斯堡宗教合約，新教與舊教徒和睦相處、互相通婚，有時還共用一

個教堂。但是哈布斯堡家族害怕新教教徒控制區域擴大，影響其既得利益，開始對新教徒採取歧視待遇，引發新教徒不滿。1618 年在布拉格新教徒便將來訪的兩名帝國欽差大人與書記共三人從四十五公尺，約現在十五層樓高左右的地方丟下去，所幸上帝保佑三人竟然都沒事，因為地上剛好是當地人的堆肥區。「擲窗事件」引發哈布斯堡家族帝國皇帝的不滿，展開對波希米亞地區的征伐。當時領有西班牙的哈布斯堡家族藉由上個世紀中在美洲殖民地發現的大量銀礦的支持，已躍升為歐洲第一強權，不怕打戰。出於地緣政治的考量，此家族便以新教舊教對抗名義出兵，參戰的國家遍及整個歐洲大國，主要的戰場在各國的交界之處，就是當時的神聖羅馬帝國中心地帶，相當於現在的德國南部地區。新教徒與舊教徒的軍隊互相滅了對方的村莊，如此進行了三十多年，情況慘烈。螳螂捕蟬黃雀在後，在新舊教雙方傷亡慘重後，法國最後出線，取得了絕對性的優勢，促成各方在西發利亞地區簽訂了西發利亞條約（Peace of Westphalia, 1648），重新劃定了歐洲各國的勢力板塊，在政治上正式確立宗教自由、政教分離的原則。

　　這四場新舊教之間的宗教戰爭打完就再也沒有發生這麼大型的宗教戰爭了，若有的話就是納粹屠殺四百萬猶太人，也有一點宗教戰爭的味道。第二個要觀察的是這四場戰爭都涉及大量人員的死亡，特別是後面三場，君王、貴族整體性的投入導致震撼的後果。有閒階級與宗教的關係如此接近，事實上在范伯倫的理論裡面就已經有說明：為了小信小義發動戰爭，表面上是為了宗教，實際上無法控制軍隊的濫殺搶奪，人類似乎注定要從一些痛苦的記憶中汲取教訓才不會重蹈覆轍。第三個要觀察的是當這些宗教戰爭打完後，舊教沒有取得任何優勢。這代表羅馬教會徹底退出了西、北歐。也正因為羅馬教會退出了西北歐，且因為宗教戰爭造成貴族的大量

死亡，為之後的君主集權統治提供了主要條件。

第四個觀察是宗教信仰自由遠早於其他基本人權的到來，而人權的浮現除了源自對這些戰爭的反省而悟出的道理外，科學革命的發生也是重要關鍵。從馬斯洛需求層次論來看，宗教原本屬於精神層次的需求，可是為了這一個需求而凌虐異端、火燒女巫和送上斷頭臺絞刑架等，影響了生存與身體的自由。從東亞的文化傳統來看，為宗教而發動戰爭是十分可笑、難以理解的事情。這一個時代，君王的權力依舊來自於上帝所給定的律令，所謂君權神授；而貴族是由具有神權的君主所授予的，所以亦來自於天。而宗教戰爭中君王與貴族的影子非常厚重，善良的上天怎麼會讓慘重的戰爭傷亡發生呢？再則，第一代人權的產生於科學革命（1543-1687）之後，它促成了人自身的理性地位提升，也誘發對人性的思考。宗教戰爭爆發的這一百五十年當中，正巧是科學革命發生的時期，宗教戰爭與科學革命是否是互相刺激下產生出來的？還是說因為宗教戰爭過程和結果的荒謬，促使人的理性開始去質疑宗教與人性：如果信仰那般美好為何會帶來戰爭？宗教戰爭與科學革命同時出現並非單純湊巧。

基本權利的取得

從十七世紀開始的文藝復興的人文與科學運動之後，從君王的權利、教會的權利、貴族的權利逐步演化的過程中，個人逐漸從神權與君權的世界被啟蒙，西歐的社會開始進入到基本權利討論。從盧梭的天賦人權與高貴的野蠻人之論、洛克的民約論、孟德斯鳩的法意、穆勒的自由論等等，當代關於人的基本權利在這一個階段已經浮現出來。而這些人的出身通常是沒落的貴族與新興的中產階級，他們從貴族有閒生活領域體驗了什麼

是「自由人」的觀念，並拓展到如果人人都是自由人應該受到什麼樣的保障的論述。這樣的結果體現在後來的美國的《獨立宣言》與法國大革命的《人權宣言》之中。

以下想從行動者的角度來談他們怎麼影響到社會結構的變遷。這些行動者在觀察當時社會的演變，也吸收了那一個時代對人類理性社會的理解，建構了屬於自己的參考架構。這種個人的參考架構最後讓社會結構的演變找到了可以依存的論證空間。介紹幾位關於人的權利進行詮釋與規劃的思想家的背景：

（一）洛克（John Locke, 1632-1704）

洛克是啟蒙時代最具影響力的思想家、經驗主義者和自由主義者，影響了伏爾泰、盧梭以及美國的開國元勳。洛克的父親是在英格蘭西南部擔任地方法官書記的律師，參加過英國內戰，母親是製革匠的女兒。十五歲時因為洛克天賦奇高，在父親友人、國會議員的資助下到倫敦西敏寺中學讀書。隨後進入了牛津大學基督堂學院，獲得學士與碩士學位，他的興趣在實驗哲學和醫學的研究。在 1666 年擔任沙夫茨伯里伯爵（Earl of Shaftesbury）的秘書兼私人醫師，並且隨著伯爵參與輝格黨的政治活動，策劃過一場流產政變而亡命荷蘭，光榮革命之後才又返回倫敦 [05]。

和唯心論者笛卡兒（René Descartes, 1596-1650）一樣，經驗主義者洛克也使用如同幾何學般的概念推理模式來論證它的哲學，他反對天賦論而主張後天說的經驗哲學，以及社會契約論等政治主張。洛克反對知識源自於天賦的說法，而主張經驗是知識的唯一來源。他認為天賦觀念論容易被獨裁者利用，把自己的教條說成天賦原則，而讓人放棄思想的能力，盲目信仰而屈從於獨斷的教條 [06]。因此主張宗教寬容，反對君權神授。更何況

作為醫生的洛克長期生活在中產階級與貴族交融的生活情境當中，因此有機會觀察君主與其他人在生理上並沒有絕對差別，反對君權神授顯得理所當然，而採用中產階級特別是商業活動所熟悉的契約制度的精神來架構政府與人民的關係，追求更普遍的平等和自由。

洛克將人類存在的狀態分成「自然狀態」、「戰爭狀態」以及「政治社會（Political Society）」[07]。洛克反對霍布斯所認為的自然狀態就是戰爭狀態，而認為人們處在自然狀態中是和平、自由的狀態，享有生命、自由和追求幸福擁有財產等天賦人權。人們處在這麼美好的自然狀態中之所以要進入「政治社會」──也就是由國家作為具有權威的共同裁判者，最主要的原因就是要協助人們解決財產權的紛爭。因為在人們享有的各項自然權利中財產權是最為重要的，自然狀態中的人因為可以自由的勞動以獲得其財產，但也容易因為對同一種事物採取行動而聲稱對此事物擁有財產權而發生衝突，要化解這樣的衝突必須由公權力出來解決財產權的歸屬問題。在自然狀態中引能發人們衝突的原因或許是輕微而偶然的，但是為避免造成可能的嚴重後果，訂立社會契約成為可信賴的手段 [08]。

與其說「自然狀態」和「政治社會」之間是一個轉換關係，倒不如說兩者是同時存在的；政治社會保障了自然狀態持續存在。自然狀態與政治社會之間是以「社會契約」作為連結關係。簽訂這一個社會契約的雙方，一方是屬於自然狀態下的所有自然人，另一方則是處在政治社會中的「共同體（Community）」──也就是所謂的國家。共同體的成員，則是由自然人經過社會契約保護並賦予權利義務之下，由自然人轉換過來的國民或公民所構成。國民或公民共同決定共同體的組成架構，並建立政府制定法律（立法權）並且執行法律（行政權），以協助解決在自然狀態之下自然人之間因為財產糾紛所發生的爭端，並且降低戰爭的可能。因此政治社會在這樣的契約

下，政府的權威只能建立在國家權力被統治者擁有的基礎之上；另一方面，自然人在自然狀態下原本擁有自然權利（他主張生命、自由和財產是人類不可剝奪的天賦人權）也都同時獲得維護，在理性的自然法的概念之下，人人能夠互相尊重。進一步說，在政治社會裡面所有的政府都是人民委託的代理人，當代理人背叛人民的時候，人民可以發動革命將行推翻。

洛克主張行政、立法和外交此三權分立（並非後來孟德斯鳩主張的行政、立法、司法三權分立）；行政權和立法權是在架構「自然狀態」和「政治社會」之間關係，而外交權則是在架構「戰爭狀態」和「政治社會」之間的穩定關係。洛克在其《政府論下篇》第 12 章提到「邦聯權（federative power，又可翻譯為對外權）」的獨立是處理戰爭與和平，聯合與聯盟之間事務[09]。洛克將外交全獨立於行政權之外，在當代民主政治社會看來有點不可思議，但是在洛克那一個時代的英國掌管外交事務的首席部長或是說在後來美國的國務卿（Secretary of State），其工作任務除了外交之外還要負責君主或總統意志的正式表達、掌管國璽（作為行政程序合法化的象徵）、國家檔案、以及內政相關事務。更何況美國建國初期在處理聯邦相關問題時，也需要國務卿周旋於各個聯邦之間，統合聯邦的意見；當時美國因為鬆散的聯邦體制、向西擴張的需要，購買新土地、對外戰爭方面也常需要將內政和外交整合起來發揮總體戰力[10]。因此外交權的獨立一來可以避免行政部門（或是有權力的君主）自行發動對外戰爭而忽略了其他多數人的幸福追求；二來發生戰爭之後可作為跨越政府以及地方各個部門的統合與監督單位，有利於發揮整體戰力的功能。當代美國政體中雖然沒有將外交權作為一個三權分立中的一個獨立的部門，但是經過二百五十年的制度演化，在行政部門的內閣中，國務卿依然做為首席閣員，這個結果也與洛克的政府論所構想的脈絡有著巧妙的相關性。

（二）孟德斯鳩（Charles Louis de Secondat, Baron de La Brède et de Montesquieu, 1689-1755）

　　孟德斯鳩被臺灣中學生所熟悉的就是他提出來的三權分立說。當然，一些熱愛中華文化的人會說中國在唐朝的時候就已經是三權分立了：尚書省（執行法令）、中書省（制定法令）、門下省（審核法令），並將之類比為行政、立法和司法三權。但是唐朝的三個權力的區分是為了君王行政上的方便和準確，而不是像在啟蒙時代孟德斯鳩為了保護個人的自由權以及確保國家運作的前提之下，所進行的思考。從《法意（論法的精神）》的觀點來看，尚書、中書、門下三省只是行政權來統理立法權和司法權的一個類型，充其量也只是立法權和行政權兩權分立而已。這也難怪孟德斯鳩把當時的中國界定為專制政權 —— 當然也不能說孟德斯鳩的分析完全可靠，伏爾泰就不這麼認為；國內的學者龔鵬程也指出孟德斯鳩對當時中國社會的分析錯誤百出充滿偏見 [11]。孟德斯鳩所以錯誤那麼多都是透過二手資料的誤判，像我現在的論述主要也是透過二手資料的觀察，誤判的可能性不小，所以下判斷要更加謹慎。

　　孟德斯鳩主張萬事萬物都有定律，而且必須找到這樣的定律來依循否則就會混亂帶來災難，這種想法是歐洲啟蒙時代的遺產。啟蒙時代的思想家通常是科學、文學與哲學三棲，而且是專長。孟德斯鳩就寫過《論重力的原因》、《論運動》等等與力學相關的書籍，因此那個時代牛頓力學的觀念，或是三腳站得比較穩當、三點成一平面的概念被延伸進了三權分立的範疇中是可以被理解的 —— 美國的第二十八任總統威爾遜便認為《美國憲法》是臣服於牛頓定律的 [12] —— 這是貴族原則中對力量捕抓的範疇。事實上，只要仔細考察當代運作較好的民主制度就可以發現其內容並不是

絕對的三權分立，而是多權分立。就司法權的內容而言，地方法院、高等法院、最高法院或是大法官會議幾乎可以說各有其獨立管轄範圍；就行政體系而言，地方政府與中央政府，或是檢察體系、中央銀行也多半有特殊的獨立地位；就立法體系而言，美國就分成代表各州的參議院以及代表一定人口的眾議院。更不用說臺灣特有的五權分立制度了）。孟德斯鳩在《羅馬強盛之原因》一書中提到羅馬之所以在共和時期能夠強盛，是因為由各族族長或是由貴族中選出來的「元老院」與由全體公民選舉選出來的「人民議會」能夠互相制衡的結果；前者選舉執政官管理對外事務，後者選出保民官管理內政。但是當羅馬一旦進入帝國時期，羅馬皇帝的權力遠大於元老院和人民議會的時候，便失去制衡，權力過於集中而容易濫用而使國家陷入動亂。有些聰明的讀者讀到這裡可能會問到：像孟德斯鳩這樣的貴族為什麼會希望權力被制衡呢？如果單單是為了國家的長治久安，那麼僅僅學習古羅馬的共和時期由元老院和人民議會互相制衡就夠了，更何況當時法國也有三級議會？很顯然，孟德斯鳩所追求的不只是國家的長治久安而已、他更加重視的是一個公民的「政治自由」，只有政治自由獲得最根本的保障其他自由才能進一步獲得保障。孟德斯鳩觀察到法國原本的三級議會之間的上下權力制衡關係已經無法完全保障政治自由，因此才會從歷史上希臘城邦、羅馬共和、羅馬帝國、文藝復興時期的北義大利城邦、以及他那一個時代的英國憲政經驗，重新找尋可以保障政治自由的定律。可以說孟德斯鳩打開了政治自由的概念，並且尋求確保這一個概念存在的制度。

孟德斯鳩主張公民的「政治自由」概念，是指必須依循一套制定出來的法律而讓公民處在一種心境平安的狀態（tranquality of spirit）；政府的建立要讓人民感受到安全而不是恐懼，使一個公民不懼怕另一個公民。自

由應該是讓公民去做他應該想做的事，而不是被強迫去做他不應該做的事；他認為自由應該是讓公民去做法律許可的所有事情的權利[13]。恐怕是因為對於公民的政治自由有這麼強烈的主張，孟德斯鳩才會賣掉原本擔任法院庭長的職位，跑到英國觀察它的政治制度。不過也非常可能就是因為孟德斯鳩當過盛產葡萄酒的波爾多地方議會的審判長（1716 年，繼承他的伯父「孟德斯鳩男爵封號」之後所附加的世襲官職，Président à Mortier in the Parlement of Bordeaux，這是一種司法兼行政職，或許孟德斯鳩因此知道司法加行政權的結合可能產生的副作用[14]）與地方法院的庭長（1722-1726），所以才會提出「司法獨立」這一個具有原創性的主張，因為在思想家裡面似乎沒見過還有其他人當過庭長；而在孟德斯鳩提出三權分立的主張之前都擔任過的這兩個職位，相信這些經驗對他的政府論的主張影響很大。何況英國在當時的政治制度並非三權分立，當然現在也不能算是，所以孟德斯鳩提出三種政治功能性權力各自獨立、互相制衡，不完全是複製英國的經驗而是具有十足政治理論推論與設計的高度。

孟德斯鳩的思想從柏拉圖以及亞里士多德時代只注意到的權力集中於一人的君主制度，或是集中在少數人的貴族制度、或是集中於多數人的民主制度這種分類方法走出來。他更進一步去觀察到權力的功能類型，他發現如果行政與司法集中在同一群人的手裡面，行政就會自行去解釋法律，審判反對的公民，威脅其自由；如果立法和行政集中在同樣一群人的手裡面，那麼他們就會制定侵犯他人利益的法律，並且擴大自己的特權；如果立法和司法集中在少數人的手裡面，他們便會制定並且解釋法律來維持少數人的既得利益。因此只有司法獨立、行政與立法互相制衡才能有效維繫公民的政治自由。孟德斯鳩設計三權分立的目的並不在彰顯政治效率而是在保護政治自由。

孟德斯鳩的父親是有爵位的軍人，而他父親繼承的爵位來自於他媽媽那一邊的家庭，十足的貴族出身。孟德斯鳩在科學研究上的成就使他成為波爾多、巴黎、柏林與倫敦的科學院院士，而在法學和政治學上的成就使他足以擔任地方法院的庭長。為了做研究，他把財產都給老婆管理，週遊列國。他老婆也是貴族出身，帶給他豐厚的嫁妝。貴族中有這樣想法、作法的人在當時想必不少。因此，有閒階級並非全都是保守主義分子，並非如范伯倫所強調的全都具有保守傾向，他們中間有許多人也追求政治和精神上的自由。

　　關於貴族群體對啟蒙運動的態度，可由下列的例子做進一步說明：當百科全書學派的著作被法國政府下令查禁焚毀的時候，一位負責查禁的官員叫做馬勒澤布（Guillaume- Chrétien de Lamoignon de Malesherbes, 1721-1794），他本身就是貴族也是植物學家，他將查禁到的百科全書全數保護地下來，解禁的時候又全數歸還給百科全書的編者狄德羅（Denis Diderot, 1713-1784），這是他開放的部分。然而 1793 年他一聽說革命政府要審判路易十六的時候，七十二歲的馬勒澤布從國外返回法國，幫過去效忠的皇帝進行辯護，最後死在斷頭臺，這是他保守的部分。

（三）盧梭（Jean-Jacques Rousseau, 1712-1778）

　　盧梭雖然也是啟蒙時代最重要的思想家之一，弔詭的是他的影響力卻出自於他的反啟蒙思想，也就是他反對當時以科學與藝術發展起來的人文主義運動，認為兩者是造成人類道德敗壞的主因（《科學和藝術的進步對改良風俗是否有益》）。與洛克保護私有財產的主張有所區隔，盧梭認為私有制是所有不平等的起源和基礎（《論人類不平等的起源與基礎》），這與范伯倫私有制與有閒階級同時發生的論述，異曲而同工；這同時意味著

有閒階級是建立在社會不平等的基礎上，這也是沒錯的，在有閒階級發展的早期確實是如此，但是在西歐與北美於二十世紀後半之後，兩者關係的連結性變弱了。

對科學理性發展帶來人類道德敗壞與社會不平等的情況，盧梭認為必須反思人類原本所處的「自然狀態」才能找到解答。不像霍布斯的「自然狀態」指向戰爭，也不像洛克的「自然狀態」指向自由與和平，盧梭的自然狀態所指的是人類「理性」還未發展之前最優先考慮的兩個原則：一是熱烈關心自己的福祉與自我保存（conservation）；二是不願見到其他動物面對危險和痛苦的情緒，也就是憐憫心（commiseration）。弔詭而且有趣的是盧梭竟然宣稱在這兩個原則之下所定義的自然狀態是「一個不再存在的狀態、一個過去也許從來沒有過的狀態、一個或許在未來永遠不會存在的狀態 [15]。」盧梭認為他這種「假設與條件式的推理」目標並不是在證明事務實際上的起源，而只是想是當釐清事務的本質 [16]。他只是想問問讀者：你是不是與我有同樣的想法和感受，如果是的話（那就是我們共同面對事物的本質了），那麼我們下一步如何一起透過「立法」來保護我們這樣的想法和感受。

對於一個不存在的狀態進行定義，讀者讀來或許會感到震驚，但是在我們研究貴族原則的內容中卻可以發現這不是盧梭特有的狀況。在當代電學與工程學運用中占有重要的地位的「虛數（也就是複數）」數學系統，剛開始的發展也讓這一些創始者同樣感到不可思議。與盧梭同樣一個時代的數學家尤拉（Leonhard Euler, 1707-1783）在發展「虛數（也就是複數）」的概念時，提到這個數是想像的數（Imaginary number），代表負數的平方根（$\sqrt{-1}$），「他們既不是什麼都不是，也不比什麼都不是多些什麼，更不比什麼都不是少些什麼，他們純屬虛幻 [17]。」對於這種不存在的

數發展成一個概念系統，一開始覺得不可思議，但是若非有閒階級（尤拉和盧梭兩個都算是「後天有閒」）好奇心的驅使以及對智識上舒適感的追尋和執著，恐怕很難形成當代一個重要的數學體系。盧梭在定義他的「自然狀態」的時候是否有受到虛數系統發展的影響，我們很難探知，但卻是與他同時代發生的事湊巧同步，兩者之間應該有一定的關聯。我認為這一個關聯就是「數學化的概念」思考已經滲透入當時整個知識體系（當然在幾何學中，「不占空間的」點與線、「沒有厚度的」面這個在現實生活中不存在的假設，早已經在數理邏輯中存在且運作良好了！這一點也不容忽視）。盧梭設想的自然狀態是指向理性尚未發展之前，但是他界定自然狀態的方式卻是用數學化的概念理性來推論的，這同時也標示者所謂純粹的自然狀態不存在，卻必須利用「人工理性」來界定才能讓它存在了。這是一種自身對世界幸福發展的設定，也是對他認為的舒適空間的設定，由此設定發展出盧梭自己的「政治法」（相對於民法和刑法），做一個「小院高牆」來保護自己喜歡的設定。

　　盧梭進一步認為人們天生的自我「完善化能力（perfetibility）」（註：我認為盧梭對人們天生有自我完善化能力的設定，恐怕只存在貴族原則的社會之中，在平民原則的社會中雖然也存在完善化能力，但是其動力因為被考試制度綁架的關係而大為降低。）不只已經使人們遠離自然狀態，而且越來越依賴於家庭社會與經濟活動，而使人越來越不自由，「人是生而自由的但卻無往不在枷鎖之中 [18]」。就連對於和他同時代的人中，最富裕的人所享有的自由，盧梭認為都不是最完整的自由。他認為最完整的自由是不考慮他人的眼光、不依賴別人而能自我保存、愛自己、關心自己；野蠻部落所享有的自由才是高貴的自由（後世以「高貴的野蠻人」稱之）。忌妒復仇、攀比權貴等社會病態都是過度依賴社會所造成的結果。盧梭認

為如果我們能找到一個無偏失、沒有被利益團體所操控的普遍法律，那麼我們人類就能夠獨立生活而不必依賴他人。只不過我們不太容易找到像洛克所說的自然法，所以必須要共同去創造一個社會契約，或稱之為第一契約；這樣一個契約是所有人都同意的，也就是所謂社會最低的共識，這樣的契約就是「普遍意志 （general will）」的呈現。

盧梭反對毫無節制的多數決，蘇格拉底不就是被多數決處死的嗎？人們一旦找出了第一契約就可以用它來約束後來的多數決，降低「原始民主」粗暴的多數決可能帶來的傷害，以及進行更為細膩的政治生活內容。盧梭這一論述為後來民主社會司法院的大法官 —— 相對於其他公民來說是絕對少數，可以擁有憲法解釋權提供了基礎。那麼要怎麼簽約呢？首先我們假定一個狀態：那就是所有人要先將他自己擁有的不同優勢，例如財富、天分、武力等等權利來源先行交出來，放在一個「公共的池塘」裡面，然後再由大眾來決定怎麼使用這些權利，最後再由公共意志來決定再分配的問題；也就是先收歸公有之後，再決定原來擁有這些權利的個人可以正當地擁有多少其原有財產和天分，並且讓其他窮人覺得是公平的。於是在找到這樣子的普遍意志之後，人們彼此就處在這一種感知狀態：覺得和所有人有了一體感，利益與責任合為一體，公共利益與私人利益瞬間平等了；於是在這一個點上，人們同時享有了自由（根據公共意志來行動，而不必在社會關係的爛泥巴裡面翻滾，因而感到了自由）、平等（當交出了權利之後大家便處在一個平等的位置）和博愛（在大家感受到平等的那一剎那於是有了一體性的感受，大家成為共同體，你的利益就是我的利益，你的身體就如同我的身體一樣必須去保護愛護）。這種一切人把一切的權利轉讓給一切人（也就是公共的池塘），反而可以從所有訂約者那裡獲得了原本轉讓出去同樣的權利而沒有失去自由的權利，又可以得到更多的東西[19]。

盧梭進一步主張必須透過「立法權」來確認普遍意志的落實。相較於孟德斯鳩主張三權分立來保障政治自由，盧梭主張立法權是國家的心臟（行政權是國家的大腦），人民作為國家主權的擁有者必須透過立法權表現出來。國家的生存絕不能只依靠法律，而是必須依靠立法權。被要求服從法律的人民應該就是法律的創立者；也就是規定社會條件的那一群人必然也要是服從社會條件的那一群人。因而這樣的立法權必須以謀求人民最大的幸福為原則，而且也要關注各種自然的和社會的條件；一方面既要保持法律的穩定性，一方面又要適時修改並且廢除不好的法律。盧梭的理論最為人詬病的恐怕就是代表權的問題，例如它給代表立法的民意代表設定了幾個條件：賢明、智慧、天才、沒有根深蒂固的傳統和迷信、不參與四鄰爭端而又能獨立抵抗鄰人的威脅、能夠為全體所認識、既不富有也不貧窮而能自給自足、能結合古代民族和新生民族的特性等等[20]。盧梭暗示著只有像他這種有閒階級才能擔當如此之重任。不過盧梭跨越了多數決的矛盾而重新給予個人自由國家主權之間的關係一個概念圖示，它可能會製造新的矛盾，但這個新矛盾卻比先前的矛盾更為大家所能接受。美國建立後的制憲會議可以針對同一個議題進行反復表決，原本同意的可以再表決為不同意[21]，恐怕就是要以「最大的妥協」逐步去逼近全體人民的普遍意志。

　　本書於此處大幅介紹盧梭關於社會契約的理論，一則主要是因為這樣的論述影響了後來美國的獨立宣言和憲法，以及法國大革命，對人類的憲政民主制度、憲法—法律—命令的層級關係有了革命性的進展，也促進了後來各種人權的擴張。二則是因為盧梭打開了「普遍意志（general will）」這一個概念。一如本書持續來強調的由於西歐不斷的去打開「概念」這種思維方式，才讓人類走出了古代進入現代；沒有概念性的思維是進不了

現代這一個門檻的。盧梭設計了「公共的池塘」這一個狀態來定義普遍意志這一個概念，其實就是一種對人類「初始狀態」的設計──這就好像約翰・羅爾斯（John Rawls, 1921-2002）在他的《正義論》（1971）裡面對於「無知之幕」這一個狀態的設定而推導出了他對「正義」這一個概念的重新界定：正義即公平。中國古代的思想家對初始狀態的設定有「堯舜時代」（儒家）、「太初」（莊子）、「太極」（易經）等等，但由此導出的觀念（仁、義、禮、智、信、虛空、道、陰陽五行）卻都沒有一個進入「概念」的層次。

　　盧梭的影響不只是政治思想方面，也在教育思想上；盧梭主張幼兒教育應該以感覺、感性為主，而不應該強調啟蒙運動的科學、理性主流。非常獨特吧！這樣的論述在兩次世界大戰之後重新批判科學與理性後，再次獲得重視。有些人會把盧梭的想法理解為平民思想，這真是大錯特錯！來看一下盧梭的人生經歷：他出身於日內瓦一個具有公民資格（也就是有投票權）的鐘錶店老闆家裡（世界第一個鐘錶業協會便是 1601 年在日內瓦成立的，其工匠多為新教徒，在十七世紀瑞士已經成為歐洲最重要的鐘錶製造國），盧梭的媽媽也來自上流社會，所以盧梭的出身也算是中產階級，而且帶有先天有閒的性質。盧梭在十六歲的時候遇見女貴族華倫夫人（Mme de Warens），於是在 1728 年到 1741 年成為女貴族的幫手、朋友和情夫──長達十二、三年的精華時間。在三十歲以前，他不只吸收了貴族式的教養，還批評了貴族的繁文縟節，也引來一些貴族對他的支持。後來來到巴黎時，他的音樂與戲劇獲得貴族與上流社會的肯定，國王還想要接見，但是盧梭並未前往。為了自由，盧梭也不拿國王想給他的津貼，因而被他的百科全書學派的一些好友們批評為反社會人格。事實上他在那一時期已經開啟了心理與精神解放的思想和行動，長期離群索居以著述，

發表的觀點卻為當時的宗教與制度所不容，新書常常被焚毀，並且四處逃亡，卻又會被一些貴族夫人或者如盧森堡公爵元帥夫婦（M. and Mme Duc de Luxembourg）與孔蒂親王（M. the Prince de Conti, 1717-1776）等等貴族所保護。由此我們可以推論他的思想和行動，幫助一些貴族或是有閒階級打開了前所未有的視野，有建設性地重構了個人與國家、政治、社會，甚至人與人之間、人與自然之間的法律與倫理關係，才讓這些貴族死心踏地幫助他 [22]。

啟蒙時代的高潮是法國大革命。大革命瓦解了貴族制度，可是為什麼貴族文化還持續留在法國甚至影響了整個歐洲呢？必須說貴族制度有其保守的部分，也有其開放的部分。保守的部分包括了反覆審查禁書和將異議人士關進巴士底獄，僵化的審判制度令人厭惡，因此大革命反對的是貴族制度中保守的部分而不是開放的部分。進一步說，有閒階級也有保守的部分，也有開放部分。當保守的部分壓抑到開放的部分的時候，才造就了革命爆發的機會；如果不是這樣，我們將很難理解大量的貴族階級投入啟蒙運動，反過來卻被啟蒙運動的高潮 —— 大革命 —— 所掩埋。貴族制度的保守和開放如果能平衡發展，就會像英國在光榮革命之後的政治制度的演化，不至於發生血流成河的革命。可以說法國大革命是將貴族制度（用法律保護少數貴族的權利）轉變為貴族原則（以貴族文化影響下的法律保護所有公民的權利）的過程。由此讓全體國民享受到有貴族階層以及中產階級共同開發出的政治自由。

在洛克、孟德斯鳩、盧梭等人的影響下，西歐各國與美國政府開始以明確的「概念」保障了自由權和財產權這一類第一代人權。1787 年美國公布的憲法，1789 年法國國民制憲會議所公布的《人權和公民權宣言》，以及 1804 年法國公布的《拿破崙法典》都是啟蒙運動高潮過後的產物，

西方現代「權利的概念」在這一個階段也才真正形成並且落實[23]。這些憲法或是法案裡面規定了在法律之前公民一律平等、廢除特權、維護信仰自由、人身自由、契約自由、私有財產神聖不可侵犯的基本準則。這些條文不只為有閒階級規劃了人與物的所屬關係，也規劃了更為舒適的人與社會的關係，放大了個人與國家權力之間的緩衝空間。藉此披荊斬棘，有閒階級不只確立了人對物的所有權，也確立了人對自己的身體和精神的所有權。

（四）蘇格蘭啟蒙運動（Scottish Enlightenment）

相較於笛卡兒（René Descartes, 1596-1650）理性主義脈絡、貴族階層與君權對抗的自我反思所產生的法國與英國啟蒙運動（也就是上述洛克、孟德斯鳩和盧梭的路線），十八世紀到十九世紀初的蘇格蘭啟蒙運動則是經驗主義脈絡的，是中產階級對當時蘇格蘭當時社會、經濟、政治劇烈變遷方向的思考。大約可以說前者主要是先天有閒階級發動的啟蒙運動，後者則是後天有閒階級發動的啟蒙運動。因為是後天有閒階級聚集而起的運動，因此蘇格蘭啟蒙運動貫穿了第一代到第三代人權發展的內容。

產生蘇格蘭啟蒙運動的條件主要有三，首先是基督新教喀爾文宗在蘇格蘭立足，因為信徒必須自己讀經的要求，擴及到大社會後產生了整體識字率的提高，這是一種可以創造新文明的條件。十八世紀末期蘇格蘭的識字率可說是領先全球，1720 年當地男子的識字率約為 55%，到了 1750 年達到 75%，當時英格蘭不過 53%，一直到 1880 年代英格蘭的識字率才追上了蘇格蘭[24]。第二是 1706 年蘇格蘭合併入大大不列顛後，原來蘇格蘭地區的貴族、國會議員、大地主多數遷往倫敦，造成蘇格蘭地的地區的短期的政治真空，後來興起的中產階層便可以更開放、不受傳統約束的態度

來思考人類新文明和蘇格蘭的未來。第三、主要是蘇格蘭在地理上的優勢。蘇格蘭和英格蘭合併之後，因而享有與原本由英格蘭控制的北美進行貿易的權益，相較整個大不列顛而言，蘇格蘭擁有距離北美殖民地繞過愛爾蘭最短的航行路線[25]；再則，因為由北美地區盤旋北上的北大西洋暖流，最早接觸的歐洲陸地剛好就是蘇格蘭格拉斯哥（Glasgow）城，因此北美商船運抵達格拉斯哥的時間比倫敦和布里斯托提早兩到三個禮拜；又因為順著洋流的方向，格拉斯哥的商船可通過北海將商品運往歐洲大陸沿岸，特別是法國塞納河口，下完貨物之後直接順著洋流回到北美殖民地，於是有了一個十分節省成本的順時針的運貨過程。此三條件所構成之船運成本的優勢使得這個城市在十八世紀中葉成為歐洲最大的煙草集散中心，進而使之成為大不列顛地區僅次於倫敦的第二大城、靠太平洋西岸最大的港口、當時歐洲最迅速興起的經濟中心。巨量的財富使蘇格蘭產生大量的富商與中產階級，這一股經濟力量融合前面兩個條件，創造了引導我們當代文明前進的啟蒙運動[26]。

　　蘇格蘭啟蒙運動的影響涵蓋了哲學、科學、政治、經濟、建築、農業、環境、教育等等層面，可算是人類史上第一次中產階級群聚效應下，綻放「現代性」光芒的時期。例如在醫學方面，十八世紀之後的一百年間牛津、劍橋大學只培養出了三千五百名醫生，但是蘇格蘭卻培養了一萬名；1800 － 1825 年間英國皇家醫學會的三百七十一位會員中有二百五十八位來自蘇格蘭；蘇格蘭醫師林德（James Lind, 1716-1794）發現了柑橘類的水果是治療壞血病的解藥，這個發現雖然是在五十年後之後才被廣泛應用，但是比他的對的海洋利益競爭國家都來得早將攜帶萊姆汁用於遠航是為必要，致使其船員死亡率大幅降低而且也比敵對國家的船員來的健康，這讓大英帝國十九世紀的全球擴張成為可能。當時工程師的數

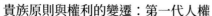
量對比也同樣如此巨大，蘇格蘭的基礎工業比英格蘭來的強大，這也讓蘇格蘭的格拉斯哥城成為工業革命的發源地。就當時的大學教育而言，英格蘭只有牛津與劍橋大學兩所大學，而蘇格蘭有四間大學（格拉斯哥、聖安德魯、愛丁堡、亞伯丁），後者的學費大約只有前者的十分之一；格拉斯哥大學半數以上的學生來自商人家庭與中產階級[27]。大英百科全書在1768到1771年間與愛丁堡首次問世，平均每十三年改版一次，很令人訝異的是竟然是蘇格蘭人用英語來整理當時的所知的知識，而這麼劃時代的工作竟然不是由使用英語作為母語的英格蘭人來完成的。蘇格蘭啟蒙時代當地人們對於教育的重視還因為蘇格蘭高地地區的土地貧瘠，在十八世紀移民潮來臨之後，當地人為了到外面找到更好的工作，所以非常重視教育特別是職業技術教育，他們或是當軍醫、船醫或是在殖民地從事農業生林相關的研究和管理。在十八世紀末加拿大有三分之一的商業界的菁英是蘇格蘭人，1816年的統計中紐西蘭進三分之一的人口也是蘇格蘭裔，甚至後來的英屬東印度公司高層多半是蘇格蘭裔[28]。世界上最早的會計師制度是1854年在蘇格蘭愛丁堡設立的蘇格蘭特許會計師協會（ICAS），本書的第十二章會提到歷史上最早的會計師或發展出會計觀念的研究者通常來自中產階級，因此世界最早的會計師制度出現在蘇格蘭就不那麼令人意外了。蘇格蘭在啟蒙時代帶領人類文明的全面性發展，說它是人類文明史上第一個現代化的區域恐怕不是誇張的判斷。

　　蘇格蘭啟蒙運動與三代人權之間最直接的關係，是休謨（David Hume, 1711-1776）和亞當斯密（Adam Smith, 1723-1790）的思維脈絡；他們兩者並未發展出新的人權概念，但是他們的經驗主義開展出的洞見卻指出社會在立法保障新的權利概念時，不能忽略習俗演化的銜接特質。這兩位大思想家探索的過程事實上感染到蘇格蘭啟蒙運動開始時要面臨的六個

大問題：首先是在與人口和財富遠大於蘇格蘭的英格蘭聯合時，蘇格蘭會不會被吃掉而徹底化為類似愛爾蘭這樣的農奴地區？（蘇格蘭在十八世紀初面臨著與英格蘭在政治上、語言上、文化習慣上的相處問題）第二、蘇格蘭高地和低地之間人民的衝突如何降低？第三、如何有效促進整體人類的和諧與財富平均？第四、不同教派之間，特別是指喀爾文宗和聖公會，如何共存？第五、人和人相處的背後有無科學規律可以依循？道德與法律與秩序如何可能？第六、在光榮革命之後的君主立憲這一種新的政治型態是否是最佳的政府形式？政府和人民的關係應該如何？這些問題是 1707年之後蘇格蘭啟蒙運動所呈現的對社會、社會變遷以及自由的本質之理論化的思考來由[29]。休謨認為社會秩序來自於道德規則，而道德規則不是由理性創造出來的，而是一種經由演化得來、天然和諧的秩序；這就意味著道德並非理性或超越性層次所衍生出來的，而是由感性層次衍生出來的；道德並非「根植於」人性，而只是「外加於（superadded）」人性。人們在這樣的秩序當中所具有道德感是在默會之中習得的（即「約定習得論」，conventionalism），而不是像洛克和盧梭所主張的契約論、經由人的理性思考與談判而產生的。休謨主張在人類的認知能力當中感性優先於理性，甚至說人類在因果關係的推論（也就是理性的層次）只是人們的想像，因此由理性架構出來的政治、經濟或是文化的秩序就容易為社會帶來災難。這意味著我們只能修補或者改善傳統，而不要奢望像全能的上帝一般重新創造出一個嶄新的文明。

　　法理學的基礎是正義。對休謨來說正義是一種「人造的」價值準則，而且不是人們有意為之，而是經過長期互動之後因為對他人不滿而再生的責任觀念。對亞當斯密來說，正義以及其他道德確實是人造的，但他們變成人造物的過程卻是一種人的天性（nature）。正義或道德源自於旁觀者

效應（Theory of Spectatorship）：當某爭議發生時，不只是當事人看得到問題，其他的旁觀者也看得到，而他們在多重嘗試下，雙方都曾經用某一個相同的角度來看問題或至少有採取這樣角度的企圖，這使得他們最後得到一個共同的判準。於是社會在這種不斷尋求一個共同角度的過程中，長此以往就逐漸凝結為所謂正義的德性。正義源自於對受傷害（injury）所作的反省，人們對受傷害的敏感性比受恩惠的敏感性來得強，對受傷害所展現的反應和反擊也比受恩惠來的強，於是通過一連串經驗的指導，感受到受傷害所帶來的不便，為求自保，於是認識到糾正的必要，而要尋求一種帶來傷害最小的底線。亞當斯密主張必須建立「立法學」來找出正義——這種作為社會存在底線的原則，這樣的原則如同語言之中的語法規則（文法），而其他的美德只是相當於文學評論家憑藉優秀作品時的美學原則。政府存在的目的就是為社會中人們的共同合作提供這種底線原則。在這樣的判準下，政府其實只需要三項職能：第一、防止外敵入侵；第二發揮正義的作用，例如建立良善的司法制度；第三、建立保護公共財和財產權的制度。休謨特別強調劃分財產和鞏固所有權是人類社會存在的必要條件，更且政治秩序的優劣不在於政治體制是君主制、貴族制或者是民主制，而在於是法治還是專制；政治治權是否依循法治遠比主權歸屬於何人更為重要[30]。

休謨與亞當斯密的進路直接影響到邊沁與同為蘇格蘭裔的彌爾的功效主義，他們展開了第二代和第三代人權的內容。這樣的進路不但確保了蘇格蘭和英格蘭聯合之後政治經濟體制的漸進式發展與融合，還間接保護了、正當化了陪審團制度與海洋法系中法律漸進演化的路線。蘇格蘭的陪審制度在十六世紀末形成[31]，顯然是受到英格蘭的影響，因為十三世紀開始，許多諸侯在英格蘭和蘇格蘭兩地同時擁有土地，一但遇到法律爭議便

會將英格蘭行之有效的陪審團制運用到蘇格蘭來，而且自十七世紀開始蘇格蘭和英格蘭共用一個王室（1603 年伊莉莎白女王過世之後其侄孫蘇格蘭國王詹姆士六世繼任英格蘭王位），無形中加強了陪審團制度在蘇格蘭落地生根。到了休謨與亞當斯密時代，陪審團制度存在當地已經超過百年，陪審團制度所代表的法律漸進主義路線（在本書第九章會指出）或多或少影響了這兩位思想家的思考。

小結

權利的生產來自於對「權力關係」不舒適的覺察。貴族原則社會至今發展出了三十多個權利，就好像三十多條大柱子架構了整個西方的社會結構；這種社會又像是有三十多條神經總是會不自主的去搜索週邊世界，感受週邊社會哪些國家的行徑不符合他們的神經感受，於是也會不自主的去干涉這些國家國內原本的「權力關係」，要求改善不合理的權力結構。

過去兩三百年來「權利」在西方社會取得結構性的發展，主要是因為「概念」的使用進入了人權、權利的理論的各個角落。有閒階級藉由概念的運用，不只確立了人對物的所有權，也確立了人對自己身體和精神等層面的所有權。發生在法國、英國以及蘇格蘭的啟蒙運動直接影響到三代人權的發展。

[01] 1977: 29-32. Vasak, Karel (1977) "A 30-Year Struggle: The Sustained Efforts to Give Force of Law to the Universal Declaration of Human Rights", *Unesco Courier*, November 1977, pp. 29-32.

[02] 林榕年、由嶸等，1992，《外國法律制度史》，北京市：中國人民公安大學，頁 7-20；何勤華，2004，《外國制度史》，臺北縣：韋伯文化國際，頁 25-36。

[03] 無罪推論原則的雛形，參見 https://www.history.com/news/8-things-you-may-not-know-about-hammurabis-code，搜尋日期：2021 年 2 月 25 日。

[04] 林榕年、由嶸等，同註 2，11-12, 21-22. 65, 176-7；何勤華，同註 2，88, 217-8。

[05] John Locke，https://www.history.com/topics/british-history/john-locke，搜尋日期：2021 年 2 月 25 日

[06] 趙敦華，2001，《西方哲學簡史》，北京市：北京大學，頁 242-3。

[07] 蕭高彥，2020，《探索政治現代性：從馬基維利到嚴復》，新北市：聯經，頁 221。

[08] 趙敦華，同註 6，頁 253。

[09] 參見蕭高彥，同註 7，頁 218。

[10] 唐飛，2018，〈憲制變遷中的美國國務卿 —— 從政治憲法學的視角考察〉，載於（北京）《清華大學學報》（哲學社會科學版），第 4 期，頁 151-162。

[11] 龔鵬程，2001，〈孟德斯鳩的中國觀〉，《國際論壇》，第 2 期，頁 1-51。

[12] 唐飛，同註 10，頁 161。

[13] 蕭高彥，同註 7，頁 243-244。

[14] 參見網站 https://plato.stanford.edu/entries/montesquieu/，搜尋時間：2021 年 03 月 02 日。

[15] 苑舉正譯，2015，《德行墮落與不平等的起源》，臺北市：聯經出版社。perface：4。

[16] 苑舉正譯，同前書，頁 6。

[17] 這句話是在中文網路找到的，但是真正的出處一直找不到，英文網站倒是找到 1545 年另外一個虛數概念的發展者 Girolamo Cardano 認為虛數可能是沒有用的，發展虛數概念的工作對他而言是心理上的酷刑，見 *History of Complex Numbers*，https://rossroessler.tripod.com/，搜尋時間：2021 年 03 月 02 日。不過我認為這不是很重要的，因為引述這種說法只是在強調對一種「不存在的東西」的研究並不是盧梭特有的。

[18] 盧梭，何兆武譯，2003，《社會契約論》，北京市：商務印書館，頁 1。http://library.hnjhj.com/book/social_contract.pdf。搜尋時間：2021 年 03 月 03 日。

[19] 趙敦華，同註 6，頁 282。

[20] 張宏生、谷春德，1993，《西洋法律思想史》，臺北市：漢興書局，頁 180-182。

[21] 參見林達，2006，《如彗星劃過夜空：近距離看美國之四》，北京市：生活 · 讀書 · 新知三聯書店。Beeman, Richard, 2009, *Plain Honest Men: The Making of the American Constitution*. New York: Random House.

[22] 參見 *Jean-Jacques Rousseau*，https://plato.stanford.edu/entries/rousseau/，搜尋日期：2021 年 3 月 7 日。

[23] 蕭高彥，同註 7，頁 300。

[24] 亞瑟‧赫曼（Arthur Herman），韓文正譯，2003，《蘇格蘭人如何發明現代世界》（*How the Scots invented the Modern World: the true story of how western Europe's poorest nation created our world & everything*），臺北市：時報，頁 34。

[25] Michael Pacione, 1995, *Glasgow: The Socio-spatial Development of the City*. Chichester (UK): John Wiley & Sons P.43

[26] 參見亞瑟‧赫曼，同註 24。

[27] 赫曼，同註 24，頁 37-8、307-308。

[28] Roger Emerson, 2003, P. 11, 'The Context of the Scottish Enlightenment', *The Cambridge Companion to the Scottish Enlightenment*, Ed. by Alexander Broadie, UK Cambridge: Cambridge University Press. Pp.: 9-30；赫曼 Arthur Herman，同註 24，頁 349。

[29] Emerson，同前書，P. 14.

[30] 以上二段參見 Knud Haakonssen, 2003, 'Natural Jurisprudence and the Theory of Justice', *The Cambridge Companion to the Scottish Enlightenment*, Ed. by Alexander Broadie, UK Cambridge: Cambridge University Press. Pp.: 205-21; Emerson, 2003; Herman，韓文正譯，2003，頁 192-216。

[31] Neil Vidmer, 2000, *World Jury System*. Oxford: Oxford University Press.

第七章

貴族原則與權利的變遷：人身自由權與第二代人權

第二代人權在歷史上的展開主要基於第一代人權 —— 也就是政治權利 —— 獲得明確的保障之後，對於其他權利所進行的保障。就權利獲得的順序而言，我們觀察到：通常先獲得了政治自由的權利後，其他的權利才可能進一步獲得保障。第二代人權主要包含兩個部分，一是第一代人權發展之後在往後兩百年進一步重新界定清楚的權利，另一是新開發出來的權利。前者，重新界定清楚的權利，包括了財產權、人身自由權、遷徙與居住自由、信仰與宗教自由、講學、言論、出版、集會、結社等自由等等，此處許多權利如同在前面第一代人權內容中所述，在非常古老的法典裡面就存在了部分內容，只是完整性不足。後者，新開發出來的權利，包括了社會權、經濟權與教育權，其中，社會權是第二代人權中最被突顯出來的權利，其原因就在他的創造性與全面性，而且特別是針對中下階層經濟上權利的保障所帶來的社會文化上的意義，經濟權與教育權都是這脈絡下的產物。

本書關於所有權、私有財產、人權等等這類有閒階級追求的範疇總括在「權利」的概念中。權利這個概念在本書中指涉對於個體之身體、精神、美學、智識上面的舒適感的明確保障，國家與他人沒有法律的允許不可任意侵犯。

其中，關於「身體上的舒適感」和「精神上的舒適感」的區分，本書採用馬斯洛需求層次來作為區分，在最下面兩層生理與安全需求視為是身體上面的滿足，上面的三層愛與隸屬、尊嚴、自我實現則視為「精神上」的舒適感追求範疇，於是我們可以看到有幾個權利落在「身體上」的舒適感這個範疇裡面，例如人身自由與居住、遷徙自由。以下我們分別介紹這些權利為有閒階級打開的空間。

人身自由權
（未經過合法的程序不得對個人進行逮捕拘禁）

我們設想在遠古社會，或只是兩三百年前的歐洲，貴族可能享有比較多人身自由權，但是他們底下的士兵、平民或奴隸就多半沒有同等的自由。有一天貴族可能因為反對君主而被逮捕拘禁了，他們將發現他們的的尊嚴和地位就跟奴隸沒什麼兩樣了，於是開始會去思考如何去保障人身自由這一回事了。英國在光榮革命之前議員便請求國王發佈幾個保護人身自由權的相關法案，例如 1627 年的《權利請願書》內容中規定非經合法審判不得逮捕拘禁英國任何自由民，也不得剝奪其土地或取消其所享有的自由權利。1679 年的《人身保護法》裡面有了最早的檢察官審判嫌疑犯時關於羈押處分時間以及保釋金制度。《權利法案》（1689）裡面規定議員在國會內享有言論自由，並且不得對臣民採用殘酷的刑法 [01]。英國擁有最早也最完整的人身自由權的保障。對有閒階級而言，這些基本的人身自由權若沒有獲得保障，便會想要作怪、想要要反抗。拿破崙在歐洲戰爭失敗之後，被聯軍流放到義大利的第三大島厄爾巴，在這一個島上原本還享有公爵的尊稱，也有大約四百名的士兵保護著，還領有國家給予的高額退休金。這麼優渥的環境為什麼還待不下？除了希望重回權力寶座之外，最重要的應該是想要人身自由。拿破崙想到剩下的人生單單活在一個二百平方公里 —— 與臺灣一個鄉鎮差不多大小 —— 的小島上是不能滿足的、沒有舒適感的。在這裡我們也可以看到遷徙自由同樣的重要性。

有閒階級之「有閒」還不單單是期待在時間上有閒，在空間上也必須有閒，他會期待可以四處移動去旅行或是移居去其他地方，而不是被限定在一個地方。愛因斯坦相對論中時間和空間的一體性原本是物理性質，不過把這時間和空間的一體性放在有閒階級的「有閒」裡面也同樣說得通。

居住與遷徙自由
（選擇居所的自由與私人住宅不被非法入侵的權利）

　　此自由也是一種空間上的自由權。人身自由、遷徙自由、居住自由都是一種空間上的自由權。對有閒階級而言，唯有空間上的自由權受到保障了，時間上的自由才有意義。不然，單獨被監禁在監獄裡面的犯人時間上恐怕是最自由的，但因為空間自由不被保障，依然會有生不如死的感受。當然有些人確實喜歡居住在監獄裡面，那恐怕是因為出了監獄，生存權和生命權可能會不受到保障的結果。十四世紀的英國依據《勞工法令（1351）》的規定，農民除非有蓋有王印的批准信，否則是不准任意離開自己的原居地的 [02]。此法令的出現主要在解決黑死病之後工資上漲、大量農民離開農地與轉業，造成經營農場的地主遇到勞工不足的嚴重問題。只是此法令效果有限，農民依然往工資高的地區移動，到了十五世紀自由農已佔鄉村人口中的多數 [03]，富裕的農民甚至認為自己是英國政治共同體的一部分 [04]，可以享有普通貴族同樣的自由。

　　以上特別說明的人身自由權和居住自由權都是介於第一代和第二代人權之間發展出來的。

　　在正式進入第二代人權的時候，我們先介紹哲學家也是社會改革者邊沁：

◆邊沁（Jeremy Bentham, 1748-1832）

　　邊沁主張功效主義（utilitarianism）：最大多數人的最大幸福與快樂（the greatest happiness of the greatest number）是衡量政府行動的最終標準。如果我們將政府對「最大幸福與快樂」的追求，置換成對「舒適感的追求」，事實上並沒有違和感。為了計算快樂的總量，邊沁設置了七項指

標：快樂強度、延續時間、發生概率、發生的時間、產生有益後果的概率、產生有害後果的概率以及發生的範圍[05]。這七項指標顯示邊沁並不是一個簡單、純粹的快樂主義者，而是一種理性的（rational）或有理據的（informed）偏好追求者[06]。對比本書將舒適感界定在身體的、精神的、美學的、智識上的四種滿足來說，邊沁的快樂七指標恐怕在政府政策的落實上會更具有「功效」。

　　邊沁的功效主義為人類的權利開展了兩個全新的視角（也可以說是「規定」）。首先是道德判斷不必再依靠上帝或是任何形而上學實體的論述，而可以依靠經驗 —— 去檢驗我們是否遠離痛苦而接近「有理據的」幸福快樂，從而建立標準。其次是後果論，人們可以根據後果來檢查當下的行為是否符合道德或根本不屬於道德的領域，而不必固守似是而非的傳統或是去諮詢任何精神領袖。這就等於讓人們從壓制人民若干世紀之久的習俗和權威之中解放出來[07]。根據這樣的原則，邊沁反對自然法理論而主張實證法體系，認為法律應該接受數學和物理學那樣的形式，變成是人類生活方便的工具。羅素‧柯克（Russell Kirk，1918-1994）認為二十世紀美國和世界其他地方在政治與司法上的「現實主義」與「實用主義」大獲全勝的源頭便是邊沁的法律哲學[08]。不過功效主義有兩項限制：一是用後果來為手段辯護，容易只考慮後果的善惡而不考慮手段與動機的善惡；「實踐是檢驗真理的唯一標準」就隱含著這樣的意味。二是以多數欺壓少數，為了長久的、整體的利益而壓制私人或少數人權利的合理性，有可能會專治的集體主義找到了壓制少數人的藉口。毛澤東曾說：「我們是無產階級的革命的功利主義者。我們是以百分之九十以上最廣大群眾的目前利益和將來利益的統一為出發點的。[09]」在本書後面討論毛澤東思想的實踐時，發現他以行動的後果來為手段辯護，以及以多數人的利益而犧牲少數人的

利益做為前提的革命行動，如何把中國引導到偏執的方向。不過，功效主義的原則在平民原則國家運用範圍既深又廣，原因也在於他們制度本身追求方便的特性使然。

邊沁主張很多，他反對君主專制、上議院的貴族制，提倡普選制度，致力於個人與經濟自由、國家與宗教的分離（政教分離）、表意自由、女性權利、離婚權利、同性戀除罪化、反對奴隸制度、反對死刑以及體罰，以及最早的動物權利推動者。邊沁雖然以類似領航者的角色提出這麼多的主張，但是這些權利真正以概念方式在憲法和法律層次確立下來的時間，許多都發生在第二和第三代人權發展的時候了。

邊沁之所以對多種權利有這樣先進的思維，其脈絡可以從他的生平找到蛛絲馬跡。他的父親是牛津大學基督學院副院長，非貴族，屬於中產階級。邊沁三歲開始學拉丁文、七歲學拉小提琴，並且常常在晚餐的時候演奏韓德爾（George Frideric Handel, 1685-1759）的音樂，清一色有閒階級的文化屬性。十二歲進西敏寺學院，之後進入牛津大學女王學院，獲得學士與碩士學位，之後成為一名律師[10]。他曾經與一位中下階層的女性戀愛，並論及婚嫁，但是他的父親以斷絕經濟支持的手段而反對這場婚姻。邊沁大約受不了沒有經濟支持，後來一輩子單身，羅素（Bertrand Arthur William Russell, 3rd Earl Russell, 1872-1970）認為這一場戀愛對邊沁影響甚大。這些影響恐怕包括了他後來主張女性權利，以及挖掘其它範疇的權利，並且將原本屬於有閒階級的政治權利向中下階層擴張，「普選制」的推動恐怕也在此脈絡中。

生命權

　　這裡的生命權指的是針對人類而不是其他物種維持其生命的權利。在臺灣中學公民課本裡面以「生存權」（非生命權，中間差一個字）的概念來理解。依據《憲法》第 15 條規定：「人民之生存權、工作權及財產權，應予保障。」生存權是一種經濟上的受益權，這使得生存權也是屬於社會權的一部分，也就是國家有義務去保障人民最基本的、有尊嚴的生活和健康 —— 生存權顯然是屬於第二代人權的一部分。然而當代「生命權」的部分在《中華民國憲法》裡面並無明確保障，僅能透過大法官擴大解釋，這可能也是憲法在制定之初還沒有足夠的認知視野去面對、或還未出現太大爭議的問題，例如嚴刑逼供、死刑、墮胎、安樂死、自殺這些議題的合法性問題 —— 也就是強制或協助去移除他人或是自己的生命是否有合法性的問題。絕對的生命權主義者想必是反對嚴刑逼供、死刑、墮胎、安樂死和自殺這些議題的 —— 當代就存在這樣的國度，例如以天主教做為主要宗教的國家，特別是南歐與中南美洲。但在其他地方歷史上的發展並沒有這麼的一致性。

　　談談貴族原則發源地英國，在十八世紀英國法律規定會判處死刑的行為就高達二百多項，執行的方法就包括了焚燒、輪輾、砍四塊、從活人身上挖出內臟餵給狗吃或煮熟了展示，相當殘忍 [11]。當時的山老鼠（盜伐樹木）、偷竊動物或竊賊，即便是未滿十八歲，都可能會被處以死刑。但當時的英國卻又反對自殺，自殺未遂者可能會被判處絞刑！當然那時候也不能夠墮胎和安樂死，背後的邏輯很明顯是只有國家可以處理生命問題，私人不能自行移除生命。而且到了現代，英國恐怕是整個歐洲最晚（1998年）在法律上廢除死刑的國家。

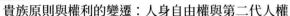
　　從生命權界定的不一致就可以看出同屬於貴族文化國家，因為受到不同宗教因素的影響會出現制度上的差異。最早對廢除死刑提出完整論述的是米蘭的貴族學者貝卡里亞（Cesare Beccaria, 1738-1794），他從效用主義（utility）的觀點提出了當代幾個重要的刑法規定，例如罪刑法定主義、根據犯罪情節的輕重依比例來量刑（比例原則）、反對嚴刑逼供和死刑（因為對整體社會沒有效益，而只是提供了一個多餘的殘酷榜樣）。他主張刑罰處罰的目的主要是在增加社會的福祉、讓犯罪者改善行為，並且嚇阻他人犯罪[12]。受他影響之下托斯卡尼大公國在 1786 年廢除了死刑；十九世紀左右英、美國等國也開始對刑法進行改革，而此時十九世紀中葉的南歐、中南美洲許多國家（當時的羅馬共和國、委內瑞拉、聖馬利諾、葡萄牙等國）也紛紛廢除了死刑，最早廢死的前十名國家中有七個是中美洲國家；這恐怕是中南美洲在人權歷史上第一次走得這麼先進，非常值得關注。在廢除死刑的議題上天主教國家優先於新教國家。這可能是新教國家在責任課責（accountability）這個議題上比天主教國家更加重視。應報式正義（retributive justice）等內容便是主張對犯罪行為給予應得報應的課責；犯罪歸咎於個人行為而非社會整體。新教國家德國一直要等到他們在二次大戰犯下大屠殺的罪行之後，才在 1949 年宣布廢除死刑。對於廢除死刑的問題，即使同是貴族原則的歐洲國家也並非鐵板一塊。

　　在墮胎合法化的議題上，西歐國家和由此文化發展出來的國家如美國、加拿大、澳洲、紐西蘭，社會接受的時間上倒是比較先前的，這是因為涉及到婦女生育權的問題：婦女可以根據自己的經濟狀況、胎兒來源等條件，自主決定是否要產下嬰兒。

　　目前允許安樂死的國家也多出現在新教國家，像荷蘭、盧森堡、瑞士這些國家，醫生可以協助住院的病人進行安樂死。

不過不管這一些受貴族原則影響的國家對於生命權的主張有多麼的不一樣，他們對這項權利的認可發生的時間點總是優先於東亞這些受平民原則影響較深的國家。

　　有許多的權利都同時都涉及到身體上和精神上的舒適度（例如社會權、女權、民族自決、隱私權、環境權等等），不太容易區分，屬於綜合性質。不過這種模糊性是難以避免的。

▌社會權

　　社會權的發展主要保障中下層階級人民，但是社會權的倡議者幾乎都是中產階級，這絕不能說這些中產階級 —— 也就是有閒階級 —— 閒來無事的結果，若不是他們設身處地、感同身受，中下層階級人民還真的難以用精確的概念說出這項權利的內容。倡議者們要面對的問題是：工業革命所改變的生活條件中針對有害的部分，如何主張新的權利而讓所有人免受其害。代表人物有聖西門（Henri de Saint-Simon, 1760-1825）出生貴族；傅立葉（Charles Fourier, 1772-1837）出生中產階級；馬克思（Karl Marx, 1818-1883）的爸爸是中產階級律師，媽媽還是來自於當時荷蘭飛利浦公司的家族成員；恩格斯（Friedrich Engels, 1820-1895）本身就是成功的商人。工業革命對當時的人類產生怎麼樣的影響呢？這樣的情景在八十年代以前的臺灣，或當今的第三世界的血汗工廠依稀可見。大量工人湧進城市，擠滿空氣流通不良的工廠；房租物價上漲下，食物相對成本上升，工人為了減少開支造成家人營養不良，再加上工作時間長（例如當前中國大陸 996 工時制），休息運動量不足，因而身體普遍不健康。根據考古與文獻的身高調查，分析身高與物質生活水準的關係，會發現在工業革命時

173

期，也就是十九世紀男性的平均身高比之前的九世紀到第十二世紀減少了六公分，一直要到二十世紀中葉歐洲男性的平均身高才恢復到一七七公分，甚至比中世紀平均身高多了四公分[13]。可見工業革命對於人體健康的影響。同時這一個數據也見證了在第二次世界大戰之後，對於人體健康的保護以及相關權利確立之後，人體的健康狀態不但恢復到中世紀，而且還超越了中世紀。

十九世紀時候的工人受到資本家的壓迫也不敢隨便離職，所以他們不是主要的勞工運動倡議者。一些社會運動者在十九世紀發起了兩場革命，第一場是 1848 年中產階級革命，企圖透過政治改革解決勞資社會衝突；第二場是 1870 年在法國的巴黎公社運動，建立了無產階級統治的政府。二場運動雖然以失敗收場，不過幾個關於人類生存的基本的權利逐漸獲得確立。俾斯麥於 1883 年在德意志帝國頒布了健康（或醫療）保險法、1884 年的意外事故保險法，以及 1889 年傷殘、養老保險法，於是簡易的強制性公共社會保險體系被建立起來[14]，這些體系的內容標誌工作權、健康權、休息權的保障。

關於童工的權利，相信親身經 1980 年以前臺灣社會生活的民眾多半有當過童工的經驗吧！國小時或許你會發現有些同學假日在家工作的時間非常長，甚至還從事一些車床相關的危險工作。英國從 1803 年開始陸續做了一些關於童工工作的時數與工作種類的限制，但是那時候還是允許童工每天工作十二小時。即便到了大革命前夕的 1847 年還是允許一般勞工和童工每天工作十小時。對於童工的規定比較完整保護性的法案恐怕要到二十世紀末了。保障童工的相關規定較難落實的主因在於有些人認為童工工作是教育以及技術傳承的一部分。路易斯·韋克斯·海因（Lewis Wickes Hine, 1874-1940）是紐約大學的社會學講師，因為鼓勵學生使用攝

影來推動社會改革，後來變成專業的攝影師。他冒著死亡的威脅拍了一系列美國童工的照片，最後推動了保護童工的法案。海因的出生背景並不優渥，他父親早亡所以整個受教育的過程都必須自己打工賺錢，他除了拍童工之外，在帝國大廈建造的時間他和他兒子冒險爬上建造中的大樓，去拍攝危險性極高的勞工。

▌生存權

　　與生存權相關的濟貧法案或類似措施，在工業革命前的歐洲各國早已存在。十七世紀前後，英國因為地主階級的圈地運動導致農民流離失所，進入大城市討生活，此時女王伊莉莎白一世頒布的《濟貧法案》（1601年），要求地方政府解決農民工的貧窮問題，避免農民暴動。工業革命之後鑑於地方貧窮人口分佈不均的問題，在 1834 年制定了《新濟貧法案》，由中央統一主持這項業務，內容將貧窮的問題視為社會問題而不是個人問題，要求政府必須直接干涉協助解決問題。同樣一個美國丹麥裔攝影家雅各布·里斯（Jacob Riss, 1849-1914），他爸爸是學校的老師兼報紙的作家，但當他從丹麥移民到美國的時候，前段時間千辛萬苦在貧民窟住了很久，四處請求幫忙，主要從事木匠，但後來成為記者。他一樣用攝影把下層階級居住生活的影像呈現給中產階級，以改善這些人的生活環境。有些照片是他利用一大早闖進平民窟裡面的一些住家，點亮鎂光燈進行拍攝的。我們可以發現這些社會改革家越來越少人出生貴族，而多半出生於中產階級，但因為經歷過下層階級的痛苦生活，引發他們改革的力道爭取權利。

教育權：教育作為一種權利與特權

　　教育部門在平民原則裡面是個主軸，但是在貴族原則的社會裡面它只是與其他部門類似的一個部門。在宗教改革之後，在新教地區一般教人識字的工作由教堂來完成，貴族或是富有的家庭則請家庭教師來擔任——一些有才氣的知識精英會被延請到家庭裡面直接輔導富家子弟，本書中出現過的霍布斯和洛克就是家庭教師出身，但這類家庭教師除了教學生學問，另外的任務就是陪著這些公子哥們壯遊歐洲，四處學習旅行。另外一些新興中產階級家庭會將小孩送去寄宿學校，但這通常需要花一大筆費用。雖然同樣是教育，但是有絕大的差別，在一般教堂或者教會學校家長所需負擔的費用較低，課堂內所教的就是基本的和讀經相關的讀跟寫，偶爾可能還有簡單的算術。但是在付費極高的學校所教的或是請家庭教師的授課內容就比較多元、深入，例如文學、修辭、演講、歐幾里德幾何學等等內涵，有的統稱叫 grammar school，文法（或初階）學校。他們通常是作為上大學的預備學校。在中古世紀和到科學革命之前，這種由貴族、富商主導的社會中，教育本身就是一種特權。因為他們可以透過教育讓自己和下一代容易變成社會中的菁英階級。沒有經過菁英教育，當時的人們就很難擔任擔任法官、律師、醫師、牧師、神父，或是大學教授、政府官員。菁英教育是階級複製的最重要手段之一。只不過這樣的特權並不像當時的智慧財產權一樣，需要由君王頒給予特許狀，而是以經濟基礎來決定文化基礎，之後再由文化基礎來進一步鞏固經濟基礎。而這第二層的經濟基礎（指由文化基礎來進一步鞏固的經濟基礎）在卡爾馬克思理論裡面就是一個「食租者」。比利時的歷史學家比蘭納在他著作的《資本主義社會史的各階段》中指出歐洲在文藝復興前就已經存在資本主義，不過他發

現富商家族的持續富有的時間都不長，不過只延續了二至三代而已，在此之後他們的後代不再經商，而多半想辦法去佔據風險較少而且較為榮耀的位置，譬如買官或購買領地，甚至購買貴族的頭銜以追求食租者的平靜生活[15]。十八世紀的法國的兩類貴族：第一等的貴族是宮廷貴族（帶劍貴族），第二等的長袍貴族（有一點長袍加身的諷刺意涵），後者多半是由富商或是中產階級轉換而來的。當時要成為長袍貴族並不難，只要給政府一定數額的金錢，並且證明祖孫三代「以貴族方式生活」那就允許晉升為貴族了。這裡的「以貴族方式生活」包括了兩項：第一個是很少從事體力活動和經商；第二是喜歡閒暇──這裡的閒暇也不是無所事事，而是包括對文化和歷史有強烈的熱情，有時又會參加學術討論，並且在別墅裡、鄉下莊園裡過著平靜合理的生活。看起來非常古怪的制度其影響也讓人意外！這一群仕紳階級轉換而成的長袍貴族，竟然成了啟蒙運動的先鋒，也是法國大革命之前法國命運的核心，更可以說是創造法蘭西文明的階層[16]。維持這些貴族般的生活方式如果沒有透過高端的私人教育恐怕難以完成。

　　因為這樣的特權是躲在自由經濟體下，轉換出來的政治經濟問題只是有能力購買入場券跟沒有能力購買入場券之間的差別而已。有能力購買入場券的，有很高的機率可以享受到更好的結果，這是一種階級複製的形式。但是這種階級複製又不像貴族系統那般的明顯，因此在中產階級革命（光榮革命、美國獨立革命或者是法國大革命）成功的那一段時間，這一種隱藏性的特權依然維持著。義務教育開始之後，這種教育上隱藏性的特權是否就被打破了呢？答案是否定的。世界上第一個主張全民義務教育的國家是西元 1717 年的普魯士──這非常可能就是普魯士逐漸強大，並且在一百五十年後統一德國成為世界強權的主要因素。因為後追趕國家想取

得優勢，通常是在人力資源上面有相對優勢才有可能，這可以再下一篇平民原則國家的討論上將會找到許多案例。英國則是要到這一百五十年後，1870年，開始義務教育。法國正式確立義務教育是在1880年前後。美國各州義務教育的時間不太一樣，到了1891年有二十六個州確立了義務教育，而到了1918年全國四十八個州初等教育才共同確定了義務教育；通常這些**義務教育發生的時間與選舉權擴大的時間是同步的**。事實上公民希望自己的小孩能夠享受國家提供的基本的教育。但是道高一尺魔高一丈，這些中產階級家庭如何在義務教育體制下繼續維持他們的特權呢？首先在自由市場的經濟體制底下，這些高學費的私立中小學依然存在 —— 像是boarding school 依舊存在。他們比一般公立的中小學進行更嚴格的訓練。哲學家羅素描述他在寄宿學校準備大學入學考試的時候，同學之間投入大量的時間進行訓練解題技巧，因而讓學問幾乎都失去了味道。這些俗稱的貴族學校出來的學生依然可以比一般的公立學校出來的學生進入更好的大學。在本書後面討論到英國的陪審團制度時，會提到現在英國十二個大法官裡面有十一位是從私立高中畢業的，只有一位是從公立學校畢業的。如同在本書前面提到教育產業時，特別強調的這種典雅教育主要就是要來緩和階級競爭，利用智能、禮儀、體育藝術上，非常費時的訓練來讓先天有閒階級保有優勢，並且為後天有閒階級和制度有閒階級設置障礙。這樣的產業讓具有單一優勢者（可能只是在知識、或者藝術、體育上這一單項非常強）或本身卻非貴族也非有閒者，即使因為自為成就而向上流動，也很難全面融合進入有閒和貴族階級。而這樣子的趨勢讓貴族和有閒階級不會有太大壓力，而真正能悠然自適。

　　即便是在公立的中小學，中產階級也可以利用學區之間房地產價格的差別來構築階級複製的場域，在臺灣很通俗的認知是升學率（升學率這

一個名詞更通俗的說是指一個學校最高年級學生參加升學考試之後進入第一志願學校的學生比例）越高的學區房地產價格越高，反過來說也行得通，就是房地產越高的地區學校的升學率通常也會越高。這背後的邏輯就是經濟基礎決定了文化的基礎。《被壓榨的一代》的作者艾莉莎‧奎特（2019）[17] 描述一美國中產階級公立高中的教師為了在自己授課的學校周圍買一棟房子，以便就近教書並且讓自己的孩子也能進這一所公立高中，結果竟然每天要兼職另一份工作 —— 開 uber。這位教師在開車空檔會批改作業。在美國教師中，他的狀況還不算壞，可是卻需要兩份薪水才能夠在這一個學區讓自己的家庭安居，享有入學的權利。

教育權的擴大為廣大的民眾打開了經由教育通往中產階級生活的可能捷徑。二次戰後歐美各國中產階級的膨脹都必須歸功於他們在五十年前開始的更大範圍的（從六年到十二年的）義務教育，讓更多的人可以透過後天的努力享受有閒階級的生活。許多的有閒文化也透過教育傳播給廣大的孩童，例如體育競賽、文化藝術等在現代教育理念都佔有十分重要的地位。在法國和日本甚至把吃午餐當成一個嚴肅的教育來看待，法國政府甚至認為開發孩童的味蕾是一件非常重要的工作 [18]。有閒階級品味的擴張以及（本部分所論及的所有）權利意識的提高，都是將學校教育作為一個重要的轉運站，在西歐和美國不管是公立學校和私立學校都是如此。

教育權雖然擴大，卻因為市場作用形成了另類特權。教育權的擴大所追求的是義務教育年限的延長、教育標的人口的擴大，以及教育內涵、品質的提高，但是這一種普遍性的權利也會遇見人性中比較競爭的焦慮，面對教育品質不均衡的問題時候，難免就產生了趨利避害的舉動，其明顯處就反應在私立學校或是富有學區的追逐上面。這恐怕是自由市場機制取向的國家難以避免的狀況。甚至說在計劃經濟體制的國家裡面，這種狀況也

存在，看看文革以前的中國教育，名校也有所謂擇優錄取的規定，學區好的中小學依舊是共產黨菁英為子弟爭取進入的目標以讓未來的小紅衛兵有更好的出身。不管是平民原則或是貴族原則作為主導原則的國家都是如此，也就是根據法國社會學家布迪厄（Bourdieu）的文化資本理論的邏輯，不管是貴族原則或是平民原則的國家，他們文化資本累積的形式是類似的，都有隱藏性的特權在其中進行運作，並且在他們的社會裡具有某種程度上的合理性，只不過一直以來都是教育改革的對象以減少這不平等的情況。但是在教育的內容上，平民原則與貴族原則社會則產生極大的差異，這留到後面再討論了。

信仰、講學、言論、出版、集會、結社等自由

將信仰、講學、言論、出版、集會、結社等自由放在第二代人權的範圍來談，必須要對比第一代人權的代表洛克的「社會契約論」。洛克主張的自由範圍主要集中在生命與財產自由的保障，實在針對政治專制，也就是政府對自由的危害之下來談的，被稱為古典自由主義或是所謂消極自由。而第二代人權的自由，也就是這一節要談的思想、行動、集會、結社自由，主要的代表人物是穆勒（J. S. Mill, 1806-1873），其談論述的範圍主要是針對社會專制，也就是社會輿論對自由的妨害，被學界設定為新自由主義或者是積極自由的範疇。在本書的前面和後來都會提到在穆勒生活的那時代的英國依然會對集會、遊行、言論、出版有嚴格的限制。為了爭取投票權，人民會去海德公園聚會抗議，警察因為害怕暴力出現常常不批准這類聚會，但是民眾依然前往，激進者甚至會拔起了公園柵欄強行進去公園抗議政府。一些人便被控以煽動叛亂罪，遭到逮捕。但是穆勒的主張

如此全面，發生的原因並不只是他參加了群眾運動，而是與自己的生命歷程深刻相關，才會對社會霸權之下的自由有這麼深刻的認知。

我底下的論述在回答兩個問題：第一、貴族原則下的小原則是如何被開發出來的？第二、這些小原則如何深入人心，成為普遍性的認同與行動力量？穆勒的生命歷程可說悲、喜劇參半。穆勒的祖父母是蘇格蘭貧窮的農場主人，他的父親詹姆斯・穆勒（James Mill, 1773-1836）是個極有天賦的政治經濟學者，算是蘇格蘭啟蒙時代菁英成員。他與李嘉圖（David Ricardo, 1772-1823）共同創立了古典經濟學，並且與邊沁一起推廣功效主義。詹姆斯・穆勒從功效主義的觀點覺得學校教育浪費時間，於是自己親自教育小孩。所以我們的男主角從小便在家裡面自學教育，被父親栽培成功效主義的傳人。十七歲就被父親安排進入東印度公司工作，相當於比較有閒的公務員，生活無後顧之憂可以專心寫作直到五十二歲退休。看似順利的生活，可是在他年輕時候開始對父親填鴨式的教學心生反感，進去過療養院，開始思索自己的未來，並反思過去自學教育的價值。在他二十五歲的那一年（1831）認識了一位富有的藥商太太哈麗特・泰勒（Harriet Taylor，後與穆勒結婚後改名為 Harriet Taylor Mill，1807-1858），人生產生了很大的變化。

哈麗特的父親是名外科醫生，家裡歷代都是莊園主，是貴族身分者的後裔，也是自家教育，立志當詩人，十八歲時嫁給藥商，也就是第一任丈夫，兩人生了三名子女。1831 年她的丈夫邀請穆勒參加功效主義的聚會。哈麗特比穆勒小一歲，本身對社會改革充滿興趣，開始在寫許多關於女權主義的小品文章。穆勒本人在這一方面也充滿著熱情，兩人一見如故。穆勒控制不了熱情，首先發難，用法文寫愛慕信給哈麗特，哈麗特震驚，想切斷兩人友誼，穆勒苦苦哀求。1833 年哈麗特與丈夫嘗試分居，前往巴黎

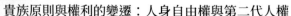
和穆勒相聚，但是時間一久又放心不下丈夫和小孩，也關心自己的名聲，因此還是回到倫敦老公的住處。自此而後和穆勒維持純粹友誼關係二十年，穆勒後來也頻繁拜訪她家，當然免不了閒言閒語。1849年哈麗特的丈夫去世，大約也是害怕社會壓力，經過兩年才與穆勒結婚。這一段時間是他們研究著作的量產期。穆勒在《論自由》（*On Liberty*）序文裡面說明哈麗特對本書貢獻良多，沒有哈麗特就沒有這些論證自由的思想。哈麗特還繼續撰寫關於家庭暴力的相關文章，只是她的身體不好常常生病，不幸於1858年過世，享年五十一歲。

這裡必須再談哈麗特的女兒海倫（Hellen Taylor Mill, 1831-1907），她是最後和穆勒一起生活的人，一起整理她母親和穆勒共同寫作的文件，並且把他母親和繼父的理念付諸實施的激進社會改革者。穆勒和她母親認識時剛好是在她出生那一年。十八歲時父親過世，二十一歲時母親改嫁。她在家自我教育，成年後在倫敦當過演員，二十七歲時母親過世，自此而後就跟在穆勒旁邊，服侍穆勒直到去世為止──這一年她四十一歲，依舊未婚，和穆勒一起生活了十三年。1869年海倫出版了《女性自主》（*Subjection of Women*）一書，雖然是穆勒掛名，但是宣稱是與穆勒、哈麗特和海倫三人的共同著作。在穆勒過世後，海倫積極從事社會改革運動，成為倫敦著名樂善好施的社會改革者。她推動的社會改革包括了給兒童免學費、免費鞋子、免費午餐、禁止體罰、小班教學以及師生健康保健，並且支持女性選舉權運動、支持工黨。她的積極性可以稱之為社會改革中的聖女貞德。穆勒、哈麗特和海倫三人可說是「三位一體」，前兩者共同開發出社會實踐的理念，後者則以畢生之力努力實踐[19]。

我花了稍多篇幅介紹這三人，有些讀者會覺得八卦──可能真的是如此。但是，讓我們回顧一下當時的社會背景，然後再來談穆勒的自由論

的主張就會覺得我以上的八卦恰如其份了。當時那一個時代被稱為維多利亞時代（1837-1901），正是英國國力的巔峰，堪稱為當時世界的楷模，而間接地讓英國人似乎認為紳士和淑女也都應該成為世界的楷模。而事實上那一個時代又是社會極其壓抑的時代，特別是對婦女的規範，相較於男性而言，地位是極其不平等的。「維多利亞的女性」甚至成為專有名詞，來檢討當代的女性地位問題。給大家一個概觀：當今天我們不解許多回教國家的婦女不能夠開車、受教育和在外面工作，不能跟陌生的男子說話，也不能夠隨意運動、跑步、扭動身軀，被視為男子財產的一部分。男生可以在外面拈花惹草、三妻四妾，女性卻必須忠於丈夫一人，而且難以離婚，離婚之後的財產完全歸男性所有，而且男性在家庭裡面對小孩跟婦人的家庭暴力被視為普通而平常的事。而這一切在維多利亞時代對婦女的規範便接近如此，通常婦女一離婚便會失去社會地位，如同現在「被退群組」、關係霸凌。這些不可思議的事情在維多利亞時代確實存在，婦女被視為裝飾品，而不是以人的身分而存在的。甚至說維多利亞女皇（1819-1901）在小時候，她的母親為了培養她繼承王位的「潛能」，常常限制她的行動和自由，導致她小時候根本沒有任何同儕朋友，這種遭遇跟穆勒小時候是類似的。

　　從這樣的背景來看哈麗特與穆勒的愛情代價就很高了。以現代的話來說就是處在「被退群組」的邊緣，平時的流短蜚長、閒言閒語必不少。《論自由》一書的中心議題在討論社會所能合法施用於個人的權力之性質和限度。他一開始批評那時代的社會，雖然君主立憲後，人們感覺不到政府給他們多大的束縛了，但是最大的束縛來自於社會輿論，這個社會輿論是由最多的或者最活躍的一部分人民所塑造出來的，並且強行把這樣的意志壓迫數目比較少的那一部分人民，也就是所謂的「多數暴力（the tyranny of the majority）」。它虐待少數人的手段不只是通過政治機構，還透過生活細節奴役他者的靈魂本身。這樣的暴力比政治上明顯的壓迫更為可怕，因為它雖然不常以極端的刑法作為後盾，但是人們很少有逃避的方法。

　　接下來他要論述在個人獨立與社會控制之間的界線應該畫在哪裡。穆勒認為人們只有在自我防衛的目的下，才有理由、也有權利以個別或集體的力量，對任何分子的行動自由進行干涉。這裡的「自我防衛」當然是指已經嚴重威脅到個人的生命、財產、身體、身體安全、名譽這些事項（在平民原則的國度裡面能夠提出這麼原創性的概念區分恐怕是不會出現的、若有也是鳳毛麟角）。因此屬於個人自由的範疇便包括了行動、思想、出版、集會、結社等等自由，而且缺一不可。而更進一步的自由則包括了政治參與實現人生計畫等等自我實現的自由。

　　當國家和社會都認可並且保障了這樣的自由，那麼個體性就能受到保護。何謂「個體性」呢？個體性便是行動者根據自己的判斷和偏好從事自發性選擇的過程。個體性受到保護能帶來哪些功效呢（穆勒是功效主義的支持者，所以一定會問這一個問題）？首先它會帶來幸福：當一個人在進行判斷和選擇的時候不會受到大我和多數人強力干擾時，他的個性就可以充分發揮，而不是刻意的去模仿他人。他便容易產生自我認同、自我肯定，有助於自我實現。其次、因為他處在充分被尊重的環境裡面，也會有空間去學會尊重別人的個體性，於是個體和整體的道德也能夠發展完善。第三、人會變得非常有能量、有活力，意志力也會增強，而有了更強烈的存在感，人因而變成高貴、美麗而有智慧的動物，而整個社會的道德、美學、智慧的發展也會到達極致。第四、天才只有在個體性的環境裡才容易出現，天才不只會帶來新的事物也能夠讓舊的事物

保持活力。第五、綜合上述，個體性能夠帶來社會進步，一個原本進步的社會一旦時間久了也會僵化，就像那個時代的中國常常會忘記所以興盛的原因；有個體性就會有許多的多樣性，比較能夠刺激出多樣的觀點，促使社會反省與進步。第六、這樣的自由是人最基本的存在模式，擁有這樣的自由是作為人最起碼的要求，讓人活得像人。（但請注意穆勒認為他的自由論不適合於未成年人和野蠻社會，所以他並不反對在印度殖民地對自由有更高的限制）

如果一個人的行為沒有侵犯到他人的權利或激起他人的自我防衛，可是你真的很討厭他的行為時可以做什麼呢？穆勒認為只能透過勸說和說服的方法，而不能強力干涉。也就是不能用法律上、身體上、公共與論上的任何限制進行干涉。穆勒的這種說法對人行為的寬容性極大，但這同時有下一個必要去面對、開展的問題，那就是「討厭某種行為的出現」最後如何轉化成為「自身的一種權利」，例如早期虐待動物並未違法，但是到後來討厭虐待動物的人變多了，於是制定法律使得虐待動物變成非法。這種新的權利的形成有一定的過程，在還未形成權利以前只能透過如穆勒所講的勸說和說服的方法。

穆勒的論證極其嚴謹，例如他在論證言論自由是人類幸福相當重要的部分時，他持兩個理由，第一、我們永遠不能確定努力禁止的言論是錯的。第二、即便是我們確認它是錯的，禁止該言論仍然是錯的。這兩個連在一起的命題有以下理由：首先一個正確的見解如果沒有通過反對意見的挑戰，那麼這樣的見解可能只是成見，而不是一種理性的理解；其次、所有的見解都可能淪為形式上的教條而僵化，不能夠再感動任何人，對人的幸福造成危害；第三個理由是整個時代的見解都有可能是錯的，例如哥白尼時代對哥白尼的誤解。

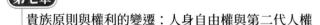

仔細檢視穆勒對自由的主張，從另外一個角度來看，可謂是有閒階級的「有閒階級宣言」。對於「有閒」的保護已經是基本人權的高度了。我們依稀可見哈麗特與穆勒在冬天的爐火前，將他們過去二十年在社會霸凌下的苦戀透過文字清理出痛苦的來源，並且將每一個壓力源劃定界線，阻擋在個人自由的範圍之外，清理出來的空間便是一種「有閒」的範疇，也是讓個體性充分發展的條件。這些主張在當時算是離經叛道，范伯倫有言：「有閒階級是離經叛道者的後裔（第十四章）。」「有閒」不只是（前面提到的）在時間上和空間上的「有閒」，穆勒的主張為有閒階級開拓了道德範疇上面的「有閒」。在《論自由》這本書出版之後的第五年，哈麗特過世，五十一歲在當時不算短命。兩年之後，維多利亞女皇的丈夫阿爾伯特親王（Albert, Prince Consort, 1819-1861），四十二歲，英年早逝。在與夫君相處的二十年間應該是維多利亞女皇最快樂的時期，夫君過世之後莫大的悲傷使她將夫君在房間裡的遺留之物一成不變的保留了下來，而後整天穿黑色的衣服，也幾乎不理朝政，就這樣過了四十年。不但成為了歐洲王室的祖母、英國（當時）有史以來在位最久的君主，也成為維多利亞時代最偉大的道德裝飾品。

集會結社的自由與有閒階級

在當代民主社會中，團體乃是個人與國家之間系列的中介機構。當人類的社會由部落進化到宗族，再進到當代以個人主義為主的社會時，人的存在關係不再由部落宗族這種血緣團體來界定，而是以一個國家裡面的個人來界定，國家直接管理個人，國家對於個人擁有有龐大的基本的資料。受到立憲政府的影響以及國家人口的限制，個人的意見又無法全然反應到中央，因此就需要許多的中介團體來完成，這些團體包括職業團體、社會

團體和政治團體，每個團體都代表著一種或是一些價值或利益的群聚。在政治學裡面有一句話說「有組織的民意才是民意」[20]，這意味著透過團體可以讓個人產生歸屬感，為他們個別的、私有的意見與行動帶來尊嚴，並且能夠透過團體來協助自我實現。團體變成個人與國家之間系列的中介機構，而不是成為政府的附屬組織；他們可以提出具有影響力的、獨立的公共政策，並且透過遊說、宣傳、競選、司法途徑、集會遊行來教育群眾或是監督政府，甚至舉辦活動把相關的人力和資金聚集起來。

　　以上論述的是集會結社的自由在當代社會產生的效果，此當代保障集會結社的自由的重要性便在於落實「人民作主」這樣的信念。然而在人類歷史上有些時候對集會結社之自由採取負面觀點。中國古代或當代的一些當權者把集會結社稱作為「結黨營私」便是負面觀點，當然這主要是從絕對王權的角度。在絕對王權時代，君王希望人民能夠服從國家的指揮，因此希望每一個人都要直接對君王忠心，而不是對君王之外的其他團體忠心。當底下的臣民一旦結黨就容易隱營私，容易產生與君王不同的意見，甚至產生了一股反政府的力量而讓君王害怕。所以在當代民主社會利益團體的正常行為，在古代被稱作結黨營私，可見採取不同的價值觀念會把集會結社引導到不同的面向。

　　穆勒認為言論思想行動的自由必須與集會結社的自由同時存在。為了避免社會的多數暴力，這些少數人有必要聚在一起凝聚力量，保護自己的信仰和利益。有閒階級是離經叛道者的後裔，既然是離經叛道，通常都會是屬於少數族群，所以更有聚集在一起的理由了。事實上當一個政府保障的集會結社的自由之後，人權的內容才開始產生多樣化的範疇來。集會結社的自由可以說是有閒階級開發權利範疇的催化劑，也是有閒階級多樣性追求的能量中心，更是一種力量的展示。

小結與小討論

　　第二代人權所面對的「有閒」不僅僅是時間上和空間上的有閒，在「道德」上也主張要有閒，是一種拒斥傳統道德壓力的運動。

　　在這裡我們可以小小的展開一個問題：為什麼邊沁一個人可以提出那麼多二三代人權相關的主張（而且在今日這些權利主張多半都實現了）？而在另一方面平民原則國家誰發現不了任何關於權利的概念？本章結束時見到的這一巨量的對比，在前面那一章已經提供了我的看法了，那就是貴族原則國家與平民原則國家的生存狀態是絕然不同的。在這裡我想繼續延伸到下一個問題：「現代性」到底為邊沁和穆勒打開了什麼樣的身體性的神經，而讓他們可以輕易的覺察到傳統道德加諸在他們身上的壓力？在這裡我不想展開太大的討論，但是可以提供一個簡單看法：邊沁和穆勒兩者都是具有介於先天有閒和後天有閒之間的生活背景，所以他們既能感受到傳統道德環境的壓力，又重新接觸並且享受過范伯倫所謂的四大維度（身體的、精神美學上的、智識上的）的舒適感，在生活中這一個巨量的對比別讓他們的神經變得很敏銳，再加上他們有概念思考的優勢，很容易將「群己權界」的關係明確的表達出來。沒有享受過舒適感四大維度的人（特別是在平民原則社會），是沒辦法覺察到任何新的權利或新概念的可能性的。

[01] 林榕年、由嶸編著，1922，見前章，頁 181。

[02] 參見許明杰，2017，〈封建危機與秩序重建── 從勞工法看中世紀晚期英國社會與政治的互動〉，https://www.sohu.com/a/198166339_501394，搜尋時間：2021 年 3 月 23 日。

[03] 陳曦文，1995，《英國十六世紀經濟變革與政策研究》，北京市：首都師範大學，頁 36。

[04] 克里斯托弗·戴爾（Christopher Dyer），莫玉梅譯，2010，《轉型的時代中世紀晚期英國的經濟與社會》，北京市：社會科學文獻，頁 110。

[05] 趙敦華，2001，《現代西方哲學新編》，北京市：北京大學，頁 45。

[06] Will Kymlicka，劉莘譯，2003，《當代政治哲學導論》（*Contemporary Political Philosophy*），臺北市：聯經，頁 19。

[07] Will Kymlicka，劉莘譯，2003，頁 11-13。

[08] Russell Kirk，張大軍譯，2019，《保守主義思想》（*The conservative Mind from Burke to Eliot*），南京市：江蘇鳳凰文藝，頁 114。

[09] 引自趙敦華，同註 3，頁 44。

[10] 參見 https://plato.stanford.edu/entries/bentham/，搜尋時間：2021 年 3 月 23 日。

[11] 林榕年、由嶸，同註 1，頁 194。

[12] 切薩雷·貝卡里亞，西南政法學院刑法教研室翻譯，1980，《論犯罪與刑罰》。引自肖金泉主編，1992，《世界法律思想寶庫》，北京市：中國政法大學，頁 721-4。

[13] 參見 Gregory Clark，格里高利·克拉克，李淑萍譯，2009，《應該讀點經濟史》，北京市：中信。

[14] 參見林萬億，1994，《福利國家－歷史比較分析》，臺北市：巨流。

[15] 參見費爾南布勞岱爾（Fernand Braudel），施康強、顧良譯，2007，《15 至 18 世紀的物質文明、經濟和資本主義〈卷二〉：形形色色的交換》，新北市：左岸文化，頁 596-597。

[16] 布勞岱爾，同前書，頁 604、605、609。

[17] Alissa Quart, *Squeezed: Why Our Families Can't Afford America*，李祐寧譯，臺北市：八旗文化。

[18] 參見梁文道，八分第 68 期，2019，〈在學校吃午餐是一件嚴肅的教育〉，https://www.youtube.com/watch?v=FpCTVcVlAVA，搜尋日期：2020 年 5 月 29 日。

[19] 以上內容參見吳良健、吳衡康翻譯，2007，《我的知識之路：約翰彌爾自傳》，臺北市：網路與書。

[20] 參見杭廷頓，聶振雄、張岱云等翻譯，1994，《變動社會的政治秩序》（*Political Order in Changing Societies*），臺北市：時報文化，頁 464。

第八章

貴族原則與權利的變遷：第三代人權

本章將分析在二十世紀獲得顯著擴張的權利類型及其與有閒階級的關係。這些權利包括了隱私權／人格權、女權、環境權、人民自決權、身體自主權與永續發展權等。與第二代人權可以追溯到十八世紀以前的分析有同樣的脈絡，在二十世紀顯著擴張的權利之起源都可以追溯到十九世紀，而這些權利在二十世紀的貴族原則國家開始明確地獲得法律上的承認。而這個世紀中，在第二代人權戰火的「掩護」之下，有閒階級的人口範圍突進到了「制度有閒」，一些來自中下階級的有閒者也開始在權利的「拓展」和「因應」上也擔任起拓荒者的角色。

隱私權／人格權

上一部分講到社會改革的攝影家一大早衝進貧民窟拍照，讓中產階級了解貧民窟的慘狀，當時這種衝動的行為並未被禁止，但是如果用同樣的方式去拍一些名人，就會讓他們覺得不舒服了。在同樣一個時期，1890年兩位讀過哈佛大學的老同學山謬・華倫（Samuel D. Warren）和路易斯・布蘭迪（Louis D. Brandeis）在《哈佛法律評論》（*Harvered Law Review*）發表了一篇〈隱私權〉（*The Right to Privacy*）的論文。前者繼承家業，成為波士頓地區的紙業鉅子；後者在哈佛大學法學院擔任講師，並與其他學者創辦了《哈佛法學評論》（*Harvard Law Review*）這份期刊，他後來在1916年被任命為美國聯邦最高法院大法官。從現在的角度來看，這二位上層階級的名流發表此文的動機源自華倫的老婆是參議員的女兒，本來就受當地媒體關注，在舉辦一系列的宴會中被當地的報紙大量描繪許多私人而令人尷尬的細節，引發他們省思到在傳播媒體報紙、照相機這些新科技來臨的時候，雖然帶來便利，但是也對當事人帶來了不舒服，例如私人的生

活、私人的事物、令人難堪的私人資料、個人的肖像或任何導致使人誤解的報導[01]。從以上討論我們會發現在人類歷史變遷的過程，上層階級與中產階級所經歷的不舒適是不一樣的。但他們中一些有權利意識的人便會提出他們的主張或是要求政府不得干預，或是要求政府積極進行干預。

女權運動

女權運動也有同樣的傾向，她們早期的發動者也多半來自中產階級家庭，有些倡議者因為發現父母親之間的衝突多半來自男女不平等的關係，而開始關注此議題。這些倡議者普遍教育程度高，因而工作後很容易與高層男性接觸，卻發現自己在男性集團裡面受到歧視，於是有感而發。以下介紹幾位女權運動的先驅者：（一）瑪麗‧沃斯通克拉夫特（Mary Wollstonecraft, 1759-1797），家裡面的長女，出生於倫敦的中產階級。父親把繼承的財產拿去投資，結果失敗，導致經常搬家。父親壓力大，再加酗酒，會對母親拳腳相向。長大後因作為長女要照顧妹妹，她靠著擔任富有家庭的家庭教師以及業餘寫作的方式賺取收入。在法國大革命時期她待在巴黎，後來也旅行到瑞典、挪威、丹麥。她有三次婚姻，主張女性也要有教育權。（二）艾米琳‧潘克斯特（Emmelina Goulden Pankhurst, 1858-1928）出生於曼徹斯特的中產階級，父母親都是政治人物，父親是曼徹斯特商人的後裔，主張婦女參政權。（三）瑪格麗特‧米德（Margaret Mead, 1901-1978）出生在美國費城，父母親都是大學教授，自身後來也是人類學學者。在她的著作《三個原始人部落性別和氣質》（1935）中指出不同的部落因為社會文化的關係，有些採取男女平等的生活習慣、有些則是女權主導的社會，另一個則是男女都非常凶殘的社會；因此她認為男尊女卑

的社會結構並非自然而天生的，而是社會形塑的。她本身也結過三次婚。

（四）貝蒂・傅瑞丹（Betty Friedan, 1921-2006）出生在美國伊利諾州的猶太移民家庭，父親是珠寶店老闆，母親原本是報紙編輯，結婚後變為家庭主婦。她發現母親不快樂、喜歡責罵他人的原因是因為離開了她最喜歡的工作，成為家庭主婦。Betty 在當記者和編輯的時候，正懷第二胎時被解僱，於是開始勵志投入女權運動，建立的美國全國婦女組織。她認為受過教育的婦女還不能從家庭主婦的角色當中獲得成就感和自我實現。當前女權運動關心的範圍包括生育權、墮胎權、受教育權、家庭暴力、產假、薪資平等、選舉權、代表權、性騷擾、性別歧視、性暴力、刻板印象、物化、身體自主權、家務分配、壓迫、父權等等議題。

人民自決

人民自決有時候又翻譯成為民族自決，人民有權利去決定自己前途的權利。十六世紀中期西發里雅和約（Peace of Westphalia, 1648）就出現過人民自決的內容。洛克在他的《政府論》一書裡面也提到政府的統治必須經過被統治者的同意，如果政府背叛了人民，人民有權利建立新的政府[02]。本書把人民自決的權利放在身體上的舒適範疇，因為會提出自決的人們通常是因為這一群人在生理和安全需求遭遇危險的情境（就像香港反送中運動）提出身體需要自由的主張，而且這一群倡議者多半必須冒著生命危險與統治者對抗。當然人民自決也有涉及歸屬感與尊嚴等精神層次，本書以下將分析四場人民自決運動，三場主要是基於身體上的需要（希臘獨立、愛爾蘭獨立、芬蘭獨立），一場是基於精神上的需要（印度獨立）。這些運動的主要領導者要不是出生貴族便是出生中產階級，幾乎都是大學畢業。

希臘獨立運動（1821-1832）

　　希臘獨立運動的主要領導者有三位，第一位愛奧尼斯·安東尼歐斯·卡波季斯第亞斯伯爵（Komis Ioannis Antonios Kapodistrias, 1776-1831），其父母親出身都來自於貴族家庭，父親擔任過當地公國的國務卿，他後來也繼承了伯爵的稱號以及國務卿的位置之前，在威尼斯共和國大學學習法學、哲學以及醫學，擔任過醫生。第二位是亞歷山德羅斯·馬夫羅科扎托斯（Alexandros Mavrokordatos, 1791-1865）具有公國王子的身分，非常富有，與上一位同樣在帕多瓦大學（University of Padua，成立於 1222 年，義大利第二悠久的大學，哥白尼曾經於此就讀）學習專業知識，二三十歲時與英國詩人雪萊（Percy Bysshe Shelley, 1792-1822）住在一起，聽聞希臘革命，馬上以家產購買武器並且前往組織軍隊對抗土耳其，根據受拜倫影響參加希臘獨立運動的美國醫生塞繆爾·豪（Samuel Gridley Howe，父親是船主以及纜繩製造商，家境富裕）的描述，馬夫羅科扎托斯既慷慨又精明，風度翩翩的紳士，十分令人景仰，後來成為希臘共和國第一任總統。第三位亞歷山大·伊普斯蘭提斯（Alexandros Ypsilantis, 1792-1828）是帶領軍隊的將軍，出身非常顯赫法納爾（Fenerliler）希臘人，是留在伊斯坦堡地位非常高的希臘人。原本就是東羅馬帝國遺留下來的王公貴族，在土耳其宮廷中的地位頗高，曾經是多瑙河公國親王。除了這三者之外，事實上在當時歐洲有一股親希臘主義（philhellenism）詩人拜倫（George Gordon Byron, 6th Baron Byron, 1788-1824），浪漫主義文學泰斗，曾經為這一場運動奔赴希臘並且死在希臘。他出身貴族，是英國的男爵、上議院議員、在劍橋大學時主修文學與歷史，他不但支持英國保護勞工的民主改革，也極度同情歐洲各國民

族獨立運動，如希臘革命與愛爾蘭革命。1816 年去意大利投入燒炭黨人運動（Carbonari，約 1800-1831 年），成為地方組織的領袖。在希臘獨立運動時不只變賣家產給予資助，還擔任一支軍隊的司令。拜倫原來是拳擊手、技師、游泳選手，可說是十足的貴族有閒階級啊。整個希臘的人民自決運動瀰漫著貴族有閒階級的自覺。

愛爾蘭獨立革命（1919-1922）

相較於希臘獨立革命的領導人主要來自貴族，愛爾蘭獨立革命的主要領導者清一色是中產階級的知識分子，缺乏來自貴族階級或是富裕的上層階級助力。我們先遠離歐洲，看南亞的印度獨立革命，印度革命的領導者中至少有尼赫魯來自貴族。然而愛爾蘭獨立戰爭的參與者多半屬於中下階級的特徵，這種現象實在值得關注。是否是因大英帝國的長期統治，已經將原本愛爾蘭的貴族階級與上層階級和大部分的中產階級整合進了大英帝國的體系之中，獨獨留下中下階級作為農奴勞工來殖民。以下介紹三個人：麥可·約翰·「米克」·柯林斯（Michael John "Mick" Collins, 1890-1922），他父親六十歲才與二十五歲上下的媽媽結婚，首先指出這一點是想鼓勵一下臺灣的男性同胞。他父親是擁有五十九公頃土地（相當於臺灣一百二十個國小操場那麼大，這個數字還待確認，因為有些英文網路資料說達到九十英畝，可能是換算錯誤的關係，總之他的家境比一般愛爾蘭平民生活富裕許多）的農人，也是一個業餘的數學家、博學家，父母親都可以流利地講希臘語和拉丁語，經常性的閱讀莎士比亞和湯瑪士·哈代（Thomas Hardy, 1840-1928）的著作，是地方的知識分子[03]。柯林斯身強體健、喜歡運動，中學畢業之後考上了郵局的工作，前往倫敦。白天擔任郵差，晚上一週三個晚上繼續學習（他學習寫作的

過程極為有趣，他的表姊認為他的寫作不符合當時的文體，柯林斯便回答他學習寫作方式是要用口語來理解的，因為他的目的是要用最清晰簡單的語句鼓舞大家投入獨立革命，因此他的作文看到的不是文字的力量而是聲音的力量），並且加入共和軍的地下組織擔任領導人，也參加了有愛爾蘭人組成的足球隊。開始正式與英國對抗時擔任了財政部長跟軍情局長。後來英國退讓，他代表去談判，英國設定讓愛爾蘭成為像加拿大、澳大利亞等自由邦的形式，英國可以繼續在北愛爾蘭以及南方的一些港口駐軍。柯林斯認為這是一個可以減少雙方傷亡的暫時性合約（事後證實這一個妥協並沒有影響後來愛爾蘭一步一步獲得人民自決的權利，最後完全脫離大英帝國），但是共和軍內部有反對者，於是形成了愛爾蘭內戰。柯林斯在返回家鄉的過程遭到刺殺身亡。臺灣把他相關的電影翻譯成《豪情本色》。第二位是艾蒙・戴・瓦勒拉（Eamon de Valera, 1882-1975），父親是西班牙裔，母親是愛爾蘭裔，在紐約出生。父親過世後母親改嫁，他便被舅舅帶回愛爾蘭有外祖母扶養。他受到完整的教育，自都柏林的黑石學院取得數學專科資格，擔任過數學老師，本來還想從事牧師工作，後來投入保護塞爾提克語言的運動以及加入共和軍，後來參加內戰，但是反對柯林斯所簽訂的英國愛爾蘭合約。內戰結束之後擔任過總理與總統。他和柯林斯相同點是都非常喜歡運動，在都柏林時參加過大學橄欖球隊，而且一直到他死前都十分熱衷。第三位阿瑟・約瑟夫・格里菲斯（Arthur Joseph Griffith, 1871-1922），新芬黨的創始人，愛爾蘭作家，父親是國家報的印刷工人，家境並不富裕。分析這三個領導人可見愛爾蘭的獨立運動已經在底層醞釀許久，並非是由上層階級領導的運動。

芬蘭獨立戰爭（1918 內戰，1939 冬季戰爭，1941 年繼續戰爭）

芬蘭的獨立是此運動的支持者對蘇聯的支持者與蘇聯軍隊進行三場戰爭的結果。第一場是蘇聯成立之後，蘇共支持芬蘭紅軍與工人在城市起義，向傳統勢力奪取權力，最後失敗。於是芬蘭自帝俄時期的百年的公國形態（1809-1918），獨立成為一個國家。第二場是二戰開始時期蘇聯對芬蘭大的入侵，雖然奪得一些領土，但是慘勝。第三場是蘇德戰爭開始之時，蘇聯對芬蘭發動攻擊，芬蘭在德國的支持下奪回冬季戰爭的失土，在二戰結束後，芬蘭為求和平歸還土地，與蘇聯簽訂條約，奉行中立國政策。芬蘭獨立運動主要的領導人卡爾‧古斯塔夫‧埃米爾‧曼納海姆（Carl Gustaf Emil Mannerheim，在華期間另有一中文名叫馬達漢，1867-1951）於 2004 年貝芬蘭廣播公司被評選為最偉大的芬蘭人。他出身貴族，曾祖父曾經兩次進入芬蘭大公國的內閣，被封為伯爵。父親早年是個文青，言論激進，常常惹惱政府，因此常在國外居住，後來回國後經商。其母來自於富有的工業資本家庭。父親在 1880 年生意破產之後，帶著情婦逃往巴黎。可憐的母親隔年過世，他的舅舅變成了他的監護人。在學校的生活一直不愉快，與其個性有關。從小學到士官學校被開除兩次。1887 年進俄羅斯帝國陸軍尼古拉騎兵學校就讀，他在語文上有天份，學會瑞典語、法語、芬蘭語與俄語，後來與富有的聖彼得堡少將女兒結婚，解決了他的經濟問題。開始接近權力高層是在宮廷的馬廄總部管理馬匹，趁這個機會他走遍歐洲為沙皇購買良駒。在日俄戰爭時擔任龍騎兵團中校，在 1906 年到 1908 年時間在中亞與中國進行偵查，留下許多當時珍貴的照片。回國後向尼古拉二世報告了一小時。1910 年升為少將，第一次世界大戰中俄羅斯發生十月革命。因為曼納海姆效忠沙皇，所以未被共產黨人重用。卸職

回到芬蘭，兩個月之後芬蘭宣布獨立，曼納海姆被參議院任命為總司令，自此一路領導芬蘭進行三場獨立戰爭。曼納海姆擁有許多受人景仰的貴族習性，德俄戰爭發生時，希特勒想藉用芬蘭的武力從北方牽制蘇聯，1942年在曼納海姆七十五歲生日那一天，希特勒無預警到赫爾辛基拜會曼納海姆。一到現場便小跑步去握曼納海姆的手，企圖以熱情拉攏曼納海姆；之後，在一個比較私人的場合，曼納海姆與希特勒旁邊的將軍們陶侃說：只有二等兵才會小跑步，將軍在這種場合是不跑步的。值得一提的是，芬蘭另一位開國的將軍恩斯特·林德（Ernst Linder, 1868-1943）是出生在瑞典的芬蘭裔軍事將領，曾經得到夏季奧運的馬術冠軍。芬蘭共和國的開國元勳充滿著貴族風範，西貝流士（Jean Sibelius, 1865-1957）深具芬蘭民族情調的〈芬蘭頌〉充滿著此種風範的內涵。

印度獨立革命

全世界脫離殖民地母國的統治而獨立的國家非常多，選擇印度這一種非歐洲國家的獨立運動來談基於以下幾點理由：首先、他是當前世界上人口數量最大的民主國家；第二、在獨立之後，沒有發生過推翻政府的政變，政治穩定，政黨輪替相當平和，也沒有出現相對獨裁的政治體制，在第三世界國家實屬罕見；第三、他是一個多民族、多語言的國家，除了印度國語和英語兩種官方語言，還有各邦具有官方地位的語言就有二十種以上，足見其寬容程度；第四、近三十年來經濟穩定成長，值得關注。第五、種姓制度仍然發達，似乎與民主制度產生的某種程度的相容性，這代表貴族文化、有閒階級與民主制度「路徑相依」的暗示。如果我們忽略印度眾多的貧窮人口與貧窮環境，我們將發現它可能就是一個西歐國家的翻版。事實上非常可能他的立國精神、開國元勳主要就是西方文明的傳承

者、使用者。西歐的民主制度在印度彷彿相容相生，毫無違逆感。民主制度如果是一件衣服，印度就是天生的衣架子，穿起來雖然臃腫一點卻又顯得落落大方，這在大英帝國的殖民地當中或是世界上，非以白人為主體的前殖民的國家之中，絕對是一個異類。我們檢視這一個異類的制度傳承，正好可以參透出貴族原則的制度內涵。本書以下介紹印度的三位開國元勳甘地、尼赫魯與鮑斯。

莫罕達斯‧卡拉姆昌德‧甘地（Mohandas Karamchand Gandhi, 1869-1948）的父親是當地土邦的宰相，商人後代，Gandhi 這一個字詞就是食品商人的意思，可能介於吠舍和剎帝利這兩個亞利安人種姓中間，接近貴族又非純粹貴族。甘地十九歲時前往倫敦大學學習法律，並且取得律師資格。回印度後在孟買當律師，1893 年被公司派往南非工作，發現當地對印度人有非常嚴重的種族歧視，於是領導印度礦工在南非遊行、爭取權利。1915 年返回印度後，很快成為獨立運動的領導者，他的「不合作運動」受到印度傳統《吠陀經》以及梭羅《論公民不服從運動》的啟發。他的哲學思想影響了後來全世界的民主自決運動的行動方式。

班智達賈瓦哈拉爾‧尼赫魯（Pandit Jawaharlal Nehru, 1889-1964）出生於喀什米爾的婆羅門家庭，是種姓制度中的最高層。16 歲起由私人家庭教師進行教學，1905 年進入英國貴族學校哈羅公學學習，兩年之後 1907 年進入劍橋大學三一學院，主修自然科學以及其他相關學問，1912 年取得律師資格。他是印度的第一任總理，他的女兒英吉拉甘地（Indira Priya-darshini Gandhi, 1917-1984）也擔任過總理。他被稱之為博學者。

蘇巴斯‧錢德拉‧鮑斯（Subhash Chandra Bose, 1897-1945），生於印度孟加拉管轄區克塔克，家族屬於種姓制度中的 Kayastha，可能比剎帝利高一點的亞種姓，在孟加拉這是與婆羅門都是種姓制度的最高層，這一個

階級在中世紀印度或是在蒙兀兒印度，以及在英國殖民統治時期都占據者政府部門中部長、顧問、文書這類中高層的位置。當代這一個階級在孟加拉還有八十多萬人分別在醫學、藝術、工程、法律等領域占有重要位置。鮑斯在加爾各答完成大學學業之後前往英國劍橋留學，在 1920 年還通過印度文官考試，這在當時是非常不容易的事情。後來投入印度獨立運動時是屬於左派人士，與日本合作。在日本太平洋戰爭結束時，因為飛機故障，死在臺北松山機場。

這三位印度獨立運動的領導者共同特徵，便是來自於社會階層相對富裕的家庭，並且都與貴族階層沾邊。留學英國，就讀名校，取得律師或通過公務人員考試。這種印度貴族與英國貴族文化相互激盪的結果，為印度的獨立運動以及之後的國家制度創建帶來一定程度的影響。

范伯倫在《有閒階級》一書中第十章提到「有閒階級的遠古蠻荒的生活方式給各個階級產生的規範作用，有閒階級透過教育選擇性地將早期勇武與掠奪型的特質習俗和理想傳給了下一代以及其他階級。當代的戰爭或以集體形式出現的尚武精神，或以愛國主義都與此相關，特別是經過文明洗禮的歐洲各國尚武精神出現在世襲的有閒階級身上的比例相對於中產階級來得高 [04]。」在希臘獨立戰爭、芬蘭獨立戰爭、印度獨立運動中，我們都可以看到貴族出身的有閒階級運作的影子，只有在愛爾蘭獨立戰爭中我們看到領導人多半來自中下階層，但是這時候的愛爾蘭已經被深具上尚武精神的英格蘭貴族統治了將近 750 年（1172-1921），多少也感染了尚武氣息，只需看他的兩個領導人，一個在倫敦是踢足球業餘球員，另一個在都柏林一生都在打橄欖球的業餘球員，就可以看到這尚武精神導致的愛國主義的火侯餘燼。

環境權

　　環境權有三個層次，第一個層次是單就自然環境受到破壞後造成人體健康的威脅所提出的保障，例如 1980 年韓國《憲法》第三十三條就有規定：國民有生活於清潔環境的權利，國家及國民均負有環境保全之義務；第二個層次是將環境權的範圍由自然環境擴展到人文環境，例如美國賓州《憲法》第一條第 27 款規定：人民擁有清潔空氣、淨水以及保有環境的自然風景、歷史與舒適之價值之權，又如 1987 年聯合國〈世界環境宣言〉將環境區分為自然環境社會環境和人文環境；第三個層次是將自然與人文環境帶到美感的向度，例如美國紐約州《憲法》第十四條第四款規定：保育及保護自然環境與景觀之「秀麗」乃本州之政策。這三個層次分別代表身體的、精神的以及美學的舒適感的追求。我在這個節首先先談身體的舒適感追求部分。

　　關於環境權在生理和安全感滿足部分大概可以分成四個部分：第一是對森林的濫砍濫伐，第二是對於瀕臨絕種動物的保護，第三是關於十九世紀過度燃燒煤炭所造成的空氣汙染，第四是關於二十世紀化工產業開始發展之後對水、空氣和土壤造成的影響。最早的環境保護運動是從印度開始的，這是十分奇妙的歷史，因為在英屬殖民地時期許多蘇格蘭的學者在印度研究森林而開始發動環境保護的觀念和行動，介紹三個人：（1）詹姆斯·拉納德·馬丁爵士（Sir James Ranald Martin, 1796-1874）父親是蘇格蘭教會的高階主管，母親來自於有低階爵位的貴族家庭，他自己是外科醫生，在東印度公司服務時，發現砍伐森林與人體健康的關係。他說服殖民地政府制定法律來保護森林，限制當地土著使用遊耕的方式開墾荒地。（2）亞歷山大·吉布森（Alexander Gibson, 1800-1867）蘇格蘭植物學家兼

外科醫生，父親是蘇格蘭的富裕的農場主人，娶過三個老婆，生了二十個小孩，他是裡面最年輕的小孩。在愛丁堡大學學習醫學和植物學[05]，他在1842年起草了印度的第一個森林保護法，限制東印度公司對印度森林的砍伐。（3）休·克萊格霍恩（Hugh Francis Clarke Cleghorn, 1820-1895）也是蘇格蘭的醫生兼植物學家，父親是法院的高等書記官，祖父也是教授，在斯里蘭卡當過殖民地官署的祕書。他出版了一本關於南印度的森林研究專書，可以說是印度的森林學之父。以上三個人從印度回到英國之後共同帶起了森林保護運動。此三人不只都是蘇格蘭人，又都有醫學的訓練，而且又都兼植物學家，全部來自中產階級，這樣的巧合未免令人驚訝！這背後一定隱藏的一個關係環節，有歷史知識的讀者這時候就會望向「蘇格蘭啟蒙運動」！

關於瀕臨絕種的野生動物保護的首位倡議者阿弗烈·牛頓（Alfred Newton, 1829-1907），他是劍橋大學比較解剖學的教授，父親是英國國會議員，母親是國會議員的女兒。有一個政治世家培養出對岩石以及現代動物進行骨骼比較研究的故事，很容易被拍成印第安納瓊斯之類的探險影片。在他對這些野生動物進行相關調查之後，1889年國會立法禁止在動物交配時期進行捕獵。

到了第三部分則開始了比較系統性的環境保護運動。這運動開始於十九世紀末的英國，美國也大約在這時候展開，主要是針對將近百年的工業革命所帶來的負面改變，項目包括了都市的擴張空氣和水的污染，共有資源（這些共有資源包括了空氣、水、可居住的土地、穿越私人土地的社區便道、建築物古蹟的外表等等）遭受到破壞或是過度私有化。支持的人如同前面兩項都是來自中上階層，像先前提過的蘇格蘭哲學家穆勒（John Stuart Mill），文學家威廉·莫里斯（William Morris, 1834-1896），或來自

貴族階層的艾佛斯利勳爵（George John Shaw Lefevre, Lord Eversley, 1831-1928）。目前在臺灣開始推動的國家信託（National Trust: National Trust for Places of Historic Interest or Natural Beauty）源於英國 1895 年創立的國家信託基金會。介紹一下他的三個創始人，第一位是奧克塔維亞・希爾（Octavia Hill, 1838-1912 年），她的父親是穀物商人也是銀行家，母親的父親是醫生，其父親破產之後，交給外祖父扶養，其外祖父是電郵、公共衛生運動的先驅者，她也開始關心窮人生活。第二位羅伯特・亨特爵士（Sir Robert Hunter, 1844-1913）是專業的律師，他的父親是船主也是船長。第三位是哈德威克・拉恩斯雷（Hardwicke Rawnsley, 1851-1920），他是英國國教的牧師也是詩人聖歌的作曲者，牛津大學畢業之後便選擇到英格蘭的北部湖區當牧師。他的父親是地方的英國國教教區長。

在這裡想介紹幾位美國環境保護運動的先驅，首先是《湖濱散記》的作者梭羅（Henry David Thoreau, 1817-1862），從哈佛大學拿到學士與碩士學位畢業。他為了親近大自然在湖邊小屋居住多年，一般人的印象可能會認為他一定相當貧窮，事實上他的原生家庭可算富裕。他的父親是鉛筆製造商；他的外祖父一樣也是哈佛大學畢業，還是當時的學生運動的領袖。關於環境權利概念的開發，梭羅的作用，在理念層次上，並不在於提出新的「概念」，而在於真實的離群索居，在森林湖畔思索、觀察人類的生活以及與自然的關係，啟發了人們與自然之間因為工業化而失去的「野性」的新鮮感。梭羅對於森林的新鮮感的開發內容充分運用了五覺：視、聽、嗅、味、觸；森林中的岩石、土壤、湖、水、天氣、天空、白雲、風、植物、動物、白天、夜晚、四季、旅人、釣客甚至是火車、馬車、遠方步行能到的農場、漁場等等，都運用了五覺的描述讓讀者去感知他們的新鮮感、美感，以及精神上、想像上與智識上的滿足舒適，充分證成了

「反文明」的生活可以怎麼愜意地過。另外梭羅認為一年只需要工作六週就可以支持一整年。他也曾經為了反對黑奴制度而抗稅，他去世的那一年正是美國內戰（1861-1865）進入第二年的時候。他另一有名的著作《論公民的不服從》影響了許多反抗政府等運動，包括甘地領導的印度獨立運動、臺灣的太陽花及當前香港返送中運動。

世界第一位樹醫生約翰・戴維（John Davey, 1846-1923）出生於英國西南方 Somertset，父親是一家農場的管理主任，沒受過什麼教育，不過母親識字可以指導戴維在家學習。在父親的影響下，戴維從小喜歡種植，並且深入研究各種種植技術與「背後的道理」，四處探訪種樹的方法、解釋與態度。例如他經常走到野外看大自然的風如何「修剪」樹木，因為樹木的理想外型應該接近他們生長在大自然狀態下原來的形貌，才能兼具樹木的強壯與美麗。照顧樹木的人要經常用爬樹的方式親眼去查看樹木哪裡有問題。1872 年因英國經濟不景氣於是在貴格派牧師帶領下移居美國。他發展出了照顧樹木的技術和態度，例如照顧都是樹木的全盤計劃中就包括了必須「定期檢查受損樹木及將倒樹木的鑑定報告、移除枯樹、修剪樹木、移除地面枯枝和腐葉、以正確的方法種植新樹、注意公園建築物對樹木的影響、注意公園人行道對樹木生長的影響、排水與土壤整治、颱風來臨前的樹木維護、未來環境變遷對樹木可能造成的風險評估、繪製公園樹木地圖、寫下照顧樹木的工作日記：記錄每顆受照顧樹木的生長狀況 [06]」事實上戴維已經把樹木當成一種「人格體」來對待和照顧了。不過有意思的是在那個時代因為發現戴維有這方面長才，引來紐約市長、國會、總統還有一些極其富有人物（例如柯達公司的創始人伊士曼、石油大王洛克菲勒）競相邀請來照顧樹木，塔夫脫（William Taft, 1857-1930）總統甚至以預算無上限來支持約翰戴維製造移動大樹的機器來完成種植與保護樹木的

工作[07]。這樣的國家品味和執著所代表的社會意義正是本書讀者可以關注的要點，戴維照顧樹木的技術和態度使樹木的型態特別的有朝氣，而激發了人們欣賞樹木的美感，並進而將樹木視為「人格體」加以保護。

　　李奧波德（Aldo Leopold, 1887-1948）父親為核桃木桌椅商人，母親來自工程與建築師家庭，屬於中產階級。從小熱愛野外體驗活動，耶魯大學森林系第一屆畢業生，取得碩士學位。他最有名的著作《沙郡年紀》（*A Sand County Almanac: And Sketches Here and There*, 1949）首次提出「土地倫理」的主張。長期的野外活動讓他觀察到工業革命發展百年之後野生動植物棲地受到嚴重破壞，激起他對人類社會與自然環境的關係提出深刻批判。他認為傳統人類只重視人和人、人和社會的倫理關係，把土地當成人類的財產，並將之視為經濟上的生產要素來操作，於是許多無經濟效用的動植物，還有像沼澤濕地這些生態區塊就受到移除，甚至瀕臨絕種。他主張人類應該從道德和美學的角度重新審視人與土地的關係，因此他提出「土地群落（Land communities）」的概念：土壤、水、動物、植物和人類都是這一個群落的成員。這些成員之間的關係不能只侷限在人與人之間，人類應該本著「生態良知」重新去界定人類與土壤、水、動物、植物之間的倫理關係。簡單的說李奧波德比約翰‧戴維更進一步將土地上下的所有自然物當成「人格體」來對待了。1935 年他與其他同好創立了「荒野保護協會」，這個協會不斷的在理念和生活實踐的層次重新啟發並且建立人與自然相對的和諧關係。

　　從上述三大部分的分析可以知道早期環保運動的先驅者多半來自中上階層，這多少顯示早期的環保權利的爭取圍繞在中產階級。我們似乎可以說環境權追求的早期事實上反映的是中上階級的品味。但也必須說，透過國家社會化的結果，後來的環保運動開始擴張到中下階層，例如在第四部

分針對化工廠對環境所產生的影響範圍，《寂靜的春天》作者也是海洋生物學家瑞秋·卡森（Rachel Carson, 1907-1964）針對農藥和除草劑對野生生物所造成的大量傷害提出有力的調查，促使美國在 1972 年頒布法令，禁止了 DDT 的使用。卡森的家庭事實上經濟非常的緊迫，很早就必須半工半讀以養活家庭。她甚至一邊擔任學校講師或者是野生動物雜誌的作家，一邊要照顧自己的家人，可為非常艱辛。但是他還是為第四波的環保運動找到了有說服力的理由。有上述四波環保運動的討論，我們可以說一開始此議題對中上階級比較有感，然而經過一段時間之後，中下階級民眾對環境權的感受就越來越強烈了。

「有閒」才能創造「有權」

上述在人類基本權利的考察上面有幾個共同的特徵，首先，新權利的產生多半是先由中上階層感受到某一種權利的必要性，於是開始論述，甚至寫入憲法之中。而中下階層在受同樣權利的保護之下，也開展了各種對於基本權利的強烈感受，並且努力去追求。

第二個特徵是早期基本權利的內容涉及到的是財產權和自由權的範疇，但是往後的發展轉到對於工業革命科技發展對人們生活產生負面影響上，展開基本權利的主張。

有人可能因為各國法律保障條文越來越多，會誤以為基本權利是不斷在擴張當中的。事實上基於以上的考察，我們是不能完全用「擴張」兩個字來形容的，有些必須用「因應」兩個字來形容。基本權利早期的發展是擴張性的，例如針對剛剛提到的財產權、自由權、生命權或是女權，這都是擴張性的；但是比較晚期產生的權利的發展則多半是為了因應社會條件

的變遷而產生，例如社會權（因應工業社會貧富差距的擴張所帶來的緊張）、環境權（因應工業革命之後所帶來的環境破壞）、隱私權、人格權（因應傳播工具改變之後對私人生活造成的破壞）等。但是不管是擴張或是因應，都是以維持人們「最基本的舒適程度」作為核心來展開的。

第三個特徵是中下階級開始感受到基本權利的重要性，並且開始維持、挖掘基本權利時，通常發生在社會權受到最基本的保障之後，特別是在有足夠時間休息。例如愛爾蘭人民自決的獨立運動、女權運動、晚期的環保運動之中，中下階層的投入開始增多了，他們發生的時間都是在英國、美國十九世紀中後期社會權，也就是社會福利政策以及勞工政策有最基本的落實之後產生的。這一個特徵補充說明了「有閒」才會讓最基本的舒適感在人們的身體、精神、美學上之事上，相對充分的開展出來，也才容易讓中下階級容易感受到什麼是基本權利。簡單的說，「有閒」才能創造「有權」。

身體自主權與永續發展

這兩種權利擺在一起有點不搭，但我此處的目的除了是想介紹兩名女性外，還在指出這兩種權利涉及到身體、精神、美學，拓展到智識這四個層面之完整的舒適感如何更細緻地被挖掘出來。首先提出「身體自主權」（bodily integrity，中文又譯為「身體完整權」）的瑪莎·努斯邦（Martha C. Nussbaum, 1947-），她的父親是美國費城的律師，母親是室內設計師與家庭主婦。中學與大學原本都讀私立學校，後來轉到紐約大學就讀文學相關的科系，畢業後再進入哈佛大學攻讀碩博士，此時因受到性騷擾或性別歧視等原因開始對哲學充滿興趣，後來拿到古典語文學博士學位。正式工

作後，努斯邦大部分時間在布朗大學和哈佛大學授課。1999年她在《性與社會正義》（*Sex and Social Justice*）一書中提出人的身體無論在何處皆有安全地不受暴力侵犯的權利，這些暴力包括性壓迫（指強迫墮胎或者強迫生兒育女）、性騷擾、性侵害等等範圍。她質疑在當代父權的教育觀裡面把身體和性的討論壓縮到邊陲位置，使得在公共領域中談身體與性變成一種禁忌。努斯邦的背景應該介於先天有閒和後天有閒之間，她也因為自己身處於性別歧視和性騷擾的困境當中，逐漸釐清自己相對舒適的權利環境而提出他的主張。

第二位是最早主張永續發展觀念的女性葛羅·哈林·布倫特蘭德（Gro Harlem Brundtland, 1939-），出生於挪威奧斯陸。父親是工黨的元老，當過挪威的國防部長及社會事務部長。她在奧斯陸大學醫學系畢業之後，到美國哈佛大學拿到公共衛生碩士，1981年成為挪威史上第一位女首相，斷斷續續一直做到1993年，可說是集政治家、外交家、醫生、首相於一身。1987年在聯合國大會上發表「我們共同的未來（Our Common Future）」，開始了聯合國可持續性發展或是永續發展的全球化政策。從這位女首相出生背景來看應該也是屬於先天有閒階級。挪威事實上並沒有太多的環境汙染，但是因為以出口石油為主要的產業而且主要外匯來源，所以難免會心虛，因為石油本身就是一種污染產業，再怎麼樣避免也只能降低汙染而無法根除。他們又是全世界最富有的國家之一，當有一天石油挖光了他們就必須擔心下一個賴以為生的工具。挪威以豐厚的社會福利著稱，而且還是石油大亨，相對於其他國家而言有比較悠閒的時間來想人類共同的未來。

人權與主權何者重要？

在準備結束本章第二層次關於精神層面舒適感的滿足部分時，時常必須面對一個問題：我們在本章第一層次討論過民族自決是當代國家主權最基本的部分，但是當這樣的主權與其他權利——特別是自由權相衝突的時，該如何取捨呢？特別是看看前幾年香港在爭取自由權與擴大選舉權的時候，北京政府不斷強調香港的主權在中國，不在於香港。但是當前全中國並沒有自由選舉，所以香港的主權變調成為中國共產黨所主導的政府所擁有，如此不只雙方產生激烈的衝突，北京獨斷推行《國安法》的結果引來以美國為首的西方國家以毀壞條約、侵犯人權的理由進行干涉。似乎貴族原則國家以人權來干預主權的型態已成為美國霸權時代的習慣。這一個習慣對貴族原則國家而言有多麼重要呢？

我想先請讀者聽聽貢斯當（Benjamin Constant, 1767-1830）和以撒柏林（Sir Isaiah Berlin, 1909-1997）這兩位政治思想家的看法。貢斯當的父母親都出身於新教的貴族家庭，先祖在十六世紀時因為胡格教派在法國遭受鎮壓而逃到瑞士洛桑。青少年時期的貢斯當曾經在布魯塞爾、荷蘭以及蘇格蘭接受教育。他的政治經歷堪比五代時期的政治家馮道（822-954），官位雖然沒有比馮道還要高，但是擔任過拿破崙時期保民院（負責討論國家法案的部門）的官職，波旁王朝復闢（1814）時候的議員、拿破崙「百日王朝」（1815）時候國家法院的法官、波旁王朝再次復闢（1815）之後又成功的取得路易十八的信賴被選為下議院的議員，足見貢斯當在政治的敏感度與政治論述上過人的才智，也說明他的論述確實影響當時的人們觀點。1789 年發表最著名的演講：〈古代人的自由與現代人的自由之比較〉。他所謂「古代人的自由」是以希臘城邦公民所享有的政治自由作為原型，

那時候的公民以直接投票的方式直接行使完整的主權。其經濟基礎是奴隸制度，所以公民不只好勇鬥狠而且有充分的閒暇參與政治，所有與政治相關的問題如戰爭、和平、締結聯盟，或是審查執政官的財務、法案，以及對任何主管官員的批評、譴責和豁免，都可藉由集體投票的方式共同決定。此種政治自由下個人必須服從於社群權威，也就是多數人的意志，隱含著集體暴力和多數暴政的意涵；因而個人在公共事務中享有完整的主權，是政治動物，但是在私人關係中卻像是奴隸。相對的，「現代人的自由」是以現代商業社會中受到法律保障的個人自由作為原型。相較於古代城邦小國寡民的條件，近代所形成的國家廣土眾民，個人的重要性已經大幅下降，而且在奴隸制度式微與商業發達之後，社會分工的多元性使得大多數的人都有工作，不可能閒暇到全天候的參與政治活動，於是人們由古典時代的政治動物轉變成為現代社會的社會動物，強調法律所保障的人身自由、遷徙與居住自由、集會自由等等最基本的自由權利。因為社會分工的結果也造成人民參與政治必須採取可由全體公民監督下的代議制度。現代人最需要的就是個人獨立，而且不應以實現政治自由的理由來犧牲個人自由。因此他認為盧梭和法國大革命的領導者犯下了把古代人的自由移植到現代的錯誤 [08]。

　　以撒柏林是俄裔猶太人，出生在帝俄時代的立陶宛，其父親擁有的木材工廠是波羅的海周邊數一數二的大廠。小時候經歷過殘酷的俄國大革命，俄國共黨布爾什維克的高壓統治迫使他們舉家遷往英國，但這一段恐怖的經歷貫穿了他一生的思想主題。對應貢斯當所提的古代人自由和現代人自由，以撒柏林將自由分成積極自由（free to）和消極自由（free from），也同樣將前者視為政治自由，後者視為個人自由。主張積極自由者認為人類社會存在著最正確以及最終的解決方案，完成這一個方案後人

211

間便充滿著真理、幸福和美德，因此人人必須要積極參與政治成為自己的主人，而其他人也應該一起參與成為主人。主張積極自由者通常不斷在尋找自己的認同感來源，不斷的使用概念化來界定自己的身分，例如他們會強調我是哪一個地方的人？我是哪一個國家的人？誰是我的祖國？這種不斷的自我界定將使得「個人自由」委身於「政治自由」。有一些野心家也會將積極自由的追求當成手段或者是工具，以實現其企圖，因而犧牲了個人自由。反過來說，主張消極自由者認為自由本身就應該是人們的目的，自由不是手段，本身就有其價值。並且認為思想、宗教、言論、財產等基本的自由權利不容被侵犯；法律不禁止的事情皆可以從事，並且必須運用法律來對權利進行規範。消極的自由不認為有什麼終極的幸福，因此在生活中充滿著讓步、妥協、開明的懷疑主義（請讀者注意，原本「積極」一詞在中文中是正面的涵意居多此，而「消極」一詞的負面的涵義居多，可是在以撒柏林的論述中剛好完全相反）。因此以薩柏林的分析認定積極自由容易導致極權主義的發生，對自由民主的體質造成嚴重威脅。

上述的說明可知貢斯當和以撒柏林主張：現代社會中，人權（代表個人自由）應該要重於主權（代表政治自由）。

不過對本書而言，更有趣的問題是以薩柏林曾問「自由是否是基本人性」的問題？他的回答是否定的，甚至認為人性有可能是反自由的，主要是因為古代社會的人們很少討論此一議題，他觀察到大部分人的天性並非「天賦自由」的，反過來是逃避自由的，也就是人們習慣依附權威。其次，因為自由包含著責任，古代的人們依照權威來生活，很少有自由選擇的機會；自由選擇反過來說是人們感到害怕的事情，因為人們會在黑暗中摸索，「有幸中古世紀教會把人們的責任卸下，從而讓人們心存感激而為幸福努力」（這段話是以薩柏林引自杜斯妥也夫斯基中的小說《卡拉馬助

夫兄弟們》）。因此他認為自由是一個很現代的概念，自由會成為一種主導性的思想在西方歷史上也是一種例外，而非徹頭徹尾顯示人們都具有追求自由的本性。自由的權利是文明發展到一定程度之後的需求。因此我們必須把自由看成是一種現代的機制而不是本質的人性，對自由權利的維護是一種高階文明的方式。

　　本書的觀察是：在人類社會的發展上有閒階級在古希臘時代首先開發出了積極自由的雛形；其次在英國紛亂的內戰（1642-1651）與科技進步導致軍火越來越厲害、傷亡越來越大的背景下，深受啟蒙思想影響的湯瑪斯・霍布斯（Thomas Hobbes, 1588-1679）構思了國家主權的概念。他認為國家主權是個所有人民的意志和人格被統一之後，成為最高而且是不可分割的人格體（也就是利維坦）。人民害怕戰爭而死亡，因此和國家訂立契約，並且服從於這一個國家的人格體的意志。主權雖然是國家最高的權力，但是必須遵守自然法，並且維持國內人民的平等與不互相傷害。霍布斯是後天有閒階級，他學問很大，除了專精政治哲學之外，還深入研究數學、物理學與天文學，曾經擔任過貴族的家庭教師兼祕書，並且帶著貴族少爺壯遊歐洲學習，這一點與洛克相當。在巴黎時期還擔任過未來英王查理二世的家庭教師。六十三歲的時候出版《利維坦》（Leviathan）一書，成為近代西方政治哲學的基礎。之後在英國光榮革命前後，代表自由主義脈絡的洛克、邊沁等開發出了消極自由，也就是個人自由的概念。於是一個代表主權優位的脈絡（霍布斯），一個代表人權優位的脈絡（洛克、邊沁），在人類社會裡面成形了，並且在後來的二百年陸續在美國獨立、法國大革命、美國南北戰爭、共產主義革命等等重大的歷史事件上展開辯證發展的過程。我們也將發現貴族原則國家通常最後是人權優位的，平民原則國家通常經歷過主權優位的時代。

　　我們往前看一百多年前在美國發生的南北戰爭。一開始廢除奴隸的問題涉及到財產權與人身自由權之間的衝突：奴隸應該被視為一種財產，還是他們享有最基本的人身自由？後來衝突演變成為戰爭的形式，南方想要分離出來以保護其財產權，北方主張國家主權不能輕易剝離，於是原本的問題轉移到（或增加了）國家主權與財產自由權之間的衝突。解放黑奴這種保障人權的形態也是在南北戰爭後期才提出的政治主張，最後北方政權將國家主權與人權議題互相結合，打敗了主張財產自由權的南方。在這一場戰爭裡，北方政府的主權和人權的主張並未發生衝突。

　　比較貴族原則和平民原則國家之間的差異時，會發現當前中國很清楚的就是偏向於主權，其周圍的平民原則國家也常有主權優位的觀念，譬如韓國常發起抵制日貨的活動；在日本的街上也看不見韓國汽車；臺灣在解嚴以前主權高於人權是必然的；在新加坡政治上的異議人士常會落得身無分文。原因不難理解，嚴格的考試制度有利於訓練服從的態度，也有利於減少多元化的觀念互相衝擊，因為考試答案為方便批改通常會導致意識形態趨近統一的結果。

　　在美國卡特總統時代主張的人權外交，擴大一點說是價值觀外交，強調自由、民主、人權、法治，並把這些價值定位為「普世價值」，並以此來干預他國的人權狀態，歐盟國家也常常跟進，例如有時會干涉臺灣執行死刑的狀態。這些貴族原則國家以他們的標準來苛責亞洲國家，而讓亞洲的當權者例如李光耀、馬哈的等人提出亞洲價值來反駁人權外交。把這些保護人權價值定位為普世價值並非是一些文化多元論者所謂的任意為之、或不尊重其他文化價值的態度。貴族原則國家重視人權的態度並不是他們最初的文化，在二百多年前他們也沒有重視人權或人權優或的文化；本書的觀點是：這些價值是經過二百年有閒階級從生活經驗中體驗到最直覺的

舒適感受，之後在概念上進行的辯證，逐漸開發出來的價值體系，具有「現代性」的意涵，為壯大聲勢所以才稱之為「普世價值」。而其他人所謂的亞洲價值或是中華文化價值，其內容多半缺乏概念上的辯證性，所以他們只能宣稱「堅持傳統文化」而不具有任何價值觀上面的開創性。

杭廷頓把這種衝突稱之為文明衝突。站在人權外交另一邊的一些亞洲主義者，將歐美之外交作為，論述成上可追溯到十字軍東征以及十七世紀的宗教戰爭。這種說法是誇大了，因為十字軍東征與宗教戰爭發生的原因根本不是人權的，人命在那一個時候是不太值錢的。這種對人權的重視始於十九世紀末的英國、美國，還有法國。當時還出現一派無政府主義針對政府與人權之間的衝突關係而提出對抗的主張來。本書前面提到的梭羅提倡的不合作運動——《論公民之不合作》便主張公民的自我實現和尊嚴必須優先於國家主權。隨後一些中產階級和有閒階級並把這樣的主張逐步定位為普世價值而影響了歐美政府的政策，它顯現在經濟成本上的結果便是人命變得非常值錢，任何戰爭的發生以節省人命為最高原則。我們比較一下第二次世界大戰中的死亡人數：蘇聯死亡 2,680 萬人、中國死亡 1,800萬人、德國死亡 800 萬人、日本死亡 300 萬人；前面兩個國家是千萬級死亡人口，後面兩個國家是百萬級以上的死亡人口。我們再來看看英、美、法三國，英國死亡 40 萬、美國死亡 38 萬、法國死亡 30 萬，相較於前面四國，此三國死亡人數又下降了一個級別。對於人權中生命權的考量，應該是二次大戰前英美法三國遲遲不敢動手的原因之一。張伯倫（Arthur Neville Chamberlain, 1869-1940）的綏靖政策恐怕還必須放在這一個脈絡來理解。

有些人以為重視人權的國家害怕死亡所以容易投降，希特勒與日本軍閥當時就這麼認為，最後都嘗到毀滅性的失敗。至少從結果論來說，兩次

世界大戰最後都是由重視人權的貴族原則國家取得最大的勝利。

馮崇敬在《中國憲政轉型》[09]一書中認為在主權優先於人權的國家，其人民會把忠於國家、忠於君主、忠於國家統一擺在最高位，而要求人民要忍耐、配合。他們以大多數人的名義來壓迫異議分子，毛澤東便認為中國可以死很多人，所以發動第三次世界大戰是沒什麼大不了的。這些國家容易盲目排外，或是以武力爭奪區域的優勢；這兩件蠢事也為西方右翼提供發展的藉口。但是人權優先於主權的國家會認為主權來自於對人權的保護當中，當人權徹底受到保障，主權的存在有了集體性的意義。因此主權的概念是隨著人權的概念發展起來的。上述說法是霍布斯的「積極版」，霍布斯認為國家的絕對主權是建立在保護人民的和平、穩定與平等的前提下才成立的，不過單單保障人民的和平、穩定、平等距離當代保障人權的內容還有一段很長的距離。此「人權先、主權後」的論述也並非是傳統歐洲的價值，此論述放在十八世紀前也會被視為離經叛道、嗤之以鼻，對西方右翼來講也是；此種論述是在有閒的中產階級或是中產階級中的覺悟者逐漸拓展出來的權利產物，因為這樣會讓他們的精神處在最舒適的狀態。

小結

當權利由第一代人權到第三代人權變化時，新權利主張的提出者也逐漸由貴族到中產階級，向中低階層家庭出生者的背景進行演變，這種演變趨勢代表著「制度有閒階級」的人口逐漸增加。第三代的權利主張的內容逐漸進入了因應工業生產所衍生的副作用，例如環境權利、社會權和人格隱私權，同時也往更高的人格尊嚴方向移動，例如女權運動以及美感運動。

「有閒」才能創造「有權」。在貴族原則國家裡面比較傾向於人權優位，於是較能建構「制度民族主義」；但是在平民原則國家，特別是平民原則發展早期的國家，傾向主權優位，所以傾向建構「族群民族主義」。

　　自由的天性並非是天生的，而是有閒階級開發出來的。他們從身體性的舒適感擴張，延伸到精神的、美感的和智識層面，而逐漸發展出對完整自由的追求。

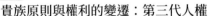

[01] William L. Prosser, 1960 (August), Privacy, *California Law Review*, Volume 48. Issue 3. , pp. 383-423.

[02] 參見葉啟芳、瞿菊農譯，2009，《政府論》（下篇），北京市：商務印書館，頁 135-7。此書第十九章「論政府的解體」： 人人享有擺脫暴政的權利，也享有防止暴政的權利。頁 138-9。

[03] 參考網站他侄子 ── 也叫 Michael Collins 幫他寫的文章：*My Uncle*，參見 http://www.generalmichaelcollins.com/life-times/my-uncle/，搜尋時間：2021 年 10 月 20 日。

[04] 李華夏譯，2007，《有閒階級論》，頁 202。

[05] 參考 Maharashtra Forest，2020，Dr. Alexander Gibson, *A legend of the Sahyadri Forests*，https://www.youtube.com/watch?v=LEUvqjcyJhw。搜尋時間：2021 年 10 月 20 日。

[06] 張文亮，2018，《世界第一位樹醫生：約翰‧戴維》，新北市：字畝文化。頁 110-1。

[07] 以上參見張文亮，同前書。

[08] 參見蕭高彥，2020，同前一章書，頁 381-4。

[09] 馮崇敬，2014，《中國憲政轉型》，紐約：明鏡。

第九章

貴族原則與司法獨立系統的演變

追求權利的行動落實在精神上的舒適感（Bb）[01]

身體上的需求和精神上的需求的滿足通常無法完全分開。馬斯洛需求層次論將這兩類需求分成連續的五種光譜（生理、安全、愛與隸屬、尊重以及自我實現）。本書把精神上的需求界定為後三種光譜。在 Ba 範疇之中談過的所有權在此將不再重述。此章我們將討論第一代人權之中所強調的審判公平以及訴訟的權利的演變。與精神舒適感這個範圍相關的權利非常廣泛，已經討論過的言論、集會、結社、信仰、宗教、講學、出版等等自由（第二代人權中關於穆勒的自由論），之後將提到選舉權和參政權的擴張（第十一章），以及提到過的第三代人權中的身體自主權以及永續發展的權利（第八章），也都在此一範圍中。

公平審判的脈絡起始

具有當代正當性的公正審判或訴訟的權利首先在英國形成，追溯其歷史脈絡將會讓讀者大開眼界，這絕非誇大。我們從 1215 年約翰國王的《大憲章》裡面提到「一個自由人不能夠被囚禁……除非他的同階級（或是同一類）的人做出這樣的判斷」就可看出端倪。活在東亞社會的人們對此法條恐怕難以理解。在東亞古代社會，甚至是當代社會，審判通常是由政府派出的官員來執行，可是在英國卻必須由同一階級或是同一類的人來做判斷。可見公平審判此一主題，在英國或貴族原則的社會之中，存有一層特別的社會文化脈絡；它遠遠超過身體自由和財產安全的範疇，而擴及到了對某一群體的歸屬感和尊嚴的問題。事實上，我把公平審判只擺在精神上的滿足這一個範疇也不能說絕對恰當，因為公平審判的內容幾乎涉及

了精神上的、身體上的、美學上的和智識上的所有滿足，所以當然也涉及到馬斯洛需求層次每一個層次的滿足，因此將它擺在一個中間的位置相對恰當。

　　公平審判與訴訟權利這一個範圍，和有閒階級的再生產與歐洲文明發展的關係，可以從兩個主題切入，第一個是關於海洋法系中的法官和陪審團的形成 —— 這個主題最能夠解釋為何貴族原則首先在英國形成；第二個主題是討論歐洲的普遍法制化 —— 特別是去探討最初西歐有閒階級中的君主、貴族和中產階級三者之間的互動，如何形成一個法的秩序。

英國司法體系與貴族傳統的關係

　　英國早期的法官幾乎都來自貴族，甚至延續到當代。韋伯（Max Weber）在《法律社會學》中指出中世紀英國律師和法官幾乎出自貴族，而且主要出自四個行會。有志此途者需要在行會中見習四年，接受工匠式的專業化訓練，強調師徒精神，具封閉性
[02]。即使在這個國家受到十九世紀平民化運動（主要是勞工運動以及工農民所追求的選舉權擴大，一直到最後工黨的成立和執政）的影響，英國中央的大法官都還是由貴族擔任，直到 2007 年才開始有非貴族出身者擔任此職位。在光榮革命之後，國家的主導權交給了下議院的多數黨領袖擔任首相。大法官（總稱是「上議院首席常任上訴法官」，負責在上議院行使司法職權；也就是說上議院具有立法和司法兩個職權）是經由首相提名提請英王任命，有趣的是大法官的薪水和地位都比首相還要高，他的排名是在王室貴族之後的首位。在 2009 年之後，英國的最高法院才從上議院分離出來，這時候上議院才不再擁有司法職能。從這裏也可以看出一直

221

到了二十一世紀前期,英國的三權分立並不明顯 ── 這也顯示孟德斯鳩的三權分立說確實是獨創。

BBC 在 2012 年拍攝錄影的「英國最高法院(UK Supreme Court)」[03] 對於成立第二年的最高法院法官進行了專訪,裡面有一些非常有趣的內容,例如在十二個大法官裡面,有十一個來自私立中學,可以說是來自比較富裕的家庭。其中一些大法官祖宗三代不是當律師就是當檢察官。其次,社會對他們公開的尊稱,男的叫「Lord,勛爵」,女的叫「Lady,女爵」,一樣是遺留自貴族傳統的稱號。

公正審判的傳統為何和貴族或上層社會如此相關呢?讀者是否也有同樣的疑問?

海洋法系的貴族特質

海洋法系國家的法官在斷案時,主要的根據有二:一是判例,也就是所謂的習慣法、普通法;另一是衡平法,也就是由下議院所立的法。根據判例的模式來斷案時,我們至少有三點可以觀察:首先、因為是根據過去的習慣來斷案,那麼法官就不只是有司法的功能,他也可以小範圍的立法功能,或是新案件在原來的法理上推論出新的判準。第二、因為是根據判例,處理土地問題時會發現每塊土地都有其「個性」:每塊土地的幾乎有各自的所有權、特權、豁免權,而不是放諸四海而皆準的規定。韋伯的《法律社會學》中指出英國沒有土地登記簿,也就沒有所謂的抵押信用,全部交給律師,而律師的訴訟費驚人,有利於有產階級的自我保存[04]。第三、因為不斷延續過去的判準,除了避免的社會過度變動之外,還有效的保護了貴族和上層階級的特權,因為法官和律師早期都來自於這一個階級。

陪審團的形成

接下來我們觀察第二個主題：陪審團。具有日耳曼和盎格魯薩克遜人文化的族群在中古封建時期，領主的附庸被要求每十五天就要到領主的法庭去協助領主斷案 [05]，但是歐洲大陸受到羅馬法的影響並沒有發展成陪審團制度。1060 年具有維京人血統的征服者威廉（William I, William the Conqueror, 1028-1087）占領了盎格魯薩克遜人的英格蘭，這位被定位為外來征服者身分的國王為拓展王權，於是組成了巡迴法院，接受處理對領主法庭斷案不滿的各種訴訟案件。巡迴法院的法官來自倫敦，資格必須由國王認可，而倫敦的律師也跟著巡迴法院旅行，協助當事人在法庭上辯論並且收取服務費用。因為巡迴法庭的法官一開始並不熟悉當地的民情判例，於是便選了當事人的十二個鄰居或朋友來當作證人，協助斷案 [06]。於是利用巡迴法庭繞過貴族領主法庭的方式，變成了整合王權的重要工具。但是後來國王和貴族發生衝突時，國王為了剷除異己於是任意指定證人當陪審團的成員以便做出有利於國王的裁判，於是貴族們重新檢討這一個制度。這才會有 1215 年《大憲章》裡面的規定：只有同階級的人組成的陪審團才能作證，以決定是否囚禁自由人。

不過到了十三世紀，陪審團的性質逐漸改變，它由原本只是證人的功能，逐漸變成現代意義的審判功能；而且一開始是擴張王權的企圖，後來卻變成為領主對抗王權的機制。他們相信用同一階級來審判同一階級的人具有相對的公平性。於是當貴族可以利用陪審團來保障審判公平時，同樣的，後來新興的商人階級也有了操作的空間 —— 可以利用陪審團來保護自己的商業利益。他們可以利用商業慣習的習慣法來對抗官僚制定的法律。陪審團的審判制度逐漸變成了保護自由的重要機制，這個發展是一種社會的非意圖的結果。

第九章
貴族原則與司法獨立系統的演變

　　針對英國司法體系的發展，本書有兩個感興趣的問題：首先，根據孟德斯鳩和托克維爾的觀察，相較於法國，英國的貴族和平民之間的距離很近，而且不會互相排斥。這樣的社會關係將促使貴族和平民之間的文化傳承——也就是先天與後天有閒階級的文化傳承——在英國顯得特別順利。什麼樣的機制造成這種結果呢？我們希望可以找出這個機制。

　　托克維爾似乎為了凸顯法國貴族和平民之間遙遠的階層距離，進一步認定英國是（法國大革命以前的歐洲）唯一摧毀社會等級制度的國家 [07]。這個說法現在看來太過極端，因為在今日我們依然可以發現英國的許多貴族特權的存在，平民運動不但沒有摧毀貴族制度，甚至與平民運動可以互相協調，而成為當代英國政治權威中一項重要的遺產。托克維爾指出法國的貴族和平民距離遙遠的原因在於法國國王如路易十四等為了中央集權，將領主的統治權瓦解了，而且也不召開三級會議；這樣的做法不但讓地方的自由消亡了，而且也讓新興的有產階級和貴族階級在公共生活之中沒有任何聯繫，也失去了創造彼此需要的機會，於是在十八世紀時兩個階級變成競爭的對手或敵人 [08]。托克維爾回答了法國帝制時期貴族與平民的疏離關係發生的源頭，卻未探查英國貴族和平民之間親近關係的機制。

　　我們嘗試提出三個制度條件來呈現這一個機制。首先、英國貴族的人數受到限定：貴族制中只有長子有權繼承爵位的權利，其他的貴族之子要過好生活必須要自我打拼。後者最常從事的工作包括了牧師、軍人、法官律師和公務員、學者、醫生、下議院議員等等這些平民也可以從事的工作，貴族與平民的工作常常重疊。第二、貴族和平民至少在三個場合必須要互相合作：（一）當貴族要競選下議院議員時，他必須去說服他選區的具有選票的選民，而這些選民許多是平民身分；（二）第二個場合是股份有限公司，貴族與來自平民的商人會組織成董事會共同經營公司，東印度

公司就是一個案例；（三）第三個場合就是本節所說明的陪審團制度：因為法官和律師一開始多半來自貴族，如果是面對平民發生的案件，在審判時法官就要教導陪審團裡面的平民在歷史上出現過哪些判例，也要澄清哪些證據是否有效和無效，也因為在陪審團中常常採取一票否決制 —— 也就是所有的陪審團成員都要通過同意，這一個案子的集體判決才算成立，因此溝通的時間就變得很長。而且在當時幾乎每一個人民都有機會當陪審團成員，每次成為其內成員的時間常常是一、兩週，於是法官和陪審團的成員容易演變成短暫的「師徒關係」，彼此產生信任，而平民也從中學習到法律案例有利於日常生活的進行。於是貴族與平民透過陪審團變成一種「社會秩序」的傳承關係，平民的陪審團審判平民的過程中，貴族出生的成員 —— 法官跟律師 —— 從中協助，這導致了貴族和平民之間不會因為十九世紀發生的平民化運動而被摧毀。

為什麼英國的國王很難進行中央集權？

為什麼英國的國王很難進行中央集權？這一個問題和本書看似不太相關，但是考察其細節就可以突顯出陪審團制度對人類歷史走向的轉折產生的影響。為什麼有些國家比較容易消除貴族或者地方勢力而進行中央集權？英國的國王很難進行中央集權？在歷史上許多中央集權成功的方式都是君主與平民合作來削弱貴族的勢力，例如中國的「周秦之變」、或是隋唐時候的科舉制度 —— 透過向廣大的人民開放的考試來選舉官僚而消滅了世家大族在政治上的世襲影響力，因而形成具有實際意義上的中央集權。阿拔斯王朝（750-1258）不用自己阿拉伯人而使用大量的突厥僱傭兵來擔任官僚以消弱部落貴族的武力。法國國王，特別是路易十四，則是

從平民當中選舉官吏並封以貴族（所謂官僚貴族或穿袍貴族，noblesse de robe）以削弱傳統貴族（所謂帶劍貴族，noblesse dépee）的影響力。上述政權運用其特有政策都形成了君主獨裁式的中央集權。而英國歷代君主也都曾經嘗試不同手段來達到君主獨裁式的中央集權，但是最終還是沒讓王權持續擴張，貴族還是存有一定的動員實力足以對抗王權，這個現象背後必然有某些條件存在。本書的觀察有三：首先、英國王室並非盎格魯薩克遜人，早期幾乎不講英語而只講法語，而且在安茹王朝（House of Anjou，870-1060）時期腳跨英格蘭和法國兩屬地，英國王室在法國的屬地甚至比英格蘭還要大，再怎麼看都像是外來政權。維京人血統的君主、盎格魯薩克遜人血統的貴族和平民為了共同利益，不止沒有完全撕破臉的理由，設法協商出共同的利益會是最好的選擇。其次、則要拜英國王室引進的陪審團制度之賜，在歐洲邁入王權擴張的十五、十六世紀的時候，陪審團制度已經建立了將近五百年，根據地方習慣法所形成的信任架構已經難以被國王的權力所滲透。第三點、當然不能忽略的便是《大憲章》對君王權利的限制，這是多數歷史學家承認的要素，但是必須說讓《大憲章》得以支撐三、四百年來對抗君權的擴張，背後如果沒有陪審團制度和習慣法的制度作為支撐，恐怕《大憲章》並沒有那麼大的效力，因為後來許多的英國君主像亨利四世根本不理會《大憲章》。甚至在美國獨立的過程中，國父等級的人物也推崇陪審團制度，像潘恩（Thomas Paine, 1737-1809）認為陪審團可以排斥殖民地法官的獨斷而主張較鬆散的聯邦制的；亞當斯（John Adams, 1735-1826）認為代議政府和陪審團的審判是自由的心和肺，沒有他們我們將擺脫不了被奴役的命運；亞當斯的政敵傑佛遜（Thomas Jefferson, 1743-1826）主導了將陪審團制度加入了憲法的修正案當中一樣，都認為陪審團制度可以對抗中央集權。托克維爾畫龍點睛的指

出陪審團制度實際上保住了十六世紀英格蘭的自由（"During the 16th cen-tury, the civil jury did in reality save the liberties of England"）[09]。陪審團在阻止王權和中央集權擴大方面所發揮的作用，也完全是非意圖的結果。

公正審判是人類社會的期盼，那用什麼方式來呈現這樣的期盼呢？中國漢朝司馬遷《史記》裡〈張釋之執法〉便呈現了這樣的期盼，漢文帝是個好皇帝，所以便能讓這一個期盼成真；等到他的孫子漢武帝的時候，這樣的期盼便失去了。在人類制度發展史上真正可以讓公正審判這種期盼長期存在，恐怕是在與陪審團制度行之有年後，特別是在光榮革命之後陪審團取得獨立判斷的地位，逐漸把王權干預司法的可能性排除掉，廣泛接受了「陪審團是法律和事實最後的裁判者」[10]這樣的觀念。我們可以說：**在人類制度史上，司法權取的獨立地位的起點，是發生在英國陪審團制度受到人類社會肯定的時候。**

本書於此揭露判例法和陪審團制度對英國憲政以及貴族原則的影響力，一定會引來一些制度學者的質疑，例如韋伯，他便質疑英美法系不利於法的理性化、理論化和系統化。他觀察這一個體系之內，要交給律師的訴訟費用高得驚人，只會有利於資本家。他認為當代的公民需要的是體系化、毫不含糊、合於目的理性所創造出來的形式上的法律，而不是習慣法。他還認為英國在資本主義上取得的優勢並不主要是由於他的法律結構，也就是習慣法，所以只能說部分是這一個原因而已[11]。

關於韋伯的觀點，我不擬從正面論證去回應。我只想取幾個案例來說明韋伯觀點可能的偏漏。以受羅馬法影響的國家 —— 法國和德國為例，法國大革命之後進入了恐怖政治，那一群受到理性主義影響的中產階級取得國家權力之後，屠殺貴族與王室將近三萬人，後來出現拿破崙專政與對歐洲的征服的情事，造成法國人口的大量死亡；之後君主復辟與共和政體

交相出現，政治上十分不安定。再說德國，韋伯親自參加而且占有重量級角色的威瑪憲法的立法，後來這麼理性化、系統化的憲法也出現漏洞，讓希特勒獨裁成功。而德國那些具有「理性化訓練」的法官們竟然協助納粹制定法律審判無辜的猶太人；在納粹時代德國法院總共判決八萬人死刑，其中 80% 執行了死刑。可見法律實證主義可能失去了道德高度。而在戰爭之後，這一些納粹時代的法官搖身一變成為維護自由制度的法官，可謂諷刺 [12]。且不說許多後發國家，因為沒有習慣法的傳統所以只能受大陸法影響，像是俄羅斯、日本、中國、意大利、西班牙、葡萄牙等等都出現過獨裁政府或軍閥獨大的局面。這些國家對法官和律師的訓練，是非常可能變成把法律當成工具理性的，少有人會用康德式的良心來思考法律問題。當然，不是說英美法系國家的法官和律師就比較有良心，但是陪審團制度，還有使用判例法，在某一程度上減弱了法官和律師的良心獨裁，而且每次審判過程還培養了陪審團十二個人共同去追求正義的環境。由此我們進一步觀察英美法系的國家，特別是英國、美國、加拿大、澳洲、紐西蘭，還包括印度這些深受英美法影響的國家，幾乎沒有出現過獨裁者；有的話也只有克倫威爾（Oliver Cromwell, 1599-1658）這一個人，但是還是有所不同，首先他沒殺多少王室貴族。他的身分是清教徒中產階級律師，他的奇特功績還是首次把蘇格蘭和愛爾蘭納入整個英國的統治，還被當代的英國人選錄英國的第十大偉人。這種有點意外的對比，難道不是間接說明法官在與陪審團互動的過程之中，蘊含著可以獨立思考社會秩序的精神嗎？這種制度或多或少可以制衡民粹主義，而且制衡的效果比大陸法系更為優秀。

當臺灣開始在推「國民法官制度」，前幾次審判出來的結果遭到來自某些媒體或社會大眾的質疑時，實在應該回來思考陪審團制度在人類制度發展史上的意外角色，特別是護持民主制度的意外功能。

判決的藝術

　　從檢視英國法官形成的過程中得到一個意外、有趣的觀點，那就是法官自比作為「匠人」，這樣審判某種程度上進入了貴族原則中舒適感的追求中美感滿足的部分。他們的理由是：他們在還沒有寫好判決文之前都不知道最後會怎麼判決，也就是在他們的判決背後，根據著一些判斷原則進行推論，特別是有時候法律可能會驅使一個法官向一個他不想接受的方向去思考，因此他們認為法官的判決是一門藝術（ART），必須竭盡全力去找到正確的答案。一位英國最高法院的大法官在受 BBC 訪問時表示：如果有人對自己的結論毫無片刻的猶豫和懷疑，那麼這一個人不是天才便是蠢貨[13]。最有名的例子便是在十七世紀初，大法官柯克（Sir Edward Coke, 1552-1634）拒絕讓國王詹姆士一世（James I and James VI, 1566-1625）即興式地充當法官進行一場審判，他的理由便是審判是一種藝術，作為審判的法官必須經過多年的訓練，才能掌握到這一個火候，詹姆士一世即使天縱英明而且充滿智慧，也無法在短時間內上手。

法治社會的擴張：
一神教的超越性 VS. 數學演算法的超越性

　　接下來想要討論的問題是：西方的社會法制化或是說法治社會是怎麼產生的？由上述分析來看最早具有「現代性」的法制化，也就是依法治國的國家是英國，那麼英國的法制化怎麼往東邊的歐洲大陸擴張而造就當代整個歐洲的法制化？以及往西邊拓展成就英屬殖民地的法制化？這裡出現一個結構上差異的問題那就是英國的海洋法系並沒有拓展到歐洲的大陸法

系區，所以這一個問題的回答必須建立在既能解釋海洋法系又能解釋大陸法系之所以形成的要素和條件。這個問題放在本書的脈絡裡面要問的問題便是貴族原則導致的法制化的現代社會是怎麼形成的？哈佛大學教授溫格（R. M. Unger）在《現代社會的法律》[14]這一本書裡面提出了一個有趣的觀點：他認為西方社會法制化或是說法律系統／法律秩序的形成是由王權、貴族和商人這三方博弈的結果。他檢視了這三方各有喜歡的規則：王權偏愛官僚法，用當代的詞語就是行政命令；貴族偏愛習慣法，如我們上述所分析的使用判例當作判準時有利於領主、貴族維持既得利益；而商人偏愛他們熟悉的市場交易規則。在沒有任何一方有辦法主宰全局的狀態，經過了多次博弈之後彼此做了一些妥協，於是共同創立了超越所有人、依舊保有三方利益之上的共同法律。而這種「超越性」的法律所以更容易在歐洲的土地上完成，得利於基督教的一神論所帶來的「超越性」進而催化出了自然法的概念[15]。溫格的說法有一定的說服力，首先他間接肯定了當代的法律秩序是由國王、貴族還有商人等有閒階級創設出來的。第二、自從文藝復興時代開始，歐洲地方便呈現了不同程度的階級集團對抗關係，例如法國和英國，甚至佛羅倫薩、米蘭公國，主要呈現出是王權和貴族之間的對抗關係；威尼斯共和國、荷蘭共和國呈現的是內部商人、貴族和外來王權之間的對抗關係。溫格的說法有一定的歷史依據。

如果溫格的理論可以苛責的話，那就是他的「超越性」法治理論去解釋當代民主化的日本和亞洲四小龍看起來運作還不錯的法治制度時可能產生的漏洞。日本古代社會也有王權、貴族、商人的碰撞，但是並未形成西方形式意義上的自然法。當代日本法律制度的形成可以說主要是在二戰之後是由美國外部壓力所形成的「超越性」的法律體制，但是這種「超越性」多少帶著一點「壓迫性」，更何況日本並非一神教社會。而香港和新

加坡可以解釋成是英國殖民的遺留的「超越性」秩序，可是為什麼英國法治的這種「超越性」卻沒有在中東和非洲這些殖民地已留下深刻法治的秩序？更何況這些地方許多國家也有超越性的一神教 —— 回教。特別是要面對臺灣和韓國這種傳統上貴族不甚發達的社會，（雖說韓國的基督徒和天主教徒是多了一點）也沒有像歐洲曾經將基督教、回教這類一神論作為國定宗教來崇拜過，但卻也建立起法治社會。這些難以解釋的現象是溫格理論的限制。

　　這裡便產生了一個待解的問題：「司法獨立」這一種「超越性」又是怎麼在當今的法治國家 —— 不管他們有沒有一神教的宗教傳統，傳播開來的？哲學家懷德海（Alfred North Whitehead, 1861-1947）著之《科學與現代世界》[16]中提到宗教、科學、羅馬法與社會之間的關係，可以說明這種「超越性」起到的作用。懷德海把宗教上的超越性定義在「非人類意志所能改變的事實或規律」，他認為歐洲文明來自於這一個信念，而是一個信念最早可追溯到希臘時期開始有的數學和科學的傳統，並且在古希臘所盛行的悲劇即呈現出這種非人類意志情感所能轉移的事件，這種具有形而上意義的思考逐漸在人們心裡扎根。其後，從希伯來傳統帶進歐洲的基督教提供了另一個「超越性」的來源，基督教一神論的「超越性」一方面顯示在羅馬法對於各種權利所進行的抽象解釋，並且要求公民的行為要符合抽象定義的權利規範；另一方面基督教的超越性也顯示在經院哲學對於「自然界因果關係的理解方式」，並且從十六與十七世紀迸發出來的「啟蒙理性運動」改變了整個歐洲人的思維方式。由於有這樣超越性的思維讓歐洲從一個非主流的文化區突變為領導世界現代化的基地。懷德海的思考「超越性」的來源與影響是比溫格更為全面性的，同時也提供當代社會在沒有一神論主導的社會對「公平審判」之法律制度其背後可能的「超越性」基礎。

如果被肯認的「公平審判」之法律制度其背後需要有的「超越性」基礎的話，那麼可以解釋在當代東方的平民原則國家中受到強烈影響的，恐怕不是一神教所帶來的超越性，而最可能是建構在當代社會對於「自然界因果關係的理解方式」的延伸──以科學和數學背後的思維模式來理解世界之模式的超越性，也就是比較能接納古希臘人的思維方式。這些國家公平審判的基礎，或說背後的思維支柱，立基在對於數學和科學超越性信念的規定，此結果可以徵諸中國五四運動所提倡的「民主」與「科學」這兩個概念。「民主」包含著公平審判，而西方的「科學」正是提供了這一個公平審判的形而上學的、超越性的基礎。

上面思考的基礎又迫使我們進一步去想一則問題：法治社會的基礎跟一神教的超越性傳統比較接近，還是跟「數學化的科學」的超越性比較接近？我認為這個問題的判斷標準可以在事件發生的「同步性」獲得得比較可靠的答案。首先，在一神教尚未在歐洲被普遍接受之前，羅馬法（如果我們把它當成法治社會的原形來看待的話）便存在了。其次，當基督宗教在歐洲中世紀（476-1492）取得主宰性的發展時，並沒有出現當代意義的法治社會；這一千年間的歐洲──特別是像英國的皇權和貴族都已經簽署了《大憲章》了（1215年），依然沒辦法產生接近當代的法律秩序。第三，具有當代法治社會意義的英國光榮革命（1688-1689）與「數學化的科學」之科學革命（1543年哥白尼出版了《天體運行論》開始算起）幾乎是同時期的事件。由上面三點分析我們可以獲得清楚的結論：「法治社會的超越性」與「數學化的科學的超越性」具有較高的同步性，而與「一神教的超越性」的發生的同步性較低。

因此，我們可以說不論歐洲或是東亞的當代法制化所以可以成功，非常可能是由於「數學化的科學」發展所誘發的概念性思考重新架構了人類

社會的秩序的結果。這種概念性的思考發生在人類社會的各個角落，包括前幾章提到的對於人權的內涵與權力制衡的觀念，或者是搭配著商業革命中大量商人引進數學秩序監督政府 —— 本書第 13 章會提到的「會計問責」這種商用習慣的引進，都成為當代法治社會可以散布開來的重要元素。安格爾所感知的「超越性」恐怕不是一神教的形而上預設，而是具有數學演算法精神的會計制度或數學邏輯概念化的精神所呈現的跨越時間與空間的「超越性」。

超越性的限制

懷德海的思考的深刻性不只體現在他看到超越性和古希臘的數學、科學、悲劇、基督教的一神論、羅馬法的權利觀念之間的相關性，他還進一步批判這一種「非人類意志情感所能轉移的事實」之超越性在近代文明之侷限。此超越性會造成理智對抽象思維的偏執運用，而忽略了身體感官的作用，像說是失去了人性或是人情味。先前提到在德國納粹時期法官作為納粹司法制度的幫凶便是這種超越性抽象思維的限制的例證。針對這一種超越性抽象思維的侷限性，懷德海將人類的「理性」定位在人們相信事物的最終本質是匯聚於一種沒有任何武斷情形的和諧狀態中，接近孔子所說的「無意、無必、無固、無我」這種面對事物的態度。懷德海指出這樣的事物體系包含著「邏輯理性的和諧」與「審美學成就的和諧」，前者（邏輯理性的和諧）作為無可變異的必然性而存在，後者（審美學成就的和諧）則作為宇宙之間一種生動的、理想的存在並且把宇宙帶向更為細膩、更為微妙的歷程。這樣的說法對應貴族原則的內容：前者便是「智識上舒適感的追求」，後者是「美學上舒適感的追求」，兩者應當平衡而和諧。

本章前面提到英國一位大法官認為「判決是一種藝術」的觀點，也應當放在邏輯理性的和諧與審美學成就的和諧這兩個（具有些許）競爭性的脈絡來理解。

小結

　　貴族原則存在最重要的先決條件之一是英國陪審團制度的形成。其理由首先是當數理概念性的思考在歐洲開始流行之後，陪審團制度讓讓歐洲的知識精英（也就是有閒階級）有更大的空間去思考各種權利的內容，為人類社會架構現代化早期的政治制度。第二、此制度讓孟德斯鳩等人抽離出「司法獨立」的概念，而讓民主制度的模式更加完整而可以推廣到其他國家。第三、因為數學化的科學本身俱有「超越性」，由此誘發的法律制度本身也具有超越性，當對這種超越性過度偏執時容易造成極權主義的幫凶，因為具有超越性的法律制度容易簡化人性，而陪審團制度的存在可以平衡法律超越性的運用，讓複雜的人性在法治的超越性面前還可以擁有存在的空間。人類歷史上幾次極權主義所構築的「簡化版」人性沙漠擴張時，陪審團制度彷彿就是沙漠中的綠洲，為人性保存著複雜而豐富的生態環境。

[01] 請對照第六章開頭處說明。

[02] 康樂、簡惠美譯，2004，臺北市：遠流，頁 201。

[03] 英國最高法院（UK Supreme Court），https://www.youtube.com/watch?v=PZtYENfNa7k，搜尋時間：2021 年 4 月 5 日。

[04] 康樂、簡惠美譯，同註 1，頁 204、246-7。

[05] 參見托克維爾，李焰明譯，2015，《舊制度與大革命》，臺北市：時報文化，頁 160-1。

[06] 林榕年、由嶸，1992，頁 170-1。

[07] 托克維爾，2015，同前註，頁 81。

[08] 李焰明譯，同前書，頁 162。

[09] 以上參考 "Trial by Jury: Inherent and Invaluable", *West Virginia Association for Justice*。https://www.wvaj.org/index.cfm?pg=HistoryTrialbyJury，搜尋時間：2021 年 4 月 7 日。

[10] Langbein, John H. (1978) "The Criminal Trial before the Lawyers", *University of Chicago Law Review*. Vol. 45: 285.

[11] 康樂、簡惠美譯，2004，《法律社會學》，頁 246-7。

[12] 參考 Ingo Müller，英戈、穆勒，王勇譯，2000，《恐怖的法官：納粹時期的司法》，北京市：中國法政大學。

[13] 以上參見 BBC 對英國大法官的訪談紀錄片，https://www.youtube.com/watch?v=PZtYENfNa7k。搜尋時間：2021 年 4 月 5 日。

[14] 溫格（R. M. Unger）王佳煌譯，2000，《現代社會的法律》，臺北市：商周。

[15] 溫格，同前註，頁 142-152。

[16] 懷德海（Alfred North Whitehead），何欽譯，1959，《科學與現代世界》，北京市：商務；黃振威譯，俞懿嫻校譯，2020，《科學與現代世界》，臺北：五南。

第十章

貴族原則與美學權利、智慧財產權和商標權

美學權利：追求美學上的舒適感（Bc）的權利行動

本書在這個框架（Bc）下發現能夠抓進來討論的權利不多，甚至都與前面兩個層次以及下一個層次（Bd 部分）多有重疊：人類當前的論述多半將美學放在精神層次討論 —— 美學是精神層次的子集合。只是，這類概念上的區別恐怕對有閒階級還不夠「新鮮」，尋求差異的力量在兩個概念之間尚未釋放，尚未因為量變而產生質變。兩概念混淆的結果使得前幾代人權的開發力量主要集中在精神層次，而不在美學層次；這不是說不需要美學層次上的權利，例如表意自由某部分可算是美學的範圍。非常可能是有閒階級的敏感性還未全面的轉移到關注美學層次上的權利，因此可能要等第四代人權或甚至第五代人權，這一個領域才可能獲得全面的開發。特別是當全世界的中產階級、有閒階級增多了，身體的、精神的、智識上的權利也多半滿足了，有閒階級追求新鮮感的觸角必定會讓他們進一步關心：我這一個社區應該有什麼藝術品？不應該有什麼樣的美學環境？學校教育應該孕育哪些美學品味？等等這些問題，才會讓此一範疇的權利被充分開發出來。簡單的說，社會條件還不夠、美學品味上的衝突還不多，也不激烈，所以這一權利區塊還沒嚴重到讓人類必要為它立法。以上判斷是依據我們對有閒階級開發人類基本權利進行考掘後的結果，不見得是過於大膽的猜想。

本想將涉及一些美學的商標權放在此一範疇討論，但因為商標權的爭議主要在商業上，盜用商標賺取商業利潤行為的主要爭執並非單純的美學問題，所以會與智慧產權一起討論。本章先討論在環境權裡面涉及到公共美學的問題。

公共美學

　　近百年來公共美學逐漸受到西方社會的重視，這是因為後天有閒與制度有閒階級掌握公共美學的社群機制所造成的必然結果。公共美學的前身總會追溯到有閒階級對藝術的欣賞。藝術上美感風格的改變或保守形式的維持，與生產技術的變化或專業體制的權力結構的變化緊密相連[01]。公共美學因為牽涉到大眾集體對美感的接受度，自然而然與權力結構的變化產生直接關係；其中，中產階層的崛起造成政治與社會上的民主化，對近代傳統權力結構產生了最大的影響，當然與公共美學的發展互相勾連。「人人都可以過一種合乎人性的美好生活」這樣的信念，在十八、九世紀民主化的英國可以從最實際的生活中（以實證歸納的形式）找到它與「藝術的內容和表現」緊密關聯的銜接點[02]。

　　歷史上從藝術到公共美學的發展過程，存在一個很大的轉折。首先，中產階級（也就是後天有閒階級）從十七世紀開始大量出現，他們的品味逐漸與先天有閒階級接近。人類文化學者馬奎（J. Maguet, 1919-2013）認為：「不管藝術在我們世界的前景如何，藝術課題在過去大多數人類的社會中都位於美感所在的邊緣，只有在近代西方大約近三、四百年之間，致力於美感的創造與欣賞才與藝術合流[03]。」所謂的「美感所在（aethetic locus）」指涉在一個文化中人們所界定的美感物件，多半集中在某些類別的物品上，這些類別的物品即是美感所在[04]。最早的精緻藝術並非落在美感所在的核心，因為他們多半需要較高級的材料與技巧才能完成，只有社會中占極少數的貴族有財力與時間欣賞，使得藝術作品通常落在美感所在的邊緣。但是最接近當代的三、四百年間，中產階級在初期的貴族原則社會中不只大量出現，而且傾向「學習像貴族一樣的生活」，這使得藝術品

不再落於貴族原則社會中美感所在的邊陲，而向中心靠攏。這也讓十八到二十這三個世紀，西方傳統的美感一直侷限於藝術。

然而，新的轉折點發生在近百年前，由於西方社會的「制度有閒」階級的人口不斷擴張，這使得當代美感所在產生的變化。馬奎認為：「當代西方似乎已經到了藝術獨占美感所在（階段）的尾端了！藝術作品本身正逐漸消失或迷失於我們工業環境之中，現在正是藝術淡出的時候。[05]」「制度有閒」階級沒有足夠的財力來親近精緻藝術，可是他們在新型態的消費社會中逐漸占據社會主流文化的角色。隨著大眾文化興起，藝術課題於是又重新回到美感所在的邊緣。不過西方經過上面三、四個世紀的洗禮，美感所在的形式和內容又與非西方世界產生極大的差別。這樣一個轉折，造成了歐美在公共美感生活環境中的風格變遷。從後天有閒到制度有閒階級人口的增加與變化，再加上民主化的環境，此時許多不屬於精緻藝術而被期待具有高度美感的物件，例如家具、辦公家具、汽車、公園、道路、城鄉景觀等等工業設計區域，或休閒服飾等，開始成為新的美感所在。德國包浩斯的工業風格設計放在這個脈絡中可以獲得妥當的理解。

十九世紀中期開始，公共美學相關的措施與運動在歐美展開。美國「村莊改造運動」於 1853 年倡議於麻州斯塔橋（Stockbridge），希望藉由廣告招牌、植樹、街道、人行道、遊樂設施的規劃與活動，來美化社區。到了 1900 年，全美國已經有三千個社區加入此運動，積極喚起了社區的美學意識。村莊改造運動意外帶動了「都市藝術運動」── 企圖以藝術、建築，或是公共噴水池、拱門、雕像，或其他令人心曠神怡的都市造景，以平衡、美化已然工業化導向的城市[06]。美國賓夕法尼亞州憲法裡面也有關於保持風景與歷史環境的舒適感的規定。在英國許多社區，特別是具有古蹟保存價值的社區，住戶在蓋一棟房子、拆除一個建物或者只是修

改永久建築物的某一個外觀時，即便是屬於自己的財產也都必須經過當地社區特別委員會同意才可以進行，因為這涉及到整體的公共美感以及歷史價值。

　　在德國與北歐市區發展的公共花園 —— 市民農園（allotment, community garden）是公共美學發展的經典案例。工業革命之後，大量農民移入城市工作，微薄的薪資常常不足以支付家庭生活必要的營養所需，小孩的活動也常被限縮在狹窄的室內外空間而影響身心健全的發展。地方菁英 —— 例如德國市民農園最早的倡議者精神科醫師施瑞伯（Daniel Gottlob Moritz Schreber, 1808-1861）便建議政府釋出公共空間提供市民經營更健康的生活。地方政府逐步出租城市的邊緣與鐵路旁邊少有人居住的公有土地（有些教會與工廠廠主也會出租私人土地），讓私人可以經營自己的小型農場。原本就有耕作本領的農村移民開始在這一塊小小的領地（colony）種植水果、蔬菜，並且放養家禽，補充維生素與蛋白質來源，同時也豐富兒童的活動空間。特別是在第一與第二次大戰期間與戰後，市民農園緩解了食物匱乏的危機。上個世紀七〇年代開始，隨著世界經濟進入了消費主義時代，以及制度有閒階級的全民化，市民農園的生產功能轉型為休閒功能。市民農園的愛好家庭常會有世代傳承，為確保其權利的延續與更好的農園環境，便組織了自治協會，根據聯邦市民農園法案（Federal Allotment Gardens Act，1983 年，德國）自行管理舊有與新進成員。管理的規定，堪比六法全書，主要內容包括農園內農具置放屋的大小、此屋距離籬笆的間距、屋內可以放置的熟食處理物件、有利暫時休息的物件（有些協會嚴格規定不准過夜）、排泄處理等衛生物件規模（以排除人們大規模聚集的可能）、屋內窗簾與屋子本身的材質與顏色、菜棚或花棚的大小、可以種植的植物蔬果種類、蔬果區與觀賞性植物區的種植比例、樹類距離

籬笆的間距、籬笆的種類與高度、水泥鋪面的限制等等，鉅細彌遺。經營太差或違規嚴重的園主會被管理委員會剔除，因此每個花園爭奇鬥豔、落英繽紛。此類農園允許遊客在其間的公有小徑上觀光，筆者旅行時遇見此類花園（主要在德國與北歐），夾雜著小孩稀疏的歡笑聲，恍如仙境，常在此流連許久。地方政府結合私人的力量，打造適合大眾的美學環境確實值得臺灣效法。其實在環境權中隱約在執行此類相關的美感權利，相當普遍，只是美感概念化的權利在人類發展的現階段似乎還不夠具體有力。公共美學基本權利論述還是很缺乏，需要一代人的持續努力。

這一區塊權利也可併入文化發展權的討論。一些現代化的國家主辦或贊助公民辦理的各種博覽會、社區藝術、社區節慶與活動、社區總體營造、文史工作室等等活動的權利來源於此處，是一種要求政府應該為人民的文化發展負起責任的權利要求。日本與臺灣的廟會活動常常接受政府的補助以促進觀光可以呼應此一權利的落實，不過政府的另外一種考量是現在這些活動已成為當代民主國家政治正確、爭取民意、贏得選舉的重要手段。就好像當初凱薩（Gaius Julius Caesar，前 100 －前 44 年）贏得大祭司、大法官以及後來的執政官的職位，多少是靠著他當市政官（市長）時花掉足以讓自己破產的費用把競技場弄大、弄活、弄熱鬧一樣。當代這些活動內容有時還混合政黨的置入性行銷，因此政府會主動發展不用等人民要求。也因為功效主義讓政府積極作為，人民似乎也不覺得需要去爭取什麼美感相關的權利，而這可能忽略更好美感體驗。

但是這些活動是不是大家都喜歡呢？當然不一定，因為品味不一，價值觀不一。例如臺灣的教師對於學生參加八家將活動，就有很大的爭議，因為他們可能主觀認為這活動常和毒品、翹課、反社會人格在一起；於是八家將如何作為傳統社區禮俗祭典活動的一部分，又不讓人有負面形象，

演化出大眾可以接受的恰當形式，便是文化權落實必須面對的問題。或如在臺灣的風景區有街頭藝人以薩克斯風演奏臺灣五十、六十年代生活苦悶的悲歌，然而不遠之處有人一小提琴演奏西洋古典音樂，兩者常常互相干擾，有人視為噪音，有人樂在其中。為了增加整體文化休閒效果，公權利是否應該有些規範這些干擾的部分來增加彼此的外部效果，以降低社會成本。另有一些藝術內容讓人們的產生抗拒：曾經一位朋友在英國展示自殺藝術的多媒體，頗為前衛，結果被英國中部一個社區居民抗議，影片提早下架；我花了一大筆車費前往欣賞結果吃了閉門羹。這個問題顯示了社區居民、藝術家、遠道而來觀賞者三者的權利衝突與所形成的社區機制的問題，是否也應該有一個明確的立法規範呢？或是說紐約布魯克林藝術館在1999 年到 2000 年之間藝術家奧菲利（Chris Ofili, 1968- ） 的創作〈聖母瑪利亞〉（Holy Virgin Mary），因為媒材中包含大象糞便而被市長朱利安尼認為褻瀆神明，提出告訴。在美術館獲得勝訴之後，還有人帶著油漆進入美術館企圖塗毀這一個作品 [07]。可見人們對美感的感受，時常會出現極大的衝突，在有閒階級尋求差異的動機之下創造具有衝突性的作品 ——有時還是他們刻意為之，那麼這中間的界線如何拿捏以及是否需要一個新的權利的概念還有待進一步辯證。

智慧財產權：精神活動所有權＋新鮮感追求

當新鮮感的追求以辯證法的形式結合了財產權，就成了當代智慧財產權的內容了。智慧財產權之特質首先是一種精神性勞動的結果，其次它又具有市場價值；它是一種精神性勞動結果的所有權。有閒階級在相對條件上會比較熟悉並且適應精神性勞動，所以在有閒階級占多數的社會比較會

去肯定精神勞動的價值，智慧財產權也就受到更大的重視。臺灣社會在民
主化以前與早期、或是當前的中國，盜版猖狂，很大的原因是它還未創造
出大量的有閒階級，少有人願意以自己勞力所得金錢去肯定他人精神勞動
之創作；也可能此時創作的人少，物以稀為貴，價格相對較高，勞力錢還
不太夠支付精神創作。這裡的精神性勞動絕非是無所事事、盲目無知的休
閒，它的背後一樣有許多原則的辯證；這些原則可能是美學、科學，或是
功能性原則，像是智慧財產權裡面的文藝性的著作權和商標權就可能依靠
著美學原則進行辯證，有些科學性的著作權或是專利權就會依靠著科學原
則和功能性原則進行辯證。也就是說智慧產財權不是單單多種新鮮感加總
起來的結果，它是許多新鮮感進行辯證後凝聚起來的結果。而且突破性的
創新（breakthrough creativity）相較於漸進性的創新（incremental creativ-
ity）是更深與更廣地辯證的結果。倘若只是許多新鮮感在一起而沒有辯
證，人們對於這些新鮮感容易彈性疲乏，當前臺灣許多文創產業非常可能
只是新鮮感而沒有深度辯證，因此很難造就一個容易賺錢的產業。臺灣的
專利也多半集中在微幅修改的創新，絕少突破性的創新，因此也沒有本地
的諾貝爾獎得主，這些現象非常可能是進行精神性活動的時候， 辯證法
運用太淺的結果。

追求權利的行動落實在智識上的舒適感（Bd）

　　關於智識與權利的關係，最具代表性的應該就是智慧財產權。這裡的
「智識，intelligence」並不只是包含知識，也包含了見識的意思，因此在
Bd 的內容便包含著對技術和知識擁有的保障。這一個面向上的保障又可
以分成對個人的以及對集全體的保障兩個部分來談。首先談對個人的保障

部分，以智慧財產權作為代表。我們發現智慧財產權的起源並非來自於民事的財產權內容，而是源自於封建社會的「特權，privilege」，也就是一種私權而非公權[08]。這種授予類似君王頒給你一個擁有貴族頭銜的小爵位，是相較於平民所擁有的特殊權利。這種由君王、封建公國或地方官所授予的特權，代表著權威當局對經濟利益（頒授者可以從中收稅或是給官方帶來利益）與思想的控制，而另一方面，此特權也為新興的有閒階級或是中產階級創造了生存條件，因為它代表著創作者對市場「尋租的正當性」受到確認，就好像地主出租土地讓而自己變成有閒階級一樣。一旦智慧財產被確認，對擁有者而言就有了邊際效應遞增的效果。

若依據英國官方正式法定文件保護這些權利的時間，我們來分別介紹專利權、版權、商標權三者的內容，進而考察他的變動軌跡。

專利權

專利的形式由來已久。中國古代從漢代開始便有鹽鐵專賣，但這並非對其生產技術的保障，而是專為增加政府的稅收來服務的。回頭來看看英國在 1331 年愛德華三世（Edward III, 1312-1377）對於坎比（J. Kempe）的縫紉和染織技術給予專利，或者在 1421 年亨利五世（Henry V, 1386-1422）對佛羅倫斯之布魯內萊斯基（Brunelleschi）具有懸吊裝置的駁船給與三年的專利保護期。接下來必須插播義大利的威尼斯共和國在 1474 年有了最接近現在的專利法，主要的內容是將「技術秘密」加以保護起來只能作為當地傳藝使用，而不能傳到其他國家；基本上這是為了吸引技術人才到威尼斯來或留在威尼斯，但這並非當代專利（patent）的內容，比較像中國當今規定外來投資者必須將技術轉移給國內廠商一樣的內容。英國

模仿了這樣的做法，從 1561 年到 1590 年之間，英國以這種形式頒授的五十項專利[09]。在伊莉莎白一世統治時期（1558-1603），特別是後期，有的是以判例的形式、有的以欽賜的形式授予專利，但都還沒到立專法保障的程度。在 1623-1624 年間世界第一部具有現代含義的專利法規「壟斷法規（the Statute of Monoplies，也可以翻譯為獨占法規）」在英國頒布，標示著專利權由「特權」形式變成「普通法」的形式。

壟斷法規第一部分便規定以往君王所授特權一律無效。過去兩三百年所發的特許狀產生的幾個問題而無法回應新時代的要求：若不是規定的內容太少，就是沒有年限，有的又可能造成後代子孫依靠祖蔭不求改進，或是過世後代子孫分家產生權利上的衝突，或者因為相似產品競爭無法斷定是否抄襲或仿造，因此必須重新規定。內容第二部分規定了專利權的主體和客體、可以取得專利發明的主體以及取得專利的條件、專利的有效期以及專利在何種狀況下會無效。內容第三部分規定專利權人必須是第一個真正的發明人，因為顧及有些發明人雖然沒有申請專利，但是專利權還是在他身上 —— 這是發明優先權的問題。另外還規定產品「新穎」的條件[10]。恐怕有些讀者會納悶：為什麼在十七世紀前期，在權利法案或是第一代人權都還沒有充分展開之前，專利權的發展就已經這麼成熟了？關於這一個問題我們想從以下是少三個層次來說明。

第一個因素是歐洲的特殊條件給商人帶來獨一無二的地位和權利。這個特殊條件就是歐洲擁有兩個世界上最大的並且與海洋相通的內陸海（地中海和波羅的海），並且深入擁抱整個歐洲大陸，成為歐洲的超大型湖泊，它們既有開放性又有封閉性，能阻擋巨型洋流的干擾，使得商人海上的航行相對於地球其他地方的海洋更為順暢，於是整個歐洲各地區豐富的商品交易很快就取得了根據比較利益原理所產生的專業化效果。美國加州

大學歷史系教授斯塔夫里阿諾斯（Stavrianos）在他的《全球通史：從史前史到 21 世紀》著作中敘述中古歐洲的經濟時說道：「在歐洲之外，商人根本沒有機會上升到當權者的地位。中國是文臣主管行政；日本是軍人治理國事；馬來地區和印度拉奇普特人的一些國家是地方貴族料理政務，但沒有一個地方是由商人當權的。是的，沒有一個地方，除了歐洲。在歐洲商人不僅在穩步的獲得經濟力量，而且在穩步的取得政治權力，他們正在成為倫敦的市長、德意志帝國（筆者註：應是「神聖羅馬帝國」）自由市的參議員、荷蘭的州長。這樣的社會地位和政治關係意味著國家更加重視、更加始終如一的支持商人利益以及後來的海外冒險事業。[11]」當時的商人若非本地的手藝工匠，就是國際冒險家[12]，因此，對於本地的手藝工匠而言，想要讓商品取得優勢，必得讓生產講究專業化，這使得專利權的取得對商人來講非常重要。

　　第二個條件也算是社會背景，當時正處於文藝復興時代的晚期，一些生產技術已經獲得很大的提升。例如十五世紀眼鏡就相當普及；1510 年德國的鎖匠首次製造出了精密、複雜產品「懷錶」，可見其週邊的齒輪、發條、轉承軸的技術已經非常高端；水力發動機和風力發動機技術也有更一步發展，有記載顯示 1603 年在日內瓦附近一個旅行者看到加工松木的水力發動機，「工作人員把松木從山上往下扔下去一個由水流推動的輪子，經過幾次自上而下以及自下而上的運動（類似當代電鋸所做的運動）就能把松木鋸妥了，松木隨著輪子的工作向前移動，另一顆松木緊緊跟上，一切都進行的井井有條如同人工操作一樣[13]」；當時甚至用水力發動機來推動鼓風爐，讓高爐裡面的溫度提高到可以練鋼；另外歐洲當時的火砲、火銃、火槍、砲彈的製作技術也是世界最先進的[14]。這些以機械來替代人力而降低成本的技術，一旦取得專利將會讓擁有者更為有閒，也會提高自身

的社會經濟地位。我們也會發現這些技術創新的地區多半集中在基督新教
地區。

第三個要素是識字率的提高以及新的工作倫理的出現，推動了工業資
本主義。1440 年古騰堡（Johannes Gutenberg, 1398-1468）發明鉛字活字印
刷術之後書籍的成本降低，進一步促進傳播訊息。1519 年有馬丁路德開
啟的宗教改革運動，主張信徒應該直接閱讀聖經以體會神的指示，這使得
新教地區男女識字比例大幅提升。哈佛大學教授蘭德斯（David S. Landes,
1924-2013）認為「（從十六世紀開始）這樣的宗教鼓勵過去非常稀有的個
性特質大群表現，形成特定的族群並且建立了新的經濟形勢（新工業方
式），也就是我們所知道的（工業）資本主義。而在此時工業部門出現了
對固定資本（器具、工廠）的需求。製造工業和一般商業活動非常不同。
商業活動可以是資本和勞動力的任意結合，當有需要時便集合為一體，需
求結束後便可解散。但是對製造工業而言，『持續』變成非常重要的一件
事 —— 維持現狀並且繼續進步，持續累積知識與經驗[15]。」有專利上的
特權也才能夠讓製造工業「持續」下去。因此韋伯心目中的喀爾文式的資
本家具有理性、秩序、生產力、誠懇、乾淨等特質，比較能在「持續專精
一件事」的工業資本主義上面表現卓越。前面也提過英國在十六世紀後半
葉以及十七世紀初是英國女王伊莉莎白一世統治時期，她結合反省他父
親、弟弟和姐姐的統治方式，實施的宗教寬容的政策，不偏新教也不偏祖
舊教，於是在英國產生大量的新教徒，此時也是英國國教成型的時間。這
些新教徒的技工們能識字、有智識，能夠總結經驗，也能夠創新。這種宗
教寬容政策間接促成了新經濟形勢的發展，於是專利權的重要性逐漸凸顯
出來，而在當代甚至成為經濟成長的核心。

在這三個基礎之下，專利制度的發展在西歐和美國相較於其他地區而

言，便顯得相當順利。英國在十八世紀初具有現在特點的專利制度終於成形，新的內容還包括發明人必須充分陳述其發明的內容，並且要公布周知。這變成是政府允許發明人取得專利的對價關係 —— 也就是需要有專利說明書 —— 這可以打破對技術的封鎖，對交換情報也具有革命性的作用，同時也獎勵的發明。我們考察在 1623 年到 1800 年之間英國專利的申請，以每年十件來計算，到工業革命的前夕也已經累計了 1800 件左右。另外一個數據顯示英國在 1750 年代每年專利有 10 份申請單，到了 1840 年每年提升到了 458 份。緊接在英國之後的當然是以中產階級為主題的美國。1790 年美國、1791 年法國、1817 年荷蘭也都有了與英國相應的專利制度；德國遲至德國統一之後，1877 年，才開始；日本則是在明治維新中期，1885 年，開始頒布專利法。

從專利權的觀察可以發現技術對科學的影響。在當代我們當然認同科學對技術的影響非常大，甚至說當代的高科技技術是建立在科學的基礎上。但是我們在專利權與社會經濟演變的研究上卻發現專利權在 1623 年成型的時候，當然代表技術發展已經成熟到某一個階段了，但是這個時候牛頓（1642-1727）還要等 19 年之後才出生。而在這一年前後影響科學發展的重要工具，像顯微鏡（1590 年）、望遠鏡（1608 年）、氣壓計（1643 年）、溫度計（1654 年）、鐘擺（1656 年）被陸續發明出來，但是這些器物是一種技術發明而不是科學發現。透過這些觀察，我們可以確定十七世紀之後科學的發展如果沒有十五和十六世紀技術發展的支持將難以展開。這些**發展技術的技工們創造了後天的有閒階級，也正是他們，給後來的科學家們 —— 這一群先天或後天的有閒階級 —— 提供了發展的空間**。

專利權先於其他權利的發展還標示著簡單製造業或是工業的發展先於大量中產階級的出現，而大量中產階級的出現才進一步支持了並且催生了

249

各種基本權利的出現。由於許多的專利權都涉及生產力的提升，生產力的提高也就是為大量生產帶來可能。由於大量生產，才能讓人們不必一天二十四小時都綁在工作及尋找食物的環節中，讓人們可以以相對低的成本來維持生活所需，進而讓他們從這些環節解脫出一點時間來，這一點時間讓他們可以享受一些原本上層階級 —— 也就是貴族能享受的悠閒，體會舒適生活的意涵，並從了催生出各種權利的需求。可以說如果沒有製造業或是工業發展的話就無法催生出大量的中產階級，也就無法催生出當代的各種權利意識。

由以上分析我們帶出了一條歷史發展的道路出來，那就是印刷術和宗教改革推動了工藝技術的演化，也促使專利權的形成，上述二者的加成效果讓許多的觀察和實驗得已更精準的進行，進而推動了科學革命。科學革命挑戰了神學體系的種種預設，所以又開啟了啟蒙時代 —— 天賦神權被修改成天賦人權，於是各種民權主張開始產生。民選政府受到議會以及多方勢力的監督，中央銀行、國債和公司債務系統受到嚴格監督，數量級提升了未來支付、降低風險的種種商業和金融上的保障，創造了龐大的信用體系（在本書的第十二章中進行說明），因此可以籌集巨大的資本。於是資本密集產業開始產生，推動著工業革命的來臨。

版權／著作權

版權，「copyright」，原本只指向出版商的影印權，後來發展到作者對其作品的財產權主張，在中文裡面把後面的權利稱為著作權。活字印刷術在 1440 年左右發展出來後，這個世紀末威尼斯共和國授予了第一個保護影印權的特許狀；英王查理三世（Richard III, 1452-1485）也在 1483 年頒

布了鼓勵印製與進口圖書的法令，當時應該還沒有盜版剽竊的觀念，所以並不禁止隨便翻印。接下來在 1534 年亨利八世（Henry VIII, 1491-1547）進行宗教改革，成立英國國教，從這時候起英國禁止外國出版物進口到英國，因為當時進口的出版品多數是與天主教相關的訊息。而英國國內的出版商取得了皇家特許證，壟斷國內的出版市場。有研究指出在 1476 年到 1536 年之間，英格蘭有高達三分之二的印刷商、裝訂商、書商都是外國人，而他們所使用的器材和工具多半也由法國進口 [16]。從小受到後母折磨的英王瑪麗一世（Mary I, 1516-1558）本身是天主教徒，1556 年繼承王位後開始打壓新教徒，為了控制輿論取消了印製圖書的自由，另外頒布了《星法院法》（Star Chamber Decree），規定一切圖書在出版前都必須交給「欽定的出版商公司（Stationers' Company）」進行登記，只有該公司的成員才可以從事印刷出版，否則該公司有權予以處罰。克倫威爾時期雖然取消了可以任意審判異議份子的星法院，但是給予出版商的特許證依然存在，即便到了 1662 年斯圖亞特王朝時期頒布了《許可證法》（Listening Act），出版商的版權還是有定期展延才有效的規定。即使在光榮革命之後、權利法案頒布之後，在版權方面上依然沒有改善多少，盜版猖獗，政府執法的狀況很差。但是英國議會在 1694 年取消了許可證法案，打破了書商工會的壟斷特權，圖書審查制度也消亡了，言論更加自由了。但是總的來說，在鉛字活字印刷發明一直到 1700 年這二百五十年中間，英國政府法律的規定都是偏向於出版商，對於作者權利的保護都還沒有涉及，這使得作者必須極度依賴廠商才能存活。

做為圖書的作者在過去二百五十年不可能沒發出任何聲音。1525 年我們的叛逆博士馬丁路德在《對印刷商警告》一書中便要求享有作者權利；1690 年我們的貴族門客約翰洛克在《論國民政府的兩個條約》一書中也

提到作者在創作作品時花費的時間和勞動，與其他生產勞動者的花費並沒有什麼不同，因此作品應該向其他勞動成品一樣獲得應該有的報酬[17]。終於在光榮革命成功之後的二十年，1709 年頒布了《安娜法》（The Statute of Anne）授予作者及出版商在一定時期（一般是十四年，如果十四年之後作者還健在可以繼續再延十四年）之內，擁有版權的權利，以鼓勵全民學習。這成為著作權領域，特別針對作者權利的部分最早的一部成文法[18]。

從版權到著作權的發展到底對有閒階級內部和外部帶來什麼樣的影響呢？這是本書感到有趣的問題。我以下將介紹兩個大家熟悉的人物，第一個是寫《魯賓遜漂流記》作者笛福（Daniel Defoe, 1660-1731），第二個是編寫英文字典的約翰生博士（Samuel Johnson, 1709-1784）。笛福的父親是倫敦屠宰業主，也是牛油蠟燭的製造商，算來自中下階層。他的孩童時期學習成績普通，沒上過大學。英國光榮革命時，他支持威廉三世，當過情報員收集情報，後來經商，但因為負債過多破產，還因而被逮捕。回到英國之後辦過報紙，辦過政治宣傳小冊，類似現在的選舉文宣工作室。他又是政治評論家、詩人、小說家，一生出版了數百種文章、詩集、小說，最有名的當然是《魯賓遜漂流記》，目前在世界上翻譯的版本可能僅次於聖經。

約翰生博士又翻譯成詹森博士，1709 年出生，時間剛好是與《安娜法》頒布同一年。老家在英格蘭北部，父親是一個窮困的書店老闆。約翰生博士長得醜陋，說話時嘴巴又會抖動，些微口吃，外表不甚討好。就讀牛津大學時因為家裡貧窮所以也沒畢業。二十五歲時經介紹與一位女孩相親，女孩沒看上她，倒是女孩的媽媽—— 比約翰生博士大上二十一歲的寡婦看上了他，兩人後來結婚，十分恩愛，與我們當代的法國總統馬克宏旗鼓相當，對女性有著深藏不露的洞悉力。約翰生後來以文化、政治與社

會評論作家的角色，在報紙投稿或是出版書籍為業。他最讓大家津津樂道的是編寫一部相對於以前英文世界例子最為豐富、最具文學風采的英文辭典。本來預計三年完成，後來花了九年。據他描述這九年之內，他的媽媽、老婆等這些最親近的親友全都死去。他的這一番大功夫為英文的傳播奠定了世界的影響力。有人稱它每一條詞語的解釋和舉例都像是一件小品。他也因為這一項不世出的功績死後葬在西敏寺。

笛福和約翰生博士二人相對於我們在前一部分介紹專利權取得者而言，他們以極少的資本 —— 只需要紙跟筆，就能讓自己取得並且維持有閒階級的心境，即便約翰生博士覺得他在編寫字典的時候枯燥、孤獨、苦悶，但是檢視它他的字典隨處可見的幽默和戲謔，我們可以準確地判斷他是處在極為自由舒適的狀態。我們可以毫不保留的說**《安娜法》自從保障了作者的權利之後，開啟的便是來自中下階級中有知識、有文采的才子，即便沒受過很完整的教育，也能以最低的成本成為有閒階級 —— 他們是一種最省錢的後天有閒。**對照當時十八世紀的歐洲大陸，文人只是貴族社會下的「寄生階級」，其生活經費還得仰賴貴族願意慷慨「撒錢」，像伏爾泰這樣的大文豪也還遭貴族的鞭刑、入獄、逃亡英國、受普王腓特烈大帝無理侮辱 [19]，而此世紀的英國文人卻在著作權法與民主制度的保護下，展開了具有人性尊嚴的作家生涯。

光榮革命之後，多數的法案包括《安娜法》可以說是有閒階級當中，由貴族、大資本家和小資本家衝突出來的產物，而他它間接效應卻是有機會將下層階級之中具有天份者直接拉進有閒階級。

商標權

　　世界上第一個由中央政府立法保障商標權的商標法，出現在 1808 年的拿破崙法典。內容中規定商標應受保護。而在 1857 年法國制定出了第一部商標權法。美國則在 1870 年通過了第一部全國性的商標法，不過在 1876 年是百大企業的請願下修改了商標法，裡面內容嚴格規定侵權者必須處以二年以下有期徒刑以及一千美元以下罰金，但後來被聯邦法院判違憲，必須把內容放在商業法中進行修改。德國在 1874 年，也就是在德國統一後的第四年，有了第一部商標權法。英國要到 1862 年才在下議院提出修訂商標權法的提案，但是遭到否決，一直要到 1875 年才通過具有衡平法意義的商標權法[20]。列出以上法律制定的時間，細心的讀者一定會對以下兩個問題產生興趣：第一是為什麼商標權相對於專利權和版權來得如此之晚？第二個問題是原本英國在立定法律的時間通常都比其他國家來得早，為什麼商標權法卻是在歐洲主要國家立法之後才盛行？回答這兩個問題當然會有本書的角度。因為本書的角度會扣緊兩個議題：第一個是有閒階級擴張的歷程，第二個是我們可否從問題的探討之中歸納出新的貴族原則內容。這兩個議題一直存在本書的問題意識中。

　　人類在所屬的物件上面寫上姓名或是做上記號，這恐怕是稀鬆平常的事情，其功能大概有三：一是確定所有物的歸屬，特別是學校常要求學生在簿本上寫上姓名，以方便管理遺失問題。第二個作用是在當所屬物件可能造成社會成本的狀態，公權力可以根據物件上面的記號或者姓名迅速找到負責人課責，其目的在要求物件所有人有義務保障這一個物件存在的品質。第三個作用是如果這一個物件夠好而且產生了外部效果，那麼這一個物件就有了一種光榮感可以炫耀，而且也可能在市場上獲得很高的價格；

那麼其上的記號或是姓名就有一種滿足自我實現的意涵。商標的起源作用便是包含了這三個作用，例如古代陶公會把自己的名字標示在陶器上面；中國古代一些寶刀、寶劍會寫上「干將」、「莫邪」等標記；埃及、希臘、羅馬的地磚、瓦和建築石塊上面也會有工人的記號。一般狀況下人們不會去盜用別人的標誌，除非是為了趨利避害，這跟一些動植物模仿他物的方式來捕獵食物或是逃避敵人的型態是一樣的。

　　中古歐洲每一個城鎮、每一個行業都有行會制度可以自行控制商品的品質，不同的行會之間因為不同屬性，因此也少有競爭關係。再加上生產者和消費者之間是面對面的交換關係，產品的可責性對象相當準確，因此在自己的城鎮裡面這種小空間區域的交換關係不會有商標的糾紛。但是當商品是跨越城市，甚至是跨越一個大區域的如整體歐洲，那麼就會產生同行競爭的利害關係。某些賣相較好的商標就會被模仿，於是衝突便產生了。在十三和十四世紀英國政府強制規定麵包店和銀匠必須在自己的產品上面標上記號避免衝突。古騰堡的活字印刷印刷術發明之後，聖經版本的印刷在 1518 年德國就產生了商標問題。

　　雖然說英國對於商標權法這種成文法的規定是晚在十九世紀末才出現，不過在 1618 年便出現第一個經由法院判決保護商標的案例。這一個判決有兩個重要的觀察：首先，這一年前後剛好是英國中產階級開始大量出現的時間，因為再過兩年就是五月花號起乘向美洲航行的年代開始。第二個要注意的事是從這一年開始，相關卻是不同種類的判例分別出現：1742 年撲克牌商標、1824 年槍袋和散裝彈、1833 年與 1838 年都有新的判例出現，也就是英國使用判例來斷案商標問題超過了二百五十年。但是大凡使用判例一定會考慮到區域性或是地方性適用的問題，倫敦適用的，愛丁堡就未必適用，因此在 1862 年英國的商人終於受不了了，希望下議

院能成立商標的註冊制度，但是當時的國會議員（仍然是貴族和上層階級為主體）仍然不覺得這一個問題重要到必須制定衡平法來處理。但就像是本書前面提到的，在五年之後，也就是在 1867 年在工會組織改革聯盟與其他選舉權擴大聯盟的壓力下終於國會通過選舉權的擴大案，加入了許多工業界的代表。原本只有五分之一的成員人有投票權，現在以提升到了三分之一。這一些新進的成員開放的標準依然採取繳稅的多寡而定。因此可以說這三分之一的男性便是所謂的中產階級為主體的選民，於是在下一次選舉（1868 年）中保守黨失去政權，支持工人、工商業界與自由貿易的自由黨取得大勝。有意思的是我們關心的商標權法並不是在自由黨執政時期（1868-1874）通過的，反而是因為經濟衰退而讓保守黨重新取得政權之後，在 1875 年通過了商標註冊制度法律。很顯然現在國會議員不論是哪一黨都必須顧及新增加的二百萬中產階級選民關心的議題，而不會輕易的忽略。

由英國選民中產階級化的角度來考量商標權維護的問題，也可以進一步觀察為什麼法國、美國和德國比英國更早立法的問題。因為後三國的國會議員在那一個時期已經多半中產階級化了，而英國還是由貴族在主導議會。前一章介紹的哈佛大學教授溫格已經提及，貴族傾向於根據判例而非衡平法來保護其既得利益。

商標法的正式立法，乃標示著一種橫跨全國性大企業逐漸在全國各地開始紮根，資本也越來越集中在少數大企業的手中。這樣的大企業開始取代傳統的貴族封建型態以及小資本的行會制度型態，而變成一種新的經濟生活組織，或說是一種新的「經濟封建」形態應該也不過分。

行會制度的衰頹

商標權和專利權這種具有特權性質的權利在人類社會逐漸取得優勢的時候標示著兩種趨勢的來到，首先，便是傳統的行會退出了歷史舞臺。這是因為行會始終都是在一個特定城鎮經營才會存在的組織，一旦跨界經營就會產生競爭關係，接著會被新的組織所取代，大行會落入大商人的手中，當然這也象徵著資本密集產業的形成。法國在 1791 年取消了行會制度。傳統歐洲的行會制度就像當今的同業公會，只是現在的會員通常是全國性的。十八世紀末的行會組織已經無法控制商品價格，無法再去管制成員的就職狀況，也無法維持虛擬似的社會福利制度 —— 這種傳統行會會有的功能已經讓渡給更廣大的國家組織來進行了。其次，商標權和專利權的正式立法同時也標誌著貧富差距的級距拉大，貴族文化和平民文化在這一段時間 —— 這裡指的是十九世紀末，產生極大的衝突：中產階級有閒的時間增加，可是下層階級的有閒卻減少了，夾在中間的中下層階級感受到兩邊的緊張關係開始會尋思社會改良的途徑，後來導致許多社會權利的支持者來自於中下階層。而這種衝突的降低大約是要在保障下層階級的基本權利、保障他們的休息權利（也就是前面提過的社會權），同時保障他們社會流動管道暢通的可能性（例如在 1870 年英國開始有了基本教育法案，保障學童的基本教育年限與內容） —— 只有在這些基本保障之下，貴族文化才能獲得足夠的空隙滲透到下層階級，而形成當代與貴族原則作為主軸的社會 [21]。

本章討論的智慧財產權是一種特權，這和以前所討論的權利很不一樣。權利會找到他最舒適的位置，但是特權本身就是為既得利益階級服務的，所以其他新的利益團體就會想要分一杯羹，一定會向特權進行挑戰。

所以特權能尋找的並不是（也常無法找到）最舒適的位置，而只是一個相對合理的位置。權利是對普遍所有人的保障與維護，但是特權則是對少數符合資格的人予以保障與維護。我們檢查英國社會發展史可以了解得知特權的維護先於對權利的維護；保護少數人的權益早於保護所有人的權利。但是在某些人類活動的範疇裡面，它既是屬於基本權利可是又巧妙的以它所認定的或甚至是社會所認定的合理的方式存在著特權，這一個範疇就是教育系統。

小結

受專利權保障的技術發展在先 —— 這讓「後天有閒」的存在成為可能，後來才導致的科學的急速發展以及有閒階級對各種權利的開發。

版權的保障讓人們可以以最低成本的「紙與筆」變成「後天有閒」，而這樣子的保障在英國光榮革命以前便已經完成了。這同時標示的版權的保護事實上多少促進了光榮革命的完成。

商標權逐漸在全國性的立法取得法定地位之後，標示著橫跨全國範圍的企業開始產生，而且間接促使歐洲傳統行會的瓦解，結果是社會財富更集中在大企業的手中。之後，企業經營的型態變成了現代社會生活的原型也在這時候開始。或許也可以說成了新型態的封建。

[01]　賈克瑪奎（Jacques Maguet），袁汝儀、武珊珊、王慧姬等譯，2003，《美感經驗：一位人類學者眼中的視覺藝術》，臺北市：雄獅美術，頁 236。

[02]　鮑桑葵（Bernard Bosanquet），張今譯，2010，《美學史》，北京市：中國人民大學，頁 399。

[03]　賈克瑪奎，2003，同註 1，頁 109。

[04]　十三世紀時的西歐，基督教儀式所需要的教堂建築、教堂裡的傢俱、禮拜與儀式所需的服飾、雕像與繪畫便是這個時空的「美感所在」。十六世紀日本茶道包含的茶室、庭園造景、室內裝飾、陶器與漆器、織品圖案、禮服衣料等，是當時日本的「美感所在」。參見賈克瑪奎，2003，同註 1，頁 108。

[05]　賈克瑪奎，2003，同註 1，頁 108。

[06]　Craig Dreesezen，Pam Korza 編，桂雅文譯，2000，《社區藝術管理：美國社區藝術管理實務》（*Fundamentals of Local Arts Management*），臺北市：五觀藝術，頁 19。

[07]　柯塔克（Conrad Phillip Kottak），徐雨村譯，2014，《文化人類學領會文化多樣性》，臺北市：巨流，頁 414。

[08]　Mossoff, A. , 2001, 'Rethinking the Development of Patents: An Intellectual History, 1550–1800,' *Hastings Law Journal*, Vol. 52, p. 1255-1323.

[09]　參見 Mossoff, A. ，同前文，頁 1259-1262。

[10]　參見 Mossoff, A. ，同前文，頁 1272-3。

[11]　斯塔夫里阿諾斯（L. S. Stavrianos），吳象嬰、梁赤民、董書慧、王昶譯，2006，《全球通史：從史前史到 21 世紀》（*A Global History from Prehistory to the 21st Century*），北京市：北京大學，頁 282-3。

[12] Michael E. Tiger and Madeleine R. Levy，紀琨譯，劉鋒校對，1996，
《法律與資本主義的興起》，上海市：學林，頁 176。

[13] 布勞岱爾，司康強、顧良譯，2006，《15 至 18 世紀的物質文明經
濟和資本主義：第一卷 日常生活結構可能和不可能》，臺北縣新店
市：左岸文化，頁 463。

[14] 參見布勞岱爾，同前書，頁 461-514。

[15] David S. Landes，汪仲譯，1999，《新國富論：人類窮與富的命運》，
臺北市：時報，頁 180。以上這一段翻譯文字我做了一些修改使閱
讀更為順利。

[16] 費夫賀（Lucien Febvre）、馬爾坦（Henri-Gean Martin），李鴻志譯，
2006，《印刷術的誕生》，桂林：廣西師範大學，頁 183。

[17] 參見徐妮娜，2015，《著作權的國際法問題研究》，北京市：中國社
會科學。

[18] 參見馬秀誼、唐允，2017，〈18 世紀英國圖書出版業發展的影響因
素及其運作機制研究〉，《科技與出版》，36（4），頁 112-116。

[19] 朴貞子（박정자），陳姿穎譯，2021，《在麵包店學資本主義》，臺
北市：時報，頁 193。

[20] 以上參考鄭中人，2001，〈商標法的歷史〉，《智慧財產權》第 25 期，
頁 7-21；鄭成思，2007，《智慧財產權論》（第三版）北京市：法律
出版社。

[21] 以上關於行會的資料參考費爾南勞岱爾著，司康強等譯，2006，頁
384-6。王之相，2015，〈工作精神從行會到個人化〉，《止善雜誌》
第 18 期，頁 83-114。

第十一章

選舉權的擴張與對權利知識的考掘

選舉權的擴大

筆者構思各種權利發展內容之際，正值香港如火如荼爭取雙普選（2019 年 11 月），本章節的出現有著特別的意義。

只有代議制度國家會出現選舉權的問題，此體制的建構者必須構思如何以極少數人代替大多數人去處理集體事務。最早的代議制度可以追溯到十三世紀的英格蘭（又是英格蘭！如果說這跟他們的文化沒有關係，還真找不出其他特別的要素來回答當代民主制度為何緊扣著英格蘭的問題），此制度始於徵詢關鍵人士徵稅問題，到後來它演變出現在的立法功能。1066 年英王威廉一世（前面討論陪審團時他也是作為先驅者的角色出現）成立了一個理事會來討論徵稅問題，經過了約一百五十年，在 1215 年《大憲章》出現之後，真正的議會才成形。不過早期議會的召開非常隨機，國王可以隨時、隨意請人參加，也可以隨時終止開會，甚至不召開都可以。這些議會早先都是由領主，也就是貴族、神職人員，還有各自治市、各郡代表參加。1295 年愛德華一世（Edward I, 1239-1307）為了籌集戰爭的經費，召開議會，出席者除了貴族和教士代表之外，還增加了每郡兩名騎士代表、每個自治市（也就是大都市）有兩名市民代表，這應該是第一次中產階級可以參加議會，但是主導整個會場的關鍵角色還是貴族和神職人員，總共約有四百多名議員參加，被稱為「模範議會」。愛德華三世（Edward III, 1312-1377）在位期間（1327-1377）議會開始區分成代表騎士和自治市的下議院，以及代表神職人員和貴族的上議院。不過這一個時期下議院的影響力很有限，一直要到十七世紀中期由於君主過度集權與任性，引發的議會強烈的不滿，最後導致英國內戰 —— 清教徒革命，下議院的權力才開始擴大。1649 年查理士一世（Charles I, 1600-1649）被斬首之後，來自中產階

級的克倫威爾便將君主和上議院廢除，進行獨裁統治，議會成了「殘缺議會（Rump Parliament）」。1660年克倫威爾死後，雖然短暫君主復闢，但在1688年光榮革命之後君主與上議院的權力被大幅削減，下議院逐漸取得了主導優勢。有趣的是，英國尊重習慣法的慣習，竟然讓選區在從1660年到1831年長達一百七十年間未做調整，有些選區已無選民，或是人口只有六人也可派出代表。可見此時期民權意識未獲普遍啟蒙。

　　《1832年改革法案》（Reform Act 1832）可算是英國第二次選舉權的擴張。它的背景出現在工業革命之後，大量的人口由東南部向北移到曼徹斯特和利物浦兩個工業大城，但是這兩個城市竟然沒有國會議員代表。有些地方議員所代表的選民又太少，甚至如上所說，沒有選民也有代表。如此誇張的特權引發改革的呼聲。當時的合格選民只有四、五十萬人，後來根據這一個改革法案擴張到八十多萬人[01]，增加了約三十二萬選民，此改革的結果讓五分之一成年男性擁有投票權，而且此次投票之後，下議院長期以來變成托利黨 —— 也就是保皇黨獨占的局面。因為法案中規定男性要向政府年繳租稅十磅以上才能成為合格選民，所以選出的國會議員仍然以大地主與貴族為主。事實上此次選舉權的擴張也引發貴族的恐慌，例如神勇到打敗拿破崙的威靈頓公爵（Arthur Wellesley, 1st Duke of Wellington, 1769-1852）認為普選一旦發生，將是英國的末日 —— 非常像今日中國共產黨的口吻。

　　那個時代，不只英國對於選舉權的資格有嚴格的限定，法國、美國也都有相關限定。限定的標準不只是在財富、性別和年齡上，還包括種族、宗教的條件；甚至說候選人的品性也要有相關人等出面證明，例如證明他不會酗酒、說謊、反對正統教會等等才有資格成為候選人。這在一個中產階級和工人階級權利意識開始覺醒的時代裡，這樣的標準當然遭受挑戰，

十九世紀選舉權的擴張常常是伴隨著工人運動、女權運動、反奴隸運動而來。以憲章運動（chartism）作為代表，這裡介紹兩位重要的人物，第一個是奧康納（Feargus Edward O'Connor, 1796-1855），愛爾蘭人，出生在科克郡（Cork）附近 —— 愛爾蘭有太多有名的政治人物都來自於這一區，他出身在新教徒家庭，父親自稱是十二世紀愛爾蘭國王的後裔。這個家族在政治上非常有實力，在拿破崙時代，他的父執輩有一號人物曾經跑去巴黎從軍，跟拿破崙借軍隊準備解放愛爾蘭，後來沒有成功索性就待在巴黎當官。奧康納的叔叔也是一名律師兼政治人物。他在都柏林三一學院學習法律，後來繼承叔叔的遺產，也當了律師，後來也當選國會議員。另一位人物是洛維特（William Lovett, 1800-1877），出生於英格蘭西南邊的康瓦爾郡（Cornwall），是一個自我教育的櫥櫃製造工人，後來變成櫥櫃製造者協會的會長，致力於推動工人選舉權運動，常常被以煽動叛亂罪進出牢房多次，主張要給工人教育。晚年開書店宣揚理念。

1839 年憲章運動中，倡議者以倫敦工人協會的名義發起請願，下議院沒有過目文件便回絕了。後來在威爾斯發生武裝暴動，十多人死亡，五十人受傷。在 1842 年運動又起，全國憲章協會徵得三百二十萬人簽名，可是又被下議院否決。1848 年歐洲發生民主革命，請願書被裝在四套華麗的馬車上面送到下議院，但是又被否決。不久之後憲章運動協會被解散。在下來的近二十年，選舉權請願運動似乎在政府改善工人的工作環境以及提供社會福利之後有所緩和。但是在 1866 年，工會組織改革聯盟又開始爭取選舉權的運動，如我們在前章提過的，他們號召工人到海德公園集會，政府卻將公園封鎖，工人強拆公園柵欄進去集會 —— 從人類學的角度來看與當前香港學生拆掉公共設備，進行街頭抗議有異曲同工之妙。於是國會在 1867 年修改的法案加入了工人代表，讓合格選民增加至二百五十萬

人左右，這時候三分之一的成年男性有了投票權，而且國會議員也開始有年薪 —— 以前的國會議員並非比較可憐沒有薪水，而是因為太有錢不需要薪水。這一次選舉權擴張的結果讓保守黨被自由黨擊敗。1872 年投票制度法修正案把記名投票改成不記名投票 —— 所以必須說在 1872 年以前選民受到候選人的壓力隨處可見。在 1884 年又將選舉權擴及農業人口，這時約四分之三的成年男性有選舉權了，而且規定每一個國會議員席次大約代表五萬名選民。1918 年的改革法案考慮到成千上萬的軍人在第一次世界大戰中不惜生命保護英國憲政，但是其中許多人竟然沒有投票權，於是規定二十歲以上的男性、三十歲以上的女性具有投票權，選民由原本的七百七十萬人增加至二千一百萬人，這時候可說是真普選了。1928 年再將男女年齡的限制維持平等。1948 年，原本 7% 的選民有複數選票 —— 也就是一人兩票，在這一年改成一人一票，並且又擴張到年滿十八歲的英國公民都具有投票權。從 1832 年改革法令到 1948 年改善到最接近現在的投票原則，前後經過了約一百年。

選舉權擴大運動，從英國經驗來看，可以視為是有閒階級人數的擴大運動。一開始是一些曾經受過壓抑的先天與後天有閒階級自我憐憫，也同情弱勢，於是開始領導選舉權擴大運動。取得政治權力的後天有閒階級開始影響了國會的政策，透過法律保障工人與農人這種勞動階級的工作權和基本人權，於是這些農人和工人在這些保障與教育普及政策影響之下，變成了制度有閒階級，於是也開始爭取自己的權利。所以選舉權擴大運動可以看到三大不同區塊的有閒階級之變動和增量。

從這樣來看，香港企圖推動的雙普選運動想要在短期之內，或是說短短的二十幾年之內就完成目標是否太過天真呢？也未必，我們看一下美國選舉權擴張運動的狀況。

美國選舉權的擴大

美國選舉權的擴大相較於英國來說容易許多。在英屬殖民地時期，北美十三州大約有 50 − 70% 左右的成年白人有投票權，到了英屬殖民地後期這個數字以達到 70 − 80%，遠遠大於英國的本土。而在 1776 年之後，只要拿起武器來保護過美國的人民都有投票權。在美國內戰之前（也就是 1860 年以前），美國是全世界第一個實施男性普選的國家，甚至有五個州 —— 麻塞諸塞、新罕布什爾州、佛蒙特州、緬因州、羅德島州，也給黑人選舉權。可以說美國在擴大選舉全方面走在世界的前緣。

怎麼去解釋這種現象呢？杭廷頓（Samuel P. Huntington）認為：美國參政權的擴大既早且快，且未造成重大騷亂和不穩定的原因，在於十七、十八世紀存在於美國傳統政治體制之內具有相對於西歐的複雜性、適應性、自主性、內聚性，甚至在州與地方這一次級政府也有多種多樣的參政型態。這種機構的多樣性提供了多種獲得政治權力的途徑，而且在當時不止能透過多種管道來取得行政官員的職務，也可以通過這些管道掌控立法機構。而社會上的弱勢群體也可以從司法機構裡面獲得較公平的對待。也就說，此時，美國社會中大多數重要的社會群體和經濟群體都能找到自己的方法參與政府的運作，並且把他們的影響和政府的權威結合在一起 [02]。簡單的說（若容許簡單的話），杭廷頓認為美國機構的複雜性是選舉權順利擴大的主因。但是，本書要進一步問的是為什麼美國的制度會複雜化（而其他的制度沒有）呢？沒有更簡單的解釋因素嗎？

事實上我們只要問一個問題就可以找到相對簡單的原因，那就是在十七、十八世紀時，哪些人會移民到北美十三州來？答案是清教徒或貴格教派等新教教徒。我們只要進一步探究清教徒賣掉在英國本土的房產舉家

遷移到美國來，除了中產階級之外，少有人有這種本領吧！他們絕對不會像早期福建地區的人民，特別是落魄的單身男性跑到臺灣來討生活。這些清教徒攜家帶眷、又要買船票、又要準備登陸時的生活必需品，這是一個相當耗費錢財的工作。他們不像是哥倫布和早期征服中南美洲那一些冒險家，準備來這一邊發財致富。這些清教徒還帶著宗教的理想過來，他們屬於新教體系，反對英國保守的國教教會。因為是新教，所以可以自己閱讀聖經，也被要求自己閱讀聖經以接近神靈，也足以自我教育，是一群識字率極高的移民。最早坐五月花號來到鱈魚角的那一群移民原本就為了躲避英國國教派的迫害，先移民到荷蘭（一些人在這裡擔任大學教授），經過了快二十年之後，再從荷蘭經過普利茅斯港來到了北美洲。他們這二十年在荷蘭吸收了什麼樣的實務呢？我們只要看一下當時的 1602 年，正當荷蘭東印度公司開始成立，而這一群清教徒因為是自律頗高，所以在英國本土時也受到陪審團審判制度的影響，而且由來已久。也就是說美國先祖們結合了荷蘭新教徒的商業精神與公司管理／會計制度，再加上原本陪審團的獨立審判制度等等這些優良的制度創新傳統，再加上識字率極高的中產階級，就可以在北美十三州開創出自我管理的機制。有一說認為當初搭五月花號來的第一批移民在上岸前簽署了《五月花號宣言》，但近來有些歷史學家直言其偽造。其實即使為真，一紙宣言對英屬殖民地早期的政治生活恐怕影響不會太大。影響較大的恐怕是當時英國與荷蘭走在世界前端的商業精神、公司管理模式、會計制度與陪審團制度 —— 這些是存在宣言背後的制度習慣。

美國早期移民屬於中產階級的間接證據，也可以從法國知名年鑑史學家布勞岱爾（Fernand Braudel, 1902-1985）所著的《文明史綱：人類文明的傳承與交流》中找到：美國的航運發展到了十八世紀末，也就在獨立戰

爭發生的前後,若依據人口比例,美國已經成為世界第一航運大國,其
各州所有船隊的運載總噸位已經超過了英國以外所有國家船隻噸位的總
和 [03]。這樣的結果顯示美國的經濟發展的條件,也間接說明美國民主,都
不是從無到有的。

　　托克維爾在《論美國的民主》一書中,講得更加明白了:「在 1620 年
之後,向北美移民的潮流就一直沒有停止,在查理一世在位期間,大不列
顛帝國的宗教和政治震盪不定,每年都把一批批各派的教徒趕到美洲海岸
去,而在英國清教徒的主力一直是中產階級,而大部分的移民正是來自這
一個階級,新英格蘭的人口迅速增加。當等級制度仍然在祖國將居民強行
分為不同階級的時候,殖民地卻出現了社會各部分日益均質化的新現象,
這一種在古代不敢夢想的民族,以從古老的封建社會之中以強大無比、全
副武裝的力量衝了出來 [04]。」有許多資料也顯示當初許多劍橋大學的清教
徒學生直接移民到哈佛大學完成學業,當時來到美國的正是一大批中產階
級。而且在北美十三州人民是透過殖民地會議由自己選出議員,共同商定
殖民地的法律來管理自己,這與世界其他地方的殖民地管理有著天壤之
別。在這些條件之下至少創造了以下兩個趨勢,首先、北美十三個殖民
地幾乎在沒有千年傳統的貴族和國王的攔阻(如本書在上一節所論者)之
下,選舉權的擴張極其迅速而順利。

　　至於杭廷頓把參政權的擴張歸因成制度的複雜化的問題,本書認為美
國政治制度的複雜化恐怕只是移民 —— 中產階級/有閒階級追求多樣化
衝動的結構的附屬品,或是附帶效果而已啊;或許下面說法比較合適:美
國中產階級影響力的擴大所造成之參政權的擴大,與有閒階級並生的複雜
性擴大 —— 無論是政治的或是社會的 —— 所影響的參政權擴大過程,是
讓人感覺美國民主「穩定順利」的主因。第二,依照當代對民主國家的觀

察，只要中產階級龐大的國家，民主制度幾乎沒有不成功的，除非外來的壓制力量過於強大（如中國治下的香港）。美國選舉權的順利擴大只不過是再度應證這一個觀察。

不過，存在一個讓令人好奇的假設性問題：在美國獨立革命以前，北美十三州殖民地總人口大約二百四十萬人，如果這群人口沒有移民來北美而留在英國本土，那麼會發生什麼事？大獨裁者克倫威爾也是清教徒，本來也想要移民北美可是沒有成行，在英國清教徒革命發生後，這一位護國公並沒有像法國大革命一樣把上萬名貴族送上斷頭臺 —— 可能要歸因從1620 年到 1789 年這一百六十年間英國往北美投放如此大量的中產階級。如果我們說法國大革命（當時法國移民去北美洲的人不過六到七萬多人，是英國移民人口的四十分之一）是法國的第一場中產階級革命的話，那麼美國獨立革命也應該是大不列顛帝國在清教徒革命之後的另一場中產階級革命，只是發生的地點在中產階級聚集最多量的地方而已，當時的大不列顛中產階級聚集的地方不是在本土而是在北美十三個殖民地。反過來說，也正是由於英國本土沒有大量中產階級的阻擾抗議，所以才讓貴族與大地主所主導的貴族政治體制一直延續到十九世紀下半葉，也讓英國選舉權的擴大如此艱辛而長久。

關於美國民主，還值得審視的是：杭廷頓把美國發展出來的政治體制稱為「都鐸式體制」 —— 一個搶眼的詞語。他認為美國當代盛行的政治體制直接承接的精神不是來自 1689 年的權利法案，而是大憲章影響下的都鐸王朝（1485-1603）。當時的君主，特別是最後一位女王伊莉莎白一世（Elizabeth I, 1533-1603），雖然要周旋議會之間，但是享有否決權和執政權。所以他說美國的政治體制比任何歐洲現在的政治體制更為古老，可是卻發展出更為進步的社會。這是一個非常動人的說法。但是根據布勞岱

爾的研究，考察當初美國獨立之後參加制憲會議的開國元勳講的話，就可以知道原先的美國立國思考恐怕比杭廷頓想得還多。例如美國第一任財政部長漢米爾頓（Alexander Hamilton, 1757-1804）要求要讓「無禮的民主」落敗；在信件裡面一位州長的女兒稱人民是「爛泥、骯髒、不潔的群眾」；另一位美國憲法簽署人之一州長莫里斯（Gouverneur Morris, 1752-1816）說群眾是會想、會思考的可憐的爬蟲類，「他們曬太陽取暖，不一會兒就張口亂咬」，他提醒上層仕紳要防範這些群眾。這些開國元勳一開始是在防範民粹主義的——特別是希臘雅典民主最後崩壞所提供的教訓；另一個緣由多半因為他們主要背景來自地主階級——美國在誕生的時候已經有富人階級了，即使他們的財富不大但也足以使這些富人有能力和名望來統領他人。這一群制憲者以自由與平等之名所建立的秩序正是資本主義的秩序，他們以保障地產、財產和社會特權作為基本的原則[05]。而這些原則和初始的貴族文化，或所謂貴族原則背後的主要精神並沒有太多的差別。再說，這些制憲者們所參考的歷史經驗並不全然是都鐸王朝的經驗，還包括希臘雅典的民主以及羅馬共和時代的制度得失[06]。在制憲之前的一百五十年間，這一群龐大的中產階級已經把歐洲文明中的各種知識內涵吸收過來，自然會對歐洲的各種傳統進行反省，而不會獨厚於都鐸王朝的政治體制，或者是說美國代議制度的發展只是湊巧類似都鐸王朝的政治體制而已。

香港的選舉體制

我們回頭來看香港 2020 年前的政治體制可能就會發現同樣是一個「複雜」的選舉體制，可是卻產生不了杭廷頓所說的效果。香港特首選舉並非全民直選，而是由 1,200 名選舉委員產生出來。這 1,200 名委員只占

了選民中的十萬分之三，而這 1,200 名選委會委員則是由四個區塊產生出來的：第一個區塊是醫生和律師，決定了 300 名員額；第二個區塊是工業與商業大老，也決定 300 名員額；第三個區塊是屬於勞工、社會福利和宗教，同樣決定 300 名員額。而這 900 名委員是由 24 萬「專業選民」選舉出來的。而第四個區塊則來自區議會、立法會，還有由中央指定的人大和政協委員來決定；這一個區塊雖然可以讓 350 萬香港選民來決定，不過可以選出來的人大約也只有 187 名而已。簡單說 24 萬專業選民只占所有選民的 7%，但這 7% 決定了特首選舉的 75% 的權重；93% 的選民只能決定 16% 的權重。

在香港立法會議員選舉方面也分成「功能組」和「直選組」兩大區塊，各自決定 35 名員額。同樣的 24 萬名專業人士可以決定 35 名立法會議員，而其他 350 萬名香港選民只能決定另外 35 位立法會議員。而在立法會的提案權方面，來自行政單位的提案只要簡單多數投票提案便可以成立，但是只要是立法會議員的提案則同時必須經過功能組別過半數通過以及直選組別過半數通過，兩個組別同時通過這個議案才能成立。

從這樣的選舉以及提案權的結構來看，不論是特首和立法會議員的結構，以及議會提案優勢都會偏向於 24 萬名專業人士，這是典型的貴族政治形態，在彭定康勳爵（Christopher Francis Patten, Baron Patten of Barnes, 1944-）時期（1992-1997）規定了下來，香港歸還中國後繼續沿用。這樣的體制放在當代民主國家社會裡面是不可思議的，這相當於十七世紀後期英國中央政治體制的改良後的翻版，也無怪乎後來香港經過了三十年的發展，經濟層面偏向於地產商人的結構。而當前年輕學子所反抗的不只是中共政權威脅下的政治走向，還包括地產資本家了。再則，香港是中產階級聚集的大城市，人民在現階段爭取直選的民主顯然是一種有閒階級增

多之後本源上的需求。這樣的需求絕對不可能因為中共新頒發的香港國安法（2020 年）、強制在香港實施愛國教育，或是重塑更保守的選舉體制（2021 年）就會有所改變。現代社會有哪一個以中產階級為主體的國家還沒有民主制度呢？

知識的考掘與權利視野的擴張：權力、權威和權利三概念之間的關係

以上幾章在談貴族原則於所有權（或就是所謂的「權利」）這個範疇穩健持續的擴張，這種擴張之所以可能，主要都是由（作為行動者的）思想家提出一種有說服力的想法——我們可以概稱為智慧、見識，簡稱為智識——使人們開始質疑既定權威的合理性、正當性和合法性。當這一個質疑持續擴大並且否定了既定權威的這三種性質（合理性、正當性和合法性）之後，權力衝突就會發生，為了降低權力衝突就得重新透過對權利進行規定，而使得在貴族原則主導的社會裡面權利的種類和範圍不斷的擴大。智識對於權利穩健擴大的影響居於首要地位，而有閒階級追求智識上的滿足或是舒適感恐怕也是這樣的智識得到落實，而在人類社會上以法律規定來保護權利即是一種智識落實的方式。

在這裡要進一步說明權力、權威和權利三個概念之間的關係以增進讀者對上一段的理解。權威是一種不平等的權力關係；大家千萬別以為不平等的權力關係一定會發生衝突，不一定的，只要這樣的不平等有其合理性、正當性、合法性，那麼大家就會接受這樣的權威，像交通警察在指揮交通的時候，他的權威一定高於其他人才指揮得動，而這時候並不會發生權力衝突，但是現今香港警察因為處理民眾權力抗爭的過程被質疑處置不

當，造成合理性、正當性和合法性的不足，所以一些激進的抗爭群眾就不再相信這樣的權威，這時候當然會爆發權力衝突。至於權利的概念在本章前面也已經說明過，它是為了降低權力衝突的一種有效的處置方式；像香港當前人民在爭取普選權利，一人一票公平選舉的權利，但是中國共產黨政府基於政治穩定理由還不願正當化這樣的權利才爆發政府與人民之間權力衝突，如果政府給人民權利了相信衝突就會降低，也可重建政府的權威，甚至降低它與民主社會國家之間的緊張關係。

▌第四代人權

　　上面幾章所介紹的三代人權的發展沿著辯證的脈絡前進。倡議者由對政治權力、經濟權力和社會權力之不平等關係進行批判，而產生的權利類型由巨觀漸漸向微觀的層次進行。國家的權力非常的具象；資本家的經濟權力，雖然小於國家但也相當可觀；社會壓力，不像前兩者那麼具象，但是在我們日常生活裡面隨處可聞「我壓力好大」的話語。本篇最後我想談正在進行的第四代人權——它是從微觀權力的範疇產生出來的權利。第四代人權所面對的權力衝突，通常是個人內心的不同價值觀之間的衝突。關心的問題有：為什麼我採取這樣的價值觀來自我監控、自我約束？誰創造了這樣的價值觀？這樣的價值觀它的合理性和正當性是否充足？本章節的標題中「知識的考掘」一詞是法國哲學家傅科的一本書的書名，他本人恐怕是第四代人權最偉大的開拓者。

　　米歇爾‧傅柯（Michel Foucault, 1926-1984）生於法國的中西部地區，與笛卡兒出生、生活的地點非常接近。他的父親來自於大巴黎區首都圈的楓丹白露，是一位外科醫生。傅科的媽媽也是來自一個名望頗高的外科醫

生的家族，傅柯的外祖父不只是外科醫生還在當地大學教授解剖學。他的母親繼承了一個非常大的十九世紀中葉的大別墅，所以可以說他的家庭是屬於保守的中上階級。他從小就被期待繼承家業成為醫生。傅科在小學時候就呈現出了同性戀的傾向，他幫一個漂亮的男孩寫作業而且覺得這一招非常有效，所以便努力學習成為優秀的學者，這樣可以吸引更漂亮的男子。但是他這種傾向在那一個時代為社會所不容，所以早期呈現出極端壓抑的個性。在 1948 年二十二歲時他嘗試自殺，父親送他去醫院，請一位學術地位頗高的心理學家讓・德雷（Jean Delay，1907-1987，這位心理學與神經學家也是來自於醫學世家，不但自己是法蘭西學院的一員，連他的兒子也是）照顧他，他也因此對心理精神學產生興趣（本文前面提到法國的長袍貴族對法國文明的影響，現在拿來檢視傅科和德雷德這兩個家族在科學與文化上的影響力，頗有神似）。傅柯揮之不去的自殘和自殺的舉動和心態，醫師診斷與他壓抑同性戀極其相關，他自己也開始嘗試去接觸同性戀團體，當然也開始接觸康德、胡塞爾、黑格爾、馬克思、海德格等哲學家的著作。因為篇幅限制，於此只能簡述他的思想為權利 —— 特別是基本權利的領域 —— 開啟了哪些觀點。

對傅科而言，最切身的問題就是同性戀為什麼以及如何會被視為不正常。覺察到這個問題後，他便對協助這類判斷的知識進行考察，而有《知識的考掘》這本書。他發現在古希臘同性戀不止不是非法的事，而且在年長男和年輕男士之間類似師徒兼戀人的關係，發生同性戀是正常無比的事且普遍被接受，但是後來是透過什麼樣的過程使得同性戀變成不正常的呢？傅柯引用韋伯的論述認為基督教中隱含著一種理性元素，要嚴格的去區分什麼是神聖、什麼是非神聖。根據《聖經》，人類是由亞當和夏娃這種異性戀所產生出來的後代，因此同性戀因為無法產生後代所以是不正常

的。而到了科學革命時代雖然科學革命引爆了許多觀念的改革，如我們前面所說的，開始去質疑神權、君權的合理性、正當性，轉變成為天賦人權，但是科學革命是怎麼樣也把同性戀也劃歸在不正常呢？

　　作為兩次世界大戰的主要戰場的歐洲，在戰後，知識份子開始反思自從啟蒙運動以來，知識內涵中到底隱含了怎麼樣的結構或要素，而引發了人類有史以來最大與最多暴力的行動？有一派開始質疑科學本身所存在的工具特質，科學中立恐怕是個神話，科學為政治某種價值觀服務，恐怕才是真實狀況。傅科發現在十七世紀巴黎綜合醫院的院長有權力將所有被他定義為不正常的人抓起來 —— 當時巴黎有 1% 的人不是因為醫療上的需求而是因為行政管理上的需求被關起來，甚至失業者、遊民或是政治犯也可能被認定是精神病患而需要監禁。這個時代可說是大監禁時代，但同時也是一個理性的時代，產生了許多的科學發現，知識菁英開始在啟蒙理性裡面 —— 所以也稱之為啟蒙時代（Enlightenment Era） —— 開始強行將人的行為分為理性與非理性。於是「分類的暴力」開始展開，而這個時期也是現代化國家出現的時期。在十八世紀的精神醫學是以解剖學和臨床醫學作為基本，到了十九世紀一個非常現代化完整的醫學體系已經形成。理性擴張到所有領域成為普遍定律，黑格爾甚至宣稱國家是某種絕對的理性的綜合，國家是絕對自在自為的理性物件。這時候精神療養院的存在以及被抓進去的人的樣態，成為了人們判斷自己是否正常的標準。於是這一種暴力分類的手段讓原本是一種外在壓迫轉變成為內在監控，沒被抓進去精神療養院成為一種自我肯定，並且可以隨時自我檢查問自己現在正不正常，於是變成是一種「正常化的規訓（normalizing discipline）」。而在這一種理性的時代中，權力通常不會讓你覺得是被壓迫，而是讓你覺得是自我理性思索之後的結果。

培根所謂「知識即權力」意味著有了知識後權力會附加而來的；權力作為知識的副產品而可以令人順服。但是傅科扭轉了這樣的觀察，因為他發現知識常常變成權力的手段，與其說知識創造權力，倒不如說權力也同樣在創造知識 —— 在這裡的知識我們可以把它解讀為是一種系統性、有組織性、甚至具有實證性質的說法。依據現在的說法，「權力創造知識」類似於每個政黨都有自己的民調，也會藉由解讀自己的民調來鞏固選民。

　　傅柯的思想，在權利範疇所提供的視野，主要在帶領我們去關注一些被邊緣化的議題，這些議題除了同性戀外還包括了醫師與病人之間的醫病關係，或者師生之間、親子之間、上司與下屬之間、教練與隊員之間、夫妻之間、情人之間、男女之間、媒體與閱聽人之間、顧客與廠商之間訊息的不對稱等等微觀權力關係的再生產，或是說支配與被支配者之間關係的再生產，導致弱勢者不斷自我監控的扭曲身體。必須說傅柯的思想所以受到極大的關注，不只是因為他發覺隱藏性的宰制的問題，還提到反抗的議題，例如他說雖然權力無所不在，但是有權力就有反抗。這樣的反抗行動的落實促成了當代在檢討權力關係領域時，發現所有的權力衝突的解決或削弱，並不是馬上有辦法（像前面討論的模式一樣）完整地以權利的形式呈現，而只能以倫理的形式獲得緩衝性的化解。這種微觀的視角於是向關係霸凌、婚姻暴力、家庭暴力、身體自主權或是性騷擾等等議題提供建設性的問題意識。

　　以身體自主權為例，一些生殖力旺盛的男性因襲父權社會所生產的論述，讓他毫無顧忌地去看迎面而來的女性上上下下、左左右右、前前後後，並且品頭論足一番，而讓女性覺得不舒服。這些男性的舉止在現今都是屬於性騷擾，但是它的範圍又很難以明確界定，因為並未涉及身體上的侵犯。身體自主權的提出便可以針對這一種行為進行某種程度的規範，例

如讓女性討論各種男女互動不舒服的感受，之後透過教育和宣導反應到前臺告訴男性，女性在何種狀況會產生的恐懼、不舒適、厭惡等情緒，進而要求男士節制他的目光、語言，以及當女性往你跟前走來幾公尺之內眼睛應該自動的往下，而不要注視女性的身體讓他們不舒服。或者說應以女性直接的感受重新來界定身體哪一區是屬於公開區（例如手腳、肩膀）、敏感區（腰、頭、臉、耳、鼻子）、禁區（胸部、生殖器、臀部、大腿），因而可以根據男女雙方的親密程度以禮儀規範可以碰觸的點，而感覺自然而然不會突兀。簡言之，這麼細節性的範疇恐怕無法用基本權利來規範，而必須用微觀的權力角度來加以釋放。

小結

在這裡我想對整篇貴族原則社會，在特權與基本人權方面的擴張，做一個總結性的觀察。每一代人權從初始到成熟的發展，似乎都會持續一百五十年的時間，而且不同代際之間都會互相覆蓋五十年。第一代人權開展於 1650 年到 1800 年之間，這一代的議題主要是對政治權力衝突的思考，目的在保障財產權、基本的人身自由權、宗教自由、以及公正的審判與訴訟權利；特權部分則以專利法和著作權法為主。主要的代表人物有洛克、盧梭、孟德斯鳩、邊沁等人；權力關係的範疇主要是針對政府與公民之間的衝突問題，目的在節制國家霸權；這一代具有身體上、精神上以及智識上舒適感追求的成分。

第二代人權開始於 1750 年，終於 1900 年，主要的議題是對經濟權力衝突的思考，以保障最基本的社會權作為核心，內容包括了生命權、工作權、健康婦幼保障，以及將經濟能力做為選民條件門檻的選舉權問題（選舉權資格的問題看似是人民與政治權利衝突之間的問題，實質上在第一代

人權發展時期，國家菁英變巧妙地把這一個問題轉嫁成為經濟問題，用經濟能力來限制選舉權的擴大，因此選舉權的擴張才會出現在第二代人權的範疇，同時配合出現的便是社會權的擴張），還有最早期的環境權；在特權部分開展了商標法以及具有基本權利和特權雙重性質的教育權。主要的代表人物有馬克思、恩格斯、聖西門、傅立葉、歐文等人。主要的目的在節制經濟資本的不平衡發展而對民眾產生過當的支配力量。

　　第三代人權發生的時間大約在 1850 年到 2000 年之間，因為不同的族群、身份、公領域與私領域歸屬而產生權利不同的問題。這種族群和身分的衝突包括各個種族之間、黑人白人之間、男女之間、有納稅跟沒有納稅者之間、原住民新住民或是移民之間、公與私（國家或是社會權力是否可以進入家庭之內管理相關的衝突）之間，於是這一代打開的議題包括了民族自決與自覺、女權運動、隱私權、人格權、文化發展權、男女之間同工同酬。主要的代表人物有林肯、女權主義者、約翰彌爾、梭羅。主要目的在節制自認為代表「多數」的社會權力過度膨脹的問題。

　　第四代人權發生的時間從 1950 年開始，可能會持續到 2100 年。關心的層次進入到人的感受層次，以前三代人權會關心最基本的有形或是無形的生理、安全、團體隸屬等方面利益，但是第四代關心的比較不是主流的利益而是微觀的感受，因此他關懷的議題多半是由遠離核心的次文化團體提出來的議題，例如同性戀、家庭主婦、少數族群、犯罪事件中的受害者、藝術愛好者、年長者族群。關心的議題包括校園霸凌、職場霸凌、性騷擾、身體自主權，還有不同族群認知差異所引發的衝突，例如丹麥報紙嘲笑或是諷刺回教先知穆罕默德所引發的回教世界的反彈。當然，丹麥這種世俗社會對於嘲笑耶穌和耶和華於此階段、此地方不會引來太大的社會壓力，但是嘲笑穆罕默德卻引起伊朗發佈追殺令以及其他回教國家的反

彈，這種認知衝突所涉及的不只是認知層面自身，還包括深層的尊嚴感受問題。其他的問題還包括情緒勒索這一種非制度性的權力關係的擴展，引發他人情緒的負擔。再來的議題還包括在司法以及校園衝突之中的修復式實踐，關心加害者和受害者以及衝突相關人情緒上與關係上的修復。其他還有包括憂鬱症、焦躁症這些精神疾病的復原。以前三代的人權問題多半可以透過立法來加以解決，但是第四代的問題許多透過立法還不一定能夠解決，而必須透過倫理關係的覺察與重建才能化解。第四代人權的代表人物是傅柯以及與他相關的解構主義者，主要是在節制微觀權力過度膨脹或是沒被察覺的問題（有時是權力關係還沒浮現出來的情緒底層）。

有讀者可能會問那麼第五代人權的內容會是什麼，這恐怕不是作者我有辦法去深入探討的，只是我也非常感興趣，如果我們可以像猜測世界盃足球賽最後的冠軍一樣，單純為了好玩，倒是願意猜測一番。依據本書上面檢視貴族原則社會中各種權利拓展的狀況，我們發現有閒階級其實在身體上和精神上所設定的權利已經相當多了，但是在美學上的權利相對來說卻少得可憐。如果我們可以像門得列夫（Dmitri Ivanovich Mendeleev, 1834-1907）在發現週期表之後，預測哪些還沒有發現的元素一定存在，並且後來應驗的話，我們可以推測：如果不斷擴張中的有閒階級，在生活態度上總會依據找到最舒適的位置落腳這個前提來發展，最後出現的第五代人權應該會落在美學滿足的範疇中。希望這不是一個不負責任的推斷。

[01] 錢乘旦、陳曉律，2013，《在傳統與變革之間：英國文化模式溯源》，香港：中和出版，頁 228。

[02] 塞繆爾‧杭廷頓（Samuel P. Huntington），聶振雄、張岱云等譯，1994，《變動社會的政治秩序》（*Political Order in Changing Societies*），臺北市：時報，頁 129-30。

[03] 布勞岱爾（Fernand Braudel），許惇純譯，2016，《文明史綱：人類文明的傳承與交流》，新北市：廣場，頁 478。

[04] 托克維爾，董果良譯，1989，《論美國的民主》，北京市：商務，頁 43-4。

[05] 布勞岱爾著，同註 3，頁 481-2。

[06] Thomas F. Madden，孫飴等譯，2009，《信任帝國》（*Empires of Trust: How Rome Built-and America Is Building-a New World*），上海市：學林。頁 28-31。

第十二章

金融的辯證：數字產業發達的年代

不正當的產業

范伯倫的論述暗示著只有第一級和第二級產業以及為這兩級產業服務的工作（例如醫師、律師、會計師、建築師、教師等），才是具有正當性的（也就是有生產性的）產業，其他都是炫耀性的、是有閒階級攀比競爭產生的「不正當的」產業。此論述於今日看來偏既頗又保守。我們此時探討他所謂「不正當的」產業的重要性，在於當前英國和美國這兩個以貴族原則為基底所建構的國家，其服務業占國內生產總值的比例已經高達百分八十，而且所提供的服務內容已經不完全是為了第一級和第二級產業了。這些「不正當的」產業到底為貴族原則國家提供了怎麼樣的經濟發展條件，甚至是優勢，非常值得在以後的篇幅裡面與平民原則所建構的國家進行對比。

這種「不正當的」產業在當代大概可分成兩類：第一類是文化與休閒產業，第二類是金融業。文化與休閒產業涉及職業運動、文創產業、觀光旅遊業等等方面。這些產業的發生不能夠單單由尋求差異這一動力進行解釋，想要作更完整的解釋，則必須將有閒階級主要活動的內容的其他動力，如對力量的崇拜、追求舒適感與尋求差異等三項，互相辯證所產生高一層的動力含納進來。關於這些由貴族原則發展出來的第一類文化與休閒產業已於本書第四與五章論述過，此處打算論述貴族原則在追求差異與追求利潤這兩個動機的極端發展之下，所成就的金融業以及正在成形中的數字產業。

金融的辯證：數字產業發達的年代

有讀者可能會提問：金融業不是也為第一級和第二級產業服務嗎？它不是為第一級產業和第二級產業提供資金嗎？沒錯，金融業裡面的銀行業在早期確實做到了這樣的服務工作，但是我們好好去觀察現今每日在股票

市場進出資金的人們，他們是真心在為第一級和第二級產業服務嗎？想想那些放出「空單」的投資者，他們的行為反而是在打擊產業增長的，可說是「不正當產業」中最不正當的行為。可是「做空」行為在當今金融市場上確有其合法性，如果這不是源於有閒階級掠奪的本能，實在是難以去解釋了。當代金融產業已經沒有單純為第一級和第二級產業提供服務了。基本層面上金融業者鼓勵人們把閒錢拿出來投資以便保值，降低因為通貨膨脹所造成的風險；積極面上金融業者根本是在利用到手的資金，競逐資本利潤。他們甚至還設計出不同的金融理財工具，讓一些賭徒、逐利者、企圖累積財產者有更多方便的管道競逐利潤，甚至說是獵奪他人的利潤。

原本為第一產業和第二級產業服務的會計師，他們是用數字（統計概念化的數字）來管理生產流程；但是當代的金融產業者已經不只用數字來管理流程了，而似乎是用數字（金融概念化的數字）來管理數字，他們每日進出資本市場，呈現在帳戶、電腦、手機螢幕上的都是數字。而更進一步的，當前因為資訊科技發展的結果，數字管理數字已經不再是主要的課題了（但是請注意，這裡並不是說他們消失了）而是進入到以數字（貨幣概念化的數字）來創造數字、特別是創造有價值的數字；同時隨著不可測風險的增加、隨著幾次金融風暴的產生，此時得以創造或發現數字（即所謂的「數位貨幣」與「大數據」等等交雜著統計、金融、貨幣和管理學等概念化的數字群）來管理數字、創造財富，而成為另外一個主流。這些數字的轉化、生產、再製，和所謂的重新發現或創新，就是本書所謂的「數字產業」的主要內容。甚至說從觀察「數字產業」發展的歷程，我們發現貴族原則這類社會的發展過程逐步改變了尋求差異這一個行動的本質，轉而是去發現差異、利用差異、管理差異、創造差異，並且將之發展到極端。這個過程是怎麼產生出來的呢？我們將進行考察以一窺堂奧。

當代金融業的成型，肇基於文藝復興時期對科學和人性的探討與管理。隨後這兩個軸線時而獨立發展，時而互相激盪，最後在十八世紀構成了影響當代基本成熟的金融體系，也造就了今日西方的政治和社會制度的基模。

我在這裡必須做一個方框式的說明：

貴族原則僅僅發生在歐洲（後來傳到北美）而沒有發生在其他地方，是由兩個重要的條件構成：第一個條件是歐洲的半島地形，並且被兩個幾乎沒有大西洋洋流影響的、近似封閉的內陸水體 —— 波羅的海與地中海包圍（請讀者不要嫌我撈叨）。這兩個大海海域之廣、海面之穩定，相較於世界其他水域，無出其右者。特別是他們又與大西洋相通，更且溝通兩大水域之間的英吉利海峽的洋流再怎麼強勁也不會類似日本和亞洲大陸之間既有黑潮（由地球自轉所帶動的世界海域中行經距離最長、強度最強的太平洋洋流之末）又有親潮的夾擊帶來極大的航行風險。這樣峽灣和島嶼眾多的半島地形，搭配平穩的海洋環境，為商業貿易，特別是最原始的商業貿易，提供了優渥的環境。文藝復興時期，地中海貿易由歐洲南邊義大利半島上面的幾個城市（熱內亞、佛羅倫薩、威尼斯等） —— 他們剛好位在地中海中央 —— 所控制，波羅的海的貿易則由歐洲北邊的漢薩同盟所控制；南北之間透過英吉利海峽、萊茵河、多瑙河、聶伯河、伏爾加河等河谷地，溝通這兩個經濟地帶，促使歐洲的沿海及內陸都有發展商業貿易的良好條件。

再來，因為採取拼音文字的影響，這一大區沒有一個統一的語言和文字，每一個民族幾乎保持了自己原本的語言，因此較難有大一統的條件，小王國、貴族、小諸侯林立。反觀東方，中國的面積與歐洲相當，但是因為中國地區文字採用方塊字體作為異族溝通的主要工具，意外成為大一統的意識與形式的有利條件。

在王國林立、商業又發達的環境之中，有些王國常因為經營不善而破產，於是把國家的權力轉給貴族會議。有些貴族也因為經營不善而破產，於是又將整個國家的權力交給由中產階級和其他貴族組成的會議，而變成共和國。文藝復興時期的佛羅倫斯、威尼斯、熱內亞等都是以共和國的形式存在。文藝復興時期因為科學和數學研究的發展，開始有人將這兩項活動轉而關注商業經營活動，嘗試以科學與數學的知識來處理經濟問題，於是發展出了當代所謂的會計學。在《大查帳》[01]這本書中論及文藝復興時期到荷蘭變成共和國時期的會計學發展，其中，有影響力的會計學大家清一色是數學家或是科學家，而且都出身的中產階級，值得注意的是沒有一個是貴族。這些中產階級利用科學和數學來研究商業和貿易，而發展出的第一階段：以數字來管理人類的經濟與生活。

以下根據《大查帳》一書介紹幾位會計學者：

會計學之父盧卡帕喬利（Luca Pacioli, 1445-1515）出生於義大利托斯卡尼。他是幾何學家、代數學者、新柏拉圖主義研究者、天主教道明會教士。他將過去二百年發展成熟的「複式簿記法」寫在《算術幾何比及比例之總論》其中的一章，裡面闡述了管理財務的基本原理，並且認為是維持共和國必要的條件。

史提文（Simen Steven, 1548-1620）創造了十進位的小數符號。年輕時曾在安德衛普擔任記帳員和收帳員。曾經教導荷蘭共和國統治者次子莫里斯親王學習複式簿記法。他在 1604 年出版《君王會計學》，內容有三個重點：第一是區分企業資本和所有權人資本的差異；第二是將不同的交易合併成更大的數字，使得分錄的數量減少；第三，強調會計應成為所有官員管理財務的工具，而且是君王與領袖人物必備的政府治理工具 [02]。

胡德（Johannes Hudde, 1628-1704），他在數學領域發明多項式定理、

胡德法則。他曾經擔任阿姆斯特丹市長、荷屬東印度公司（VOC）的董事長，並且開始使用資產負債表、機率為各種商品計算風險值，也因此商業會計領域開始使用機率統計學。

德維特（Jan de Witt, 1626-1672）在 1652 到 1672 年間為荷蘭的議會大議長，因為這段時間這是荷蘭共和國第一次無執政官時期，所以他是實質的政治領袖。他曾經出版一本關於直線和曲線計算的書籍，對於彈道學相當有幫助。在會計學領域他將機率運用在經濟學領域，出版關於終身年金的專論，裡面發展出計算終身年金的數學原則。他認為數學與共和國的倫理是打造優質政府的工具。他的命運非常不幸，在他生命的最後一年遭到路易十四軍隊的攻擊，另外荷蘭共和國境內企圖維持世襲統治的奧蘭治（Orange）親王們免除了德維特的職務，並且組織暴動民眾將他殺害。

1672 年是荷蘭歷史上的「災難年」，從這一年往回看，荷蘭會比較風光些：1602 年荷屬東印度公司成立；1614 年荷蘭占領新尼德蘭，也就是後來的紐約；1619 年荷蘭在爪哇設立總督；1624 年荷蘭占領臺灣；1641 年荷蘭取代葡萄牙成為日本長崎出島唯一的外國貿易集團；1652 年擊敗了葡萄牙，東印度公司開始在南非開普敦殖民。但是，荷蘭從 1650 年代開始遭遇一系列挑戰：此年代發生三場與英國之間的戰爭；之後，1662 年鄭成功迫使荷蘭退出臺灣；1664 年和英國爭奪北美失敗，讓新阿姆斯特丹改名新約克（紐約）；1672 年遭受到英國與法國聯軍分別來自海上和陸地上的攻擊，也就是當時歐洲的第二強與第三強聯合起來擊敗了第一強權，也使得共和國內部發生內亂，而讓德維特（de Witts）遭遇不幸。

根據 1670 年的統計，荷蘭船艦的噸位是他後面英國、法國、西班牙、葡萄牙這是四國的總和，為什麼在它往後的一百年的競爭裡面逐漸衰退，並且最後退出了強權的行列呢？大航海時代的首號強權西班牙和葡萄

牙退出後來強權的行列的原因，或許可以歸因為缺乏用科學和數學來管理國家，那麼，現在這個首先用科學和數學來管理共和國的荷蘭為什麼會退出影響人類歷史第一線的舞臺呢？關於這一個問題已經不單單是金融、數學和科學的問題，我們將在本章的最後一個部分進行討論。以下我們持續進行貴族原則社會形成過程中，在多樣性尋求的這一條脈絡下，所進行的金融的辯證性發展。

　　荷蘭從十七世紀末到整個十八世紀不只軍事地位持續下降，最後連她全歐洲第一的金融經濟地位也不保，主要的關節點始自 1694 年英格蘭銀行的成立。當時英國捲入大同盟戰爭（War of the Grand Alliance，又稱九年戰爭，1688-1697），這是一場由哈布斯堡家族領軍的神聖羅馬帝國（包括其下三個諸侯國布蘭登堡、薩克森與巴伐利亞）、荷蘭、西班牙與英國組織大同盟，以圍堵太陽王路易十四在歐洲擴張勢力的戰爭。英王威廉三世（Willem III van Orange, 1650-1702）與法國國王路易十四打戰需要資金。在那個時代，君王為了緊急籌錢通常採取發放國債的方式，但是當時許多王公貴族借錢不還，信用很差，所以想要短時間籌到資金支援戰爭，國債的利息通常偏高，更且在戰爭之後需要還錢時，因難以籌措鉅額財務償債又會繼續借債，最後債臺高築，導致政府信用破產。當時倫敦的一些富人與貴族想到變通方式，他們響應英王威廉三世發行國債籌款的提議，也願意以比較低的利息借給英王，但是威廉三世必須賦予他們投資人成立英格蘭銀行的特權，可以發行貨幣、壟斷政府借貸（協助清償財政部債務：接受政府應付票據，也允許政府使用英格蘭銀行的蓋印票據，並作為新公債的認購單位）；同時連帶由國會立法制定專門稅收支付利息，並擔保償還投資者本金 [03]。借錢給政府與成立銀行表面看起來是兩件事，事實上卻是這一些銀行家精打細算的結果。

首先可他們以政府標定的利息買進國債（借錢給國家），英格蘭銀行獲取穩定的收入，有時為了應急，還可以以較低的利息將國債轉賣給尋求避險的民眾，以賺取中間的差價。其次，因為當時採取金本位，所以英格蘭銀行一邊吸收民間金幣，另一邊在放款的時候以鈔票替代；紙鈔因便於攜帶而且可以細分成更小的單位，於是增加了市場的交易的便利性。這樣由英格蘭銀行發行的的鈔票具有三個層次的保障：第一是壟斷國債買賣獲得的利潤、第二是國會對償還國債進行擔保、第三是英格蘭銀行自行吸收的黃金，有這三層保障，英鎊自此一直維持相當穩定的幣值。而且因為國會議員由公民選舉產生，當時的議員皆有一定財力可以購買國債，於是一些議員同時又是英格蘭銀行的董事；這樣下來，債權人和監督、管理債務使用的人便是同樣一批人，可是卻可能來自不同黨派，這使得政府各單位與英格蘭銀行之間可以互相監督，信用關係相對透明，降低腐敗的可能。

　　英國國債穩定、英鎊幣值穩定，這雙重穩定下，會有怎麼樣的結果呢？首先，人們願意把手上的黃金存放到英格蘭銀行換取英鎊到市場上流通，於是英鎊先變成國內市場上的強勢貨幣，最後變成國際貿易上的強勢貨幣。英國國債在避險市場上變成搶手物件，特別是經濟危機起伏不定的年代，於是英國國債發行成本不斷降低（如下表所示），國債發行數量也不斷擴大。

　　這一國家信用機制的發明雖然造成國家國債的膨脹，卻依然信用良好。於是英國式制度的民主特徵開始在與其他國家制度競爭中取得了優勢，因為不同政治團體的互相監督可以創造更多的信用，而在工業革命開始之時對資金的來源、管理、監督提供了健全的條件，提升了人民進行的專案技術投資成功的可能性。

英國政府長期借款利率，1693 — 1694

日期	借款數量（英鎊）	年利率（%）
1693 年 1 月	723,394	14
1694 年 3 月	1,000,000	14
1694 年 3 月	1,200,000	8
1697 年 4 月	1,400,000	6.3
1698 年 7 月	2,000,000	8
1707 年 3 月	1,155,000	6.25
1721 年 7 月	500,000	5
1728 年 3 月	1,750,000	4
1731 年 5 月	800,000	3
1739 年 6 月	300,000	3

資料來源：D. North and B. Weingast（1989）[04]

我們的思路再往前走，當英格蘭銀行發行的貨幣一旦獲得普遍的認同，那麼英國政府在發行國債或是徵收租稅的時候，就不必跟銀行和公民徵收黃金了，而可以直接徵取鈔票以作為國家建設，購買財貨或勞務。同時整個國內市場為方便起見，開始使用英格蘭銀行發行的貨幣作為交易的單位，使市場的交易與結算更加便利。這個銀行因為同時受到定期選舉的民選議會的監督，每換一次政府，就如同進行深刻的「再盤點一次」。於是這樣的貨幣不但在國內可以使用，在殖民地一樣可以使用，甚至也被外國政府所接受，包括他的敵國。如此發展，英鎊成為真真實實黃金的替代品，變成了國際通貨兌換基本的單位。

新制度主義的經濟學者諾斯（D. North） 與溫格斯特（B. Weingast,

1952-）（North and Weingast, 1989）發現光榮革命憲政轉型之後，使得英國政府大大提高償債能力，因而獲得了史無前例的財政資源。兩位作者指出在光榮革命之前，英國國王因為主客觀條件允許自己操縱貸款、償還數量和償還時間，常常沒有履行原先的承諾。例如詹姆士一世以 10% 的年利率借到了十萬英鎊，但是償還時間到後卻拒絕償還本金，還強制延長貸款的期限，而在隨後幾年也沒有償還利息。在這種狀況之下很難獲得潛在貸款人的信任。這一段時期政府的債務只占國內生產總值的 2% － 3%，數量比例算是很低，不過它的年利率極高，在 6% － 30% 之間。然而，在光榮革命與英格蘭銀行等新的財政制度建立之後，政府的債務因為戰爭的關係逐漸加大，竟然可以占到國內生產總值的 40%，但是長期貸款的年利率卻逐年下降，例如在 1690 年代初期利率達到 14%，但是僅僅十年之內利率水準下降了一半，而在 6% － 8% 之間，在隨後的 20 年之內，也就是在 1730 年代下降到了 3%。這樣的結果是可以提供他人，包括政府，使用的財富數量（達到指數級）驚人的增長。再者，這樣的結果竟然沒有引發在當代民主制度不健全的國家常常發生的惡性通貨膨脹。這種驚人的成就標示的人類在社會制度上一個突變演化。

斯塔薩瓦格（David Stasavage）[05] 進一步認為現代政府的成立與國債利率的降低之間有極密切的關係，但是兩者既非充分也非必要條件。例如像菲律賓雖然建立了憲政政府，但是在本文以下會發現他的國債利率並沒有因此而降低，可見還必須有其他因素作為支撐。斯塔薩瓦格認為代議政府改善政府信用的特點，至少具有三大支撐的條件：首先是憲法規定各機關之間的制衡，增加的政策裡面否決點（veto）的數量。第二、多元性的政黨以及多重認同的出現，使得議會裡面出現了多數黨，而且受到利益團體與反對黨的影響與監督。第三、債權人對立法機構構成足夠的影響

力;政府債權人的政治權利獲得保障(在代表新興商業勢力的國會議員要求下,設立了償債與減債基金),而且能控制財政政策。總之這些憲政民主的條件促使的英國政府相較於以前,不止償債能力增強,徵稅能力也增強。

貨幣制度的進化與立憲民主的出現息息相關。宋朝的時候政府也發行貨幣,也有紙鈔,只是後來發行過度的結果導致信用太低,最後不了了之。荷蘭人在義大利幾個城市共和國發展貨幣的基礎上,創造了中央銀行、商業銀行、券商、保險、信託在內的近代的金融體系以及會計查核與財務當責;創建了從債權、股票、期貨,再到衍生金融工具等等的金融市場體系,但是她並未成為橫跨全球的日不落國,也沒有在以後的日子裡成為歐洲的強權。相反的,英格蘭銀行發行的英鎊與國債卻取得人類歷史上前所未有的信用。由上推論:如果英國的立憲政府(因而沒有一個絕對的權威可以任意干擾貨幣的發行)和定期選舉的議會(因而使管理銀行的人、出借國債的人與監管國債使用的人具有某種程度的交集)兩者沒有出現的話,英磅的信用不可能如此之大 [06]。不過必須重申:以上僅比較世界經濟中心由荷蘭到英國的轉變的內在結構,也就是制度的變遷,並不是天真地在申論一個國家一旦立憲或有民主投票選舉,國家貨幣的信用就會變強;穩定英國民主制度的內在結構中,還包含有傳承已久的陪審團制度所造就的司法獨立之要素,此部分已經在前面章節討論過。第三世界的民主國家經濟發展的困境就可說明不是單單立憲或有民主投票選舉就能夠增加本國的貨幣信用;阿根廷、烏干達這類民主國家便有嚴重的通貨膨脹現象。

以今日各國十年期公債殖利率進行比較,西歐、北美和其他先進國家國債的利息一般比較低,而專制國家國債的利息比較高。中國國債的利息三年期的可以到 3.5,4 年期的可以到 4,這跟英國在 1820 年左右的水準

差不多了。不過就 10 年公債殖利率來說，在 2019 年亞洲國家相關的殖利率而言，民主法治制度越健全的國家，其公債殖利率就越低，日本甚至是負的殖利率，臺灣只有 0.69。

　　而就各國所持有之外幣比例中，最高的前三十名，除了中國排名第八也是唯一的專制國家，其他二十九名都有自由選舉的國家。（請參考本書第二十八章談中華人民共和國篇會有更詳細的討論）

　　隨著英格蘭銀行信用擴大，新增的民間銀行因為有金融監管的關係，加上利用統計數字之間來控制放款風險，因此在有限的準備金的情況下，可以將放貸擴大到準備金的十倍以上，於是市場上資金低廉，增加了市場的流動性。而且世界各國的其他國民也樂意將多餘的資金存放在英國的銀行以獲取穩定的利潤，這使得整個英國資金充裕可以從事資本密集的產業投資。根據英國經濟學者、諾貝爾獎得主希克斯（John Hicks, 1904-1989）研究 [07]，工業革命的要素：鋼鐵冶煉與蒸汽動力這些技術創新，事實上在工業革命之前早已存在，但是還無法大規模生產。直到英國在君主立憲後史無前例的的金融擴張，才開始讓屬於資本密集產業逐漸成型，正式開展了全社會的工業革命：鋼鐵、紡織、蒸汽動力等技術從小手工作坊進化成大工廠。因此希克斯認為工業革命不得不等候金融革命的到來才可能發動。他舉例說明：1790 － 1815 年間，一臺珍妮紡織機不過五英鎊，一臺騾機的價格是三十英鎊，一臺蒸汽機的價格為五百到八百英鎊；從一個小的工作坊要變成一家大工廠，資本額預估也要擴張一百到二百倍，這不是一般人或是甚至有錢人家兩三個人聚集資金就能夠處理的。這必得經過跟銀行貸款或是從市場發行股票募款，才有辦法聚集大量資金從事生產。有些人解釋英國發生工業革命的原因是因為英國產煤和產鐵的地點很接近 [08]，但是德國和法國邊界的魯爾區、洛林區一樣一個產煤、一個產鐵、

地理位置一樣很接近但是沒有發生工業革命。有人說是當時英國人力缺乏，才會誘發工業革命以進行節省人力的改革，但是只要看臺灣當前從事工業的人力缺乏也沒有發生大量自動化的情形，而是不斷的從外國引進勞工，就可以知道這樣的立論有其侷限。

比較穩妥的說法是工業革命發生的原因是一個綜合性的因素，它不是一個主要的行動者或主要的關鍵人物就能夠促進整個工業革命的進行，也不是單一個因素可以解釋；工業革命的發生而是在一個促進工業革命發展的豐富條件下展開的：它會有煤鐵生產的地理因素與人力缺乏的因素，往前追還有文藝復興、重商主義、科學革命、殖民主義使原料的來源大幅增加等等歷史的鋪墊、斯圖亞特王朝時期對於專利及智慧財產權相關權利的保護（這在前面章節有提到）等等因素綜合在一起，最後光榮革命制度民主化之後迸發而生的金融變革 —— 代表著以科學概念化的數字管理、信用創造，與催化社會的結構變化 —— 臨門一腳，才把人類踢進的工業時代。

讀者讀到這裡恐怕會非常納悶：為什麼講范伯倫、講貴族原則，要講到金融、國債、工業革命這樣的議題來？有四個觀察可以來說明民主憲政、金融創新、國債的擴張與監督以及工業革命環環相扣過程 —— 這是有閒階級現代化以及貴族原則開始運作的主要背景。首先，因為英國是世界上最早完成了貴族原則的制度建構，而這一個過程充滿著多項人為努力以及制度演化上的突變，也可以稱為奇蹟。這一個演化經過上百年才完成，許多是非意圖的結果，卻為當代建立國家形態的最基本的制度參考典範（我們也發現了英國自從在十八與十九世紀完成當代國家的制度變形之後，到了二十世紀再也沒有引領如此巨大的形變；就好像當蟑螂演化成為強勢物種之後，從恐龍時代一直到當前智人物種所主導的時代，就一直少

有巨大演化 —— 我用蟑螂來比喻，絕不是貶低英國的制度，而是我實在找不到比蟑螂更強勢的物種來形容英國制度的強勢。二十世紀之後，若有巨大的演化則多發生在美國以及東亞。可見這種非意圖的結果，可遇而不可求）。於是開始有一些學者從英國的成功經驗中分析出三權分立（孟德斯鳩），從英國社會不平等的經驗分析出發展國家資本的重要性（孫中山）。五四運動（1919）所提倡的德先生、賽先生基本上便是圍繞著貴族為了制衡君王，並且維持並擴張私人的利益的動機下，非意圖的發展而成的社會、經濟、政治制度這樣的大叢結。

第二個觀察，此過程更根本的要素，是有閒階級尋求差異化的動機中，掠奪財物、保護自己財產的本能衝動，最後發展制度化的制衡的非意圖結果。

第三個觀察，從上述分析可以進一步推論的是：當前一些非西歐文明的國家在企圖學習歐美的政治經濟制度時，常常容易失敗或學得四不像而副作用叢生，導致此種結果的許多脈絡指向這些國家可能缺少西歐式的有閒階級而難以精密地去創造民主文化。

第四個觀察，單單就會計制度的落實而言，從文藝復興時期「以數字來管理生產和交易」，到荷蘭在十七世紀金融發展是典型的「以數字來管理數字」時代 —— 一些衍生性金融商品在此時也產生了。他們用一連串的投資報酬率來吸引投資人的資金，典型的「以數字來創造數字」，但是荷蘭並未因此持續強大。直至十八世紀開始，英國因為君主立憲，並且移植荷蘭開發出的商業制度而形成的大量資本擴張，特別是這種聚集資本的方式已經不再是以商品貨幣（黃金或白銀）作為單位，而是以法定貨幣（特別是鈔票）作為單位，並且以法定貨幣（鈔票）來累積財富（鈔票），合法的對市場資金（鈔票）進行掠奪 —— 特別指以股票和期貨市場 Long

（做多）和 Short（做空）的現貨交易設計、選擇權與各類基金等金融衍生性商品的創造，坐實了「以數字來管理數字」，以及「以數字來創造數字」兩者並行的時代。特別是由人性裡面的「信用」所催生的數字（指制度化與數位化的信用），首度和人性本身平起平坐，實證主義與功效主義的價值觀就是這一個趨勢的產物。

　　「以數字來管控／創造數字」是否在英鎊發行量盯著黃金儲備時代（金本位制）已經達到了終點呢？不是的，在二次戰後布列敦森林體系（Bretton Woods System, 1944-1973）維持時間，美元取代英磅成為國際匯兌的主要外幣。此時美元發行量也緊盯黃金儲備（當時美國的黃金存量占世界的 75%），維持金本位制，成為國際貿易最主要的清償工具。但是在1970 年代之後，隨著西歐與日本經濟的復甦，美國國際貿易開始出現大量赤字，各國也紛紛將手中的美元兌換回黃金造成美國黃金大量外流。為避免美國信用體系崩潰，尼克森總統宣布中止布列敦森林協定，停止美元與黃金價格之間的掛鉤，也禁止聯邦銀行將黃金兌換給其他國家的中央銀行。之後，原本作為世界外匯兌換單位的美元脫離黃金本位，於是各國貨幣之間的兌換開始採取浮動匯率，浮動的範圍也不再受到布列敦森林協議的約束。自此，一國貨幣價值的定錨已經不再是完全依賴黃金或是美元，而採取多元定錨的方式，其中最主要的包括國家穩定的稅收、穩定的經濟成長率、智慧財產權的品質與數量（當前的美國對抗中國的華為公司所採取如此激烈的態度，恐怕已經察覺智慧財產權的發展與保障逐漸成為美金價格定錨的標的物）、在世界購買能源的主要計價單位（例如是用美元還是歐元作為計價單位影響到他們的貨幣價值，也因此美國極力派遣海軍航空母艦戰鬥群去保護國際運送石油的通道，即使美國自身過多的石油產量已經不再需要這些國家的原油了，這麼做的原因就在確保這些產油國，特

別是在中東地方，能夠採用美元作為計價單位，方便美國政府控制美元在世界交易市場的價值進而維持金融霸權），再來，恐怕也是最重要的，就是對金融風險檢查的嚴格程度（包括對於證券、債券、保險、銀行等單位的評比。國際標準普爾的投資評等便是充當這類的工作）是否獲得國內外投資者的信賴。

科恩（Benjamin J. Cohen）指出一個可以被國際信賴的貨幣，至少要解決三個問題：清償能力（此貨幣是否足夠提供各種商業活動的交易、金融借貸與金融儲備之用）、調控（此貨幣是否能再透過匯率的調控處理國內面對的失業率、經濟成長率或貿易赤字的問題，就是所謂的宏觀調控問題）、信用（人們對於此種貨幣是否信心充足而不至於引起擠兌騷動）[09]。英鎊與美元在其主導的國際貿易時代都能解決上述三問題。世界貨幣體系脫離金本位制的重要原因，同樣也是面對這三個問題所作的調整。同樣的，我們也將發現本書以下介紹的各類型「數位化」的貨幣的發展，其目的多半在補充主權貨幣功能的侷限與不足，但是數位貨幣本身也有其侷限性。

由於資訊科技的發達，當代絕大多數的交易，特別是數量更龐大的交易，已經不再是數著鈔票現場交換了，而是依賴者數字，例如商業票據、ATM 轉帳、信用卡、金融卡、電子支付的使用等等，薪資的發放也絕少使用鈔票，實際上看到的只是銀行存簿裡面的數字。特別像是當代中國「支付寶」這類電子支付的發展某種程度上已經取代了紙鈔、硬幣、信用卡、ATM，甚至商業票據。許多的電商透過優惠並且創造數字，即所謂的優惠點數（或商業積分），來給予顧客優惠；優惠點數是創造出來的數字。這種創造出來的數字與原來有鈔票轉換過來的數字互相滲透，成為新型式的「價值數字」。一般的印象是承諾優惠點數（商業積分）的商業

組織可影響的範圍不及原來由鈔票轉過來的數字，但是在今日的中國大型電商像阿里巴巴和微信因為運用範圍廣大、捲入人口眾多（預估二至三億），因此他所提供的優惠點數跟原本儲存在支付寶裡面鈔票轉過來的數字可以互相通用，都算是「價值數字」。

當前的數位貨幣（例如比特幣 —— Bitcoin 等）是比支付寶的優惠點數（商業積分）更進一層、更複雜、更多驗證／監測單位的加密數字，利用區塊鏈之間不斷的用數字來驗算數字，互相保證其有價值的狀況下創造數字金礦，這便是最典型的「以數字來創造數字」，它算是對法定貨幣不穩定的革命；這類貨幣都出現在 2008 年美國金融風暴之後。原本的法定貨幣背後都有政府作為其信用支撐，但並不是每一個國家的政府都非常穩定、不會超發貨幣造成通貨膨脹。即使當前民主國家最重要的堡壘，美國，她是當代諾貝爾經濟學得主最多的國家竟然還發生了嚴重到前所未有的金融風暴，可見先前「以數字來管理數字」不止不是萬靈丹，風險還不小。當前像比特幣這類的數位貨幣不但兼具了「以數字來管理數字」的功能問題，更近一步創造了「以數字來創造數字」的價值問題，它在法定貨幣失效的時候一樣具有市場價值，而且它的攜帶的方便性、可以細分的便利性多比原來作為避險工具的黃金表現得更為優異，它對各國的法定貨幣來說都是一種挑戰。

降低風險是追求利潤的一部分。從比較早的會計行為入侵到國家的帳務部門，有風險意識的人們開始以會計知識為國家管帳，最後造成監管單位的多樣化，這同時也代表會計切入點的多樣化。其他連帶後果是造成的國家主權貨幣（也就是法定貨幣）的擴張，從而為人類的生活結構帶來改變；這樣的結果同樣是從控制國家主權貨幣的風險獲得的技術性的提升開始展開的。國家主權貨幣的不穩定乃根源在於至少兩個面向，包括政府為

了討好選民不斷發行國債或借外債來執行人民喜歡的工程、活動、社會福利政策等，或者是因為市場一時之間的供需失衡。數位貨幣不會遇到上述的問題，一般人想要獲取數位貨幣，除了以法定貨幣購買之外，主要就是透過使用電腦不斷的去驗算數位貨幣的帳務，從而獲得電子金礦，算是工作薪資——這是一個花時間而且讓電腦發燒、製造溫室效應、枯燥乏味的歷程，不過絕大多數歷程都可以讓電腦來執行。這種歷程因為費時，所以數量也不可能過大，再加上通常這類貨幣的數量有總量管制，因此似乎不會有通貨膨脹的問題。不過他存在的風險便是如果有一天電腦運算越來越發達，要檢查這些電子貨幣的帳目已經不再那麼花時間了；再來可能由於經濟不景氣，更多的人買電腦來挖礦，同樣會有僧多粥少的問題。因此數位貨幣作為清償支付的功能可能有限；再來它無法取代國家主權貨幣作為宏觀調控的角色，特別是政府透過負債來創造國民財富或因應緊急危機。因為數位貨幣無法替代國家主權貨幣的功能，因此短期之內會存在兩種貨幣並存的狀況。數位貨幣甚至說僅是創新的另類保值工具而已。

其實這種降低風險的作法在追求差異這種有閒階級的行動中並未停止下來，比當前數位貨幣更為廣泛被運用的，便是大數據以及演算法。這種大數據與其說是收集而來的，倒不如說透過人們的創造力針對所欲管理的對象的各個部分加以仔細分類，之後收集而來，也算是一種「創造性分類」。這些收集而來的大量數據都必須要透過演算法來加以管理、區別對待；這演算法又是一堆數字關係的結合加以程式化而產生出來的。在這一個階段可以算是「創造數字來管理先前創造的數字」。這是數字的第四場辯證。

不過我們務必認識到從「以數字來管理財貨」、「以數字來管理數字」、「以數字來創造數字」、「以創造的數字來管理創造的數字」以上四

個階段的持續發展，並不是單純數字追著數字、狗追著自己的尾巴跑這種套套邏輯。前面數字所代表的內容與後面數字所代表的內容有著巨大的差異，不可視為一體。這種數字的巡迴辯證法的目的在於標示差異、追求差異、累計差異、創造差異。這種傾向與有閒階級追求並且維持新鮮感的動機而發展出的行動本源而同質。

法國哲學家布希亞（Jean Baudrillard, 1929-2007）在討論文化消費的議題時，提到當代消費的對象主要是符號，以下引用其原文：

要成為消費的對象，物品必須成為記號。……它和這一個（作為意義指涉的）具體關係之間，存在的是一種任意偶然（arbitrate，筆者認為直接翻成「任性」就是口語中「很任性」的意思即可，這一種任性就是覺得某種商品很有價值，但是永遠無法窮盡他的理由）和不一致的關係……它被消費的不是他的物質性，而是他的差異（difference）[10]。

消費的強制性格並非來自心理上的某種宿命性（比如喝過的人會想要喝等等），也不是來自社會威望之單純的強制力……它是一種完全為唯心的作為，它和需要滿足以及現實原則沒有任何關係。……它的動力來源是物品中永遠失望又隱含的計劃。在記號中失去中介物的計畫，將它的實存動力轉移到消費物／記號的系統化和無止盡的擁有之上[11]。

布希亞談論的是消費社會「物體系」運作的原則。在消費社會裡面對於消費對象的購買並非根據行動者的基本需求，甚至超越了行動者現實需求之上，不再由行動者所能操控而自成一個體系，這個體系不斷的去追求差異化。在追求差異化的原則下，行動者反而被消費社會給操控而不自覺。

事實上，「物體系」運作原則並非在當代的消費社會才開始的，在最早貴族社會產生了有閒階級之後，「物體系」的運作原則便開始了，（消

費）物和（消費）物之間的關係會依據可以互相呼應、搭配的符號意義來展開。有閒階級為了互相攀比或者追逐新鮮感，會購買有新鮮感的物件，但是這一個物件放久了新鮮感變降低了，因此需要再購置或者再創造另外一個有新鮮感的物件來讓原先物件的新鮮感復活；因此有一些古董迷買了第一個古董之後，就開始搭配同類型的但是有差異性的古董，如此行動會持續下去。這種被消費的物件似乎呈現「一種永遠失望又隱含的計畫」。而當這一個新鮮感要消去之前，擁有者便用符號系統比如說數字，更常用的是商品價格來標示，以企圖賦予無止境的價值。而新鮮感只能不斷的自我超越、自我重複、不斷的螺旋辯證，才能夠維持新鮮感；就好像一種資產要維持他的價值，必須要年復一年的進行查帳，檢查它、維持它的品質，那麼它的商品價格才能維持，才能不改其本色。所有的新鮮感都是一種「自甘消解」之物，無法長期性的被滿足。新鮮感就是與「魚不夠新鮮的」感受作為差別而存在的，事實上死魚不可能永遠新鮮，就連活魚都是，所以才會說消費／尋求差異的本質是建立在不知其所由的、在人性上似乎被設定了的「欠缺」之上。

> 消費物因此正式計劃在其中「自甘消解」之物……（消費物／記號系統）自此時期只能自我超越，或不斷自我重複，以便不改其本色：作為其存在的理由。……生命計劃本身被切成片片段段，不被滿足，（只）被指涉，在接連而來的物品中，一再重新開始又再消解。……消費之所以無法克制，其最終原因便在於它是建立在「欠缺」之上。（林志明譯，2018，《物體系》，頁 341-2）

而符號的本質是標示差異，而所有消費的對象所對應的符號差異就可以用數字來代替，雖然不盡完全，可是卻普遍被當代的消費市場以及人們的認知所接受。

通貨膨脹與通貨緊縮的解讀

從以上的命題來討論中央銀行的貨幣發行現象，會觀察到一個有趣的問題：為什麼通貨膨脹和緊縮交替發生？當然一些經濟學者會認為中央銀行在背後的調整依據就是風險評估，但是我們從布西亞的觀察出發，將會發現此結果關聯到**不同的「差異性」釋放方式**。當通貨膨脹發生時，市場上的貨幣增加，由於資本逐利而居，此時資本會轉向投資能夠大規模生產、大規模消費的產品上，此時資本的追逐者所獲得的是「量」的差異性。反過來說在通貨緊縮的時候，市場上的貨幣減少，市場上消費者的購買力便開始斤斤計較，此時能勝出的商品符號是在品質上面勝出的物件，也就是風險相對有保障的物件；此時資本的追求者乃企圖獲得「質」上面的差異性。於是在資本的一鬆一緊之間，差異性獲得不同面向的釋放。如果我們不把銀行放鬆銀根或是收緊銀根當成是資本家的陰謀的話，我們可以看到會計制度的謹慎是如何在保護著貴族文化的習性。

在通貨緩步膨脹時，消費者在「量」上面購買力的擴張，案例較多，在此容不舉例。但是在通貨緊縮的情況下，「質」方面的提升與有閒階級追逐新奇與精緻的經驗相關，值得進一步展開，理解「緊縮」與「質變」兩者可能的相關。較長期的通貨緊縮通常發生在經濟危機之後，所以我們可以貴族原則國家大型經濟危機發生的時間設為起點，觀察其後相關產業在「質」方面的變化。1720 年英國發生南海投資泡沫，在政治上導致輝格黨（Whigs Party）的長期執政，代表著新興中產階級逐漸主導了英國的政治經濟資源。此時最應觀察的是帶領英國整體經濟發展而且與時尚風潮相關的產業。流行風尚在十六世紀時已經出現在貴族與新興中產之間的狹小市場之內，不過直到十八世紀才對整個英國社會有普遍的影響力 [12]。英

國此時各個階級之間的流行時尚的競爭越來越激烈，有以下三個原因：首先，英國的地理優勢（北大西洋環流使得英國到達北美之間的航運成本低於歐洲各國，更何況英國控制著波羅的海和地中海這兩個歐洲最大的內海之間的航道）和新教文化使之成為歐洲最早大量產生中產階級的社會。其次，布勞岱爾（Fernand Braudel）認為：新興中產階級為了標示自己的身份和地位，一開始企圖與原來的貴族階級競爭時尚風潮，並藉以標示自己其後面的一般大眾有所區隔，而且企圖樹立他們與大眾之間障礙；而當他們的穿著與使用的物件與貴族漸無差別時，帶頭風尚的人只能跑得更快，這種內在動機促使流行時尚不斷更新、除舊布新[13]。第三，光榮革命之後，十八世紀的英國本質上是一個「貴族共和國」，國王僅作為一種儀式上的統治，其權力受到廣大民眾週期性的壓力；再加上言論自由，使人們積極參與政治，且對傳統貴族表現的也不那麼尊敬和恭順。貴族與士紳等舊等級制度被更複雜的社會與政治結構所取代；雖然在鄉村大地主們仍然享有很大的社會與政治影響力，然而在城市裡，專門技術的發展以及金融工商業的擴張，使得結構更為複雜，也使得高等人、同一階級的人、下等人這種簡單的等級結構已經不復存在。這樣複雜的社會結構開展出了許多新的個人自由的領域，包括身體外表、衣著舉止、性關係等等[14]。

在足以反應當時複雜社會結構的流行風尚的物件中，棉布製品是最醒目而有競爭力的，原因在於：（一）棉布製品的式樣（相較其他物件如瓷器、漆器等）更能呈現多樣性、（二）幾乎每年都可以推陳出新、（三）製品內容容易創造新花色並能呈現豐富色彩、（四）相較於其他流行的物件，棉布的入手相對便宜，也就是入手門檻低，非常適合表現稍微廉價卻又有新鮮感的商品特質。1770 年到 1880 年間針對亞洲仿製品的專利中，與陶器相關的只有七件，與漆器或具有光澤型的器具相關者有十三件，然

而在印花白棉布、亞麻和其他紡織品類別中，專利就高達四十八件，據統計白棉布的印花工是這一個世紀最具創造活力的群體[15]。於是，十八世紀的英國，廠商不再仰賴進口而直接將棉花織成棉布的生產過程變得越來越普遍。特別在南海泡沫之後，社會陷入經濟不景氣，廠商在人們手頭吃緊的情況下又要刺激大眾消費以獲得利潤，不得不選擇像棉布這種可以廉價卻容易創造新鮮感的物件充當主要的流行時尚，於是模仿東方風格卻由英國本土製作的多樣態的棉布製品，普遍擄獲此通縮時代人們的需求，帶動起一波又一波服飾流行風潮，有時甚至上議院議員都會穿著平民的服飾來張顯新鮮感[16]。而且即便是工人階級的婦女此時在穿著和談吐上也會仿效中間階級。在十八世紀初作家笛福的描述中，有時大戶人家的貼身女僕比她的女主人先穿進口的花布；鄉村農場主的妻女穿著也俏麗貴氣，趕集的春姑裝束也常有大家閨秀的派頭[17]。於是購買新潮的棉織產品變成整體社會的風尚。

要在這一系列時尚追逐戰中搶得先機，能加速棉布產量並且降低人工成本的機械化製程變得炙手可熱。1733 年約翰凱（John Kay, 1704-1780）發明了加速紡織速度的飛梭，大大提高了織布的能力。1764 年，哈格里夫斯（James Hargreaves, 1720-1778）發明了珍妮紡紗機，使得紡紗的速度跟得上紡織的速度。大型工廠一開始都設在水力充沛的河邊進行紡紗織布，不過 1769 年瓦特改良功率較高的蒸汽機後，紡織工廠大舉進到各個城鎮，隨後一舉改變了人類的生活型態。光榮革命之後的第一個貴族原則國家，在第一起金融風暴之後的通貨緊縮的環境中，在「質」面向追求時尚穿著的強烈動機，最後間接引發英國進入工業革命的時代；真可謂一出世啼哭即不同凡響。

1825 年英國股市再次陷入恐慌；之後的 1829 年，史蒂芬生改良蒸氣

火車取得商業上的成功；通貨緊縮促進了由「衣」轉到「行」的「質」面向的變遷。蒸汽火車的成功，帶動了一連串鐵路交通產業的發展，也再次誘發世界經濟進入新的通貨膨脹時代，也就是「量」能上的擴張，弔詭的是接下來又因為英國的資本家在美國鐵路投資過熱，引發鐵路泡沫危機，在 1857 年引發了第一次全球性不景氣。同樣，這一波的通貨緊縮又刺激了「質」上面差異性的釋放，此波主要在兩個方面，一是能源物質採用油汽取代污染較嚴重的煤炭，二是電器產品開始進入人類的生活。1860 年代開始美國投資者在賓州大範圍的開採石油，並且從中提煉煤油，作為更高效的照明原料。1870 年，高效的發電機和商用馬達被發明出來；1876 年貝爾申請到了具有當代特徵的電話專利；此年代末端，白熾燈與具有當代意義的電燈也被愛迪生改造出來，並且逐漸開始大量使用。1888 年特斯拉改善後交流電馬達也開始量產。美國也進入新一波「量」能擴張時期。

1907 年美國再次發生金融危機，股市下跌 50%。次年，1908 年，福特公司製作了價格較以往低廉的 T 型車，只是大多數人仍然買不起；1913 年福特開始有完整的裝配線，汽車價格更為低廉，此時全美 50% 的汽車由福特生產。1919 年，銀行開始開辦分期付款的措施，此項金融制度發明使得汽車的購買量大幅增加，也帶動了一波通貨膨脹的景氣時代。再則，美國利用上個世紀末的無線電發明，1909 年開始有廣播公司，到 1920 年代，廣播開始普遍化。人造纖維、化學肥料和化工產業也在這時候開始發展起來。

1929 年美國發生了蔓延最久的經濟大蕭條，好萊塢的電影卻在此時持續成長。在 1930 年代好萊塢的製片廠已完全能夠整合從製作、發行，到上映的所有環節，《亂世佳人》在 1939 年成為史上票房最高的電影。不只電影，在這一波經濟緊縮中電視也開始進入英美的家庭消費中。1970 年代世界能源危機之後，更為廉價、省電、耐用的日本電子、電器產品與汽車

風行全球。1997 年亞洲金融危機之後，較為廉價方便的移動手機開始適合大眾使用；此時美國微軟等軟體公司開發的作業系統帶領人類進入了虛擬世界時代。2007 年的美國次級房貸風暴危機，之後，賈伯斯的蘋果手機在2008 年發展出了智慧型手機，它所代表的通訊質感，襲捲全球，打敗了原先的霸主 Nokia，及至今日人手一機，徹底改變了人們的生活型態。

　　上述說明，筆者斷非簡單認為通貨緊縮與接近大眾生活之「質」上面的改良發明的必然性，更多是在企圖說明：於通貨緊縮時代，貴族原則國家中針對「質」上面的改良發明更能脫穎而出，成為大眾消費流行的物件。

　　從這裡我們也可以進步觀察到在貴族原則的社會裡，經營階層對於差異之辨識度、對差異的接近性、對差異的控制，遠遠大於平民原則和部落原則的社會。可以說貴族原則的社會裡這些菁英是有「差異控」的！

　　「用數字來呈現差異」可能才是貴族原則社會的歷史終結吧！

貴族、科學與數學的結合

　　這裡我們稍微介紹一下英格蘭銀行的倡議者查爾斯・孟塔古（Charles Montagu），哈里法克斯伯爵。其住家在英格蘭中部曼徹斯特旁邊，他於1694 年提出了成立英格蘭銀行的想法，並付諸實行。他既當過下議院和上議院議員是政治家，也是詩人，也當過牛頓的學生與同事。當他主管英格蘭銀行的時候，請牛頓擔任錢幣鑄造局局長（本書之前提到的自由主義哲學家洛克與孟塔古一起說服牛頓出山）。金本位制就是牛頓任內提出來的。因為牛頓自己本身著迷於煉金術，因而熟知有效率融化黃金製成金幣的方法，當然也精通精密檢查含金程度的方法[18]。這兩個人的結合不就是貴族、科學與數學，不只是在象徵、也在實質上的結合嗎？

金融的辯證：數字產業發達的年代

◆ **貴族都喜歡會計嗎？**

　　我這裡是不是在暗示說貴族都喜歡會計？有閒階級既然會用數字來控制差異，那麼他們是否喜歡會計？答案是否定的。在《大查帳》這一本書中所介紹的會計學者、企業家和會計政治家幾乎全來自中產階級。貴族通常反對或者是不喜歡會計。在文藝復興後期有一個偉大的作家卡斯提利奧內（Baldassare Castiglione, 1478-1529）著有《廷臣論》（*The Courtier*, 1528）一書，裡面提到要成為貴族典範的幾個要點，包括要熟悉宮廷所需的知識、要能做到紀律以及自我控制的專家程度、對神保持虔敬，要知道如何交際、唱歌、跳舞、愛人、戰鬥、寫十四行詩以及為別人效勞，要有殷勤的騎士美德、要能隱藏自己的情緒和動機，並且對各種選擇權衡再三，同時也必須在奉承和屈從權力的世界裡悠遊自在。行為必須表現的深思熟慮可是卻又粗心大意——排練過的即興行為，營造一種不費吹灰之力而能力下獲取功績的錯覺。然而書裡面特別強調以上的行為都要親近，唯一「要遠離的便是錯綜複雜的財務事務」。這樣討厭會計的著作在當時竟然再版了五十次。然而採取這樣態度的貴族卻抵不過富不過三代命運的摧殘。許多明智的貴族開始從會計行為裡面發現益處，聘請會計師協助他們經營產業。可以說會計的發展卻不是由貴族產生的，而是中產階級的商業行為結合了數學和科學，對商業行為進行損益分析而獲得的實務經驗。藉由這樣的能力，中產階級逐漸自貴族的權勢中奪取或至少分享了權力 [19]。有意思的是，中產階級這種財務當責的行動目標並不是在消滅貴族文化，反過來是盡可能的維持貴族文化；因為如果沒有財務當責，這些貴族常常會破產而使得追求舒適感的貴族文化蕩然無存。當代的財務管理制度是不符合貴族習性的，可是卻讓貴族習性保留了下來，因為中產階級也想要過舒適的生活。

從上述的分析我們得到了一個有力的推論，那就是「貴族原則」不等於「貴族習性」。貴族原則必須包含「讓貴族習性有辦法存留下來」的財政制度和憲政體系，可以說貴族原則是以「舒適」作為核心的，但是他同時忍受了財務當責這種非貴族習性的行動；在另一方面若是可以類比的話，平民原則是以追求公平、便利作為核心的，但是它卻忍受了所有可能的不舒適（參考下圖）。

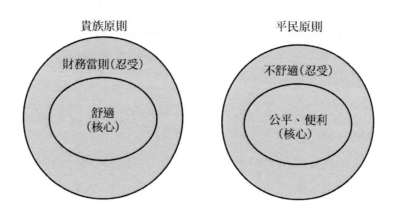

金融數字概念化

　　在本書的第二章提到會計管理的概念化促使十七世紀歐洲金融市場闊步發展，本小節將闡述會計管理的概念化是透過什麼樣的過程進入了光榮革命之後的英國，而使英國在最後變成大英帝國。

　　英國金融革命成功的原因在前面提到是由於光榮革命之後並生的一個結果，但是是否一定會產生這一個結果呢？這個問題持續擴大可以變成：民主制度是否一定會產生好的金融制度？不用說，前面的分析已經知道這是一個否定的答案。

那麼到底還需要哪些條件的配合才能讓一個好的金融制度在民主國家建立起來呢？斯塔薩瓦格（Stasavage, 2007）考察過這一個問題。他發現英國國債利率在光榮革命之後並沒有馬上下降，反而有所上升，國債利率只有在 1715 年之後才逐漸下降；如果民主憲政馬上就能造成國家借款利息的下降，那麼不應該發生這種現象。他認為與 1715 年之後的現象共生的決定性因素是輝格黨長期執政的結果。光榮革命之後英國主要有兩個大政黨：托利黨（Tory Party）和輝格黨（Whigs Party）。前者主張英國國教、強調王室的傳統勢力，並且盡量避免海外戰爭；他的成員主要來自英國的傳統貴族與大地主，他的支持者主要來自紳士階級和小的土地所有者，他們多半居住在國家外圍的地區，其成員的同質性高。後者輝格黨主張宗教寬容、限制王權、並且與法國爭霸進行海外擴張；其成員和支持者主是由新貴族、地主和代表金融、商業利益的業主和資本家、異教徒（非英國國教派）所組成，來自於中樞型的城市，特別是有更多的時間集中在倫敦，成員的異質性非常高，而且與借錢給政府的金融界關係密切；他們之中有一小部分人是真正的政府債權人，因此托利黨諷刺他們為「貨幣權益者」，他們在輝格黨裡面所占人數雖然不多，但是居住地集中在倫敦，最能參與定期國會會期討論的議員成員，是屬於輝格黨中關鍵性的少數。在 1694 到 1715 年間英格蘭銀行的董事中，三十人可以明顯被劃為輝格黨人，只有三人可以明顯劃為托利黨人；股東當中輝格黨人占的比例比托利黨人高一到兩倍。在國家投資的新東印度公司中，輝格黨人的比例明顯多於托利黨人。而從 1715 年之後，議會中最主要的商業社群多為輝格黨人。兩黨的成員與支持者因為結構上有這麼強烈的對比，這使得在英格蘭銀行成立之後到 1715 年之間，因為兩黨輪流執政，也使得國債利率時高時低。一直要等到勞勃·沃波爾（Robert Walpole, 1st Earl of Orford, 1676-

1745）擔任英國首相之後，輝格黨長期執政了二十七年（1715-1742）才讓國債利率下降到當時荷蘭的水準[20]。

斯塔薩瓦格的分析明確指出了新興中產階級與銀行家重新建構了英國的金融制度。有意思的是當我們檢查最早的英格蘭銀行第一任總裁約翰·霍伯恩（Sir John Houblon, 1632-1712）的背景將會發現他是荷蘭後裔；而當時英國保險公司的第一位主席也是荷蘭的銀行家米洛。這不得不讓我們合理去推論光榮革命之後，當時歐洲會計師的大本營荷蘭商人集團會因為同為荷蘭執政的威廉三世（Willem III van Oranje, 1650-1702）入主英國，對於英國後續金融市場的發展產生信心，於是開始將金融管理技術植入英國。我們看以下的數據可以發現這一個推論真實不虛。1737 年在英國國債中，荷蘭的資金占了四分之一以上，達一千萬英磅；1762 年達三千萬英磅；1774 元到達四千六百六十萬英磅。1770 年英國東印度公司的資金中，荷蘭投入一千萬英磅。總結十八世紀中期，英格蘭銀行、東印度公司以及南海公司的資產總額中，荷蘭的投資占了 15.3%。1782 年荷蘭貸款給外國人的所有資金中，英國部分就占了總額的 83.6%，這相當於整個荷蘭金融資產的 28%[21]。倘若荷蘭商人對於英國政府 —— 特別是會計部門的管理沒有信心的話，他們不可能轉移這麼大量的資金來到倫敦；因此，荷蘭銀行家和商人對於英國的金融體系進行了重構，將不會是誇張的說法。當然這些荷蘭商人必得結合輝格黨人才能獲得這樣的功績。

輝格黨的長期執政與荷蘭商人將資金、金融運作技術轉移到倫敦的這兩個長期性事件，代表著「金融數字的概念化」長期在英國扎根。它的內容一開始集中在投資利潤的計算、風險控制、財務管理、商品財貨管理這種「以數字來管理財貨」、「以數字來管理數字」的階段。英國最早頒發會計師執照的時間是在十九世紀中葉蘇格蘭的格拉斯哥 —— 這是當時

大英帝國的第二大城市，這個時間距離英格蘭銀行成立的時間已經經過了
一百五十年，但這個一百五十年之間英格蘭已經變成了世界性的大英帝國。

英國，而非荷蘭，變成日不落帝國，很顯然地如果沒有我們在前幾章
鋪陳在英國社會持續進行的「概念化的權利」，單獨靠荷蘭提供的「概念
化的數字」，是無法讓個體的運作獲得更有效的發揮，人民之間的分工合
作也不會因此獲得更為有效率、活力、潛能的發展。因為「概念化的權
利」為英國創造了比荷蘭更為穩定、開放的政治環境，因此可以吸納更多
的清教徒、胡格諾教派等等非英國國教具有良好經濟基礎和知識能力的異
教徒來到英國倫敦發展，而把倫敦打造成為世界的金融中心，因此才足以
支持英國的軍事和海外擴張，以成就大英帝國。

概念化的數字與概念化的權利

荷蘭是世界第一個用「概念化的數字」發展而成的金融貿易型國家，
英國則是世界上第一個運用「概念化的權利」發展而成的貴族式民主國
家。之後英國再結合荷蘭概念化的數字所建構的金融制度，取代荷蘭成為
新興的世界霸權。前者產生對富裕生活的認同，特別是集中在中上階層的
財富擁有者；後者最後產生的是對制度的認同，其所涉的人口不只是全體
人民，還包括外來族群，因此具有更強大的人口動員力道。

斯塔夫理阿諾斯（Leften Stavros Stavrianos, 1913-2004）指出：在十七
世紀到十八世紀荷蘭、英國與法國三強爭霸，荷蘭最後敗下陣來最主要的
原因是因為她的體量太小，缺乏對手所擁有的資源。無論在人口、地理位
置（荷蘭的地理位置讓他同時要面對英國的海軍和法國的陸軍，英國和法
國在這樣的軍種裡面都有比較利益，荷蘭很難兩者都取得絕對優勢，只有

310

二十世紀的美國才同時擁有兩種優勢）、自然資源以及農業方面，荷蘭都弱於英國和法國。荷蘭衰退的原因，就如同二十世紀英、法兩國讓位給美蘇兩國是同樣的原因 [22]。我這裡的問題會是：如果荷蘭當時的體量與英國和法國相當，她是否足以繼續稱霸世界呢？

英國自從光榮革命之後，中央的政治體制不論是王位的繼承或是政黨的輪替產生了極穩定的政治狀態，也從此時開始英國邁向世界霸權之道。然而荷蘭不論是在霸權發展之前或之後，中央的政治體制都十分的不穩定，總是在共和制與君主制之間徘徊。荷蘭在威廉二世和威廉三世之間出現了二十二年的第一次無執政時期（1650-1672），在威廉三世到威廉五世擔任執政之間則出現了四十二年的第二次無執政時期（1702-1747），這些現象的原因是萊茵河出海口周圍的「七省聯合」的各省之內都擁有高度的自治權力，意見不一致卻也不尋求徹底解決，導致中央政府領導人的傳承沒有（現代意義下的）「憲法」層次的制度化，國家所有的利害相關人在奧蘭治派（君主派，Orange- Nassau）和各省共和派之間反覆振盪，還時常有人民革命的事情發生。 這一個鬆散的多省聯盟在政治上唯一的共識恐怕就是他們最主要的生財工具 —— 荷蘭東印度公司而已。

近代荷蘭出現影響世界的重要人物分布領域上有很大的偏重。荷蘭因為經濟發達，藝術上出現林布蘭（Rembrandt Harmenszoon van Rijn, 1606-1669）、維梅爾（Johannes Vermeer, 1632-1675）這樣劃時代的畫家，也出現過發明顯微鏡的科學家列文虎克（Antonie Philips van Leeuwenhoek, 1632-1723）。荷蘭自由的政治環境也會吸引思想家如笛卡爾（法）、洛克（英）等逃到荷蘭，尋求庇護，但是，令人納悶的是荷蘭本地在當時幾乎不生產影響人類政治演化的重要性思想家（像洛克、休姆、孟德斯鳩、盧梭、伏爾泰都產生於英、法），若有的話就剩下哲學家史賓諾沙（Benedictus de Spinoza, 1632-1677）以及主張公海航行權的格勞秀斯（Hugo Grotius, 1583-1645）而已。非常可能是因為當時荷蘭共和國之經濟、貿易太過發達，對自由和私有財產的保障比其他各國來的充分，因此也無須去思考人權保障的問題，因此概念化的權利在當時的荷蘭並未獲得發展。而英國和法國則一直在和君主專制進行對抗和折衝，就因為這種對抗，所以出產了許多的思想家；然而荷蘭就未曾出現過什麼樣的大思想家。這一個結果使得荷蘭在政治制度合理性以及各種概念化權利的建構上落後於英、法兩國。一直要等到十九世紀拿破崙占領了荷蘭（荷蘭自此也徹底退出世界霸權的舞臺），把他的法典貫徹到整個歐洲大陸之後，荷蘭在 1815 年才開始君主立憲，國家領導人的承續問題才邁入比較穩定的型態。

荷蘭共和國霸權衰落的最後一個因素是過度城市化的結果。這種過度城市化的特徵便是少子化導致人口減少，全國的財富越來越集中於中上階層，為維持基本的公共服務導致人民稅賦增加，城市的居住成本越來越高，導致工資上揚[23]。本國人力成本增加的結果使得金融資本獲利降低，食租者階層，也就是資金的擁有者，開始將資本外移到光榮革命之後擁有共同領導者、擔任英王的威廉三世的英國，專注於發展信貸業務。威廉三世為了對抗強敵法王路易十四也不斷鼓勵荷蘭的技術工人以及商業資本的大戶移居倫敦，培植英國的軍工產業與壯大金融力量，後來促致英國脫胎換骨。然而此後的荷蘭或許中產階級出身而且具有會計專業的公民數量頗多，太過於重視成本效益分析，例如考慮到地理環境條件 —— 因為荷蘭所有要前往亞洲或是美洲大陸去運輸香料、蔗糖、皮革的艦隊，無論出航或者回航，要不必須經過英吉利海峽，就是得經過北海；經過英吉利海峽必然易遭受到英國和法國夾擊，經過北海又得受過英國的限制，戰爭的成本太大了。既然計算到戰爭的成本效益時不覺得划算，寧可與英國和法國

採取合作的態度，算起帳來比較有利潤，因此寧可退居於二流國家；在共和國晚期，荷蘭自動取消了軍備競賽，而專心將荷蘭經營成為金融中心。也就是說荷蘭只計算到經濟成本卻沒有計算到政治成本，或是很自然的忽略減少軍備的代價，這或許就是讓荷蘭在 1700 年之後就絕少出現英勇抵抗外來勢力或是到殖民地與他國廝殺的蠻力了。當然這種缺乏英勇抵抗的魄力也來自於人民沒有徹底認同這一個政治制度，因為這一個政治制度還沒有概念化的權利來保護人民，而這一個時代也還沒有喚起民族主義，因此難以有強烈的政治和民族認同。後來分別被英國（第四次英荷戰役）和拿破崙的法國打敗，實在並不意外。

荷蘭既然是人類歷史上第一個出現的金融霸權，也是第一個要不斷去面對金融危機的國家。布勞岱分析阿姆斯特丹最後衰弱的原因就在於十八世紀面對激烈振盪、頻率極高的的貨幣與信貸市場的危機， 但是處理和應對的方式不若倫敦來的強 [24]。倫敦靠著穩固的英磅幣值和價格低廉的英國國債，比阿姆斯特丹更能夠去應對資本主義體制底下經濟循環出現的危機 [25]。雖然布勞岱強調穩定的英磅幣值絕不能從單一因素來解釋 [26]，穩定的英磅幣值和低廉的英國國債兩者能同時存在，與英格蘭銀行的存在與被賦予的獨立地位有絕對關係；英格蘭銀行成立的時間點正是英國由弱轉強，逐漸變成世界霸權的開端。英格蘭銀行正是概念化的金融與概念化的權利兩者歷史辯證的共同結果。

荷蘭衰退的因素是一個綜合因素：體量太小、過度城市化、缺乏概念化權利的保障，以及缺乏面對金融危機更為有效的處置方式。事實上這一個結果非常可能是荷蘭「將差異性進行概念化」的能力遠弱於英、法兩國所折射出來的結果。荷蘭在歷史上沒出現過具有影響力的政治經濟學家，而這一個板塊在十七到十九世紀卻主要由英國和法國獨霸。前者如洛克

［這一位全方位的思想家在經濟學領域出版過《論降低利息和提高貨幣價值的後果》（1692）、《再論提高貨幣價值》（1695）］、休謨［1711-1776，出身沒落的貴族地主家庭，經驗主義哲學家，在他的《政治論叢》（1652）出版過〈論商業〉、〈論利息〉、〈論貿易平衡〉、〈論貿易的猜忌〉等等經濟方面的論文］、亞當斯密（1723-1790，出身於蘇格蘭的海關職員家庭）、馬爾薩斯（1766-1834，出生於擁有土地的中產家庭）、李嘉圖［David Ricardo，1772-1823，出身於倫敦猶太移民，父親為證券交易商。古典經濟學的宗師，最有名的著作是《政治經濟學與賦稅原理》（1817）］、約翰穆勒［這位我們之前討論很多的自由主義哲學家在早期是以經濟學家的角色出名，主要的著作有《政治經濟學原理》（1848）］等等；後者如魁奈［François Quesnay，1694-1774，重農學派創始人，出身於巴黎的律師家庭，為一名外科醫生，擔任路易十五的宮廷御醫。經濟學作品有《租地農場主論》（1756）、《穀物論》（1757）、《關於人口、農業與商業饒有趣味問題的提問》（1758）、《經濟表》（1758）等等］、杜爾哥［Anne-Robert-Jacques Turgot, Baron de Laune，1727-1781，出身於巴黎貴族官僚家庭，經濟學相關著作有《關於財富的形成和分配的考察》（1766）、《關於商業方面的主要問題》（1755）］、賽伊［Jean-Baptiste Say，1767-1832，出身於里昂商人家庭，著有《政治經濟學概論》（1803）］、西斯蒙第［Jean Charles Léonard de Sismondi，1773-1842，祖先為義大利貴族，出身於新教牧師家庭《政治經濟學新原理》（1819）］等等[27]。這些英、法的政治經濟學家多半出身於中產階級家庭，少數出身貴族；這些家庭出身中產階級的比例非常相似前面會計師兼科學家的家庭出身背景。會計師只管對商業行為進行概念化，但是這些政治經濟學家卻將國家管理全國的經濟行為加以概念化。後者讓政府的運作更加有規則可循，並且可以檢討在

經濟管理上的施政缺失，讓民選政府可以財務當責，改正錯誤提高國家管理的效率。

荷蘭與英法之間這種巨大的思想落差，非常可能導致荷蘭對於國家與資本之間的關係與對兩者關係的管理深度、範圍與效率跟不上英法二國。這個可能也反映出一個國家無法單獨靠金融來維持其優勢，沒有概念化的、辯證性的政治、經濟的創新管理，國家是不可能長期維持他的優勢的。

小結

貴族原則中「尋求差異」的行動包括了發現差異、利用差異、管理差異、創造差異等四個內容。當代金融的發展便源自於人們想以數學化的科學的方式來管理人性中尋求差異的內容，這樣的任務主要是由當代最早會計業務的發明者來承擔。最早具有當代意義的會計師通常出身於中產階級而非貴族，甚至歐洲的傳統貴族是被教育認定管理金錢是不高尚典雅的行為。

首先在英國發展出的健全的民主制度直接影響到金融業務的管理。影響的範圍包括了國債借款利率降低、國家法幣幣值更為穩定（法定貨幣足以完全取代商品貨幣的不便性）、促使各種遠期與遠距離投資成為可能（而且易於集資）、金融體系可以承擔更大的風險、國家徵稅能力增強。因此英國的民主憲政與金融創新、國債的擴張和監督，以及工業革命環環相扣。

通貨膨脹和通貨緊縮都在「釋放」差異性，只不過前者是釋放「量」的差異性，後者是釋放「質」的差異性。

一個國家無法單獨靠金融來維持國家的長期優勢，沒有概念化的政治經濟管理，沒有引領國家發展的思想家，國家依然無法持續強大。

[01] Jacob Soll，陳儀譯，2017，《大查帳》（*The Reckoning*），臺北市：時報。

[02] Jacob Soll，同前書，頁 162-163。

[03] 尼爾‧弗格森（Niall Ferguson），黃煜文翻譯，2013，《金錢與權力》（*The Cash Nexus: Money and Power in the Modern World 1700-2000*），臺北市：聯經。

[04] D. North and B. Weingast, 1989, p.824, "Constitutions and Commitment: The Evolution of Institutions Governing Public Choice in Seventeenth-Century England", *The Journal of Economic History*, XLIX(4), Pp. 803-833.

[05] 斯塔薩瓦格（David Stasavage）華競悅譯， 2007，《公債與民主國家的誕生：法國和英國 1688 到 1789》，北京：北京大學。

[06] 商周財富網，2017，〈美國負債累累為何不可能破產？美國人還過得比台灣人好？〉，https://wealth.businessweekly.com.tw/m/GArticle.aspx?id=ARTL000104763。搜尋時間：2021 年 8 月 15 日。

[07] John Hicks, 1969, *A Theory of Economic History.* Oxford: Clarendon Press. Pp.143-145.

[08] 彭慕蘭（Kenneth Pomeranz），黃中憲翻譯，2019，《大分流：現代世界經濟的形成，中國與歐洲為何走上不同道路？》（*The Great Divergence: China, Europe, and the Making of the Modern World Economy*），臺北市：衛城。

[09] Cohen, B. J. ,1977, *Organizing the World's Money: The Political Economy of International Monetary Relations*, Basic Books: New York. P.28.

[10] 布希亞（Jean Baudrillard），林志明譯，2018，《物體系》，臺北市：麥田／城邦，頁 336-7。

[11] 布希亞，同前書，頁 342。

[12] 馬克辛·伯格（Maxine Berg），孫超譯，2019，《奢侈與逸樂：18 世紀英國的物質世界》（*Luxury and Pleasure in Eighteenth-Century Britain*），北京市：中國工人出版社，頁 50。

[13] 費爾南·布勞岱爾（Fernand Braudel），施康強與顧良譯，《15 至 18 世紀的物質文明、經濟和資本主義：（卷一）日常生活的結構》，新北市：廣場出版，頁 424。

[14] 基思·湯瑪斯（Keith Thomas），梁永安譯，2022，《追求文明：從近代早期英格蘭的禮儀，重探人類文明化進程的意義》（*In Pursuit of Civility：Manners and Civilization in Early Modern England*），臺北市：麥田，頁 367、370、378。

[15] 馬克辛·伯格（Maxine Berg），同註 12，頁 96。

[16] 湯瑪斯，同註 14，頁 366。

[17] 布勞岱爾，同註 13，頁 735-6、742。

[18] 托馬斯·李文森（Thomas Levenson），周子平譯，2018，《牛頓與偽幣製造者：科學巨匠鮮為人知的偵探生涯》（*Newton and the Counterfeiter*），北京市：北京三聯。

[19] Elias, Norbert，林榮遠譯，2020，《宮廷社會》，上海：上海譯文，頁 440-8。

[20] 參見 Stasavage，同註 5。

[21] 參見劉景華，2010，〈外來移民和外國商人：英國崛起的外來因素〉，《歷史研究》，第 1 期，頁 138-61。

[22] 斯塔夫理阿諾斯著，吳象嬰、梁赤民譯，2012，《全球通史》，北京市：北京大學。頁 434-5。

[23] 參見何萍，2020，《從麵包到蛋糕的追求：歐洲經濟社會史》，臺北市：三民。

[24] 布勞岱，施康強、顧良譯，2006，參見前一章，頁 350-60。

[25] 布勞岱，同前書，頁 469-504。

[26] 布勞岱，同前書，頁 469。

[27] 以上經濟學家的資料參考宋承先等著，1999，《西方經濟學名著提要》，臺北市：昭明。

第十三章

對力量和能量的捕抓

在貴族原則社會中，有閒階級對力量和能量的捕抓是辯證性的。本書第三章討論貴族原則時，明確標示出有閒階級對力量的捕抓會與多樣性與對舒適感的尋求 —— 特別是其中針對身體的、精神的、美學的、知識上的舒適感，產生極細緻的辯證關係。不過，我們將第三章運動產業與本章獨立開來，主因在運動產業是把力在身體上運作的舒適感非常直接的呈現，是單一種與身體力量之間關係明確的產業。本章將轉往其他的領域，特別是多樣性的、精神的、美學的、智識的層面，來發掘有閒階級對力量與能量的捕抓會讓西方 —— 也就是貴族原則社會，產生何種型態的文化內容。本章將分別考察有閒階級對精神和物質力量和能量的捕抓。精神部分包括了對宗教力量、信仰力量、精神官能症等內容：物質部分包括了物理力量、獸力、力量美學，並且小談戰爭與武器技術等；另外，同時具備精神與物質部分的「越位休閒」也一併在此章討論。

暴力在精神層面的舒適性安置

「暴力崇拜」本質上隱含著對暴力進行的控制。「暴力」violence 這一個單字隱含著力量和能量兩個概念，但因為中文「暴力」這一個詞語中的「暴」字隱含著一種不受控制的力量。若單純指涉人類可以控制範圍的力量，那麼不會在力量的方面加上殘暴的「暴」字：加上「暴」字主要在彰顯力量的強大。人類有控制他者／物品的傾向，因此當我們說對暴力的崇拜時就隱含著對暴力的控制，而且無論是我們現在要談的精神的暴力或是後面要談的物質的暴力，人類，特別是啟蒙時代之後的現代人，都想企圖將他們安置在適當的位子上。不過在有閒階級的社會中，這樣的安置會更具辨證性，而變成一種精緻的「裝置」。

以宗教來捕抓力量和能量：西方宗教上的布道與儀式

尼采（Friedrich Wilhelm Nietzsche, 1844-1900）與范伯倫二者對宗教展現出截然不同的觀察。尼采認為基督教的道德是一種「奴隸」道德，是弱者為了使自己屈服於強者而發展出來自我安慰與規訓的精神產物（出自他的《道德譜系學》）。但是與他同時代、比他晚出生十三年的范伯倫（1857-1929）卻發現這個觀察的侷限性，他認為有閒階級的宗教儀式所彰顯的不是服從奴隸的型態，而是鮮明地對暴力的崇拜。范伯倫觀察到在西方宗教的布道會場上，常會使用暴力的相關字眼或充滿隱喻的儀式，藉以彰顯上帝和神的奇蹟和無所不能。例如布道的牧師會從戰爭術語中借用詞彙，如絕對的征服與臣服、消滅邪惡勢力等詞彙，來直接譬喻上帝與人類社會的關係；或是以喝葡萄酒和吃麵包屑的聖餐禮，來代表喝上帝的血、吃祂的肉的血腥儀式，隱喻耶穌基督的神力進入信徒的身體之中；有時布道者會使用歧視性對比的語法或者一些血腥的辭藻來形容神（例如上帝與撒旦的二元對立，凡屬於撒旦的，如貪財、好色、重享受、惡行等等，都必須以激烈對抗的意志力和手段使撒旦屈服），或把神理解為具有高度美感和尊貴的價值 [01]。於是乎一種原始的暴力流竄在信仰之間，讓信仰者感受到力量與信心。范伯倫也觀察到了在美國大專院校裡面總有一股宗教熱誠普遍存在於熱中競賽活動的成員身上，他們對神表達一種毫無疑問的虔誠和心悅誠服的服從，如 YMCA 和少年軍團 [02]。我們在第三章也提過宗教活動和競賽活動緊密相關，與使用爆發力相關的競賽活動中發生的好運氣，都會讓許多運動員直接把榮耀歸給神 —— 神把暴力降臨到他們身上才讓他們發揮神來一筆。

好運氣與神蹟，兩者在意義上不只可以相通，常常連袂而來。因此，

中運動彩券這種賭博遊戲是一種非常接近信仰的事物；這同時意味著神的暴力的不可測性，無法預知此力量何時會出現，令人感到無可奈何的敬畏也是「暴」的一種類型。范伯倫發現賭博的偏好具有蠻荒氣質，因為常常必須仰賴運氣，具有偶然性中的必然性的意涵，只要想像自己贏得賭注或者最終真的贏得賭博後，常會具有精神上的舒適感。

　　觀察尼采與范伯倫的分析，我們帶出兩種宗教與暴力之間的關係：第一，宗教到底是奴隸的道德，還是一種暴力的道德恐怕是有階級屬性的。第二，對有閒階級而言，宗教是一種補抓「精神力量」的重要儀式。

有閒階級如何將精神與暴力的關係內化

　　人們在尋求與暴力諧相處的過程，常常會把力量轉向一種潛在的形式，以暫時的狀態把他安置下來，等到必要的時候就把這一股潛在的形式轉變成為一種精確、精緻的力量型態釋放出來。這種從明到暗，再由暗到明的變身過程，通常都以一種看似簡單實則複雜的辯證形式來運作。本書的視角發現這種形態是西方文化，特別是西歐或者英、美二國之盎格魯薩克遜的文化型態中，以非常飽滿的姿態呈現開來。想要理解這一個辯證過程或甚至想要學習這一個辯證過程的讀者是不能錯過這一節。

疏理暴力的過程：轉明為暗

　　牛津大辭典一則關於「宗教」的解釋頗能接引我們展開暴力和精神的關係的論述。這一則解釋寫到宗教「是對某種超人（Superhuman）力量 —— 特別指向神（god）或是神靈（gods）的信仰和承認，人們對祂服從、敬畏與崇拜；此信仰是由一系統性的生活準則所構成，藉此，人們可

以尋求精神上和物質上的改善、進步[03]。」首先，「超人力量」指涉的不可能只是一般的力量，必然包含著暴力，劇烈的天災人過的衝擊會讓人聯想到這種超人力量便是一種暴力。其次，承認必須面對這樣的暴力，不管是否產生對抗，其後來的結果變成了服從、敬畏與崇拜，這中間的落差必然是經過認識與疏理的過程。第三，宗教經由創教者和信徒的認識與疏理，最後形成一種可以指導生活的系統，也可以說是一種機制，藉由此機制人們獲得精神上和物質上的提升。傅佩榮認為：宗教是保存信仰的機構，是人造的[04]。這句話放在我們當下詮釋的脈絡中，可以轉化為：宗教是保存不可見之暴力的機構，創造者和信徒在感知和疏理此不可見之暴力的過程體驗中，建置了安置此暴力的機制，此機制總和為一宗教。此機制的內容包含了教義 —— 用於理解超人力量現象並且提供詮釋的手段、戒律 —— 規定不能做的事、信條 —— 規定要做的事、教團與儀式 —— 標示教徒的一體性並且展示信徒的力量、還有修煉法門 —— 接近並且疏理超人力量的態度與方法。我們可以說暴力在這些機制中被儲存或者安頓下來。不過在貴族原則的國家裡還要加入一則：基於讓精神舒適的原則之下安頓此不可見的暴力；在平民原則國家的宗教裡面不見得有這樣的考量，例如在大熱天穿著三太子木偶的信徒全身冒著汗繼續跳，就不是一種很舒適的行為。宗教作為不可見暴力的安置機制，這是本文前面所說將暴力化為潛在模式，一種由明到暗的過程；一旦安置後卻也非就固定不變了，不可見的暴力因為可以隨時靠這一些動作，例如信眾大會、傳教布道、救援行動等等對外展現力量，有時場面之大令人震撼 —— 這又是本文所說由暗到明的過程。

運動員和球隊使用猛獸作為吉祥物或是符咒，或者是宗教家布道的時候使用血腥的字眼，也都是一方面在彰顯這個不可見力量的龐大與狂暴。

可是在另一方面他們又透過儀式來顯示他們自身與暴力之間的協作關係，企圖透過口號和符咒把暴力接引到自己的吉祥物或身體上面，企圖鎮壓對手或撒旦的氣勢而使自己處在舒適的精神狀態。

暴力如何在非宗教系統
—— 也就是其他系統之中被安置

如果暴力是有閒階級原生性的生存狀態之一，那麼如何將暴力合理地安置在宗教之外的其他社會結構、社會關係之中？暴力如何安置在個體自身之中呢？以及這種安置的過程中如何讓人精神上產生舒適感，而不至於造成過度干擾呢？這三個問題都是個大問題，我們已經討論過暴力如何在運動與宗教系統中被安置，那麼它在其他系統被安置的狀態是如何呢？

暴力在商業與法律系統中的安置

在商業上，商業競爭常常被比作為戰爭。許多戰爭的字眼常常放在商業競爭上面：股票市場裡面天天在進行「廝殺」，有時「血流成河」，有時在電子股「領軍」下，站上萬點「大關」；一段時期會走「牛」市，一段時期又會走「熊」市 —— 都是一些跟野蠻、暴力、戰爭相關的字眼。不過在這些暴力詞語的表層之下，商業行為上對暴力的安置必須符合國家訂定的法律。

法律在社會系統中也扮演著安置暴力的角色，甚至說整個法律系統的本質就是去暴力的，可是另一方面他卻讓國家擁有施用暴力的最高權威 —— 韋伯所謂國家是壟斷合法與正當暴力的機構。從觀察國家是否願意讓死刑制度存在的問題來說，有些國家不想廢除死刑，便是法律想繼續

保有這樣激烈暴力使用的權威；但是在當今民主社會中，像西北歐的許多國家反對死刑，這種做法顯然是企圖在本國法律系統之內杜絕任何與傳統制度和習性相關的、被私下允許的暴力存在。國家想要擁有死刑的原因，應是想滿足以暴制暴的「應報式正義」，以國家暴力來懲治私人暴力。當代有些國家，許多出現在貴族原則國家的陣容裡面，反對死刑的原因，多半認知到不能讓任何的暴力存在法律系統當中以免將暴力因子傳開，因此對法律系統採取反暴力的絕對主義，不准任何暴力殘留在這樣的法律系統當中。這一點是非常違反原始貴族社會中力量崇拜的原則。反對死刑的結果出現在貴族原則社會之中顯然是經過一番辯證的。這非常像我們前一章談到：在當代社會中金融持續擴大的過程為人類的經濟運作帶來極大的便利，但是這種便利性存在的必要條件便是國家以嚴格的會計來檢查這些金融活動，財務當責──這非常像是作用力與反作用力的並生方式。

弔詭的是，不讓死刑存在的另一方面，在西北歐這種貴族原則先行者的社會中，他們卻允許暴力的元素繼續存在社會結構中，甚至像微血管一樣把暴力輸送到社會身體的各個角落（單看看各級學校教授體育、運動的課程，或是影視、流行歌曲、金屬樂團裡面的血腥暴力元素，就知道此話不虛），但是卻用嚴格的法律來約束暴力的範圍，甚至以不惜廢除死刑的型態。貴族原則社會企圖用這種全新的系統來約束暴力行為，其作法不是在社會上徹底根除暴力，而是用疏導的方式將暴力輸送管道變的又長又細，好像系譜學一樣──暴力由明而暗、再由暗到明的運作過程；暴力在社會中的存在即便很難找到最原始的出生地，卻會像作用力與反作用力互相辯證的模式繼續存在這種社會中。

在平原則社會對於暴力的安置相對來說保守很多。單單看科舉考試制度或是當代的考試制度絕大多數都是摒棄暴力的甚至不讓暴力進入考場。

與使用暴力相關的考試雖然也存在，但是他們的範圍僅有少數從事武舉、警察、軍人和運動員；但是即便如此，後面的這些考試多半以及嚴格的規定來讓暴力本身變成合理性的動作，只讓考試的內容存在「力」而除去「暴」。因此這樣的社會在運動、體能、藝術上的爆發力上面顯得沒有後勁。平民原則社會本質上看不見主動對劇烈的力量和能量有主動捕捉的傾向，除非因為國家獎勵，比如對奧運比賽獲得獎牌選手得獎金贊助，才會刺激人們主動去補抓力量。

　　關於暴力在社會系統中的安置我想在這裡就此打住了，因為我們這一節的主題是在探討暴力與舒適感之間的辯證發展，特別是暴力在個人精神層面（而不是社會結構層面）的安置。但我想以上些微的探討已經為這個主題打開了新的空間。

暴力如何在個體的精神中被安置

　　個體的精神層次對暴力的安置措施，最普遍也是最傳統是表現在宗教領域中，個體透過許多宗教儀式與修行手段來達到精神上的舒適。這些宗教的儀式與修行可能包括了布道、告解、禱告、祭拜、靜坐、冥想、苦行等等，或是乩童進行與神靈溝通的儀式。「收驚」或「驅魔」便是一種將靈界未知的暴力進行協作調理的功夫，而讓受驚者、著魔者離開驚恐而重新獲得協調的力量、重新獲得精神上的舒適感，暴力因而在身體與精神之中獲得了安置。澳洲的運動員在比賽前常常會模仿土著跳起戰鬥舞，表現出讓人驚恐的表情和動作，這種「驅魔」和「著魔」同時並立的動作，標示著將古代與大自然的暴力以類似圖騰的方式在當下的戰鬥舞蹈當中進行跨越時空的疏理，將暴力（violence）「疏理」成權力／力量（power），讓力量同時具有神聖和野蠻的意涵。臺灣的國高中排球、壘球比賽的隊員

們，一旦打球時間在我方得分的時候大聲吼叫，或是在防守前此起彼落的吶喊聲，或是啦啦隊的間接作用等等，都是企圖在當下達成精神上的舒適感，把暴力「下載」到個體的身體和精神上而使得往後力量的發揮更為徹底；必須說這一種「下載」不是只有象徵的意義而已，只要在實際參與過運動競賽的人並且為自己的隊伍盡心呼喊過口號，都知道這一股力量在個人身上是多麼真實的存在。

症

在精神層次關於暴力的討論，除了上述的宗教與運動議題外，最接近的恐怕就是精神官能症吧。這種「症」是一種超乎尋常的精神狀態，將人導引入過度的焦慮、恐慌、畏懼、情緒煩躁、歇斯底里、憂鬱、情緒低落、重複性的強迫思考和動作等等；人們彷彿被一股強大的力量所導引而失去自我控制的能力。嚴重的話身體會產生心悸、心跳加快、出汗、發抖、胸痛、胸悶、噁心、胃腸不適、頭暈昏沉、失眠、失去現實感等等身體上的情況。這種官能症普遍存在人們的精神之中。

關於宗教與「症」的關係，佛洛伊德（Sigmund Freud, 1856-1939）有個有趣的觀察，在他的最後一本著作《摩西與一神教》[05]中，他從精神分析的角度指出宗教 —— 特別是一神教，是一種典型的強迫性神經症；他認為猶太教是典型的創傷固念（fixation of trauma）和重複強迫（repetition-complusion）這兩種症狀被整合入自我，而產生一種強迫性重複的衝動。將宗教當成一種「症」，事實上標示著宗教，特別是一神論，與精神官能症系出同門，都蘊藏著暴力的要素。因此當我們討論暴力、精神、個人與舒適感之間的關係時，「症」乃是一種中心議題。

對症下藥：心理諮商如何成為當代有閒階級的產業？

　　早期人類會以宗教的儀式來面對這些精神官能症的形成所引發的精神暴力，但是當人類的社會理性化、所謂「除魅」之後，如何面對這些精神暴力之源並且對症下藥呢？特別是當代的西方社會還存在著對暴力的崇拜，如果這些暴力還不能在運動場或者宗教儀式裡面被安置的話，一旦出現在日常生活中，那麼將如何被處置呢？當然，最直接的方式便是用法律與倫理道德來加以約束，但是當人們無法自行、或無法完全透過理性的或可被接受的途徑去梳理這些暴力時，暴力的衝動就會隱藏在潛意識裡面——一方面受到壓抑，另一方面會因為偶爾失去耐心就會噴發出來，有時也可以把它視為精神風暴。一般人有輕微的精神官能症，在所難免；但是當理性與精神暴力之間衝突過大時，就會引發身心失調而必須向外求助。面對這種衝突狀況，當代發展出了心理諮商的產業；精神或是心理諮商的過程於是部分取代了以前宗教儀式，發展出了許多分析與處理情緒的晤談方式（也些許包括所謂的心靈雞湯的鼓勵），其目的都在開解或是安頓這樣的精神暴力。

　　心理諮商有別於以往宗教儀式，它沒有眾所公認的固定的程序（雖然有一些心理諮商學派想發展出固定的療程，但是其效果通常都會受到限制，特別是對某些聰明的個案來說療效不彰）。難以有固定程序的原因就在於每一個病人的獨特性以及造成其精神官能症發展的獨特脈絡。然而這種難以固定的程序讓一些心理諮商師面臨著一個永遠在找一個專業的依靠、卻永遠陷入失去依靠的狀態中。專業諮商師透過諮商療程讓受訪者重新獲得精神上的舒適感，但諮商師本身卻也常常迷失在無法讓對方取得精神上舒適的時候。所以諮商師通常需要另一個諮商師來安頓其不安的精

神，並一起探尋與先前病患諮商過程的盲點以重建未來可能的諮商脈絡；甚至說許多人加入諮商師的行列正是因為他自己也面臨精神暴力的威脅有需要親身面對自己的困境，這種先自救後救人的案例非常普遍（在某種程度上，佛洛伊德和榮格便是如此）。這種諮商師藉由安頓自己精神暴力的經驗來安頓病患的精神暴力，類似我們往後要講的修行／修養的經驗了。當代的心理諮商如果也是一個有閒階級為了尋求聊天對象以圖個精神輕鬆舒適而發展出的產業的話，立基點便在於此了。

對症下藥：安頓精神暴力的多樣性路徑

安頓精神暴力所產生的風暴，除了透過宗教與心理諮商兩個路徑之外，還有許多通向私人景點的路徑；這種多樣性的路徑乃是本議題與有閒階級追求多樣性的習性互相辯證的結果。以下我們將根據（一）於宗教距離的遠近、（二）對不同力量量體（大－中－小）的關注、（三）對「症」的切入途徑（approach）、（四）集體與個體之間的連結關係、（五）是否達到舒適的效果等五個面向，總的介紹安頓精神暴力的多樣性路徑：尼采、佛洛伊德、拉康、榮格、海德格、傅柯等所觀察及處理的精神力量。

在這些路徑中與宗教畫清界線的宗師有兩位：尼采與佛洛伊德。

尼采的祖上世代都是新教的牧師，他透過《查拉圖斯特拉》書中的人物說出「上帝已死，是被人類謀殺的」的看法，當然某種程度上他是看到科學技術逐漸主宰人類社會發展的趨勢下，牧師的工作越來越難做，對教義的詮釋越來越難以自圓其說，宗教儀式徒具形式的背景由感而發的。他的思維索性就跳到另外一邊去，採取思想革命的方式，企圖重新建構在沒有上帝的世界中，人如何面對虛無困境並且重建價值體系。他認為人要從傳統解放、成為新人類，也就是超人（superhuman），必須要「重估一切

價值」 —— 價值重估是從人到超人之間自我修練的操作方法，拒絕接受任何不經思考的傳統價值，最好能像查拉圖斯特拉站在世界的高峰冷冷看待世間的一切。尼采既然強烈拒絕上帝的存在，也拒絕具有暴力傾向的一神教，卻促使他發展出具有強大精神暴力以平衡這樣的對抗 —— 一種以暴制暴的對抗，因此基本上尼采**並未明確**去設定一個安置精神暴力的機制。因為這樣的取向，所以他重視感受的優先性，對直接的感受進行反思與價值重估。對他而言，真理不過是習以為常的價值感受。這樣的過程讓他建構力量的內在世界 —— 在我的論述裡就把它當成暴力的精神世界。他認為這股力量不是像物理學這樣的外在世界的力量所創造的的上帝與世界，而是根源於物種演化，不斷想要去展現、侵略、占有異己、控制支配、成就自己、超越現狀的權力意志。從權力意志導引出的力量具有超越性，甚至促使人們發展的宗教與科學。這種「優越感」與「權力感受」使得他的論述俱有極強的詩意和感染性。他認為透過對當代道德來源的考察（也進行價值重估），便可以認知到宗教的虛偽性，而且毒舌地認定宗教只是奴隸的道德。他也認為人要遠離人群，不須對群體有太大的同情心，才能夠面對來自傳統價值宗教與當代自然科學的強大力量，重新肯定自己建立的價值，成為真正的超人；他認為只有像天才這樣的精英才具有衡量力量的尺度，成為力量的「劇場」，因此他反對助長人類平庸的民主制度。不過必須說，尼采這種接引暴力的方式太過辛苦了，而且重新估計一切價值難免會陷入極端的懷疑主義，例如連吃飯睡覺的價值都要重新估計的話、凡事都要不斷去質疑背後之價值的話，事實上生活就很難具有連續性，或許因為這樣使得尼采最後導致精神疾病 —— 「症」，而失去生活自理的能力；尼采的精神疾病正說明極大的暴力在他精神、意識裡面的

運作，甚至被這股暴力（就是權力意志）帶著走而失去對事物的完整性判斷。「難道我們不能使自身成為上帝，就算只是感覺彷彿值得一試？」尼采發出這樣的探問。尼采所謂的「上帝」如果是東方的「佛」的概念或許還能夠令人理解且值得一試，但是如果這一個上帝是基督教一神教中的上帝，那似乎就忽略了人與超越性的上帝這兩個概念之間的落差，這種忽略顯示出了一種急躁的、似乎有狂躁症的傾向。這一種「症」的暴力有時對個體來說是很有吸引力的，有時會讓人產生站在世界頂端的感覺 ── 成就精神的貴族與文明的野蠻人這一體兩面的貴族姿態。尼采擔心歐洲貴族精神的消失，想要藉著此種暴力來重塑貴族精神，其結果是過度了。唐君毅（1909-1978）[06] 認為尼采思想創作的苦心可以令人理解，他想將人類從盲目的信仰與無機的精神世界轉向自我肯定，重新面對周遭的事物，但是這種從一個極端跑進去另一個極端的方式，難免讓自己甚至周圍相關親友的精神隨時處在緊張狀態和不得停歇。尼采在《查拉圖斯特拉如是說》的中間，發現自己同凡人一般得面對人世間不斷重複性的問題（永恆的回歸），面對這種無聊的、輪迴的處境，尼采應對的方式是要人們把這一個輪迴當成蛇一樣的將他「咬斷」，沒錯就是天來一筆採用暴力的方式用大門牙（尼采沒有說用大門牙，但我猜蛇已經鑽進嘴巴，要咬斷蛇頭當然會用到門牙）把輪迴之蛇咬斷[07]。把輪迴咬斷難道就不會有輪迴嗎？重複咬斷本身是否就是輪迴的一種呢？這種極端的懷疑主義必然困擾著尼采的精神、侵蝕他肉體的動力。尼采在人類思想史上的貢獻是革命性的，但是它的結果卻是悲劇性的。

精神分析的途徑

　　佛洛伊德出生於不富裕的羊毛商人家庭。1885 年佛氏擔任醫生時間，由於接觸歇斯底里（sypnosis）病人診治的學習工作使他由原本的神經學（neurology）的研究轉向精神病理學（psychopathology），於是上述所有的「症」開始進入他的視框之中。本章本階段的主題在討論貴族原則社會中，人們對於精神力量的捕抓，因此這裡我們可以將佛氏提出的潛意識理論當成他對精神力量捕抓的「裝置」，這裝置裡面有許多我們熟知的「零件」：（一）人格的三個部分：本我（大約占人格的九分之四弱，代表人的本能與慾望，全部存在潛意識中）、自我（大約占人格的十八分之一，負責有意識地處理日常生活瑣事）、超我（人格中最大的一部分，大約占了人格的一半，代表社會所形塑的道德與自發的良知，不過這一半中也只有九分之一浮現在意識層次），括號裡面的說明是按照「冰山理論」所暗示的結構：意識部分只占人格的九分之一，潛意識的部分則占了九分之八；潛意識又分成無意識與前意識，無意識的內容在「正常」的狀況之下是不會出現在意識當中的，（介於意識與無意識中間的）前意識有三個層次的意思：一則代表在意識當中可以回憶起來的經驗（特別是讓某些經驗率先浮現出來，或讓有些經驗卻被忽略掉的這一種心理機制），二則代表無意識中的本我會將慾望、本能透過傳達到意識而讓行動者展開行動的通道，三則代表「超我」主動偵測並壓抑不合宜的慾望、本能進入「意識」中的「心理防衛機制」。（二）探索一個人格的潛意識最主要的途徑是夢，因為在潛意識當中本我和超我依舊會產生對抗，所以夢裡面的內容一方面會呈現某種程度的秩序性，符合道德良知的行為模式，可是另一方面又會受到超我的壓抑與扭曲因而使夢境的內容呈現具有象徵性意涵的影像。因此佛

氏夢又可分為代表夢的表面形式的「顯夢」（manifest dream-content）及具有密碼形式或象徵意味「隱夢」（latent dream-thought）。（三）代表本能衝動的「原欲」或「利比多（Libido）」是構成本我的主要元素，而它主要與「性」的範疇相關。性慾的滿足客體依據人的成長分成口腔期、肛門期、性器期、潛伏期與生殖期。性衝動與超我的衝突會衍生出兩種情結：男性會產生戀母情結（進一步會有戀母弒父的伊底帕斯情結），女性會產生戀父（陰莖崇拜）情結。原始社會因為對這樣的情結相關的亂倫產生畏懼而有了圖騰與禁忌。（四）為了讓個體更好的適應社會，自我會發展出一系列的「心理防衛機制」（如上所述會出現在自我的前意識中）：壓抑、替代、合理化、否認、投射（推卸）、反向作用（類似此地無銀三百兩、欲蓋彌彰、矯枉過正的心理機制）或昇華（sublimation，將利比多轉化為社會認可的行為，例如藝術創作或運動競技等等，此項被視為所有防衛機制裡面最具正向、有生產性的機制）[08]。以上四大部分構成潛意識的基本「裝置」。而「症」的產生是由於這個裝置在發展過程或在成年之後受到外力（大人或社會）過當的阻礙或破壞的結果。原本由神經生物學來研究精神官能症，後來轉變成利用夢和語言做為材料，自己建構理論來解釋精神官能症，這種「縱身一跳」是一種天才的跳躍。本書在這裡感到興趣的並不是佛洛伊德理論的解釋或實際治療效果，而是他為了補抓這樣的精神力量，一個人發明了二十四個（本文只列出二十四個，相信如果仔細檢查他的文獻一定會更多）新概念做為理論裝置的零件——二十四個概念「是什麼樣的概念！」臺灣的學者，或是說在東亞文化圈的學者，一生如果能發明的一兩個概念而被後人時常運用，恐怕就偷笑了，難道有人就是天生的概念發明家嗎？我們轉頭來看看他的思想繼承人拉康。

拉康（Jacques-Marie-Émile Lacan, 1901-1981）出生於巴黎中產階級

家庭，父親是一個成功的肥皂與油品經銷商，母親是虔誠的天主教徒。拉康把佛洛伊德的潛意識理論和當時結構主義影響下的語言學理論印壓在一起然後封裝，成為他補抓精神力量和能量的新裝置。他從對精神官能症患者的理解與治療過程中提煉觀點、發展概念，來了解人類的心理運作結構（如果說伽利略是透過望遠鏡來了解行星運動，那麼佛洛伊德和拉康的望遠鏡就是這些精神病患），他將這樣的結構分成三大區塊：想像界（Imaginary Order）、象徵界（Symbolic Order）、實相界（The Real）[09]；我們可以把這三大區塊理解成像數學中的 x y z 軸作為標定某種空間特質的軸線，他們很難被定義，但是用他們來定義「他者」則會有更為豐富的內容。（一）想像界：在幼兒時期還未學會語言之前，嬰兒想像自己是跟整的世界「黏」在一起的（「零度生命境界」），我即世界，世界即我，所以別人笑他就跟著笑，別的小孩跌倒了他也跟著哭。嬰兒在早期階段中由鏡子裡面的影像動靜差異的變動，逐漸有從母親身上以及從所有背景物脫離出來（即所謂「異化」）的契機，隨著肌肉神經的發展、幼兒對自己的身體掌控力的提升，主體性浮現出來而有了「我」（ego）這一個觀念，此即「鏡像階段（mirror stage）理論」，是拉康所有理論的基礎。幼兒在鏡像階段的發展除了會整合鏡中影像外，也會將照顧者（他者）的影像（甚至慾望）納入學習；於是生成主體性的時候，也將自己客體化（objectification），令幼兒處在既愉悅又沮喪的尷尬狀態中。在「我」的觀念出現後，幼兒與整個世界「黏」在一起的想像不會就此而消失，它影響著每個人與他人和世界交往過程中最重要的對話投射對象 ——「大他者（Big Otherness）」。因此從零度生命境界異化所產生的痛苦、本我慾望與自我能動力之間的差距、自我與超我（包含自我仿效的對象）之間的差距等等，都須透過心理結構的「想像」去「縫合」這些不適應。如果說能指

（signifier）是象徵界的基礎，那麼所指（the signified）和意義（significa-tion）就是過程想像界的要素。但是這一種想像畢竟是脫離現實的，例如兒童打針哭泣的原因不是因為痛而是因為想像中的完整形象受到侵犯。

（二）象徵界，如上所述，是「能指」存在的位所，是所有可能有意義、可能有指向的所有「符號」存在的軸線。作為人類主要符號的「語言」是最親近象徵界的客體，但是語言不等於象徵界，因為語言還必須包括所指和意義。象徵界這一個軸線可以協助我們更深刻地去認識無意識。人們在意識的世界使用語言時，常常會有隱喻（metaphor）和轉喻（metony-my），而無意識（夢）在其運作中也常會有「縮合」和「遷移」作用，所以說無意識的運用可以類比於語言中能指的運作。但是相較於能指在意識清醒的時候運作比較有秩序來說，能指在無意識中的運作顯得游離而不必都遵守秩序。能指在無意識中處於失重狀態；做夢時，能指就像是被大火快炒，炒成一鍋的地方。人們從幼兒時期心理結構發展的次序是由想像界再進入象徵界的。（三）實相界，就筆者閱讀理解，接近於佛家的「空性」概念，它以絕對「否定」的姿態存在，是一種本體論意義上的 being-in-itself，也就是不依賴其他特質對象的絕對性存在。它不是現實（reality）的相似物，也不是一種可以透過想像或透過任何符號去描述、去指認的存在；在其中不存在任何的對立性，因而也不存在任何是非善惡的標準；沒有東西可以從中分離出來或是由外整合進去[10]。因為它無法被符號化因而使它變成是一種典型的焦慮的、創傷性的客體 —— 單單這一點和「空性」不一樣，因為空性的內涵包括了「心無罣礙，無罣礙故，無有恐怖，遠離顛倒夢想……能除一切苦」。

　　相較於實相界是以絕對否定的姿態存在，拉康創造了相對於它的概念「大他者（Big otherness, A）」。大他者這個概念是以絕對「肯定」的姿態

而存在，它既可以透過「想像」又可以透過「符號／象徵」（能指鏈）來描述、來指認它的存在。大他者概念內涵就存在著對立性，存在著是非善惡的標準。它會整合進去某些東西，又會把不符合他體系的元素排除出來。這一個概念整合了佛洛伊德的「超我（道德與良知）」、社會學裡面的「參考架構」或者是「結構」、心理學裡面的「重要他人」這幾個概念。在母子尚未分離階段的嬰兒時期，大他者便存在了，也就是一種自我和世界黏在一起的那種想像；但是在母子分離之後，這一個大他者突然不存在了（A一撇斜槓），而這時候同時蹦出了主體（或主體性）出來，也就是有了自我意識。接著自我透過這一個自我意識「回溯性地」一步步去建構了大他者，例如加入了父親的聲音，也就是父權認同，最後個體在社會化之後逐漸擴張。什麼「為天地立心，為生民立命，為往聖繼絕學，為萬世開太平」這種高大上的理想，或者說上帝的視角、歷史的絕對必然性等等，全都整合進去了大他者；天地、生民、往聖、萬世都是大他者主體性的部分。在心理治療時，拉康不斷提醒分析師要注意患者言說過程所呈現出來的大他者，不要急著去「理解」患者。那為什麼拉康不直接使用「超我」要創作這一個「大他者」的概念呢？原因應該是超我無法擬人化，而大他者可以擬人化。

相較於大他者拉康還發明了「小他者」概念作為自我（特別是面對分析師講述自己症狀的時候）的投射。拉康還有發明其他不下十個概念這裡就不再贅述了。拉康發明的概念在數量與普遍接受性雖然沒追上佛洛依德，但是他這些概念的豐富性還是令人瞠目結舌，特別是他後來以講課的方式來談論他對精神分析的領悟而沒有自己定下心來寫成專書，可見他還持續在創造這些概念中，也難怪他晚期的概念顯得那麼難以確定。

上面論述的展開至少讓我們關注兩個要點：第一，相較於平民原則國

家，在貴族原則影響的範疇中比較容易出現概念的創作者。上述二位概念創作大師從事的工作都是企圖將精神官能症的能量結構進行分析，這是一種由明到暗的過程。第二，因為二位在概念創作上的豐富性，讓這個過程表面上，特別是在概念的論述上，顯得特別成功，但是要利用這群概念向由暗到明的過程轉化時，就顯得不那麼舒適了。佛洛伊德強調認知治療法，他會讓病患了解他們出現的念頭是如何和伊底帕斯情結、戀父情結產生關聯，企圖弱化他們的精神官能症所產生的不舒適感，但是請讀者想像一下病患聽到「烝母弒父」這種情結是多麼令人不安啊。相較於佛洛伊德，拉康的晤談方式有些調整，所以是比較舒適的。拉康強調的不是認知治療，而是語言治療。過程中也包括要讓患者認識他們自身，接著透過對話，有時甚至扮演靜默的「大他者」，讓病人從病態的生活之中解放出來。例如有一個女病人談論她的症狀時，常困於小時候蓋世太保到他家裡面抓人而產生的全身性緊張。因為重複多次了，拉康有次聽到這裡馬上過去用手摸女病人的臉頰，因為在法文裡面「摸臉頰」和「蓋世太保」的發音是非常接近的，拉康這個動作可以讓病患以後在聯想蓋世太保的時候，也會聯想到比較溫柔的觸感，而不是沉浸在原先的恐懼之中（不過不建議讀者輕易嘗試，這會有性騷擾的嫌疑）。不過即便佛洛伊德有如此侷限，在他開創的論述之下，精神科醫師與病人的關係不再是一種物質性和生理性的關係，他們開始將病患當成一個「主體」來研究潛意識所蓄積的心理能量如何受到扭曲，也學會了傾聽。這就是醫學上的一個重大改變。如果沒有佛洛伊德在這一個面向上突破前進，精神醫學上面是不可能做這個方向的轉向。

佛洛伊德所採取的認知治療事實上效果有限。以佛洛伊德自身作為案例，他長年吸菸，他解釋是自己早年幼兒口腔期沒有獲得滿足才導致如

此，可是在他的醫生診斷出他患有口腔癌的時候他仍然沒有停止抽菸，直到死亡。這真是知易行難啊！

佛洛伊德和拉康論述的缺陷還有兩點，首先，他們兩個都傾向無神論者，佛洛伊德甚至把宗教當成是一種精神症。難道宗教沒有一點點治療的價值嗎？佛洛伊德與他所認定的思想繼承者榮格之間的分裂點之一就在此。其次，在尋求舒適的範疇中美感上的滿足也是不充分的。佛洛伊德有自知之明地將藝術創作的問題排除在精神分析的理論之外，拉康也承認關於藝術作品價值的問題，精神分析師的立場比小學生還不如[11]。佛洛伊德和拉康都是商人家庭出身，或許他們比較像是工業革命之前會計師的角色，有閒階級需要他們，但是時而他們又被先天有閒階級所嫌棄。但是這樣的缺陷，就思想論述發展的歷史來說，並不會干擾、阻礙貴族原則的社會對力量和能量的持續補抓，他的後繼者都會尋著這一個分裂的路線來補足開創者的不足。

最早注意到美學、美感、宗教對精神分析正向關係的，是佛洛伊德原先指名的接班人、出身牧師家庭的榮格（Carl Gustav Jung, 1875-1961）。在由明到暗的過程中，與佛洛伊德一樣，榮格發明了許多的概念來捕捉精神力量，在當代心理學仍然常常使用到的概念包括有情結（complex，或情意綜）、原型（archetype）、集體潛意識、人格的內向性和外向性、陰影、共時性（synchronicity）等等。他與佛洛伊德有相同的部分，比如會創造一些概念來分析夢境，例如阿尼瑪（Anima，男人潛意識中女人的形象）、阿尼瑪斯（Animus，女人潛意識中的男性形象）、怪獸（對個體有所影響之既偉大又冷漠的形象）等等。他與佛洛伊德最大的不同在於他更重視於由暗到明過程當中「個性的凝聚之處」，他創造了個性化（individuaction）的概念這個相當於當前臺灣國中公民課本第一冊教的「自我實

現」概念，指出了一個人格整合的方向。這個過程裡面必須整合人格中的陰影（受壓抑且無自覺的部分）、阿尼瑪、阿尼瑪斯、個人的內向性或者外向性，環繞在非常屬於個人的原型 —— 自性〔self，其特質有三：（一）存在潛意識當中，（二）個性化過程所環繞的中心點，（三）以做圓圈運動的曼陀羅作為象徵〕而完成其自己也算滿意的獨特性。這個過程就是後來的完形心理學理論所提示：將分散在心理各處的偏離成分重新拉回來面對的整合性治療 [12]。這種由暗到明方式相對於佛洛伊德單純從認知治療、告訴你恐怖的戀母弒父情結來說，比較能讓人接受，而且過程比較舒適。

在佛洛伊德學術權威如日中天的時候，榮格離開維也納精神分析學派，以堅定的意志走自己的路，最大的原因在於自身成長的經驗。榮格的母親還有他自身都有過神秘經驗，在榮格的自傳當中曾經敘述過他預知鬼魂力量的經驗曾經嚇到佛洛伊德 [13]；榮格甚至積極將各種神秘經驗縫合進他的精神治療論述當中，不像佛洛伊德拒絕思考這個途徑的可能性。另外榮格在青少年時代也曾經有精神官能症上面的困擾，所以他研究精神分析同時也在面對自己的生存困境，問題是一種切身問題（筆者甚至認為只有從切身的問題切入，持續去面對自己關注的問題才容易激發出新概念），而不是在回答別人的問題，這個背景是與佛洛伊德接近的：「受過傷的醫生才會療傷」[14]。榮格非常重視對石頭的沈思，好像石頭可講種無法專心的情緒穩定下來，因此他特意在湖邊蓋起了由石頭搭建而成的圓形塔樓別墅，前後近二十年逐漸擴大。興趣的讀者可以透過 YouTube 去看這一間還有個人古樸風格的建築，以及上了年紀的榮格拿著鐵鎚敲打鑿子熟練地在石頭上刻字 [15]。這讓筆者想起在英國讀書時候，看到巴斯城的房子幾乎都是用石頭蓋成的，整座城像是從地表長出來一般，跟整個大地幾乎無違和感，即便看久了在某時刻還是有一些新鮮感跑出來；這與東方特別是華人

社會不習慣住在石頭蓋的房子的習慣，有著天壤之別。榮格在後來也非常的重視藝術與精神疾病之間的關係，他認為精神疾病發生的原因部分是屬於原型沒有整合完全所造成，因此他也非常重視開發整合原型的方法，其中包括藝術治療。榮格也旅行各地考察一些傳統宗教例如來到東方考察了道教、易經、禪宗、印度宗教以及非洲土著的宗教，提煉出存在人類集體潛意識中的原型。佛洛伊德比較像是拿著分析和概念的手術刀子把人的精神大卸八塊，但是榮格當然一開始也會把人的精神大卸八塊，不過他拆解出來的塊狀物型態，會精緻考慮重新把自然地把它縫合起來的方式，對他來講「舒適感」是他的大議題。

當代哲學大師海德格（Martin Heidegger, 1889-1976）對力量和能量補抓的態度接近榮格（海德格的父親出生於天主教教堂執事，這背景也與榮格相近），即便他們的切入點是截然不同的。這些較為圓融的精神力量捕捉者或引導者通常具備有三個特質：首先，它會發明概念；其次，他會澄清新的生活條件；第三，他還會指出可能的存在樣態（包括壞的、好的或者舒適的）。海德格具備這三個特質，他有選擇性地將許多日常生活常用的詞語重新定義及內涵，成為新的概念／概念印象，這些概念一則如同階梯一般引導讀者拾級而上，一則如柵欄去屏蔽其他能量的干擾，帶領人們去見識另一個存有的世界，並且引導人們去捕捉精神力量的各個層次。海德格的這些意象概念的論述像是一個精緻的太陽能板，他們能更深更廣的捕捉精神能量，並且避免能量外洩（「持存」的意涵）。他先區分有兩股精神能量來源：一個是存有（Being），另一個是存有者（beings）。理解他的哲學就像是看一個「是少女還是老太婆？」的「視覺錯圖」，如果讀者可以從某一特定點切進去就能夠看出這個視覺錯圖之中隱藏兩個形象的差別，但是如果進不了這個特定點那就只能看到其中一種。Being 和

beings 這一個視覺錯圖是當前所有市面上最高竿的圖樣之一，初學者很難一次抓到他的特定點。對中文讀者來說最大的困難點在於傳統中文裡面不常用「係詞（be 動詞）」，日常生活中也不用到，在沒有直接體驗這含意的情況下，單單靠著把 Being 翻譯為存有或存在，beings 翻譯為存在者，然後再把存在和存在者加以定義，這種途徑反倒是阻礙了讀者對於 Being 的認識。對海德格而言，可以由定義去認識或甚至可以被定義出來的對象都是都屬於存在者（beings），Being 正是無法由定義去切入的、無法對象化的一種存在。再來把它翻譯成存有或是存在，在中文裡面不但容易指向對象物或是一種客觀存在，也都無法彰顯 Being 的動態性、切身性，所以都不是那麼適當的（筆者甚至認為中文在翻譯的過程中對有些名詞不夠精緻、精確，都可能出在於平民原則社會「可以用就好」的心態，但是我承認有些詞語真的非常難翻譯）。或有人建議把 Being 翻成「是者」，但是這和「存有者」字面上的到底有什麼差別呢？（在古漢文中與「be」指涉的相關詞會有「有」、「是」、「也」、「即」、「為」、「然」、「在」[16]。）。不過我（絕對是自作聰明地）認為翻譯過程加上一點符號可能更能接近 Being 的原意，如把 Being 翻成「是……」與「有……」，特別是「是……」更能貼近原意想要呈現的效果；加上「……」可以讓中文的思考者暫停下來，這時在主體的體驗上加入了「時間性」和「非對象性」，這是翻譯成存在和存有這兩個名詞察覺不到的。面對「是……」，讀者在此時此刻可以面對非對象性的「思」。從此點切入，海德格所捕抓到的能量就不是尼采、佛洛伊德、拉康、榮格等人所面對的能量了；對海德格而言，後面四人所面對的能量都是存在者 beings 的能量，都是被「框架」的能量，如果長期存在其中而不自覺，將會產生生存意義的危機。海德格雖然沒有指出這樣的生存危機是一種「症」，但是他考察從希臘時代到當代的「存在

史」，人的價值和自我認同逐漸降低為「庫存」和「人力資源」的意涵，事實上已經接近某種「症」了。自我拯救的方式便是置身於「此在」中重新認識「是……」與人的本質（操勞、被拋擲、向死而生、憂慮、決心等等）——時下有一種流行的說法「力量就在當下」大概是很接近的意思。這種由暗到明的過程讓其產生的精神力量綿綿不絕也不至於過度強大。對海德格而言，藝術家和詩人他們的「思」最接近「是……」的呈現。傅科有類似的看法。

　　傅科的「修養論」之由明到暗的過程，主要立基於早期針對作用於社會、作用於知識生產、作用於個人想法與身體的各種權力的考察，這樣的考察中確立了權力無所不在。晚期傅科從「國家治理」的考察轉回到「個人自身的治理」議題。在古希臘時期的「修養」所以獲得重視是因為從政者為了統治人民，必須關心自己的行為與想法；在羅馬帝國時期，修養的議題就接近於一種生活藝術：從關心外在之物轉而關心自己的最終形式，也就是靈魂。這樣的關心又是一種照顧。而靈魂被關心的內容就不是自身與周遭（也包括與自己身體）之間的「工具性關係」，而是與周遭所有關係一種「特殊超越的立場」。要達到這樣的立場高度，人很首先要觀察自己、認識自己、關心自己、持續關注自己對思想和知識的經營，以使自己脫離無知狀態而能夠恰當的行動和生活。在這個過程中，也要持續判斷哪些是錯誤的、哪些是惡習而必須尋求改變。再者，整個過程必須培養一種自身對自身充滿關係的「言說」。言說的型態要具有合理性與充足的說服力，而且具有學習的潛能（指涉概念性、觀念性的思考），並且說真話，也就是真誠的面對自己。總體目標就是一種對生活藝術的技術性尋求。初看這個過程很類似《大學》裡面修身的前階段「格物、致知、誠意、正心」的加強版或立體化說明，只是《大學》沒有強調藝術的層次，未提及

言說必須具備學習潛能。在古希臘時候有這種修養的政治家不但可以反思自己的統治信念，又可以在公眾面前即席演講，並且達到言行一致的作用，成為名符其實的智者。修養過程中，自己思想與知識的內容包括了對死亡的沈思和對良心的檢查，並為種種人生中的考驗、甚至不可預知的事件做好準備（「造次必於是、顛沛必於是」）。整體上修養也可以把它當成一種自我訓練的過程，這種過程要擺脫任何可能的幻想成分而還原為對生活中最為細的部分的考察、改進、提升，以達到完美的境界（在這裡已經快接近強迫症了）。這種修養的本質並非工具性質、技藝性質的，而是一種藝術性質的。不過，這樣的過程並不是一種「慎獨」的功夫，而是一種追求自我承認與他人承認的個人生命倫理；而這種追求承認的過程又是在一種十分自覺的狀態，因此讓個體在某一個程度上屈從於社會的某些規範和風格，可是又能自主與解放 [17]。總之，對傅科而言修養就是生活技藝：人如何作為一種藝術生活態度，將自己所認同的權力（權力也具有力量的意涵，比暴力受到更精緻的規範）引入自己身體，並運用自己認可的權力進行自我治理，也就是將權力治理策略／機制這一層意義延伸，以藝術生活的態度自我規訓，形成一種自我藝術化。

精神力量與能量的捕抓過程的探討說明貴族原則社會裡面的思想家不但會去「抓漏」、「阻漏」，並且重新發明裝置導引排水的流向。這些視角深邃的思想家會去發現當時社會上哪些能量阻礙了人類精神的暢通，需要糾出這些力量影響層面與缺失。但他們的反省不只於此，他們的還開創出有利於補抓更健康的精神力量，並且安排這些精神力量合適地在人的身體與精神層面運作。可以說這是有閒階級對力量的崇拜、多樣性的追求與舒適感的追求三者之間的辯證點所在。我在上面的舉例，從尼采、佛洛伊德、拉康、榮格、海德格，到傅科等人，他們有些界定什麼是壞的力量以

及提出他們捕抓健康力量或能量的理論裝置，有的更會安排這些力量的舒適運作方式。

　　以上的工作對我來說並不輕鬆，特別是我並不是對他們的專門研究者。我的（哲學人類學的）工作結果只能說不過是從整個西洋思想的汪洋大海中汲取的幾滴水珠出來而已，而我這麼大膽的原因可能就是我對無知之無畏啊！頭痛！恐怕也是個「症」啊！

　　似乎在貴族原則社會裡面總是有一些人想去找到合適自己的精神力量，或是把某些精神力量視為有害，需要除舊布新。這種尋找的方式似乎也將持續下去。馬克思、阿圖塞、馬庫塞、齊澤克等人把資本主義的意識形態視為是有害的，齊澤克（Slavoj Žižek, 1949-）還將意識形態當成是種精神官能症來對待，德勒茲（Gilles Deleuze, 1925-1995）甚至把資本主義和精神分裂症放在一起討論，也都是在挖掘這種社會結構形成的力量對人造成的不良影響以及尋求解脫之道。甚至不只在是思想界對多元能量的觀察很深刻，一些新興宗教對具有新鮮感的能量的捕抓也很感興趣，例如當代的新世紀宗教在這一個面向的工作可說也波瀾壯闊。這些豐富的內容因本書篇幅有限，在此就不展開了。

越位休閒：來自物質的精神力量

（Ac：對暴力崇拜的行動在美學上的舒適感追求）

　　如果我們把物質的力量定義為由物質自身運動或者是有企圖地驅動物質運動所產生的力量，在本章後面討論的物理學上的力量或是軍事力量都是屬於這一個範疇的力量。但是有一些物質根本難以散發出物理學的力量，卻因為人們對物質的特殊安置，而讓這些物質散發出被人們所感受到

的精神力量，我在這裡把它定位為「來自物質的精神力量」。這樣的精神力量特別出現在越位休閒或炫耀性消費上。

范伯倫指出宗教的真誠信仰者會有弔詭的「越位休閒」的反應：他們通常不會想要增加自己生活上的富裕程度，但是想要透過提高「主子」的財力與聲譽，來彰顯信仰的威力。例如我們會發現一些金碧輝煌的教堂或廟宇與其周圍的居民的窮酸建築不能相比，尤其是一些歷史悠久且有規模的教派；而裡面的工作人員像教宗、神父所穿衣物也特別華麗昂貴，這種外表與宗教本身教義所要宣傳的樸素原則大相徑庭。再進一步觀察還會發現這些外表金碧輝煌的教堂或寺廟裡面卻刻意呈現出抑制肉慾的、顯示出神聖的氛圍，不會給這些信仰者太過舒適的印象，而裡面教士或出家人的舉止也表現出超然物外、悠閒悠哉、六根清淨[18]。這些弔詭的對比可算是崇拜神威的行動在美學舒適感的處置。

「越位休閒」的現象還會出現在主人對自己座騎的裝配、裝飾與整理。范伯倫他那個時代對駿馬樣態的打造，包括那些有高雅品味的人對於騎術的斟酌事實上種不舒服的騎姿和彆扭的步伐，可是主人卻因為可以凌駕鄰居坐騎而有了征服感和支配慾的自我滿足感。騎在駿馬上面可能不舒服，但是由駿馬的姿態來代替主人的休閒[19]。當代一些衣著故意穿得破爛的潮男，駕著上千萬跑車或改裝車種發出轟隆因人關注的聲音，也是同樣一種心態。座騎的休閒樣態比主人的型態重要；座騎的流暢度引發的美感與舒適感的反應，代表主人的精神力量的投射。

不過，范伯倫一定沒有想到他尖酸刻薄的這些「越位休閒」的對象，在當代，竟然都成了觀光勝地。不只是像巴黎的聖母院、蒙馬特的聖心堂、德國科隆大教堂，或是伊斯坦堡的聖菲亞大教堂這些舉世聞名的觀光場所，包括一些在歐洲的小教堂讓某些小城鎮成為觀光勝地。如果不是先

祖們的「越位休閒」，一定會讓整體歐洲的美感失色不少。回頭來看當前的臺灣，想要蓋這樣美感的宗教聖地都還十分勉強，卻只能蓋像 101 這種超高（卻非常容易被其他國家超越）大樓來作為一種經濟力量的象徵。

照片說明：瑞典 Kiruna 紅色教堂，在夕陽中呈現的美學力量

（筆者拍攝於 2018 年 7 月 23 日傍晚與 24 日早上）

對力量之美的捕捉

力與美的結合符合美感的標準，有閒階級不會錯過對這一塊。在上一部分越位休閒的討論當中，事實上已經呈現出這個味道了。一些體育運動中便強調力與美的平衡，像是花式溜冰、跳水、體操、馬術，或是舞蹈等等，都以力的美感作為評分標準。有些運動美感並非評分標準，但是運動員有時身體力量發動時引發的美感卻是觀賞的要點，例如職棒大聯盟選手的揮棒、投球、接殺等姿態，足球選手盤球、過人、空中停球、射門、倒掛金鉤等等姿態，間接引發球迷身體舒適感的反應而令人癡迷。

近來田徑選手在正式比賽時越穿越少，是否是一種對力量之美的捕捉呢？如果說穿得越少、空氣阻力越少成立的話，那麼男性田徑選手只需要穿著丁字褲就可以上陣了，可是事實上卻沒有發生。而當今女性田徑運動員上半身穿著小可愛，露出小蠻腰與肚臍，下半身穿著內褲型的運動貼身衣物就上陣了，活像穿著泳裝在陸上跑步、跳躍。這到底是力量的美感還是新鮮感呢？還是單純力量的性感？還是只是觀看的舒適感？只可以說有閒階級真的很忙！海德格認為人存在的本質是操勞，有閒階級都已經有閒了，為什麼還這麼操勞？

貴族原則社會對於物質力量和能量的捕抓

（Ad：對暴力崇拜的行動在智識上的舒適感追求）

當代對物質力量和能量的相關字詞種類繁多，這也顯示人類「已經控制」的能量和力量的種類也是繁多的，在古代人類社會中這樣的結果是很難想像的。就能量而言，我們會用的詞語包括了動能、位能、太陽能、熱

能、化學能、生物能、電能、核能。而我們常用的力量相關的詞語則包括了人類最原始的人力、獸力、彈力、風力、水力、壓力以及後來發現的重力（也就是萬有引力）、電力、磁力、（和前兩者合在一起的）電磁力、強力和弱力等等。

這些我們當代習以為常的科學詞語，在古代卻是很難將力量與能量兩者的不同區分出來。人類一開始能觀察到的就是物體的運動（柏拉圖把它稱為內在動機 power）或是推跟拉（push and pull）這種身體形式的力量。後來產生了像衝量、原動力（impetus）的概念，以及到了達文西時代有了靜力平衡的概念。但是必須說一直到文藝復興的時代，力的概念都還沒被正式提出來。但是即便如此模糊，人類在捕抓物質力量和能量這個行動上一直沒有停下來。

人類補抓物質力量和能量的動機何在呢？主要應該有三個目的，第一，幫人類做工：例如使用人力、獸力、風力、水力來碾米、磨漿，或推動鼓風爐提高熱能方便打鐵等等。第二個目的是要控制他者、維持地位：例如使用化學能轉化出來的火砲力量打擊敵人，或是在技術上的提高生產力以助於取得財富上的優勢。第三個目的單純是為了智慧知識上的舒適、滿足好奇心，這與我們之前對差異化的追求的興趣是一樣的。因為這三個目的，人類對暴力的崇拜以及對暴力的補抓一直沒有停下來，特別是有閒階級較多的國度。

對於物質暴力在智識上面捕捉方式大約有兩種，第一種是用技術，第二種是用知識來捕捉。就第一種而言，技術要如何補抓暴力呢？當人類發明了馬轡頭和韁繩時，就產生了輕騎兵；發明了馬鞍和馬鐙，騎士可以把馬夾得更緊了，於是就產生了重騎兵和弓騎兵；發明了馬蹄鐵於是馬就可以更長途地奔跑，並且利用馬匹大量運輸輜重，於是便可以進行大範圍的

長征，建立超大的帝國。透過韁繩、馬轡頭、馬鞍、馬鐙、馬蹄鐵等技術上的改進，整匹馬的力量和能量就被充份的捕抓下來，幫助人們做工，並且能打擊敵人取得優勢。同樣的我們也可以從技術的角度來觀察人類對化學變化後產生的能量所進行的捕抓工作，例如燃燒、爆炸、煉鐵、煉丹術或煉金術等等。或者利用風車來捕抓風力、利用水車來捕抓水力。透過這樣的技術，人類變把暴力或說部分的暴力安置在較為舒適的物質位置。

第二種必須先定義知識，這裡以事後諸葛的態度來看，當前最能夠將物質力量與能量「舒適地」捕捉下的知識應該是數學所架構的物理量之間的關係，也就是依循定律的計量宇宙概念，像普偏為人熟知的 $F = ma$ 或 $E = mc^2$ 等等這種簡單的數學式所「規劃」出的物理世界。我們以數學的概念網路（conceptual networks，《科學革命的結構》的作者孔恩之用語）來檢視過往掌握力量、能量的相關觀念時，將發現中國古代使用金、木、水、火、土或是佛教裡面的地、水、火、風、空來擬態能量的不同樣態的說法太過迷糊了，只能算是由形而上學原則所支配的定性宇宙理論[20]。古希臘時代由於對數字規則與科學的掌握能力有限，他們想把暴力放在比較舒適的位置（至少與神話產生某種區別）的時候，多半也只能對力量和能量進行說明和詮釋，例如泰利斯（Thales，前 624 －前 546 年）認為地震的發生是因為海水震動的關係，而並不是地表底下有什麼神獸作怪；那海水為什麼會震動呢？似乎沒看見他的說明；但他用物理現象來解釋現象在智識上已經比神話進一步了。真正可以稱得上用知識來捕抓力量的，大約就是希臘化時期的阿基米德（Archimedes，前 287 －前 212 年），可以說他創的理論是數學知識第一次最有系統地對力量和能量進行捕捉 —— 以數學來說明槓桿定律和浮力原理。人類在第二次大規模對力量和能量的捕捉就造成了科學革命。主要的任務是哥白尼（Nicolaus Copernicus, 1473-

1543）、克卜勒（Johannes Kepler, 1571-1630）、伽利略（Galileo Galilei, 1564-1642）、虎克（Robert Hooke, 1635-1703），還有牛頓（Sir Isaac Newton, 1643-1727）來完成，特別是牛頓對上述幾個人事業的綜合活動。這些人的背景多半出身於教士、大學教授和中產階級，有閒的時間不少。造成這種結果的原因是因為技術（包括中國的四大發明）的傳播和進步、數學自身的發展，跟著歐洲的文藝復興，使得各種觀測技術發展起來。西方地理大發現之後，航行於海洋的船隻需要利用天文學知識來定位，因此需要更好的望遠鏡。伽利略就是發明、改良了望遠鏡進而發現木星有四顆衛星，於是反過來推月球是地球的衛星，於是讓哥白尼的地動說才有了更堅實的基礎；伽利略更發明了鐘擺與鐘擺定律。笛卡爾（René Descartes, 1596-1650）把希臘時代的幾何學加上阿拉伯時代的代數學整合成了解析幾何，擴大並且提升了數學推理的範圍和能力；再加上牛頓自己創造了微積分才更進一步推導出了萬有引力，於是更明確的「力量」這一個概念在人類歷史上被清楚的界定出來。

不過在當時力量和能量時常讓科學家抓摸不定、難以區分，例如萊布尼茲（Gottfried Wilhelm Leibniz, 1646-1716）就認為牛頓定義的力量也就是 $F = \Delta P / \Delta t$（而不是 $F = ma$）中的 F 是一種「死力」，死去的力量；而「MV^2」則是一種活力，活著的力量。這種混淆不清的現象一直要等到十九世紀內燃機電池或是化學能轉換成電能的技術或者現象被發現之後，能量的概念才在焦耳（James Prescott Joule, 1818-1889）的手中將之與力量區分開來。

力量與能量的區分開來後，標示著「技術引導知識捕抓力量和能量」的時代，開始讓位給「科學知識 —— 特別是數學主導的科學知識來引導技術捕抓力量和能量」的時代來臨了。這是因為「能」比「力」更為抽

象，「力」被量化遠比「能」被量化容易得多，因此一旦人類可以藉助數學語言的型態來表示能量的概念，就能捕抓到更為細微的且更為巨大的能量。愛因斯坦充滿著數學運算記號的相對論引發了核能、核電廠、原子彈、核子彈這些能量的釋放。從這時候開始，人類企圖捕抓的力量就已經不再是感官可以清晰感受到的能量和力量，而是小到原子核和原子和裡面的弱力、弱能以及其運動變化。當我們手上拿智慧型手機的時候，事實上就代表著這一些非肉眼可見的能量與力量來協助人類做工。

對於人體力量的捕抓

對人體力量捕抓這個主題與第三章介紹的運動產業相關，但是這一段的目的不在於重複期運動產業內容，而是針對於運動產業中，特別對力量這個部分，說明人們是如何透過知識概念來補抓運動中的力量，並把他們轉化成潛在的形式後，可以精緻到什麼地步。

上一部分介紹的是有閒階級對於大自然物質力量和能量的捕捉，要命的是，他們會清閒到把人當成物種，對人體的力量也會進行捕捉。先不說當代醫學對人體健康狀態的各種測量，我們以美國職棒大聯盟對於運動選手的能量和力量進行捕抓來說明。球探精密到把每個投手的習性以統計的方式調查得非常精細，具有壓制力和續航力的歸類為先發投手，其他的叫做救援投手；很特別的是這一些救援投手分工極其精細，續航力稍微強的叫做長中繼投手，較弱的叫短中繼投手，通常在第八局上陣的叫布局投手，以及最後一局出來壓陣的叫終結者。請注意這一些不同的定位將代表著選手會被訓練的方式將有所不同，面對的心理壓力也不同。他們利用功能性分化，把每個選手累積能量的形式以及釋放出來的專長的差異性做了

詳細的規劃。例如他不會讓終結者在毫無考量的狀況下投球超過一局,因為這樣的投手球速就會開始掉下來,已經超出了其角色功能的設定;因為這種投手被需要的是短時間內的極強大的爆發力,而不是一種長時間的力量釋放型態。

對每一位投手各方面的統計也十分細緻,不只是好球最常出現的位置,在幾好幾壞會出現哪一種球路的比例也被統計的清楚,用來協助進攻方的打擊。同樣的打擊者也被施以等同的對待。在大數據的時代這些運動員失去了神秘性,折損率非常高,所以又必須去養殖 1A、2A、3A 這些農場的運動員。這樣的「數位」資本主義結構非常值得去反思。

智識對於人造力量的補抓自然是免不了對於各種戰爭機器性能的分析、統計和發展,範疇與上述相當,這裡就不再論述了。

有閒階級與智識發展的關係

在第三章部分我們將有閒階級分成三類:天生有閒、後天有閒與制度有閒,當我們檢視(本章中)智識上為人類開創新局的人物時,將發現他們多半是屬於第一種和第二種有閒階級。姆沃迪瑙(Leonard Mlodinow, 1954-)觀察到這些早期畢生致力於研究科學的人員,不是獲得大學教職,就是家財萬貫、不愁吃穿,特別是早期化學的研究者多半要有本錢設立自己的實驗室,所以必須有一定的財富自主[21]。像化學家波以耳(Robert Boyle, 1627-1691)的爸爸就是伯爵,而且可能是當時英國的首富;而早期物理學的先驅多半是大學教授,像牛頓。

可能有人會質疑牛頓這一號人物,認為他出生貧窮的農家子弟,可是只要仔細去檢查他相關的自傳將會發現雖然他父親早亡、母親改嫁,但牛頓小

時候在外祖母的農場裡面長大，農場裡面有奴僕協助農場的管理，所以也算是小地主出身，只是牛頓也需要自己下田工作。必須說牛頓的媽媽那一邊的家庭在當時也有一定的社會經濟地位。他後來不但繼承了繼父（是位牧師）龐大的財產，牛頓的舅舅，也就是他媽媽的弟弟，是劍橋大學畢業的牧師。而且，就是牛頓的舅舅促成了讓牛頓繼續升學的主要原因，牛頓分享了有閒階級的許多條件。另外牛頓有一個終身不想讓人得知的秘密 —— 他沉溺在煉金術之中。他對煉金術的觀察實驗所寫的文獻遠遠多於他的其他研究，到底甚麼樣的動機吸引他這樣去做？他既然已經捕捉到力的概念了，難道他的煉金術不就是為了捕捉物質變化所產生的能量嗎？[22]。

物質力量與戰爭技術進步：
新鮮感的追求與道德的辯證

對技術的好奇心也是西歐推動技術進步的動因。同樣的，歐洲文明在每一種技術背後都跟著辯證體系。有閒階級在做槍枝大砲等攻擊性武器的時候，一開始通常不會把人性、道德考量在裡面，主要關注的焦點是殺傷的效力，算是功效主義；當然還會有其他考量，如外型美感與使用上的舒適感等等。文藝復興時代的大號人物達文西（Leonardo da Vinci, 1452-1519）當他在製作機關炮、集束炸彈、鐮刀戰車、轟炸機、裝甲坦克、投石車的時候，不會把人與人之間的倫理道德、法律約束考慮進來。但是進入當代，就不是如此了，許多武器必須考慮限制殺傷性，例如防暴警察所使用的武器目的只是威嚇，而不是進行致命的攻擊。某些技術能長久被接受，也一定是長期以來都能解決問題，對這一些問題有好壞對錯持續的辯證，才讓技術做更細部的改進。

戰爭成為貴族原則國家常使用的手段

因此從貴族原則中力量崇拜的角度來看，歐洲給世界文明發展帶來的多種衝擊中，一項「重要」遺產（尼爾·弗格森用語）—— 戰爭，便有理可尋。從 476 年西羅馬遭遇蠻族入侵之後到 1650 年之間，歐洲有三分之二的時間處在戰爭狀態；從 1500 年到 1799 年間，西班牙有 81% 的時間、英國有 53% 的時間、法國有 52% 的時間處於對外戰爭狀態 [23]；更不用說人類有史以來傷亡最慘的兩次世界大戰。來看看當代的美國的軍火產業，令人驚奇之處是它的第一級和第二級產業占美國整體產業 GDP 的比例已經降到剩 20% 左右（另外美國勞工部統計局 2020 年資料，民間製造業非農業就業人口約 11.7 百萬人，占整體從業人口比例 10.48%；2019 年製造業總產值只有 11%[24]），也就是在工業萎縮的狀態下，軍火工業一枝獨秀。美國在全球軍火市場的份額，據斯德哥爾摩國際和平研究所發布的報告，達到了 37%，是全世界最大的份額。而各國國防預算數量上，單單美國一國的總量就超過他後面排名十名以內所有國家國防總量；後面十個國家聯手打他一個都可能會打輸。如果將俄羅斯也算進歐洲的話，美國與歐洲國家的國防預算總額超過了全世界的 50%[25]，但他們的總人口僅占全世界的六分之一。這可能是由於上一個世代殖民主義競爭的遺風，更可能是在受貴族文化的影響，而他們正處於受此影響最深的區域中。目前敢在世界各地以維護人權和和平的理由開火打戰的國家，清一色是美國與歐洲的國家。他們對力量的崇拜和保護不遺餘力。

平民原則國家常常要做閱兵儀式來展現自己的軍力，但是貴族原則國家則以實際的戰爭來暢通潛能與外顯力量之間的關係。他們認為這種潛能與力量之間的通暢關係遠比單單秀拳頭以博取自己國民的肯定與讚美來得

重要許多。

　　對自然暴力的控制問題上也顯示平民原則和貴族原則國家的著重點不同。如果我們把當前新冠病毒肆虐當成是一種自然的暴力，在新冠病毒第四波橫行臺灣時，我們才發現臺灣的防疫深度是不足的。在第四波以前相當有效，也獲得國際許多讚美。滿意之餘就沒有採取疫苗注射這種徹底解決新冠肺炎的做法，只專注在防堵病毒的入侵。當遇到比原先傳染效率高出好幾倍的病毒入侵時，原先方式便是失去功效。歐美國家採取徹底的疫苗注射方式，以求徹底解決疫情擴張的問題，這事實上也是一種專注於潛在能量的積累過程，當然這是以幾十萬人死亡作為代價的。

小結

　　不論對捕抓精神力量或者是物質力量過程的考察，都可以發現這些補抓力量或能量的思想家發明了眾多的概念，甚至一個人就可以發明二十幾個以上的概念來捕抓自己觀察到的力量，而這些思想家多半來自中產階級，不過他們卻與貴族樣都維持著對多樣性的追求和舒適感的滿足。

　　戰爭成為貴族原則國家常使用的手段，戰爭的武器、技術、甚至戰略都會以概念的形式不斷的去界定所欲達成的目標，這種由暗到明的過程雖然有其概念運作的獨立性，不過也會考慮到與道德之間的辯證。

[01] 范伯倫，李華夏譯，《有閒階級論》，2007，頁 245。

[02] 范伯倫，同前書，頁 242。

[03] 牛津大辭典，https://www.oed.com/viewdictionaryentry/Entry/161944，搜尋時間：2021 年 5 月 23 日

[04] 傅佩榮，2016，《最後一張王牌：尋求靈魂的現代人》，臺北市：九歌。

[05] 佛洛伊德（Sigmund Freud），張敦福譯，2004，《摩西與一神教》，臺北市：臉譜。

[06] 參見唐君毅，1989，《人生之體驗》，臺北市：臺灣學生，頁 20-2；黃振華，1978，〈唐君毅先生與現代中國：悼念此一代文化巨人之殞落〉，https://www.fed.cuhk.edu.hk/youngwriter/tang/tg1-3-38.htm，搜尋時間：2021 年 10 月 10 日。

[07] 參見余鴻榮譯，1988，《查拉圖斯特拉如是說》，臺北市：志文，頁 205。

[08] 車文博，1996，《西方心理學史》，臺北市：臺灣東華，頁 461-72。

[09] 以下的分析主要參考未明子在 YouTube 上一系列關於拉康的介紹，2020，〈拉康符合學入門〉、〈早期拉康與晚期拉康〉，搜尋時間：2021 年 5 月 28 日；張一兵，2015，《不可能的存在之真：拉岡哲學映射》，臺北市：秀威資訊科技；王國芳、郭本禹，1997，《拉岡》，臺北市：生智。

[10] 關於實相界的否定性，參見王國芳、郭本禹，見註 9，頁 176-81。

[11] 沈志中，2012，頁 107-8，〈精神分析的「美學－倫理學」〉，載於《中山人文學報》第 32 期，頁 91-110。

[12] 以上參見車文博，見註 8，頁 478-85。

[13] 榮格，劉國彬、楊德友譯，1997，《榮格自傳：回憶、夢、省思》，臺北市：張老師，頁 209。

[14] 劉國彬、楊德友譯，同前書，頁 181。

[15] https://www.youtube.com/watch?v=zKFzGoJrsSQ，搜尋時間：2021年 8 月 16 日。

[16] 參 見 A. C. Graham. *Studies In Chinese Philosophy and Philosophical Literature*. State University of New York Press, 1990.

[17] 參見葉啟政，2008，《邁向修養社會學》，臺北市：三民，頁 276-289。

[18] 范伯倫，同註 1，頁 105。

[19] 范伯倫，同前書，頁 121。

[20] Leonard Mlodinow，洪慧芳譯，2017，《科學大歷史：人類從走出叢林到探索宇宙，從學會問「為什麼」到破解自然定律的心智大躍進》（*The Upright Thinkers: The Human Journey from Living in Trees to Understanding the Cosmos*），臺北市：漫遊者文化大雁文化，頁 199。

[21] 姆沃迪瑙（Leonard Mlodinow），洪慧芳譯，2017，《科學大歷史》（*The Upright Thinkers*），臺北市：漫遊者文化，頁 200。

[22] 麥可‧懷特 （Michael White），陳可崗譯，2004，《最後的鍊金術士：牛頓傳》，北京市：中信。

[23] 參見尼爾‧弗格森（Niall Ferguson），黃煜文翻譯，2012，《文明：決定人類走向的六大殺手級 Apps》 （*Civilization: The West and the Rest*），臺北市：聯經。

[24] 資料來自《自由時報》2019.10.30〈72 年以來最低！美國製造業產值佔美 GDP 比重僅 11 ％〉，https://ec.ltn.com.tw/article/breaking-news/2961839，搜尋時間：2021 年 8 月 16 日。

[25] 參見 SIPRI Yearbook 2021, Summary，頁 15，https://www.sipri.org/sites/default/files/2021-06/sipri_yb21_summary_en_v2_0.pdf，搜尋時間：2021 年 8 月 16 日。

第十四章

難堪界線之挪移與上癮

難堪界線之挪移與上癮

這一章是討論貴族原則的最後一章，理應作一個小結。不過因為我們的探討意猶未盡，最後一章再來總結吧！這一章的主題打算更仔細探討有閒階級的品味是如何往整個社會其他面向傳遞，而形成當前的貴族原則。

如我們前面講述過的，成形於君王與貴族的有閒階級慣習是透過新興起的中產階級把這樣的慣習傳的到整個社會的。這樣的傳遞可以從兩個面向來說：第一個是「難堪界線」的挪移，第二個面向是「上癮」。前者是行動者（在行為和價值上）被動地屈從，即便沒願意也被牽扯進來了；第二個是行動者的主動涉入，或因為受商品刺激而主動去接受有閒階級的慣習，最後對「追求舒適感」上癮了 —— 這或許最能直覺去說明當代有閒階級如何在擴大後逐近形成的集體習性。

人類從什麼時候開始這些有閒階級開始追求舒適感的呢？管仲（前725－前645年）曾說：「倉廩實而後知禮節，衣食足而後知榮辱」，意思是只有當人民生理需求滿足了，而且預料到未來的日子也能夠滿足，人們才會知禮節榮辱！[01] 管仲如果活在當代一定是政治經濟學專家，可惜的是，可能由於中文的圖形文字屬性，管仲比較精細的言論沒有被記錄下來，也或許當時沒有便宜的紀錄工具，紙張也尚未發明，所以用字精簡，看不到管仲對相關問題之更豐富的答案。

此處衍生一個不好回答的問題：中國字的特質是否也造就了「便利優先於舒適」這種情況的發生？本書的假設是「便利優先於舒適」是在科舉考試制度成立之後才逐進演變出來的習性，那現在的問題就是這個習性是否在中國歷史上貴族習性最強的時候（因為中國字的特質）就已存在，而不必等到科舉制度發明之後？這一個問題暫先留給積極的讀者吧。

宮廷理性：難堪界線的界定

那麼如何去判斷哪些言行舉止是合乎禮節的（知禮節）？哪些行為操守或是價值觀是高貴的？或是可恥的（知榮辱）？他們如何形成判斷的標準？這些判斷的標準又如何從一個小區域擴散到整個階級？這裡的禮節榮辱似乎是一種主觀舒適的感受，但若舒適感是沒有任何客觀的基礎，則很難說深入進行相關討論。對當代或有「現代化」觀念的人而言，舒適感總是企圖排除一些不安全、不健康、不衛生、不便利、惡臭、笨重等等相對可以客觀化的感受，或是排除恐懼、難堪、麻煩、噁心、羞恥、醜陋等等相對主觀上的感覺。

德國社會學家伊里亞思（Norbert Elias, 1897-1990）在他的兩本大作《文明的進程》[02] 與《宮廷社會：關於君主制和宮廷貴族制的社會學研究》[03] 對於人類，特別是西歐，「知禮節」、「知榮辱」習性養成提出敏銳的觀察，迥異於我上述關於「舒適感追求」的看法。他發現十六、十七世紀是西歐推行禮貌和教養最鼎盛的時期，此時人們發明了睡衣、宮廷法制、用餐禮儀，同時努力去消除粗俗與暴力，並且害怕失態；這些努力後來變成了一種對生活各個層面「小心翼翼」（而非舒適）的文明。同時他又發現此時歐洲決定好壞，或者「何謂更好」的標準通常不是一些理性因素（例如上面所謂的衛生）；相反的，理性因素非常次要。當時人們解釋某些行為需要自我克制時，理由常是「這不符合宮廷禮節」、「這是不高雅的」、「一個高貴的人是不會這樣做的」，也就是考慮別人的難堪的感受而克制自我的行為 [04]。

伊里亞思對這些現象做出解釋：首先，十六世紀中葉前後，政治經濟條件產生巨大變化，之前階段為「自然經濟」，之後階段為「貨幣經

濟」。在自然經濟階段，生產和消費關係間的環節很少，許多商品還藉由以物易物的方式來進行，所以不需要共同交易標準，人們著重當下有限時空之內的事務發展，不必關心生活圈以外的事物；此時相對應的政治條件是封建貴族體制，國王和貴族都患有「土地飢渴症」——想要更多的土地以便擁有更多的經濟實力；此時的國王也不過是諸侯的共主，推出共主的目的就是要一起去掠奪他人的土地，因此國王與貴族諸侯之間也無所謂的忠心臣服的關係，常常是狼狽為奸，甚至一言不合便拔刀相向；他們之間的社會資源相對平均，實力也相對均等。十六世紀中葉後的貨幣經濟源於西班牙將發現的南美洲銀礦（1545 年在現今玻利維亞的波托西，Potisi，發現了豐富的銀礦）運往歐洲與亞洲，為世界提供豐富的金屬通貨。一個社會中的貨幣數量增加之後，如果沒有透過人為制度的調控——像是當前北歐社會主義國家的建構，財富難免集中在少數人手中。十六與十七世紀整個西歐的財富便集中在少數領主的手中，特別是國王。掌握財富的國王便可以利用龐大的財務資源僱用傭兵來拓展領土與政治權力，不必再依附其他的諸侯與騎士。於是貴族、文官或者新興的中產階層因為無法挑戰國王，而逐漸屈從於專制的君主，法國太陽王路易十四（Louis XIV, 1638-1715）可為當時的代表。除了自己的特殊偏好外，路易十四為了消磨貴族的財產、牽制他們的勢力以減低反抗力量，於是建立的凡爾賽宮，聚集了三四千名宮廷貴族來此侍奉國王。路易十四為了增加自己的權威還規定了許多的宮廷禮儀，把侍奉他皇室生活的方方面面劃定次序與規格，對應於貴族與文官的等級，激發他們爭寵鬥爭、爭風吃醋，以汲取管理他們的位能。例如路易十四在一些王室的慶典中會興致勃勃的審視每一個人的著裝，當看到奢華的衣服或奇妙的設計便加以讚賞，於是這些貴族、文官不惜重金置辦服飾、飾帶、鈕扣、假髮、高跟鞋等等以討國王歡

心，後來針對食衣住行育樂方面的許多皇家規格流傳開來。對法蘭西正統貴族而言，房屋和花園的布局、房內的裝飾（包括裡面的各種畫像）、標示男女有別的各種裝飾和行為舉止（包括舞蹈或者問候等社交方式、求婚的手勢和表情、貴婦起床的儀式等等），以及對這些內容的枝微末節（例如符合高尚雅緻、舒適、融洽等標準）的考量要求，就不只在滿足自己的興趣而已，在社會交往上更是「性命攸關」。掌握這些要求變成是獲得社會尊重和社會成就的前提 [05]，長此以往便形成了所謂的「宮廷理性」。

「宮廷理性」的定義是：在宮廷內部所形成的複雜人際關係中，參與其中的人們考量任意發洩情緒所波及的面向難以估計，尤其思量到其後果可能會導致在爭寵或爭權過程中敗於他人，因此被迫必須時刻自我抑制、控制情緒，對身體的各種表現採取精打細算的權衡態度。這樣的交往結構只為情感的自然流露留下極其微小的迴旋空間 [06]。於是具有這種理性的統治者及其核心群體形成了某種一致的利益和共同的壓力方向，使得被統治者的手臂就如同統治者手臂的延長，在社會行動中持續發揮著作用；於是宮廷理性延伸到社會（甚至周邊相對弱勢國家）的各個角落 [07]。

宮廷理性由一種「社會強制」演變成社會中個人「自我克制」的過程中，經過的中間環節就是「文明情感」的產生。文明情感就是對「什麼樣的行為舉止是文明的」、對「何為高尚、何為粗鄙」的判斷產生了情感上的認同。這樣的情感會將所有容易喚起粗暴野蠻聯想的行為或事物排除於外。伊里亞思提到在早期在宴會中，通常主人必須拿刀從餐桌上整隻烹飪好的動物逐個切肉給客人吃，後來因為這種動作會喚起了野蠻和獸性的感受，於是這種大塊切肉的動作逐漸轉到廚房裡面去進行了，然後送出來的都是一片一片分割完畢的肉塊，而逐漸形成當代西餐基本的吃法。文明情感也會對身體自然功能（例如屎、尿、屁、痰）產生排斥，例如發明一個

空間——廁所來將屎、尿、痰排除於社交生活之外，或是古代西歐宮廷禮儀規定放屁的時候要跟著咳嗽，用咳嗽的聲音來掩蓋放屁的聲音。當代日本的女廁有一種叫做「音姬」的裝置，啟動時會會發出一種流水的聲音，女性上廁所時便可啟動這樣的聲音來掩飾自己排泄尿液的聲音。

伊里亞思使用「難堪界線」往前挪移的概念來指涉人們對於感到不舒服的言行舉止或事物，也就是「文明情感」投射的對象越來越多，範圍越來越大，敏感到需要加以制止或自我克制的程度。在宮廷生活的貴族逐漸去修改惹起不舒服感受的種種行為舉止，只要說得過去的理由，通常就變成禮節的一部分了。於是後來禮節就越來越繁複、深入，數量也越來越多，所以說這一個「難堪界線」不斷的往前移動。這種排除不愉悅感受的行為一開始在某個小圈子裡面實施，最後擴展到整個階層，就好像在結晶的化學反應中，一開始在液體的某處出現小小結晶塊，後來結晶便擴展到整個液體範圍。在中古近文藝復興時期，原本貴族有持劍上街、時常鬥毆的習性，進入文明國家之後就由國家壟斷暴力，排斥了個人的任意鬥毆和敵意；「難堪界線」將暴力挪移到國家規定的條件與時空中下才可進行。由於牛羊豬雞的宰殺會喚起野蠻的聯想，於是後來這樣的宰殺行為都被隱藏在一個封閉的空間進行，跟廁所的功能一樣，以空間隔離的方式來解決文明情感的問題。

經過「社會強制」和「自我克制」兩個階段後，難堪界線才逐漸與舒適感產生連結，例如我們用手拿水果吃不會覺得難堪，但是當我們用手拿黏度高的米飯來吃時，總是覺得麻煩，於是我們便產生了「黏的東西不要用手拿，拿了麻煩，而且要是沾到其他地方便要增加動作進行擦拭」等等一連串的考量。往後便產生了不要用手，而要用叉子、湯匙取拾黏稠物的習慣與禮節。自此，「難堪界線」的往前移動事實上就是在拓展「舒適

圈」。舒適圈這一個概念在當今中文裡面是一個貶義詞，形容草莓族所生存的環境習慣優渥不願意接受挑戰。不過我們把舒適圈放在這個歷史發展的脈絡來理解，就會發現在人們不斷追求舒適感的過程導致這一個舒適圈不斷的擴大，這個擴大的過程卻是不斷在挑戰其對面的、被有閒階級界定的「壞習性」才逐漸站穩腳跟的。

後來人們所謂的「西方風格」便是以文藝復興時期的宮廷裡面對「難堪界線」的拓展作為中心而逐漸發展開來的。伊里亞思指出像巴洛克、洛可可、路易十五或路易十六時代的風格，以及後來加入工業資產階級特徵的法蘭西第一帝國的藝術風格都是宮廷風格。而對當時以及對整個歐洲的未來最具有影響性的宮廷理性是在法國形成的。巴黎這座城市把貴族交往的形式、言行舉止、風度、審美觀，甚至是同樣的語言（法語）散布到歐洲的其他宮廷去。這種強勢文化的形成有兩個條件：第一，當時的法蘭西是整個歐洲最強大的國家；第二，當時整個歐洲社會轉變成為相似的社會形式，於是何謂高雅、何謂文明等內容也容易與其他國家的宮廷貴族產生的認同。隨後的發展是市民社會中的上層階級也開始加入這一個宮廷社會，學習它的語言，也就是法語，也學習它的審美觀。當時一個重要特徵是宮廷與宮廷之間的交往、比宮廷與本國其他階層之間的交往更為頻繁密切；當時歐洲所有的宮廷也都說著同樣的語言 —— 法語。此間，受到傳統教會與逐漸形成的君主專制制度的影響，原本上層階級窮兵黷武的習性也漸漸變得溫和精緻和文明了。當時形成的自我克制、自我約束、或自我控制的言行舉止與風度之「宮廷理性」，為的是要讓君王和他人感覺到舒適。跟著出現的清規戒律，也就是當代所謂的「新教倫理」，也是在這個時候逐漸形成[08]。

伊里亞思關於文明進程的觀點強調文明乃建立於人們願意服從或者臣服於一個制度；文明的動力來自人們內心的恐懼與來自社會競爭的壓力。

人們在貨幣經濟時代互相依賴的「依賴鏈」越拉越長，使人們逐漸關注他人對自己的看法，進而使個人更加意識自己的本能、情緒與外在行為。這種高度的自覺使得個人和整體社會的心理都產生了變化。肉體的暴力競爭方式不再被允許，間接演化出了發洩或排解情緒、衝動的方式（例如各種運動、休閒或心理諮商）。在這裡人們的考量有點像是賽局理論一樣的模態，開始對較長期的動機序列以及較長關係鏈的建立放在重要的位置考慮，摒棄了臨時性的衝動。人們之間的行為和動機越來越理性化，越來越可以預期。這一種心靈「被理性化」的結果，便將人性的本能從自我之中區分開來，而成就了一個全面而細膩的自我強制機制。隨貴族文化之後，中產階級也有樣學樣；緊接著工業革命之後，平民也因為生活水平提高，教養跟禮貌便走出了宮廷社會，而這時候政府也提供教養普羅大眾禮貌的內容，而成就了當代西歐文明。Civilization，文明，不僅僅是在字根上面，實際上也變成城市中生活的能力。

　　本書認為伊里亞思從人心恐懼與人們彼此互相競爭的觀點來理解文明的進程畢竟只是其中一面。如果一直活在緊張競爭當中便無法成就有閒階級，同樣的有閒階級生活的多樣面像也無法在當代呈現出來。伊里亞思關係社會學視角常常無法解釋許多個人之間關於生活習慣上的爭議。法國在 2021 年初訂立了〈自然遺產保護法〉，裡面規定不能因為鄰居的雞鳴、牛糞味道或者蛙鳴而告鄰居，請求鄰居賠償，理由是這些聲音與味道是屬於大自然的，是自然的遺產 [09]。有人將雞鳴、牛糞味道或者蛙鳴當成「難堪的界線」而欲除去之，有人把他當成鄉下的味道、是一種鄉愁的展示、是大自然的遺產，對此好惡之間的辯證如何進行呢？哪一個是文明的進程呢？伊里亞思的理論在這個地方沒辦法告訴我們。但是范伯倫關於有閒階級的理論卻提供我們思考的出路。

上癮

　　有閒階級習性的擴張與早期資本主義的形成 —— 明白說就是對資本主義的「上癮」 —— 有著緊密的關係。大衛・柯特萊特（David T. Court-wright）在其書《成癮時代：壞習慣如何變成大生意》[10] 提到樂趣、惡習與成癮的歷史彼此關聯；隨著人類覺得「樂趣」範圍的擴張，惡習與成癮的行為也變得多樣。一開始「樂趣」在歐洲發展的軌跡緩慢且笨拙，可是到了十七、十八世紀開始加速而且成幾何圖形的倍增。樂趣、惡習、成癮種類與數量倍增的時間，與西歐宮廷禮儀的成型和擴散（有閒階級的第一次擴張，也就是從「先天有閒」擴張到「後天有閒」）的時間重合，當然不是偶然現象。

　　該書提到「邊緣資本主義」的概念，指出了不只像藥物、酒、咖啡等實質癮品會產生敏感的市場效應，就是連一般的樂趣或惡習 —— 例如休閒娛樂，也會產生上癮及市場效果。於是當代企業透過行銷技巧、關係網路文化使得上癮進入全社會的脈絡。這種商品市場是針對負責情感、動力和長期記憶的大腦進行誘惑，使其失去抵抗力，去購買滿足其樂趣或甚至解決上癮問題的商品；隨著全球貿易、跨國工業，甚至與政府合謀（例如推動關於休閒娛樂方面的教育），更甚者與犯罪組織的幫助下將這種誘惑型態變的廉價而易得。這類資本主義的發展樣態讓原本只屬於間接的、附加的、偶然的過程變成快速的、加成的、蓄意營造的模式，並且在十九與二十世紀時攀升到令人頭暈目眩的境地 [11]。

　　對奢侈品的上癮與有閒階級第一次擴張有極密切的關係。德國經濟歷史學派代表人物宋巴特（Werner Sombart, 1863-1941）直接指出 1300 到 1800 年間歐洲在貿易、工業以及金融資本擴張的原因便是對奢侈品的需

求。早期的君王和貴族以大批的隨扈來彰顯自己的身分地位，但是在更早的文藝復興時期義大利北部或是稍晚美洲白銀大量進入歐洲（也就是伊里亞思所謂進入貨幣時代）之後，富人開始採用昂貴且耐久的製造品——絲綢、鏡、鐘、框畫、瓷器、銀器、亞麻製品、書籍、珠寶、絲織服飾、大型家具等等來彰顯自己的財富，宋巴特稱為這是奢侈（Luxury）的物化（Objectification）。美洲黃金白銀的大量流入造成十七世紀初期歐洲的通貨膨脹，本書第十二章提到通貨膨脹會釋放商品的多樣性，增加市場各類種類的供給數量。這樣的變化使得奢侈品不再侷限於特殊身分地位才能擁有，奢侈品不再代表特權，只要有錢便可以購買[12]。貴族未必有錢，但是新興的商人階級因為擁有大量的錢財所以足以模仿貴族的生活，這使得有閒階級習性的第一次擴張成為可能。

當然歐洲的貴族不可能那麼快就放棄他們的特權，因此君王或議會頒布了許多的抑奢法案（sumptuary law），將衣服的顏色、質料、形式、飾品上面規定哪些非貴族不能使用，並且將貴族分成不同等級來對應不同的顏色、質料與形式。英國在 1337 年議會頒布第一條抑奢法案，目的除了在阻止人們於公共場所的外在形象超越自己的社會階級以穩定貴族的身分地位之外，另一個目的也在阻止英國的貨幣（主要是黃金）外流——因為當時英國的奢侈品主要是舶來品。冠冕堂皇的理由還包括奢侈消費會帶來社會失去秩序，因而導致道德腐敗與各種邪惡行為的出現。當時的作家、政治家、社會精英為人們追求奢侈品或新奇的事物以及各種上癮的行為所帶來的影響爭論不休。但是最後還是禁止不了商人、中產階級、鄉紳，甚至平民模仿貴族的穿著與生活。恐怕就是因為模仿上癮了，於是在 1604 年（伊莉莎白一世死後的隔年）英國比其他歐洲各國早一百年廢除了抑奢法案。英國之所以比歐洲各國早一百年廢除這一個法案，本書認為其

結構性因素，我們在前面章節提及過，與大憲章基本保障了議會制度和陪審團制度，促使往後貴族與平民生活接近有極大的相關，特別是陪審團制度是其他歐洲各國所沒有的。另一個結構原因應該是新興中產階級的勢力逐漸大過貴族，也才會隨後引發了清教徒革命和光榮革命。

早期奢侈品主要展示的舞臺（也就是奢侈品所處的文化空間）是在宮廷與沙龍，但是在十七與十八世紀這個舞臺轉到富人和中產階級的家庭用品中 [13]。在宮廷與沙龍時期的奢侈品主要在展現地位與炫耀，在家庭用品中的奢侈品主要的功能展現時尚消費面向；前者代表的是君主所特許的權利，後者代表生產者和消費者在市場的自由交換，每個人都可以參與，而且其交換的物件都被稱為商品，具有實用性或令人愉悅的功能 [14]。有閒階級習性的第二次大轉移變發生在後面這一個時期。

在有閒階級習性第二次大轉移時期，奢侈品被視為一種商品而非一種特權。這樣的商品與整個市場環境息息相關，商品的概念／商品的製造／商品的購買，也就是商品／工作／消費這兩組概念的內容的連動關係和統一性產生了結構性的變遷 [15]。首先，就商品的概念來說，原本奢侈品被道德家定位為敗德，但是受到流行時尚的影響，奢侈品或輕奢侈品（semi-luxury）開始有了豐富的定位。例如在美學上，某些商品被定位成高雅、體面、雅緻、品味、優雅、愉悅、樂趣、高藝術性、有個性、有風格；在實用性上面，某些商品被定位成為親切、友善、便捷、耐用、高技術、高技巧、高品質；在時代的進步性上，某些商品被定位為有時代感、有獨創性、新穎、新奇、仿真、流行、現代、多樣性。這些全新的定位導致了一種品質、樂趣與觀賞經濟學的出現，與當代對商品的定位已經沒多大差別了。

其次，就商品的製造方面，如同我們在第十章討論過的，十四世紀英

國已經對某些商品的製作發放專利權，在十七世紀的前二十五年也出現了第一部關於專利的壟斷法案，用以激發更多的工匠繼續技術創新或是從歐洲大陸引入新技術，以提高英國的製造水準。在十七到十八世紀商品出現了一種特別的品格——「仿製（Imitation）」，仿造東方進口的商品。工匠與技術人員特別針對亞洲飾品的技術、材質（包括亮漆）、設計（例如顏色、類型）進行研究，吸取部分的特點卻也改造了另一部分而變成一種新的產品。這種產品並非是對過去產品簡單的替代，而是加入了許多科學的發明。這種仿製工藝後來推動了一系列生產原則的出現，影響後來消費商品的生產，工業革命所需要的後備技術能力就在這一個時期孕育完成。除此之外英國在十八世紀的四十到六十年代政策精英開始爭論如何改善藝術教育的方式，於是學習了法國的法蘭西學院（1637 年由法國國王路易十三批准成立，分成文學院、科學院、美術院、人文院，目的在將這四大領域的博學鴻儒會聚在一起，其目的除了在規範法國語言也在保護各種藝術），英國在 1753 年成立的技藝、製造和商業促進協會（Society for Encouragement of Arts, Manufacturer, and Commerce），企圖將設計、藝術、機械與商業技藝融為一體；1768 年成立皇家技藝協會（Royal Academy of Arts）推升了英國的技藝教育和生產水準 [16]。自此英國和法國設計面向也產生了不同的風格，法國強調奢侈品的流行風潮、外觀、顏色，而且主要是為了宮廷和藝術家的恩主來製作；然而英國卻強調簡約、批量出售、堅固耐用、舒適、穩重、冷靜、持久、具有掌控力、可以帶來臣服感和權勢的設計概念，而且這樣的產品通常需要大量的資本投入，主要賣給中層和下層的消費者 [17]。想想英國在二百五十年前便開始推動美學教育與訓練，所以現在去英國和歐洲旅行才會看到優美的社會與自然環境，臺灣美學教育起步甚晚也造就了當前的環境，值得加把勁啊！在那一個時代路易

十四任用布商家族出生地柯爾貝（Jean-Baptiste Cobert, 1619-1683）擔任財政總監，並且由他擬定法國產業發展政策。柯爾貝便指出對法國而言，時尚產業發展起來每年的收益將可以比美西班牙在中南美洲挖到的金礦、銀礦[18]。這是典型的把價值儲藏在商品的差異性當中以攫取經濟利益的案例，英國學習到了，而且把它放大了好幾倍。

第三，就商品的購買，也就是消費面向來說，荷蘭最早將奢侈品當成一般家庭的裝飾品，使得家居房間變得更為緊緻，而這些商品提供了家居美麗的背景引發西歐國家民眾的模仿。那一個時代的經濟學家亞當史密斯（Adam Smith, 1723-1790）觀察到一些被視為小玩意的商品的愛好者感到高興的並不是商品的效用，而是增加機械效用的精巧性，這些愛好者小小的口袋裡面都裝滿了這些小小而便利的設備。而且為了攜帶這些小玩意，人們設計了許多衣褲上的新口袋[19]。在他的《國富論》裡面便提到了那時候英國，「消費變成是生產的唯一目的」，對物品的渴求，讓人類始終保持勤奮工作的狀態，想要賺更多的錢來消費[20]。到英國考察的孟德斯鳩除了對英國社會政治制度表示傾慕之外，看到英國當時的社會消費不禁認為物質的獲取乃是一種道德力量，是文明化的力量，它推動美妙的商貿活動。馬爾薩斯（Thomas Robert Malthus, 1766-1834）也發現購買新奢侈品的熱情為商業階層提供了主要的動力。那一個時代的廣告商則將產品去除其物質性，而改造成背景式的文化記號和象徵，進而塑造消費行為的正當性以及普遍性。而促使市民群體本身就是以消費者的形式存在，消費者不只面對單一個商品而是完整的參與到商品的環境中[21]。

於是在商品／工作／消費這組概念內容的運作（或上癮）下，英國商品不只包羅萬象、價格容易親近、信譽良好、提供身分認同、娛樂享受以及更為個人化的表達，在英國產生了「不列顛認同（British identity）」，

在十八世紀最後的二十五年對歐洲市場取得了絕對的優勢，整個歐洲有了盎格魯熱（anglomania）[22]。這樣的樂趣經濟學在工業革命之後繼續往前擴張，在本書的第四章和第五章提到的運動與休閒活動誕生地點在英國〔運動研究學者 Guttmann 認為在人類的傳統社會中都會出現不同形式的「類運動（sport-like）」，且都與常民生活的儀式活動息息相關，將運動視為合法而且適當的社會文化的建置並非普遍存在人類社會之中；但是在十八世紀由英國逐漸演變而成的現代運動則與這些「類運動」截然不同〕，都是這一場擴張的另一個分支。

「難堪的界線」是棍子，對商品的生產和消費「上癮」是胡蘿蔔，這兩股動力一起推動人類文明的進程，讓貴族原則從先天有閒階級、後天有閒階級，最後滲透進制度有閒階級。

有閒階級習性往中產階級擴張

伊里亞思的研究暗示著「難堪界線」往中產階級的擴展，發生在民族國家的興起以及重商主義盛行的時代[23]。在法國君主為了制衡貴族階級，於是引入中產階級。在托克維爾的筆下顯示法國大革命發生的前夕，大量的中產階級被賦予了爵位，進出宮廷，學習了「難堪界線」的定義；而在英國，貴族為了當選下議院的議員會邀集選區中的中產階級鄉紳一起聚餐談論、分享意見以尋求支持，無形中也共享了這一個「難堪界線」的內容。戴爾（C. Dyer）在《轉型的時代中世紀晚期英國的經濟與社會》[24]提到了富裕的農民在婚喪喜慶的宴會中模仿貴族的風尚，一如貴族吃著鹿肉、喝著葡萄酒並且把薑和辣椒做成調味料加入牛肉或其他上等肉當中。城市裡工匠所組成的行會在一年一度的宴會中，也會準備了過去只有貴族

才能夠享用的飲食，而且為了保證食物的美味與貴族所吃一模一樣，也會特聘在富有鄉紳家工作的廚師過來烹飪調理。而且不只在食物上如此，整個場合包括音樂、布置、活動都模仿貴族的行徑，參加宴會的工匠按照等級入座，其中還有吟遊詩人助興。富有的農民也模仿貴族將肉以石臼磨碎之後做成水果餡餅來使用。在衣著方面也不例外，例如十四世紀四十年代在貴族精英中流行的緊身褲短裝的服飾在後來幾十年裡面傳遍了各個社會階層；當時的裁縫師是促成這款流行服飾的關鍵。這種服飾不只出現在約克這樣的較大的城市，英國其他地方的小城、鄉村都有。甚至在 1300 年之前，農民和貴族此社會等級兩端的階級所擁有的房子的一樓平面的形式已經同步發展了。富有的農民也模仿了貴族的莊園。作者認為這是因為農民想通過這款類似的大廳，表達他們也想要過一種貴族生活 [25]。可以說在食衣住行育樂等方面，只要經濟能力許可，農民都大量模仿貴族生活。

有閒階級習性往普羅大眾拓展

「難堪界線」往更廣大的普羅大眾拓展的時間點發生在工業革命前後。在瑞典社會學者洛夫格倫（Orvar Lofgren, 1979）《美好生活：中產階級的生活史》[26] 提到工人階級看到上層、中上層城市階級在假日到鄉村度假時的樣態，也開始模仿起來了。只是，這種模仿常常把一些休閒的景點搞得吵吵鬧鬧，讓原本的中上階級十分困擾，逼使他們去發掘其他可以休閒的景點，例如往人群少的地方移動，於是把一些原本被視為荒郊野外的地方產生了新的審美意涵，擴大了休閒旅遊的面相，這同時也是難堪界線的進一步擴張。這一本書引用了一個鄉下的小孩描述：「這些夏季來的訪客激起了我的好奇心，我們常常趴在窗戶上偷窺他們在客廳裡跳舞，我

們還知道他們所有人的姓名、家裡住在哪裡。有時甚至會假扮他們[27]」工人和農人不知不覺模仿中上階級的休閒方式，而且似乎一直以來就是如此了。由此我們發現難堪界線先是從宮廷貴族同一階級進行橫向發展，然後再往垂直的不同階級由上往下的縱向發展。

行動者如何來看待有閒階級習性的擴張

以下我們將採取兩類行動者的觀點來看待這一場擴張，第一類來自貴族階級，第二類來自平民階級。必須說這樣的嘗試一定不夠全面，因為我們沒辦法談論每類底下所有行動者的觀點與感受，但是我們採取單獨個案觀點的方式（可能還會被批判是不具代表性的）可以平衡對這一場有閒階級的習性擴張全貌底下可能被遮蔽的陰影。

根據法國社會學者芒雄－里高（Eric Mension-Rigaud, 2015）針對法國大革命前遺留下來的貴族後代家庭所做的研究[28]顯示今日（2017）法國人口中具有貴族身分者僅存三千多個家族，約有十萬人，相當於法國總人口的 0.2%[29]。他們的文化資本並未因為大革命時期的動盪隨風而去。就軍隊而言，大革命前夕貴族包攬了 85% － 90% 的陸軍將領和御林軍營的職務；1825 年，24% 的陸軍少尉以及 3% 的陸軍上尉是貴族出身；1900 年前後 11% 的陸軍中尉和 28% 的將軍出身於貴族或擁有貴族的姓氏；一次世界大戰約有一萬名貴族人士參戰，陣亡的比率約 5% － 6%，相對於整個法國人口 3% 陣亡比例，貴族是後者的兩倍；二次大戰時約八百名貴族參加，其中三分之二陣亡；二十世紀末期在法國陸軍軍官的編制中貴族軍官仍然占有 2%；在仍然被稱作皇家海軍的法國海軍裡面，貴族比例高達 10%[30]。在法國議會的議員方面，1821 年貴族所占的比率為 58%，1846

年為35%，1870年代仍然有三分之一的議員出身貴族，因而被戲稱為「公爵共和國」[31]。在其他公共事務的職務方面，在拿破崙三世時代內閣大臣中70%是貴族或是類似貴族出身，在二十七位大使級別的外交官中十八位擁有貴族頭銜（67%）；1901年的外交系統中有四分之一的高級官職由貴族出身者把持；從1900－1914年外交高級官員、大使和全權內閣部長中貴族階層占了20%，在1918－1939年則占了28%；1901年時審計法院中有五分之一的法官來自貴族；1892年至1946年中財政部的稽查官員名字有20%擁有貴族符號[32]。貴族族群對天主教教會的信仰也非常投入，在神甫人數統計中，貴族占的比例約為4%，比貴族族群在法國人口中占的比率（0.2%）要高出20倍[33]。因此根據上面的統計，貴族雖然在軍隊、公共事務的職務、國會議員以及神甫中的比例逐漸在下降，但是貴族原先所具備的文化資本仍然在當代政治經濟上享有極大的優勢。

不過本書感興趣的是貴族的政治經濟地位隨著時代的推移逐漸下降了，除了法國大革命時期貴族死傷慘重的因素，事實上我們也可以發現貴族在十九世紀初對法國的政治經濟仍然占有極高的比例，但是在國家民主化之後，貴族的地位依舊持續在下降。芒雄－里高（2018）的研究顯示當前的貴族家族中最具代表的族系多半都擁有古老家族傳下來的城堡，行為上他們依舊重視禮儀、重視族譜與血統傳承（家中擁有小孩人數的比率高於法國平均）、重視騎士精神的風範與傳承，可說就是法國民族精神的象徵。但是要維持貴族的排場開銷極大，導致有些貴族成員變賣家產，包括城堡。老一代貴族對下一代在禮儀學習方面失去興趣感到失落和憂心，有些年輕的後代甚至對擁有貴族的姓氏感到負擔，這使得老一代貴族積極在

尋求族群認同,可是新一代貴族卻有自己的去處。經濟上的壓力使貴族的生活歸於樸素、低調、不張揚,即便還是堅守他們的貴族氣質。就長期來看,貴族地位的下降,甚至認同感的逐漸消失代表著什麼樣的意涵?

本書後面的篇幅所談平民原則便是在解釋這一個意涵。中國歷史上「唐宋之變」造成貴族或說世家大族消逝在中國歷史中這個意外的結果,這個結構變遷與科舉制度的出現脫離不了關係。1808 年在拿破崙時期根據《大學組織令》開啟高中畢業資格會考的制度 [34],學校中開始充滿了各種類型的考試。法國在第三共和(1870-1940)開始規定各類文官的任用需要經過考試 [35]。就廣義上法國考試制度的確立距離現在大約二百年,公務人員考試開始時間距離現在大約一百五十年,對照唐朝開始科舉考試制度到世家大族準備退出歷史的舞臺所花的時間也大約二百年左右,因此,我們似乎可以合理的推估法國正要進入「唐宋之變」的階段,貴族階級非常可能在下一個一百年就消失在法國的歷史舞臺中。「岐王宅裡尋常見,崔九堂前幾度聞。正是江南好風景,落花時節又逢君」(盛唐—中唐,杜甫,《江南逢李龜年》)這個時代恐怕正是法國貴族階級的落花時節啊!

「遠芳侵古道,晴翠接荒城。又送王孫去,萋萋滿別情。」

(中唐,白居易《賦得古原草送別》)

當代的法國城堡逐漸變成遊客的觀光勝地,有些貴族後代持續經營著他們祖傳的花園、森林、城堡,賺取觀光收入;遠來的芳客循著古道,來到背景翠綠的古城堡(「遠芳侵古道,晴翠接荒城」啊!)想到這些王孫逐漸凋零,貴族風範是否自此而去呢?喜歡歐洲文明的朋友目送王孫貴族階層隨風而去,是否也「萋萋滿別情」?

平民階級如何經歷有閒階級習性的擴張：
這一代辛苦，下一代適應

　　德國教授 Markus Rieger-Ladich 在 2019 年來臺灣中正大學[36]演講，他的論文〈社會向上流動的矛盾感覺〉（*Ambivalent Feelings on upward mobility*），內容舉例說明了一個人從中下階層要進入中產或上層階級文化圈中，所遭遇到的種種困境。其中一個主角就是大名鼎鼎的法國社會學家布迪厄（1930-2002），他出生在鄉下農村，他的父親是地方郵局的局長，可是這樣子背景對於極有學術成就的兒子而言卻成了社會流動的情感障礙。布迪厄因為成績優秀所以有資格進入巴黎的貴族學校讀書。在學校裡面他一方面在同學面前表現極其優異的文科成績，在另一方面卻與那些出身巴黎上流社會的同學們隱隱約約保持距離，企圖降低與他們相處適應上的情緒痛苦，而且這樣的痛苦甚至貫穿他整個學術生涯。他與這些生活在巴黎的同儕們對比起來總有一種深刻的陌生感，強烈感覺自己是異鄉人。他很清楚這是他自己的原生文化與巴黎學校文化之間缺乏適應所造成的，但是即便有這樣的認知，他在巴黎社交場合的言談（口音）舉止依舊顯示出突兀與粗俗。他的學生就認為布迪厄隱藏了太多他求學過程所遭遇到的霸凌與社交障礙。布迪厄也承認就是因為這些痛苦與障礙，成就了他的學術洞見——他提出了極其細緻的文化資本與階級品味之間的關係，深入且廣泛影響了社會學界關於階級複製的觀點。

　　不過我們也只能苦笑了，像布迪厄這樣子的明白人為了減少痛苦都會努力學習巴黎社交生活、修改自己的言行舉止，更何況是在其他省份、遠離巴黎的法國人，委屈自己適應上層人士的生活想必不會少。范伯倫以他特有的尖酸苛薄的用語準確觀察到：有閒階級似乎具有一種天賦神授的自

信，還有頤指氣使的高傲；他們已經習慣讓別人奉承了；而且他們這種至高無上的紳士身段卻被普羅大眾理解為高貴的內在屬性，因此出低微的平民在他們面前都樂意臣服和退讓[37]。布迪厄未必全然臣服與退讓，他寫了許多批判教育與社會制度的文章，弔詭的是在巴黎的學術生活對他的陶冶，使他不只開始具有某些有閒階級的特質，他的論述甚至幫有閒階級打開了許多新鮮的觀點。

Rieger-Ladich 教授引領我們看到了平民階級在接觸有閒階級文化時候，普遍面臨不適應的困境，但是即便有這樣的困境他們還是像布迪厄一樣沉靜地待下來了，而他的下一代相信會適應得更好。如果我們說：「巴黎有閒階級的習性同樣吸引著布迪厄不斷產生生活以及研究的動力」，應該是一種恰如其份的推斷。有閒階級的習性風格容易令人「上癮」，來自平民階級的布迪厄一樣也會對它上癮。

貴族原則的尾聲

在寫這段文字的時候，我坐在臺北市大安森林公園裡面，前面是一個小湖，湖的對岸則是被白鷺鷥或是夜鷺占滿了的榕樹林。這小湖非常之小，有點是橢圓形狀，此岸到彼岸寬度大約只有二十公尺。左右兩旁則是平緩的綠地還有數以百計的各種熱帶植物參差生長於其間、錯落有致。這是臺灣最大的市區公園之一，可以讓都市的人享受如貴族一般的風尚。如果不是以前的貴族、有閒階級開拓出來令人覺得悠閒空間的特質，其他階級的人恐怕還不知道處在這樣的環境是可以激起悠閒、輕鬆之感吧！這一個現象有些迷惑，不禁要提問到底悠閒的本質在人類學上是否有其普遍性？當然，根據我們上面的論述是假定存在著某種普遍性的。

尾聲之餘對臺灣公家宿舍、眷村改造的小批判

會在這裡進行小批判是因為只有站在貴族原則的這一個視角才能夠比較看清楚臺灣在進行有閒階級文化傾向政策發展時會遇到的盲點。

臺灣新近流行將原先軍公教的眷村或老宿舍改制成為藝術街坊，裡面設計將懷舊的要素與資本市場結合，創造一些共鳴的新鮮感。但是這並不是說任何一種改造都會成功，有些改造確實一時熱絡起來，引來顧客，可是後來卻又逐漸衰弱了，如臺中霧峰的光復新村，這背後的因素是什麼呢？恐怕與物件的辯證性強不強有關。如果當臺灣所有的老眷村、老宿舍都改成同樣的樣子，新鮮感就不夠了。也就是說鄉愁和懷舊感的創造，不能只有新鮮的味道，如果要引來長期的共鳴，背後也要有一套更深的辯證體系來支持；辯證的層次越深，代表察覺的問題與解決的問題越多。辯證的內容可能包括了把一些不好、不合宜的問題解決掉了，例如老舊的市場會引來鄉愁，但是如果這個市場髒亂如舊，那這種鄉愁鐵定大打折扣，解決了髒亂、惡臭、擺設凌亂、機車橫行等問題，又能維持相同的人流，那麼這樣的鄉愁便產生了擴大效果，新鮮感、舒適感大增；這是辯證層次加深的效果。

人類知識（甚至美感也是）成長的動力來源很大部分源於好奇心，就是新鮮感。由地球中心說到太陽中心說的理論發現者哥白尼（Nicolaus Copernicus, 1473-1543）還不敢明目張膽的講出來，伽利略（Galileo Galilei, 1564-1642）敢講出來就受到迫害，但他們兩個對這樣的主張都堅持到底，原因之一在於有背後他們自己的天文觀察和數理辯證體系作為支撐。但是當時一般受天主教洗禮的老百姓大概要經過一兩百年才能夠接受這樣的說法，這是因為新的辯證體系裡面大大攻擊了影響歐洲一千多年

的天主教宗教系統 ── 也同樣是一套辯證系統，甚至整合了亞里斯多德（Aristotélēs，前 384 ─前 322 年）哲學。當代的美學同樣也藉用了這一個系統。法國在三百年前、英國則是在二百年前便針對這一個系統性的美學進行研究發展，所以歐洲以及由歐洲文明經營過（殖民過）的其他區域才有了當今的風貌。臺灣對這一個系統尚未習慣，走起來跌跌撞撞，自然是可以理解的。

從貴族原則進入平民原則之前的一個小經歷

在進入平民原則的探討之前，為了進一步讓大家清楚區別舒適感追求在貴族原則中的顯著性，想跟大家分享筆者發現「舒適優於便利」（貴族原則）以及「便利優於舒適」（平民原則）這兩大原則不同傾向的那一個時刻 ── 那是個看起來很不起眼的遭遇。在一個我到嘉義市區分享「修復實踐」課程的晚上，我租了一部摩托車到嘉義市四處看看，循著 Google Map 的指示騎到了一處叫「射日塔」的地方，感覺名字很特別。花了小錢坐電梯上到了十樓，徒步爬了一層樓梯到景觀咖啡廳，可以看到夜景；再爬一層樓便到塔頂的空中花園，是附近可以看嘉義市夜景最高的地方了，不過卻發現這地方像一個鳥籠子；鳥籠把觀眾關在裡面。這時候夏天的風非常大、非常舒服，裡面還有懸吊的椅子，坐在上面隨風飄蕩，隱匿之處情侶卿卿我我，又可以俯瞰整個嘉義市夜景，事實上是個非常爽心的地點。但是不曉得這射日塔的設計者是怎麼考量的，站在塔內，能往外看的地方並不多，非常像是在一個天文臺或是碉堡只有幾個小窗戶可以往下看。而且這些窗戶用不鏽鋼鋼材柵欄圍的非常細密，好像怕人從上面跳下去。我當時猜想或許是設計者或負責任的官員不想讓觀眾在這麼美麗的地

方往下跳才會如此考量吧！如果真是如此，這樣的設計就是可以規避風險責任下的便宜行事。這樣的設計不會考慮到遠道而來觀眾貪戀夜景的舒適感，也不考慮原本半露天的頂樓可以形塑人與大自然親切的關係卻被隔絕了的問題。或者難道是設計者考慮到勇士射下太陽之後，怕遭天譴，才形塑這種具有充分自我保護的潛意識空間，方便躲藏起來？但是仔細的看看整個空間並不會覺得這是設計者和負責的官員的一種馬虎的安排，值得繼續探問的事他們背後的價值觀到底呈現出怎麼樣的優先次序？

　　最近（2019）土耳其籍藝人吳鳳（吳承鳳）在個人臉書上發文「今天一早帶著女兒到烏來玩，路上看到綠色的山、魅力的森林等許多漂亮景色，然而很多房子卻醜到無法形容，我真的不懂到底在臺灣為什麼都沒有一個蓋房子的美感跟規劃？鐵皮屋一堆，破破爛爛的窗戶，灰色的外觀，髒髒的屋頂！……住在這些鐵皮屋裡的人難道都沒有感覺嗎？這些房子的主人還都不是窮人，就連市區也有一樣的問題。好像在臺灣房子只是為了睡覺而蓋的。我去日本，韓國，越南，大陸，印尼，泰國等等地方！到現在看過最醜的房子好像在臺灣！」土耳其是受貴族習性影響很大的國家，吳鳳看到臺灣只是為睡覺而蓋的房子感到難過是可以理解的，臺灣房子為了便於居住，就不考慮舒適問題了，受點苦不要緊的！人們還沒有對美感上癮，「難堪界線」也沒有向前做過大的挪移。這是深度受到平民原則影響的國度共同的特點。

　　相信讀者們經過了我上面的說明，開始對我即將談論的議題比較有感了吧！

[01] 先前提過先有量變才有質變 ── 先有在量上面的滿足（倉廩實、衣食足）才會有人們在言行舉止的品質上面的改進（知禮節、知榮辱）。在這裡把范伯倫的問題具體化，是為了開展下一個問題。

[02] 王佩莉、袁志英譯，2009，《文明的進程》上海市：上海譯文。

[03] 林榮遠譯，2020，《宮廷社會：關於君主制和宮廷貴族制的社會學研究》，上海市：上海譯文。

[04] 同註 2，頁 119。

[05] 同註 3，頁 184-186。

[06] 同註 3，頁 179。

[07] 同註 3，頁 199。

[08] 同註 2，《文明的進程》，頁 233-236

[09] 自由時報，2021.01.23，〈法國新法保護「鄉下味」雞啼聲、牛糞味列感官遺產〉，https://news.ltn.com.tw/news/world/breakingnews/3420426，搜尋時間：2021 年 8 月 16 日。

[10] 蔡明燁譯，2020，《成癮時代：壞習慣如何變成大生意》（*The Age of Addiction: How Bad Habits Became Big Business*），新北市：立緒。

[11] 同前書，2020，頁 12-15。

[12] 參考桑巴克著作，王燕平、侯小河譯，2005，《奢侈與資本主義》，上海市：人民。

[13] 馬克辛伯格（Maxine Berg），孫超譯，2018，《奢侈與逸樂：18 世紀英國的物質世界》，北京市：中國工人，頁 32。

[14] 彭慕蘭（Kenneth Pomeranz），邱澎生、呂紹理、巫仁恕、林美莉、張寧、連玲玲、陳巨擘、楊淑嬌、劉士永等譯，2004，《大分流：中國歐洲與現代世界經濟的形成》，臺北市：巨流，頁 178。

[15] 同註 13，頁 374。

[16] 同前書，頁 109、119。

[17] Alfred Marshall, 1921, *Industry and Trade*, London: Macmillan & Co.

[18] 辜振豐，2018，〈巴黎時尚的誕生〉，https://www.voicettank.org/single-post/2018/09/07/%E5%B7%B4%E9%BB%8E%E6%99%82%E5%B0%9A%E7%9A%84%E8%AA%95%E7%94%9F，搜尋時間：2021 年 2 月 5 日。

[19] 參見亞當史密斯的《道德情操論》。

[20] 《奢侈與逸樂：18 世紀英國的物質世界》，頁 27、372。

[21] 同前書，頁 375。

[22] 同前書，頁 20、125。

[23] 同註 2，《文明的進程》，頁 235。

[24] 戴爾（C. Dyer, 2005），莫王梅譯，2010，《轉型的時代中世紀晚期英國的經濟與社會》，北京市：社會科學文獻。

[25] 同前書，頁 132-3

[26] Orvar Lofgren（1979），趙炳翔、羅揚譯，2011，《美好生活：中產階級的生活史》，北京市：北京大學。

[27] Jirvon, 1971: 86，引自前註書，頁 59。

[28] 彭祿嫺譯，2018，《貴族：歷史與傳承》，北京市：生活－讀書－新知三聯。

[29] 同前書，中文版序言，第 1 頁。

[30] 同前書，頁 133-9。

[31] 同前書，頁 140。

[32] 同前書，頁 147-148。

[33] 同前書，頁 155。

[34] 國家教育研究院，教育百科，〈拿破崙時代的教育制度〉，https://
pedia.cloud.edu.tw/Entry/Detail/?title=%E6%8B%BF%E7%A0%B4%
E5%B4%99%E6%99%82%E4%BB%A3%E7%9A%84%E5%A4%
A7%E5%AD%B8%E5%88%B6%E5%BA%A6&search=%E6%8B%
BF，搜尋時間：2021 年 2 月 6 日。

[35] 許南雄，2007，《各國人事制度》，臺北縣：商鼎文化，頁 218。

[36] 哲學省思與臺灣教育研究研討會，2019 年 4 月 19 到 20 日。主辦單
位：臺灣教育哲學學會暨國立中正大學教育學研究所。

[37] 范伯倫，李華夏譯，2007，《有閒階級論》，新北市：左岸文化，頁
54。

第二部分

平民原則

　　此一部分將詳述科舉考試制度如何將中國的政治、經濟、宗教與文化進行「系統化」的過程，讓中國擁有一種「早熟穩定」的、去除貴族習氣的平民文化制度，同時也帶來某種程度的系統僵化與文化缺陷。另闢一章討論此原則運作在當代的東亞（主要討論日本、韓國、臺灣、新加坡、中國等）所產生的共同社會、教育與文化樣態。

第十五章

平民原則與系統信任

〔科舉制度〕一直在發揮著無形的統合力量，將文化、社會、經濟諸領域與政治權力的結構緊密地連繫起來，形成一個多面互動的整體。〔……〕科舉的深層意義遠非其技術層面關於考試的種種設計和改進所能盡。〔……〕〔科舉〕甚至可以說是〔傳統政治、社會、文化的〕核心部分（余英時，2005）[01]。

本章一開始引用剛剛過世（2021 年 9 月）的史學巨擘余英時先生關於科舉制度對中國傳統社會各個面向的影響的簡短評論，對本書以後章節對平民原則的探討實在有很強烈的提示意義。

2019 年 10 月 22 日根據 CNN 和 BBC 的報導，在印度西南邊大省 Karnataka 的一間大學預科考試（The Bhagat Pre-University College in Haveri）為了怕學生作弊，每一位考生頭都戴上了方形紙箱，只有在紙箱前面有一個開孔，讓他們看到考試題目。這樣的做法目的在避免學生偷瞄到別人的答案。後來因為這一則新聞變成國際新聞，學校出面道歉。其實這所學校採取紙箱防弊方式有不得已之處，因為印度考試作弊猖獗，為了防弊，主管單位費盡腦筋，甚至有時超乎常理。例如一些軍警人員的甄選考試，男性考生被要求裸體考試，女性考生被要求只穿內衣，同時不准在指甲上塗指甲油，以避免學生攜帶小抄或者是把小抄抄在身體的任何地方。

韓國每年約十一月間在大學入學考試的當日，幾乎全國配合考試動員，要求公家機關上班的時間以及股匯市都延後一小時以保持交通通暢；而當在進行英語二十五分鐘聽力測驗的時候，考場周圍全面管制飛機起降，經過考場的車輛需要減慢速度、禁鳴喇叭，建築工程停工、軍事訓練停止，有些商店銀行甚至關門，城市一片死寂。全國小心翼翼，像是把雞蛋捧在手心。

和尚僧侶考試最早在朝鮮半島的高麗時代（958-），至李朝初期曾經

實施過並且賦予不同的位階（例如大選、大德、大師、重大師、三重大師、禪師、大禪師等等）。古代越南對於道教和佛教裡面的道士與出家眾也有相關的升等考試。古代中國一些皇帝例如宋徽宗也曾經對於道教裡面的道士進行考試，並且授予元士、高士、大士等稱號，相當於官階等級 [02]。在古代想當和尚也必須經過政府的考試認定，才能獲得當和尚的資格。在當代，中國一些地方政府也會針對佛寺的僧侶或是道觀的道士進行資格考試，考試科目包括了佛教和道教的基本教義內容、歷史文化、語文知識、時事與政治以及宗教相關法規。

當代的考試制度在防弊技巧（印度案例）、公平性的尋求（韓國案例）以及施行的範圍（中國案例）都呈現出細膩的考慮與更大範圍的系統化，特別是在東亞這一個區域。這樣一個制度到底對人類社會產生怎麼樣的作用呢？特別是以此制度為根底的國度裡面，這個制度到底對人們生活的哪些範疇產生什麼樣的效益、限制與支配？這些問題的澄清將有助於東亞社會的自我理解，也有助於東亞社會在學習貴族原則的同時看清楚自身的限制，也能協助西方人在看待東方的時候採取較為適當的視角。

為了達成這些目的，本書專注在制度的發展與影響層面上。本書不打算對科舉考試制度發展的內容做過多瑣碎的敘述，也正是因為這本書要面對的問題是考試制度對於東亞的政治經濟和社會產生的影響，也就是如何形成平民原則的樣態 —— 它如何在唐宋以後的中國形成了一個獨大的支配系統，以及在當代引進了西方的知識體系之後，考試制度又如何借屍還魂形成了即便不是獨大的，也是最重要的系統之一，並且非常積極的銜接上其他的功能系統之中，並且影響著後者的運作。

再來要談一下我在平民原則裡面考察的對象。在歷史層面上主要是以中國為主，因為中國是形成平民原則根底最豐富的區域。有讀者可能會

問：在考察貴族原則的時候，將英國視為主要的考察對象，因為英國是貴族原則最初的發源區域，那麼選擇中國和英國作為這一本書最主要的兩大原則的考察對象是不是有些湊巧呢？而這兩大原則卻變成了本書所謂影響當代世界最主要的兩大原則。仔細想起來，將這兩個區域作為主要考察對象還真不是湊巧。因為這兩個國度剛好處在歐亞大陸的兩端。他們既可以吸收來自於歐亞大陸傳過來的各種刺激，又可以加以融合創造出屬於自己獨特的文明。而且在這兩個文明形成的期間，當時中國主要的威脅不來自於海洋，而來自於陸地；英國本身就是一個島嶼，也非常接近歐洲大陸，進可攻退可守。一些讀者可能又會問：這樣的一個歷史機會為什麼沒有落在亞洲大陸的更東邊日本這樣的區域呢？在這裡必須先說明一下日本的地理環境限制造就了日本沒有能力在古代作為一個對世界有影響力的文明這樣的角色出現。日本的周圍洋流太過強勁，夏天的黑潮與冬天的親潮使得日本與亞洲大陸之間的航運一直不順利，特別在古代造船和航行技術還不是很發達的時代。地理環境因素使日本接受的文化刺激相對來講就比較弱。這種情況要一直等到海洋時代的來臨，許多的文明創新機會才會藉著西班牙、葡萄牙或是荷蘭這些商船的傳播，才讓日本有機會站上世界先進的舞臺之中。關於日本我們會另闢章節深入討論。

除了中國和日本之外，我們也會觀察德國、臺灣、韓國、香港新加坡（很遺憾的是本書略過了越南與印度，原因是筆者掌握其當代考試制度的資料有限的緣故，這算是本書的一大缺陷，特別是在今日這兩國經濟成長迅速遠遠好於其他的第三世界國家的時候）。雖說他們或多或少都受到貴族原則的深刻影響，但是到目前為止他們本體上仍然是以平民原則為核心去發展的。我們將可發現這兩個原則在他們的社會中強大的拉扯力量。再來我們會把鏡頭拉到歐洲那些最早實施公務人員考試制度的德國、法國、

英國等等國家。我們將會發現這些歐洲國家雖然在晚近才開始採用公務人員考試，這當然對晚近的資本主義社會產生了穩定的效果。但是歐洲、印度等區域的考試制度因其運作的時間太短，才一百多年（中國的科舉考試制度運作了上千年），對他們社會的其他功能體系影響還未明顯呈現出來，雖然近年來有些許向考試制度轉向的痕跡。以上內容本書也將一併討論。

▍考試制度與系統信任

過去二、三十年來日本、韓國、臺灣的教育改革，似乎逐漸在呈現一個事實：考試制度只有存在與如何存在的問題。先前那些企圖廢除與攻擊考試制度的論述與努力，多半徒勞無功，最後都轉向到考試制度「如何存在」的問題的探討。

1994 年臺灣開始了較大動作的教育改革之初，幾位教改領導人的信念，在今日看來是可議的。例如李遠哲相信升學主義在二十世紀結束時會消失 [03]。當時的教育部長郭為藩（1993 — 1996 在任）認為社會不再像過去一樣能忍受升學主義，因為人們現在的期望已經不同 [04]。後來在 2002 — 2004 年擔任教育部長的黃榮村認為聯考是迷信，只是許多家庭仍舊相信 [05]。我們今日以二十多年的縱深，來看教改當初的信念，除了同理他們為了減輕孩子們升學壓力的遐想，還要更深去檢視過去二十年來教改的軌跡，並且回答為什麼政府這麼多的努力還是讓他們的信念隱翳無光，而社會迷信依舊。

我們發現人們對於考試制度的信任（或迷信）呈現出一種系統性的信任。德國社會學家齊美爾（Georg Simmel, 1858-1918）在他的著作《貨幣

哲學》[06] 觀察到由於貨幣體系的建立，促使了西方傳統社會由「人際信任（interpersonal trust）」轉化到「系統信任（systematic trust）」[07]；而系統信任才讓「現代性」得以出現。這種轉化具有三大層次：首先，此轉變從面對面的信賴關係中脫離出來，轉換到對一個抽象制度的信任。傳統之信任是建立在隨時或可以預期的面對面的關係之中；古代部落和部落之間的「區隔分化」以及在封建時代的「階級分化」階段，同一群體人的人際互動不時可以有面對面的溝通，一旦彼此間重要關鍵人物去世時，整個族群的信任關係便會受到威脅[08]。但是在市場經濟發達且以中央政府為核心的貨幣體系——特別是法定貨幣體系在主權國家的制度運作中逐漸確立之後，人們之間的信任關係轉換為對概念化的「抽象數字」關係的信任（參見本書第十二章「數字發達的年代」）。此轉變是對面對面溝通的信任關係之徹底翻轉。

其次，此轉變是由「歸納性知識」轉換到非知識、非宗教的「信仰」層次。這種新發生的信任關係不同於由親身經驗所生之「歸納性知識」之信任。齊美爾說明歸納性的知識呈現的效果：如果農夫對自己土地可以生產糧食的潛能沒有信心（confidence），那他就不會去播種；如果商人不相信（belief）他的商品有市場，就不會提供商品。此類農夫和商人的信賴只是歸納性知識的「弱形式」，類似現實生活中的統計規律，並不是系統性的信任，而難以為信任提供進一步可靠的基礎。但是新發生的系統信任「（某些方面）比知識還多，（另一些方面）又比知識還少」，近乎進入的信仰的層次，不過本質上又不同於宗教。

第三、此轉變是從某一特定時間、地區的交換型態轉換到可以橫跨時間與空間的交換型態。系統信任一但發生，便超越了某個特定範圍之時間和空間的限制，不但讓人在空間上可以與陌生世界的人事物發生信任關

係，在時間上的過去－現在－未來又因為貨幣系統的連結也產生了跨時間的信任關係[09]，例如期貨買賣、保險制度、退休金制度或是福利制度等。法定貨幣所擁有的跨時空的衡量功能與交換功能讓這樣的信任關係產生了系統的確定性。

以上述三大層次的概念回頭過來仔細考察考試制度，將會發現它非常接近系統信任。首先，考試制度和當代法定貨幣制度相似，它不但具有衡量的功能，也有交換的功能，而且某種程度上甚至超越了具體的功能效益。考試制度可以衡量一個人的讀書、寫作、思考、計算的基本能力，並依此能力「劃定等級秩序」以交換不同的政治經濟利益。在科舉盛行時代，一個人通過考試並且獲得功名之後，便可以交換到政府授予的官階、收入與特權 —— 例如免稅、免勞役、贖罪（官員家人犯罪，也可以「蔭贖」）[10]；等級不同功名所構成的不同社會地位直接導致不同之政治和經濟權力的終身授與。這種強烈的衡量和交換功能，讓科舉考試制度展現了強烈的超越面對面的人際信任關係，獲取功名的方式不必強烈依靠面對面的人際關係，只需要通過公平的考試即可。同時為了獲得更高等級的社會與政治地位，促使許多家族卯盡全力拼科舉。在傳統經濟稍好的家庭裡面，若一個人沒有提供其子弟適當的教育可能會招致父親和其他兄弟的譴責；如果還沒有改善，家族的其他長輩也會加入譴責。這類的行為模式後來演變成親族之間為了「爭面子」而要求子弟讀書的習慣來[11]。中國傳統的仕紳總是花費超乎尋常的精力來要求子弟讀書學習以考取功名，進而獲取爵位和財富[12]。「功名」所代表的抽象性涵義，甚至超越了本身實際的交換價值 —— 爭面子和爭一口氣。

其次，科舉考試制度這樣的系統信任同樣體現了「宗教信仰裡面難以描述的因素」。何炳棣[13]的研究發現「明清朝廷將考試制度視為一個令

393

人敬畏的、幾乎是神聖的制度，從未放棄其取消特殊主義（作者註：也就是家產主義）和褒揚誠實行為的意志。」在民間，明清兩代許多的父親、母親死前的遺言都是要子孫從事舉業，以獲取功名，如明朝大臣戚賢（1492-1553）的曾祖父在高齡九十二歲臨終時手拍著大腿哭泣說：「老天爺啊！即使你不給我們家做成達官貴人，難道連一個讀書的儒生都不捨不得給我們家嗎？」[14]。清朝翰林院學士章銓（1739-1821）家族寒微，祖輩、父輩雖志於讀書但都無取得功名，章銓十歲時，母親意外死亡，彌留之際，她把章銓叫到旁邊，握著他的手哭著說：「我沒有什麼話要說，除了要你努力讀書，求取功名。」[15]。祖先祠堂屋頂的樣態也與子孫功名息息相關，有功名的宅第屋頂兩旁會上裝飾比較漂亮的「燕尾」以為榮耀，否則就是一般的馬鞍型；這種習慣在保持濃厚傳統的金門島上四處可見。這些案例與傳統習慣，若未深度探究前會以為是「迷信」，但究其實，可以發現科舉考試制度所成就的系統信任創造了人為秩序與自然秩序的重疊，變成了一種相對永恆的結構 —— 或許這就是齊澤克所說的「崇高的客體」吧，而不是單純的歸納性知識。這種系統雖未脫離人為制度，但是已經不是作為行動者的個人，或甚至具有克里奇馬、魅力型的領袖可以完全扭轉，而類似擁有了自然秩序的力量，甚至有了一種超驗性。

　　此類非知識、非宗教的「信仰」層次體現在考前的許多風俗習慣中。例如考生準備過程常會去求神問卜、招仙問事（如扶乩向紫姑神問考試題目）、解夢拆字（許多士人的名字，像夢魁、夢龍、夢桂即暗示著他們的長輩曾經有功名期待的夢兆出現）[16]；祭拜的牲品的諧音常會對應到舉業成功的相關詞語，如豬腳代表「豚元」、大腸代表「冠場」、蓮子代表「聯捷」，米發粿代表「發科」[17]；現下在臺灣有些人考前不吃牛肉或蛋也有趨吉避凶之意。在整體社會上，文昌君（梓潼神，原來是一條蛇

精）等神祇變成文人科舉的守護神，古代在許多赴試的交通要道都設有相關的廟宇（因科考的等級使廟宇亦具有等級性），而各種廟宇亦都有考子靈驗事蹟的傳說 [18]。而有些廟宇、書院、祖墳之風水的設計亦與科舉「高第稱魁」相映 [19]；有些地方或家族面對考運不佳的時候，當地民眾就會要求改善書院或祖墳的風水，像是導引河流環繞書院而流。許多地方出現與考運相關的「讖語」，如「沙接寒溪口，武昌出狀元」意味著江水湧沙而成的沙洲銜接到寒溪河口的時候，這年武昌就會考出狀元郎來；「淮尾沙圓，宰相狀元」意味建寧府一河口沙洲變圓了，那一年就會出現宰相狀元。這些融合學校興修、學校與城市環境、讖語、時序的講法隨著時間的推移位，越演越盛 [20]。有些地名也應科舉而生，例如狀元鎮、進士坑、舉人坦、興文里、興學巷 [21]。宋代女兒出嫁時，有些父母會送五子登科的銅鏡；有些婦人懷胎之後便開始讀四書五經，進行胎教 [22]。甚至積陰德、種善事會將好運轉移到對科舉考試的福報，這使得許多家庭樂於不惜花費，資助貧困。或是地方有人中進士，地方官員便會立碑表揚、舉辦鹿鳴宴 [23]。

第三，通過考試不但為個人豎立合法性的權威，並且可以為家族甚至祖先、後代帶來長遠的利益與榮耀。許多家祠掛滿了「狀元及第」、「進士及第」標示的傳統中國人認為最值得榮耀的並不是有什麼開疆拓土這種特殊豐功偉業的祖先，而是某一個人通過考試而為祖先帶來了榮耀。特別是因為這些功名而獲得高階官位的時候，皇帝會賜予其數個祖先爵位時的榮耀 [24]。一個人的「功名」可以讓他的數代祖先也一起「當官」，這實在是跨越時間的成就啊！更且這樣的功名還影響到了家族的聯姻，「交換到」遠方門當戶對的家庭。陌生的文人見面時，互相認識的方式通常是問對方到底通過了哪些考試、取得哪些功名來評價雙方，進而影響後來的互動方

式。因此，通過考試所獲得的功名某種程度上跨越了一定的時間與空間。「於是科舉考試把全國一個一個家庭或家族、一個一個地方連結在一起，成為一個具有共同文化價值的整體國家 [25]。」

過度早熟的系統信任

　　不同於西方系統信任的貨幣體系產生於現代的主權國家，科舉考試制度在前現代時期便創立的系統信任。梁漱溟認為中國文化是個「過度早熟」的文化，這除了意味著此文化在人際和諧的問題上取得最高的成就 [26] 之外，梁漱溟對東西文化的直覺還隱含著一個過度早熟的系統信任早已出現在中國。科舉體系對東亞社會起著巨大的作用，它將系統信任的出現比西方提早了一千年發生。這也難怪有研究指出這樣的科舉考試社會包含著豐富的現代因素 [27]。

　　在前一章提到伊里亞思將人類經濟的發展分成自然經濟與貨幣經濟兩個階段，他認為十六與十七世紀的歐洲開始逐步建立貨幣經濟的體系。銜接齊美爾所認為的貨幣經濟所造成的系統信任來看，歐洲開始建立系統信任的時間應該可以把它設定在 1694 年英格蘭銀行成立的前後，剛開始要進入 18 世紀。在東方隋煬帝楊廣（569-618）創立科舉考試制度的時間則是在第七世紀開始之時。一次戰後的日本記者兼學者內藤湖南（1866-1934）提出中國並不是在十七世紀與西方接觸後才建立（或重建）現在的政治制度，而是在唐宋轉折期（750 年前後，所謂「唐宋之變」）就已建立（或重建）了這樣的制度。當時的科舉制度成為吸納菁英階層人才的開放管道，平民不再對貴族地主背負農奴般的義務，從而地位得到改善 [28]。也就是這樣的系統信任才使得當代的升學主義難以消失，而考試制度以系

統信任來現形，大大壓過了李遠哲與前幾任教育部長把它當成單純迷信的意涵。

這樣的「系統信任」在面對外來質疑與挑戰時，並非一推即倒，它有其「自然的」防禦機制。中國在 1840 年鴉片戰爭後，經歷了六十多年反省，清朝政府在二十世紀初廢除上千年的科舉，可見這防禦機制的堅強；又可見，這防禦機制也絕非牢不可破。科舉的廢除，卻間接導致中國在二十世紀初的分崩離析。系統經過五十年的再反思，直到 1950 年代前後，中華民國才又確立現代的「類科舉」考試體系。而對岸之中華人民共和國又經過三十年實踐反省，1980 年代起也逐漸確立現代的科舉考試體系。日本在大化革新（646-）開始中央集權，經過五十多年向唐朝學習，在 701 年頒布《大寶令》，開始確立以科舉制度來選拔人才，但是在第十世紀之後開始消退，1177 年廢除（雖然歷時約四百七十年，但實際強力運作約只有兩百多年），日本第一次的中央集權至此瓦解。之後再過了八百年，於明治維新（日本歷史上的第二次中央集權）晚期考試取材的制度才又確立，重新取回系統信任，直至今日。因此，我們將考試取材制度理解為類似自然秩序的力量，並且進一步考察系統運作後的防禦機制對當代社會的作用，就至為重要了！

有些讀者看到這裡恐怕會問：為什麼本書在討論貴族原則演化的時候，開創的人總是會提出主張和概念，挑戰舊有的制度主張和概念，並且重新去建立新的制度原則。可是為什麼在討論平民原則的時候，本書直接拿一兩個〔下面我還會用另一德國社會理論家盧曼（Niklas Luhmann）的系統理論來說明〕德國的社會學家的理論套在中國的制度發展上面，而不是由其內部所提出的主張和概念推論而成平民原則？這個問題我在後面會做更深入的討論，但在這裡擬用簡單的方式回答：第一、古代中國因為習

慣使用文言文，文字講求簡約，因此不如印歐語系可以發展出較為抽象的概念。第二、中國的思想世界也不如印歐語系受到數學幾何的推理邏輯影響那麼深，這也影響到抽象概念的形成。法國哲學家德希達（Jacques Derrida, 1930-2004）認為中國有許多非常可敬的思想，但是沒有嚴格意義上的哲學[29]。他所指的應該就是中國的思想之中沒有抽象概念的論辯過程。第三、科舉制度似乎從隋煬帝之後便自然而然形成它的目的：制衡各個集團之間（在唐朝時期特別指向山東集團和關隴集團之間）勢力的過度擴張以及家族化的傾向。最後大家都同意的遊戲規則就逐漸形成了一種風俗習慣。第四、（在這裡我想深入說明）歷代以來，指出科舉弊病的文章或故事小說非常之多，但是要到二十世紀才有人採用西方的各種概念來批評這一個制度。這個制度既然不是在現代化之後才產生出來的，所以它產生的原點就不能用一些概念主張來要求它。

考試制度的存有論

考試制度存在樣態的問題情境（考試制度的存有論）比較像是「為什麼農曆春節我們要這麼過」的問題情境。借用齊美爾的話來說，此種系統信任的微妙之處在於人們對它的相信，乃存在於某種「知」與「無知」之外，「常識」性的，無法完全用知識的範疇去把握的。此處知識指可以被當代科學驗證者而言。人們在此系統中的追求行動，比較多是一種價值型行動，而不是一種目的-手段型行動。這種價值型行動中，行動者所認同的價值，類似圖騰、宗教儀式、對上帝的信仰，是超驗的，以知識來接近這種信仰本身常常是不完備的，但這不表示完全無法以知識來接近信仰；只是身處其中的行動者常處在一種與知識無關的、有秩序感的心靈狀態

中 [30]。這樣的價值比知識少，也比知識多。資本家對金錢無止盡的累積，或是學校與補習班為了拼升學給學生無止盡的考試，這些行動者的本身在追求時的心靈狀況實在無法完全以知識來解釋。迷信可以輕易被知識或科學驗證所擊破，而系統信任則通常牢不可破。

以上我們用齊美爾的系統信任理論來「理解」（沒有因果關係說明的）考試制度，下一章我們也將利用德國的另外一個社會學理論家盧曼（Niklas Luhmann, 1927-1998）創立的系統理論來「解釋」（有因果關係說明的）因為考試制度在古代以及當代社會所引發的種種效應。

[01] 余英時，2005，〈試說科舉在中國歷史上的功能與意義〉，《二十一世紀雙月刊》，89，頁 4-18。

[02] 郭帥，2016，《中國道教文化常識問答》，新北市：百善書房。

[03] 聯合報，1995，〈郭為藩、李遠哲、黃武雄會談教育改革〉，三月七日，第 1、3、17 版。

[04] 聯合報，1995，第 11、23 版，同前。

[05] 黃榮村，1996，頁 75，〈當前教育困境與教改前景〉，《理論與政策》春季號（Spring），頁 73-83。

[06] 齊美爾（Georg Simmel），陳戎女、耿開君、文聘元譯，2002，《貨幣哲學》，北京市：華夏，頁 178-9。

[07] 此詞語較常出現在 Luhmann 的系統理論中，參見顧忠華，1999，《社會學理論與社會實踐》，臺北市：允晨文化，頁 251-3。在齊美爾的脈絡中常以社會團結、社會連結、社會信心、社會承諾的概念出現。參見：Jonathan H. Turner，Leonard Beeghley，Charles H. Powers，韋本譯，2000，《社會學理論的產生》（*The emergence of sociological theory, 4th ed.*），臺北市：洪葉文化，頁 313-4。

[08] 參見周治偉，2006，〈西美爾信任理論述評〉，《中共長春市委黨校學報》，2006（4），頁 15-7；葉詠文，2012，〈醫病關係：一種信任問題的考察〉，《台灣醫學人文學刊》，第十三卷第 1-2 期，5 月，頁 77-104。

[09] 參見 Jonathan H. Turner，Leonard Beeghley，Charles H. Powers，韋本譯，見註 7，頁 313-4。

[10] 梁庚堯編著，2017，《宋代科舉社會》，上海：東方出版，頁 175-6。

[11] 翟學偉，1985，《中國人的臉面觀》，臺北市：桂冠，頁 144-8。

[12] 熊秉真，1992，〈好的開始：中國近世士人子弟的幼年教育〉，《近世家族與政治比較歷史論文集》，臺北市：中央研究院近代史研究所，頁 201-38。

[13] 何炳棣，徐泓譯注，2013，《明清社會史論》，臺北市：聯經，頁 241。

[14] 何炳棣，2013，同前書，頁 332。

[15] 何炳棣，2013，同前書，頁 359。

[16] 梁庚堯，2017，同註 10，頁 231-3。

[17] 高啟進，2004，頁 61，〈淺談澎湖地區的科舉〉，《西瀛風物》，9，頁 54-70。

[18] 廖咸惠，2004，〈祈求神啟：宋代科舉考生的崇拜行為與民間信仰〉，《新史學》15：4，頁 41-92。

[19] 高啟進，2004，同註 17，頁 58。

[20] 梁庚堯，2017，同註 10，頁 227-30。

[21] 盛愛萍，2004，〈從溫州地名看科舉制度和文化教育〉，《國文天地》，19（11），頁 34-44。

[22] 國文天地，2001，〈歷史趣聞：宋代科舉競爭從娘胎開始〉，《國文天地》，16（9），頁 87。

[23] 梁庚堯，2017，同註 10，頁 242-8。

[24] Max Weber, 1970: 423, *From Max Weber: Essays in Sociology*, Charles Wright Mills and Hans Heinrich Gert (eds and trans), London: Routledge and Paul Kega.

[25] 梁庚堯，2017，同註 10，頁 248。

[26] 梁漱溟，2003，《東西文化及其哲學》，臺北市：臺灣商務。

[27]　何懷宏，2011，《選舉社會》，頁 34。

[28]　引自 Francis Fukuyama，2014，頁 340。

[29]　參見德希達（Jacques Derrida）著、張寧譯，2004，《書寫與差異》，
　　　臺北：麥田，頁 15-6。

[30]　參見韋本譯，2000，見註 7，頁 309-11。

第十六章

從盧曼的系統論看考試制度

對於完全沒有系統論背景知識的讀者而言,閱讀以下的說明可能有些燒腦,我會盡力清晰簡化,請讀者大膽跟進;當您願意理解盧曼的系統理論時,再來看考試制度,觀察的層次一定會獲得大躍進的提升 —— 這絕非空話。

盧曼的系統論關注的「系統」,非理工科教科書常見的物質系統 —— 其內容多指涉的輸入與輸出之間的因果關係;也不是藉生態演化系統的概念 —— 它常被類比推理到其他相關的社會系統。盧曼系統論目標是關注系統與(其外的)環境,以及系統與(其他的)系統之間的關係。因此一個系統首要重視它自身對環境與對其他系統的「區別」;這樣的區別在系統內部會透過自行「操作」與「自我指涉(self-referential,指有自己的價值參照標準)」的過程來進行;此過程內容是系統會持續尋找「偶連性的因素(指偶爾遭遇到的物件或符號;遭遇時,有些會被系統整合進來,有些會被排除出去)」讓「銜接」持續去區別、界定系統的範圍與內容。系統的「複雜性(越具有適應力的系統越會呈現其複雜性)」靠著在原本系統之上的「觀察」(系統仿佛會自己觀察,如同行動者一般)不斷去搜查外邊的環境,去「選擇」讓環境中的某些要素更容易存在系統之中,同時也排除了另一些要素或是讓某些要素不容易出現在系統中。其目的在於簡化複雜性,並且讓系統擁有更豐富的元素。系統內部為了適應複雜性的增加,會進行功能分化為次系統;這些次系統之間卻也會互相把對方視為環境。再來,(由主系統)分化出來的「次系統」在特殊的偶然狀況下會因為某種「意義」的關係,銜接到其他系統,而對兩個不同的主系統產生作用 [01]。系統的作用可以用當前智慧型手機的 APP 來理解,例如 YouTube 是一個系統,其內每一個影片以及其下的留言板可視為一個次系統;版主可以決定讓哪些言論留下來、讓哪些言論被剔除,而版主和留言的人也都

可以在底下把其他系統相關的言論張貼進來，或是將這一個影片分享到其他系統，例如 Twitter（現在更名為 X）、LINE、WhatsApp 上面。對 You-Tube 言，它又有一個專門的次系統來界定這些影片的分級以及對智慧財產權進行管理。

與一般機械或生態等物質系統觀不同的是，盧曼的社會系統會有觀察、選擇、期望、失望、體驗與行動等，類似人的擬象 [02]。這是因為人一旦使用理性去思考和決定，就一定會陷入盧曼所觀察到的系統「操作」的限制。盧曼對理性的啟蒙便是看到理性的運作與限制。

考試系統用以作為「區別」的「二元符碼」就是錄取／落榜、考好／考壞。前者（錄取／落榜）會出現在大型考試當中，例如國家考試或升學考試。它通常會涉入非常細微的心理或是認同層次上的階級分化，例如名望高的學校或者是名望低的學校；在更多的時候，它當然會有功能分化的作用，例如大學入學考試之後，考生被分配到各種科系，然而這些科系彼此之間在社會價值運作下還是會有排名的關係，階層分化與功能分化在這一個地方進行穿插影響，只是在東亞地區傳統人們傾向於先決定階層分化再來決定功能分化 —— 也就是先確定哪一個科系的聲望高，再來決定自己對哪一個科系感到興趣和潛能比較好。

後者（考好／考壞）會出現在與教育系統（例如各級學校）與準教育系統（補習班或者是古代的鄉學、社學、義學或者是私塾）當中進行的「銜接」。當代的教育系統是以功能分化作為主要功能，強調啟發學生的潛能以求人盡其才；作為教育之次系統的考試在這裡只當作學生自我衡量的工具，希望學生精益求精、了解自己的學習盲點和困境，但是有些學校和老師卻採取這種工具作為類似階層分化的功能。在臺灣早期學校中，會將學生分成好班和放牛班，或者是把成績較好的學生集中在靠近講臺的範

圍，成績較差的學生則放在遠離講臺的範圍，階層分化的影子在這裡產生的作用。教育系統在臺灣，或甚至整個東亞，產生「異化」，而讓考試系統進化為「準教育系統」，基本上變成是為大考而服務的形式，它主要在複製／操作階層分化的傳統價值功能。

在盧曼的觀察中發現系統分化的形式有三。首先是「片段式分化」，指全社會分化為「相同」的「次系統」，例如部落、村莊、家庭，涵義相當於上一章介紹的「區隔分化」概念。其次是「層級式分化」，指全社會分化為「不等同」的「階級（或層次）」，這個階層被一個在全社會起著作用的「首要差異」，安排在全社會的結構之內。此首要差異是基於「上／下」這樣的「區別」來「觀察」全社會的「溝通」。社會階級或中央與地方政府組織層級屬於此類分化。第三是「功能式分化」，指全社會分化為「不等同」的「次系統」，它基於與整體系統間的「功能關聯」—— 例如經濟、政治、法律、科學、宗教、教育等等 —— 而彼此區別開來 [03]。盧曼認為在西方社會的演化當中，傳統社會是由「片段式分化」進入「層級式分化」，最後在當代進入「功能式分化」。然而從我們上述對考試系統的考察，將會發現在古代和當代的考試系統當中，事實上交叉著上述三種分化的影響：隋唐時代為了制衡關隴集團和山東集團的片段式分化勢力的惡性競爭，而產生了考試制度，然而當時這種強調關係，強調同鄉、同事、同學、同儕情誼的片段式分化卻依舊在東亞社會裡面產生影響力。考試制度雖然制衡了這樣的影響力，但是依然讓它存在著，沒有全然消滅它。再說，我們前一段的分析顯示，功能分化在當代的東亞社會中有其重要的影響力，但是還不是最主要的主導力量，階層分化依然在考試系統裡面獲得了極高的存在感，而且主導了教育系統在某種程度上偏離其主要功能（也就是上一段說的「異化」）。如果依循盧曼單從西方的視角來看東

方的制度時，便容易產生偏誤。

我們粗略根據英國《經濟學人》雜誌公佈的民主指數 [04] 對世界各國做的檢視，民主指數較高的國家其社會生活品質的表現程度比較好，也就是當今所謂的先進國家，這些國家或是地區已經進入了十足的功能分化的社會。「片段式分化」或「層級式分化」雖然還有殘留的痕跡，但不至於成為主導的力量。另外一組民主指數不低，但是經濟能力、生活品質、社會治安等等狀況相對不好的國家，例如在中南美洲、東南亞洲、非洲、中東、南歐等等這些地區，他們社會結構中的「片段式分化」與「層級式分化」仍然對社會產生主導性的影響，他們殘存了許多形同貴族一般的大家族，另外也有許多幫派、政治聯盟、宗教團體，影響著政治的發展和穩定。（這一個部分本書完成之後或再繼續討論，特別針對開發中國家制度的深入探討。目前論述不夠精確，時間有限也只能止於此了）

從歷史制度的考察來看，功能分化社會的形成與民主制度的成型也有很強的接近性。仔細去檢視那一些先進國家所承載的歷史條件，將會發現西方在「類民主制度」發生而且持續時間較久的任何時期（例如古希臘的雅典、文藝復興時候一些歐洲的自治城市、英國光榮革命之後、美國獨立革命之後以及十九世紀法國在拿破崙之後的民主制度），其社會差不多都已經開始功能分化更為全面而健全了。從上一章引介的齊美爾的角度來看，貨幣經濟造成了全社會的功能分化，進而造成了系統信任。民主制度的良好運作似乎與中產階級占整體社會比例密切相關。從這裏我們必須要去檢討在非先進國家的民主制度是否少了一些更完備的功能支撐，才導致他們經濟政治與社會的品質沒有提升上來。這些論述在許多以「國富論」作為主題的研究中（如本書第二章所做的簡要說明）已經釐清了一些因素，但是這些研究中最缺乏的便是對考試制度的進一步檢查。

在上述英國《經濟學人》雜誌資料中，2019年以前日本與亞洲四小龍的民主指標沒有一個國家和地區進入「完全民主」的階段〔2020年因為新冠肺炎的關係日本、韓國、臺灣因為防疫相較於世界其他各國較為良好，因此都進了「完全民主」的國家，臺灣出人意外的竟然進步了20名，第一次進入「完全民主」的國家，也是亞洲最民主的國家。而一些老牌的民主國家像美國、法國因疫情管控、民眾暴力等狀況，名次下降為部分民主（Flawed democracies）國家〕，不過，中國還是處於專制政治的階段，雖然他們被劃歸為經濟發展的新興與先進地區。在這個地區，日本還存在著傳統的社會階級，維持某種程度上的職業世襲。東亞整個區域的社會習慣且具極其濃厚的關係連帶，常藉由關係連帶所代表的社會資本來培養政治資本，再利用政治資本去「尋租（rent-seeking）」，也就是獲取政治利益；因為這樣，在這一個地區沒有一個國家的民主指標達到完全民主的水平。為什麼這一個地區這麼獨特，卻又能走出低發展國家的水平呢？難道其原因只是一般所說的儒家文化影響區域這麼簡單而已嗎？如果是如此的話，那麼華人移民相當多的國家，如印尼、泰國和馬來西亞為什麼沒有發生同樣的狀況呢？華人移民數量排行前3名的國家（括號內的數字分別是移民華人人數和此一人數占此國家的人口比例）：印度尼西亞（7,566,200，2.99%）、泰國（7,153,240，10.64%）、馬來西亞（7,070,500，23.42%）。這三個國家中，華人的人口都超過了香港和新加坡。可見這個現象想要獲得更合理的解釋，單單從文化層面去切入還是不足的，還必須考量制度因素。

考試系統與其他系統之間的關係

為進一步探詢考試制度對整個東亞社會的影響，必須進一步去闡明考試系統與其他系統之間的「銜接」關係。（我這裡所用的考試制度與考試系統兩個名詞，意義上是可以互通的，「制度」通常就是一個「系統」，只是系統論更傾向於將之稱為系統。在這裡做一個澄清）。與考試系統相關卻又平行的功能系統包括了國家選才系統（一般使用上稱為人事制度）、教育系統、經濟系統（或稱為市場）、法律系統（防弊、司法與檢察制度）、宗教系統與政治系統。

一、國家選才系統

任何一個政權要能夠長久維持必須有一定數量的官僚來協助運作，這為國家選才系統的存在創造了條件。官僚的選任、升遷、考績、訓練、俸給、福利、退撫等內容長期運作的結果就會呈現出一個系統。這樣的系統又稱為人事制度，內容包括了人事行政的法規、體制和管理措施[05]。誰可以進來擔任官僚？誰可以升遷？誰可以獲得優良考績？這一系列的區別產生了優秀／劣質的二元符碼來判斷誰可以進入這樣的系統。在中國歷史上最早在前秦時代是從世襲制度（主要分成天子、諸侯、卿大夫、士、庶人等五個階級）之中的卿大夫與士這兩個階級選舉官僚；日本在十九世紀中葉以前的幕府制度也一樣採用這種世襲的方式來選舉官僚。中國到了戰國時代（前五世紀－前 221 年）各國征伐頻仍，需要各種人才來應付時局，於是開始了有養士之風，也就是所謂的「客卿」、「食客」等制度，雞鳴狗盜之徒皆可以是人才。到了漢朝則有了察舉制度，由地方來推薦人才，其標準一開始有比較籠統的「賢大夫有肯從我游者」（漢高祖劉邦的

求賢令）、「孝悌力田」（漢惠帝、呂后）、「賢良方正能直言極諫者」（漢文帝），到了漢武帝（前 156 －前 87 年）之後稍微清楚的科目主要有：孝廉、秀才（東漢稱茂才）、賢良方正（或賢良文學）、明經、明法、尤異、治劇、兵法、陰陽災異及其他臨時規定的特殊科目。到東漢和帝（79 － 106 年，88 － 106 年在位）時，更精確規定按人口比例進行薦舉，大概每二十萬人每年舉一人，不足二十萬人則兩年一舉，不足十萬人則三年一舉。對少數民族雜居的邊郡地區，又另定優惠政策：十萬人舉孝廉一人，不滿十萬每兩年舉一人，不滿五萬者則每三年一舉[06]。在這種制度之下想要透過政治手段來尋租的人，他們在地方上的名望就非常重要。這種制度的優點就是人才輩出，而且多樣。文景之治（前 177 －前 141 年）、之後的漢武帝時代、明章之治（57 － 88 年）、之後的漢和帝時代，以及東漢末年到三國時代（184 － 280 年），不管亂世或治世，都可以激發出人才的多樣性（非數量）來。這種現象恐怕是民國以前的其他朝代難以匹敵的。然而這一個制度的缺點便是有人為了聲望沽名釣譽、賺取名聲，或是賄賂地方官員以求獲得推薦，因而缺乏公平性，比以往更容易形成世家大族與貧富差距的擴大。

　　東漢和帝之後，中國進入幼小的皇帝、外戚與宦官之間的權力爭奪關係。事實上整個東漢一開始的官僚人口就逐漸由一些世家大族所把持，但尚未制度化。魏文帝曹丕（187-226）為了鞏固政權的關係，採用陳群（不詳，約 160-237）發明的九品中正制籠絡這些世家大族。中央政府依據地方政府的層級高低設置大小中正官地方的以選拔人才，標準是根據他們的家世（簿世、譜牒）、才幹與道德（行狀），以及中正官所鑑定的鄉品，把人才分成九品：上上、上中、上下、中上、中中、中下、下上、下中、下下，並加評語。品級越高則可以當高官，工作較為輕鬆，是所謂的「清

官」，品級越低則當官的工作就較為繁雜瑣碎，被稱之為「濁官」。而且在這樣的條件下可以當中正官的人都是品級高的官員。於是這種狀況造成的效果就是階級複製嚴重、社會流動減緩，而形成另類的貴族社會。這樣的貴族社會並不是以公侯伯子男這些等級的諸侯、卿大夫、士、庶人來分類，而是根據族譜的純粹性來分類。為了維護門第族望的純潔性，世家大族的後人如果和寒門出生者結婚將會被逐出族譜之外。於是這種制度的影響在中國歷史上持續的五六百年之久（150-750），即便在盛唐時期科舉考試制度開始站穩腳跟，世家大族在政治經濟上尋租的絕對優勢依然不減，一直到安史之亂之後才逐漸消退，甚至退出了歷史舞臺。

非常弔詭的是，這一個時期很可能是中國歷史上藝術與科學創造的高峰，出現了所謂魏晉風骨，或是與佛教相關的石窟、雕塑、繪畫。在這個時期出現的許多「聖人」：書聖王羲之（303-361）、詩聖杜甫（712-770）、草聖張旭（約 675-750）、畫聖吳道子（685-758），在科學上有張衡（78-139）、在數學上有祖沖之（429-500），九章算術法（最晚成書於東漢前期）也出現在這一個時期。

國家選才制度發展到了隋唐開始出現較為正式的考試制度，但一開始在考卷上面並沒有將名字遮蓋住，而且在錄取考生時還必須參考其日常的名氣和著作，因此考生們還必須爭相恐後、將自己的作品送給主考官門閱讀，以增加曝光度，在當時被稱之為「投卷」。而且在當時這完全是被允許的行為，比較像現在臺灣的推薦甄試，很重視校外的各種比賽得名。當時向禮部（相當於現在的教育部）投獻的稱之為「公卷」，向高官名人投獻的稱之為「行卷」。當然這種方式也會造成因為個人的私交關係而取士的傾向，所以這些世家大族在中唐以前並未受到打壓和也未見衰退現象。關於這一部分再下一個討論考試系統時會再介紹。不過必須強調：此時開

始，國家選才系統才與考試系統產生「銜接」關係，而且考試系統是作為國家選才系統的「次系統」而存在。

在唐宋以及之後的國家選才系統當中，當然不可能只靠考試一途，有些情況還可以透過對國家朝廷有卓越貢獻的高官父親的「恩蔭」為官，但只是單單靠恩蔭卻不足以升到更高等級的官階，所以官宦子弟通常還是被鼓勵要參加科舉考試。

知識分子反對的八股文為什麼持續存在

明清兩朝出現的八股文考試也要從國家選才系統、考試系統、甚至些微關係到經濟系統的銜接點上才看得清楚。明末清初的時候黃宗羲（1610-1695）、顧炎武（1613-1682）和許多文人批評八股文對於中國讀書人思想行動上的危害，自此而後的批評也從未間斷。康熙（1654-1722）曾廢除一陣子而後卻又恢復 [07]。曾國藩（1811-1872）不讓他的兒子曾紀澤（1839-1890）學習八股文 [08] 也都了解八股文的弊端。但是八股文為什麼持續存在呢？有論者以為八股文可以做到多角度的思維訓練 [09]，但此觀點剛好被前面那一群人反駁。筆者比較贊成八股文持續存在的原因是為了讓考試呈現更為公平的樣態。當時的主考官因為害怕招來皇帝和老百姓不公平的質疑引來殺身之禍，所以一定會去思考這樣的問題：有沒有較為公平的方式來判斷一個人的作文基本能力（起承轉合）以及對義理、對仗、聲韻理解的能力？除了思考標準客觀的問題之外，也要思考如何讓批改試卷的考官比較容易判斷優劣，而且不同的考官之間判斷的差異也不會過大以免引發不必要的爭議，當然更害怕上級單位怪罪下來（何懷宏《選舉社會：秦漢至晚清社會型態研究》書中提及 1933 年清華大學教授陳寅恪受委託

擬大學入學國文作文試題，有過類似八股文中的基本要素（比和代）的出題嘗試，結果引起軒然大波。陳寅恪後來解釋如此出題的原因之一是要讓閱卷定分之時有所依據，而且也可使應試者無僥倖、冤屈之事，而閱卷者良心上也不會受到特別的痛苦，且時間精力都可節省）[10]。再加上明清以來人口增長迅速，應考人數倍增[11]，據顧炎武說晚明時的生員不下五十萬人，每隔三年就要應試。在 1612 年與 1615 年（萬曆年間）應試舉人人數達 4,350 和 4,740 名之多。而鄉試考生僅第一場八股文試卷便達 30,450 和 33,180 本之多，可見閱卷任務之壓力。當時考官一人得閱千文，十分繁重。制式固定的八股文對考生與考官雙方而言，都比較省時省力的[12]。因此八股文便在這些條件的考量之下出現了，也保存近五百年。方便性考量是不得已中的不得已。這是經濟思維中降低成本的考量。我們這一個時代大大小小的考試中，多是選擇題當道，也是在這種考量之中。

在當代民主國家選才系統對事務官的部分多半會採用考試的方式來挑選，但是對於政務官以及民意代表則是採用選舉的方式來選才，選舉已經成為當代民主國家的次系統。但是在古代雅典民主政治則以抽籤的方式來進行，他們反倒是認為選舉投票最後造成的結果是貴族政治而不是民主政治。徵諸羅馬共和國、佛羅倫薩共和國、威尼斯共和國，他們採用抽籤與選舉投票參雜的方式來決定國家的政務官或是司法相關的工作人員，像陪審團。在這些政權裡面，抽籤也變成另一個次系統[13]。

美國早期的民主政治除了總統之外，選擇政務官的方式是所謂的分贓政治（spoils system）或豬肉桶政治（pork barrel）。每當政黨輪替的時候，總統便大量撤換舊朝政府官員而由自己的支持者擔任。這不僅違反選賢與能的功效主義的訴求，也讓政府官員每到選舉便人心惶惶，而且每一任新當選的總統總是被給萬個求職者包圍，相當困擾。直到 1883 年《彭德爾

頓法案》（Pendleton Civil Service Reform Act）出現，確立了政務官和事務官的界線與各自的選才方式，這些弊端才獲得了有效的控制。可以說一開始這種分贓政治並未獲得系統性的地位，它的界線不斷受到質疑和破壞，最後把這種分贓政治限定在政務官的範圍才獲得了系統性的地位，也成為另外一種國家選才的次系統。

二、教育系統

1988 年盧曼（Luhmann）與脩爾（Karl Eberhard Schorr）發表的《教育系統中的反省問題》（*Reflexions-Probleme im Erziehungssystems*）一書指出教育系統要面臨自主性、技術性、選擇性等三個問題。教育有其自主性想要完成的目標，就如同杜威在《民主與教育》這本書中所提到的教育就是成長，教育本身即目的，沒有以外的目標。當我們探詢教育的目的時，不是跑到教育過程以外去找，不是把教育當作為某一個目的效勞的工具[14]。那麼教育本身的目的是什麼呢？我們可以參考一下先前提過的臺灣在 1994 年之後教育改革所設定的十大能力指標：一、了解自我與發展潛能；二、欣賞、表現與創新；三、生涯規劃與終身學習；四、表達、溝通與分享；五、尊重、關懷與團隊合作；六、文化學習與國際了解；七、規劃、組織與實踐；八、運用科技與資訊；九、主動探索與研究；十、獨立思考與解決問題。或是教育部 108 課綱揭示的以強調培養以人為本的「終身學習者」為目標，以下再分為三大面向：「自主行動」、「溝通互動」、「社會參與」，此三大面向再細分為九大項目：身心素質與自我精進、系統思考與解決問題、規劃執行與創新應變、符號運用與溝通表達、科技資訊與媒體素養、藝術涵養與美感素養、道德實踐與公民意識、人際關係與團隊合作、多元文化與國際理解等[15]。這些指標標示的教育系統自主的關

照學生成長的面相，同時也暗示著教育系統與其他系統的銜接。

教育在實踐的過程會遇到的技術的問題，包括了教材、教學法和行政管理方法。教材會受到不同的政權或師傅對何謂知識的認知不同，而對教育的內容進行的設定，例如中國古代將四書、五經、三字經或弟子規當作教材，現代化之後參考歐、美、日本的教材內容，引進的現代化的技能與知識，特別是外語、數學、科學、藝術、體育等等。不同派別的師傅在傳授技術時也都會發展出自己的教材。關於教材這一個部分涉及到下一段要講的選擇性問題。

教學方法方面有強調從經驗和情境出發進行提問、閱讀、觀察、討論的建構主義方向，有強調記憶、反覆練習的行為主義方向 —— 中國古代的學習方法就非常強調行為主義方向。清朝時候美國的傳教士明恩溥的《中國鄉村生活》[16] 觀察到當時的中國的學生在學堂上面注意力集中在兩件事情上面：第一是依據書本上的前後順序重複所有的文字；第二是盡量以最快的速度背誦下來而不關心意義和表達，學生唯一關心的就是背誦，當時的讀書人以吼叫班的聲音來背誦，使得學堂像瘋人院，所以大多數的讀書人聲音沙啞不能大聲說話。這個習慣依然存在臺灣當代某些老師的課程當中。

教學方法中還有一項用來評量學生的學習效果的普遍方式就是考試。考試可以有很多種，但是當紙筆考試的成績好壞作為所有教學方法主要面對的目標時，考試便化身成為教育系統內的次系統，並與原本教育系統外的考試系統（特別是各種國家考試）進行銜接和滲透，結果考試系統反過程來影響教育系統原本的目的。

在教育行政管理方面有很多層面：在學校層級方面，中國古代有私塾、學堂、鄉學、社學、國子監、太學等層級，在當代有小學、中學、大

學等等層級；在班級管理層次，歐美的中學習慣讓學生跑班，學生可以自行根據能力選修課程，在東亞則習慣讓老師跑班學生和班上課，老師方便管理學生的行為，但是這樣班級管理的方式會影響到我們以後要討論霸凌發生的比例問題。

關於選擇性的問題是指教育系統會受到外部環境的影響，因此必須將這些影響因素選擇性地納進來進行操作。首先主要是來自政治系統的影響，使得教育必須去宣導新的政策和理念。古代相對保守的理念和做法到了近代因為政治民主化的結果，在學校裡面開始禁止師長使用體罰和語言暴力，並且被要求接受人本教育的相關信念和主張。其次是來自經濟系統的壓力：當代為了提高人才特質的多樣性能力，學校被要求進行教育改革，在教學的方式和內容上多培養學生的審美能力、溝通能力、創造力和獨立思考能力。在這兩個面向上，教育系統都可能作為政治系統和經濟系統的次系統。

再回頭來看考試系統，原本作為教育系統底下次系統的考試系統其功能在於作為學校教育形成性評量和總結性評量中的一個有用的機制，並且在教育行政範圍中是作為升高中、升大學，甚至研究所碩士班、博士班這些不同層級教育升學的評鑑的依據。作為教育系統底下的行動者學校、學生自身與家長考量到畢業出社會之後，可能還必須面對國家選才方式，且在東亞國家中國家選才最主要是以考試來進行，於是本來分別作為國家選才系統和教育系統的次系統的考試系統開始膨脹，最後演化成為一個獨立的系統，反過頭來影響了學校教育中的各種教學與管理模式，東亞社會的教育系統內形成了所謂「以考試領導教學」的風格。

三、經濟系統

　　經濟系統是由趨利避害、降低成本、將最小的獲利擴張到最大、最大的損失縮減到最小等等邏輯來追逐金錢或利益的機制所構成的系統。這個系統被馬克思學派視為之影響當代社會最重要的系統，它不但有獨樹一幟的自主發展性而且具有強而有力的滲透性，可以深入銜接其他系統。德國社會哲學家哈伯瑪斯（Jürgen Habermas, 1929-）所謂當前人類的生活世界被「系統性」殖民，最強勁的系統性殖民應該也是這一個經濟系統（除此之外，就哈伯瑪斯而言，還指涉各種專業系統）。這個系統還可以強力綜合起其他系統的要素。

　　當經濟系統、國家選才系統和考試系統整合起來後，就會教導考生去思考：考試不是止於錄取即可，錄取之後還會排名次（例如狀元、榜眼、探花），將會影響到未來分發的單位，不同的單位有不同的聲望和利益；通過國家考試錄取後只是代表擁有大範圍的權威／階級擬像，例如全部都是進士或者舉人；而錄取之後的排名則代表小範圍的階級擬像下的利益秩序，在中國古代經考試錄取的官員中成績高的可能被分配到翰林院，其次就會被分配到吏、戶、禮、兵、刑、工等六部去，前面兩部（吏、戶）分別是管官員的升遷以及國家的財政，是官員們比較想去的地方，最不想去的是到負責工程事務的工部去 —— 好似臺灣學校裡面總務處的事務組很難找到自願擔任組長的人選一樣。以前有俗語說「戶吏禮兵刑工」對應到「富貴威武貧賤」 —— 這種「鄙視鏈」對應的關係潛藏在古代的官場意識之中。臺灣的開臺進士鄭用錫（1788-1858）被分配到了禮部，應該還算可以接受；晚清進士丘逢甲（1864-1912）就被分配到工部去[17]，應該吃了些苦頭不久就回鄉擔任書院主講，不再任官了。這些官員裡面最其次的便是

被外派到各地去當地方官，而且這些外地任官還有名次之分，成績越差的會被派往偏遠地區，臺灣在清朝時期屬於偏遠地區，所以來的官可能都不是那麼情願而無作為，這可能導致清領時期臺灣民變很多。

再來同樣被錄取為官員「進士出身」者被稱為「清流」，「明經出身」者被稱為「濁流」；不論清流和濁流都稱之為「流內」，其他途徑當官者被稱之為「流外」，也就是所謂不入流。因此想要在錄取之後得到更好的位置就必須好好準備考試，增加排名上的優勢。這種類似的現象在當代臺灣依然存在，本文就不細說了。

當經濟系統整合教育系統和考試系統的時候，就會有以下的思維：教育程度越高的人，長期來說，以後的薪水也會越高，所以應該努力提升自己和子女的教育程度；進入好科系的學生畢業之後的薪水也會比較高，所以我們應該先選擇熱門的科系，而這樣的科系通常社會聲望也高；在一個班級之內，成績排名比較優秀的同學自信心會比較高，也比較不會被霸凌，也比較有機會在會考和學測獲得更高的成績，所以應該想盡各種方式讓子女在班上的成績名列前茅。對於學校老師而言，學校在升學考試中獲得成功將代表著學校的聲望以及未來新生的人數，特別是在少子化的今日學生的升學率將代表著學校的招生率，對私立學校的工作人員來說這一個論述將更被強化，因為這直接關係到學校的金錢收入與教師的所得。一旦有了上述的思維，努力準備考試就成為重中之重。前面在說明通過考試之後，便可以獲得更好的社會經濟地位，不過在人類社會裡面這並不是唯一的道路。在民主社會裡面，可以透過選舉被選為民意代表或行政首長，甚至經營生產事業、投資或者是經商成功，也可以提高社會經濟地位，一旦自己的社會經濟地位提高了，便可以增加自己下一代受教育的機會、進更好的補習班、請更好的家教或者增加下一代讀書學習的時間，而使下一代

更容易通過各種考試獲得更好的社會經濟地位。「龍生龍、鳳生鳳」便是這一個道理。上述狀況在前現代也存在，清朝學者沈垚（1798-1840）觀察到宋元以來當官的人多半出自於商人家庭，以至於士與商的界線已經不能清楚劃分 [18]。

於是經濟系統再與教育系統、考試系統、國家選才系統三者進行整合之後，發展出了教科書、參考書、考試卷、補習班等這四個次級系統，當前臺灣的教科書、參考書和考試卷出題的廠商（例如翰林、南一、康軒）有高度的重疊性，可見其整合效果。中國古代的考生很少直接讀四書、五經這種教科書，多半都去學習「時文」，就是所謂的參考書或是作文範本。當時很會教這種作文範本的老師比一般政府資助的學校可以收到更多的學生，算是古代的補習班。東亞（包括日本、中國、臺灣）的補習班資本大到可以成為上市公司。我們可以說東亞社會的學子們集體瘋狂的投入考試的意識底層主要是經濟系統跨系統運作的結果。

當我們僅考慮經濟系統和考試系統的銜接點的時候，除了會出現上述談過的補習班、參考書這一類的次系統，還會出現一種非法的行為——作弊。將作弊當成一種經濟行為來考量的情況下，當它的成本遠低於考試成功的利益時，作弊就會被當成經濟系統可以選擇的行為。從夾帶小抄（在這銜接點上有專門生產小抄的印刷公司，或是把字體極小的字抄在衣服襪子鞋子上面專門的服務人員），賄賂出題、監考或批改人員，出錢請人代考，或是「冒籍」——此特殊方式源自於中國古代有「逐路取才」的規定，也就是政府為了確保人才來自各地，於是設定每一個地方都有保證錄取的名額，於是競爭激烈的城市人民就會將自己的戶籍遷到競爭較不激烈的城鎮以增加錄取率。當代的考試還發展出許多偷看別人答案卷的招數或利用電子工具進行作弊。在印度還出現父母親為了幫助小孩通過基本

學力測試，爬到考場的樓上把小抄答案丟進去給自己的小孩的事件。考試系統要能夠維持下去而且歷久不衰，就是因為它有辦法去防範上述這些問題。防範的方式主要是透過法律系統的發展以及宗教哲學系統對人們行為的規範。以下，我們將分別說明這兩個系統如何與考試系統進行銜接滲透，甚至說協助了其自身系統化的完成。

四、法律系統

法律系統是以區別合法／不法這種二元符碼的觀察所展開的系統，它與外在環境的溝通是透過「正義」這一特徵來進行觀察，並且從環境中選擇議題進來處理[19]。這個系統觀察到作弊的不公不義，自然而然會進行運作。為了思考讓考試更加公平，便做了許多規定，例如進考場要搜身、檢查、糊名（彌封，以遮掩考生的名字而減少批卷者認出考生的機會）、「謄錄」（宋朝開始請專人用紅墨水謄抄考生原始的「墨卷」，再將此一副本（朱卷）給考官批閱，避免考官從筆跡認出考生，減少作弊的發生）、鎖院（也就是入闈，將出題的官員關在與外界隔絕的屋裡進行出題，同時官員臨時挑選，互相監督，直到考試結束才出闈以避免考題外漏）、禁止座師和門生之間的關係（為了避免考官與考生有可能以師生關係的名義互相勾結，只可以稱天子門生）、設立「別試」（和監考官有關係的子弟必須遷移到他處考試。目前在臺灣也有實施，當自己學校變成考場的時候，此學校的考生會被安排到其他學校參加考試）、嚴格處罰舞弊行為（在古代考試行賄受賄者都可能被處死，同場的考官亦可能被牽連，在現代則以刑法處置）[20]。當然到了當代科技的發展，為避免舞弊行為的出現有許多限制措施，例如禁止帶電子錶或相關器材進入考場，在考場不聽監考老師的指令則會記點扣分。在法律系統和考試系統的銜接點上面這些防止弊端發生

的管理方式可為鉅細靡遺，有嚴謹的系統自我指涉關係。不過本書的重點不在於介紹這一些管制方式，我們想要問的是在唐朝、宋朝已經形成的這一些嚴密的管制措施是否對整個法律系統產生了結構性的影響？

當我們檢視中國法制演變的歷史，將會發現唐朝與宋朝徹底建構了在現代以前的所有法律系統，而且還出現司法上的專業人士。首先《唐律》是中國歷史上第一個較為成熟的成文法，中國的法典自從戰國時代開始一直在演變，直到唐朝的《永徽律》（653）才成為典型，時間是在唐太宗（598-649）死後的第四年。唐太宗在位二十三年這一段時間也有許多人通過科舉考試來為這一個法典工作。這一個法典不只成為中國以後各朝代參考的版本，也影響到周圍國家例如朝鮮、越南跟日本的法律制度。其次，此後出現了比前代更為嚴謹的法律教育與考試選才過程，特別是在 1070 年宋仁宗（1010-1063，1022-1063 年在位）制訂了《刑法六場格式》，對於司法考試的程序和內容做了明確的規定，這一完整的司法考試規定顯示當時政治社會的成熟。第三，到了北宋司法做了很大的改革，司法不僅組織結構嚴密而且還分工明確：（一）審理（由開封府和御史臺負責）與判決（由大理寺和刑部負責）嚴格分離，前者類似大陸法系中檢察官的工作，後者類似法官的工作。（二）案子可以移審，在京師審判處有左右之分，當事人覺得判決不公可以換單位審查。（三）逐步要求司法人員審判結束後要寫下審判理由（斷由）以利在移送他處審查的時候不必從頭開始。（四）力行覆察制度，分為同僚覆察和逐層覆察，以增加審查的準確性。（五）有所謂的千文架閣制度來管理法律相關的文書。

我們企圖觀察的是：為什麼在唐宋之際科舉考試制度逐漸成熟的同時，法律系統也逐漸成熟？這種同時存在的兩件事 —— 也就是所謂的「共時性」的發生是偶然還是必然的連結？我們認為考試系統和法律系統

同時在這一個階段系統化與理性化，恐怕並非湊巧，而是有結構上的選擇關係。我們發現兩個系統之間的聯繫滲透主要是由以下幾個原因造成的，首先是讀書人可以充當各級司法官員，由於造紙術與印刷術的發達使得識字人口越來越多，參與科舉考試的人也越來越多，因而為法律系統的發達提供的有利的條件。其次、唐宋很重視法律考試和教育，但是教育要成功得要有為數眾多的識字人口。第三、是法官的選拔有嚴格的條件，識字人口多了各種爭議的細節將更為複雜，因此需要更為專業的司法人員。第四、當時的人們既然有辦法觀察到人際關係脈絡會影響到考試的公平性，對於人們自私自利的尋租行為必要觀察相當仔細，才有辦法設計那麼多的措施來防止弊端。根據這樣的思維，我們有理由相信當時的人們也能看到人們因為私心造成的許多負面效果是可以加以防範的，這樣的認知與做法直接影響到了法律系統在其他層面的理性化。第五、由於宋朝在工商業的發達使得各種衝突矛盾加劇，訟案眾多，需要法律出來解決，這可以部分說明前面第一至三點成立的可能原因。雖說法律系統在唐宋有很大的進展，而且司法制度在北宋可說達到非常成熟的階段，但是在科舉考試當中唐朝的律法和宋朝的民法卻被認為是最下等的考試學科，甚至一些大牌的官員像司馬光（1019-1086）都反對法律。這也間接說明雖然說科舉考試和工商業發達的雙重影響，使得唐宋藉由考試系統的理性化以及商業發達各種法律糾紛也逐漸增加，間接促成了法律系統的理性化，不過依舊不如科舉考試制度的的理性化來得深入[21]。

　　有些書籍的觀點認為宋朝理學對於法律系統的履行影響很大，我們認為可能會有影響，但要謹慎其程度。因為唐宋二朝較嚴謹的法律系統在唐朝就已經存在，宋朝得到進一步深化，但是宋明理學最成熟的階段是在南宋朱熹（1130-1200）的時候，這早已距離唐宋法律系統的建立時間非常晚

的時候了；再來，唐宋二朝大多數的讀書人都接觸過科舉考試制度，但是多半都沒有研究理學，理學的研究集中在少數人，因此很難去說宋明理學對於當時的法律系統能夠產生什麼決定性的影響。第三、南宋朱熹講「存天理去人欲」，事實上已經暗示著法律的邊緣地位 [22]。甚至反過來說，非常可能宋朝科舉考試制度因為考策、議、論、辯的形式，內容又必須與儒家學說發生關係，考生們想讓自己的文章內容出類拔萃，開始尋求新鮮的點子，才刺激了理學的思考。

五、宗教系統

根據盧曼《社會的宗教》[23] 的論述，宗教系統主要在面對「可信仰／不可信仰」這二元符碼的區別。而它面對的「不可信仰」的環境，指涉的是超自然命運或者神秘力量這種不確定性和複雜性，通常是不可溝通的；而它操作出的「可信仰」的系統，則是將確定的教義置於這一個不確定的環境之上使之具有豐富的意義，讓信仰者得以在千變萬化的世界得到信心和安全，將不可溝通的變成可以溝通的，這樣的過程便是所謂的「去弔詭化（deparadoxication）」，這種以新的語意形式為人們打造可以接受的生命意義的過程又是一種符碼化（ciphered）的過程。於是這樣的過程將世界規定除了兩個不同的實在（reality），一個是「真實的」實在，另一個是「想像的」實在；於是人們便可以在這兩個部分進行種種符碼關係性、功能性與象徵性的種種安排，例如神秘經驗的分享、佈道、設定禁忌、巫術通靈、求神問卜和祭拜等等宗教儀式。於是這樣的溝通過程讓真實的實在更為真實，讓想像的實在更為想像，也就是創造出了「實在的雙重性」；當來自環境的複雜而弔詭的事物獲得了這樣的雙重肯認，人們的內在心靈與超越界的關係就獲得了我們最早先提到的系統信任的效果 [24]。以下我們

將藉由盧曼的觀察視角來討論中國宗教與科舉考試制度互相演化的關係。

科舉考試制度隱含著人人平等的觀念，這樣的觀念並不是中國自古就有的，而是佛教進入中國之後逐漸形成的信念[25]。孟子雖然說「人人皆可以為堯舜」，裡面的意涵並不是指向人人平等的觀念，而是指向人人都可以崇尚仁義禮智，其中的「禮」特別指向中國傳統宗法制度中的長幼尊卑、親疏遠近的位階秩序，而非人人平等的秩序。中國史書上面第一個記載佛教的案例乃是公元前 2 年大月氏使者伊存向博士子弟景盧講述佛法的記載。而科舉制度真正盛行的時間大約在西元 600 年左右的隋唐時期，可見一個思想到一個穩定制度的互相醞釀需要很長的融合期。但如果用這個經驗聯想到民主制度在東亞的發展，特別是在中國大陸如果也需要五百年左右的時間的話，真是令人不勝唏噓啊！［「從魏晉南北朝開始不時出現君王有『滅佛』的舉動，或是儒家菁英，如韓愈，對君王與社會崇拜佛教進行激烈的的批判，一直到周世宗柴榮（921-959）最後一次滅佛並且宋朝理學出現將儒家和佛教、道教的精神融合的論述，佛教才徹底融入中華文化之中，這其中的時間大約經歷了五百年的磨的。如果這一個觀察成立的話，西方的民主制度要融入中華文化是否也需要五百年的時間？還是更短？」我曾經把這樣一個問題在中研院民族所舉辦的「本土心理與文化療癒」研習營中問一些思想史的研究者如張崑將、楊儒賓等人，他們都比較樂觀，覺得會比五百年還要短。我提問的時間是 2019 年到 2020 年之間，剛好是中共打壓香港民主化運動以及在新疆設立教育營引發西方民主國家對中國的強烈反彈。我的觀察點，或是說問題意識，是中國從鴉片戰爭以來對於西方文化會進行持續性的反應，中國就已經無法置身於這一連串受影響的過程之外了，就好像佛教來到中國之後必然在民間文化和菁英思想之間產生衝突、對抗、磨合。臺灣在解除戒嚴之後的三十年，被國際媒體

肯定為完全民主國家、亞洲的「民主燈塔」，許多老牌的民主國家都還排在臺灣的後面。這當然不要天真的認為臺灣的民主化就徹底完成。對岸的威權專制夾帶的人口與經濟優勢，仍然可能將臺灣置於與香港同樣的狀態，威脅任何民主的成果。而中國持續去咀嚼西方民主的衝擊這個過程是不可能改變的。〕

佛教東傳之後，最早興盛的時間是在魏晉南北朝。鳩摩羅什（Kumārajīva, 344-413）門下的竺道生（大約 360-434）首先提出一切眾生皆有佛性與頓悟學說。陳寅恪（1890-1969）認為若把非貴族出身的南宋劉裕（363-422）政權當成是對當時傳統世家大族之有形的人事階級的破壞，那麼竺道生的頓悟說便是對無形精神階級的破壞。這是因為印度佛教的宗旨以為人類需要從「漸積」以成佛而沒有頓悟說；東晉以前也沒有頓悟之說但是到了南朝劉宋時就有了，這顯示是對當時過於重視血統純正的世家大族精神上的破壞 [26]。自竺道生首倡之後，以後的天臺、華嚴、禪宗各派都接受了這樣的觀點。

北朝後期朝廷的選官制度已經趨向於不拘一格，不受門第之見的影響。例如在北魏孝明帝熙平初年（516），輔政的東平王元匡徵求文學之士擔任御史官，前來參加對策考試的有八百餘人，後來從中選出二十四名。這恐怕是歷史上第一次公開的文官競爭考試。北周武帝（543-578）在選官制度上亦採取了「不限資蔭，唯在得人」的平等政策。隋文帝（541-604，581-604 年在位）時代要求每州每年要推薦三個人參加考試，通過的人可以做官。這種人人平等的選官政策影響了一樣根源於北朝的隋唐兩個政權 [27]。這樣的結果是因為背後有幾個條件在支撐。首先、北朝的政權多半具有胡人血統與文化，比較不會受制於傳統漢人的宗法制度。第二、在地理位置上政權的根源地接近盛行佛教的西域，是中國區域內佛教的直接影

響區,常常有得道高僧自西域而來,像是鳩摩羅什等人翻譯佛經,影響當地的想法與生活習慣。第三、更何況當時儒家學說並非定於一尊,魏晉南北朝的玄學在某些程度上削弱了儒學的特殊地位,所以少數民族建立的政權多半是儒釋道並存的治國方式[28]。第四、雖然在南北朝時期,大量的世家大族移往南方,但是北方依舊存在著掌握文化和經濟資本的世家大族,例如山東集團;胡人政權為了對抗山東集團逐漸放棄九品中正制,對他們而言是有利的。以上四點說明了北朝政權傾向採取人人平等的選才措施,有源自於文化的、政治的和宗教的條件和因素。

我們無法說宗教的因素或直接說佛教的因素是影響科舉考試制度落實的最重要因素,但是我們可以說佛教帶給這科舉考試制度無限的支持條件,特別是來自超越界的信念。我們以下將用舉例的方式說明幾位對科舉制度的奠定基礎影響力最大的五位皇帝與佛教的親近關係。首先我們發現隋煬帝楊廣(569-618)年輕時候鎮守揚州,命令軍隊移動到哪裡就要收取佛經,而且楊廣自己隨身攜帶;當被立為太子時便將這些佛經運往北方以便親躬受持[29]。有石碑文顯示李淵(566-635)在大業二年曾經立碑文為九歲生病的李世民祈福,並且為佛寺造了彌勒佛像,可見這一家庭對佛教的虔誠[30]。唐太宗(598-649)、唐高宗(628-683)二人數度召見得道高僧,其中可能包括禪宗的道信(580-651)、神秀(606-706)、玄奘(602-664)。歐陽修發現唐太宗崇信浮屠,每當用兵破賊之處便會建造佛寺[31]。唐太宗在四十七歲時,四十三歲的玄奘回到長安,唐太宗禮優玄奘、支持翻譯經書,並且為玄奘翻譯好的法典寫序。唐太宗駕崩之年,數度告訴玄奘「朕共師相逢晚,不得廣興佛寺」。其子唐高宗在心情煩悶時也常找玄奘開導心靈。玄奘對唐太宗和唐高宗父子而言更像是當代的心理諮商師。唐高宗和武則天時期,科舉考試制度中的高級官員大量採用進士

426

科（考詩賦）出身的考生，不重視山東士族所熟悉的明經科，同時放棄了關中本位，抑制關中集團的傳統勢力。武則天（624-705）更用了《大雲經》暗示彌勒佛轉世的女王將出現的天啟現象。在眾生平等、人人皆有佛性的信念下，採取公平的科舉考試制度來選取國家人才對這五位帝王而言將占據道德上正當性的基礎。

上面兩段在說明宗教系統如何滲透到國家選才系統，促使國家選才系統的演化。而在九品中正之後，系統挑選了科舉考試制度作為最主要的人才篩選機制，而這一個科舉考試制度正當性的基礎不來自於儒家和道教，而來自於佛教；另外作為政治系統中平衡（山東士族與關中集團）權力的思維基礎而採用科舉制度則又具有法家的意涵[32]。相對於佛教為科舉制度提供了正當性的基礎，法家則為科舉制度提供了合理性的論證基礎。佛教與法家共同促成了中國國家選才系統的演化，最後讓科舉制度存活了一千三百年，在這一個系統經過現代化之後，類似的體系繼續存在今日的東亞。

接下來我們看到的是一個奇妙的中國宗教系統的演化：原本促成國家選才系統最後選擇了考試系統作為其最重要的子系統，結果這一個子系統的壯大反倒滲透進了宗教的系統，進而促進了中國宗教系統的演化，也就是余英時所謂的中國宗教的入世轉向[33]。

余英時認為這樣的入世轉向首先發難的是新禪宗的代表人物是惠能（638-713）和百丈懷海禪師（749-814），一直到了盛唐時期，禪宗才開始在社會上有一定的影響力。當時的惠能主張「不立文字」、自由解經而「不死在句下」，並且「若欲修行，在家亦得，不由在寺」。經歷過安史之亂（755-763）進入中唐的百丈懷海將原本印度佛教徒以托缽乞食、不事農業生產這種出世的修行，改成自食其力「一日不作、一日不食」的百丈清

規。這樣入世苦行的革命運動所建立的經濟倫理最初侷限在佛教內部，之後經過相當長的時間才逐漸影響佛教以外的社會[34]。

新道教產生於兩宋時期，以全真教最為重要，開展出來的新道教和當時的理學與禪宗三足鼎立代表著「中國**平民文化**的新發展，並且取代了唐代**貴族文化**的位置[35]」全真教吸收了新禪宗的革命運動，主張「打塵勞」，在人間要完成事業之後才能成正果、歸仙位，這些事業是必須在人間做善事、立功行。「人在世間盡其本份成為超越解脫的唯一保證[36]。」

新儒家也吸收了新禪宗的理念，但是另一方面「新儒家又批判了而且超越了新禪宗，而將入世的精神推到了盡處[37]」。朱熹的「敬貫動靜」的「敬」是後來敬業精神的來源，這也是新儒家倫理中的天職觀念[38]，而范仲淹的「以天下為己任」則是新儒家的入世苦行精神。王陽明的心學則是將新儒學原本訴諸於士人階層轉而訴諸普遍大眾，使入世的精神更具有全面的影響力。

科舉制度和禪宗奠基的時間巧妙的重合的問題

余英時觀察到的由新禪宗引發的新道教、新儒家這樣的路線，或許有論者認為過於單一[39]，不過我們引用盧曼系統論的問題意識，提出系統選擇這樣一個路線的問題：在隋唐時期佛教的宗派不只有禪宗，還包括了天臺、華嚴、三論、法相、唯識、密宗、律宗和淨土宗，那麼為什麼來到宋朝佛教最主要派別僅存淨土宗和禪宗這兩大宗為人們所崇敬？同樣的問題可以繼續下去：道教和儒家到了宋朝為什麼選擇而且僅只選擇禪宗作為他們拓展他們的新理論要去面對的對象？以及到了明朝和清朝為什麼依舊選擇讓這新禪宗、新儒家、新道家繼續影響下去？有怎麼樣的社會條件或動

機來支撐這樣的選擇？必須說這些是大問題，在本書中無法詳盡的回答，但是我們從以下幾個角度切入來接近它可能的答案。

　　首先，我們應該可以認識到當佛教傳入中國之後，它的內容是一直被中國的政治社會文化相關的結構進行選擇的。這一個小點底下有兩個要點：（一）首先中國的宗教系統選擇和道家用語相似的部分去詮釋佛學，（如盧曼所言）任何一個宗教都會提供一組「真實的實在」和「想像的實在」，當中國在東漢魏晉時期面對來自西域的這樣的一組實在的理解，最可能的方式是一種類比性的理解，道家與佛家的相近度一定比儒家和佛家的相似度還要高；（二）原本具有認識論和辯證邏輯的佛學傳到中國後來變成重視圓融和頓悟的如來藏和禪宗，而具有了功夫論和境界論這種在原始佛教沒有的論述，其原因恐怕是如本書先前所提：中國文化裡面因為欠缺數學和幾何學這種邏輯結構的深刻影響，所以在西方文化尚未全盤入侵以來，很難發展出概念性和辯證性的深刻思維，因此選擇性的過濾掉某些佛學的內容。當中國宗教系統接受佛教真實的實在和想像的實在之後，放棄了原本印度用認識論和辯證邏輯去面對實在的方式，發展出了屬於中國宗教系統重視功夫修行提高境界的宗教接近方式。這一個大點是中國宗教與文化系統的限制性因素。

　　第二點，我們應該注意到科舉制度的發展和禪宗在中國的發展有一種「共時性」的關係。達摩祖師（？-535）在劉宋時期（470-478）來到中國廣州，一直到第二代傳人慧可神光（487-593）、第三代傳人僧璨（？）信徒都不多，一直要等到第四代道信（580-681）才有弟子僧共五百多人，禪宗才大興，據傳同時代的唐太宗（598-649）曾經四次傳道信入京。第五代的弘忍（601-675）和第六代的惠能（638-713）悟道傳道的時候，對應的是唐高宗和武則天時期；以上這三個皇帝與科舉制度的緊密關係自不待

言。科舉制度和禪宗奠基的時間巧妙的重合是否應該把他當成是一種歷史的意外呢？還是兩者之間具有某種程度上文化選擇的關聯性？國家選才系統之下的子系統考試制度以及中國宗教下的子系統禪宗同時發生並且形成影響力，兩者之間的關係不應該忽視。我們要追問的是如果兩者之間真的存在著關聯性，那是怎麼樣發生關聯呢？

第三點，我們也發現百丈懷海主張的「一日不做一日不食」發生的時間與魏晉南北朝以來世家大族瓦解的時間一樣具有同步性，他們都發生在安史之亂之後。或許有人會以為世家大族的瓦解和安史之亂相關，這是錯誤的。因為先前的八王之亂、五胡亂華這麼大的變動，都沒有讓世家大族瓦解，我們沒有理由相信一個安史之亂會讓根深蒂固五百年的世家大族瓦解。同時，陳寅恪發現在接近中唐的時期士族階層的觀念和情趣，以及與之相關的佛道等主流宗教裡面的平民因素越來越多，原本被壓抑的民間信仰也興盛起來[40]。我們不應該忽略百丈懷海這一個比惠能更為入世的主張，與世家大族的瓦解，以及文化中的平民因素增多，這三者之間可能具有某種程度上的關聯性。

第四點，聰明的讀者可能會馬上提問：前面二點的暗示到底是主張科舉考試制度影響到了禪宗的發展？還是禪宗影響到了科舉制度的發展？在本節最前面提到佛教平等的觀念影響到了科舉考試制度的建立，那麼會不會就是佛教中的禪宗影響到了科舉考試制度的建立與發展？關於這一點我們必須提出科舉考試制度出現的時間，與之同時並存的佛教宗派除了禪宗，還有另外七宗。從這個角度來看，我們很難相信是單單由禪宗影響到了科舉考試制度的形成，因為其他宗派也都主張人人平等，這是佛教一個共同的觀念。所以我們必須從反向去看這一個可能的因果關係的論證。

當我們看到科舉考試制度、禪宗和淨土宗是最終留存下來的主要佛教

思想與制度形式時，我們可以合理推測如果不是禪宗和淨土宗影響到科舉考試制度的存在，那麼非常有可能是科舉制度的存在促成了往後中華文化的發展上選擇了讓禪宗和淨土宗來「陪伴」科舉考試制度的持續存在。關於這主張，我們有以下的觀察和理由：首先是科舉考試制度為所有的讀書人提供了「入世行為」的廣大根基，不管貧富貴賤皆可超持低成本的紙墨筆硯來參加應試。即便是富有的家庭比較能夠支撐考生長期的考試準備，但是這一個制度在「公平選才」的象徵與合法性意義上站穩腳跟，因此可以強有力的將國家幅員內的家族和個人攬進這一個功名利祿的分配機器之中，讓入世比出世的價值觀來得更容易也更受歡迎。第二、當時的佛寺、廟宇有滿豐厚的田產與藏書，所以可以讓許多的學子、考生寄宿在寺廟裡面讀書，以考取功名。狄仁傑、王維、范仲淹、包拯、蘇東坡等等這些歷史上有影響力的人都曾經在寺廟之中讀書，類似於當代臺灣許多的廟宇有附設 K 書中心和圖書館讓學子們準備功課一樣。在寺院裡面讀書有幾個優勢，例如清靜不受干擾、空門可以涵養心性，這些優勢都讓儒家和佛家的交流維持緊密的關係。古代文人出遊遠行同樣離不開寺廟，在中國傳統的戲曲裡面，寺廟裡面的書生和女鬼、女狐的關係一直是令人津津樂道。考上功名的讀書人也常常會給寺廟進行回饋，例如送錢或送金牌。第三、禪宗和淨土宗提供了比其他宗派更為方便的「方便法門」，特別是讓讀書人覺得讀書、考試、作文章與佛法中的苦行、修行的心境具有同質性。所謂「十年寒窗無人問」、「不經一番寒徹骨」與打坐修行與頓悟有著異曲同工之妙；淨土宗的唸誦佛號得以往生西方淨土的法門，給了學堂裡面大聲朗誦四書五經企求獲得功名的讀書人無限的暗示與心情平靜。特別是這些讀書人必須花大量的時間來準備考試，因此也不可能有太多的時間接近較為出世的宗派或需要花太多時間修行的宗派，但他們又想獲得平靜，所以禪

宗和淨土宗這種人人易學、老少咸宜的方便法門就占盡了被選擇的優勢。

基於以上四點觀察，我們認為科舉考試制度影響到了宗教系統選擇了新禪宗作為影響力最大的子系統。同樣地，科舉考試制度也影響了新道教和新儒學被選擇為中國宗教倫理的主流。新道教的修行法門：打塵勞、盡本份、成事業、立功行、成正果、歸仙位，或是朱熹強調的敬業精神、范仲淹的「以天下為己任」、王陽明具有著簡易直接特色的「致良知」，保守地說，事實上都是長期準備並且參加科舉考試考生內在心理結構的反應與反省。

六、政治系統

政治系統是以「有權力／沒有權力」這一個二元符碼來做區別。這個系統在一個層面上會銜接到國際權力競爭的層次，另一層面僅在國內權力競爭的層次。當國際競爭輸贏成本太大時（例如戰爭造成了巨大傷亡），會影響到國內政策的調整，進而牽動國內的政治權力競爭。中國古代社會的平民化走勢便是受到國際政治競爭的牽動，導致國內的政策調整所造成的。

戰國時代秦國宰相商鞅（前 390 －前 338 年）為了讓秦國從國際競爭中脫盈而出，在政治系統上做了許多重大改革，加速了中國社會平民化的傾向，為隋唐時代科舉制度的建立提供了有利的條件。相關的改革包括了首先取消貴族爵位繼承制度，規定沒有戰功不得封爵，此政策目的在激發貴族的能動性與戰鬥意志，避免貴族好逸惡勞而腐敗。第二、廢封建改郡縣，將地方的人事權與軍權收歸中央，實現中央集權，方便貫徹國家意志。第三、在家產繼承的規定上為了增加農業的生產量並且充分激發出國內的勞動力，採取的「諸子繼承」制度。戰國以前封建貴族社會的宗法制

度採取「長子繼承」制度，嚴格區分大宗與小宗、宗子與別子等尊卑貴賤的各種等級；政治上天子也依照此種制度分封列國，經濟上也依照這種制度來規範土地、財產與特權的繼承。商鞅改設的「諸子繼承」制要求一戶只要男孩子成年了，或有兩個兒子以上者成年之後都必須要分家獨立謀生，否則便要加倍繳納賦稅。秦統一天下後這種諸子繼承制度成為廣為遵循的傳統規約，雖然在漢朝之後並未嚴格執行，但是實施「長子繼承」制度或隔代不分家的家族比例上越來越少 [41]。原本長子繼承制度是貴族社會最明顯的特徵之一，它可以讓以完整家產作為封建社會的物質基礎持續維持下去。但是一旦諸子繼承制度取代了長子繼承制度，就會造成財產越分越細，封建社會的物質基礎也跟著受到打擊。商鞅的政策在秦國統一中原諸國之後被秦漢兩朝持續地下來，使得中國快速進入平民社會。秦暉教授所謂的「周秦之變」：中國傳統社會（比西方提早了 1,500 年）由小共同體走向大共同體的過程 [42]，實際上與平民化社會的形成是一體兩面的。

我們也可以比較秦漢前後藝術作品的差異來觀察前後制度差異所造成的影響。對比較藝術感興趣的讀者一定可以觀察到春秋戰國以前的藝術作品（通常是祭祀或陪葬用）產生的變化性比秦漢之後來得高，這是因為在貴族社會上層階級對藝術美感的要求比較考究的結果。即便在魏晉南北朝時代九品中正制度讓一些世家大族形成類似貴族制度的傳統，但是因為採取諸子繼承制度，使得這些大家族的凝聚力仍然不敵春秋戰國以前的封建諸侯世代相傳的優勢。因此使中國迅速平民化的這三種政策讓中國不像歐洲和日本在實施考試制度時可能存在的巨大阻力。中國在隋唐時代毫無阻力地接受了考試制度恐怕與上述這三個潛在的條件息息相關。

國內競爭層次的政治系統和我們前面介紹的國家選才系統非常接近，只是有些人獲得權力的來源並不是由國家選才系統這一個正式的管道進來

的，例如同樣一批人從這個管道進來，可是後來卻獲得了不同的權力，原因不在於他們考試的成績或是競選是否勝利，而在於他們的合縱連橫的策略。參與者透過血緣關係、地緣關係、派系、同學關係、師生關係、利害關係而為自己獲取稀少性的政治資源。可以說考試系統是離政治系統最遠的，最難被影響到。但是對平民原則的社會而言，考試制度就好像是一個門檻一般，沒有通過這一個門檻，你連進行合縱連橫的機會都沒有。相對於權力鬥爭的政治系統而言，考試系統只能算是一個敲門磚。

就長期說，公平的考試制度的積極作用就是在平衡多方政治集團的政治力量。在科舉制度建立的早期（尤其是唐朝武則天時期），由此制度揀選出的官員形成了一股新的力量來制衡地方上大家族之團體力量，尤其是當時的代表世家大族的山東氏族與代表鮮卑族軍方勢力的關隴集團這兩大政治勢力，並協助君王擁有獨立的統治權。如同韋伯所描述的：

〔這種科舉制度〕乃是一種深思熟慮的考量，它篡奪了〔傳統〕家長制的官僚體系，並迫使其退讓後而擁有了一定的自治（self-government）空間。〔傳統家長制體系的組成〕一方面是〔勢力較大的〕家族，一方面則是鄉村裡的窮人組織。就長遠的觀點來看，這種傳統主義下的權力（指家長制體系）是較強大而且有韌性的，因為它持續地運作在最親密的、個人性的團體中；而官僚體系的理性化（指科舉制度之建立）無可避免地將挑戰這一權力（Weber, 1983: 79[43]）。

科舉制度的引入破壞了這些傳統家族獨占性權力的傳承。孫國棟（2000）認為科舉制度的建立是促使唐宋之際社會門第消融的主要原因之一[44]（其他還包括唐末五代政治社會的大動亂、私門教育之衰落與社會教育的興起）。李元淳等人所著的《韓國史》指出在西元 956 年光宗時代（949-975）從中國引進之科舉制度是為了「強化王權、淘汰功臣勢力，並

吸收地方豪族進入中央機構」[45]。當前臺灣的各種聯考與高普考等公務人員考試也可被視為是用來制衡關係網絡的。藉由打破家族與地域的封建鏈結，考試制度確實讓社會上的所有成員覺得他們會有管道通往社會上的各種高階位置[46]——就是這種看法間接導致平民原則國家的政治系統很難被一個世家大族所壟斷。

官商勾結以獲取利益或是保護利益的行為通常是在這一個政治範疇運作的。在中唐以前，最終權力的獲取通常是在這種權力鬥爭之中進行分配的，因此占據大多數高層官僚位置的世家大族通常可以透過這種政治權力鬥爭保有自己的社會地位和財富。因此就階級複製的利益上來說，世家大族是排斥考試制度的；而考試制度的建立，便是在制衡政治系統過度膨脹所造成的弊病和所謂的社會流動固化：社會不流動。考試系統通常是將政治系統當成環境來看待。而政治系統對於考試系統會因時代的不同而採取封閉（例如魏晉南北朝以前）、半開放（隋唐時期）或開放（宋元明清以及當代）的姿態。

逐路取人：保護政治權力較弱的地區

科舉制度的作用不只在平衡比較強勢的權力之間的關係，政府適當的操作也可以保護政治權力較弱地區的權益。中國歷史上自東漢和帝（89-105）始，中央政府便有依地方人口多寡給予一定配額的「孝廉」，以「比例整合」平衡各區利益的記載。宋朝的「逐路（行政區）取人」的政策，元朝進士配額則分族、分區[47]，明清二朝將試卷分成北中南三種不同試卷來取士，而康熙（1662-1722）時期開始之進士與舉人考試更細到分省取士，以保障各地名額，各地菁英平均地進入中央的權力體系中，而使中央

的政策不致偏向某一區域的利益。此項對個人而言意義或許不大，但是對
國家整合各區人才而言確有很大的意義。余英時認為這種措施使科舉附加
了間接的代議士效果[48]。在科舉文明的政權當中當然也有不採用逐路取人
政策的政權，最早的科舉文明政權 ── 唐朝便是。唐朝或許因為門閥政
治仍然支配朝局，所以科舉取士並未依地區做公平分配[49]。筆者認為非常
可能因為如此，使得各區的菁英無法平均地進到中央，也使得地方利益
沒被照顧到，造成了中唐之後地方軍閥的長期割據[50]，而有實施「逐路取
人」的宋、元、明、清四個政權（雖然元朝不是全面性的科舉文明政權）
都未出現過長期的地方軍閥割據的現象。

基本能力的「卡里斯馬」：
科舉文明中的公教人員所具有的政治和文化的地位

通過科舉考試的菁英具有著基本能力的「卡里斯馬」，不但享有特定
的政治地位還具有特定的文化影響力。照理說具有「神奇力量的卡里斯
馬（感召權威，Charisma）[51]」應該遠遠超過任何人的基本能力，甚至應
該展現某種神奇，就像是「基督教與伊斯蘭教的教士，猶太教的祭司、
或印度的婆羅門，或古代埃及的祭司，或埃及與印度之經書抄寫者之特
質[52]。」然而，通過考試的菁英完全不像上述這一些使徒具有天賦異稟、
或具有宗教或開疆拓土性質的感召能力，這些菁英的特質是對固定基本
知識（如歷史、經書與倫理道德，以及寫作能力）的熟練，是社會中所有
人平均的**基本能力中**，是「最好與最耀眼」的，於是也賦予他韋伯所謂的
「卡里斯馬」色彩。

這些基本能力的「卡里斯馬」不只交換到政府賦予的政治權力與經濟

利益，在社會文化上也有很強的影響力。古代的進士、舉人、貢生與生員都是進而為官員，退而為教員者。當代有所謂學官兩棲、或公教人員（公務員與教師）的說法。社會對教師與公務員之社會地位有中等以上之評價，（相較於貴族原則政權）在平民原則政權裡面教師是一份高尚、受尊敬與值得信賴的工作[53]。他們同屬於「公家單位」，政府對公務人員與教師的權利具有制度性保障，沒有重大缺失，幾乎是終身任用制，而且社會上普遍認為公教人員是極穩定的工作，其內的正規成員具有高度的就業安全保障、優渥的退休金、購屋貸款、子女教育補助、各種基本生活或急難補助津貼[54]。因而吸引許多菁英的投入。

這樣的文化影響力基層的教育體系與官僚體系具有高度的重疊性與互通性。在東亞的平民原則政權中，官僚在辦理一些行政業務時，常要求或特別允許教師參與。例如中央與地方辦理教育行政業務時，會延請具有教師身分者擔任長期的行政工作，甚至與學生接觸的第一線導師都有繁重的行政工作，內容包括政策宣導與行為指導工作。臺灣不論是在日治時代或國民黨政府時代的戶口普查，教師也常是主要的行政工作參與者。臺灣選務工作人員的資格中，教師的協助占其中重要的比例；這不禁讓人想到英國和美國每當選舉開票總必須經過一兩天才能夠完成，而且每個投開票所都必須由法官來監票，但是在臺灣監票人員卻是由基層公務員、學校教師以及地方的政治基層菁英共同來完成，因此開票的過程常常一兩個小時便結束。這樣的現象或許標明在東亞社會對公教人員的信賴程度與西方對法官的信賴程度旗鼓相當；再加上這些考試出身的公教人員具有耀眼的「基本能力」，因此在安排投開票所動線與計算選票方面展現出強大的的整合能力和效率。

七、宗教系統、經濟系統、考試系統、政治系統的互相滲透：代結論

　　就余英時（1987）觀點來看，新禪宗、新道教和新儒學這樣的近世宗教倫理影響到了明朝和清朝時代的商人精神，這樣子的商人精神具有著勤勞、節儉、誠實不欺、薄利多銷、孳孳為利、照顧家族或親族成員、為後代子孫考慮，所謂創業垂統，為家族建立基業。並且在社會責任上取代了以往屬於士大夫的大部分功能，例如編寫族譜、修建宗祠、書院、寺廟、道路、橋梁等等，將創業當成立德、立功的儒商精神。以上這些商人精神是在明清時代的幾個社會條件下開展出來的，首先是宋元之後許多科舉考試成功的官員多半出自於商人家庭，以至於士與商的界線難以清楚劃分。其次、由於商業在中國社會的比重日益增加，許多的讀書人被商業的財富吸引過去。第三、這也使得許多有關社會公益的事業由原本的士大夫轉移到商人身上。第四、「治生」和「讀書」這兩個價值觀已經不再全由後者取得優勢，許多儒者認為前者更為重要。第五、商人的地位大為提高以往「士農工商」的排序，已經變得有些四民不分，再由於明清時期人口暴增，可是舉人、進士的名額卻未明顯增加，導致許多人棄儒從商。於是在以上五個背景之下，產生了儒商與「賈道」。

　　余英時的觀察事實上透視了在科舉考試制度傳統之下，宗教系統、經濟系統、教育系統、考試系統、政治系統整合在一起的社會結構。首先，我們可以用現象學的方法來觀察一下儒商，儒商通常是「棄儒從商」，因為科舉事業難以突破，所以不得不從商，心裡多半有一些遺憾，於是帶著遺憾的心情從商，希望自己的子弟或許有人在下一代可以完成自己未竟的心願。他們一方面從事商業，可是另一方面卻心向舉業，像是沒辦法打職棒的選手只能選擇當球探經紀人或球隊管理經理的工作，沒辦法到球場當球員，可是卻繞著這樣的職業運動在外圍奔跑；又像是月球繞著地球轉

動，因為太靠近地球了，地球的引力太大了，使得月球自轉和公轉的時間一樣，讓月球以同一面面對地球。因此可以說地球塑造了月球的自轉，這個狀況可以類比說明科舉制度塑造了商人精神的運作，此論可徵諸於富有的商人在幫助他們家族編寫族譜、修建宗祠時，會特別將本家族歷代以來在科舉上有功名的人（如進士、舉人，或者是狀元、榜眼、探花等等）製作匾額，掛在梁柱牆壁上面。其次，上述的結果對中國工商業的影響是父輩的職業很難完整地傳承給下一輩，因為父母親若覺得自己從事的職業太辛苦，通常都會告誡小孩子不要進到這個行業來，而且盡量能找到「拿筆的」行業。這樣我們可以發現在中國文化圈裡面的社會很難找到家族經營的上百年企業或老店。第三、中國商人透過許多不合理的方式來賄賂政府官員，尋求保護其商業利益，成為政治弊端的溫床。第四、這一種集政治秩序、經濟利益、價值觀念、思想文化於一體的社會制度，在中國的1980 年代稱之為「官家本位主義」在這一種制度底下，人民害怕官員、尊敬官員，卻也求取當官的途徑；對於權力、官位和官員產生崇拜，這種崇拜不只是在主觀的價值層次，在客觀的經濟層次裡面，升官發財成為一般民眾的基本想法。因為透過官員的特權以獲取經濟利益成為這一個社會的潛規則。而這樣的規則又透過宗教倫理秩序進行保障。這主要是透過「家國同構」：君權、（父母官或者官爺的）官權和父權三者互相彰顯的尊卑上下的等級秩序加以規定，成為所謂的「禮」。這樣的「禮」透過了科舉考試制度，將菁英階層的價值取向引導到追求功名利祿，穩固了社會與政治秩序 [55]。類似西方的資本主義制度下的自由商業型態無法由中國傳統制度直接生成的原因，於是如余英時所說：「試看專制的官僚系統有如天羅地網，豈是商人的力量所能突破？『良賈』固然不負於『鴻儒』，但在官僚體制之前，卻是一籌莫展了！[56]」

可以說整個東亞的經濟系統因為受到宗教系統、考試系統和政治系統的綁架，無法獨立暢快發展的情況，一直要到十九世紀中後期西方的船堅砲利打進這個文化圈，強勢的資本主義才開始在這一個領域內蔓延開來，經濟上的成就才開始讓這一個系統的獨立性獲得肯定。特別是在當代的日本及亞洲四小龍，個人在經濟與商業上的成功已經可以與因為考試制度成功所帶來的榮耀與特權互相抗衡了，有時甚至有過之而無不及。不過在二十一世紀的東亞，還剩下中國大陸在共產黨的鳥籠經濟政策意識形態下，企業家還是得向政治家低頭，官家本位主義還是像烏雲一般盤旋在中國的上空，還逐漸將香港覆蓋進來。

[01] 以上主要參考 Georg Kneer & Armin Nassehi，魯顯貴譯，1998，魯曼社會系統理論導引，臺北市：巨流。Niklas Luhmann，魯貴顯、湯志傑譯，2021，《社會系統：一個一般理論的大綱》，臺北：暖暖。

[02] 葉啟政，2000，頁 142-3。

[03] 魯顯貴譯，1998，見註 1，頁 182。

[04] Economist Intelligence Unit, EIU, 2020, 'Democracy Index 2020: In sickness and in health?' https://www.eiu.com/n/campaigns/democracy-index-2020/，搜尋時間：2021 年 9 月 29 日。

[05] 許南雄，2007，《各國人事制度》，新北市：商鼎文化，頁 1。

[06] 余英時，2005，〈試說科舉在中國歷史上的功能與意義〉，《21 世紀》，43， 網 路 版。https://www.cuhk.edu.hk/ics/21c/media/on-line/0505036.pdf，搜尋時間 2021 年 9 月 29 日。

[07] 王凱符，《八股文概說》，2002，北京：中華書局。

[08] 張宏傑，2019，《先齊家，再治國：曾國藩的理家術》，臺北市：楓樹林。

[09] 龔篤清，2005，《明朝八股文史探》，長沙：湖南人民，頁 58-60。

[10] 何懷宏，2011，《選舉社會：秦漢至晚清社會型態研究》，北京市：北京大學，頁 162。

[11] 何懷宏，同前書，頁 273-82。

[12] 龔篤清，2005，同註 9，頁 49-55。

[13] 王紹光，2018，《抽籤與民主、共和：從雅典到威尼斯》，北京市：中信。

[14] 杜威，薛絢譯，2019，《民主與教育：教育對民主社會的特別意義》，臺北市：網路與書，頁 77、134。

[15] 108 課綱資訊網，〈12 年國教〉。https://12basic.edu.tw/12about-3-1.php，搜尋日期：2021 年 8 月 2 日。

[16] 明恩溥（Arthur H. Smith），午晴、唐軍譯，1998，《中國鄉村生活》，北京市：時事。

[17] 參見毛曉陽，2014，〈清代臺灣進士的宦海梯航〉，載余陳益源、鄭大主編，《科舉制度在臺灣》，臺北市：里仁，頁 107-30；黃麗生，2014，〈晚清臺灣進士的應試與棄舉：從丘逢甲到洪棄生〉，頁 266，載於同上書，頁 245-80。

[18] 余英時，1987，頁 98。

[19] 尼可拉斯・魯曼（Luhmann），李君韜譯，2019，《社會中的法》，臺北市：五南。

[20] 何懷宏，2011，頁 86-90。

[21] 以上參考徐道鄰，1975，《中國法制史論集》，臺北市：志文。陳景良，2014，〈唐宋州縣治理的本土經驗：從宋代司法職業化趨勢說起〉，《中國法制與社會發展》，第 1 期，載於中華法律文化網，http://www.ruclcc.com/article/?id=2600，搜尋日期：2021 年 11 月 24 日。黃源盛，2013，《中國法史導論》，臺北市：犁齋社。

[22] 何勤華，2004，《中國法學史》，臺北縣：韋伯文化國際，頁 464。

[23] 盧曼，王瑜君等譯，2004，《社會的宗教》，臺北市：商周。

[24] 周怡君等譯，2004，《社會的宗教》，尼克拉斯・盧曼（Niklas Luhmann）著，商周出版。盧貴顯，1991，〈溝通中的上帝〉，載於池田大作，梁鴻飛，王健著之《社會與宗教》，導言，成都：四川人民，頁 17。

[25] 謝選駿，2012，科舉制與佛教，博訊新聞網，https://boxun.com/news/gb/pubvp/2012/08/201208090418.shtml，查詢時間：2019 年 12 月 20 日。

[26] 陳寅恪著，萬繩楠整理，1999，《魏晉南北朝史講演錄》，臺北市：昭明，頁 388-90 頁。

[27] 謝選駿，2012，同註 25。

[28] 牟鍾鑒，1995，《中國宗教與文化》，臺北市：唐山，頁 73。

[29] 陳寅恪，1999，同註 26，頁 375-6。

[30] 張子開，2012，〈試論初唐佛教的平民化與科舉政策之變化為研究中心〉，《西南民族大學學報人文社會科學版》，第 3 期，頁 51-3。

[31] 趙克堯、許道勳，2015，《唐太宗傳》，新北：臺灣商務，頁 363。

[32] 林民程，2010，〈科舉文明〉《臺灣教育社會學》，十卷一期，6 月，頁 227-76。

[33] 余英時，1987，《中國近世宗教倫理與商人精神》，臺北市：聯經。

[34] 余英時，1987，同註 33，頁 21。

[35] 余英時，1987，同註 33，頁 27。

[36] 余英時，1987，同註 33，頁 40。

[37] 余英時，1987，同註 33，頁 65。

[38] 余英時，1987，同註 33，頁 67。

[39] 楊立華，2002，《匿名之拼接：內丹觀念下道教長生技術的開展》，北京市：北京大學。

[40] 陳寅恪，1994，《隋唐制度淵源略論稿》，臺北市：里仁，頁 173。

[41] 參見欒成顯，2000，〈家族制度與中國古代社會經濟〉，《廣東社會科學》，第 1 期，頁 63-9。

[42] 秦暉，2015，《走出帝制》，北京市：群言，參見網路版，https://www.youtube.com/watch?v=4TJlIIdOsS0，搜尋時間：2021年9月29日。

[43] Weber, M. (1983). *Max Weber on Capitalism, Bureaucracy and Religion: a Selection of Texts*. Edited and in part newly Translated by S. Andreski. London: Allen and Unwin.

[44] 孫國棟，2000，《唐宋史論叢（增訂版）》，香港：商務，頁230-58。

[45] 李元淳、崔柄憲與韓永愚（韓），詹卓穎譯，1987，《韓國史》，臺北市：幼獅，頁102。

[46] Vogel, 1991: 97. Vogel, E. F. (1991). *The Four Little Dragon: The Spread of Industrialization In East Asia*. Massachusetts: Harvard Univ. Press.

[47] 蕭啟慶，2000，頁103，〈元代蒙古色目進士背景的分析〉，《漢學研究》，18（1），頁101-128。

[48] 余英時，2005，同註6，頁8-10。

[49] 余英時，2005，同註6，頁9。

[50] 林民程，2010，同註32。

[51] Weber, 1970: 417。Weber, M. (1970). *Max Weber: Essay in Sociology*. In H. Gerth & W. Mills (Eds and Trans), Except from Max Weber, *Wirtschaft und Gesellschaft*. London: Routledge & Kegan Paul.

[52] Weber, 1970，同前書，頁416-7。

[53] 韓國案例參見，詹卓穎，2000，頁130，〈韓國升學競爭問題研究〉，《教育研究資訊》，8（5），頁115-135。

[54] 日本案例參見，王輝煌，2000，354，〈官僚制度與民主政治：以美日臺的結構性比較分析為例〉，《人文及社會科學集刊》，12（2），頁 347-386。

[55] 朱嵐，2005，〈中國傳統官本位思想生發的文化生態根源〉，《理論學刊》，第 11 期，頁 113-116。

[56] 余英時，1987，同註 33，頁 165。

第十七章

平民原則與東亞社會的特殊現象

在上章介紹了與考試系統（科舉考試制度）相關的六大系統以及每個系統互相滲透的情況與系統演化，接下來我們將利用這個系統知識來解釋東亞社會的特殊現象。在解釋的同時，本書會抽取出平民原則的共相，以進一步分析東亞各個政權存在現象的不同風貌，以及受到平民原則影響的德國與日本所展現出的社會結構和文化姿態。

科舉文明的制度不但會形塑精神，也形塑物質。特別是經過科舉制度篩選過的人所展現之對其人生的緊密規劃。他們長期在減少犯錯、減少主考官不滿意的訓練中度過。

考試通常是在考「你知道甚麼」，而不是在考你能創作甚麼。日本漫畫家三田紀房（1958-）所創作的漫畫《東大特訓班》（連載期間：2003-2007），後來在2005年改編成日劇《龍櫻》，其中介紹的讀書考試方法，也精準地透露著考試制度對人意識的訓練。裡面介紹準備考試不必問太多的為什麼，因為這過程類似「打乒乓球」，迅速的一問一答，快速思考就可以了。或是說考試是一種對話，一開始是和主考官的對話，到後來是自己與自己的對話。簡言之，是將主考者的可能意識向自己內化的事實。

因此，隨之衍生出的物質文明，其生命痕跡有異於非科舉文明時期。受影響的人格特質極度關心自家之經濟資本、政治資本、社會資本與文化資本等綜合資本的擴大；對風險的精算與規避，表現出老成持重、少冒險、容易循規蹈矩。因此本書主張一般在臧否中國歷史朝代的人物風土時，應要有明顯區隔科舉與非科舉時代。

把時間拉回到當代，和貴族原則的內容相比，平民原則少的可憐，可是卻又如此的堅定而牢不可破。最主要的原則就是兩點：第一、形式平等優先於實質平等；第二點重視方便效率而不重視舒適。就第一點而言，形式平等指的是考試過程的平等、升學管道上的平等、國家選才制度的平

等，這種平等的概念一開始當然是受到佛教傳入中國之後，逐漸在國家選才系統中的落實，之後發展出了一些避免透過政治資本（所謂的關係資本）影響到考試過程的公平性的手段。接著，詳細去了解考生容易採取的作弊手段，並且想盡辦法防弊。再來，精心設計考題，減少考官評分過程的主觀喜好，也就是先前所提到的八股文設計以及當代選擇題的設計，因此在升學管道與國家考試上減少面試成績所占的比例，以及排除具有關係資本的考生與考官之間的關係（例如要求考生與考官不准有三等親以內的關係）。

在第一個原則下只產生了一個意圖中的結果，卻產生了許多的非意圖結果。意圖中的結果在唐宋變革之中以呈現出來，原本門族昌盛的崔、楊、劉等等大姓家族，所謂衣冠貴族在中唐之後，因為政府高層菁英選材逐漸重視進士科考試，而走向沒落破滅。而科舉制度出身的統治成員不斷的新陳代謝，同時也難以讓自身的家族維持永久的優勢。但是也必須說，並不是因為世家大族的優勢（文化資本）消失了，而是因為這場競爭的成本對所有參與者而言並不會大到付不起（其中最大的成本，可以說就是時間，必須要長時間的投入）。競爭的門檻降低了，參加考試的人增多了，因而稀釋了原本優勢家庭文化資本的影響力。考試制度促使世家大族壟斷社會的機制消失。

考試制度的非意圖後果

考試制度的文化影響產生了許多的非意圖後果，首先、一些較具有優勢——特別是經濟優勢的家庭為了讓子女保有相對優勢，一但發現子女所在學區學校難以藉由考試脫穎而出時，便會將子女送到升學率比較好的區

域（所謂越區就讀），或者直接送到國外 —— 特別是英語系的國家。因為在英語系國家階級流動的成本相對較高，原本就占優勢的家庭比較能夠持續獲益；例如英語系國家在升大學的時候會考量學生在校表現，如社團表現或各種競賽得獎成績，因此經濟優勢的家庭有更多的時間、專業知識和財富栽培子女的多種技能；經濟資本可以充分反映在文化資本上，有利於階級複製。另外有人或許會認為那些移居海外的華僑子弟通常因為學習認真，最後總能獲得相較於當地居民較高的社會經濟地位，這是由於傳統儒家重視學業的精神倫理所造成的；不過，這樣的儒家的倫理若是沒有經過一千三百年科舉制度的催化（參考我們在上一章的論證），恐怕沒有那麼強的力道而得以讓這些海外華僑的子弟們在同樣具有考試制度相對公平的國家 —— 像是所謂的五眼聯盟，也能夠獲得優秀的學習成績。在這些國家中，有些華裔移民較多的當地社區居民，害怕其子弟升學競爭太過激烈影響教育品質，通常選擇搬離到其他升學競爭相對緩和的地區；一些大學名校甚至對亞裔學生進行配額上的嚴格限制，以保護其他族群的教育利益[01]。

其次，是對威權體制的繫念。在威權體制時期，繫念威權體制是一種國家意圖的結果，但是進入了民主制度後卻又是一種非意圖的結果。分析其原因有以下五點：（一）科舉考試制度能夠發展的前提，是先建立一個穩定的政權，需要一個短期的軍事政權率先維持國家秩序，之後才有機會發展出長期的文官體制[02]。有中央集權的軍事權威作為後盾，考試制度才方便建立起來；沒有穩定的政權，考試制度就難有發展空間，民國三十八年以前政權不穩的中華民國便是例證。（二）科舉制度的建立，目的在替獨裁的君王或領袖找到一批獨立於各個政治實力集團，而忠心於領導者的行政官僚，因此其思想訓練就是為獨裁者服務，以平衡其他的政治集團。（三）傳統中國考試的文本主要是四書五經，其內容完全是以「政治教化」為核

心的 [03]，因此篩選機制本身就具有馴服考生、使其意志和身體服從最高權力的內涵。（四）這一個制度因為無差別地對所有人開放，於是便把地方的權力因素吸引到中央，而使科舉制度具備保障中央集團的因素（包括皇帝、朝官等高級官僚與一般官僚集團）和地方分權的因素（包含胥吏與差役集團），並具有使兩者有效連結的機能 [04]。（五）先前提過的家國同構：君權、官權和父權三者互相貫穿，形成有利於人治的傳統。於是在這五個機制條件作用下，從上層的高級官僚到下層的鄉紳、老百姓，對於威權體制產生忠孝節義的情懷，並且習以為常。這種情形在近代東亞的日本與亞洲四小龍，甚至較早就有清楚考試制度痕跡的德國都非常明顯；他們在比較徹底的民主制度來臨以前都經過四、五十年的軍事、威權統治，有些政權像是中國、香港、新加坡直到現在 2020 年都還是在威權統治之下。在相對民主的德國、日本、南韓、臺灣的政治體制裡面，仍然有不少懷念威權統治時代的支持者，他們欣賞那時的穩定與經濟成就，反對和抱怨現階段民主制度所帶來的混亂，有時會有一些極端的作為。德國是歐洲最早建立考試制度也持續長久的國家，在經歷了威瑪共和的民主制度後，人民竟然同意希特勒獨裁，恢復到五十年前首相俾斯麥時代的威權樣態，甚至有過之而無不及。日本近代發展也經歷過此階段，大正民主之後，透過軍事政變而起來的軍閥政權，事實上就是對明治時期威權體制的回歸。威權對於這些國度的不少人來說有著濃濃的鄉愁，卻是一種過度美化的鄉愁。

第三、數理科成績相對於其他國家來說表現較好。這一點是針對當代 PISA 國際學習能力競試的比較而得。對於東亞的教育系統而言，此結果可能是他們期待、意圖的，但必須說所有國家，不管先進與否，恐怕也都意圖如此，可是卻不是每個國家都有辦法達成目標。但是，東亞國家多半在數學、物理等科目名列前茅（德國並沒有名列前茅的原因有待探究，最

可能是因文科學生和職業類別學生分流的年齡發生太早，導致職業類別學生數學物理能力無法提升）。這些國家共有特徵是極其頻繁的學業考試，使其數理科成績在國際比較上相對優異，這卻是原初設置考試制度的非意圖結果。而這些國家在經濟成長上的表現、失業率的控制以及社會治安方面在國際比較上也多半是優等生的那一群。因此數理成績好與上述幾個因素之間的關係是否有相關，很值得關注。而這個結構上可能的相關因素，正是本書企圖透過平民原則來加以呈現的。唐朝科舉裡面有一科目叫明算科，此科出身的官員多半從事管理國家財政或者天文、曆法、水利、農業等相關政務，可是只有少數考生會選考此科 [05]。唐朝之後這一科目便消失了，但是在朝鮮、日本還存在。十九世紀後半期，西學東漸，東亞國家逐漸採用西方的教育科目進行國民教育。工業革命之後，科學與數學的發展逐漸與經濟的成長產生了極大的關聯性，特別是各種高科技和工程的作業都需要精密的計算，並且大量運用物理、化學、生物等等自然科學知識，因此數理科教育開始受到先進國家的重視。東亞國家在科技上的發展逐漸追上歐美的因素，與數學、自然科學等科目的扎實教育緊密連結。在中小學教育中，數理科成為每次段考必考的科目，而且在升學甄選科目之中，數理科成績於許多科系選才標準中有非常高的占比，這已不是古代科舉考試制度所能想像的。數學和理化也成為大多數學生需要補習的科目，當今中國大陸有句俗話：「學好數理化，走遍天下都不怕」可為註腳。不過在高壓頻繁的考試之下，東亞的學生雖然數理成績高但多半對數理科不感興趣 [06]。2012 年 PISA 比較各國家在數學成績表現與學數學的焦慮之間的關係，東亞的平民原則國家的學子很清楚的站在一塊，他們的數學成績普遍居高但是學數學的焦慮感皆高於 OECD 的平均線，至於貴族原則國家則分布得較為分散。

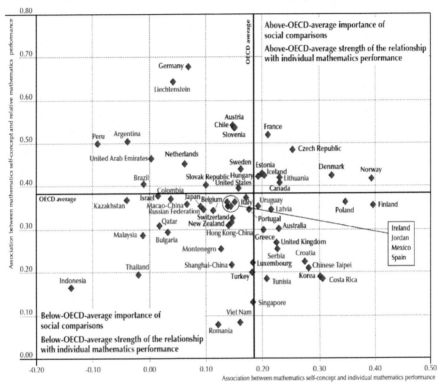

■ Figure III.5.4a ■
Relationship between absolute and relative performance and mathematics self-concept

Source: OECD, PISA 2012 Database, Table III.5.8c.
StatLink http://dx.doi.org/10.1787/888932964015

資料來源：PISA，2013[07]

考試制度的建立與經濟成長之間的結構性聯繫

考試制度建立與國家經濟成長之間存在結構性聯繫。這種深度的連結關係首見於社會職業結構的巨大改變。以臺灣的案例作為說明，在一九五〇年代，臺灣民眾的職業主要集中在農林漁牧業，大約占55%。

453

在一九六〇年代，勞動力逐漸往低階（low skill）的製造業部門（大約占 26.19%）與服務業部門（約占 21.5%）移動，同時間也生成了約 13.27% 的中高階的專業人員、技術人員與助理專業人員。到了一九八〇年代，農業人口迅速降到 17%，製造業則升到 43%。在一九九〇年代，高階的 (high skill) 工作人口（指立法委員、政府與企業行政人員、主管人員、專業人員、技術人員與助理專業人員）迅速擴張到 25%；低階服務業部門維持在 30% 左右，而低階製造業部門則從一九八五年的 43% 下降到二〇〇一年的 35%。這顯示經濟結構的變遷導致人力市場上對更高教育的需求，也促使向上社會流動現象的發生。

　　日本、亞洲四小龍與毛澤東之後的中國也已經或正在經歷上述職業結構快速變遷的過程，如何解釋這個過程呢？筆者以為此種由農業部門迅速轉移到工商部門所主導的社會經濟隱涵以下四股動力過程：首先，在由農業部門主導的時期，待國家軍事統一穩定之後，家族傳統對教育的重視形成一股推力，而國家希望富民強國形成另一股拉力，兩股力道使得在國家基礎教育中語言與數學的訓練甚為扎實，此部分可由東亞諸國國中小數學成績優於其他世界諸國得到證明。其次，這些具有基本知識能力訓練的學生即使國小或國中畢業還是大量投入勞力市場，他們只有極少部分回到自己家庭原初的農業部門發展，因為他們由於教育所獲得的基本能力與比較利益，相較於其他國家之基層勞工卻占盡優勢，在這些政府設置加工出口區政策的帶領下，促使歐美先進各國相對低階的產業外移至東亞諸國，於是逐步蠶食歐美先進諸國勞力密集產業之板塊，也令東亞勞力薪資開始迅速成長。第三，第一代勞工對其子弟教育的要求逐漸提高，而勞工子弟自身也在科舉文明「社會化」下受到「士商工農」主觀排序的影響，形成「拿筆的比較好」的勞工的價值觀，促使他們比較不願意回去當基層勞

工，而轉向更高階的工程師、商業與管理領域發展；國家因應其他平民原
則國家經濟的挑戰，主動帶領產業升級，並且因資本主義發展產生的更細
膩的社會分工的需求帶領下，國家在教育與產業政策上也必須配合服務業
與高階勞力的發展；在這一推一拉下，使得二級產業主導轉成三級產業主
導的經濟社會。

表：臺灣受雇者職業之變遷

年總數 （千人）	結構（%）						
	民意代表、企業主管及經理人員	專業人員	技術員與助理專業人員	事務工作人員	服務工作人員及售貨員	農、林、漁、牧工作人員	生產及有關工人、機械設備操作工及體力工
1956 (2700)	2.00	9.56		12.85		55.11	18.48
1966 (4265)	1.76	13.27		21.50		37.21	26.19
1975 (5863)	2.63	13.64		24.45		30.61	28.68
1985 (7428)	3.86	4.15	8.46	6.88	16.49	17.26	42.90
1995 (9045)	4.82	5.33	14.79	9.70	16.35	10.41	38.40
2001 (9383)	4.33	6.35	17.21	10.93	18.59	7.41	34.97

來源：*Statistic Yearbook of the Republic of China*, Executive Yuan, Taipei (2002); *The Abstract of Census in Taiwan (1956-2000)* (2003) (http://61.60.106.80/census~n/six/lue5/oth1_main.htm)

第四，作為政府主體的公職人員為什麼會努力發展國家經濟呢？因為東亞諸國在二次戰後皆為威權或一黨獨大的政體形式（註：此處指對世界開放的日、臺、韓、星、毛澤東後的中國政權而言。北韓與毛澤東時代的中國因自為封鎖或被外國封鎖，故不在分析之列。香港的殖民地屬性是特例，但適合前三股動力的分析），經濟發展便成為其政權持續存在最具正當性的基礎 —— 有經濟成長才能代表政權穩固；不論過去君權的正當性來自傳統權威與天命觀，或當今政權的正當性來自於經濟成長，公職考試出身的事務官通常會服從這些政權，並為之賣力[08]！因此家族的教育觀念、考試制度導致的「士商工農」主觀排序的價值、國家公務員對經濟的主動推動，以及國際資本主義的拉動這四股力量可以說是平民原則社會的職業結構在三、四十年之內迅速變遷的主要力量。

　　因此，我們可以說教育並不只是影響階級認同的主觀因素，客觀的經濟環境也支撐著教育成為影響社會流動的主要因素。在這個脈絡下，因為考試系統被視為抑制裙帶關係（nepotism and the *guaxi* system）等社會與政治資本（social and political capital）的解藥，所以個人才能與公平被視為兩種極其重要的價值（或觀念）。

　　從實證主義的途徑，要證明考試制度建立與國家經濟成長之間存在結構性聯繫還可以將日本明治維新後、臺灣和南韓在 1950 年後、新加坡獨立（1965）後、中國在 1980 年之後教育制度、公務人員制度開啟的時間與其經濟發展的階段進行對比，但這個功夫太大。香港較複雜，其公務員制度一般認為是在割讓給英國時後，也就是在 1850 年左右便開始了，因為這時候英國參考中國科舉考試制度以及官僚制度也剛開始進行公務人員體制的改革[09]。對比的方式可以是考試制度建立之後，國小以及國中生畢業（因為要到國中才會教比較深入的數學和理化以及英文，而這些都是影

響經濟成長的重要知識性因素，而且就九年基本國民教育而言，臺灣在
1969 年左右才開始）的人數與經濟成長時間的關係；也可以比較通過國家
考試進入的公務人員累積數目與經濟成長之間的關係。同樣的項目可以再
拿菲律賓教育與公務人員制度的發展來做對照組進行比較。這是一個大工
程，需要花很多時間收集證據、數據來進行比較，最好還跑一下回歸，檢
測這些數目和經濟成長之間關係的相關性程度，茲事體大；而且檢證出來
的僅是相關性，還不是因果性。這樣的工作可能要留給經濟史學者了，這
裡要跟讀者抱歉！但是我們可以逆向操作，運用知識來檢視一下如果在教
育系統和國家選才系統都採取考試制度的情況下，會直接和間接促進哪些
產業的發展？

當考試制度在教育系統和國家選才系統取得優位的時候，不管是在古
代還是現代，直接影響到的產業便是造紙業和印刷業的興盛。造紙業需要
樹皮、破布等等原料，所以連帶會帶動這些原料產業的發達。再就印刷業
來說，北宋畢昇（？-1051）在宋仁宗慶曆年間（1041-1048）發明了活字
印刷，當時宋朝（960-1279）已經開國八十多年了，正當文風鼎盛之時，
而畢昇活動的所在地 —— 湖北省剛好在北宋版圖的中心位置，當時對於
準備考試用書的需求量一定很高，特別如果要印製考生的作文範本，印刷
的樣板一定需要有很大的變化性，才足以應付頻繁變動的文章印刷，活字
印刷技術恐怕是在這種情況下刺激出來的。造紙業和印刷業都是第二級
產業。

考試制度的建立對於第三級產業的激發也很大，首先就需要一些出題
以及整理題目的工作人員，特別是他們都必須針對每一次國家考試或升
學考試新發展的考試題型尋求應對措施，並且出版參考書。根據臺灣消
費者問卷調查顯示，在不同圖書種類的消費金額中，嬰兒童讀物平均一

第十七章
平民原則與東亞社會的特殊現象

年花費最高大約 2,521 元，其次便是教科書和考試用的參考書，平均花費約 2,434 元，第三是一般圖書 2,418 元，其餘的圖書種類大約都低於 2,000 元 [10]。可見這種教學用參考書在臺灣市場的影響力，而且這種參考書的需求不會受到經濟景氣的影響，甚至說在經濟不景氣的時候許多人都會想轉而參加國家考試或是國營事業考試，於是就有一筆參考書的支出花費。再來，它需要有到各個學校推廣業務的工作人員，也就是一些參考書和考試卷的書商。第三、它需要一大群教師，在東亞絕大多數公立中小學教師都是由國家培育，另外還有一些在私立學校、補習班，在古代還有私塾，他們負責教授學生學問並且教授學生如何通過考試。許多的大學生有時也會去充當家教，賺取零用金。根據臺灣全教總公布的資料全臺灣的教師總數大約二十萬人，其中有二萬人是代課老師，十八萬人是正式老師 [11]。這還不包括大學教授與補習班老師的人數，預估加總起來恐怕超過三十萬，這是一個機會龐大的教育族群。這一群從業人口不會因為任何經濟上的風暴而受到強烈影響，例如韓國在 1997 金融風暴之中挺了過來，在當時它的教育系統、考試系統、國家選才系統幾乎沒有受到衝擊，經過了幾年國家經濟又恢復過來。再看看日本全國擁有五萬餘所各類型學習塾（與各種升學與證照考試相關的補習班），從業人員已有二十八萬餘人，而整體經濟規模更高達一兆四千日圓程度 [12]。而且當前在日本、韓國、臺灣的一些知名的補習班通常也都是上市公司。而預估臺灣補教業的總產值也有一千七百億 [13]。中國政府在 2021 年以降低學生與家長負擔為由，禁止與學科相關的補習班產業，這個高達一千億美元的產業陸續破產，三百萬人瞬間失業；不過其結果並未降低學生家長的負擔，因為補習業轉向地下發展，以一對一或小班制的形式收取更高的費用，愈大的升學壓力依然存在 [14]。以上都是考試制度再加上教育制度直接影響到的產業。下面我們將

介紹通過教育系統下的考試制度所培養出來的人才所具有的特色對經濟發展的影響。

　　這個體系在搶奪先進國家夕陽或傳統產業時，占盡優勢。如我們前面所說，這一個系統訓練出來的人才的數理成績優於世界其他國家，在經濟尚未起飛時，就有了一批如前任行政院長劉兆玄教授所說的「物美價廉」[15] 的勞動力，而且他們僅僅需要國中畢業便可以發揮戰鬥力，因此在與其他開發中國家競爭先進國家的夕陽或傳統產業時，容易脫穎而出。再者，在東亞區域中通常有所謂「升學狂熱病」或「教育狂熱病」，此症病原因，一方面來自傳統社會價值的影響，另一方面則是因為身為中產階級父母親的親身經歷 —— 他們多半自覺受教育時學習成功，讓自己變成中產階級（有些是自覺沒變成中產的原因是教育學習沒成功），所以他們會向下一代投射教育的價值，一旦子女沒有跟上學習，便擔心下一代隨時可能跌出中產階級，此種焦慮使他們拚命的把下一代送進更高等的教育。當這一群人進到職業學校或是高等教育時，他們便會去選擇當前市場上薪水最高的職業所對應的相關科系，於是出現所謂的現象；他們對這門科系不見得感興趣，但對科系的未來獲益深感興趣。這種「一窩蜂」搶進高獲利職業的現象，相較於其他先進國家又出現了一群價美物廉的中階勞動人口，於是又把歐美國家資本密集和技術密集產業的工作機會也搶了過來。長期以往，當東亞非常簡便地培育出了高階碩士、博士這群就業人口時，便開始會自己產生了高科技的產業，而這便完成了當代東亞經濟區與歐洲美國經濟區互相抗衡的過程。東亞區域的六個經濟實體都走過這樣的階段。

漸進式創新 vs. 突破式創新

　　讀者可能又會問：如果東亞這一個由教育以及考試制度結合的制度，其衍生的經濟生產成效占盡優勢，那麼為什麼比拼高科技影響力的時候，不論日本或是現在體量巨大的中國還是還輸美國的高科技一大截呢？為了說明這一個問題，我們必須將創新分成兩類：第一類是漸進式創新（in-cremental creativity）：指的是針對原來的商品進行某一個部分的修改使之更便利、更有效率、成本更低的創新；第二類叫做突破式（break-through creativity）或是原創型創新。我們將會發現東亞區域的六個經濟體在技術創新上的表現傾向於漸進式的創新，而少有突破式的創新；突破式的創新多半出現在歐美國家。有在關心創造力的讀者應該會發現東亞這一個區域的企業去搶奪歐美國家已經生產出來的產業，並且加以修正到更方便、更便宜去使用的產品創作過程，並不見得是難事，而且相對於歐美國家來說甚至是十分容易的；台塑、台積電、鴻海等跨國企業在臺灣的壯大，可從這一個面向來理解。但是一旦要談到產品的原創性、突破性，就顯得矮人一截；東亞即使在工業發展之後的近五十年來，諾貝爾獎得獎人數目遠遠低於歐美各國的現象，可以從這一個面向來理解。東亞各國政府也體認到這一個事實，因此在教育上、經濟上不斷的推展創新教育與研究發展，但是突破能力都極其有限。為什麼會有這樣的結果呢？

一階觀察與二階觀察

　　為了理解上述弔詭現象，我們由盧曼在系統論中所介紹的一階與二階觀察的理論或可一窺堂奧。在一階觀察層次上，世界表現的是「單一」的脈絡。而「脈絡」這個概念在標示著被某「區別」（或觀察）撐開來的領

460

域。所以脈絡是吾人藉由某一區別作為基礎所能觀察到的一切。一階觀察免除不了偏見與歧視。通常在一個系統內部待久的人很容易進入一階觀察中，特別是在考試系統以內 —— 這是因為當標準答案極為確定的時候，例如針對選擇題、是非題或填充題，考生平常訓練就指向必須在極短的時間內區別每一個判斷的是非對錯，給出答案。在這系統中，即便考卷中有開放式的問答題，出題者為了方便批改與計分，通常也會去設定標準的答題形式以減少答案的模糊空間而引發不公平的質疑，所以在明朝和清朝的八股文，甚至說在當代必須短時間內寫出作文的答題訓練方式，都偏向於一階觀察。更重要的是，這種長期訓練的結果，強化了一階觀察的敏銳度，甚至說具有某些程度上的強迫性，形成強烈的自我指涉和反思性。於是，對普遍事務展現強烈而明顯的是非對錯判斷的性格，出現在考試系統影響強烈的東亞地區就不會令人意外了。同時，考試制度下訓練出來的人格特質使其在政治與教育面向上，傾向於擁護威權和過去習慣的保守意識（而非西方所強調的公民意識）與體制的持續存在。

　　盧曼認為：由一階觀察進入二階觀察的過程，就是去觀察別的觀察者如何進行觀察。此種跨階進入開始之時，行動者會陷入一種模糊恍惚的地帶，會開始去審查自己原先的觀點。二階觀察會改變我們對世界、存有、實在的理解。二階觀察者能夠知道每一個觀察運作都是特有的盲目與認識的結合，這樣的結合是特有的（但非絕對性的）組合，而且正是由於對某些事物的盲目，才開啓了對某些事物的認識，沒有盲目就沒有對某些事物的認識。在二階觀察層次上，我們進入了一個多脈絡的世界，其中存在著許多區別，他們無法被一個阿基米德式的、單向度的觀察安排在一起比較。這就是說每一個觀察都可以被另一個觀察家進行觀察並批判，反之亦然。所以沒有關於事物絕對「正確」的看法。所有可以被宣稱的一切，都

是觀察者所宣稱的，而在進入二階觀察時，每個觀察者必須忍受被批評以及在自己的盲點上被啟蒙。每一個觀察都是偶連性地建構，也就是說，在另一個區別下所作出的建構可能有另一種結果 [16]。而所有新的「理論」的形成方式都必須經過二階觀察，這是因為理論通常是跨系統的思維運作。盧曼的觀點告訴我們所有突破型、原創型的創新都是必須通過二階觀察，必須通過模糊地帶發現自己原本觀察的盲點，並且透過思維與行動的不斷嘗試而建立起來的新的理論系統。如果長期待在一階觀察之中而很難跳出來的時候，是很難進行二階觀察的，同樣的也很難產生突破型的創新。

漸進式的創新通常是處在某一系統之內，對外在環境進行觀察，然後把一些有意義的訊息納入加以操作；因此突破性不高，所以產品獲利空間受到很大限制。以手機各個階段製造與經銷商的獲利額度來做說明，在 2010 年，一臺一千塊美金的 iPhone 手機，其收入中的大約六百塊錢是由原創廠商 iPhone 公司以及其下游的經銷商拿走，剩下的四百塊錢才由製造商拿走，而在硬件上具有原創性的開發商又拿走了一大部分，而具有漸進式創新的組裝廠商 —— 主要在中國大陸，則只拿到其中的大概二十塊錢 [17]。跨國企業投資時會考慮到勞力成本與穩定性、勞力的可溝通性與可管理性，以及生產過程良率的可接受性等等條件，在各國經濟發展的早期，東亞國家無疑地較易具有這些條件 —— 因為這些條件群與考試制度所形成的一階觀察系統具有極高的「偶連性」。受此系統影響的行動者在向外觀察時，對他們有意義的問題就是把什麼物件拿進來生產而能彰顯系統效益。這樣習慣於一階觀察的系統，考慮的應對方式通常是系統內的各種組合關係，特別是在降低成本、提高良率上面，它能夠以更為精確、更強而有力的方式不斷地進行漸進式的修改；一方面對生產過程或生產物件進行微型修改，一方面則不斷的去精簡勞動力的成本。這樣的生產系統總

能以各種細微的差距打敗敵手，使得東亞地區變成為世界工廠。這是考試制度所誘發的漸進式的創新在全球經濟上間接創造的優勢，但是，相對地在系統偶連性的選擇上，此系統很難主動連結到突破式的創新。考試系統創作出來的勞動力特質傾向於把任何突破性的、暫時不切實際的、模糊的觀點視為「環境」而加以排除——非我族類其心必異；也因為這些異質觀點和行動某種程度上會威脅系統的穩定和安全。這些排除的操作同樣也把許多的可能性、把從無到有的創新排除掉了。

失業問題容易控制的原因

　　考試系統與教育系統結合的綜合性制度所訓練出的行動者思維特質，意外的造成東亞地區失業的問題相對來說容易控制，這是非意圖的結果。一九九七年七月泰銖重貶引爆金融風暴，迅即席捲亞洲諸國。一年之內韓國經濟增長出現了歷史最低點「-6.7%」，失業率在 1998 年上升到 6.8%。這麼糟糕的狀況在當時韓國並未引發社會動盪，反而在 1999 年及 2000 年的經濟成長率分別高達 11% 以及 9%；失業率也自 1998 年的 6.8% 降至 2001 年的 4.1%。其他東南亞國家恢復的速度和程度就沒有這麼快了。同樣的在 2008 年，由於美國的次級房貸引發的金融風暴，東亞地區在經過幾年之後，失業率與經濟成長率都獲得了控制；相對的，在歐洲即使經過了十年，這一場金融風暴的影響在社會各個角落似乎還餘波盪漾。如果我們說這是因為韓國與其他東亞的政權控制得比歐洲來得好——這個論點會讓歐美人士難以置信，畢竟歐洲，特別是西歐，民選政府在處理現代經濟的問題已經有兩三百年的經驗，各種金融的、財政的經濟的措施可能採取的方式不可能比東亞政權來得更差勁，然而目前可見的結果卻是東亞這

些新興國家處理失業問題相對來說輕而易舉，這是什麼因素呢？

　　我們認為以政府作為行動者的角色在面對經濟和社會問題時，不能說不重要，但是對於失業率容易受到控制的結果，政府政策恐怕不是最主要的影響因素。本書認為主要因素是結構性的，行動者（政府）所採取的策略可能是次要中的次要，如此才能解釋東亞普遍可以控制失業率影響範圍這樣的特殊事實。

　　筆者認為有三個結構性的因素支撐了這一個結果，首先是前面小節不斷強調的：這個區域在數理成績等基本能力上面相較於其他區域來得強，因此當世界處在經濟不景氣的時候，東亞地區的不論低階或者是中階的勞動力因為競爭力比較高，因此失業率的表現上面都不會是最高的，甚至在整個經濟環境恢復的時候，保持著最快的反彈力度。第二個因素是因為東亞地區的人力素質在心理的判別層次上面傾向於「一階觀察」，因此傾向於在體制內找方法、在現有的條件下找方法，以克服自己本身的困境。他們傾向於忍耐現狀、馴服於現狀，而不會有或少有「out of box thinking」，也就是少有超出架構外的思考，因此比較不會因為失業問題出來抗議，普遍覺得自己努力不夠。第三個因素是此系統中面臨失業或是有可能失業的人群，會有一大群人被考試系統吸收，而變成非失業人口，例如此群人可能會去參加公職人員考試的補習班、證照考試的培訓班，或是研究所考試的補習班。在臺灣，即便在上班時間，圖書館常有許多成年人安靜地在閱覽室裡面研讀參考書和教科書，多半在準備考試，一時不會有找工作的動機，所以也沒有被招聘者拒絕的機會，因此不會算進失業人口了。而這一群人透過準備相關考試的過程，或多或少提高了自己的就業能力，因此在經濟景氣好轉的時候，反而比以前更易找到工作，並且獲得更高的薪資。於是考試系統像是失業人數的「疏洪池」，可以有效調解猛爆

性的失業人潮。面對失業潮，許多人會透過進修增強自身工作能力，於是在就業市場回穩之後，間接造成國內經濟的猛爆性成長。這是結構上一種非意圖的結果。

班級霸凌感受程度高的結構性因素

筆者進行博士論文時的一次正式訪談當中，一位老師提到原本臺灣某所公立高中為了讓學生更自由、刺激創意的學習，因此採取歐美中學制度中的「跑班」方式：學生可以根據自己的喜好來選課，結果實施幾年後發現學校整體的升學率與其他原本入學成績相似的學校，成效低很多，因此到後來改回與其他臺灣中小學相同的制度了，也就是學生固定在一個班級上課，而由老師來跑班。這完全是為了因應升學考試競爭的目的下，在學校裡面採取的有效方式。這種學生固定班級、老師跑班的方式，對學生與老師來說事實上都是不舒適的，因為學生沒辦法去選擇自己喜歡的老師和課程，老師也得常常得面對一群程度差距很大的學生。這一種不舒適的環境卻因為升學競爭與減少成本的緣故，在東亞社會裡面的臺灣、日本、韓國以及中國大陸被保存了下來，很少有學校願意去更動，即便教育主管部門已經允許了。不過我們觀察到的卻是此種固定班級的形式產生的非意圖後果。

我們發現：「班級」一方面可以讓學生產生很強的凝聚力與增加彼此競爭的臨場感，不過另一方面卻非常可能造成高霸凌比率。與歐美相比，臺灣中小學發生的霸凌比例在 2011 年為 16.1%，遠高於歐美的 9 — 13%[18]，這與臺灣相對低的犯罪率很難產生連結。根據周愫嫻、林育聖、侯崇文（2016）研究，學校中的關係霸凌通常與班規被刻意破壞有關[19]。

於是我們可以合理的推定相較於歐美的「跑班」制度，臺灣（甚至東亞）的「班級」制度中，學生的高頻率互動與高度凝聚力，容易形成小圈圈並且迸發排他性高的關係霸凌；再加上班級中，必然存在個性和意見不同的人，彼此間要進行理解溝通，總是必須跨越到「二階觀察」，但是在強大的考試競爭氣氛下，學校的課程很少有訓練二階觀察的溝通討論課程，學生長期處在考試系統所主導的「一階觀察」的訓練之中，容易產生「非我族類其心必異」的小團體意識，容易刺激學生之間的互相排擠、言語攻擊或者肢體衝突。當臺灣學生一旦進到大學開始進行選修課程的「跑班」制度，同「班級」上課頻率大量降低，霸凌行為比率便戲劇性地降低了。2019 年在一次臺北大學犯罪學研究所舉辦與日本學者交流的會議上，筆者向三位日本教授確定了這一個觀點：日本學生對霸凌的感受程度，小學、國中、高中的比例分別是 55%、67%、46%，國中階段是日本學生最密集學習的時期，長時間待在一個班級；而在高中階段因為學生有非常長的社團時間，可以選擇屬於自己喜歡的團體進行學習，所以很明顯的霸凌的感受程度相對於國小和國中便降低很多。因此我們可以說「班級」制度可能提供了誘發霸凌行為發生的情境，並且讓受害者、旁觀者「心理苦，但寶寶不說」，有時甚至連導師也不說。針對這樣的問題，若想要降低霸凌的感受程度可以參考另外東亞兩個地區：香港和新加坡，因為經過英國殖民統治所以維持與英國同樣由學生跑班的學習制度，但是他們整體的數理成績和閱讀成績在國際 PISA 的評比上並沒有比其他東亞的國家來得低，為了讓學生有更友善的校園環境，東亞的其他國家似乎可以嘗試班級制度的改變。

教育改革的轉折點

2003 年我因為博士論文研究的需要，訪談了當時擔任臺灣玉山科技協會理事長劉兆玄先生（他在 2008 － 2009 年間擔任了行政院院長）。他在 1994 年擔任過行政院教育改革審議委員會委員，他比較過當時各國教育改革政策之後有一個絕妙的說法：各國教育改革政策的目標彼此「抄來抄去」其實大同小異，要點是在如何執行。這位武林前輩（劉先生也是武俠小說作家）說完這一句話之後，會心一笑。經過多年，他的說法依舊讓我印象深刻，我想主要原因是這種說法到現在還有效。這種說法還應證了我們前一章闡明的教育系統運作的獨立性，這個系統在人類社會裡面有一種自我指涉的價值運作，並且有明確的邊界以區別出環境。

我們比較東亞絕大多數國家教育改革的內容，以及後來所發生的轉折點也幾乎大同小異。1980 年代後期日本的教育改革企圖改變原先「劃一的、直硬的、閉鎖的教育體質」，轉而再重視個性的原則下培養學生創造力思考力和表達能力，而有了「緩和管制」的政策。韓國在 1995 年提出的「531 教育改革」同樣是企圖改變過去追求「壓縮式」的成長與發展中國家的教育模式，轉而發展創新型「包容式」教育。這兩國教育改革的反省與所欲達成的目標，與臺灣在 1994 年之後以「鬆綁」作為內涵的教育改革政策，實在沒有太大的差異。而經過了十幾二十年的改革，其結果包括了學生的學力（特別是在國際評比中數學、理化與閱讀能力）水準下降、學生的升學壓力並未減少、補習文化依舊猖獗。韓國的中學生每天必須苦讀十六小時的情況依舊。對學習缺乏熱愛與好奇心依舊 [20]。用日本、韓國教育改革之後的現況來標明臺灣恐怕也很實在。既然已經鬆綁了還不能夠降低學生的升學壓力，那至少不要讓學生的學力下降吧！於是在政治與經濟

成本的算計之下，授課的內容開始往回調整，在一些非正式的課程（例如臺灣國高中的第八節或是寒暑假輔導課）也增加對一些基礎科目的訓練。

　　東亞國家教育改革的本質，便是企圖由原本考試系統對全社會的主導性，改由教育系統取得主導性。然而東亞國家教育改革的轉折點，就是在全社會中考試系統持續維持其主導性，至少不會弱於教育系統的判斷。當然這並不表示教育系統完全沒有改革，例如教育內容多元化成了教育系統唯一比較能夠完成的目標[21]。當前中華人民共和國在進行教育改革，方向與我們上述提到日本、韓國、臺灣等教育改革的內涵差異並不大，也多半是想要提升自主學習能力、溝通能力、獨立思考和創造力，為了達成這樣的目標需要降低學生的升學壓力。中國新近（2021年）提出的政策是禁止學生課後（包括週末和寒暑假）到補習班補習，這導致了補習班企業股票大跌、數百萬人失業。極權國家的做法果然徹底，但是根據東亞其他國家的經驗，徒勞無功的可能性比較大；有公平的考試系統存在，經濟上優勢的家庭就會彈精竭慮想盡辦法來增加子女的成績優勢，沒有補習班就會花錢請家教。這種因應策略一旦出現，原先政府認為補習會讓一些經濟弱勢家庭與優勢家庭小孩的成績差距過大，而取消補習班的政策，恐怕會得到一個非意圖的結果：最具有經濟優勢的那一組家庭將把追在後面的中產階級甩開，而擴大了中上兩個階層的差距。

把關係資本關到籠子裡面

　　在個人主義尚未發達的地區，人與人之間存在著各式各樣的關係，最基本的關係便是個人與家庭、家族、親戚之間的親屬關係，這個關係可以擴展到同鄉關係或所謂的熟人關係；如果還有共同的學習經驗或工作經

驗，就會衍生出同學、師生、同事之間的關係，這些關係因為具有累積性、情感上與行動上的互相支持性，以及具有利益交換的可能性，因此可以將之概化為「資本」的形式。關係資本可以分成兩類：第一類是指單純在情感上的支持或是「圖方便（favor seeking）」，可以概稱之為社會資本；第二類企圖透過關係來尋求獲利，也就是尋租效應（rent seeking），可以稱之為政治資本。一般來說社會資本並不會造成整體社會的傷害，而且在某些情況下對於整體社會還可以產生外部效益，可是如果政治資本沒有妥善的節制那麼就會形成裙帶、門閥、黨派的關係，對社會資源進行寡占，造成社會資源不平均。科舉考試制度的建立，在某種程度上便是去節制政治資本的過度運作，打亂政治資本的過度累積[22]。

考試制度下關係資本與民主的作用

然而在一個公民社會裡面，單單節制政治資本的運作還是不夠的，因為不同黨派擁有不同政治資本而且也傾向在擴張和累積政治資本。這的過程中常常會造成整體社會嚴重的傷害，這一點可以從古代的黨爭看出來：中唐之後的牛李黨爭（808－846年）、北宋的新舊黨爭（1069年－宋朝滅亡）、明朝的東林黨爭（1604年－明朝滅亡）、清朝末年的百日維新之後產生的戊戌政變（1898年），這些不穩定常常被歷史學家當成朝代滅亡的前兆。一個國家即便現代化了，有了考試制度了，但是政治資本的互相爭奪如果沒有再進一步的理性化，也會造成國家長久的傷害。日本在明治維新之後代表貴族和富商的薩摩藩，以及代表中下階層軍官的長州藩，分別掌握了海軍和陸軍體系，這兩大軍方體系在二次大戰結束之前的六十年間，互相競爭、難以合作，導致許多政治決策和軍事行動不能配合。也因為互相競爭的惡果，導致

了軍閥後來終結了剛剛萌芽的民主憲政，而走向軍國主義的侵略道路。因此我們可以說**考試制度一旦建立，雖然可以將關係資本關到籠子裡面去，但是還不足以馴化他們**，還必須透過長期民主憲政分權制衡，把政治資本的競爭攤在陽光底下接受全民的檢查，才有可能把政治資本理性化、馴化，不至於對整體社會帶來嚴重的破壞或者失去正確判斷的能力。當前中國大陸政權雖然有公正的考試制度，可以把關係資本的部分運作關到籠子裡面去了，但是在籠子裡面還是會互相咬來咬去、還未馴化，或許因為理念不同的派系為了競爭政治資本，或是偏向於少數決策，導致了決策僵化，這可以從中共對香港的反送中運動中的處置方式看出來。

當代貴族原則衍生的民主憲政，總在積極確立國家與個人之間的法律關係，只要不干擾個人的基本權利，體制內必然允許家庭、家族、熟人或是各種團體黨派這些網絡的運作，但是當這一個網絡運作不良、不理性時，國家便有權力介入，協助個人解決問題，所以不至於讓不健康的團體來壓制個人。在民主憲政體制健全之後，個人第一次可以在權利義務關係上單獨面對國家，而不用透過中介團體。因此這樣的體制有辦法在公平的考試制度建立之後，馴服或理性化關係資本的運作。

但是必須說，如果一個民主國家裡面沒有公正的考試制度作為支撐，那麼整體國家的關係資本的運作將失去控制。當我們觀察第三世界民主國家政治的不穩定，各種派系黨同伐異，整體國家最基本的共識都難以建立，導致各種制度都處在非常微弱的狀態，發展程度難以深化。因此本書積極主張：這些政治不穩定的民主國家應該積極引進東亞型態的考試制度，以促成此制度的菁英處理國家現代化必須面對的基本問題，才容易建立人民對國家民主制度的基本信任，而不至於像阿富汗、緬甸、泰國、俄羅斯、白俄等出現的民主倒退現象。

美感與舒適感的匱乏

　　這一點是筆者寫作這一本書的起點。因為筆者長期觀察科舉考試制度對於東亞社會的影響，從 2015 年開始，又因為工作的關係，比較有機會在臺灣各地走動。其中也因為學習攝影理論，開始對街頭景象進行拍攝觀察，從美學理論的視角增加對臺灣街景的敏感度。在臺北、新北、嘉義、高雄的一些市區行走時，都曾納悶地問自己一個問題：「這麼凌亂的街景底下、這麼不方便的行人環境，為什麼這一群人的生活對此毫無感覺，即便不能說毫無感覺，許多人可能有一點點感覺，但是在改善方面卻無動於衷，或只是感到萬分無奈。這背後到底有怎麼樣的結構在發揮著作用？」一些來臺灣旅行或居住的人也與我有同樣的感受。我在前面提過的移民到臺灣且拿到臺灣的身分證，在臺灣娶妻生子的土耳其藝人吳鳳在臉書上寫道「我真的不懂到底在臺灣為什麼都沒有一個蓋房子的美感跟規劃？鐵皮屋一堆，破破爛爛的窗戶，灰色的外觀，髒髒的屋頂！……好像在臺灣房子只是為了睡覺而蓋的。……我去日本，韓國，越南，大陸，印尼，泰國等等地方！到現在看過最醜的房子好像在臺灣」[23]。香港才子也是政治評論家陶傑先生來臺灣去日月潭的時候，也在他的臉書上先讚美臺灣的民主政治，再發表他對臺灣景觀的觀察：「橫街窄巷的雜物雖有紊亂之態，衛生習慣和一般衣著品味應有待提高……[24]」。久居韓國的華人 YouTuber「睿眼看世界」遊臺灣臺北市的那幾集一樣覺得臺灣人應該在穿著還有店面設計方面和韓國相比要加點油。底下還有許多臺灣網友留言說他對臺灣的批評非常中肯。

　　當臺灣人或是中國人到國外去的時候，特別是到歐美，會發生什麼樣的狀況呢？我這本書的設定點就不完全是學術性的，所以會以親身體驗的經驗

來說明我想呈現的問題。我曾經在英國讀書，待了三年左右的時間，期間有一位同校讀企管博士班的臺灣同學常常要回臺灣或到上海去做企業管理的訪談，幾次聊天他總特別提到待在英國的時間，感覺一切都很不真實，只有回到臺灣或是到了上海才感覺是真實的。他的強烈感受喚起了我的共鳴。在英國感受到環境的美感和舒適，在臺灣似乎是一種稀缺之物；在臺灣如此之稀缺，而在英國所見到的空間和物件，從微觀到巨觀呈現的美感和舒適卻隨處可得，是否因為如此才讓臺灣人到了英國覺得如此的不真實？近十年來，也就是從 2010 年以來，中國大陸的經濟成長讓許多的華人可以移居海外，也在海外蓋起了他們可以接受的房屋形式。在加拿大有很多當地的加拿大人抗議：華人在他們的城市蓋的房子多違反當地的空間習慣，例如把原來的草地全部水泥化，或者是砍掉樹木把房屋蓋到最大，而不在意庭園空間的美感。當地居民謔稱這樣的房子叫做「怪獸屋」[25]。可是這樣的怪獸屋在臺灣卻是很正常的房子。另外，如果你有旅遊到歐美的經驗，常常就會發現在那裡取材自己攝影的背景時都很好選擇，但是在臺灣要找到一個可以拍照的背景，通常需要花較多的時間才能找到適當的地點。

　　當華人移民或到海外去工作的時候，也比當地人呈現較高的環境髒亂忍耐程度。在太平天國之亂結束（1872 年）之後，有一些殘兵敗將為了躲避清朝政府的追殺，於是移民到了南美洲，因為在那裡找工作不容易，當聽說秘魯的某一個小島上面有開挖鳥糞的工作便去了。島上的工作環境又髒又臭、營養也不好，非洲裔或其他族裔都難以忍受，可是這一群華人卻存活了下來。世界大都會裡的唐人街，也常常是市區較髒亂的角落。為什麼華人對惡劣環境的忍耐程度比其他人還要高呢？[26]

　　北京大學建築與景觀設計學院教授李迪華有一場演講的主題就叫做〈與人為敵的居住環境〉[27]，裡面說明了許多中國城市缺乏細節和生活體

驗，漠視舒適和方便。他觀察的案例是許多中國的城市的人行道上有許多的小坎常常讓人跌倒，有時人行道過度狹窄，或者在人行道上修了一條水溝，或者在地鐵旁邊的人行道上面停滿了腳踏車而讓行人行走極為不便，或只要一下雨許多人行道變的無法行走。而且路面上面的行道樹因為選擇淺根形的路樹而常造成了波浪狀的路面，有時甚至人行道上布滿了政府或是民間的廣告，可是行人因此而容易卡到這些廣告的鐵架而受傷。有時為了吸引觀光客而有了城市亮化工程，不只破壞夜間的生態環境，也因為只求亮眼而沒有考慮美感，還令人焦躁不安 [28]。以上這些問題的背後到底是什麼樣的原則在進行運作呢？

如果我說這種現象都是因為考試制度，特別是升學主義所造成的，恐怕很多人還是無法會意過來。我想從藝術史發展的比較來理解這一個現象之產生的可能原因。在藝術歷史這一個主題上面我稱不上是有什麼專門的研究，因此以下的論述只能算是旁敲側擊。我想要問的一個問題是在藝術史的發展上面，唐宋變革對他們產生什麼樣的影響？首先、我們從看三星堆的雕像以及秦始皇兵馬俑雕像，我們都可以看到雄壯、威武、崇高的氣魄，但是這樣子的有氣魄的藝術形態逐漸在中國藝術史上面消失。楊琪提到明代藝術基本上處於停滯中，他解釋這樣的結果是因為明代用殘酷的統治手段來管理藝術史，藝術家沒有創作自由 [29]。朱元璋直接、間接殺死、冤死、自殺而死的元朝時代留下來的畫家，如王蒙（1308-1385）、倪瓚（1301-1374）、徐賁（1335 年 -1378）、張羽（1333-1385）、陳汝言（約 1330-1371）、趙原（趙元）（約 1325-1374）、周砥（生卒年不詳）、王行（生卒年不詳）、盛著（生卒年不詳）、楊基（1326-1380？）等等至少 16 人，元代能活到明朝的畫家幾乎被殺光 [30]。這確實是非常殘忍的統治方式。另外對於清朝，楊琪提到「有人認為清朝的美術就像封建王朝

一樣窮途末日夕陽西下乏善可陳」，但是作者認為清朝的藝術雖然不及唐宋，但是優於明朝[31]。楊琪認為明清是中國藝術的衰敗期，不過筆者的觀察這種藝術風格的發展恐怕不是在明朝清朝才形成，唐宋之際事實上已經開始種下這一個結果了。筆者在 2018 年 12 月曾去嘉義協助一場研習，空暇之餘順便去了故宮南院，當時的主題是亞洲藝術。筆者在觀察這些古代佛像時發現從印度、巴基斯坦、斯里蘭卡、緬甸、泰國來的佛像都非常重視體魄強健，腰身有型，胸膛壯碩結實，像武士；這些佛像的面容也不是和藹祥和，而是精力旺盛、威武有力。而中國和韓國的古代佛像通常只在手的動作以及頭的表情做變化，而不重視身形，沒有突出的胸膛和腰身，感覺這些佛像不是太瘦就是太肥；完全沒有秦俑時期的身形。日本的古代佛像介於上述兩者之間，腰身雖然不明顯但是胸膛很大，還是能夠感覺到力量。而在陶瓷器的比較上面，就變化性和複雜度而言，印度陶瓷變化性最大，其次是日本和中亞各國，中國的變化性和複雜性最低（參見以下的照片）。這些佛像和陶瓷器通常是唐、宋、元、明、清時代生產的，與同時期亞洲藝術的比較也可以非常清楚的看到即便唐、宋、元、明、清在古代亞洲的政治和經濟上居於領導地位，但是他的藝術水準並不比亞洲其他各國來得高明，豐富性甚至等而次之。

　　這樣比較的結果在當前臺灣的景觀上面也可以看出一些端倪。清朝留在臺灣的建築物和空間多半只能稱之為古蹟，但他們的造型很難稱得上美，一如臺北市的北門、東門、南門或者是小南門，少有旅客來臺北市是為了看這幾個門；或許臺南的延平郡王祠或孔廟或板橋林家花園還具有一點吸引力，但是他們是否具有獨特性？還是只是古代漢人眾多相同的城門、廟宇、花園中的一個，而這一些在中國大陸四處可見？目前比較能吸引大家去參觀的反倒是日治時代或甚至更早西班牙、荷蘭留下來的建物，

具有美感的成分是否多一些呢！當然這樣的判斷有點主觀，而且是很大膽的提法，但是請讀者判斷。

如果說我的判斷和讀者您的判斷是非常接近的，那麼我們可以簡單的說唐宋元明清的藝術水準既無法超越在時間上比他更久遠的秦漢及其以前，又無法超越與他們同一時代的亞洲其他各國，這樣的結果是怎麼造成的呢？唐宋變革是不是對這一個結果造成了主要的影響呢？

我在上一篇探討貴族原則的時候，將創造力、美感、藝術領域追求舒適感等等視為貴族原則運作的結果，那麼在平民原則運作的社會裡面，這些為什麼不成為其結果呢？回答這一個問題，事實上在本篇開始探討平民原則的時候已經給出了一些方向，首先、對人類而言美感可能是與生俱來的，但是對美感有強烈追求的特質並非是與生俱來的，而必須在某些條件之下，特別是有閒情逸致，才容易激發對美感的強烈追求。這種追求經過後天環境不斷累積就會變成一種社會文化而保存下來，產生出來的事實可以從考察西歐和北歐最早農民的日常生活中看得出來，因為這些農民早期同樣處於骯髒的環境之中，他們之所以可以改善到目前讓整體社會具有普遍性極高的美感和舒適，多半是受到傳統貴族文化的影響才逐漸生成的。這是因為在具有貴族文化的社會裡面，貴族武士階級長期不必參與繁雜的勞動事務，因此有時間提高自身的美感文明，並藉此炫耀、說服起底下的平民接受其領導。臺灣原住民之中的排灣族和魯凱族屬於貴族文化，因此相對而言他們的文化其文物在藝術上的價值就比其他原住民族群來得高，例如其木雕、石版雕、竹雕、骨雕、衣飾、琉璃珠、陶瓷、紋身、編織、圖騰等各方面都具有豐富的藝術創造性，而臺灣其他原住民族裙的文物多半會以實用為目的 [32]；世界建築文物保護基金會（The World Monument Fund, WMF）於 2016 年甚至將屏東霧臺鄉魯凱族石板屋列入世界守護文物名單 [33]。

圖片說明：彌勒菩薩，屬於巴基斯坦（古犍陀羅）貴霜王朝（西元一世紀到 320 年），此
為西元三世紀的作品

資料來源：作者拍攝

圖片說明：彌勒菩薩，屬於日本江戶時代，正德三年，1713

資料來源：作者拍攝

圖片說明：坐佛，屬於印度喀什米爾，西元 645 或 653 年

資料來源：作者拍攝

其次、我們必須認清楚另外一個事實，那便是科舉考試制度並不會生產「醜陋」和「不舒適」，通常那一些批評臺灣或是中國缺乏美感、缺乏舒適的人士，主要是從貴族文化的視角進行對比下產生出來的，醜陋和不舒適通常只是某種程度的美感，甚至有人把醜陋當成藝術來看待。

第三點，更確切的說，在科舉考試制度影響下，人們的心理行為受到規訓的結果，讓這領域的上層仕紳已經習慣於一階觀察，即便有美感可能也僅限於考試時候所規定的對仗、韻腳以及文藻意象這種相對簡單的語言、文字與意念的美感，但是與此不相干的空間、衣著或其他物件的美感和舒適之要求，卻較難有機會出現，在整體社會發展的情況下，許多的士大夫的生活習慣和農村生活緊密結合在一起，若依據現代的標準是不符合美感的。例如清朝末年位高權重的李鴻章（1823-1901）在簽署馬關條約的同時，日本也要準備讓他吐痰的痰盂，在貴族文化影響薄弱的社會之中，並不會把這種吐痰行為視為不得體或者缺乏美感。因此我們可以說平民原則的社會不會去累積與美感、舒適感相關的文明，他們習慣生活過得去就好了，對於精緻複雜的事物不必花太多時間去關注。也因此他們忍受骯髒汙穢環境的能力比其他受貴族文化影響的社會來的強，這個社會逐漸以強調「活得下去」比「活得好」來得重要。

明恩溥的觀察

科舉考試的訓練方式比較不容易產生美感舒適感和創造力的原因在於它所訓練的一階觀察，這一點我們可以從清朝末年美國傳教士明恩溥《中國鄉村生活》[34] 這一本書中看到端倪。他也像上面那一些在歐美居住久的人士使用貴族文化的視角來看中國。他說如果中國的城市不那麼吸引人的

話，那麼外國的遊人旅客也不必期望在鄉村能找到什麼來滿足他們的美感需求。他認為在漢語中壓根就沒有「美感」這一個詞，即便有的話鄉民們對它也沒有任何興趣[35]。

明恩溥並沒有直接說明中國沒有美感的原因，但是在他考察中國教育的內容時發現各地的教育內容和標準簡直一模一樣：「儘管一個縣的學堂可能比另一個縣的學堂好一點或是差一點，可是世界上還沒有任何一個國家像中國這樣在教育標準和所有細節上如此整齊劃一。」（請注意，他寫這個論斷的時候是在清朝，而不是我們現在的國定版課程。）因為每一個鄉村都非常尊重教育，因此在學堂裡面老師有極高的權威，暗中允許老師體罰，學生也非常遵守老師的規矩；在這裡的老師比較像是「文化暴君」。但是一旦老師不在，學生就會像陳勝、吳廣起來反抗導致天下大亂。另一方面明恩溥也觀察到一些教師除了《四書》之外什麼也沒學過，甚至說對《五經》一竅不通。明恩溥進一步認為：教學生學習《四書》、《五經》從政治經濟學的角度來看裡面的內容不值一文，因為這些內容並沒有對道德敗壞提供對策，而且內容太雜亂、主題瑣碎，也過分侷限。

學生的學習方式，如前面提到的，非常僵化只注意重複大聲朗讀書本文字以求記憶而不關心內容意義，此結果不只導致多數讀書人聲音沙啞，更令待在學堂多年的學生難以用漢字來指稱日常生活的事物，例如無法列出家務用品的清單，而在課堂上老師也不教授這些日常實用的文字。而且在學堂裡面也不教數學、算盤，想學者得另就高明。在家庭裡面被挑選出來參加舉業的學子，除了讀書外什麼事也不做，而且不做的原因是怕做了普通事物會有失身分。學生的學習過程也缺乏相關工具，例如很少人有字典或是其他的書本，因為中國書籍昂貴，窮教師很少買得起，因此常常不得不抄書來讀。

因此這些過程訓練出來的結果在起點上便扼殺小孩智力的發展，使他們缺乏主動性，不做自然的分析，也不綜合，缺乏判斷力，天生保守又幾乎不懂歷史[36]，一個人學問越大在現實環境中的謀生能力也就越弱。

　　不過讓他非常印象深刻的事儘管這麼枯燥乏味的過程，學生大部分都學習認真，太陽沒出來就要到學堂，之後再回去吃飯，吃飯後再來學堂，直到天黑看不清人影的時候才回家。而且這樣的學習沒有週六、週日，沒有休息、沒有學習上的變化、沒有升級、沒有轉學，每個學生自身就是一個「班」。因此明恩溥斷定如果有一天，當遠方的西方人開始與富有忍耐精神的中國人為生存展開競爭時，那麼「我們可以大膽的預測落後在跑道後面的絕對不是中國人[37]。」他的預測現在看來非常神準的。對中國人來說，不管有沒有讀書，對於長期處在枯燥乏味的（甚至前面提到挖鳥糞這麼惡臭的）環境裡面的忍耐力極高的現象，反覆出現在我們列舉的經驗之中。要點是從枯燥乏味的環境裡面出來取得功名的讀書人，飛黃騰達、位高權重之後，即便由儉入奢易、由奢返儉難，為了讓自己的子弟也能順利取得功名，也會要求子弟長期保持在忍受枯燥乏味的環境之中，沒有休息地進行學習，因此也少有「奢」的過分的家庭。一旦連具有文化領導地位的中上層階級都不奢侈「有閒」的時候，就很難產生美感創造力以及追求舒適的動機。

　　明恩溥在他的另外一本書《中國人的性格》[38]有一個專章〈不在意舒適和方便〉（Indifference to Comfort and Conveniece）提到了中國人生活中的幾個細節，直到現在還是非常值得我們反省，對明恩溥而言這些都是由於過於保守的習性與不求舒適造成的。以下分成幾類來說明：

（一）建築物方面

　　屋內的光線嚴重不良，使用菜油來燃燈只能讓小地方看得到，而且菜油的味道很難聞。居家內部潮濕而寒冷，中國人因為節儉，所以地板只是把泥土打實而已，這樣的泥土地板十分潮濕。再者、所使用的磚塊也因為節省而燒的不完全，這對健康來說是很大的威脅。第三、房屋的門做得非常鬆散，門軸接觸的部分很鬆，而且還使用雙門，這雙門的上下的空隙也很大，冬天時冷空氣便很容易灌進來，而且在這當下外面的門常常不關，無法發揮擋風的功能。第四、門楣太矮，高的人長要低頭才能夠進去。第五、使用紙窗，也無法阻止風雨、陽光、熱和灰塵的進入，而且窗戶幾乎不用護窗板（欄）來保護窗戶。第六、寒冬的時候極不舒服，因為人工熱源不足。熱源主要來自於鍋坑和床坑這兩個熱源，很少使用煤炭，而且床坑不是過冷就是過熱；人們在室內與室外穿的衣服一樣多，室內並沒有溫暖到多少。傳聞去過美國的中國道臺官員發現美國的監獄比中國的衙門溫暖舒服多了。廚房裡面只有一個鍋坑，所以一個時間只能做一道菜，而且木桿或者乾草要不斷地從底下的坑洞加入，人常常必須趴坐在底下做事，非常累。而且煙、蒸氣滿屋子都是，外國人難以忍受但是中國人不在意，也不知道這樣容易造成眼疾。第七、在鴉片戰爭期間擔任過英國艦隊醫務長的 John Wilson 同樣觀察到中國老百姓的房子通風不良，門是房子唯一的通風處；而且房子都太小，大多數都非常擁擠[39]。

（二）家具方面

　　中國的家具既笨重又不舒服。而且當時在亞洲似乎只有中國人使用椅子。中國人坐的躺椅太小，人躺在上面容易掉下來。椅背沒有斜度，即便是從英國伊莉莎白和安妮時代複製的形式過來的椅背還是直挺挺的。一般

椅子設計要能夠承受二百五十磅（約一百一十三公斤）的重量，但是中國的椅子在這種重量之下通常會支解粉碎。睡覺時他們所使用的枕頭非常的硬，這樣的硬枕頭是靠在頸部下面而不是頭部下面。而且床是硬的，因為他們覺得軟的不習慣。

（三）衣著方面

中國人幾乎不穿毛衣，冬天多半穿非常厚重的棉襖。不穿內衣，整身衣服像袋子一般包裹起來。冬天時也沒有手套。衣服上面也沒有口袋，文房四寶很難攜帶在身上卻沒有什麼替代品。通常穿用布做的鞋子，非常容易進水或潮濕，雖然也有油做的鞋子，但是太貴所以通常不使用。不覺得雨傘是需要之物，被雨淋濕了也不必換衣服，所以通常下雨天就不出門了。John Wilson 同樣觀察到中國人很少洗澡，洗澡對他們來說是未知的祕密；而且中國人不只不穿內衣，甚至不穿任何可以換洗的衣物，多數人通常穿著從不更換的藍色而且同樣的衣服直到破爛為止 [40]。

（四）對於群聚和噪音不在意

中國人為了保暖會擠在一塊。即便是大熱天一群人也可以擠著過河，西方人一定無法忍受但是中國人不在意。西方人喜歡房子之間保持距離以保持空氣流通和隱私權，但是中國人不在乎。街道上驢、騾、狗的喧囂聲很驚人，但中國人不在乎，而且不管哪一個階層都不在乎這些喧囂聲（他特別提到在驢、騾的尾巴綁磚塊就能夠避免這樣的吵雜聲 —— 這是蠻特別的方式）。

（五）其他方面

　　中國城市建設很少有計畫，建築物總是緊緊的聚在一起，這導致土地異常之貴。因此有狹窄的法院、擁擠的宿舍，即使有足夠的空間中國人也想要緊緊的聚在一起。道路缺乏公共精神，不會一起開鑿道路，例如山路一次只允許一個方向通行。貫錢的澄色品質不一，而且串聯在中間的線也容易斷掉。容忍流浪狗，卻常常被咬（被咬的時候習慣把狗毛放在被咬的地方）；街道充滿著流浪狗、瘋狗與很多有傳染病的狗。John Wilson 也觀察到整座城的廁所和水肥桶所發出來的惡臭布滿了水流停滯的運河、狹窄的巷子、擁擠的小屋，讓人感到極度的不愉快；1871 年在中國廈門海關擔任醫官的 Patrick manson 和他的同僚 August 描述廈門就像大部分的中國城鎮一樣，骯髒、狹窄、極度汙穢而讓人感受到各種不乾淨，相較於歐洲精心設計的衛生機制，中國這裡「只有豬和狗在負責同樣的工作」[41]。

　　明恩溥是從西方的觀點來看中國人的生活習性，這些習性在當代的中國大陸、臺灣以及海外的華人社會或多或少都還看得見。許多行為像是不穿內衣、不用雨傘、下雨天不出門和室室內空間照明不足等等，在當今的華人所在城市裡面不復存在，但是許多的特質依然留在各地方華人的特質裡面。當今臺灣鄉鎮還有許多流浪狗、建築物緊緊聚在一起或西方人所謂的「怪獸屋」、城市土地依舊很貴、街道噪音特別大（以前是驢、騾、狗的喧囂，現在是汽機車引擎，特別是臺灣的機車噪音與中國大陸的汽車喇叭噪音）等等問題依然存在。想想中國文明如果沒有和西方文明遭遇的話，我們至今還活在明恩溥所描述的世界裡面，而難以進一步看清自己存在的處境以及可能發展的向度。

學者楊奎松（2014）在關於〈中國近代知識分子政治選擇問題〉[42] 的演講中指出中國人就是因為有類似上述的習性，並且從清朝末年一直到現在把這習性帶到國外或是在國內的外國租界，與西方人相處時就讓他們難以忍受，因此有所謂的排華等措施。而對於這些排斥強烈反感的中國知識分子後來產生強烈的愛國主義，並且弱化了西方民主政治中對人權的保障，而主張某種程度的專制制度來對抗外國人的侵略和歧視，於是「愛國」優先於「愛人」、主權壓過人權，這是一種非意圖的結果。即便是到現在，中國人的許多農村習性還是存在。某種程度上這樣的習性也間接誘發了當前中國的民族主義。他認為這些發展本質上是中國城市文明時間太短，農村習性還難以根除所造成的，要改善這些習性需要兩三代人的時間。他不認同杭廷頓「文明衝突論」的觀點，他認為會衝突的不是文明，而是不同社會因為處在不同城市化的發展階段卻必須要互動時所造成的不愉快。這一個觀點暗示著當前的美中衝突本質上是城鄉差距所造成的衝突，只要中國城市化的時間經過了七八十年這兩三代人的時間，就不會有衝突了。

　　關於楊教授的觀點，我認同他所說的農村習性與某種程度上的城鄉衝突可能誘發中國知識分子主張以專制來自我武裝的民族主義，但是我不認為當中國經過兩三代城市化之後有辦法避開美中衝突的問題。我認為中國的城市化某種程度上確實可以減弱這樣的衝突，但是本質上文明衝突依然會存在，即便是在未來某一個時候，在中國有90％都已經居住在城市了，由科舉文明所形塑的特質依然會讓中國顯著的有別於西方文明。我們由當前的日本和新加坡身上便可以看出來，他們的城市文明已經發展了超過了三代人，但是必須說到現在為止西方社會人就認為新加坡不是民主社會；即便到了今日，西方國家對新加坡政府管理人民的方式還頗有微詞。而在

八〇年代的美日經濟貿易衝突在某種程度上也是一種文明衝突，當時的日本是自從二次大戰之後都還沒有政黨輪替過，所以也不被西方視為普遍意義上的民主國家。日本的文化心理學家河合隼雄（1928-2007）提到當日本發展成為所謂的經濟大國之後，就應該不能只是追趕別的國家了，而是必須自己判斷和決定立場，但是困難在這時候也發生了。他引用一位美國朋友曾經評論說：就好像在跑馬拉松，不管前頭的人跑得多快，日本都有足夠的氣力跟在後面；但是一旦居於領先地位就不知道該往哪裡走而跑到奇怪的方向去了。他認為日本文化中的「中空均衡結構」遇到需要自己決斷的危機時，就暴露了這個體質缺乏責任感的缺陷。從明治維新以來日本人就不斷的重蹈覆轍[43]。由這兩個國家的案例，可以推知中國即使在2050年成為全世界第一大經濟體，人民城市化的程度很高了，明恩溥所說的某些中國人的習性依舊會保存下來，並且把它帶往世界各地，某種程度上與當地的衝突緊張關係依然會存在。同時中國人對自己缺乏突破性的創造力、缺乏美感、缺乏追求舒適的動力依舊會困擾著這樣的一個平民原則的文化圈。

小結

　　平民原則主導的社會容易出現較大範圍的社會流動，因此很難進行完整的階級複製，想要較好複製自己家庭階級者通常會將小孩送到貴族原則國家讀書，不過小孩的成績通常會對當地社區形成威脅。

　　平民原則與威權體制有很強的聯繫，首先是平民原則國家幾乎都出自於威權政體；其次，平民原則運作之初都先為獨裁者服務，以平衡國家其他政治集團的權力；第三、國家透過教育灌輸忠君愛國的觀念，因此容易強調族群特質的民族主義；第四、傾向將地方的個別因素吸引到中央，

進行中央集權。平民原則國家在民主化之後,威權也常容易幻化成「鄉愁」。

平民原則國家學生的數學和理化的成績通常比較好,而且容易學到較完整的科學概念,只是學生覺得這樣的學習非常無趣。在這樣的教育系統中為求管理效率,學校學生以「班級」的型態被「圈養」起來,密集群聚、彼此競爭下,因此感受霸凌比例高於貴族原則國家。

嚴格的考試制度長期存在和經濟成長有絕對的聯繫關係。這樣的考試制度可以獲得價廉物美的勞動力,與教育狂熱所產生一窩蜂搶進熱門產業,為基礎工業和新興產業提供優秀而足夠的勞動力。而考試制度本身也促使造紙業、印刷業、圖書參考書業、補習班和教師產業的發達。

平民原則習於「一階」觀察,所以傾向於「漸進式的創新」,習慣作為概念的加工廠、外包廠,或者代工廠;他們會去尋找既存概念和概念之間的關係,但比較不會去創造新的概念。平民原則社會較缺少「突破性的創新」——這只會發生在「二階」觀察豐富的國度。這種一階觀察訓練出來的勞動力成本低、穩定、容易溝通容易管理、良率高、容易忍受沉悶的環境,因此在這樣的國家也比較容易控制失業問題。

平民原則國家的教育改革多半往貴族原則方向移動,通常在某些部分(特別是校園內各種權威的「鬆綁」)取得進展,但是企圖透過考試改革來降低升學壓力的種種努力通常失敗。

在平民原則國家裡面「關係資本」通常有激烈的運作,考試制度可以避免這種運作走向權力與財富集中於世家大族的方向,但是無法建構現代性中「理性化」關係資本的課題,必得搭配民主制度中權利義務關係的辯證,才能將傳統關係資本的運作關在相對合理的籠子裡面。

平民原則社會通常有美感和舒適感匱乏的傾向。

第十七章
平民原則與東亞社會的特殊現象

　　到此為止，我大概把平民原則的主要內容做了比較詳細的描述，不過在經驗的引用上面主要以中國大陸與臺灣為主，以下我將針對個別的國度進行討論。我將用貴族原則和平民原則這兩個向度在這些國家的影響力展開論述。首先要談的就是日本與德國。

[01] 參見張純如（Iris Chang），陳榮彬譯，2018，《美國華人史：十九世紀至二十一世紀初，一百五十年華人史詩》，臺北市：遠足文化。

[02] 佐竹靖彥，2008，〈從宏觀的立場理解唐宋變革的歷史性質〉，載於黃寬重主編《基調與變奏：7 至 20 世紀的中國》，臺北市：政大歷史學系，頁 1-25。

[03] 參見吳展良，〈先秦的學術與文化〉，臺大歷史系教授吳展良的儒學網站，https://sites.google.com/site/wuweintu/shi-xue/duo-yang-de-gu-dai-wen-ming-yu-ren-sheng-dai-ding/03-xian-qin-de-xue-shu-yu-wen-hua，搜尋時間：2021 年 8 月 4 日。

[04] 佐竹靖彥，2008，同註 2，頁 16。

[05] 金瀅坤，2016，〈唐五代明算科與算學教育〉，原文刊載于《中國考試》，6，頁 55-9。

[06] PISA, *Learning for Tomorrow World* (2003)，2004，頁 120，OECD，https://www.oecd-ilibrary.org/docserver/9789264006416-en.pdf?expires=1634248028&id=id&accname=guest&checksum=4E94F6EB17CD2DAE4F30ED25BC9C25B2，搜尋時間：2021 年 10 月 15 日；PISA 2006: Science Competencies for Tomorrow's World (Vol. 1). OECD. 2007:144，https://www.oecd-ilibrary.org/docserver/9789264040014-en.pdf?expires=1634319982&id=id&accname=guest&checksum=20FE0ECC6AACD5097BF3AF260D2BBE0F，搜索時間：2021 年 10 月 15 日。

[07] PISA，2013，*PISA 2012 Results: Ready to Learn Students' Engagement, Drive and Self-Beliefs Volume III*。第 102 頁。OEVD，https://www.oecd.org/pisa/keyfindings/PISA-2012-results-volume-III.pdf，搜索時間：2021 年 10 月 15 日。

[08] 林民程，2010，〈科舉文明〉。

[09] 黃湛利，2016，《香港公務員制度》，香港：中華書局，頁 3-5。

[10] 邱炯友、林俊宏，2016，《圖書定價銷售制度對出版產業影響評估研究》，文化部委託研究案，摘錄部分。

[11] 信傳媒，2019，〈每 10 名老師就有一位代理教師〉，https://www.cmmedia.com.tw/home/articles/15544，搜尋時間：2021 年 8 月 16 日。

[12] 林雍智，2013，〈日本民間教育產業及其評鑑制度探究〉，《教育資料與研究》，111 期，243-67。

[13] TVBS，2018，〈望子成龍補教業旺，股價上看百元俱樂部〉，https://news.tvbs.com.tw/world/863050，搜尋時間：2021 年 8 月 16 日。

[14] 彭博新聞，2023-07-21，〈中國整頓補教業效果存疑「地下補習班」費用水漲船高〉，太報（*Tai Sounds*），https://www.taisounds.com/news/content/84/71164，搜索時間：2023 年 9 月 22 日。

[15] Lin, M. (2007). *Explanations for the resistance to educational reforms in Taiwan: Taiwan's educational reforms (1994-2004): Agents' reference structures, interests and strategies*. Unpublished Doctorial Dissertation, University of Bath, UK.

[16] 以上參考 Georg Kneer & Armin Nassehi，魯顯貴譯，1998，魯曼社會系統理論導引，臺北市：巨流，頁 128-130。

[17] 天下雜誌，2011，〈賣一支 iPhone 韓國賺台灣 9 倍利潤〉，https://www.cw.com.tw/article/5027939，搜索時間：2021 年 9 月 30 日。

[18] Chen & Huang, 2015, 'Precollege and In-College Bullying Experiences and Health-Related Quality of Life Among College Students', *Pediatrics*, 135(1):18-25。

[19] 周愫嫻、林育聖、侯崇文，2016，校園霸凌防治：橄欖枝計畫，臺

北市：教育部。

[20] 以上內容參見楊思偉，2006，〈日本推動新課程改革過程之研究〉，《教育研究集刊》，52：1，第 29-58 頁。田孟心，2021，〈名校情節逼自殺！每天花 16 小時念書，新課綱能拯救韓國學生嗎？〉，《親子天下》，https://www.cw.com.tw/article/5113122。搜尋日期：2021 年 8 月 2 日。駐韓國代表處教育組，2020，〈「規畫全新韓國教育體系」韓國政府啟動「次代 531 教育改革」〉，《教育部電子報》，942 期，https://epaper.edu.tw/windows.aspx?windows_sn=24018，搜尋日期：2021 年 8 月 2 日。

[21] Lin, 2005，同註 15。

[22] 林民程，2010，〈科舉文明〉，同註 8。

[23] 吳鳳，https://stars.udn.com/star/story/10088/3928097，搜索日期：2019 年 7 月 14 日。

[24] 看中國新聞網，2019，〈「香江第一才子」陶傑：台灣是亞洲奇蹟〉，https://www.secretchina.com/news/b5/2019/12/30/918208.html，搜尋日期：2021 年 9 月 12 日。

[25] 三立新聞網，2016，〈消失的國界／瘋移民！中文攻佔加拿大〉，https://www.setn.com/m/News.aspx?NewsID=192443，搜尋日期：2021 年 9 月 12 日。

[26] 每日頭條，2017，〈逃亡海外的太平軍〉，https://kknews.cc/history/ena4xbr.html，搜尋日期：2021 年 9 月 12 日。

[27] 李迪華，2019，〈與人為敵的居住環境〉，https://www.youtube.com/watch?v=Ge8HkzHBYKU，搜尋日期：2021 年 9 月 12 日。

[28] 每日頭條，2018，〈城市裡「與人為敵」的細節〉，https://kknews.cc/zh-tw/news/xlxj2mq.html，搜尋日期：2021 年 9 月 12 日。

[29] 楊琪，2015，《一本就通：中國美術》，臺北市：聯經。

[30] 楊琪，2015，同前書，頁 262-3；又參考高木森，1995，〈風暴中的文人畫家：元末畫家的困境〉，《美育》，59 期，頁 1-24。

[31] 楊琪，2015，同註 27，頁 296。

[32] 參見許郁芳，2000，〈排灣族階層制度下藝術表現之研究〉，《原住民教育季刊》，17 期，頁 64-77。

[33] 蘋果日報，2015，〈魯凱石板屋入選世界遺產〉，https://tw.appledaily.com/headline/20151017/4SJXMV6BPUVFMX55RBTQLL4MKU/，搜尋日期：2021 年 9 月 12 日。

[34] 明恩溥，午晴 & 唐軍譯，2005，《中國鄉村生活》，新竹市：花神。

[35] 明恩溥，2005，同前書，頁 11。

[36] 明恩溥，2005，同前書，頁 93。

[37] 明恩溥，2005，同前書，頁 44。

[38] Arthur H. Smith, D. D., 1894, *Chinese Characteristics*, NY: Fleming H. Revel Company.

[39] 李尚仁，2008：46，〈腐物與骯髒感：19 世紀西方人對中國環境的體驗〉，載於余舜德主編之《體物入微：物與身體感的研究》，新竹市：清大出版社，頁 45-82。

[40] 李尚仁，2008，同前書，頁 45-6。

[41] 李尚仁，2008，同前書，頁 45-6。

[42] 楊奎松，2014，〈中國近代知識分子政治選擇問題〉，http://m.aisixiang.com/data/81108.html，搜尋日期：2021 年 9 月 12 日。

[43] 河合隼雄，林暉鈞譯，2019，《神話與日本人的心》，臺北市：心靈工坊文化，頁 334。

第三部分

日本與德國：平民原則和貴族原則的顛簸磨合

選擇日本與德國這兩個國家單獨來談，主要因為這兩個國家在劃分平民原則和貴族原則的時候，相對於其他西北歐、北美、澳洲、紐西蘭等國家和東亞其他國家而言，較難去歸類。日本和德國同樣都有上千年的貴族文化傳統，其當代的教育系統、師資培育系統、公務人員和教師系統也與平民原則國家一樣，有搭配的嚴格的考試系統；而且其考試系統於歷史上都有一定的傳承，只不過日本在大化革新（645 年）之後考試制度就終止了上千年；而德國卻是歐洲將公務人員考試制度化最早的國度。事實上在十八世紀初德國還未存在，而落實公務人員考試制度化的國家是德國前身的普魯士王國。可以說當代日本的考試系統是「跨代遺傳」，而且是跨了一千年；而德國考試系統的傳承一直到現代都具有著連續性。這兩個國家又都經歷過經濟上的快速增長、快速進入現代化，這一個過程又同時伴隨著不穩定的民主制度，後來也都演變成為軍國主義，同時又在二次大戰之後迅速恢復經濟實力和形成了相對穩健的民主政治體制。但是，即便有這麼大的相似性，考試制度對於日本社會的主宰性比德國要大得多，這使得日本在我的研究裡面被歸類在平民原則影響的國度，而德國屬於貴族原則與平民原則之間的社會。

韓國（這裡指南韓）在某種程度上也受到強烈貴族文化的影響，這是因為韓國雖然像中國歷史一樣有上千年的科舉考試傳統，但是他的「兩班文化」制度保障了高級官僚的後代子孫有更高的機會維繫家族的官僚事業，因此韓國相對於中國、也相對於臺灣而言，有更明顯的貴族文化的影

子，但是並不像日本那麼的強烈，主要的原因還是在於科舉考試制度在某種程度上削弱了貴族文化對整個社會的全面性影響。因此我們還是判斷韓國是一個由平民原則進行整合的國家。只不過就當今而言，韓國在休閒娛樂、運動產業等相較於東亞幾個較先進的國家而言，似乎更為蓬勃發展。這結果或許可以從同樣受平民原則進行整合的國家裡面，韓國歷史上受到較多貴族文化影響得到某種程度的理解；相對於中國和其他亞洲三小龍而言，韓國有更強大、長久的貴族文化傳承。這可以是我們觀察平民原則於貴族文化之間關係的另一個切入點，不過本書因為研究時間的限制，並不打算深入去探討韓國整個國家制度受考試制度影響程度，待以後有更多的時間去進行考察，也將一併與越南、泰國、印度等東南亞國家，甚至非洲與中東的國家進行比較，此處暫時打住了。

第十八章

日本平民原則形成之背景

日本知名社會心理學家南博（1914-2001）認為：世界上大概沒有比日本人那麼喜歡去自我定義的民族了。他發現關於日本人論的著作已多得無法數計，而且現今的生活中依舊常看到一些相關的出版品[01]。轉到當代的臺灣，自我定義的出版品雖然不至於多到難以數計，但是喜歡聽外國人談論臺灣的議題，在網路上的熱絡程度恐怕也是接近如此啊。不知道讀者會不會跟我一樣好奇想問：那麼，在明治維新以前的日本人會不會這樣去問外國人對本國的意見，會不會喜歡自我定義？如果不會，那麼為什麼日本現代化之後造成日本人喜歡去自我定義？我把這一個問題放在本篇的最前面，或許可以激發讀者的問題意識，產生探討的興趣。以下，我將根據四個部分所提供的脈絡來闡述這個問題，這四個部分依序是日本貴族文化之形成與演進、日本明治維新與平民原則之形成、軍閥時代：平民原則與貴族文化之衝突、二戰之後：平民原則影響超越貴族文化之始末。

日本早期貴族文化之形成與演進

　　西元 607 或 608 年之間，日本的倭王多利思比孤派使者帶著國書向隋朝進貢，書內寫著：「日出處天子致書日沒處天子無恙」（《隋書》〈東夷列傳〉）。在這一個時期或者更早之前，「日本」這一個名稱尚未出現，不過以日出或者日落來標示自己國家的位置，就已經非常獨特的標誌出了當時倭國所在時空情境，這個文明最初落腳在整個歐亞大陸人類文化的最東邊。對當時的日本而言，所有人類主要的文明都來自於西邊，沒有任何關於人的訊息是來自太平洋的另外一邊，因此他們會認為自己是人類社會裡面最接近太陽升起的地方，以太陽和整個人類文明的空間位置來定義自己的國家名稱，可以讓這一個島國產生極大的自我認同感。

西元 663 年，後來成為天智天皇（626-672）的倭國皇太子指揮軍隊，援助在朝鮮半島上受到唐朝和新羅聯軍攻擊的百濟，於白村江口一役（663）被擊潰，全軍覆沒。這一場潰敗讓當時日本列島的部落聯軍大為恐慌。由於日本在當時屬於歐亞大陸的最東邊的國度，它所面對的主要國際關係就是中國與朝鮮半島，因此要與覆蓋當時整個亞洲東部最大平原的超級大國唐朝進行對抗，自然如驚弓之鳥。要緩解這樣的緊張感，當時日本較靠近關西的眾多部落便統一在當時最大部落倭國的領導下，形成了日本最原始的國家型態。西元 668 年「天皇」與「日本」這兩個名稱首度出現在歷史上，說這兩個名稱是被強大的唐朝「逼」出來的並不為過。自此開始，日本大量學習唐朝文明，包括進行中央集權、制定了最初的成文法典，以及編造全國戶籍。一般說來日本的唐化運動「大化革新」是從孝德天皇（645-654）之時便開始了，但是根據岡田英弘（2016）的研究真正開始模仿唐朝進行中央集權、廢除豪族的行動，是從 668 年天智天皇登基之後才開始做的制度性改革，只是在孝德天皇時間作為皇太子的天智天皇已經開始掌權 [02]。

　　我們必須要進入天智天皇所屬那一個時代的情境，才能理解中國的科舉制度在日本是怎麼樣發展、轉化的。如果我們把隋煬帝登基的大業元年（605）設立進士科開始作為科舉考試的元年（「科舉元年」），到了天智天皇繼位的 668 年期間，雖然在隋朝末年動亂（611-618）、唐代初期復歸於安定，動亂時期停止的科舉考試於唐太宗在位期間（626-649 年）又開始持續進行，所以在天智天皇與他的重要幕僚看來，此種考試制度已經運行了六十年了，它不僅可以收攏廣大的讀書人又可以節制豪族的無限制擴大，因此具有雙重功效，所以日本在學習唐朝制度裡面的均田制、租庸調收稅法、規定國民要服兵役以及設置二官八省一臺這些官僚組織之外，不

可避免的也會引進科舉考試制度。在 701 年頒布的《大寶令》中規定了貢舉的科目，分別有秀才、明經、進士、明法等，外加醫、針這兩個醫學科目。考試的內容、評等的方式、官階授予的方式都與《唐六典》裡面的規定大致相同。因考試的時機不同，將參加貢舉的人員又分貢人與舉人，前者指由地方諸國貢送參加科考的考生，後者指天皇臨時需要特招或是大學寮經由寮試再參加科考的考生 [03]。

　　日本作為第一個學習中國科舉考試制度的國家可以說既早又全面。就時間上來講，朝鮮半島上面的新羅遲至 788 年才開始學習唐朝的明經科考試，又稱讀書三品科制度；在這一個時間點上，唐朝的安史之亂已經結束，而開始進入了中唐時期。而朝鮮半島上比較全面、深入進行科舉考試制度的，也就是包括了進士、明經、明法、明算、三禮、三傳等這些科目則是從高麗光宗（925-975）在位期間（949-975）的 958 年才開始，對比中國的時間已經到了五代十國的末期，再過兩年，也就是 960 年，趙匡胤就黃袍加身了。可以說就全面學習科舉制度上面而言，日本比朝鮮半島上的王朝足足早了一百五十年。再對照中南半島上面的越南，更是遲到李朝仁宗太寧元年（1075），越南才開始嘗試科舉考試制度，不過這一個朝代只進行了四次考試，比較全面的學習考試制度則要到陳朝太宗建中八年（1232）時──正當南宋中期。朝鮮半島與越南這兩個與中國接壤至今還存在的國家，都比不與中國接壤的日本在學習科舉考試制度上面來得非常之晚。日本島國的獨特性在此又是一種顯現，更何況朝鮮半島的國家和越南當時的政權在採取科舉制度之前進行中央集權的時間都已經非常長了，而日本在從部落國第一次一腳跨進中央集權國家就實行了科舉考試制度，這又是另外一種獨特性。為什麼會這樣呢？日本是不是比其他國家來得神經質呢？這是怎麼樣的文化自覺？

雖然說日本學習唐朝的考試制度這麼早又這麼的全面，這對一個剛從部落社會進入中央集權體制的國家而言是非常不容易的，如果就盧曼的理論來看，這像是一個從無系統的社會要進入一個有基本系統的社會，也將是一個很大的臺階跨越。

　　不過，制度演化中的「路徑相依」的原則，對日本初期王權的考驗並不會太留情。當我們繼續考察日本貢舉體制的實施結果，會發現它在百年內，秀才和明經兩科及第的人口只有數十人而已。並且王權受到貴族干政和學官世襲的影響，在十世紀之後這一個體制幾乎名存實亡，不但進士科被廢除了，科舉制度也被貴族把持。進入了十一世紀之後除了還保存一些文章考試之外，其他科目都已經沒落了。後來的考生皆由貴族推薦，應考考生是否通過考試，主要取決於世襲的血統；而且考試的過程已經缺少客觀公平，考官根據考生的關係自行裁判是否及第。在 1177 年大學寮被焚毀之後，貢舉便廢除了，日本隨後也進入了藩閥割據武家統治時期[04]。表面上科舉考試制度在日本大約進行了四百年（也就是約從 700 到 1100 年之間的奈良和平安時期），但是實際上科舉制度有影響力的時間就只有二百年而已（約 700-900 年）。反觀朝鮮半島和越南他們學習科舉考試制度雖然晚日本一百到三百年，但是這兩個國家卻把科舉考試制度切切實實延續到二十世紀前後才廢除，這可能也是中央集權國家「路徑相依」原則的結果。

　　日本為什麼在平安朝之後無法維持中央集權的政治體制呢？上一段指出的「路徑相依」便在說明：制度在演化的過程當中都有一些相互依循的條件，前面的條件會限制或選擇後來事件出現的機率、型態和處理的方式。於是現下的問題便是：日本到底有哪些條件限制了日本中央集權在古代的發展？也同樣促使考試制度在後來一千多年的武家政治裡面被捨棄？

以及這些舊有的條件與後來增加的新條件到後來又如何促成了日本第二次中央集權，也就是明治維新的成功？

第一個條件可以稱之為認同的條件。日本學習唐朝的制度、文化，主要因為唐朝強大而且文化內容豐富；一開始唐朝雖為敵國，後來卻成為學習傾慕的對象，在盛唐時期日本派了許多留學生到長安學習文化制度。日本頒布《大寶令》建立科舉考試制度的那一個時刻（701）剛好就在武則天時期（690-705）。關係到中央集權的日本中央政府基本法典《養老律令》（757-1100）頒布的時間是在安史之亂（755-763）發生的後兩年——757 年，依舊是盛世的末期。讀者可能不會意外的是日本科舉制度的衰退與唐朝（618-907）滅亡的時間幾乎同步，都發生在第十世紀的頭幾年。日本遣唐使停止的時間也大約在 894 年——唐朝滅亡前的十五年。可以推測：唐朝末年發生的動亂讓模仿唐朝的中央集權與科舉制度在日本失去了政治上的正當性。同時當中國陷入動亂之後對日本也不再構成潛在的威脅，因此對日本的貴族而言中央集權的必要性也不在了。對中國制度既然失去認同也不必集中權力對付中國，貴族或是有實力的武家自然會去尋求對他們最為有利的方式。

從政治地理學說說

第二個條件可以說是政治地理學。中央集權要有強大的武力做後盾，也因此必須要有支援強大武力動員的後勤補給。而在以農立國的國家中想要滿足強大後勤補給的需要就必須要有較大的平原提供食物的生產，因此平原——特別指的是可開發的平原就成了重中之重。

先從中國中央集權的政治地理學條件來看，當秦始皇（前 259－前

210 年）藉由根據地關中平原（約四萬平方公里）統一中國第二大平原華北平原（約三十一萬平方公里）便擁有了中國境內最大的穀倉，有足夠的實力挑戰周圍的部落和國家；漢、唐二朝盛世也是在這兩大平原結合的基礎上完成的。除了平原大小的因素外，早期關中平原向西邊可向通往西域的河西走廊，方便汲取中亞過來貿易和先進騎兵技術的資源；而且相對於華北平原，關中又因為地勢較高，可順黃河以及屬於長江流域的漢中東下，在條件優勢下可以管理兩大平原，所以中央集權的條件就優於日本。另一個政治地理學間接證據就是在三國時代占有成都平原（約二萬平方公里）和四川盆地（約十六萬平方公里，但在當時可能還沒有完全開發）的蜀國，以及占有長江中下游平原（約十六萬平方公里）的東吳，不只兩國平原面積接近，兩國平原面積加起來的總和恰恰好可以對等於占有關中和華北平原的曹魏，這使得魏國很難同時對抗這兩國。中國東北平原的面積約三十五萬平方公里，是當前中國最大的平原，但是在它尚未工業化之前多半是沼澤地，再加上冬天時間過長，而且存在此區的多半是以游牧獸獵為主的少數民族，所以並未成為主要的農業產地，在古代的地理政治學條件當中對中央集權而言便難以有決定性的影響力。自然條件的限制影響到了人造條件的持續經營。在這裡先談中國的政治地理學，目的想藉著此分析轉而解釋日本的政治地理學對日本幕府時期政治的影響。

　　日本在奈良（710-794）和平安（794-1192）時期，天皇中央集權失敗的最主要原因恐怕就是受制於自然條件。這時期的天皇雖然會變更首都的位置，但是都集中在日本近畿平原，也就是大阪平原，面積才一千七百平方公里，在當時的日本所有已開發區是屬於第二大平原。第一大平原是濃尾平原，位於愛知縣跟岐阜縣，約有一千八百平方公里。兩個平原比起到很晚才充分開發的關東平原（約一點七萬平方公里）、仙臺平原（約二千

平方公里）、越後平原（約二千平方公里）以及北海道的石狩平原（約四千平方公里）都算是小平原。不過早期作為日本部落領袖的倭國所在位置的近畿平原，其地理上最大的優勢在於：首先、它是日本整個最靠近亞洲大陸華北文明相對較大的平原；其次、近畿平原比面積差不多的濃尾平原較具海運優勢，它擁有瀨戶內海相對平穩的航道──此航道是日本本島聯絡九州、朝鮮、中國最重要的交通要道；若是船運要前往日本濃尾平原或是關東平原，都必須要面對太平洋強大海流的干擾，是一個極端不穩定的航道。第三、相較於後來才開發的幾個大平原，近畿平原相對的靠近南方，氣候較為溫和；晚近開發的幾個大平原區都在北方，不但離中國華北文明區較遠，交通也稱不上便利，氣候也相對寒冷，非常像是中國的東北平原在當時還是濕地，不利耕種。這三個條件讓日本倭國在早期相對容易取得了部落領袖的地位，並且建立了最早的中央集權政府。然而，倭國的條件卻不像是漢唐這種大帝國首都所在地關東平原那麼容易的可以向東、向南開發的優勢，而可以取得廣大的平原區做為軍備與軍事行動的後勤基地。因此一旦日本本島東方、近畿後面的三大平原區被開發了，而且逐漸擴大了，便有足夠的實力挑戰在小小近畿平原的天皇的中央集權的地位。上述的這三個條件的優勢與限制，讓日本第一次中央集權的優勢僅僅維持了兩、三百年。

　　科舉考試制度的建立與中央集權制度是互為因果的，某種程度上是可以互相強化的。但是一旦中央集權的條件：政治認同與政治地理學上的優勢這兩個條件變得越來越弱的時候，科舉考試制度也難以長久了。日本在皇權旁落之後的一千年中，進入了公家（為日本天皇和朝廷工作的貴族和官員，通常屬於天皇家族）、武家（指幕府將軍、守護大名和武士等）、寺家（中世紀的日本有權力的寺院不只擁有不亞於公家、武家的莊園領

地，而且在國家法會、宗教祭祀上面擔任重要的職責，因而在政治經濟上擁有很大的自主性與社會支持勢力）三股勢力爭權的政治經濟型態，基本上就是世襲的貴族與階級制度。這三家的位階在一般平民——也就是農工商之上，所以都稱得上是有閒階級。

日本主要的文化，或許可以稱之為上層階級文化，就在科舉考試制度逐漸被終結之後發展起來。這些文化包括了平安時代為了訓讀漢語而發明了片假名和平假名來補充漢語的不足的文字系統、西元 905 年《古今和歌集》編撰完成、1001 年至 1008 年之間紫式部撰寫《源氏物語》（被視為日本「物哀」美學觀的源頭）、1017 年清少納言撰寫《枕草子》、1124 年奧州藤原氏建造中尊寺金色堂——目前被聯合國列為世界文化遺產，俳句詩人松尾芭蕉（1644-1694）看到鐮倉戰神源義經的死亡之地——中尊寺時，不禁詠嘆，留下有名的句子：「長夏草木深，武士留夢痕。」（或翻譯成「遍地夏草啊，武士們，空留夢痕地」[05]）。室町幕府時代（1338-1573），1397 年足利義滿建造金閣寺、1482 年足利義政打造銀閣寺。這時候日本文化受到禪宗的影響漸漸深厚，所以有「東山文化」與「北山文化」，形成了特殊的審美觀「侘寂」，而且深入了建築、庭園、品茶、插花等等領域。德川幕府（1603-1868）時代開始的浮世繪、日本俳句、日式料理、蘭學、對朱熹和王陽明學說的再詮釋與實踐、日本「國學」開始興盛（本居宣長於 1798 年完成《古世記傳》），這正是文藝史學家島內景二稱德川綱吉（1680-1709）的時候為元祿文藝復興時代，福本和夫更把這一個輝煌的文化時期擴大到 1850 年，共一百九十年（1661-1850）[06]。在這一個時期商人階級崛起，融合貴族文化之後，更大大地擴展了有閒階級的文化內容。

德川幕府時期可以說是日本古文化，也是貴族文化的結晶，主要是因為這一個時期是明治維新以前日本歷史上政治最穩定、經濟最繁榮的時

期（若單純論其政治的穩定程度，這個時期恐怕也比明治維新、大正時期與昭和前期的政治更為穩定）。德川家康（1542-1616）所以能夠創造這樣的功績，普遍認為得力於幾個因素，包括了（一）限制人民遷徙，將人民固定在各藩之內，若想離開必須經過藩主的同意。（二）維持武家的世襲制度與階級利益。（三）拆毀各藩諸侯的城堡，禁止修築城牆、建造大型船隻，不許軍火運入各藩首府。不過從制度角度的考察，我認為最主要得力於另外兩大要素：第一是主動開發了關東平原，第二是參勤交代制度；前者是在創造自然條件，後者是在創造人為條件。前面提到在平安時期的後期日本已陷入了公家、武家、寺家三家權力爭鬥以及地方藩閥割據的局面，後來組織政權的鐮倉幕府（1192-1333）所在地是在關東平原的最西邊的位置，必須說這一個時候關東平原還未開發，所以鐮倉幕府能作為後勤使用的耕地主要是濃尾平原，其大小和近畿平原差不多。這個政權本身也不是很穩定，在 1203 年之後就被北條時政的家族所掌控，這一個政權成功領導日本對抗蒙古的兩次入侵，卻因此拖垮財政導致政權最後崩潰，而被室町幕府（1338-1476）取代。室町幕府首府設置於京都，可以就近看管天皇，不過作為後勤基地的近畿平原面積太小、人力物資、動員力量都有限，就如同平安朝末年的天皇一樣，對全國的管控能力相當有限。這一段時間發生過南北朝之亂（1331-1392，南北兩地出現了兩個天皇互相競爭正統）、元弘之變（1392，天皇所代表的公家與幕府之間的戰爭）以及農民起義（1428），後來又因為底下的大名為了爭奪室町幕府的繼承權爆發衝突，於是日本進入了戰國時代（1476-1573）。

關東平原在六千年前繩文時代原本沉浸在海面下，最早浮出陸面是以濕地而非平原的型態。西元前三世紀在眾多江河，主要是利根川搬運泥沙和火山灰的淤積逐漸厚實之後才形成類似平原的樣態。早期關東平原也有

原住民居住，但被新住民稱之為「非人」，也就是不潔有污染的意思。在第十世紀江戶氏在這裡建立的村莊，鐮倉時代 —— 也就是十二世紀才開始建立的最基本的城堡，而真正形成比較大範圍的村莊則是要到十三世紀。1590 年德川家康選定了江戶城作為其主城，這時候江戶的周圍也只有大約一百座茅草屋頂的房子。由於江戶在此時依舊是非常低窪的平原，大約就是濕地，在沒有排水管的時代一旦下雨就淹水短則數日、長則數月處在積水狀態。德川幕府或為抵抗北方勢力、或為了治水，便將原本流入東京灣的利根川東遷，聯結常陸川及霞浦而直接流入太平洋，這才使得關東真正由濕地向平原轉換。幕府經營多年之後，大約到了第五代將軍綱吉時代關東平原大部分的地區已經變成可耕地了 [07]。關東平原到底有多大呢？我們把那時候日本勢力範圍還未達到的北海道石狩平原（四千平方公里，是當前日本第二大平原）不去計算的話，關東平原的面積一點七萬平方公里，是濃尾平原、大阪近畿平原、仙臺平原以及越後平原等本島四大平原加總起來（大約七千五百平方公里）的兩倍還有餘。在 18 世紀以前日本的農地面積約一百二十至一百四十萬公頃，在十八世紀之後農地面積暴增了三倍有餘，成了三百多萬公頃 [08]，關東平原的開發在裡面占比非常大。江戶在 1731 年人口已經達到百萬，大阪在 1721 年人口有三十八點二萬，京都在 1715 年人口有三十五點八萬，後面兩大城市的總和遠遠小於江戶。可以說德川幕府在這一區開發的時間越久，農業產出和人口只會越來越多，作為軍事力量的後勤補給也就越來越雄厚，因此政治權力也就越來越穩固，特別是在第五代將軍綱吉時期整個關東平原開發完成，也讓他這個時代成為日本文化最興盛的時代。

　　第二個重要因素是參勤交代制度，這應該是世界上獨一無二的制度，它「可能」構造出了人類歷史上超級穩定的封建制度。其形成是因敵對雙

方為了保證和平，因此把自己的兒子交到對方手上當人質，這在中國春秋戰國時代和日本室町幕府之後的戰國時期都是普遍存在的做法。但是德川幕府時代，各藩主不只要將妻兒長期質押在江戶，每年（或者是每隔一年）也都要輪流來到江戶的幕府將軍跟前「參勤」，待上三四個月或半年再回到自己的領地「交代」，也就是管理領地的意思。於是，此制度不只讓藩主的妻兒以及從小在江戶長大的後代繼承人對江戶產生了比所屬領地更高的認同感，也讓各個領主來回奔波耗費了大量的金銀錢財，削弱了原本的實力。想想以前中國春秋時代最大的霸主齊桓公都幹不了的事情，也想想秦始皇統一中國之後強迫有錢人或各國的貴族遷移到咸陽卻不放他們回去 —— 齊桓公和秦始皇的霸權都維持不了多久。法國歷史學家年鑑學派布勞岱爾（1902-1985）也認為法國貴族要前往凡爾賽宮和羅浮宮觀見和服侍國王（當然還包括貴族之間在凡爾賽宮裡面爭風吃醋、討好國王），相較於這種參勤交代的制度顯然輕鬆很多[09]，但是法國不曾維持過二百五十年的和平。不過德川幕府能夠用這個制度維持政權的長期穩定也一定要有上面的關東平原的開發作為物質基礎、有壯盛的軍容和物資作為威嚇才有辦法達成，不然各個領主的家臣也會趁著領主不在的時間進行叛亂 —— 這在日本戰國時期是常發生的。

參勤交代制度對近代日本貴族文化的影響

　　幕府制定參勤交代的目的本意是為了藉由頻繁的大規模移動以及在江戶置產，消耗這些藩主的錢財家產，減少叛亂發生的機會。這個目的算是達成了，不過它卻直接或者間接產生了至少五個非意圖的結果：
　　首先，它刺激了日本的經濟發展：各藩主在前往江戶的途中常常要比

拼場面，因此沿途常常跟隨著眾多的武士和駝背物品的臨時工，而前往江戶的道路又被幕府將軍限定，因此沿途發展出了不同等級的旅館提供給不同階級的顧客居住，再加上許多長途而來的大名也會沿途趁機參拜一些著名神社廟宇，因此讓觀光產業新盛起來。再加上許多大名常常是上千人到達江戶，開銷頗大，卻刺激了江戶城的繁榮。

其次，促使識字率提升：識字率的提升的第一個原因來自於城市經機會增加，因此經營者需要識字及學習算數以方便管理財務。第二個原因來自於此制度帶來了政治穩定，使得傳統武士很少出去打戰，轉而必須學會管理（領主的）莊園與人民，由武職轉文職的結果，便被要求學習讀書識字多過於練習武術。在江戶整個時期開設寺子屋的師傅有三成是武士（也因為經濟發展熱、通貨膨脹的結果使武士階級薪水不敷使用，所以許多識字的武士兼作教學的工作），二成是平民，其他的還有佛、僧、神道教的主持、醫生，還有其他的人；而且到後來開設的地點也不完全是在寺廟裡面。至於當時確實的識字率很難評估，例如在明治維新以前的識字率有說是三分之一到二分之一的男人，以及三分之一的女人都識字；但是最近日本的網站上有宣稱是七一八成。[10] 這種說法不一的原因主要是當時沒有統計，單是靠外國旅行者的大約估計，這些旅行者多半認為當時日本大城市人民的識字率甚至超過歐洲主要的大城市。另外根據一些在十九世紀初去日本的老外寫的資料，當時都市化的程度已達到 20%，東京的人口有一百萬人恐怕是全世界最大的城市之一 [11]，而且許多村落非常緊密的靠在一起，這種都市化的作用也強化了人民對識字的需求。

第三、商人與中產階級的崛起：由於經濟發達、識字率也越來越高刺激的商人、手工業、中產階級的崛起。許多大名或是武士被參勤交代制度搞的阮囊羞澀，甚至必須跟大阪的商人借錢 [12]。武士想要還錢或者改善

經濟狀況，有些便變賣自己的特權（例如佩刀）給商人，或就入贅商人家庭，為商人家庭抬高政治地位。有些大名（諸侯）也因財力不足無法供養武士，這些被驅逐的武士於是成為浪人，他們開始突破武士可以被允許的的經濟活動，如開寺子屋、從事醫生、商業和手工業等工作。再加上那一個時代美洲白銀進入亞洲，以及日本本身也生產白銀，整個社會通貨膨脹，致使領固定俸祿的武士經濟更加困頓，商人的經濟地位反而不斷抬高。這一個趨勢同時也動搖了中下級武士階層的社會地位。

第四、中央和地方互相交流逐漸形成統一的國族文化：由於前面三點，來自各地的大量武士滯留在江戶彼此交流，中央與地方在物產和資訊上面互相交流，而且幕府所規劃的道路上沿路的都是也逐漸發達起來。原本幕府將軍禁止人民跨藩鎮遷移，避免人民集結，但是參勤交代的結果卻使各地的武士、平民有互相理解學習各地風土民情和方言的機會，長期來看反倒是弱化了幕府的主宰性，使得封建制度進一步崩潰[13]。前面四點事實上已經為明治維新的成功打下基礎了。

第五、把貴族文化徹底的傳遍了全國，而形成了所謂的「日本性」，當然也就是造就了日本的文藝復興[14]。對這一個結果而言，參勤交代制度只是扮演了次要的因素，因為主要因素恐怕是德川幕府時期逐漸成熟的茶道以及其他被冠上「道」的文化。

德川幕府在逐步開發關東平原並且嚴格執行參勤交代制之後，經過二百五十年的穩定，融合了日本自「大化革新」之後接受來自中國、印度的影響，以及當時對外貿易所受的葡萄牙、西班牙、荷蘭這些西洋零零星星的影響，創造了一個遺世而獨立的貴族文化。下一章我有必要談一下日本的貴族文化，因為這樣的文化是讓日本在當今的東亞迴異於其他東亞各國的重要制度來源。

小結

　　日本歷史上遇過三波外來的衝擊。第一次與第三次都因為對方有更高的文明而對外學習。第一次學習唐朝，包括科舉制度；第二次學習西方，主要是德國。而這兩次都完成中央集權，不過其間兩次中央集權的時間竟然橫跨了一千年。

　　唐朝滅亡的時間與日本第一次中央集權結束的時間大約同時。這除了表示強大的唐朝不存在之後，日本也沒必要以中央集權整合軍力的方式對抗唐朝了。另一層面的意義則是日本對於唐朝中央集權，包括考試制度，從認同變到不認同了。

　　從政治地理學來看，在兩次日本中央集權中間的一千年因為沒有任何一個諸侯擁有最大的平原，因此對其他諸侯缺乏政治經濟上的控制力而無法形成中央集權的格局。

　　德川幕府創造的日本有史以來最穩定的政治型態得利於兩個因素：第一是參勤交代，第二是關東平原的開發。參勤交代政策促進了日本近代經濟發展、識字率提升、商人和中產階級興起、貴族文化變成為「日本性」。一個關東平原的大小遠遠超過本島上面所有平原的總和，這為德川幕府取得政治經濟上的絕對優勢。

日本平民原則形成之背景

[01] 南博，邱琡雯翻譯，2014，〈前言：愛好自我定義的民族〉，《近代日本的百年情節：日本人論》，新北市：立緒文化，頁 21。

[02] 參見岡田英弘，2016，《日本史的誕生》，新北市：八旗文化，頁 227。

[03] 劉海峰，2016，〈東亞科舉文化圈的形成與演變〉，《廈門大學學報（哲學社會科學版）》，4 期，頁 1-9。

[04] 參見高明士，2007，《東亞傳統教育與法文化》，臺北市：國立臺灣大學出版中心，頁 87-125；吳光輝，2003，〈日本科舉制的興亡〉，《廈門大學學報（哲學社會科學版）》，5 期（159），頁 35-40。

[05] 見 James L. MaClain，王翔、朱慧穎譯，2009，《日本史 1600 － 2000》，海口市：海南，頁 88。

[06] 參見胡川安，2017，《東京歷史迷走》，臺北市：時報。

[07] 參見竹村宮太郎，劉和佳、曾新福譯，2018，《藏在地形裡的日本史》，臺北市：遠足文化。

[08] Prof. K. Ohno, *Edo Period: Pre-conditions for Industrialization*，https://www.grips.ac.jp/teacher/oono/hp/lecture_J/lec02.htm，搜尋時間：2021 年 8 月 4 日。

[09] 布勞岱，施康強、顧良翻譯，2006，頁 741

[10] K12 Academics, *History of Education in Japan*，https://www.k12academics.com/Education%20Worldwide/Education%20in%20Japan/history-education-japan-0，搜尋時間：2021 年 8 月 4 日；Fact and Detail, *History Of Education In Japan*，https://factsanddetails.com/japan/cat23/sub150/entry-2794.html，搜尋時間：2021 年 8 月 4 日。

[11] 涂豐恩，2015《大人的日本史》，臺北市：平安文化，頁 39。

[12] 布勞岱，施康強、顧良翻譯，2006，頁 741-3。

[13] 柄谷行人，林暉鈞譯，2015，《帝國的結構：中心、周邊、亞周邊》，臺北市：心靈工坊，頁 330-1。

[14] James L. McClain，王翔、朱慧穎譯，2009，頁 83-90。

第十九章

日本的貴族文化的內容

為什麼要闢專章討論日本的貴族文化呢？因為日本可能是東亞唯一將貴族文化完整保存下來的地方，了解日本貴族文化對於東亞其他國家了解自身社會在當代的發展的定位極其重要。

能創造精緻文化者通常是有閒階級。最早的有閒階級便是貴族，早期的日本文化基本上就是貴族文化，同樣的，其內容特質也大都符合范伯倫所提煉出的有閒階級四大特質：對力量的崇拜、占有慾與所有權、對差異和新鮮感的追求，以及對舒適感的追求。這樣的貴族文化一直延續到江戶時代的中期後，當社會經濟發達起來，有閒的商人和手工藝階級多了才出現了像音樂和浮世繪這樣「精緻的」平民藝術[01]。

我們可以從武士道的修養科目來概觀日本貴族文化的種類：關於貴族文化中力量崇拜的部分，在武士道的訓練中主要有劍道、弓道、柔道、相撲、騎術、槍術、戰略戰術等。關於差異性新鮮感和舒適感的追求方面顯現在與佛教一道從中國傳入日本的詩文、繪畫、音律、服飾、飲食、瓷器等，以及在日本本土融合了儒家、道家、禪宗，還有神道教逐漸創造出來的華（花）道、茶道、將棋、邦樂、香道、書道、文學等等。在占有慾和所有權方面主要展現在公家貴族、武家和寺家勢力對土地和農民勞動力的占有，最多可能還包括武士對大名的忠誠所代表的地方私人武力的占有，但是並沒有像歐洲貴族文化到後來發展出人權的概念。

力量的崇拜

先就力量的崇拜方面來看，當今日本相對於中國和亞洲四小龍而言，它的職業運動算是最發達的。日本的棒球、足球和相撲等項目，不論是職業和業餘，參與人口數目以及擁有的觀眾人口數目在東亞就人口的比例來

說都算是最多的（第二強的大約就是韓國——因為同樣也留存著某些程度的貴族文化）。這種對力量崇拜的特殊性與日本長期的封建制度下頻仍出現的戰爭造成武士的職業化和訓練系統化、武士文化向各階級滲透恐怕有很強的相關性。

　　武士道大約在十六世紀左右成形，經過了德川幕府二百六十多年的和平時代影響力，透過戲劇、曲藝、說書、淨琉璃、小說向社會各階級進行擴張 [02]。不過武士道這一個名詞恐怕是明治時代後期新渡戶稻造用英文發表《武士道：日本的精神》（*Bushido: The Soul of Japan*）一書之後才以更具體的形象出現在世人面前 [03]。相對於當代的職業運動，日本在近代發展出來的武士道、柔道、弓道以及追溯更遠的相撲有了更多層次的舒適感的追求。一如武士道的修為在精神上涉及到節義、勇氣、仁德、誠實、榮譽、忠誠以及適當的自我節制等等道德上的舒適感。在美學上武士道十分重視日常生活中的禮節，甚至禮節的修養還有不同的流派，曾任臺灣總督府殖產局長的新渡戶稻造（1862-1933）甚至認為優雅的舉止能讓所有器官和功能達到最佳狀態，並使人體與周遭環境達成和諧，因此武士道的禮節體現在所有行為舉止最微小的細節 [04]，這一點可以從後面要講的茶道，也是武士道的修練之一，再細談。武士甚至覺得切腹自殺都有如櫻花落下時的優美。新渡戶稻造在討論武士道的禮節時曾經引用范伯倫的有閒階級理論，認為禮儀是有閒階級生活的產物和典型代表，對他而言日本武士也是有閒階級 [05]。在智識上的滿足方面，武士強調對儒家經典的學習，例如《論語》或甚至講求直覺經驗的王陽明哲學，不過武士道也如西方的貴族一樣討厭會計 [06]。另外就武士道所修煉的劍道講求氣、劍、體一致與以靜制動的智識，並藉此訓練處變不驚、心如止水、慎謀能斷的精神力量。

相撲也隱含著宗教精神與上美學上的意涵。根源於兩千多年前在日本神話中兩位神祇相爭為王，或者是神道教中為了占卜發展出來的相撲，單單看他們在相撲會場地上方懸吊伊勢神宮式樣的神社、高階相撲選手在比賽前必須灑鹽，以及抬高左右腳作為驅邪儀式「四股」，便深具宗教上的崇高感。由相撲衍生出的柔道本身也強調道家以柔克剛的智慧（不抵抗、以虛誘實、消耗對方的力量），而在藝術與美學上表現為「暗示」的價值觀 [07]。這些「道」雖然主要表現在力量的追求上面，卻衍生出其他更多的追求。

占有和所有權

談日本貴族文化中占有慾和所有權的問題時，我們可以先看看日本在二次戰後經濟快速成長的主角 —— 大企業。這些大企業多半採取終身僱用制以及搭配完成的年功序列制（根據年資而非績效來給予薪水，非常像是當前臺灣的公教人員薪水晉升的方式）。在這樣的社會氛圍下員工極少換工作 —— 因為換工作代表年功序列的中斷會導致薪水降低以及養老津貼斷裂的風險。這些大企業還同時保障員工及其親屬的住家、購物、子女教育教養機構的服務，像一個大家庭；而且這些大企業多半多角經營，像日本 Sony 公司經營範圍便橫跨了遊戲及網路服務、音樂、影視、家庭娛樂及音訊、影像產品及解決方案、移動通信、半導體、金融等等部門。在西方市場經濟理念強調個人競爭、專業分工的個人主義方式產生極大的對比。當時的許多研究者把這種制度歸因於一種企業競爭的「策略」，不過如果是策略的話，那代表有些企業會採用，有些企業不會採用。但是我們檢查日本戰後發現絕大多數的大企業都採取終身僱用制的時候，把它單純

歸因「策略」就有點說不過去了，倒不如把它歸因於制度發展上「路徑相依」的結果較為妥當。我們如果考慮歷史制度的延續關係，日本的（第二次）中央集權（也就是在明治維新之後到二次戰後之前）短短不超過一百年的歷史。在明治維新之前長達一千四百年中，只曾經在「大化革新」開始時嘗試過二百年的（第一次）中央集權，而且還並不怎麼成功，所以日本在明治維新之前有著上千年封建諸侯的傳統。因此，我們把二次戰後在日本發生的大企業終身僱用制的現象和日本封建時代大名對地方的經營大約就可以產生制度上的連結關係。

　　日本廣義上貴族文化（包括公家、大名、武士或是寺家）制度的形成，起源於對土地勞動力以及某種程度上的精神和心理層面的占有。在大化革新之前，日本屬於貴族－奴隸關係的部落（又稱為部民）制度 —— 類似臺灣早期排灣族和魯凱族部落制度，每個部落會競爭自己的遊獵漁耕的區域。大化革新之後，天皇土地政策模仿唐朝的均田制度，頒布公地公民的「班田收授制」，內容根據在朝廷的地位、官位、功勞的不同而給予不同的「口分田」 —— 這一個部分是可以世襲的。除此之外政府還會頒給人民公田，在農民年老或死去時，這公田又會收歸國有，每六年再授予給新成年的農民。這個制度如果持續下去的話，日本就可以跨入真正的中央集權，再搭配當時的科舉考試制度便可以確確實實變成了一個科舉文明的社會了。可惜持續不滿百年，人民常常因為政府課徵租庸調太多而逃離農地，而在政府機關掌權授地的官員卻常利用職務之便，將公田變成私田，這種私有財產化的政治尋租導致政府的公田數量越來越少，中央政府的稅收因而也越來越少。窮途末路下，西元 73 年奈良時代的聖武天皇頒布了《墾田永年私財法》，裡面同意人民新開墾的土地皆屬於私有財產，於是這些有私人財產的土地主人叫做領主或者名

主，土地較大者便稱之為大名。因為當時中央集權制度已經逐漸在崩壞中，於是許多有勢力的寺社、貴族、地方豪強趁機擴大地盤，他們所豢養的保鏢就演變成為後來的武士階級；他們所形成的武裝集團不但會搶奪朝廷派駐的地方官所管理的公有地，也常常互相搶奪彼此的土地。有些領主為求自己擁有更大的權力以控制土地，便依附其他貴族、寺社和大名，此一舉動被稱為「土地寄進」，而逐漸在第八世紀形成了莊園經濟。並且在十世紀左右，這些莊園不再向中央納貢，也不接受中央派駐的行政官僚的治理，這就是所謂「不輸不入」的現象[08]。當這些諸侯對土地占有達到某種程度，便可以壓榨底層農民的勞動力使自己成為有閒階級，於是貴族文化逐漸形成而且深化。

這段時間社會的不穩定發展，使得農民的經濟狀況越來越差。由於大名和家臣之間的關係建立在賜予領地與祿米的俸祿關係，結果常常一塊土地是由「職體制」中的本家－領家－莊官－名主等多人共同擁有，重層支配土地的所有權和受益權，也就是集體分配這一塊土地上的農產量，因此常常導致民不聊生而爆發農民起義事件。

這樣的莊園經濟持續了七百年之久，直到豐臣秀吉（1537-1598）於1590年統一日本，將莊園制改成為分封制，日本歷史也由中世進入了近世。豐臣秀吉來自於貧農階級，所以他代表的是「武士化的農民」來反抗大名，典型的「下克上」現象。他了解農民的辛苦，於是在他統治的期間進行了「太閣檢地」：統一了度量衡、重新量測農地並依據產能將之分為上、中、下、下下等四級，確立一地一人耕作制度，並且將測量和分配的結果記錄在「檢地冊」，不允許買賣抵押自己的土地，確立了農民對土地的占有權。這樣的結果刺激的農業生產量的提升，為統一建立了經濟基礎。另外他還頒布了「刀狩令」，進行兵農分離，並且規定士農工商身分

不可任意轉換。於是在這兩個政策之下中央與地方的勢力開始控制廣大的農村，並且為統一的日本建立了新的秩序 [09]。豐臣秀吉和德川幕府的關係，可以對比隋煬帝和唐朝的關係，都是前者為後者提供了長期穩定的制度基礎，可是前者政權本身卻以極快的速度消失於歷史上。只不過日本在這個時候還是採取領主世襲分封制度，直到明治維新之後才採取了中央集權的郡縣制度。德川幕府基本上延續了豐臣秀吉的土地政策和嚴格的身分制度，為了社會穩定還禁止各藩的人民（包括武士）任意離開所屬藩地，再來要求各藩大名的參勤交代，相較於之前的其他政權，德川幕府便可以直接間接管理全國人民和農業生產量，形成穩定的「幕藩體制」。因此各路領主和所屬的各職業類別人民之間的關係，形成了類似當代日本大企業長期僱用與多角化經營的產業制度。而當時發展出來對領主盡忠職守的武士道，其實就是一種職業軍人的道德修為 [10] ── 這是領主這等有閒階級對底下勞動力和勞動精神的占有。

再來可以進一步討論的便是日本的家族概念，其內涵已經不再是簡單的「血緣」關係的聯繫，而擴大到「家業」關係的聯繫。當一個家族家業沒有男性繼承人的時候，他們常常會收養與自己血緣近或是毫無血緣關係的年輕男子作為繼承人。因此我們可以看到日本歷史上一些知名人物經常的更換姓名，這與希臘羅馬時代的名人有相同的文化。而中國在宋朝之後就少有這種收養的現象了。家族對家業的占有慾望來說，貴族社會會比平民文化所形成的社會更加重視。在平民原則的社會裡面，除非是社會地位較高的家業例如官僚、醫師或者是大企業老闆等等，不然通常業主不會鼓勵自己的小孩繼承自己的家業。

多樣性的追求

東亞傳統上因為缺乏數理邏輯所形成的概念推理根源，所以在多樣性的表現上不可能像歐洲的有閒階級發展出的多元性文化那麼的立體，不過由於日本貴族文化延續了上千年，在遇到明治維新後期逐漸形成的平民原則之前，它的多元性追求方面，仍然展現了類似中國春秋戰國時代之文化細節多元性的氣概。

先談一下佛教吧。從印度傳入中國的佛教經過了五六百年的演化，特別是在宋朝之後，經過科舉考試制度洗體的政治文化選擇了較為實用、儀式比較不繁複的淨土宗和禪宗作為主流，其他的流派都已經沒落了或甚至消失了。但是從中國傳入日本的佛教宗派裡面卻保留了在中國已經消失的流派，如真言宗、三論宗等還傳承至今；當今日本還在運作的佛教宗派至少還有十一種以上（例如奈良時代傳進來的三論、法相、華嚴、律宗、成實、俱舍六宗，稱為「南都六宗」。平安時代有天臺、真言二宗，稱為「平安二宗」。以上八宗，主要為當時日本貴族相關的上層階級所信仰。到了鎌倉時代，禪宗、淨土宗、日蓮宗這種較為平民化的開始流行），多數的宗派底下又可細分成數十種小流派，似乎一個知名的寺院就是一種流派。

再來看一下影響整個日本有閒階級文化很重的茶道，依據茶葉吃法的不一樣分成了抹茶道和煎茶道；依據儀式過程強調的不一樣又可分為四大宗派，「裏千家」雖是其中最大流派，其他的大小流派超過四十個。由茶道衍生出的華（花）道除了華道創始池坊流外，有以色彩與寫景的表現為重心的小原流、有不限於花卉與植物等素材的草月流，以及其他零零總總超過十種以上的流派。耐心的讀者可以再去查劍道、柔道、相撲、空手

道、香道、書道和包括繪畫，每個都有數十種流派。而每一種「道」的學習者因為其功力的不一樣又可劃分為十種左右的階級，例如相撲選手由上到下分成了橫綱、大關、關脅、小結、前頭、幕下、三段、序二段、序之口，最上面的六段才有薪水，低級別的要服務高級別的，甚或作為跟班。不誇張的是，對選手進行分級的裁判自身也分等級，比如一般相撲的裁判叫「行司」，最高級別的裁判叫做「立行司」。又像日本現在仍存在著「書道技術師認定協會」，連教書法的師傅都要經過認定，使他們具有差別性的社會地位。日本貴族文化理念追求差異性的功夫可謂不遺餘力啊，恐怕不亞於歐洲的貴族文化。在分等級方面，相對於歐洲文化恐怕還有過之，難怪新渡戶稻作在《武士道》一書裡面引用一個外國學者的發現：十六世紀的日本人的個性與歐洲人一樣都是立體的高山，而其他亞洲大陸的人的個性像平原[11]。

有閒階級追求差異的功夫，非常意外的造成了日本成為亞洲最早開放性地接受西方學問的國家，也為明治維新以後的現代化提供了預備。近世紀的中國正當陷入科舉考試制度的繁忙生活之中，多數知識份子對新鮮的事物無暇他顧了，而日本的有閒階級卻氣定神閒的吸收的外來的文化，除了來自中國的朱熹、王陽明的學說、製茶與製陶技術，同時也在吸收來自歐洲的文明，包括早期來自西班牙和葡萄牙的「南蠻學」。後來的德川幕府雖有閉關鎖國的命令，但是對外國事務仍然充滿著好奇。例如命令在長崎初島駐紮的荷蘭人也必須「參勤交代」，每年要向幕府將軍提交歐洲的新知報告。十八世紀以後，幕府也不再禁止基督教以外的西洋圖書流入日本，並且開始派人學習荷蘭語和自然科學 —— 當時的荷蘭正當爆發了科學革命。有名的例子是在 1774 年杉田玄白（1733-1817）翻譯了「解體新書」，而且自己親自帶著荷蘭的解剖學書籍到刑場去觀察人體內部的結

構，並開始質疑中方的經絡之學。德川幕府時期的許多城池，像熊本城這種九州的地方城池，興建時也動用了西方的工程知識，可說是中西合璧（因為一些築城牆的技術知識也來自於中國）。到了十九世紀中期也就是明治維新之前，日本總共翻譯了五百多本外國書籍。外國知識的輸入為明治維新的成功做好了鋪墊。同時在翻譯的過程裡面常常用中文去塑造許多科學性的概念，直接協助了中文世界在後來吸收世界新知的功效。後來為了讓學生更有效的學習，便把來自西方的知識，特別是數理科學的概念化知識，注入了教科書中。這個過程卻無意中重建的中文文字的字彙，並且引進的概念性思考，間接影響百年之後出現的東亞經濟世界。

舒適感的追求

在舒適感的追求上，花道、邦樂、香道、茶道、服飾等等剛好符合視、聽、嗅、味、觸五覺舒適感──有閒階級追求極致的主題，都是蠻適合去探索的，不過最為全面的而且影響層面最廣的應該就是茶道。依照岡倉天心（1863-1913）在1906年所著的《茶之書：日本文化的神髓所在》一書的意見：武士道教日本男人如何去死，但是茶道教日本男人如何去生。本書此處將依范伯倫對於舒適感追求所提到的四個層次：身體的、精神的、美學的、智識的，來對茶道進行分析。

首先，茶道與身體舒適的關係，便是讓茶道符合視聽嗅味觸五覺的舒適感要求。茶道師父的訓練過程便是企圖讓自己和參與者的五覺提升到非常精細的程度。通常喫茶的茶屋所規範的空間不只有小小的茶屋本身而已，簡略地說，還包括通往茶屋的通道（露地）、讓客人洗手和漱口的「蹲踞」、讓客人換裝／休息或等待茶室主人出來帶路的「待合」，也包括了在茶室裡

面會有一個牆面凹入而高起的壁龕（代表神明降臨的地方），裡面會擺置繪畫或書法，或甚至插花。茶庭中的一草一木，甚至苔蘚、石頭擺置的通道都經過精心的設計；目的還沒有喝茶之前，帶領客人的視角感受到茶庭裡的種種精心布置的暗示，而獲得直覺上的新鮮體驗。許多時候就連著樹蔭和落葉也都是精心設計過的，因此帶領客人來的時間也要十分考究，讓他們可以及時觀賞到樹蔭的樣態和整個茶庭之間整體的優雅閒適。茶道的祖師爺千利休（1522 － 1591 年）就曾經苛責他兒子經過三番五次的打掃都還不到位，原因是茶庭中缺乏了落葉的雅緻。通過小小的入口「鑽」入茶室之後，進入眼簾的是擺設在壁龕牆壁上的書法或繪畫或花藝，客人約定俗成得「心領神會」觀賞一番，接著客人會開始看到並且聽到茶室主人煮開水的聲音，為了讓煮開水的鐵壺發出靈妙的聲響，通常會在壺底放置一些鐵片，隨著開水煮開了，發出叮叮噹噹的聲音誘發客人的好奇心。這時通常主人會奉上非常甜的和菓子，在形狀色澤上面也都能誘發客人的鑑賞力，並且刺激客人的味覺，誘發客人想要喝茶來消除口中過重的甜味。而這時候又可以透過視覺觀察到主人在泡茶或者是使用特殊工具「竹笼」刷勻抹茶的動作。現場不說話，非常寧靜，目的在讓客人用心體會。讓客人喝茶的茶碗也是主人精心挑選的，所以客人在喝茶時必須要轉動三圈，透過手的觸覺來感受到陶碗表面的質感，並且通過視覺來欣賞茶碗的美感。有些茶主也練就了一身香道的功夫（應該說香道是從茶道發展出來的），會用炭火輕輕的燃燒沉香木來誘發客人的嗅覺，讓茶室如春天到來 —— 坦白說，雖然感覺很像今日吸毒的場景，但相對優雅許多。在夏天的時候茶主會故意在「露地」處的花草樹葉上，在避免沾濕客人的和服的前提下，撒上一些水珠，或者在壁龕的花藝底下也滴上一些隨意的水滴，企圖透過這樣的視覺來誘發客人感覺到清涼的觸覺。這種五覺之間的互相轉換是藝術的極高境界。

其次就茶道的精神層面來說，茶道的創始者千利休認為茶道的精神是「和靜清寂」，不過茶既然和道連在一起，創始者或繼承者就會將道家的思想在茶會的過程中呈現出來。而茶道的儀式原本是由禪宗的茶會發展出來的，因此可以說道家與禪宗思想透過茶道找到了一個交匯的「偶合點」。道家思想理強調的伸縮有彈性、無窮變化；人生有三寶「一曰慈、二曰儉、三曰不敢為天下先（老子《道德經》）」體現在茶道中茶庭的千變萬化，壁龕裡面的擺設也強調「一期一會」的變化，重視整體美感而無一過度突出的變化。禪宗致力於禪定、寂靜與正思慮，表現在茶道中便是追求事物內在的本質，並在人與物、物與物、人與人之間建立最直接的融洽。岡倉天心指出百丈禪師所創立的禪宗叢林制度，確立了所有的生存，不論地位高的主持或是地位低的佛門弟子，每天都必須從事勞動，任何最不起眼的環節或最卑賤的工作也應做到盡善盡美。於是這一種法門若落實在茶道中，則園中的除草、廚房的洗菜，或是斟茶時各種程序在日常生活中的展開表面上輕如鴻毛卻以重於泰山的方式對待它，這成了茶道的中心思想。對茶道而言，道家為它提供了美學的理念，禪學卻使得茶道得以在現實中實現[12]。

第三、就茶道的美學層次的滿足來說，岡倉天心認為茶道大師的信念就是將藝術融合而且貫穿於生活之中，對生活的方方面面尋求藝術鑑賞的極致。他們的心海總是平靜無波，言行舉止總在創造整體氛圍的和諧融洽，衣服的剪裁和顏色的選擇、身體動靜的姿態也在力求展現藝術性格而不會等閒視之。茶道大師努力使自己成為藝術而非藝術家，這是一種唯美精神的禪意。這些茶道大師影響的日本古典時期所有的建築與室內裝潢，包括十六世紀以後的皇宮和寺院、日式花園、陶器與漆器製作、繪畫甚至日式料理（尤其指的是懷石料理中上菜和食用的方式）的水準[13]。

第四、在智識上舒適感的追求方面，我們會發現茶道、花道或是其他種種設計，常常為了完成儀式上或是工作上的某一個動作，而特地去發明順手、舒適、合宜的工具。例如冬天喝茶怕茶一下子冷掉，所以使用開口窄高的陶碗；夏天怕茶水過熱，於是便使用開口扁平的茶碗讓溫度容易散去。煮茶的火爐在冬天時會抬出地面來，讓大家可以感受到火的溫度；而在夏天時則會移往地板下方，使客人不受熱氣的薰陶。因此舀湯水的湯瓢在冬天和夏天為了屈就茶水擺放位置的高度，放置湯瓢的地方便希望能產生高度的舒適感，便設計出兩種不同的湯瓢。另外為了讓必壁龕上的花藝展現禪意，茶道與花道師父會用剪裁、曲折、扭轉的方式來「虐待」花朵，或者將鐵絲插進植物的體內以幫助循環，或者使用燒炭來為植物的傷口止血，為了讓整個花藝具有持久性，花藝底下的液體可能加進鹽水、醋酸、明礬、硫酸鹽等等。當植物會倒下的時候也會加上一點熱水與讓花藝可以苟延殘喘 —— 可憐的花！來參加茶會的客人可被期待從茶庭的陰影、枯山水的擺設、枝葉扶疏的變化、壁龕裡面的書法文字或者繪畫裡的內容，又或花藝的形式體會出茶室主人的暗示，感知萬物彼此之間的分際、修身養性的規則、環境整潔的知識，還有簡樸之中的自在 [14]。

范伯倫研究有閒階級特質的面向轉來研究日本的貴族文化一樣行得通。日本的貴族文化在對力量的崇拜、占有慾和所有權的把握、多樣性與舒適感的追求等方面，可以總結出幾個特殊的原則：第一、貴族所屬莊園制度長期形成的家業、事業或是「道」，其傳人很多樣，傳承代數也很長。不論是父傳子或是師傳徒，為了讓「業」能夠傳遞下去，收養徒弟或讓徒弟當女婿，並且要他們改名改姓是司空見慣的事情，所以這樣的家業和事業通常可以傳承好幾十代。其次、流派眾多，每一個流派又有小流派，這增加了日本在面對外來文化衝擊時的適應力。第三、禮儀化的過程非常厚

重,特別是那些被稱之為「道」的事業,他們帶著極大的敬意和哲學,甚至宗教情懷來從事這一份工作。第四、為了完成工作中的某一個動作,會特地去發明最為順手和舒適的工具,他們把這個過程視為是對生活的禮讚與驚奇。有些特質在當今日本社會的各個角落還是存在,那麼我們下一個問題便是這些貴族的有閒階級的文化是怎麼傳遞給整體日本大眾的呢?

日本的貴族文化如何傳遞到中下階層呢?

新渡戶稻造認為改變日本所有的動力中最主要的是武士道[15]。武士道向各階層滲透的方式主要有兩個途徑:首先、透過戲曲小說,底層的民眾欣賞了武士道相關的戲曲小說而感染了武士道的氣氛。其次是來自特定階級,特別是平民階級的領袖或者是游俠模仿的武士道的精神,而讓其他老百姓有模仿的對象[16]。我認為這樣的說法在某種程度上是成立的,特別是在關於有閒階級力的崇拜方面。但單單這種說法無法涵蓋全部,有閒階級另外有三個層次的文化傳遞方式。

岡倉天心認為將貴族文化滲透露各個階級的主要動力是茶道。因為所有的階級日常生活中或多或少都會有屬於自己的茶會,透過鄰里之間的茶會,茶道的精神影響到了日本大眾從居家擺設到整個生活習慣,他認為所有最地道的日本文學、繪畫,還有食衣住行育樂等等方面都受到茶道的影響。影響的內容包括家裡必須要穿著素色衣裝、食用較為精緻的料理、空暇時賞花弄草的態度、待人接物強調簡樸、謙遜、退讓的生活方式等等[17]。我認為岡倉天心的說法比較全面,從對自己家業傳承的重視、多樣性與舒適感的追求這三個面向,特別是後面兩個面向,透過對茶道生活化的影響,確實提高日本人整體美感和藝術的鑑賞能力。

不過我認為還有一個重要的管道：日本的學堂「寺子屋」所傳遞貴族文化。在江戶整個時期開設寺子屋的人（先生），三成武士、二成平民，其他是佛僧、神道教的主持、醫生等，這群人中接近八成來自有閒階級。這些有閒階級所以還必須從事教學的工作的主要原因，在於江戶時期經濟發達造成的通貨膨脹。當時的人民，特別是農民，多往都市集中。由於武士的薪水固定，因此通貨膨脹的結果造成武士階級薪水不夠用。武士階級基本上有聽、說、讀、寫，還有算數的能力，剛好可以開個家教班賺錢。其他的平民如僧侶和醫生在當時是知識的擁有者，為了謀生所以也開寺子屋，同時教授所學、培養弟子、壯大家業、賺賺小錢。透過這個方式，有閒階級把貴族文化傳遞給了中下階層。

[01] 參考阿部次郎，1931，《德川時代的藝術與社會》一書，引自南博，邱琡雯譯，2014，頁130。

[02] 新渡戶稻造，林水福譯，2007，《武士道》，臺北市：聯經文學，頁143。

[03] 參見李登輝原著，蕭志強譯，2004，《武士道解題：做人的根本》，臺北市：前衛，頁166。

[04] 新渡戶稻造，吳容宸譯，2003，《武士道：影響日本最深的力量》，臺北市：先覺，頁66-7。

[05] 新渡戶稻造，吳容宸譯版，2003，頁62。

[06] 新渡戶稻造，林水福譯版，2007，頁93。

[07] 岡倉天心，江川瀾譯，2011，《茶之書日本文化的神髓所在》，上海市：上海人民大學，頁33。

[08] 參見劉新民，2015，《日本通史》，谷月社電子書。

[09] 參見左學德、吳玲，2004，《日本社會歷史轉型期的土地問題研究》，哈爾濱：黑龍江人民。

[10] 新渡戶稻作，2007，同註2。

[11] 新渡戶稻作，同註2，頁27。

[12] 岡倉天心，谷意譯，2009，《茶之書》，臺北市：五南，頁62-73。

[13] 岡倉天心，谷意譯版，頁132-134；江川瀾、楊光譯版，2011，上海市：上海人民，頁78。

[14] 岡倉天心，谷意譯版，頁30、114-115。

[15] 新渡戶稻造，林水福譯版，頁153。

[16] 新渡戶稻造，林水福譯版，頁144。

[17] 谷意譯版，頁133。

第二十章

日本與德國平民原則之形成

在日本現代的社會經濟政治制度發展過程中，平民原則開始的時間，應是在明治維新的晚期。此時，日本之教育制度、官僚制度與專業人員身份的核准制度，皆採取嚴格的紙筆考試。逐漸成形的現代考試制度最終促使整個社會、經濟、文化層面逐漸產生了本質性的改變。這些改變是原本維新的菁英們意料不到的。

在第二次世界大戰以前的歷史中，長期孤立在亞洲大陸外邊的日本遇到三次來自外面的大威脅：第一次是唐朝征服了朝鮮半島，把日本的勢力範圍逐出朝鮮半島；第二次是高麗王子拉著蒙古進攻日本，這一次打到日本本土但無功而返；第三次則是西洋的船堅砲利，包括黑船事件（1854年）、下關戰爭（1863－1864年，英、法、荷、美等國連手與下關的尊王攘夷軍團對抗，逼迫日本開港）。第一次和第三次都引發了日本的中央集權，並且全心全意向外國學習，並且徹底改變了日本文明發展方向。第二次元蒙入侵只是加速的鎌倉幕府的倒臺，對日本的社會結構影響不太大，原因應是日本人不覺得蒙古人的文化比他高明。

1868年，在薩摩和長州兩藩的支持下，明治天皇恢復了中央集權。薩摩和長州兩藩是日本最接近亞洲大陸的兩個地方。薩摩藩下的長崎，是德川幕府時期唯一允許對中國和荷蘭通商的口岸，因此對外消息靈通，最早也最有資源條件接近蘭學，也擁有最精良的西式武力。十七世紀初在德川幕府剛剛成立之時，這兩藩也是較晚投降的地方大名，被稱之為外樣大名，因此也在開港通商之後最早起來反抗德川幕府。在這兩藩菁英的合作下，德川幕府迅速被打敗，讓日本回復到一千三百年前由天皇「有機會」掌握實權、可以統領日本的中央集權體制。1871年，日本政府廢除了所有的領地制度，將地方武力統一進入國家軍隊，不准地方擁有軍事武力。在

1876 年也廢除了武士階層：禁止武士配刀劍權利，並且取消給武士階級的薪餉。後來引發武士階級的叛變，也就是西南戰爭（1877 年），不過在短短一年內就平定了。表面上此時天皇是個有實權的天皇，但是他的權力還是被支持他的薩摩藩和長州藩共同分享。這兩股軍事力量貫穿到二次大戰結束之前的整個日本社會和政治結構。

　　1870 年代，擺在日本前面的最大問題就是整個政治、經濟、社會、文化制度如何向西方學習。制度的學習有路徑相依的關係，在當時對國際最有影響力的國家是英國，緊跟其後追求世界影響力的國家有法國、荷蘭以及剛剛結束南北戰爭的美國，但是日本選擇的是與他一樣剛剛完成國家統一的德國。以下幾點分析，可以理解為什麼日本不選擇英、美、荷、法等的發展方式，以及為何日本選擇學習德國的制度後取得了巨大的成功。首先、就司法制度而言，英國和美國制度中從十三世紀就開始運作的習慣法和陪審團體系，這對當時的日本而言是極端陌生的。再來、美國的共和民主制度是建立在中產階級知識菁英共識的基礎之上，這也是日本所沒有的社會條件。有人（特別是大正時代的自由派菁英）會認為日本在當時可以採取英國君主立憲的方式，君主變成虛位元首，把國家的權力交給民主選舉勝利的國會多數黨來執政，並且有一個獨立的司法體系等等，只是這些制度對當時日本而言很難消化，因為當時日本可以快速統一的要件之一，是環繞在歷史文化上還有威望的天皇作為尊王攘夷的指標性核心而發展出來的，因此對明治菁英而言無法接受說國家統一之後，便馬上讓天皇失去權威，而只具有象徵性意義；再說，如果把國家權力交給國會，那麼在軍事力量上占據優勢的薩摩與長州藩在人口比例上，甚或富人的比例上他們並不占據優勢；而且一旦將國家權力交給民選政府，那麼兩藩不只馬上會

失去既有的軍事威攝力量 —— 這股力量是日本當時可以施行中央集權的
條件，也會失去已經靠自身努力取得的政治經濟利益。因此，兩種考量
下，明治菁英放棄英、美的民主體制。

　　就學習法國而言，當時的法國剛好在普法戰爭戰敗的陰影之下，國家
剛從有實權的君主立憲改成為民主共和，對日本而言這是一個相當不穩定
的國家。至於跟日本好上兩百多年的荷蘭，它的制度為什麼也不被日本接
受呢？ 1848 年擴及整個歐洲的民主革命，讓荷蘭原本具有實權的君主制
改制成為元首虛位化的君主立憲政府，和英國沒什麼兩樣了，因此也無法
獲得日本岩倉使節團（1871-1873）的青睞。

　　日本在當時看到的德國，是屬於開明專制晚期的體制。早期的開明
專制是腓特烈大帝（Friedrich II von Preußen，1712-1786，在位時間 1740-
1786）所採取的立國態度：吸收所有文藝復興運動之後理性主義的果實，
廣納民意，視自己為人民的公僕但是沒有議會制度。晚期的開明專制始於
1848 年 3 月，迫於整個歐洲革命，在自由派中產階級與工人階級反抗威
權的壓力下，採取了君主立憲與議會制度，但是這個體制不是英國虛位君
主的君主立憲，此時普魯士憲法規定上議院的議員由君王指定，下議院的
議員由各州選舉產生。但這時候國王並不需要把行政權交給議會的多數黨
領袖，仍然可以自行決定首相與各部會的首長，只是預算必須由國王和議
會共同決定。但是如果決定預算的時候國王和議會的意見不一樣那該怎麼
辦？首相俾斯麥主政時期的議會由自由派議員居多，由於反對國王的政策
不願意通過預算。俾斯麥想到一個不違背憲法而可以繞道而行的方式：下
議院既然不通過下一年預算案，那就沿用上一年的預算案；於是公務員可
以繼續收稅，政府可以繼續執行政策。俾斯麥這種可以不理會議會而去執

行他的鐵血政策又無違憲之虞的竅門，就延續下來了，而這一招被日本的立憲政府完全拷貝。

日本政治菁英在 1889 年頒布《大日本帝國憲法》，把五股勢力的力量放進來：首先是代表華族（與天皇有近親關係的貴族）的樞密院、代表薩摩藩和長州藩的海軍大臣和陸軍大臣（俗稱海相、陸相，通常軍隊可以自行推薦人選而無需首相同意，除非首相本身就是實力派軍人。特別是此二軍部的權力與首相差不多，直接歸最高統帥的天皇管轄，而且擁有「帷幄上奏權」，可以繞過內閣直接向天皇上奏）[01]、代表地主階級也就是原本領主階級的帝國議會（當時必須繳納國稅達十五日幣以上的人才擁有選舉權和被選舉權，因此選出來的多半是有錢人、地主或是後來的工商業出身的中上階層 [02]）、由各方勢力協調出來的首相，以及由考試系統出身的官僚體系 —— 有時也可以擔任各省（指各部會）的大臣。有意思的是各省（指中央各部）大臣與首相的權力竟然差不多，因此常導致互相爭地盤、互相對立的情況 [03]。與德國相似，既然國家的建立和擴張是由軍人集團來完成的，於是在二次大戰之前軍人的勢力足夠左右政府最高的對內和對外的決策，並且在政治文化上形成了軍國主義。當時官僚出身的勢力只能作為輔助的角色，還未能主導整個國家大政。一直到二次大戰結束後在美國政府的支持下，軍人集團終於退出了政治舞臺，日本的官僚集團才逐漸掌握了國會和工商業財團。

日本明治維新的菁英伊藤博文（1841-1909）等人既然複製了德國憲法的架構，當然也複製了德國制度的次級架構，也就是公務人員與專業人員的考試制度，以及義務教育制度。我雖然說後兩者是「次級」架構，但絕不是「次要」架構，因為這兩個架構最後影響了日本整個文明的走向，影響到平民原則的形成。

德國與日本採取公務人員考試制度的可能原因

以下我將從日本跳到德國制度史的討論。在討論日本平民原則形成的這一專篇時，若不交代這一背景將難以理解為什麼日本官僚甄選與晉升，以及升學制度不採用推薦制度而採用考試制度。

歐洲第一個正式而且全面採用公務人員考試制度的國家就是普魯士王國。1713 年腓特烈威廉一世（1688-1740、1713-1740 在位）要求法官和律師必須通過考試才能取得資格。受他壓抑的兒子腓特烈大帝（1712-1786、1740-1786 在位），也就是開明專制的始祖，在 1743 年也頒布命令要求大學畢業生要在政府單位實習一年之後進行考試，通過才能獲得官職。而在 1770 年要求所有高級官員都必須通過筆試，及格才准予獲得資格。兩位國王經過六十年的努力建立起這一個可長可久的制度。

我們要問的是如果腓特烈威廉一世和腓特烈大帝這對父子並不是心血來潮才採取公務員考試制度，那麼什麼樣的條件和原因支持他們採取這樣的政策呢？先談兩個條件，第一是因為印刷術發達使得讀書識字的成本降低。1440 年左右，生長在今日德國中西部的古騰堡（Johannes Gutenberg, 1398-1468）發明的鉛字活字印刷，很快地在德國與歐洲傳播開來。其結果不但使閱讀成本降低，也使文化知識的傳播變快，直接刺激文藝復興、宗教改革、科學革命。不過這些事件中距離我們這一主題最近的就是新教改革。路德要求新教教徒要直接閱讀聖經以接近上帝，於是在普魯士這種屬於路德教派的地區在這種推力（閱讀成本降低）和拉力（教徒要直接閱讀聖經）同時存在的情況下，促使能夠讀書寫字的人數變多。在古代成為官僚的，特別是文書官僚的條件，便是要會聽說讀寫這些基本功。識字率提高將使得有條件擔任官僚的人數也增多，於是當競爭某一公職職缺的人變

多後，原本推薦審查的方式不僅要背負沈重的人情壓力，也會得罪爭取不到職缺的失敗者，因此採取考試制度是比較公平方便的方式。這樣的條件同樣也發生在中國的南北朝到隋朝之間，此時雕版印刷術已被普遍施用，不過一開始主要用於印製佛經或符咒，後來才印製有利於文字傳播的各類文本，「書本」也在這時候才出現在歷史上，於是，識字而獲得文化的成本降低了，這為在隋唐時間所採取的科舉考試制度提供了條件上的支持。而且宋代以來的印刷書特別發達，這使得讀書的成本更大為降低，為貧寒人士通過考試由社會底層向上攀登創造了條件 [04]。

第二個可能的條件是十七與十八世紀整個歐洲在文藝復興之後對中華文化的崇拜熱潮，特別是晚明時期，許多來到中國的傳教士把中國透過考試制度而產生文人治國、禮樂之邦的形象傳到歐洲，因此嘗試學習中國採取公平簡單的考試制度來選擇官員。伏爾泰（Voltaire, 1694-1778。1750-1753 年間應腓特烈大帝的邀請前往柏林擔任高薪的宮廷侍從，他的思想多少也影響了腓特烈大帝）與孟德斯鳩都很肯定中國的科舉考試制度，而且後者即便對中國存在許多惡劣的印象，但也認為中國古代因為考試制度不存在嚴格意義上的封建制。耶穌會士義大利人利瑪竇（Matteo Ricci, 1552-1610）來到中國時，在給歐洲人信件中，詳細地介紹了中國的科舉制度，甚至提到了八股文；後來在他回義大利之後留下大量的資料，金尼閣（Nicolas Trigault, 1577-1628，同樣是來過中國的傳教士）將之編輯成《基督教遠征中國史》（又名：《利瑪竇中國札記》），印製的地點就在當今德國南部的奧格斯堡。內容提到中國是由知識階層，即一般叫做哲學家的人來治理的，他們井然有序地管理整個國家。他們透過考試來挑選治理國家的知識菁英，而且任何人都可以參加考試，有時一個地區的初試就有四、五千人參加。中國政府的整個性質都與科舉制度密切聯繫在一起，而有異於任何別的國家。這些經由考試挑

選出來的「哲人」對帝國的統治者有著廣泛的影響[05]。當時英國牛津學者伯頓（Robert Burton, 1577-1640）的《憂鬱症的解剖》（*The Anatomy of Melancholy, 1621*）中大量參考利瑪竇的資料，認為中國的科舉制度是從哲學家和博士中挑選官員，他們政治上的顯貴是來自才能道德上的顯貴，而不是由於出身的高尚[06]。葡萄牙傳教士曾德昭（Alvaro Semedo, 1585-1658）於1643年出版的《大中國志》詳細地記錄了科舉的全過程，包括學生學習考試方式與學位授予、博士學位等詳細內容，並且評論：從學生頭次赴考，直到最後考取博士，是這個國家的頭等大事。因為學位和職位帶來的名利，都取決於這些考試。它是人們全力注視的唯一標的。他觀察到如果有名利二者可以相結合的事物，那肯定是中國這種科舉考試制度[07]。書中內容深入到各級考生數量、辦考試的經費、給考生的旅途費用、當時著迷科舉的社會現象、以及甚至將秀才－舉人－進士對比為學士－碩士－博士。甚至提到當時的皇帝禁止老百姓任意學習數學[08]。以上這些傳教士、學者的言說間接對歐洲世襲的貴族特權和教會神權帶來挑戰。他們認為在中國，一切榮譽利益都從對個人能力的公正的考試競爭中得來。以上這些關於中國考試制度的著作發行，時間上比普魯士平民原則制度元年早了五十到一百年，因此，普魯士的兩位國王和境內的知識菁英不可能不知道這樣的考試制度可能帶來打擊貴族特權和教會神權的方便。

賈志揚（John Chaffee）在其所著《宋代科舉》書中也指出中國考試制度具有相當的世界史意義，得力於西方耶穌會士和其他晚明和清朝的觀察家所賜，中國的菁英政治模式為西方的啟蒙哲學家提供有利的模式，多少幫助了現代西方社會的形成[09]。

第三是一種動力因，也是兩位君王最可能的動機，就是平衡容克貴族 —— 普魯士最主要的地主階層 —— 可能牽制君王行動的權力。普魯士

的王室來自於日耳曼地區西部（而非東北部的普魯士地區）的霍亨索倫家族（Hohenzollern），這一個王室的先祖們與荷蘭的執政奧蘭治親王家族有很深的聯繫。而當時的荷蘭是清教徒、喀爾文教派的聚集地，因此霍亨索倫家族的成員是信奉清教徒傳統的基督教，而與信奉路德教派的容克貴族有所區別。1685 年法國信仰天主教的路易十四在鎮壓喀爾文教派的支派胡格諾（Huguenot）教派時，二十萬教徒中因為腓特烈威廉一世的父親腓特烈一世（1653-1713）張開雙手歡迎他們，因此有二萬多移居到了普魯士（剩下者分別逃往北美、英國、荷蘭、瑞士等地，這些區域都成了當代經濟最發達的區域）。另外在 1732 年大約一萬七千名新教徒被薩爾茲堡（Salzburg，現在屬於奧地利北邊的一個城市）天主教總主教迫害而來東普魯士避難。其它包括荷蘭人、比利時人、捷克人、瑞士人、再洗禮派也紛紛湧進宗教相對寬容的普魯士[10]。也大概是因為上一個世紀三十年戰爭（1618-1648）死傷慘烈的關係（整個日耳曼地區有一半的男性死亡），因此普魯士歷任國王為增加國內人口而對於移民採取歡迎的態度。而這一些移民中特別是新教徒多半是擁有專業知識和技術，甚至是有資金的中產階級，文化水平比容克貴族還要高，因此這兩位君主樂意利用考試制度來篩選中央和地方政府的管理官員。於是乎很自然的這些外來的新教徒和或者胡格諾教派[11]出身的子弟們通過考試的機會便不會太低，因此考試出身的這群官僚就變成了馬克斯韋伯底下具有中立性的科層體制，可以制衡貴族勢力，有助於中央集權。再因容克貴族的家庭長子多半繼承領主的位置，而他的次子們則被吸收到軍隊中擔任軍官負責打戰。於是軍隊與官僚形成普魯士非常特別的兩股勢力，分屬不同的教派和階級，卻形成了普魯士統一德國、擴張和社會統合的基礎。前者（統一與擴張）由容克貴族領導的軍隊來完成，後者（社會統合）由公務員考試以及我們隨後將介紹的義務教育來完成。

日本文官考試制度的形成

　　這裡必須再拉回來討論日本了。日本採取公務人員考試制度也同樣有幾個社會條件：首先、在明治維新之前，德川幕府社會經濟結構（特別是寺子屋普及的教學效果）非意圖的結果下造就了日本社會整體的識字率有可能高於當時世界其他國家 [12]。其次、我們站在這些明治維新菁英所處的時代來看，當時許多國家都開始了公務員考試制度。普魯士在十八世紀已經開始公務人員考試制度，隨後統一德國後於 1879 年要求公務人員資格考試除了法律之外還要加考行政、經濟、財政等專業科目，已經與今日先進國家的考試科目差不多了。再來，英國在 1832 年於東印度公司也進行職員考試的改革措施；1853 年 Northcote-Trevelyan Report 研究東印度公司考試制度的結果，之後建議英國政府為了吸引一流的人才必須舉行競爭性的考試，而且人才的升遷也應該依據他的才能（merrit），並且將文官分成高級文官和低層文官。於是在 1870 年英國正式確立了公開競爭的考選制度，比普魯士晚了一百年以上。美國在 1883 年頒布《文官法》（Civil Service Act 1883），正式放棄原本的分贓政治，建立以考試取材的文官制。法國也差不多在這段時間開始了文官考試 [13]。因此，處在同一時間進行政治改革、力圖學習歐美富國強兵的明治菁英，實在有足夠、正當的理由去說服日本的知識階層跟社會大眾採取文官考試制度。第三、德國有容克貴族，日本有武士階級，他們都是傳統對外戰爭、治理國家的人才來源。前面提到維新政府因為取消了武士階級的特權結果引發武士的暴動。當時日本總人口將近三千萬人，其中武士則約有二百萬人，如果這一大群擁有武裝力量的人口失業是一件嚴重的事。為減緩這一股力量的衝擊，政策措施首先是引導他們變成現代化的軍人，不過在國家統一之後需要的軍人人口不會太多，所以一些武士主張征韓論。臺灣的牡

丹社事件（1874 年）最後導致日本出兵，據信也是一種消耗武士失業人口的作為。當時的日本並不像是普魯士處於歐洲的地理中間而需要很多士兵多方面作戰來鞏固地盤（因而普魯士才被稱之為「擁有國家的軍隊」），所以日本想到的第二招便是將這一群識字率比較高的武士階級，轉變成為國家中央和地方的官僚。先前提到《武士道》一書的作者新渡戶稻造他就出生於武士階級，屬於舊藩子弟，他們認為：要報維新政府消滅舊藩的一箭之仇以及對抗薩摩長州集團出身的子弟，就得早日學習新學問，例如政治、法律、經濟，並且有一天讓自己成為政治家 [14]。為了讓他們有治理現代化國家的能力，日本政府在當時也展開了義務教育和高等教育來培育新官僚。

於是維新政府在這些考量之下，就地取材，在 1885 年（只比美國晚了兩年）頒布的《官吏綱要》之中規定建立的內閣制度並引進了近代的官僚機構，官僚之中大臣以下的所有官員都必須經過考試，並且在部門之內接受專業訓練。兩年之後，1887 年頒布了《文官考試適用於實習規則》確立了根據考試來篩選公務員的原則 [15]。日本依據考試和證照的方式來建構官僚制度的基礎，就此便被固定下來了。

除了建立考試制度之外，日本的平民原則還需要有一隻腳才能成立，那就是現代化的義務教育體系。當然，我們也先從全世界最早施行義務教育的普魯士開始談起。

普魯士與日本的義務教育

1717 年，普魯士國王腓特烈威廉一世（又是他）開始實施義務國民教育。這一個國王既是歐洲第一個開始公務員考試，又是世界第一個開啟的義務教育的創始者。有些讀者想當然爾地認為他應該是絕頂聰明的文藝復

興風格的人物，事實恰好相反，威廉一世在位時間禁止法國文學、拉丁文和音樂在國內流傳；他平時特別喜歡操練士兵，所以有另外一個稱號「士兵王」（這一點跟黃仁宇在《從大歷史的角度解讀蔣介石日記》序言中所形容的蔣介石倒是有點像）。當他的兒子腓特烈大帝年輕時受不了他的管教，有一天企圖逃往荷蘭的祖輩老家，後來被抓回來，腓特烈威廉一世在他兒子面前處死了協助他兒子並且一起逃亡的隨從，腓特烈大帝嚇到昏倒。當鄰國的薩克森選侯兼波蘭國王奧古斯特二世（Friedrich August I der Starke, 1670-1733）稱自己喜好文藝的國度是古希臘的雅典，而稱普魯士是斯巴達的時候，腓特烈威廉一世竟然覺得這樣的評價適得其所，幾乎沒有和其他國家結盟的普魯士這時候竟然和薩克森結盟。由這些跡象來看腓特烈威廉一世的性格，非常相似於現今臺灣臺北市前任市長柯文哲，同屬於亞斯伯格症候群，對於嚴格而且有固定程序的事物充滿著狂熱。

再來，由於普魯士地處中歐，有瑞典、俄羅斯、波蘭、奧地利、法國，還有教皇等等列強環視，腓特烈威廉一世意識到需要有強大的武力才能因應。因此在他任內分區進行徵兵制，強迫農民當兵，軍人數目由原本的三萬八千名上升到八萬三千。不過要讓農民變成「嚴格而且有固定程序的事物」，識字的士兵鐵定比不識字的士兵來得符合條件。基於這樣的觀察，進行全民義務教育就有十足的理由。（中國對日本八年抗戰時期，中國共產黨基本上很少投入戰爭，但是他們在陝北延安地區下了很大的功夫，對當地的老百姓、年輕人、還有軍隊的士兵進行提高識字率的教育，經過了八年共產黨軍隊基本上識字率遠遠高過於國民黨軍隊，因此在進行統合指揮、傳遞訊息方面，遠比國民黨軍隊更有紀律和效率。這是共產黨最後擊敗國民黨的重要原因之一。）

當然我們也有理由認為：腓特烈威廉一世單純是為了讓不識字的人可

以如同喀爾文教派和路德教派的標準信徒，自己讀聖經來接近上帝，以遠離羅馬教皇的天主教勢力或是其他天主教國家如法國、奧地利的干預，並對普魯士有更高的忠誠度。當然有些讀者會認為：腓特烈威廉一世意識到教育和經濟發展之間的連動關係——不過，此種認定恐怕是我們的事後諸葛，否則工業革命應該先發生在德國而不是在英國——因為工業革命是非常親近新科學知識的運用的。更何況當代有許多研究顯示教育投入與經濟發展之間未必有正相關[16]。

　　事實上在義務教育之前，日本的一些知識菁英早就認識到學習西方學問的重要性。在明治維新之前的一八六〇年代，作為最早赴歐美調研考察的福澤諭吉（1835-1901）在他的著作《勸學》書中，開宗明義敦促日本國人必須要學習。學習的內容不只是識字、吟詠和歌、寫詩作賦，或者是學會算盤而已，還要學習西洋的歷史、地理、經濟、物理、數學等等較為實用的科目，如此才能學有專長以對社會有更大的貢獻，並且為自己獲得更高的社會地位、享受更好的生活[17]。因此早在公務員考試政策實施以前，明治維新政府在 1872 年就頒布了《學制令》，裡面規定六歲以上的兒童必須接受四年的義務教育，並且學習西洋把國家教育分成大學、中學及小學三種等級。小學的教育的內容從原本德川時期的倫理道德變成了除了重視培養個人基本程度的讀寫、算術這些文理學科，往後還逐漸增加了西方的歷史、地理和科學，企圖擴大學生的視野；此時也開始重視體育（1886）這個科目。1881 年，文部省公佈認可的教科書書目來統一全國凌亂的教學項目，以便作為規範升學考試（升學初中）的標準。1886 年頒布《小學校令》規定任何教材都必須文部省的批准。1903 年文部省又規定教科書必須統一編選、統一分發——這除了方便控制思想，也方便讓學生有一致的學習內容，更方便於升學考試的出題。有統一依據的內容就能促進更為公平的考試。

第二十章
日本與德國平民原則之形成

　　1880 年，日本有 60% 的男童以及 20% 的女童接受過義務教育。為了讓更多的學童可以受教育就必須提高合格教師的人數，於是在 1886 年頒布《師範學校令》，規定每一縣必須要有一所師範學校以培育小學教師；並且設立一所東京高等師範學校以培育全國的中學老師[18]。明治末期，學童接受義務教育的比例接近 100%，足見政策效果。

　　明治時期的教育政策除了上述關心師資的來源、教學的內容、教育的等級之外，在一個帶有軍國主義色彩的新興國家裡面，還希望藉由教育進一步統一思想並且培養效忠國家的意識。日本在 1890 年頒布《教育敕語》，要求學校老師與學生都必須背誦關於作為忠臣、良民的美德，例如孝順、友愛、孝悌等等中心德目。在後來軍人掌握國家政權的時候，教育敕語內容已經包括了為了忠君愛國不惜自我犧牲的精神。於是，這樣的精神教育讓軍方在動員畢業學生從軍報國、擴張領土時，預備了正當性的論述，也增強了國家發動戰爭的動員力量。日本與德國的軍國主義時期、蔣介石統治臺灣時期以及當前中國大陸的共產黨教育體制所施予的愛國教育，都屬於同樣效果；配合考試制度極端的「一階觀察」訓練，便可將學生鍛練成「嚴格而且有固定程序的事物」，之後才更方便指揮動員。於是，在這種教育體系裡面隱藏著讓國家強盛的祕訣，德國統一戰爭之中表現傑出的毛奇（Helmuth Karl Bernhard von Moltke, 1800-1891）將軍普遍被流傳的一句話：「普魯士的勝利早在國小教師的講壇上便決定了！」

　　即便到了今日，教育敕語在德國、日本以及亞洲四小龍已經不再流行了，也不再具有強制性了，但在某些時刻依然展現著強大的動員力量。當我們看到 2020 年流行於全世界的新型冠狀病毒，就感染人數占總人口比率與感染人數中的死亡率進行國家或地區的比較時，具有平民原則的國家與政權都是屬於較低的那一群。還存在教育敕語的中國大陸的一些城市和

省份，其動員力量也是令人欽佩的。這裡我必須更清楚的說：並不是單靠教育敕語就容易產生動員力量，如果沒有考試制度作為人格心理與行動上面的訓練支撐，教育敕語的動員力量也相當有限。想看看義大利獨裁者墨索里尼（Benito Amilcare Andrea Mussolini, 1883-1945）也推動法西斯主義，也有教育敕語之類的宣傳教育，但是一遇到美軍登陸就馬上被自己的國民消滅了。

　　這種貫穿教育體系和官僚甄選體系的考試制度為什麼會產生這麼大的動員力呢？本書前面些微提及，在這裡請容許我更深入嘮叨一次，那就是因不斷的出考題、而且是不同的考題來讓學生回答的過程當中，讓學生養成了「嚴格而且有固定程序的事物」，幾乎等同於 SOP（標準作業程序）了。在他們的心理、精神和行動上面經過了這個體系的規訓之後，似乎形成了一種內在設定，凡事遇到問題出現都會盡可能尋找 SOP 來應對。這種訓練方式的本體論可以說是具有東方哲學內涵的「工夫論」（是一種「能夠把實踐智慧、技藝和行為主體的精神境界融合一體的概念」[19]）。他需要人們對於數以千計的考試題目進行精神、理智和紙筆反應的連結關係，產生一種修練，類似「腦筋運動員」的訓練方式。而訓練好和訓練不好又可以分不同的「境界」（進入了「境界論」的範疇）。不同的境界又反映在升學考試之後被分流到不同排名的大學、系別和高中。如果您是在東亞以外其他國家長大的讀者，不了解準備考試的過程具有的「工夫論」和「境界論」這兩個被新儒家學者視為東亞主要特徵的本體論（筆者甚至認為「工夫論」和「境界論」若真是東亞本體論的主要特徵，那麼這與延續上千年的科舉考試制度可能有著極其緊密的連結關係，此二論可能是被考試系統選擇出來的結果），可以到 YouTube 裡面看一下臺灣清華大學數學博士「張旭的人生雜談／人生歷練／我清大數博入學考只有四分？」[20]

543

這一個視頻。他為了準備博士「實變函數論」的資格考試，安排自己每天在固定時間做考古題、重量訓練、技擊運動、睡眠、吃飯；為增加學習時間，每天睡在自己的研究室的折疊椅上；考前幾天曾經做了考試沒通過的惡夢，嚇醒後繼續奮鬥，到後來練習壓力大到流鼻血、走路搖晃、嘔吐、生重病、發高燒，但是「造次必於是，顛沛必於是」，最後終於完成自己設定的目標，並得到了此系所此科考試有史以來最高的分數。說他為這科目解題所下的功夫以及練就的境界已經到了「爐火純青、超凡入聖」，真的不是誇張的說法。

　　這種考試制度下訓練出來的人員，他們在解決新問題或是面對新方向時所下的抉擇以及採取的瞬間應對的方式，或許不像貴族原則支配的國家那麼的精緻、舒適、有創造力，但是這些國家在解決舊問題、依循舊方向時，執行 SOP 的徹底程度、願意花時間去做苦力工作的忍耐力和執行力，常常會令人咋舌。解決舊問題、老問題時，對這些平民原則的國家而言是綽綽有餘。舉例來說，戴口罩是一個有效率卻不美觀的防疫手段，日本、亞洲四小龍還有中國多半都願意去接受這樣的手段，但是流行病一開始也有許多的日本人和絕大多數的德國人不願意戴口罩，這是因為兩者還是存有貴族文化的影響所致。不過後來疾病嚴重時也都願意接受政府強制戴起口罩，而將狀況控制住了。比較當前（2023 年）台積電分別在美國亞利桑那州和日本熊本設廠進度，在日本比較容易達成的原因，也必須從這個角度來理解。

小結

　　本章論述德國普魯士接受考試制度的原因：受傳教士的影響、宗教改革之後識字人口增多、與普魯士當地不同教派的君王為平衡普魯士貴族勢

力等三項。普魯士率先展開義務教育的原因：讓軍隊更容易指揮、容易形成國家意識等。

日本明治維新時期選擇學習德國制度的原因：日本剛剛形成中央集權，企圖更有效率的方式追上西方國家。使日本在教育與國家人才選拔上的考試制度順利建立的原因：日本明治維新之前識字率高、德川幕府雖有鎖國政策但持續接受荷蘭帶進來的新科學，以及當時各國文官考試制度都已經成立使日本有學習對象。

官僚甄選的考試制度與教育體制的結合形成一種將精神、理智和紙筆反應連結而產生的一種修練型態，具有功夫論和境界論的特徵，這時期訓練出來的人才具有擅長處理 SOP 程序、對事務的忍耐力和執行力極高，在精神上服從上司並對下屬展現威嚴的特質。其結果是整個社會像穿上鋼鐵人的衣服。

第二十章
日本與德國平民原則之形成

[01] 參考楊德山、王仲濤，〈導讀〉，載於辻清明，王仲濤譯，2008，《日本官僚制研究》，北京市：商務，頁 5。

[02] 參考加藤陽子，黃美蓉譯，2016，《日本人為何選擇了戰爭》，新北市：廣場，頁 91。

[03] 同註 1。

[04] 何懷宏，2011，頁 94-5。

[05] 利瑪竇、金尼閣,，何高濟、王遵仲、李申譯，2010，《利瑪竇中國札記（1615 年）》，臺北市：中華書局，頁 27-59。

[06] "Chinese observe the same customs, no man amongst them noble by birth; out of their philosophers and doctors they choose magistrates: their politic nobles are taken from such as be moraliter nobiles virtuous noble"，參考 Democritus Junior，2004，原文修訂版網路資料 https://www.gutenberg.org/files/10800/10800-h/10800-h.htm，搜索時間：2021 年 10 月 3 日。

[07] 曾德昭（Alvaro Semedo），何高濟譯、李申校對，2010，《大中國志》（*Relacao Da Grande Monarquia Da China; The History of That Great and Renowned Monarchy of China*），臺北市：臺灣書房，頁 51。

[08] A. Aresta，2010，〈曾德昭與中國科舉考試〉，《行政》（澳門），卷 23，90 期，NO.4，947-63。

[09] 賈志揚（John Chaffee），1995，譯者不詳，《宋代科舉》，臺北市：東大。

[10] 郭恆鈺，2011，《德意志帝國史話》，臺北市：三民，頁 74-5。

[11] 法蘭西斯福山，林麗雪譯，2015，《政治秩序的起源（下卷）》，臺北市：時報文化，頁 86。

[12] 詹姆士麥克萊恩（James L. McClain），王翔、朱慧穎譯，2009，《日本史：1600 － 2000》，頁 68，海口：海南。

[13] 許南雄，2007，《各國人事制度》，新北市：商鼎文化。

[14] 李登輝，《武士道解題：做人的根本》，臺北市：前衛，頁 82-3。

[15] 麥克萊恩，2009，同註 12，頁 162。

[16] Lant Pritchett, 2001, 'Where Has All the Education Gone?', *The World Bank Economic Review,* 15(3), pp. 367- 391.

[17] 福澤諭吉，徐雪蓉譯，2013，《勸學》，臺北市：五南。

[18] 麥克萊恩，2009，同註 12，頁 215。

[19] 倪培民，2012，〈將「功夫」引入哲學〉，《中國哲學與文化》，10輯，頁 41-70。

[20] 張旭，〈我清大數博入學考只有 4 分〉，https://www.youtube.com/watch?v=b19kbL0pAFQ，搜尋時間：2021 年 8 月 5 日。

第二十一章

為什麼德國沒有被平民原則明顯整合？

第二十一章
為什麼德國沒有被平民原則明顯整合？

　　日本在當代被平民原則整合了，那麼背景與日本相近的德國之當代的社會結構的型態，為什麼沒有明顯類似其他平民原則國家的表現呢？對本書很投入的讀者一定會問這一個問題。

　　日本拷貝了德國大部分的政治與教育體制，但是兩國隨後的發展有所不同。他們的官僚體系皆以嚴格的考試制度篩選官員，但是兩者教育體制衍生的社會現象卻有巨大差別。德國的小學、中學甚至大學教育裡面並沒有馬上陷入考試狂熱與學歷狂熱，但是日本社會卻很快陷入考試和學歷狂熱之中。這種差別當然與各自的制度文化有關聯性。就日本來說，首先、考試制度有隔代傳承的關係，早在一千多年前的奈良時代和平安時代便模仿唐朝的科舉考試制度，而且曾經維持二百年以上，因此對於通過考試以提升社會地位的想法和做法並不陌生。甚至在德川幕府時期，底層的武士想要在政府單位工作也必須通過某些考試以取得資格，只是這種考試不對平民開放；此時期有時也存在與爭取官職無關的詩詞、和歌等考試，目的在表示文學能力的差異性[01]。第二、有上述這一層的價值認同，某些場域裡面的行動者們就非常容易互相比較考試成績，不止在一般學校中有所謂的全校排名，在軍隊的畢業成績裡面也有所謂的應屆成績排名。「排名」滲透到各種教育領域之中。第三、為了讓排名的表現更加優異，便開始產生一個導師或者一位班主任負責督促一班的學生成績，每一個學校的校長也會時常注意各班的成績表現，而將表現不好班導師和班主任找來訓話；這是因為校長上方的教育局也會督促各校在升學考試上的學習表現。於是有一些老師為追求表現還會課後給學生補習，後來的補習文化也就成為這種體制內的衍生品。臺灣於日治時期，許多日本的中小學教師對於臺灣籍學生也是採取這樣的管理方式，包括在家補習，這讓許多從這一個管道獲益的臺灣人感念不已。於是在明治維新之後，或是在軍人政府垮臺的二次

大戰之後，這個微觀體制持續支配日本的社會經濟結構。

　　回頭過來談德國。德國（還）沒有陷入考試制度夢魘的原因主要有以下四點：首先、德國在過去千百年之內沒有考試制度的傳統。普魯士在開始官僚考試制度以及義務教育之前並沒有任何的科舉考試制度的傳統，所以考試制度的傳統必須從 1713 年腓特烈威廉一世開始算起。時間不夠長的制度影響力自然有限。

　　其次、貴族子弟出路還很多，不必聚焦於考試來獲得政府的職位。當時的社會階層中最高的容克貴族，其子弟主要有三個出路：繼續在自己的領地經營農場，不然可以在軍中謀取軍官的位置，或者是參加考試進入官僚階層。然而對社會其他階層而言，因為當時整個歐洲各國長期以來重商主義的結果，行會制度仍然非常完整的保存下來，特別明顯存在北方漢薩同盟的城市、西邊接近萊茵河流域的邦國，以及南邊接近法國瑞士義大利的邦國。要證明自己是上帝選民的方式非常多，特別是可以從事工商業活動，還不必集中精力單獨從考試制度或是教育制度擔任官員、學者和老師來提升自己的社會地位。

　　第三、德國周圍被強烈的貴族文化國家包圍。由希臘文化和希伯來文化影響力所建立的歐洲文明非常重視辯證系統，這使得他們在教育體系之中容許出現個人主義式思維方式。特別在新教普遍發展後，開始重視個人而非集體與上帝的直接關係，而這些也是貴族和有閒階級文化組成的重要部分。德國能出現康德、黑格爾、叔本華、尼采這些哲學家就可以顯示德國的官僚考試制度和教育制度還沒有完全制約自由思想者。再說普魯士作為歐洲單獨產生平民原則的國家，被周圍維持貴族文化的國家所包圍，自然難以阻斷貴族文化的影響。貴族文化仍然有效地對抗普魯士王國生成中的平民原則。

制度時間

　　第四、「制度時間」在當今德國的不同區域發揮的作用有差別。當今的德國各個區域曾經被普魯士王國統治的時間長度不太一樣，這使得每一個區域呈現出來的平民原則特徵濃淡不一。在 1815 年維也納會議之前普魯士王國統治的區域只在現在德國柏林的周圍的勃蘭登堡地區，占不到現在德國的十分之一；但是此區執行平民原則方面時間最久，以 2020 年作為一個基準，則（平民原則的「制度時間」）大約有三百一十年左右。對比隋唐開國之後三百年左右的時間則大約已經進入到唐朝（618-907）末年，若作制度性的跨時間、跨地區比較，當今勃蘭登堡地區大約就相當處在中國「唐宋變革」之際，平民原則已然成熟而頑抗。當然必須說這樣的算法是忽略了拿破崙統治時期、希特勒執政時期可能發生的考試制度暫時崩壞，但是這都是短時間的。拿破崙戰敗後召開的維也納會議結果，普魯士獲得現今德國薩克森（Sachsen & Sachsen-Anhalt & Vorpommern）40%的領土以及萊茵蘭／威斯伐倫（Rheinland & Westfalen）這一區域，大約占整個當前德國的十分之二、三左右；這幾個區域從 1815 年開始算到現在（「制度時間」）大約二百年，對比隋唐時期科舉考試制度（建議讀者可以把西元 600 年當作是中國考試制度開始的時間會比較好去計算，因為隋煬帝執政的時間是在 604 到 618 年）發展的時間表這大約進入了中唐時期（766-835）──這個時期科舉制度不止安定下來，而且還成為國家統合的機制，世家大族這種貴族文化於此時開始崩解。於是即便在西元 763 年（廣德元年）吐蕃攻進入長安導致唐代宗（726-779）短暫出逃的時候，或者是 881 年黃巢軍進入長安，唐僖宗（862-888）倉皇逃奔劍南道成都的時候，科舉考試都沒有中斷，在事件的隔年之後繼續舉行中央的科舉考試，

唐廣德二年（765 年）與中和二年（882 年）都有發布進士榜單 [02]。可見它對維繫國家與人民之間的政治關係發生了鞏固的作用，出逃的君王也需要這個制度來維持國家政權的正當性。

再回頭來看德國，俾斯麥執政之後的 1865 年、1866 年、1867 年，以及到 1871 年之間普魯士的領土不斷擴大到包含當今整個德國。因為這些時間太多，間隔也不大，所以我們統一以 1870 年作為基準，距離現在大約有一百五十年，也就是被考試制度影響了一百五十年（「制度時間」），投影到隋唐的科舉制度發展史到一百五十年的時間，大約是在唐玄宗（685-762、712-756 在位時間）在位的晚年，唐朝這個時期世家大族的貴族文化對於整個國家的影響還是很大，科舉制度所影響的文化還未完全僵化，所以這時候還出現了李白、杜甫、張旭（約 675 － 750 年）、吳道子（685-758）、六祖惠能（638-713）、 百丈懷海（749-814）這些在文學、藝術與思想上的大人物。上述說明或許可以稱之為考試的「制度時間」的影響力，它不只在中國的歷史上、也在德國近代歷史上產生了明顯的作用。

遠離普魯士的名人們

1943 年從德國流亡美國的猶太裔作家埃米爾·路德維希（Emil Ludwig，1881-1948）在他的著作《鐵血與音符：德國人的民族性格》[03] 指出德國的一些事實可以說明考試制度的「制度時間」對德國不同區域的影響：

首先、他發現日耳曼的名人堂裡面沒有一個是普魯士人 [04]。古騰堡、克卜勒（Johannes Kepler, 1571-1630），畫家杜勒（Albrecht Dürer, 1471-1528）、霍爾拜因（Hans Holbein der Jüngere，約 1497-1543），宗教家路德

（Martin Luther, 1483-1546）（以上五個人都生活在考試制度未出現之前，這間接也說明了普魯士所在區域比較有發生考試制度的潛在條件，也是路徑相依的效果），文學家歌德（Johann Wolfgang von Goethe，亦作 Göthe，1749-1832）、席勒（Johann Christoph Friedrich von Schiller, 1759-1805）、萊辛（Gotthold Ephraim Lessing, 1729-1781），音樂家巴哈（Johann Sebastian Bach, 1685-1750）、海頓（Franz Joseph Haydn, 1732-1809）、莫札特（Wolfgang Amadeus Mozart, 1756-1791）、舒伯特（Franz Seraphicus Peter Schubert, 1797-1828）、韋伯（Carl Maria Friedrich Ernst von Weber, 1786-1826）、舒曼（Robert Alexander Schumann, 1810-1856）、華格納（Wilhelm Richard Wagner, 1813-1883），哲學家萊布尼茲（Gottfried Wilhelm Leibniz, 1646-1716）、黑格爾（Georg Wilhelm Friedrich Hegel, 1770-1831）、叔本華（Arthur Schopenhauer, 1788-1860）等等這些人都來自德國的西部和南部，或者是薩克森、漢薩同盟。康德（1724-1804，他剛好出生在普魯士逐漸興盛的時間，他在八歲接受教育時也剛好處在腓特烈威廉一世開始進行義務教育不久的時候。他所在學院的校長是位牧師兼博士，所以剛開始受考試制度的影響並不大，在他讀大學的時間剛好是腓特烈大帝開始執政，社會文化氣氛比較開明的時候，所以我們可以把它理解成為是如玄奘法師或是六祖惠能處在科舉文明萌芽還尚未滲透到所在社會各個角落的時候）、貝多芬（Ludwig van Beethoven, 1770-1827）和洪堡（Friedrich Wilhelm Heinrich Alexander von Humboldt, 1769-1859）是半個德國人，孟德爾頌（Jakob Ludwig Felix Mendelssohn Bartholdy, 1809-1847）、奧芬巴哈（Jacques Offenbach, 1819-1880）、海涅（Christian Johann Heinrich Heine, 1797-1856）、馬克思是猶太人。上述這些人當中沒有一個是真正的普魯士人 [05]。以上列舉這些人多半是在 1871 年德國統一以前有名的人，以下我再列舉一些

1870 年之後的德國名人就可以看到更清楚的差距。屬於當代的思想家裡面，尼采（1844-1900，尼采雖然出生在維也納會議之後被普魯士控制的萊比錫，並且長年都在瑙姆和波昂大學活動，並非在普魯士的核心區域，而且他最後的 30 年都是在德國南方、瑞士、義大利度過的）、海德格（1889-1976）、海德格的著作裡面最常引用的荷爾德林（1770-1843），法蘭克福學派主要的代表人物阿多諾（1903-1969）、霍克海默（1896-1913）、馬庫色（1898-1979）、哈伯瑪斯（1929-）；當代的科學家普朗克（1858-1947，雖然出生於德國北方的霍爾斯坦公國基爾 Kiel，但是在維也納會議裡面並沒有併入普魯士，所以受考試制度的影響並不太深，在普魯士－丹麥戰爭期間全家搬去慕尼黑）、愛因斯坦（1879-1955）、海森堡（1901-1976）、馬克斯波恩（1901-1976 普魯士王國下猶太人）、詹姆斯法蘭克（1882-1964，生於漢堡市的猶太人）等等，仔細考察他們出生以及最常出入的地點，可以發現這些比較有創造力的人物多半是在遠離原本普魯士最早統治的地區生活。當然也有少數例外，像是包浩斯（Bauhaus）學院的創辦人瓦爾特·格羅佩斯（Walter Gropius, 1883-1969），出生在柏林並且在柏林大學完成教育。他算是所有名人裡面的異類，我們應該把他視為企圖連結貴族原則和平民原則藝術的人物，他與此學院的作品被視為左派，受到納粹的排斥和驅趕。

第二、路德維希發現德國人具有某些受到普魯士王國影響基本的性格 [06]，我卻發現他所舉的特質非常類似東亞平民原則下人們的特質：對自己沒有自信、無法知足、不滿意自己的命運、汲汲尋找更多的權力和榮譽而非金錢（在中國傳統裡面商人多半傾向將自己的子弟送去學習，不管是進學堂或今日的名校，以求通過考試進而謀求政治上較高的位置以光宗耀祖）；喜歡競爭、不喜歡快樂（東亞學生數理科平均成績很高，但通常對

這兩科目不感興趣）；在工作上很認真，認為在工作中輕鬆講笑話是不對的；野心勃勃不停地去規劃並且推動計畫，產生了一種緊張氣氛讓他們無法安心放鬆；訓練自己的年輕人要勇敢並且服從上級指揮（軍國主義時期的日本、威權時代的臺灣、今日的中國，可能明日的香港都會如此）；非常在意「其他人是怎麼看我的！」（這一點和日本人和其他東亞人也非常像，甚至在臺灣只要有外國人開的 YouTuber 談臺灣就會吸引眾多目光並且訂閱按讚）、德國是個沒有嗜好的國家（東亞的學生在考試制度訓練下很多人不知道自己的興趣，特別在早期選擇科系通常是根據分數可以達到的標準而不是根據自己的興趣，因為也不知道自己的興趣在哪裡）和同事朋友相處時總會處在一種莫名的緊張狀態，隨時在關注誰的階級比我高、我必須先向哪些人打招呼、或者是誰應該先向我打招呼、誰有權先走路；坐在一起吃飯時就會考慮餐桌上優先次序的重要性不亞於內閣開會（在講求官階秩序的東亞這種互相讓座、讓行、用餐考慮長幼尊卑座位、動手吃飯敬酒的順序、甚至幫尊者夾飯菜的情形也非常普遍）。和盎格魯薩克遜人相比，普魯士訓練下人民比較不依賴舒適安逸（平民原則的一個特徵就是重視便利、效率不重視舒適），通常在想像中尋求放鬆所以這時候音樂就很重要。在食物的選擇上量比質重要、將重視秩序和服從這種士兵踢正步的精神（就是腓特烈威廉一世這個士兵王最原始的精神，當代日本還高度保持著這種精神，單看其「三十人三十一腳」的比賽便知）帶進了一些像精密的鏡頭相機最安定的化學溶液的領域裡面（東亞在一些基礎高科技產業上也常常具有優勢，三星和台積電的半導體便是例子，幾乎等同世界工廠）。

　　第三、路德維希也觀察到德國的知識分子和藝術家似乎受到制約而對政治冷感。在 1945 年以前，德國的統治階級容克伯爵或者是王子始終缺

乏文化涵養，他們裡面有些是優秀的官員，卻因缺乏知識的訓練卻成了低劣的政治家和外交家，只喜歡追逐權利和喜歡發號施令。弔詭的是德國的另外一方卻是有教養而無權利的臣民階級，這一個階級創造出無數音樂、文學、科學上的奇蹟可是卻不敢批評軍國主義分子。他指出俄羅斯有爭取自由的詩人和革命家，而且許多來自貴族階層，但德國就絕少發生過。於是這兩個階級互相感到陌生而且也沒有互相理解。此弔詭衍生出另一個弔詭：當德國征戰無往不利的時候德國的知識分子並沒有參與其中，可是當帝國崩解虛弱的時候藝術家和科學卻蓬勃發展、影響世界。作者指出這好比上下兩層的公車，容克貴族在底下駕駛著車子，可是藝術家和科學家卻在上層坐享風景 [07]。作者又指出容克階級利用軍國主義的訓練，貫穿進入挨家挨戶以及教育系統中，在學校裡面學生從小學開始便要學會當軍人；在回答學校老師問題的時候小孩子的回答必須要立即而大聲，像極訓練有素的士兵；而且整個社會也產生對制服的崇拜，只要穿制服的人面對平民的時候都採取軍隊式的命令語氣，在學校裡面老師對學生或是郵局裡面的職員對平民老百姓都必須像傲慢的士官長對待二等兵。於是容克階級在各方面的制約反應也讓知識分子不敢多言 [08]。我們先前提到過平民原則的社會是有利於威權統治，所有東亞國家在威權統治時期、或者在當今的中華人民共和國和新加坡，路德維希所觀察到的現象依然存在。從本文的分析也可以解答路德維希所觀察到的德國在二次大戰結束以前容克貴族與知識分子出現的「上下兩層公車」的現象，這是因為前一個來自於平民原則影響較大的區域，後一個來自於仍然受貴族原則影響較大的區域。

路德維希所觀察到的「德國的破壞性元素來自普魯士，所有文化和建設性的元素則來自德國的南部和西部 [09]。」正是平民原則的制度時間，對德國各區域的作用不一致所顯示的結果。

平民原則征服貴族文化的運動

　　不過我在這裡想要解釋為什麼當時（二次大戰之前）的德國科學家和藝術家蓬勃發展，但是對比現在的東亞各國卻不見得產生非常豐富影響世界的科學家和藝術家？這種狀態如何發生呢？我想答案依舊是（但可能會令某些人意外）因為普魯士以及它主要的影響區域，可能而且非常可能，是歐洲唯一平民原則在當前會產生影響力的區域，而他周圍的國家和地區原本的貴族文化和有閒階級文化仍然是最主要的主導力量；俾斯麥統一德國的運動實際上是平民原則征服貴族文化的運動，但因為統一與平民原則在新征服地區運作時間過短，使貴族文化依然存在。因此威瑪共和前後，也就是二十世紀初，由德國南部和西部所代表的貴族文化區域產生蓬勃的科學和藝術的發展，正代表著貴族原則和平民原則正在互相碰撞的一個區域，還有時期。這也顯示平民原則對德國的影響是像漣漪式的，越往中心（原來普魯士統治區域）感受到的力量越強，越往外圍力量便減弱。

德國經濟發展南北差異的解釋

　　由上述幾點觀察我們便可以解釋當前德國經濟發展的區域差別性。早期德國經濟最發達的地區是在北部，靠著煤礦和鐵這種可以大量生產的重工業主導國家經濟。而在上個世紀六十年代的時候，南部的巴伐利亞地區是西德境內最貧窮的一區，不僅沒有自然資源而且也缺乏工業部門，失業率極高，城市化的程度也低。但是自從整個東亞經濟發展起來之後，特別是中國大陸把世界所有可能大量生產的低成本的產業全部網羅過去了，德

國的北方經濟反而陷入危機，而德國南方反而變成高精密性的中小型企業集中地區，而導致現在北窮南富的現象。有些解釋認為這是因為傳統北方的農民大多是作為容克階級的奴隸僕役勞作，所以習慣服從，但是南方是屬於中小規模的領主領地，人們習慣自己找出路[10]。不過這種解釋還不夠全面，就連社會學家韋伯的「新教倫理」理論也很難去解釋為什麼天主教徒（舊教）比較多的德國南方會比新教徒、路德教派比較多的德國北方來的富有是一樣的。但是從本書的分析架構來看卻可以獲得更好的解釋：德國的北方是受平民原則影響比較大的地區，所以它訓練出來的人力資源與東亞訓練出來的人力資源產生高度重疊而很難產生差異性，因此在中國大陸人力成本比較便宜的狀況之下，重工業為了降低成本自然移到像中國和東亞這種低成本、人力素質也不差的國家去。但是德國的南方與西部因為遠離平民原則的中心，而且受到整個西歐貴族原則影響的力道比較強，所以產生了知識創新和技術創新的可能性，特別它可以利用願意吃苦耐勞、從德國北方下來的一些科學家 --- 這些平民原則訓練出來的科學專業者通常願意做苦力勞活、願意待在工廠和實驗室裡面。德國的南方比較像是美國加州矽谷 —— 這個地方聚集一大群從東亞過來的科學技術勞動者，這些平民原則訓練出來的技術人員到了美國加州矽谷這一個由貴族原則練就的領域反而產生了極大的創造力，然後再把一些新的觀點技術帶回東亞，由東亞的大量生產體系進行大量複製生產。我們必須說這兩種原則並不是一直處在競爭關係，在細微的部分也進行了某種分工，而德國的南北差異也讓我們見識了這樣的分工，這也難怪德國的經濟變成歐洲的火車頭。

貴族式的平民原則

　　我在這裡也想解釋另一個奇特的現象，那就是在德國容克貴族在東北方進行平民原則，一般平民老百姓在德國西部和南部的聯邦進行貴族原則，這種現象不是很奇怪嗎？關於後一個現象我在上面已經解釋過，那就是因為整個西歐多半是屬於由貴族原則整合的區域，但是容克貴族進行平民原則並非是制度歷史上面唯一的先例。在朝鮮半島上面自從開始學習科舉考試制度以來，並沒有像中國在宋朝以後的科舉考試全面性地向所有老百姓開放，在一些最重要的上層官僚依舊是由兩班貴族按照每一個家族過往的官階進行類似九品中正的評比，符合資格的家族成員通過考試就直接接任上層官僚，而下層的官僚才開放給沒有背景的老百姓參加。我們可以將容克貴族和兩班貴族進行的考試制度所造成的影響稱之為「貴族式的平民原則」。

　　第五、要說明德國到目前為止還沒有看到平民原則主導整個國家的跡象，恐怕也是最主要的因素就是時間還未到。「惡有惡報，善有善報，不是不報，時間未到」。制度的形成和發酵，與時間的長短有緊密的關係。我們看看隋唐開始的科舉考試制度一直到整個中國社會形成了「萬般皆下品，惟有讀書高」的價值至少有三百年的「制度時間」功夫。因此德國在十八世紀初開始的官僚考試與義務教育制度在過去的三百年之內沒有形成全面性的平民原則是可以被理解的。在今日二十一世紀來檢視整個德國社會開始出現的學歷狂熱症與考試狂熱症，就會發現「制度人類學」上面的可能的定律。當前德國許多的上層菁英都希望能獲得博士這一個頭銜，因為只有這一個頭銜可以在一些正式的場合或文件上允許被冠在名字之前被人知道，這種有異於他人的獨特性，使得有些人願意花錢買學位，一些精

英趨之若鶩。再來他們高中和大學裡面也開始充滿著大大小小的考試，學生的壓力越來越大[11]。德國民眾以往讀大學免費而且沒有年限 —— 這是多麼像貴族的生活。可是近來為了與整個歐盟的教育制度同步，開始設定大學的年限，這導致近年來讀完大學百分之八十的人都繼續讀碩士（補充說明：以前在德國讀大學沒有年限的情況下一旦大學畢業，學校立即頒給他們碩士學位），這是因為職場上面雇主對學士畢業的學生普遍缺乏信心，而且大學畢業生越來越多。在 2006 年德國約有 34,599 位學士畢業生，但是很快將會超過十萬。因為學生長期的考試壓力越來越大，尋求心理諮商的學生也越來越多，每年超過一千件；他們探尋諮商的問題以往是私人問題，可是現在越來越以考試和交作業問題為主。教育研究者發現德國大學以往強調自由、自主、自我實現的時代似乎已經過去了，在今日即便在高中升大學的考試最優秀的學生，到大學裡面也得買頭苦讀才能通過層層的考試[12]。

處在「唐宋變革」階段的德國

德國的教育與社會在二十一世紀前後的這種體制演化，可能會促使歐洲第一個全面性的、而非只發生在德國北方的「平民原則式的政治經濟制度」正式在歐洲落腳了。整個德國也非常可能就處在類似「唐宋變革」的制度階段當中。我不認為這是一個幸運，當然也不見得是個不幸，不過德國人有必要對此抱持十分警醒的態度。我想很少有人願意看到由貴族文化所創造出來的人類文明削弱到甚至完全消失。

必須跟習慣於閱讀歷史書的讀者道歉，我書寫本書的方式並不是以制度史或思想史的時間順序方式來書寫的，而是一種比較制度研究，而這種

為什麼德國沒有被平民原則明顯整合？

比較又不僅僅對同一個時間不同國家的制度，還跨越不同時間和跨越不同
國家的制度比較，所以在時間上會有跳躍。我現在想繼續討論德國然後再
拉回去討論日本。

　　經過我在上面的分析，讀者或許能夠理解路德維希所認為的德國的歷
史是一個國家具有雙重性的歷史，而且把德國人分成兩類：一類是由歌
德、席勒、巴哈等人構成的德國，另一類是由腓特烈大帝、威廉二世、興
登堡等軍人構成的德國[13]　──　這是因為他分屬兩個不同原則所形成的社
會結構。以下我將引用一些思想家對德國制度的批判來加強平民原則在
德國社會造成的「不習慣的」影響。對於這些漸漸來臨的「不習慣」，思
想家們習慣以負面的概念來理解。這些理解包括攻擊這些「不習慣」是奴
隸道德（例如尼采）、理性化的官僚體制或理性的籠牢（馬克斯韋伯）、
科技理性的過度膨脹（例如海德格）、單向度的人（馬庫色）、或是所謂
的工具理性宰制（例如哈伯瑪斯），但是他們都沒有察覺他們所批判的對
象，事實上非常可能都是平民原則的「副產品」。因為本研究的時間與篇
幅有限，本書無法一一深入這些人的論述之中，僅僅挑一些比較深刻的
見解。

尼采對抗平民原則

　　尼采曾經這樣評論德國人：

　　當我想到哪一種人違背了我所有的本能，最後總會發現是德國人。我
無法忍受這一個種族總是讓其他人深陷便辟、便佞損友之間而沒有區別
細微差別的能力……我覺得努力尚未被解放的黑色大陸就在德國北方附
近……條頓人的定義：服從和長腿……　日耳曼是個危險的民族，他們瞭

解自我陶醉的藝術……所有真正的條頓人都應走出國外……目前德國正處於前斯拉夫階段，正準備邁向泛斯拉夫歐洲之路。 —— 引自路德維希的《鐵血與音符：德國人的民族性格》[14]

　　從這樣的說法我們發現尼采觀察到：首先、德國的北方人和南方人是有不同的習慣，尼采長期待在德國南部、瑞士和意大利，因此帶著比較的視角來觀察德國的北方人和南方人。其次、他覺得北方人容易服從、諂媚、自我陶醉、沒有區別細微差別的能力，就本書解讀，這些是屬於平民原則產生的副產品；在《德國文化關鍵詞》一書中也指出德國南部的人比北部的人還要隨性、隨和[15]。第三、德國北方容易變成像斯拉夫民族那樣極權、威權、父權的社會，這是他看到德國在 1871 年統一之後的社會型態的逐漸變化。我們藉由上述的觀點再來看尼采在其他地方的主張就更容易明白他所認為的「奴隸的道德」恐怕不單單是指基督徒信仰的生活型態，而更加是指當路德教派結合了科層考試制度的社會結構產生出來的人格特質，例如特別注意服從、諂媚上司、對下級單位展現威權習慣發號施令態度。為了對抗這些平民原則所產生負面人格，尼采提出了「超人哲學」。所謂的超人就是勇於自我超越、自我批判及價值重估的人格，這就非常類似貴族文化裡面英雄的人格特質。另外尼采在《悲劇的誕生》書中提出太陽神與酒神對立，內容中關於太陽神的描述非常可能就是平民原則所生產出來追求固定 SOP、過度依賴技術理性、很難令人放鬆解放的精神生活型態，因此它的對立面便是戴奧尼索斯 ——酒神，要來對抗過於僵化的制度，以救贖「危險的、破壞生命基礎的動力」之過度的理性[16]。

第二十一章

為什麼德國沒有被平民原則明顯整合？

法蘭克福學派對抗平民原則

再來，我們來思索一個問題：為什麼批判科技與工具理性最激烈的法蘭克福學派出現在德國，而不是在歐美同樣科技非常發達的其他地方？我們在前一篇已經提出一個觀點那就是當平民原則整合了科學和科技之後，就好像為整個社會穿上的鋼鐵人的衣服，這樣的國家在稅收、經濟、國家動員以及對外戰爭都展現了驚人而蓬勃的活力，不只別人而他們也把自己當作是一種奇蹟，於是出現了某種弔詭：對個人無自信心、對集體過分崇拜的極端現象。這種現象在過往與當今的東亞，以及普魯士時期的德國再三的出現（或許讓世界認識平民原則的好處就在於避免讓採用這種制度而快速強大的國家過度自我膨脹；他們所有的成就許多都是制度造成的結果，而不是血統上的優勢）。這樣的集體崇拜降低了個人可能的道德判斷，並且根據集體的需要作為個人行為的抉擇。為了大日耳曼主義所以必須傷害其他種族，特別是猶太人。但是猶太人跟日耳曼人有混過種的後代如何判斷他們是不是猶太人呢？為了這個議題竟然還可以進行血統的科學分析研究，判定血統裡面占了八分之三以上猶太血統者就是猶太人。那如何有效率的殺人呢？於是開始研究毒氣室，試看看哪一種毒氣效率最好；或設立病毒研究所，如何調整病毒的結構讓它更容易感染人體；或者把真人拿來做實驗，看看新發明的子彈可以一次穿過幾個人體等等這麼有結構性的研究。這種工具理性的過度膨脹，侵害了貴族原則社會最重視的人的尊嚴與自由。

金庸小說《神鵰俠侶》裡面有一個情節提到要解「情花之毒」的藥是長在情花旁邊的「斷腸草」，我們索性就不太負責任地類比一番，要解開這種工具理性過度膨脹的社會系統，它的解藥很可能就長在這個社會系統

的旁邊。所以我們看到批判科技理性工具理性的學者，像海德格和法蘭克福學派的成員多半都是德國西部和南部的學者。在歷史的場域裡面，他們比西歐各國更接近普魯士王國的統治區域，而且也受到這一個王國餘震的影響。而環繞在這一批學者周圍的又是又是瑞士、法國、荷蘭、英國這種貴族原則的價值觀世界，於是自然會產生一種反抗科技與工具理性，還有反對極權主義的論述，以維護自身的自由。海德格引用的荷爾德林詩句：「哪裡有危險，哪裡也生出拯救」[17]，受害最深的地方，發展出的反抗力道也最強。柏林出生，可是後來非常接近法蘭克福學派的班雅明（1892-1940）在他自傳式的回憶《單行道》（1928 年出版）裡面提到：一切財富中最歐洲化的財富（包括各種事物或精神），恰恰是德意志文化裡面最缺乏的東西，甚至喪失殆盡；不但德國外的歐洲人不理解德國的生活型態，就連德國人也無法意識到自己生活的煩瑣、貧困和愚蠢[18]。什麼是最歐洲化的財富呢？應該就是所謂貴族原則所形成的現代社會。而在二次大戰之前被普魯士王國的制度力量 —— 平民原則所掌控的柏林恰好就是會逐漸消磨貴族原則的制度。

小結

　　同樣具有貴族文化的日本相較於德國比較接受平民原則整合，其原因是跨代傳承以及受鄰近科舉文明長期影響的結果。當代日本對平民原則的接近可以從「排名」滲透到各種領域，以及在學校內部班級之間的競爭看出端倪。

　　當代德國尚未明顯受到平民原則整合的原因主要在制度時間的條件尚未成熟。其他的原因還包括歐洲開始有考試制度是近三百年的事情，並未像東亞國家有一千三百年的傳統。再加上德國周圍被強烈的貴族文化包

圍，而且這些政權的表現也不比德國差，因此平民原則的擴張受到了抑制，最顯著的便是受到德國本土的法蘭克福學派的強烈批判。德國受平民原則影響的區域呈現極大的不平均，原本普魯士所在的東北地區強過於德國西部和南部。可以說德國是一種「貴族式的平民原則」。不過，平民原則制度時間一旦拉長，非常可能進到類似「唐宋變革」的階段。法蘭克福學派是為了拯救平民原則的負面發展而生。

[01] 參見吳光輝，2005，〈科舉考試與日本〉，《東南學術》，4 期，頁 53-8；劉海峰，2006，〈中國對日、韓、越三國科舉的影響〉，《學術月刊》，38 卷，12 期，頁 136-142。

[02] 榜單參見金瀅坤，2017，張希清、毛佩琦、李世愉主編，《中國科舉制度通史：隋唐五代卷（下冊）》，上海市：上海人民，附錄，頁 867、874。

[03] 埃米爾·路德維希（Emil Ludwig），周京元譯，2015，《鐵血與音符：德國人的民族性格》，新北市：八旗文化。

[04] 路德維希，2015，同前書，頁 78-9。

[05] 路德維希，2015，同前書。

[06] 路德維希，2015，同前書，頁 24-44。

[07] 路德維希，2015，同前書，頁 51。

[08] 路德維希，2015，同前書。

[09] 路德維希，2015，同前書，頁 177。

[10] 參考壹讀，2017，〈德國：東西癒合、南北開裂〉，https://read01.com/2GJDJAE.html，搜尋日期：2021 年 11 月 27 日。

[11] 相關資料參考蔡慶樺，2020，《爭論中的德國：如何在歧異中共存，理性明辨走向成熟民主》，臺北市：天下雜誌，頁 204-30。

[12] 王秋萍，2008，〈德國快速的大學生工廠〉，《教育研究月刊》，172 期，頁 172-9。

[13] 參見路德維希的著作《德國人：一個國家的雙重歷史》（1941）與《鐵血與音符：德國人的民族性格》。

[14] 路德維希，2015，同註 3，頁 90-1。

[15] 苔雅‧朵恩（Thea Dorn）與理查‧華格納（Richard Wagner），莊仲黎譯，2017，《德國文化關鍵詞》，頁 320。

[16] 參見劉崎譯，1989，《瞧！這個人：尼采自傳》，臺北市：志文，頁 86。

[17] 海德格（Martin Heidegger），孫周興譯，1994，《林中路》（*Holzwege*），臺北市：時報文化，頁 273。

[18] 班雅明（Walter Benjamin），李士勛，徐小青，2003，〈全景幻燈〉，《班雅明作品選：單行道、柏林童年》，臺北市：允晨文化，頁 50。

第二十二章

平民原則開始發酵後的經濟發展和戰爭

本章將討論平民原則影響下的政權在平民原則運作之後，其經濟發展狀況與對外戰爭的關係。會討論到的政權包括唐、宋、明、清、普魯士王國、二戰之前的德國與日本、二戰之後的德國與日本、亞洲四小龍、中華人民共和國。討論這一個問題的重要性在於知古鑑今，特別是為當前中華人民共和國與周遭國家所形成的緊張關係找到一些可以依循的觀察點。為了解釋這樣的觀察點，請讀者關注本書發展出的幾個概念：制度時間、平民原則元年、科舉元年與戰功集團。

平民原則國家的國力快速成長

如果以工業生產總值為標準進行世界排名，1860 年的前四名分別是英國、法國、美國、德國；二十年之後，在 1880 年，前四名分別是美國、英國、德國、法國；在 1900 年，分別是美國、德國、英國、法國。再過八十年，1980 年，前四名分別是美國、日本、蘇聯、德國 [01]。19 世紀開始工業革命之後，普魯士的經濟一開始並未立即跟上。1850 － 1870 年代，日耳曼地區原本純粹科學的研究轉向實際技術研發取得突破性進展，使德意志帝國在很短的時間之內取得躋身世界先進國家之林的門票 [02]。1870 年代之後，普魯士統一德國，將西邊、南邊原本就擁有科學與科技研發力量的邦國整合進來，不但人口變多了，整體力量也變強。在不到四十年的功夫已經超越法國與英國，這種驚人的成長不只讓外國震驚，連自己也感到驚訝。而日本在 1860 年根本還沒聽說過工業化，但是經過了一百二十年，在 1980 年，工業產值就變成了世界第二。美國的成長比較好理解，首先它的領土面積與歐洲差不多，人口遠高過於英國、德國、法國的好幾倍；再加上早期由中產階級所建立的國家型態，它的工業化快速發展比較

有優勢。再來我們將日本的經濟作更細的去觀看，它在明治維新開始的 1868 年到了 1895 年這二十七年的時間進出口的總值成長了超過四倍 [03]，速度之快也令人瞠目結舌。

制度時間、平民原則元年、科舉元年

想要理解日本和德國這種經濟快速增長的現象，我這裡要引進一個衡量的基準：「平民原則元年」以及根據「元年」所發展出來的「制度時間」。關於「平民原則元年」指的是當一個國家將義務教育結合現代科學的傳授方式和傳授內容，再加上以嚴格的、最好是紙筆考試制度來決定升學機會、或進入官僚體系，或是取得國家專業人員的資格的主要篩選機制，這種制度建立起來的大約時間點，可視為這一個國家的平民原則元年。當然現代義務教育制度和公務人員考試制度在一個國家裡面可能在不同的時間推動，我們可以採任何其中一個開始實施的時間作為元年，因為這已經開始將人才訓練方式與考試制度進行整合了。例如普魯士在 1713 年開始了法官和律師的考試，而後在 1717 年開始了全國小學義務教育，這麼一前一後的時間我們選擇了前者 1713 年作為普魯士的平民原則元年。日本在 1872 年開始了義務教育，但是一直到 1885 年確定了進入官僚機構的考試制度，而在 1887 年正式實施，雖有三種時間，我們還是把最前面的 1872 年定為日本的平民原則元年，因為在學校裡面以考試制度來決定學生的能力排名以及作為升學考試的標準，對於東方教育而言是相當普遍的方式。再來，我在先前討論當今的德國可能進入「唐宋變革」階段，也用了可以對等轉換的名詞「科舉元年」這是類似的概念，但是我在這裡不用「科舉元年」來替代「平民原則元年」，因為在中國古代的科舉

並不包括科學和科技的內容，但是在平民原則的國度中，人員的訓練方式必然包括科學和科技這兩項內容；「科舉元年」和「平民原則元年」是兩個不同的概念，不過由這兩個時間所產生的考試制度慣性 —— 由「制度時間」作為其量化內容 —— 卻可以作為兩者之間互相的理解與推論之用。所謂「制度時間」是在說明當一個國家的考試制度、教育制度、官僚甄選制度結合在一起之後，延續的時間。我們發覺這種制度時間的發展點以及在每個發展點所做出的反應、或社會結構的變化，與在平民原則國家裡面的社會發展狀態具有高度的相似性。「平民原則元年」與「科舉元年」這兩個概念雖然不同，但是屬於他們各自的制度時間還是可以互相比較、互相說明各自制度存在的牢固性（例如先前比較過隋唐時代的科舉元年與普魯士平民原則元年在各自的制度時間發展點上面，產生了可以互相比較的某些特質，例如將「唐宋變革」對比現下德國考試越來越嚴重，以及越來越重視碩士與博士學位的狀況）以及可能對以後制度的發展產生的影響（例如先前說過的日本的天智天皇開始的科舉元年和制度時間，與明治天皇開始的平民原則元年之間的隔代傳承關係）。

平民原則啟動後普魯士的國力與戰爭

先就德國來說，腓特烈威廉一世在位時開始決定軍中法官必須由考試錄用（1700 年）與國家義務教育（1717 年）。1713 年普魯士開始了法官和律師的考試，1737 年之後對法官、律師與官僚推動了更全面性考試制度，當時只考法律科目，但是因為國王提倡重商主義而且發展工業，不同於同年代的清朝只考八股文以及專注於農業的經濟體制之政治社會形態，所以我們不把這時間點稱為科舉元年，而是稱之為平民原則的元年，主要著眼

於考試內容的現代性。腓特烈威廉一世在位的二十七年之間，軍人的數量從原先的三萬八千增長到八萬三千，而且還讓原本他的父親時代國庫赤字的狀況變成國庫出現大量的盈餘。而他的兒子腓特烈大帝在位的四十六年之後為普魯士留下了二十萬大軍，是法國的四倍 [04]。產生此結果的原因，一來是威廉一世父子都可以管理好這一個國家；二來是當他們採取考試制度之後，整個國家的經濟生產力提升了，官僚的品質也提高了，稅收也比較充足，所以可以養活更多的士兵。在威廉一世執政的二十七年裡面沒有打過戰爭，但是他兒子一上任便開始對外作戰，而且勝多敗少，成為歷史上的千古名將。第一、二場戰爭發生在 1740 年與 1745 年，對象是比普魯士領土大上五倍的奧地利，兩場勝利之後取得了奧得河上游的西里西安（Schlesien），這為普魯士增加約四分之一的領土 [05]，普魯士於是控制整條奧得河流域。若是威廉一世死的早，而腓特烈大帝繼承得比較早，那麼對外戰爭會不會提前呢？這是非常有可能的，日本就是一個例子。

平民原則啟動後日本、臺灣、韓國、新加坡的國力增長

日本在平民原則制度時間二十三年左右（1895 減去 1872），也就是在 1895 年，挑戰了一個人口比他大十倍的國家——滿清帝國，打了勝仗，而且還得到領土臺灣和遼東半島（後來因為三國干涉而吐出來）。這可能得出一個推論，那就是平民原則的制度時間在二十三年到二十七年左右的時間，國家就會有富強的跡象出現。依此，我們來檢查其他的政治體的狀態：我把臺灣的平民原則元年定在 1950 年，雖然在 1945 年憲法及規定義務教育，但是整個臺灣政局非常不穩定，先是有二二八事件，後有 1949 年中國大陸淪陷，國民黨政府倉皇失措地撤退到臺灣來。再說，

第二十二章
平民原則開始發酵後的經濟發展和戰爭

要將臺灣從原本的日語師資轉變成為中文師資會有一段空窗期。臺灣比較能穩定下來是在韓戰爆發之後的 1950 年。那麼在臺灣的平民原則制度時間二十三年到二十七年之間，臺灣的狀況是什麼呢？在 1970 年代，那時候正當中東石油危機導致世界經濟不景氣，但是臺灣的經濟竟然逆勢成長，每年依然以 7% 到 10% 的速度邁步向前，這真的有富強的跡象。蔣介石本來想藉由中國大陸的文化大革命社會不穩下反共復國，但是在美國的節制下無法成行，否則真的像普、日一樣開打第一場戰爭，去挑戰一個人口和土地比它大上四十倍的國家。韓國的平民原則元年應該可以定在韓戰（1950-1953）之後，整個國家比較穩定開始。那麼在制度時間二十三年到二十七年之間發生了什麼事呢？1961 年時韓國人均 GDP 僅為八十美元，而在 1980 年前後，首先它便把原本工業比較發達的北韓（在日據時代，北韓被定義為工業區，南韓被定義為農業區）從此遠遠甩在後面，接著「漢江奇蹟」也開始爆發，人均 GDP 達到了約一千八百美元，膨脹了將近二十三倍，國富民強的景象也開始出現；要不是也受到美國與中國節制的話，恐怕也把北韓給打下來了。新加坡的平民原則元年可以從它獨立的那一年（1965 年）開始算起，它延續了許多英國的殖民地制度，再加上華人特有的考試制度，開始進入了平民原則的制度時間；到了 1990 年，整個二十五年的時間人均 GDP 從 516 美元迅速爬升到 11,861 美元，膨脹了將近二十三倍。中華人民共和國的平民原則元年應該把它界定在文革結束之後、義務教育恢復進行而且也開始進行公務人員考試，這之間的時間我們把它定在 1978 年作為基準。這一年人均 GDP 226 美元，經過了大約二十七年之後，在 2005 年，人均到達了 1,739 美元，成長才九倍不到；這其中原因可能包括了六四天安門事件之後西方世界對中國大陸的封鎖，也可能因為這一個國家人口、土地龐大，發展相對不均勻，不像是臺灣、

韓國、新加坡；不過我們如果單單看其沿海城市北、上、廣、深的發展，這段時間經濟經濟體膨脹二十七倍應該也是理所當然的事；不過整體國家GDP總量開始在這一年超過了義大利，於是在數年之內超過了法國、英國、德國，並且在大約2011年超過了日本，變成世界的第二大經濟體，國家富強的跡象一樣明顯可見，若不是害怕美國節制，可能就與臺灣發生戰爭了。

制度時間與擴張戰爭：普魯士、日本、唐朝、清朝

再拉回來談日本與德國。1756年開始，普魯士與奧地利、法國、俄羅斯、瑞典，還有同屬於神聖羅馬帝國底下的一些公國打了七年戰爭（1756-1762），以一敵四。要知道這四個國家可是當時歐洲陸軍最強的四個國家，打完之後普魯士國土面積沒有擴張多少，可是也沒有什麼損失。但是在當時普魯士已經是被歐洲公認為五大強國之一；此一時期，普魯士處在平民原則制度時間第四十三到四十九年。日本在1904到1905年與俄羅斯為了爭奪在朝鮮半島和滿州地區的勢力發生戰爭，後來取得勝利，1910年併吞朝鮮。如果說甲午戰爭之後，日本被確定成為亞洲強權，那麼日俄戰爭就確定了日本是世界強權；日本此時處於平民原則制度時間的第三十二年到第三十八年。日本的軍國主義也於此時開始高漲。

普魯士協同俄羅斯、奧地利在1772年第一次瓜分波蘭，這一次普魯士讓自己西北方的領土連結在一起。1793年和1795年腓特烈大帝死後繼位的侄子腓特烈威廉二世進行第二次和第三次瓜分波蘭，已經坐實了讓普魯士成為歐洲北方霸權。除了敗於拿破崙後被占領的八年（1806-1814）時間，此時剛好是普魯士平民原則制度時間的一百年左右。此時到了一次大

戰之間的一百年之間，普魯士再也沒有嘗過敗仗，整個國家持續而穩健的
擴張。在德國首相俾斯麥下臺的那一刻，德國已經成為歐洲最大的經濟
體、最大的工業國了。

　　對於貴族原則的國家而言，對外的擴張戰爭好像是家常便飯，就像荷
蘭、英國和美國、法國，可是**戰爭對於有考試制度的國家而言則不常見**。
我們來看唐朝科舉元年，應該從唐太宗即位，西元 626 年開始計算。他自
己本身以及他的繼位者唐高宗，以及後來的唐玄宗都有持續性的進行領土
擴張戰爭，一直到與黑衣大食會戰的坦羅斯之役（751），擴張戰爭持續
了大約一百二十年，我們可以把唐朝這時候的科舉文明制度時間也定在
一百二十年。宋朝和明朝有重文輕武的取向，即便有所謂的擴張戰爭，
例如明朝，也只發生在永樂年間特別是對蒙古部族和越南的戰爭（1406-
1427），大約只有二十年左右，大部分的擴張戰爭便停止了，最後國土都
不見的擴張，多半也因為打不過周圍的強國，有時還造成領土的縮減，因
此很快便停止了擴張戰爭。至於清朝的科舉元年應該與清朝入關之後 1646
年重新開啟科舉考試的時間為準，它的國土擴張戰爭應該一直持續到乾隆
時候，1759 年打敗新疆的準噶爾蒙古部落為止，這一年是科舉制度時間
的一百一十三年。我沒有將 1788 年清朝進入越南的戰爭算做國土擴張戰
爭，主要的原因在於清朝的目的在解決藩屬國內部王位繼承問題，而不在
於領土擴張。回頭過來看日本在甲午戰爭、日俄戰爭兩場勝利之後，軍部
勢力抬頭，開始進入了戰爭時代（1895-1945，共五十年的時間），一直要
到 1945 年戰敗之後才停止了擴張戰爭，這一年是日本平民原則制度時間
第七十三年。

兩種擴張戰爭與背後的結構：戰功集團的消長

在所有有嚴格考試制度的政權裡面，依據擴張戰爭的有無可以分成兩類：第一類有長期擴張戰爭的政權，依據持續時間長短來劃分普魯士－德國（1745-1945 剛好二百年，當然也不是說這一段時間普魯士常常在打戰，有些時間像是 1814 年維也納會議之後到 1864 年普丹戰爭之間，有五十年的時間沒有打戰）、唐朝、清朝、還有日本。第二類是「幾乎」沒有擴張戰爭的政權：宋朝、明朝、當今的臺灣、韓國、新加坡（對於香港可能的讀者，我要跟你們致歉了，一直沒有把你們放進此章分析，主要因為香港一直以來沒有政治方面的行動自由，所以只能放在經濟層面進行分析）。之所以要把這兩類國家分開，主要是基於一種觀察，也是一種假設，那就是通常在考試制度主導的國家所形成的官僚體系會更在乎成本和利益的計算，戰爭對他們而言是不利的。首先、他們沒有戰功，拿不到任何賞賜；其次、戰爭會損失國家財政，或導致公務員的薪水縮減，甚至發不出來；第三、戰爭若持續下去，則必須花精力去徵用民間物資，可能連自家財產也要損失，怎麼說都得不償失；第四、戰爭影響子孫讀書考試的穩定性。因此他們傾向於防守型戰爭，而非攻擊型戰爭，因為此種態度比較節省成本和精神、力氣。如果這一個假設成立的話，照理說科舉文明或者是平民原則國家應該傾向於不對外發動擴張戰爭。那麼我們現在要問的就是：為什麼前面提出的第一類的四個政權會有長期對外擴張的傾向呢？

戰功集團

我的解釋是：因為這四個政權都具有一群必須藉著戰功來證明自己存在價值的集團──戰功集團，這種集團存在的時間越久，對外擴張戰爭就會越久。普魯士有容克貴族集團，這個集團要等到二次大戰結束後，其原本所擁有的土地被蘇聯共產黨公有化了，而且將在這土地上的日耳曼人民集體遷移到東德，讓他們脫離土地的支持而產生的結構性的瓦解。唐朝則有關隴集團；在唐高宗和武則天蓄意打壓其勢力的努力中，大量引進科舉考試出身的官僚，同時也積極的引進非關隴集團的將領，包括安祿山等，才讓這一個集團消失在唐朝的舞臺中。清朝有滿洲人組成的八旗軍集團；這一個集團在入關太久、周圍也找不到強敵時開始自我鬆懈；另外，也因為八旗軍吸收現代化的知識能力不強，當現代化的武器操作與製作產生本質的變化時，八旗軍擅長的騎兵集團就被無情的歷史浪潮逼出歷史的舞臺了。日本有薩、長、土、佐集團長期霸占陸軍和海軍，迫使整個國家軍國主義化，這個集團要等到二次大戰後在美國的主導下進行耕者有其田（為了避免日本被共產黨赤化，麥克阿瑟主導了日本的土地改革），某種程度上解構了這一個集團原本經濟的支持來源，以及在新憲法當中對國防發展的設定，讓這個國家原本的軍人集團瓦解而轉向其他的官僚或是工商業領域，而形成日本在戰後由官僚主導的社會結構[06]。宋高祖趙匡胤「杯酒釋兵權」、明太祖朱元璋大殺開國功臣這兩個舉動，讓宋朝和明朝的國家運作沒有了戰功集團的干擾，所以未有長期的擴張戰爭。

中華人民共和國與擴張戰爭

靈敏的讀者一定會問那麼當今的中國呢？中華人民共和國是屬於第一類有長期擴張戰爭？還是屬於第二類沒有長期擴張戰爭的國家？根據以下分析，當前中華人民共和國恐怕是難以歸類的國家。首先我們來討論它是否有明顯的擴張戰爭。中華人民共和國成立之後，曾經發動的戰爭有國共內戰、西藏戰爭（1950-1951）、朝鮮戰爭（1950-1953）、珍寶島衝突（1969）、中越戰爭（1978），或還在進行的中印邊界衝突、南海島礁衝突。這些戰爭是否有非常明顯的擴張出中華民國所繼承清朝的領土範圍？必須說清朝是以天下的概念而存在的政權，清政府對於現代「主權國家」的概念 —— 必須清楚界定國家領土與主權 —— 在面對西方設定的國際秩序之前並未有清楚的認知。但是依據過往中華民國在 1949 年以前所公布的全國領土與現今中華人民共和國的領土面積如果沒有很大的變化，事實上很難界定這些戰爭是擴張戰爭。當然有一些主張西藏獨立主權的人會認為 1950 年進入西藏的戰爭是一種擴張戰爭；如果是這樣，那麼戰爭行動只維持兩年。或者有人主張中共在南海建造島礁基地所造成的衝突也是一種擴張戰爭，不過當前在南海各個國家的抗爭之下以及在美國主張東海和臺灣海峽自由航行權的干預之下，擴張的作為也並非毫無節制。當我們比較唐朝、清朝、普魯士、日本這種五十年，甚至上百年的長期擴張戰爭，中共目前的戰爭動作相對來說是比較不明顯的，但絕對存在擴張的動機，特別是針對南海與臺灣問題這一塊。

第二點我們要問中共政權是否有一個像容克貴族、關隴集團、八旗子弟、薩摩長州藩武士階級等等這種戰功集團的存在？這些戰功集團的存在都是歷經幾百年的積累才形成的，而且是長年在作戰。可是就目前中華人

民共和國的軍人或有最上層的將領、紅二代組成的「軍事委員會」正式成立的時間應該沒有超過八十年。如果加上井岡山（1927-1929）時期以及長征時期（1934-1936）開始的軍人的軍功集團，一直到今日也還沒有超過百年。而且在過去九十多年以內，真正有投入的大規模戰爭也僅止於國共內戰和朝鮮戰爭，1953 年朝鮮戰爭結束之後，就沒發生過任何大規模戰爭，所以中共的戰功集團並沒有像上面的提到的四個集團常常在進行戰爭。再來，必須檢視這樣的軍事力量是否已形成了某一個「階級」，而且是一個合法性、享有世襲權利的階級。這從中共的憲法體制和任何法令提示裡面似乎沒有為所謂的官二代進行制度上的保障，但確實存在裙帶主義集團，也就是官二代或者是黨員幹部的後代私底下比別人的升遷致富有更高的機會。這一種非正式的人情規則是維繫這個集團或是階級可以存在的力量。以上分析可知中國共產黨這樣的一個戰功集團是存在的，而且也具有長期維持下去的力量，只是這樣的力量可能不再是根據戰爭的結果而來，而是根據所領導的國營企業擴張，以及安排所屬裙帶關係集團成員的功勞而來；但是其歷史的合法性傳統卻遠不如所舉例的四個集團那麼強。

　　第三個觀察的標準是由考試出身的官僚或者憲法所規定的制度是否能夠制約戰功集團？宋朝、明朝都是由考試出生的官僚主持政權，當代的中華民國臺灣、韓國、還有新加坡都有五權分立或三權分立對政府全力予以制衡，特別是其中的獨立的司法系統，這使得任何政黨或集團都可以互相制約，因此被某些特別集團綁架的風險比較低，而有較充分的條件可以長期處在沒有戰爭擴張中。很顯然的中華人民共和國憲法裡面就主張中國共產黨專政，而且也沒有獨立的司法系統，任何組織都必須受到共產黨的監管，所以在這一個標準下中華人民共和國在可見的未來，便很難被歸類於低擴張戰爭風險的國家。

由上述的分析，我們可以獲得相對恰當的結論：當代的中國很難完全歸類。比較恰當的說法是當代的中國雖然沒有從事長期的擴張戰爭，但是存在著容易進行長期擴張戰爭的制度條件。這樣的結論對當前臺灣與亞洲各國而言是非常重要的。我們也可以推測中共政權的擴大戰爭可能只是時間還沒有到。我們可以回頭看看當普魯士開始進行平民原則的整合運動時，它是經過了二十七年的腓特烈威廉一世休養生息，從未對外發動戰爭；而在維也納會議之後也曾經五十年沒有對外主動發動戰爭、擴張領土。因此這些戰功集團未受制約的平民原則國家，雖說長時間未對外發動戰爭，但是不見得在未來就不會發動戰爭。這也讓臺灣在與中華人民共和國交往的過程，必須隨時謹慎而無法放鬆。看看中共在當今表現出來的種種狠勁，例如在中國大陸武漢肺炎流行期間共產黨管理和動員力量的徹底狀態，對香港問題（2019-2020）處理的無妥協性，或者時而威脅周邊弱小國家的氣勢來看（包括在南海群島建立島礁，或者是以無息借款的方式來讓小國放棄島礁的領土權宣稱，或者是 2017 年薩德導彈事件對韓國所進行的經濟制裁，或者是 2021 年對歐洲較小國家所進行的戰狼外交），令人感覺是戰爭中的國家型態。

　　中共的戰功集團當前對外擴張戰爭的活動力之所以沒有像容克貴族、薩摩藩長州藩那麼的強勢，可能存在幾個條件上的限制：第一是這個國家的節育政策讓下一代子弟數目不至於太多，甚至一胎化讓每個家庭下一代的數目相對變少，而不必藉由激烈的戰爭擴大地盤幫紅二代、紅三代安排位置。但是近年來一胎化政策的變動可能改變這一個條件，特別是鼓勵軍人生三胎可能導致的戰功集團制度化，對世界的長久和平帶來新的威脅。第二個條件是核子武器的嚇阻力量讓擴張戰爭的動機受到某種程度的壓抑，而且美國還足夠強大，也還願意當世界警察。第三，毛澤東清洗了大

量的軍頭,包括彭德懷、林彪、賀龍、陳毅、羅瑞卿等人;文革中少將以上的高級將領約 265 人(占 16%)遭到清洗。

受到獨立司法節制或者民主化的平民原則國家,例如當代的德國、日本和亞洲四小龍,通常會變成不討人厭、懂得自制的政體。但是不受獨立司法制約的平民原則或是中國歷朝擁有科舉文明的政權,因為其快速擴張的體量和能力,常引起周圍國家的恐懼不安,而他們本身卻因為周圍國家的恐懼不安而樂此不疲、洋洋自得,因為這代表國家強大的大敘述可以鼓舞國家認同的熱情,又可維持戰功集團的既得利益。二戰之前的德國和日本有前例在先,當代平民原則國家裡面一枝獨秀的中華人民共和國,此時也孤芳自賞。

小結

科舉文明的制度時間與平民原則的制度時間有累積性的連結關係,這時得由科舉制度傳統的國家比較容易接受平民原則。

受科舉制度傳統或平民原則影響的政權中,發生過長期擴張戰爭的政權有唐朝、清朝、普魯士德國,與帝國日本(明治維新之後到二次戰爭結束之前的日本),因為他們存在著戰功集團。而戰功集團受到抑制的宋朝、明朝、臺灣的中華民國、南韓等則未發生長期擴張戰爭。而那些有長期擴張戰爭的政權最後也會停止擴張戰爭,最主要的原因是從成本效益來考量,戰爭不利於考試制度出身者。

當前的中華人民共和國存在者戰功集團,但是因為核子戰爭互相毀滅的威脅、少子化效應、或是戰功集團準備尚未充分,因而並未發生明顯的對外擴張戰爭。這使得當前的中國很難被歸類於上述中的任何一類。

[01] 參見斯塔夫里阿諾斯（Stavrianos, L. S.），吳象嬰、梁赤民、董書慧、王昶譯，2012，《全球通史：從史前史到 21 世紀》，北京市：北京大學，頁 496。

[02] 苔雅・朵恩＆理查・華格納（Thea Dorn & Richard Wagner），莊仲黎譯，2017，《德國文化關鍵詞：從德意志到德國的 64 個核心概念》（*Die deutsche Seele*），臺北市：麥田，頁 360-1。

[03] 參考王祥、朱慧瑩譯，2009，《日本史：1600 到 2000》，頁 173。

[04] 參考郭恆鈺，2011，《德意志帝國史話》，臺北市：三民，頁 73-84。

[05] 根據郭恆鈺之《德意志帝國史話》（前書）第 84 頁的地圖進行估算。

[06] 參考蔡增家，2007，《誰統治日本？：經濟轉型之非正式制度分析》，臺北市：巨流。

第二十三章

從普魯士面對的六股勢力談民主：
平民原則國家避免極端化與僵化的解藥

民主制度比較有條件成長在貴族原則的國家。當今世界上所有貴族原則國家都屬於民主政體；受貴族文化影響的國家也比較容易發展成為民主政體的國家，這點認知一則是基於考察當代人權主張逐漸受到重視的結果，二則是因為這樣的社會會激勵社會團體敢於爭取權利的結果（讀者可以參考本書先前在貴族原則的篇幅中對民主權利的討論）。

　　在當代平民原則國家中，受貴族文化影響最小的政權是中國和臺灣，其次是香港和新加坡，後二者受到英國統治時期感染了約二百年的貴族文化；再其次是韓國，兩班文化在近一千年來某種程度上依舊影響著韓國社會型態；受貴族文化影響最深的平民原則國家則是日本和德國。

　　民主制度既然來自於貴族原則的國家，那麼受貴族文化影響比較大的平民原則國家，像日本和德國是不是也比較容易產生民主制度呢？恐怕也不盡然。這些平民原則政權裡面要產生民主的素養和薰陶，可以說是歷盡千辛、嘗盡苦頭。單就平民原則的制度時間來看，德國獲得民主的過程反而是最長的。以比較嚴格的標準來看，德國是在 1919 年威瑪政權出現，社會才比較民主。就這樣的平民原則制度時間是經過二百一十六年（1919 減去 1713）才接受了民主；但是非常短暫的時間內就被納粹黨奪取政權變成了第三帝國，直到二次大戰之後才開始了現在較長期穩定的民主制度。而臺灣和南韓在威權或是軍人統治經過了四十年左右，才轉變成民主制度，這樣結果除了美國在背後支持外，應該是有前車之鑑的關係方便學習，反而獲得民主時的制度時間是最短的。

　　其實不論是在平民原則或者貴族原則的國家裡面，民主政治的發展多半是迂迴曲折的。如果說人類政治制度的歷史終結於民主政體的話（黑格爾所言，法蘭西斯福山延續著一個論述方向）是種不太精確的看法，這是因為民主制度通常是辯證性的前進，很難有終點。凡事有終點的，都不叫

民主，至少不是民主社會的本質。這種對民主是人類歷史制度終結的判斷，其負面的影響是讓人降低對民主制度的反省、批判能力，特別像是川普在第二任總統選舉前後引發的民主危機。

雖說如此，民主對平民原則國家和貴族原則國家的意義是絕然不同的。對貴族原則國家而言，民主最大而且主要的功能在於社會整合；但是對平民原則國家而言，最大的功能就不是整合了，因為存在其內的考試制度才是具有最強大的整合力道。民主對平民原則國家最大的功效，可能是如我們標題所說的，一個制度的安全閥：平民原則制度本身就容易導向極端化與僵化，而民主政治制度的引進開啟了一條有異於考試制度提高社會地位的管道，並且因為對各種自由權的保障為社會帶來活力而不至於以管窺天，讓整個社會更有能力去面對變遷的世界。

拿破崙（Napoléon Bonaparte, 1769-1821）在 1805 年打敗了奧地利與俄羅斯聯軍，隔年又擊敗了普魯士，之後解散神聖羅馬帝國，成立由法國領導的萊茵邦聯，並且成立了聯邦議會，這讓日耳曼地區的知識分子和中產階級聞到了自由的味道，對德意志地區的影響可謂一波掀起千層浪。當時的哲學家黑格爾認為法國大革命是人類有史以來第一次引入真正的自由，所以稱呼拿破崙為「世界精神」。不過萊茵邦聯運作的時間並不長，1812 年拿破崙被俄羅斯打敗之後，1813 － 1814 年於萊比錫戰役中又敗給了俄、奧、普聯合軍隊，萊茵聯邦還有議會的運作便終止了。雖然時間短暫，但是這一股自由的氣氛對那個時代形成了難以言喻的影響。貝多芬此時進入了創作的頂峰，第三號英雄交響曲（1804）、第四號交響曲（1806）、第五號命運交響曲（1807-1808）、第六號田園交響曲（1808）、第七號交響曲（1813）、《給愛麗絲》（1808）也是這時候的作品。整個德語區的文學藝術受到鄰國自由氣氛的影響，從狂飆突進運動、古典主義、

從普魯士面對的六股勢力談民主：平民原則國家避免極端化與僵化的解藥

唯心哲學進入了浪漫主義時代，統稱為德意志運動（1770-1815）[01]，這一股運動也激起了德意志民族主義的認同行動。格林兄弟（Brüder Grimm, 1785-1863; Die Gebrüder Grimm, 1786-1859）也在這時候收集了德意志地區民間的童話改寫成為今天的格林童話。這些自由的思想特別是在遠離勃蘭登堡的非普魯士的日耳曼地區盛行。

維也納會議之後，原本神聖羅馬帝國的區域，也就是主要的德語區，改組為德意志邦聯（1815-1863），也成立了邦聯議會。在這一個邦聯裡面一直有六股政治勢力在運作。有兩股具有傳統武力與領土優勢的勢力，一個是大約有三分之二領土在邦聯裡面的普魯士（普魯士其他三分之一的領土在波蘭境內），另一個是有大約三分之一領土在邦聯境內的奧地利（其他約三分之二的領地在現在的捷克、斯洛伐克、匈牙利、羅馬尼亞、斯洛維尼亞、克羅埃西亞，還有義大利境內）；另外四股勢力是因為政治主張不同而形成的，一個是受到法國統治經驗的刺激而主張德意志統一的民族主義（此時日耳曼境內的一些鬆散的小諸侯國，總會依附在周圍有幾個較大的勢力，除了普魯士和奧地利之外，還有些會依附丹麥或法國。而更外圍還有瑞典、俄羅斯帝國對這一個區域也虎視眈眈。這些凌亂的諸侯國或自由城市剛好是這些勢力範圍的緩衝地帶，因此其內的小諸侯國很難討好周邊複雜的政治勢力，這使得許多有識之士、青年學生期待德意志的統一，凝聚力量對抗外國勢力）；二是受到法國大革命與拿破崙法典的刺激而主張自由民主法治、代表中產階級的自由主義；三是受到當時工業革命產生的過度貧富不均、勞工生活貧苦不堪而義憤，主張平均分配的社會主義和共產主義；最後一個是代表地主階級的保守主義。這六股勢力一直交互作用到二次大戰結束才重組。

本書對這一個時期、這一個地區的興趣在於：作為一個平民原則已經

運作了百年的普魯士怎麼去面對這六股勢力？而臺灣隱約也有類似的六股勢力在運作。我們現在分析這六股力量

▎（一）奧地利與普魯士

　　當時的奧地利是一個多民族的王國，統治的地區大約有三分之二是非日耳曼人居住的地方。政治體制介於中央集權與地方封建諸侯制度之間，以哈布斯堡家族治理的維也納作為政治核心，許多的官員和軍官是外國人、新教徒也包括猶太人，但是大部分人民以及皇室皆是天主教徒。從 1776 年開始，奧地利的高級官員的選任必須具有大學財政學學習通過的資格，而非採取類似普魯士一樣的考試制度，因此官僚制度不如普魯士來的嚴謹，徵稅能力也低於普魯士，但是大學和報刊很早就已經自由化和普世化了 [02]。由於種族複雜，因此奧地利對於大日耳曼地區的統一興趣缺缺，再加上大日耳曼地區主要是新教徒，本身是以天主教徒為主體的奧地利若與日耳曼地區進行統合，勢將弱化自己的主導性，因此在德國統一的過程中，奧地利是屬於干擾的角色。再說哈布斯堡家族與羅馬教廷以及過去大航海時期的日不落國 —— 西班牙王國有著千絲萬縷的關係，百足之蟲死而不僵，即使在近世哈布斯堡家族的勢力處於衰退過程中，對整個歐洲、日耳曼地區還是有很強的影響力，特別是對德意志邦聯裡面唯一以天主教徒做為主體的巴伐利亞王國 —— 它也是目前德國領土中唯一與奧地利國土相連的自由邦。巴伐利亞王國在 1870 年德國統一的過程中最晚加入德意志帝國，一直以來，包括到了現在，都有很強烈的獨立意識，長期以來支持奧地利，也受到奧地利的支持。巴伐利亞區支持天主教的教徒，在帝國議會時期，組成了代表德國西部與西南部利益的中央黨；這一個地方性

十足的政黨早期受到俾斯麥文化鬥爭的打壓，但後來逐漸壯大，在威瑪共和時期還曾是最大的黨派，支持民主自由以及相對保守的政治路徑，因此在納粹時期也受到希特勒的打壓。二戰之後，巴伐利亞地區從原先的經濟落後發展成為現在經濟實力最強的拜仁區，是賓士與 BMW 汽車、西門子電子公司、運動鞋 PUMA 等企業總部所在。這樣的發展挑戰馬克斯韋伯《新教倫理與資本主義精神》論述中觀察到新教地區比舊教地區有更好的經濟發展的假設。

（二）保守派

保守派的主要支持者是貴族、大地主以及新興的工業巨頭。首先我們先看一下容克貴族的經濟基礎 —— 農奴制度 —— 在歐洲的自由民權運動之下進行的一個長期的社會結構變遷。拿破崙打敗普魯士之後，為了讓普魯士可以按期付清戰爭賠款並且提供兵源讓他繼續打戰，向當時的普魯士國王腓特烈威廉三世推薦了施泰因（K. v. u. z. Stein, 1757-1831）擔任首席大臣的職位。施泰因推動了耕者有其田與地方自治等政策，並且頒布《十月召令》改革國家最高的行政組織，廢除了貴族的法律特權，文官職務也完全對一般人開放。但是他頒布的「農民解放令」太過激進，引來莊園地主的不滿，就連拿破崙也質疑他反法的立場，因此不到一年便下臺。他的繼任者哈登伯格（K. A. v. Hardenberg, 1750-1822）則延續他的改革，但是手段比較圓滑。1815 年拿破崙失敗之後在容克貴族的壓力之下，農奴制度的改革暫緩。一直要到三十多年後的 1848 年歐洲革命，容克貴族在農民起義的壓力之下才放寬讓農民贖回封建義務的條件，許多農民在繳付土地和金錢給容克貴族之後獲得了自由 [03]。到了俾斯麥擔任剛開始首相的

時候（1862-1873, 1873-1890）因國家統一需要大量的農民從軍，在他妥協獎勵之下農奴制度才獲得了較全面的解放。這樣的一個結果造成容克貴族經濟基礎消失大半，社會地位有降低的風險，因此為了提升現有的社會地位，促使他們的子弟大批移轉到官僚體制和軍隊中謀求發展，也造成容克貴族的子弟占滿了比較高的官階和軍階。

在這裡我必須回來談一個制度演變的問題。在一個由平民原則進行整合超過一百年（這裡指的是普魯士的 19 世紀前半葉）的國家裡面，官僚體系會產生什麼樣的質變？因為通過考試而取得官僚資格的人員增多了，於是每一個位置競爭就非常激烈，各部門與各部門在有限的資源下的競爭也越演越烈，最後導致各部門自行其是，很難進行橫向溝通。邁克·曼（Michael Mann）指出普魯士的官僚組織不同部門之間的關係非常混亂，每個部門按照不同的目的而運行，他們之間互相對抗並且只承認國王是他們共同的主人。所謂的內閣也不是各部會大臣的委員會，而只是（為了與各個部會大臣維持獨立聯絡關係的）宮廷顧問所組成的班子 [04]。日本政治思想史學者丸山真男也觀察到的日本近代政府組織的「章魚罈化」，表明日本在二次大戰以前（平民原則制度時間約六、七十年左右）的政府機構之間通常各行其是，互相爭奪自己的利益，與前述的普魯士政府大致一樣 [05]。

這樣一個官僚集團的上層是由容克貴族霸占重要的位置，雖然說官員的選任需要通過考試，但是這種考試只是獲得進入官場的資格，在上位者依舊可以在有資格的成員中選擇自己喜歡的幕僚，因此大部分高級文職和軍職的官員仍然是貴族。而官僚集團下層的官員主要是一些從軍中退伍的士兵，只要識字而且有一定數學程度便可到行政機關從事辦事員和會計的工作，無怪乎老百姓去郵局寄信或領取物件通常必須戰戰兢兢，生怕舉止

一不小心而挨士官長的罵。因此不論上層或者下層的官僚集團都充滿著軍國主義的色彩 [06]。

這裡需要附帶一提的是，之前提到腓特烈威廉一世可能為了平衡容克貴族的勢力因此採用了考試制度，但是為什麼在這一個考試制度已經進行了一百年之後，容克貴族依然占據了官僚體制的頂端位置？在這裡必須說明體制的變遷是一個長遠的歷程。唐朝初年開始考試制度之後到了「唐宋之變」總共歷時超過三百年。孫國棟於《唐宋史論叢》書中指出科舉出身的官員中，在中唐、晚唐時名族公卿出身者仍然占據了 76.4%，而到了北宋朝才下降到 13%；宰相裡面，中晚唐的宰相出身於名族貴冑者占了約 80%，到了五代下降到 30.5%，再到了北宋只剩下 17%；再根據史書上──也就是舊唐書、新唐書、舊五代史、宋史等等裡面人物的資料進行朝代的比對，發現這些人物的出身在中唐以後屬於名門貴冑的從 69%，到了五代下降到 28.2%，而到了整個北宋剩下了 19%（211-308）[07]。由此可知科舉考試制度確實會造成上下層結構的變動，但是它絕非一兩百年內便能完成的。由科舉考試的制度時間所造成的社會結構變化來考察德國和日本，可以看到很鮮明的相似性：德國在二次大戰以前，平民原則的制度時間不過二百三十年左右，因此它的官僚中的頂層官員多半還是來自於容克貴族便可以理解了。日本平民原則制度時間即便到了當今也不過一百五十年，所以歷任日本首相或者是內閣官員或是高級官僚中，出身於名門望族者所占的比例極高也就不那麼令人意外了。前日本首相安倍晉三、副首相麻生太郎皆是薩、長、土、佐名門之後。那麼在前面提到德國在平民原則制度時間大約進入了三百年之後，在對等比例上大約進入了中國歷史上的唐宋之變，那麼隨著時間的推移，貴族的影響力是否也跟著逐漸降低呢？答案是肯定的。德意志帝國剛開始成立時下議院的議員裡面，

在 1871 年，40% 的議員是貴族，到了 1890 年剩下 31% 是貴族。在軍隊裡面一次大戰前有八百名現役的貴族軍官，占整個軍團的 30%，有三十三位陸軍元帥都是貴族。但是在第二次世界大戰之前，20 位陸軍元帥中有七個是非貴族，六個空軍元帥中有四個是非貴族，兩個海軍元帥全都是非貴族 [08]。在本書的第十四章討論到法國貴族出身者自從法國考試制度建立之後占據當代法國社會階層中重要位置的比例也持續在下降當中。很明顯的是在當代歐洲與日本，貴族的影響力在下降。當然我們也不能將下降的原因完全歸因於平民原則的影響，在某種程度上這時候逐漸加深加廣的民主制度也對貴族影響力的下降起著作用。

因此在統一前的普魯士君王，既要避免受到貴族的過份控制，又要平衡官僚特權階級的威脅 [09]，因此會傾向於採取守勢的保守主義。隨著工業革命的發展以及 1848 年歐洲的第二波民權革命的風潮，普魯士的君王以及後來德意志皇帝開始得面臨著兩股新興的勢力 —— 自由主義與社會 / 共產主義 —— 的挑戰。

(三) 自由主義

在德意志地區，自由主義的主張包括了君主立憲、議會政治、法治國家，主要的支持者包括中產階級與知識分子。其中來自地主、企業和銀行界的中產階級偏向右派，會與民族主義和保守主義結合；而中產階級中屬於手工業者及自由職業者會偏向左派，而與社會主義者結合 [10]。我們的焦點在於：這麼一個正進行平民原則整合的普魯士和德意志帝國如何面對自由主義。本書觀察出的基本規則是：能打壓就打壓、打壓不下去便釋放出一點權利；除非遇到極大的阻力，否則不主動放棄威權統治。

德意志的自由主義與歐洲其他地方一樣，成長在法國大革命以及拿破崙東征的背景之下，但是它的發展一直受到保守勢力的打壓。在威瑪共和時代自由主義曾經冒出頭，但沒多久就被希特勒踩在腳下。一直要到二次大戰之後，在美、英、法等國的保護下自由主義才成熟的發展出來。

　　一開始是奧地利首相梅特涅（Klemens Wenzel von Metternich, 1773-1859），帶領著普魯士這個老弟在德意志地區四處打壓自由主義運動。這兩個王國的動作是很難在中國歷史上找到相對應的案例，就好像廣東省的軍閥知會河北省的軍閥「我們一起出兵來打壓反動分子吧！」結果這兩省的軍閥在整個中國四處趴趴走，拘捕和驅趕自由主義分子，也不管當地的領主是否歡迎這兩股力量的到來。主要被打壓的民主運動有 1815 年耶拿大學學生組成的學生聯合會，他們在瓦德堡（Wartburg）提出來的瓦德堡綱領，主張德意志統一、君主立憲、新聞自由、法律之前人人平等。結果一千八百多名的學生、教授和新聞記者被判刑、下獄、開除和撤職。第二場發生在 1832 年。在法國 1830 年 7 月推翻專制的運動刺激下，三萬多德國人（包括大學生、小市民、農民手工業者）來到哈姆巴哈（Hambacher），一樣主張君主立憲與新聞自由，參與人數之多在德國歷史上是空前的。結果還是被兩國鎮壓，之後兩國召開同盟代表大會，通過的協議主張嚴禁政治結社與人民集會，實行新聞檢查、監視異議分子，另外還禁用未來的德國國旗黑、紅、黃三色旗幟。1833 年初，大學生、手工學徒、波蘭軍官聯合起來企圖占領法蘭克福的德意志領邦同盟會議，但是很快就被鎮壓下去了。1837 年因為漢諾威等諸侯宣布取消憲法，引起七位教授的抗議，這就是所謂的「哥廷根七君子事件」，在奧、普兩國的打壓之下許多的自由主義分子逃到海外，在瑞士、法國組織革命團體[11]。

　　1848 年法國的二月革命引起的效應就不是奧地利和普魯士這兩個王

國能夠輕易鎮壓的了。起源地一樣來自於德國西南方民眾提出「三月要求」，包括了以前的主張：君主立憲、新聞與結社自由，還有新的主張：實施英美法系的刑事陪審團制度；少部分人因對君主立憲失望，提出成立共和國的主張。梅特涅壓制不了革命群眾，祕密逃往英國。當時柏林發生的革命運動的過程就顯得耐人尋味，特別是對我們這種制度研究者。革命群眾要求當時的普魯士國王腓特烈威廉四世（1795-1861，1840 稱王）兌現其父親實施君主立憲的諾言，但是國王反對。軍隊開槍，結果與民眾展開巷戰。隔天，群眾把巷戰死亡的一百九十多具屍體抬到王宮前的廣場。結果威廉四世出現，並且向死者鞠躬致哀，群眾竟然覺得滿意而離去。過了三天，這位普魯士國王手裡拿著黑紅黃三色旗騎在馬上遊街，表示支持革命。群眾歡呼不再鬧事。在局勢穩定之後普王召開了普魯士領邦會議，其中貴族和普王都不滿意代表們所提的三月要求等內容，於是開始派軍隊鎮壓騷動的群眾，結果這一場三月革命不了了之。可見普魯士管理下的民眾相較於其他日耳曼地區來得更為溫馴、好處理。

　　不過在南德和西德的自由主義人士在法蘭克福籌組國民會議，由各領邦所指派的五百八十五名議員當中有許多的法官、律師、檢察官、醫生、高級行政官員以及教會人士，他們在會議中暢所欲言、無所顧忌，所以又被稱為「教授議會」。他們在 1849 年通過德國憲法，採取了一個「小德意志大普魯士」的議案，拒絕了奧地利加入邦聯，並且選舉威廉四世為德意志皇帝。弔詭的是這位普魯斯國王拒絕接受這樣的皇冠，也不承認帝國憲法，因為他堅信君權神授反對君主立憲而放棄君主的絕對權力，接著開始鎮壓日耳曼各地的自由主義人士，這場革命也不了了之。給普王當皇帝以換取君主立憲也不可行；不打戰就可統一德意志的機會活生生給放過了。這場運動導致許多自由主義者逃亡美國與英格蘭等地，包括馬克思和恩格斯。其中值得一提

的是巴登（日耳曼地區西南部的一個公國）軍隊中的一名少尉弗朗茨・西格爾（Franz Sigel, 1824-1902）是臨時政府的支持者，他在這一場運動失敗後經由瑞士逃亡美國，在美國南北戰爭中成為北軍的將軍。因為他的出現吸引著許多德國移民加入志願軍。1848 年德國三月革命一直到一次大戰前，大約有六百萬名德國的新教徒移民至美國，導致對抗普魯士政府的人士大量減少了，這大概也是讓普魯士的威權統治可以持續下去的重要原因。

革命雖無法成功，但是普魯士新成立了的領邦議會中，一直以來都以主張自由主義的進步黨的議員居多。新上任的普魯士國王威廉一世（1797-1888，1861 稱王，1871 稱帝，也就是威廉四世的弟弟）在拓展軍事力量的預算中一直受到議會的杯葛，於是他不得不在 1862 年啟用俾斯麥擔任首相。俾斯麥是純粹的民族主義與現實主義者，他開始有技巧的結合自由主義右派打擊自由主義左派以及社會主義、共產主義支持者，然後全心全意支持日耳曼的統一運動。所以一直到俾斯麥下臺為止（1890年），這期間都是自由主義右派與保守主義當道之時。俾斯麥擔任普魯士總理兼外長，就職後在預算委員會發表演說，堅定的闡述他的路線：「德國所要注意的不是普魯士的自由主義，而是它（普魯士）的權勢。當前的重大問題不是透過演說和多數決所能解決的 —— 這正是 1848 年和 1849年所犯的錯誤，而是鐵與血（才能解決問題）[12]。」

俾斯麥（Otto Eduard Leopold von Bismarck, 1815-1898）是容克貴族的子弟，父親是退休軍官。大學畢業後通過考試成為了律師，也投考公務員，當過小書記。三十二歲時正式成為柏林的州議會議員。他很能代表平民原則下保守主義出身的政治家與公務員對自由主義的態度。

威廉二世（1859-1941，1888 稱帝到 1918）繼位之後不久，1890 年，便解聘了俾斯麥。因為在首相俾斯麥治理的二十年當中，德意志帝國徹底

發揮了平民原則。因為中央只管軍事跟外交,而給地方極大的自治空間,於是德國呈現出北方由平民原則建構,南方由貴族原則建構的大概架構。平民原則不斷地生產大量吃苦耐勞、遵守紀律的勞動力,而南方生產具有科學和技術創造力的天才,這兩股力量的結合產生了非意圖的結果:在俾斯麥下臺之前,德意志帝國的工業生產量與科學創造力已經超過了英國和法國,成為歐洲第一,而在世界上僅次於美國。但是那時候的人們沒有這種制度經濟學的視野,把這種後來居上的經濟的快速發展、國家越來越強盛當作是優越的民族性,當作是可以稱霸世界的一種絕對的權勢了。當然在這種國家強盛的氛圍之下,給予自由主義活動空間比較大了,選舉權也擴大。此時一派自由主義與民族主義結合,在威廉二世的盲動之下發起了第一次世界大戰。

　　一次大戰失敗之後進入了威瑪共和時期(1918-1933),這一個時期表面上是日耳曼－德意志有史以來自由主義最能暢行無阻的時間,實際上卻是各種主義、思想的橫衝直撞。極右派與極左派動輒革命,結合類似黑幫的半武裝力量威脅自由主義分子。平民原則在這一個階段似乎只是在保存帝國元氣,對於恢復秩序與社會整合發揮的作用不明顯,這是因為平民原則必得在國家政治相對穩定的狀況之下才容易發生經濟追趕作用。但是威瑪共和正是處在普魯士王國和他所繼承的德意志帝國過去二百年的歷史中政治最不穩定的階段,間接抑制了平民原則的作用,但卻也造就了威瑪共和在思想、文化、科學、藝術這些領域蓬勃發展的現象。然而在這一個自由主義表面昌盛的時代裡面,經過二百年帝國累積的保守勢力卻是很謹慎的(保守勢力推薦讓希特勒擔任總理以解決政治紛亂現象,興登堡總統考慮再三才冒險一試)把力量交給了納粹政府,接著便終結了自由主義;在排除了非納粹黨人的公務員之後,實際上也終結了平民原則。

（四）社會和共產主義

　　平民原則和共產主義基本上是很難相容的系統，因為共產主義的終極目標是破除階級，但是平民原則所重視的公平考試的結果就一定會分出不同等級，這兩個系統恐怕因此互為環境。「哪裡會有銜接點呢？」讀者可能會問，那麼現在中華人民共和國不是還稱共產黨專政，那為什麼是屬於平民原則的國家呢？這是因為在毛澤東過世之後，整個國家開始接受市場經濟，也重新恢復了考試制度，所以當代中國實際上本質已非共產主義，而轉行也自稱為是社會主義國家了。在毛澤東時代，特別在文化大革命時期，基本上停止了全國的考試制度；毛澤東非常清楚共產主義和考試制度根本的矛盾問題。

　　近代的共產主義最早的發源地在德國，源於一群同情工業革命後工農處境的運動者所發起的抗爭運動。他們除了發現處在下層位置的工人與農人生活環境越來越艱辛，也認為君主專制或君主立憲政體都還是有階級性的，只要有階級就有壓迫的問題，因此都是共產主義革命的對象。所以在日耳曼邦聯時期或德意志帝國時期，共產主義被保守主義的打壓情況比自由主義更為嚴重。

　　共產主義理論的創始人馬克思（Karl Marx, 1818-1883）與恩格斯（Friedrich Engels, 1820-1895）都是德國西部人，而且同樣處在於普魯士所統領的區域。兩者都出身於中產階級地主與企業主；馬克思的母親那一邊還具有貴族血統。我們只要仔細去考察那些早期參與共產主義或是社會主義的支持者，像是巴枯寧（Mikhail Bakunin, 1814-1876）、海涅（Christian Johann Heinrich Heine, 1797-1856）、歐文（Robert Owen, 1771-1858）、湯瑪斯・摩爾（Sir Thomas More, 1478-1535）、聖西門（Henri de Saint-Simon, 1760-1825）、傅立葉（François Marie Charles Fourier, 1772-1837）、威廉魏特林（Wilhelm Weitling, 1808-1871）、普魯東（Pierre-Joseph Proudhon, 1809-1865）、列寧（Lenin, 1870-1924）等人，會發現他們多半出身於這一個階級。這只能說明有閒階級發展的取向：追求新鮮、異質性的生活方式、期待與眾不同，但背後又有一定的理論作為支撐——這又與有閒階級智識上的舒適感有很大的關係。他們跟保守主義者、民族主義者出身於同樣中產和貴族階級，也都企圖追求權威的獨占性。他們雖然路徑不同，但是殘忍的手段、好鬥、崇拜武力卻也是有閒階級共通的特質之一。

從今日的角度來看共產主義會覺得是失敗的，因為目前世界上相信這個主義可以作為立國根本的可能只剩下古巴與北韓，其他原本的共產主義國家要嘛瓦解，要嘛修正路線。但是在十九世紀它卻是一種激進的理想主義運動。當時並不是沒有人指出這一個路線可能會帶來的錯誤，例如海涅、普魯東和巴枯寧都發現了無產階級專政最後所導致的強大的極權主義，將摧毀歐洲文化中令人熱愛和讚賞的價值和事物，特別是自由；也並不是沒有人實驗失敗，例如歐文在 1824 年於美國印第安納州買下 1,214 公頃土地進行共產主義式的勞動公社實驗（New harmony Indiana），結果兩年內便失敗了。但是由於當時受到啟蒙主義、理性主義、科學主義時代潮流的影響，讓這一派人的主張走向了極端，企圖推翻傳統社會的一切。從某種層面來看，它類似把科學和理性當成一種宗教的十字軍東征，為了掃除異類不在乎流血。馬克思非常刻苦地將共產主義理論結合了那一個時代的經濟學、數學，使它有了牛頓物理學推論方式的科學形式，用這種方式來解釋人類社會。這在當時無人出其右，難怪在後來首相俾斯麥寫信給馬克思說目前德國最偉大的人物就是你跟我。馬克思在 1867 年到他過世之後，出版了四大卷《資本論》，影響了那一個時代的哲學、政治經濟學

和社會學。他最為獨到之處在於指出資本主義內在的運作發展下，社會結構宰制的形式必然產生的弊病，他認為解決之道就是砍掉重練，但是練的不是新型的資本主義而是共產主義。我們當然不能完全否定蘇聯、東歐、中國、北韓、古巴、越南這些國家實施共產主義的意義，因為他們沒有存在的話就難以獲得現在的實踐經驗，難以從中獲得教訓，難以對人類理想主義的型態產生更深刻的批判。因為總有一群人會對信念著迷、缺乏深度批判地加以接受，勇往直前，不到千般恨不消。

平民原則國家對共產主義的打壓是不遺餘力的，從普魯士王國、德意志帝國以及在某種程度上繼承前面兩個政權的納粹、日本明治維新與大正時期、南韓的軍人政府以及中華民國的國民黨政府，都曾經欲除之而後快。而比較能容納共產主義的國家恰恰好都是那些以貴族原則為主軸的國家，從早期共產主義分子集中的地點：瑞士、巴黎、比利時、倫敦（馬克思和恩格斯最重要的著作《共產黨宣言》、《資本論》主要是在比利時和倫敦時完成的）便可以看出，而這些地方又是當時資本主義最興盛的地方。從現在的角度看，共產主義者最積極想推翻的資本主義體制，卻是最能夠包容他們的地方。很遺憾，這樣的弔詭卻不是激進主義者看得見的。

相較於共產主義，社會主義是稍微緩和一點的路線。它某種程度上也接受君主立憲與議會路線，也常常與自由主義分子結合，也不全然否定資本主義。當然它也從馬克思的理論裡面獲得了某些政治行動的參考架構與議題設定的策略。堅持保守主義的平民原則官僚雖然也會打壓社會主義者，但是比較不激烈；在某種層次上還會執行社會主義者的政策，像俾斯麥一邊立法打壓左派的集會遊行與出版自由，或者是派間諜到周圍的瑞士、法國、比利時甚至倫敦去收集這一群共產主義和社會主義分子的行蹤和活動，可是另一方面卻又執行左派的某些政策。俾斯麥在 1871 年公

佈第一個社會福利法 ── 「勞動事故賠償保險」；1876 年設置「救濟基金」。他告訴大眾：是「德意志這個帝國」而不是他們「社會民主黨人」有力量為工人解決生老病死的問題[13]。

（五）共產主義與德國、俄羅斯、法國、英國、中國的關係

　　我藉由一個微小的篇幅來討論一個稍微大架構的問題：為什麼最後共產主義落腳的地方出現在俄羅斯和中國，而不是出現在他的根源地 ── 德國和法國邊界，也不是馬克思可能是待過最久的地方 ── 英國？共產主義因為具有武裝革命特質，所以遭到傳統原則運作的社會之打壓恐怕是自然而然的事情。籠統地說，平民原則國家和貴族原則國家都有效地拒絕了共產主義的落腳 ── 當我下這一個論斷時，聰明的讀者一定會反應：你當初設定平民原則和貴族原則的國家首要的條件之一，便是想透過這兩個原則去解釋當代經濟發展較好的地區，而當你論斷平民原則國家和貴族原則國家都有效拒絕共產主義的時候，檢證當前原本共產主義國家裡面，當今的經濟較為發達的就剩下中國和越南，若擴大一點範圍可能還包括捷克與斯洛伐克，所以你在事先設定兩個名詞範圍的時候，就已經附帶這個推論了，所以這樣的說法並沒有指出新的論證內容啊？沒有錯的，如果讀者這樣想，而且如此尖銳提問的話，那也代表您對本書的觀點已經進入很深的思考了。

　　我這一個小節想進行的並不是在更新大架構上的推論，而是從這一個大架構讓我們可以看到的更細的細節到底起著什麼樣的作用來解釋這樣的過程。首先，對德國而言，因為他有強大的平民原則在運作，而且支撐著

保守主義，所以會積極而嚴謹的態度來避免共產主義的武裝革命。東德後來採取共產主義制度是因為被蘇聯占領的緣故，而不是最原本社會結構力量所造成的。英國的共產主義也沒有成功，可能因為貴族原則激發人民去做開放的批判，人們在很多地方可以看到共產主義的極限，因此主張的人數就有限了。當初英國的許多左派人士也都主張共產主義，但人民最終沒有拜在她的石榴裙下。法國則在帝國體制和共和體制之間反覆交替了三次，這種政治表層現象下，卻隱含著在法國大革命之後的一百年時間，正進行著貴族原則的整合，而最後在第三共和達成了貴族原則的整合的飽和點。長期的工業成長製造了更多的有閒階級出來，另一方面也抑制了共產主義的絕對主義之面向。俄羅斯（雖有貴族文化）既無貴族原則也無平民原則之活躍機制，帝俄時期的官方雖然努力壓制共產主義，但是全國農奴或近無產者居多，自然難以阻擋共產主義之誘惑，同時也忽略巴枯寧等知識分子的警示，最後絕對權威主義重新構造俄羅斯的命運。而中國在清朝末年廢除科舉制度之後，同樣也面臨制度真空的四十年，難有一個統一的中央政府，也沒有足夠的時間好好發展出一個平民原則來對抗共產主義，長期的科舉傳統也使知識分子難有批判能力，而科舉傳統背後隱含著的平等主義又與共產主義類似，讓許多知識分子難以區分政策後果，於是這時候共產主義趁虛而入了。而當今的中華人民共和國在參考周邊東亞國家的經驗之後，一千三百年的科舉傳統又重新借殼上市、借屍還魂，變成了平民原則國家。當然就目前的中國而言，共產主義不能說徹底瓦解，但已經削弱了一大半。鄧小平說的「要警惕右，但主要是防止『左』」。防止「左」就是防止共產主義的復活。不過，必須說平民原則和共產主義在一個層面上是相似的，平民原則是為了讓自己取得更高的階級而互相「競爭」，而共產主義則是為了自己無產階級的階級地位去「鬥爭」其他階

級。一個強調競爭，一個強調鬥爭，因而產生不同的殘忍程度。在共產主義國家未倒臺之前，平民原則的政權（西德、日本、臺灣、南韓、香港）環繞著共產主義國家周邊而生，恐怕也不是地理上的巧合而已。

（六）民族主義

　　民族或是民族主義很難去界定，這大概是多數此一領域權威學者共同的看法，因為這一個名詞或者主張無法單純由血統、種族、文化、疆域去界定。當代這一領域的權威安德森（Benedict Anderson, 1936-2015）不從社會科學客觀的角度直接去定義這一個名詞，而從民族認同感或民族歸屬感，nationality，這一個特殊的文化人造物（culture artefacts）如何形成的角度去定義。這種切入方式非常像他那一個時代的法國思想家傅柯 —— 他分析權力時發現權力很難去定義，因此他不從定義下手，而從權力如何被運作的角度去看問題，結果開創出了一個微觀的權力世界。在 1983 年安德森出版了《想像的共同體》[14]，裡非常啟發性地指出民族主義或者是國家都是透過「想像的共同體」這一個概念建構而成，這裡的「想像」不是虛構的、不存在的，而是一群人被有意的人為力量或「非意圖的歷史事件的刺激」之下，在感同身受的情緒中，共同「架構」出來的。這一個動詞詞性的「架構（structuring）」目的在確認國家的主權、大小以及所能行使的範圍，也就是界定這一個主權的力量以及可能的影響範圍；這裡的範圍包括空間性的、人口多寡與中央集權的幅度，以及進一步界定此一範圍之外哪些人是朋友哪些人是敵人。民族主義運作的功效首先在確認主權或是所謂將主權明確化 —— 也就是系統的內部與外部環境的區別，其次在讓主權更有效的運作。

第二十三章
從普魯士面對的六股勢力談民主：平民原則國家避免極端化與僵化的解藥

上面強調的「非意圖的歷史事件刺激」指的是像這次新冠病毒疫情，因為臺灣、韓國處理得算是不錯，無形中增加了公民對國家的認同感，這是事件的非意圖的結果。拿破崙入侵德意志聯邦激起了德意志的民族意識；黑船事件激起了日本的民族意識，對德國和日本而言也都是非意圖的事件，可是隨後都產生了對民族認同的動員。

安德森也指出了三個非意圖條件的成熟會促使民族主義的興起，首先是印刷品的資本主義發達，早期以拉丁文為主的印刷品，在閱讀人口出現飽和後開始向原地周邊地方推廣，於是英、法、德、捷克文等在一定的空間裡形成數量漸多的閱讀人口，特別是新教地區把聖經翻譯為當地口語，促使當地讀聖經人口增加。第二個條件是當第一個條件已經發展到某一階段，出現了一些藝術家、文學家、歷史學家、民俗學家開始挖掘同一語言活動空間內的種種共同經歷的事實、論述、傳說、童話、小說、詩歌，於是這一群人產生情感上的依附關係。明顯案例是十八世紀的小說和報紙帶給人們的「在場」和存在感。第三個是科學革命之後，宗教和君權神授的權威開始下降，也動搖了人們的存在意義，此時精神需要新的落腳處，以求在生來死去的過程中安頓靈魂，因此具有親密血統關係的親屬、鄰近互動密切的社區，還有共享文化和文件讀本的這群人開始把自己的過去、現在跟未來連結到過去無法直接認識的死者、現在活著的小孩 —— 被稱為國家未來的主人翁，以及還未出生的下一代；他們在時間長河中「被架構」成了一體。

由上分析可以推論：因為民族主義是在科學革命後才開始的，所以民族主義容易發生的地點應該是在科學革命發生的地點歐洲。不過安德森不這樣認為。他認為第一波是在美洲大陸，包括北美洲的獨立戰爭以及中南美洲脫離西班牙統治的獨立運動。第二波是在 1815 到 1850 年之間在歐洲

大陸開始的獨立和統一運動。第三波是對第二波的反彈，原本就存在的帝國官僚集團吸收民族意識的精髓與操作後，為重新獲得統治基礎，在上位的皇室與貴族們紛紛向所在地主要的民族進行認同，並且對外擴張；此狀況就出現在俄羅斯與英國。日本直接吸收第二波和第三波的能量，首先因為黑船事件、與外國簽訂不平等條約的刺激，有志之士倡議了尊王攘夷的民族意識，並且展開明治維新，其後則從義務教育與對外的戰爭動員凝聚民族意識，而形成現代日本的基本結構（筆者認為安德森對第二波和第三波地區分和解釋並不清楚，他們的分隔和動力差異度並沒有很大。特別是說英國是在第三波才出現民族主義，頗令人驚訝）。第四波則是出現在第一次世界大戰之後，各國殖民地紛紛獨立 [15]。

如同本書在貴族原則的篇幅所檢視過的民族自決運動，這些在第一波第二波以及第四波從事民族運動者都來自於中上層階級，例如是所屬殖民地的地主、上層官僚、工商業主或者是他們的子弟，都是屬於有閒階級。非常逗趣的是自由主義、共產主義、社會主義，還有民族主義的倡議者、主要的與最初的從業者都來自於有閒階級。所有的現代新制度、新文化似乎都是有閒階級創造出來的。

我們現在討論的德國民族意識主要出現在第二波之後，在拿破崙征服歐洲的刺激下，德意志這一塊土地上受壓迫的日耳曼人開始起來反抗，逐漸產生共同體意識。詩歌作家阿倫特熱情說道「沒有任何的愛會比祖國的愛還要神聖，沒有任何的喜悅要比自由的喜樂更甜美 [16]。」而往後民族覺醒的運動，常與自由主義一起出現在多次的抗議活動現場，兩種意識型態的活動同時出現、難以區分。1815 年耶拿大學學生聯合會提出建議「榮譽、自由、祖國」的口號。1832 － 1837 年的抗議活動除了要求成立共和政體或是君主立憲，也都要求德國統一。我們的主角 —— 平民原則

國家普魯士 —— 從 1818 年開始在自己四分五裂的領土實施同一稅制，之後再根據實施的經驗擴張到其他大小領邦，在 1834 年成立「德意志關稅同盟」，但是普魯士斷然拒絕奧地利的加入。最後有十八個日耳曼領邦、人口 2,300 萬（大約現在臺灣的人口）在同一個關稅同盟領域，這成為後來德國統一的基礎 [17]。1848 年法蘭克福的國民會議基於「德意志關稅同盟」，主動提議以「大普魯士小日耳曼」的方案成立德意志領邦同盟，菲特烈威廉四世順理成章被選為德意志皇帝。威廉四世卻不讓民族主義者如願，拒絕接受。真正的統一要到俾斯麥擔任普魯士首相的時候。

但是為什麼普魯士的國王不喜歡統一呢？威廉四世的弟弟威廉一世在凡爾賽宮聽見底下的臣民喊他「皇帝威廉」的時候心裡是不高興的，因為這代表要把祖傳的家業 —— 普魯士國王這一個稱號放棄掉。威廉四世和威廉一世都不喜歡當皇帝，這在歷史上是極端少見的，只因為這一個新的皇帝並非來自於君權神授的概念，而是來自於民族主義、來自於階層比他低的臣民賦予他的稱號，可是實際權力卻極其有限的，行動受制於官僚和議會的，這比君權神授的國王皇冠來的更不可靠，可能更容易上斷頭臺。另外對於他們這類上層貴族而言，民族主義這麼熾熱的一體性新鮮感的追求，只可能帶來一時的新鮮感，久而久之民族主義訴求的民族共同性將會壓縮有閒階級多元性的追求。這兩個原因應該也反映在貴族原則國家對於民族主義總是採取一定距離的親近，容許人們對民族主義保持批判，所以才會有「公民的民族主義」和「族群的民族主義」這樣的差別。

「公民的民族主義」傾向於對制度的認同，「族群的民族主義」傾向於對血統優越性的認同；大致說來，貴族原則的國家傾向於前者，而平民原則的極權專制國家（例如普魯士、德意志帝國、二次大戰以前的日本、中華人民共和國）傾向於後者。但是平民原則的民主國家例如當下的德國、

日本、臺灣、韓國，則又「企圖」傾向於前者，但時而在極右派的政治訴求或激烈的國家間的體育、軍事對抗時，後者又會被喚起。準威權政治型態的新加坡因為人口內部種族（華人、馬來人、坦米爾族占多數的印度人）的特殊結構，又被馬來西亞與印尼包圍，因而採取了（某種程度強制性的）按照族群比例分配議員席次的選舉制度，使得它變成更為基進的「公民的民族主義」。李光耀是個非常有創造力的制度主義者，但是他的政黨 —— 人民行動黨卻是像容克貴族、薩長藩閥之類的戰功集團。幸好這國家很小，若是它的人口、土地是像德意志或日本帝國一樣多、一樣大的話，在沒有反對勢力有效制衡的情況下，恐怕隨時會在馬來西亞和印尼進行戰鬥機繞境以宣示勢力範圍。

平民原則國家選擇與保守主義和民族主義合作的解釋

平民原則國家，先前提過，傾向於保守主義，而平民原則型的保守主義之合作的對象首選通常是民族主義，而不是自由主義，更不是共產主義和社會主義，為什麼呢？我們只要回頭去了解安德森所謂的民族主義運作的三個要件便可以理解平民原則和民族主義的親近性了。這三個要件分別是國家主要語言的印刷品發達、對本國歷史文化或在地性的時事進行再發掘和再生產、國家重新賦予個體新的存在意義。**若一個國家要能夠同時讓這三個要件相對有效地完成，最好的方式是什麼呢？那就是教育跟考試。**首先、在國家規定的義務教育中，學校長時間教授國人最常使用的語言（國家將之設定為「國語」），因此印刷文本就配合這樣的語言大量生產相關書籍；以前在臺灣學校中不說國語而說方言就會被罰錢，有意圖地催化出共同的語言，降低了溝通的成本；當前中國政府利用中文的「網

路話語權」，透過多管道的觀點傳送，企圖營造華人的民族認同感。第二點、教學的教科書內容，特別是關乎歷史的、文學的、藝術的，都經過國家的審查甚至主編，因此能夠激發學生對主流文化的投入，創造一種普遍性的認同。再透過考試促使大家更深、更廣、更熟練地去認識教材內容中本國的歷史文化、當下制度與政府對時事的觀點。第三點、國家透過「教育敕語」的宣布，激起忠君、忠黨、愛國、為祖國犧牲的精神教育，以及重新塑造共同祖先的豐功偉業：篳路藍縷、以啟山林、千秋萬世、直到永遠──像洗腦一般的常識重新安排了個人的人生觀與生命的價值，於是個人進入國家、民族的大脈絡中，讓個人生命在國家的時間中獲得永恆。以上三點剛好可以在國小、國中、高中這些義務教育階段進行植入而得到昇華。所以平民原則的主要運作方式恰恰好是開啟民族主義──特別是族群民族主義的動力引擎。

這裡必須再強調：平民原則國家和民族主義站在一起並不是天生的、本質上的，若說比較屬於天生的、本質的，那應該說是平民原則與保守主義的密切關係（貴族原則的國家裡面也有保守主義，但是因為此種社會追求多元化的關係，使保守主義與其他主義共存，不一定有主宰性）。這一點我們可以從德國首相俾斯麥在德國統一後，二十年的外交操作看得出。德國的統一當然主要靠他的謀略和對民族主義的操作，不過他很深刻的看到民族主義的限制。普奧戰爭之後，他對奧地利沒有趕盡殺絕，馬上適可而止；普法戰爭之後也同樣見好就收，避免節外生枝。1871 年之後奧地利因為對巴爾幹半島有野心，因此主動和同樣日耳曼民族的德意志帝國親近；但是俾斯麥害怕引發法國和俄國的結盟，因此未表同意，但卻努力促成德國、俄國、奧地利三皇結盟，並且召開柏林會議（1878）努力調和英、俄、法、奧、義、土等國在巴爾幹半島的共同利益。1879 年德奧簽訂

兩國同盟:「在一方被俄國攻擊時,另一方出兵援助。被其他國家攻擊時應嚴守中立;如攻擊國家獲有俄國支持,亦應出兵援助[18]」。1881年德、奧、俄簽署「三皇協定」:「(一)簽字的一方如被第四國攻擊捲入戰爭時,其他締約雙方嚴守中立。(二)簽字一方如對土耳其進行戰爭,其他締約雙方嚴守中立,但必須在事前對戰爭結局取得協議[19]。」1882年德、義、奧三國簽署「三國同盟協定」:(一)保障義大利受法國攻擊時,其他締約雙方給予軍事援助;(二)在法國攻擊德國的情況下義大利出兵,奧國維持中立[20]。1887年德俄兩國簽署「雙重保障條約」:(一)俄國在德國遭受法國非挑釁的攻擊時保持中立;(二)在俄英、德英、或俄土發生戰爭時,締約一方嚴守中立;(三)另有密約規定德國支持俄國在保加利亞建立親俄政權,俄國若在地中海擴張勢力,德國嚴守中立[21]。從上述這些條約的設定,我們除了發現俾斯麥的頭腦很適合來考 GRE 裡面的邏輯分析題目之外,又可以發現這些條約多半是防禦性的,目的在防止戰爭或是延後戰爭的發生。避免國內的軍方勢力過於熱情,又和同文同種的奧地利保持距離。這說明平民原則的國家本質上並非民族主義的。這在當前民主化的德國、日本、韓國、臺灣都可以看得見,特別是在生活方式與水準越來越接近時候,民族主義只會在特殊狀況下偶然出現、熱鬧一下。

不過,當平民原則國家被戰功集團綁架時,就容易變成軍國主義國家,而披上了厚重的族群民族主義色彩。容克貴族、薩長藩閥、當今的中國共產黨等,這些戰功集團對民族主義的操作都有利於證明自身的存在、維持既得權利、壟斷特殊利益,最後夾持整個國家。他們透過教育和考試制度、媒體的宣傳等催眠國民,一同走向夢幻之旅,最後都獲得了或將獲得意想不到的結果。德意志帝國和第一次世界大戰的關係,納粹帝國與日本帝國和第二次世界大戰的關係,以及未來中華人民共和國和第三次世界

大戰的關係，最後的結果都讓或將讓他們大吃一驚。

　　一次大戰之前，德國的財經官員還有銀行家們及早便察覺不斷擴充軍備的結果將帶來財政危機。當時的銀行家羅斯柴爾德（Nathan Mayer Rothschild, 1st Baron Rothschild, 1840-1915）發現德國在非戰爭的時間為了籌取資金，必須到國外的資本市場上去賣債券，而這是英國和法國不曾採用過的應急手段。這種現象反應本書前面討論國家信用時的觀察：具有民主且法治健全的政權因為普遍取得人民的信任，因而借債較為方便，也比較容易解燃眉之急。但是德國這時候的政治體制還是類似於英國光榮革命以前的立憲政體，信用度自然不足。德皇威廉二世企圖孤注一擲，以戰養戰，「寧願在恐怖中走向盡頭，也不願恐怖永無盡頭……」（社會民主黨領袖奧古斯特・貝別爾所言[22]）。最終在東面對俄羅斯的戰爭取得絕對勝利的時候，帝國卻因為財政枯竭導致軍隊與左派叛變，而失去江山。平民原則出身的財政官僚很難栓住具有軍國主義與民族主義熱情的戰功集團。

大正民主、威瑪共和、二戰後日本與德國的民主、八七年後臺灣與南韓的民主

　　如果民主制度是平民原則國家「發炎」之後的解藥，那麼為什麼威瑪共和（1918-1933）和大正民主（1912-1926），兩者都進行了大約十五年卻失敗了？對比二戰後的德國與日本民主制度（1950-）到現在（2020）大約進行了七十年，臺灣與韓國民主制度在戒嚴或軍政府之後（1987-）到現在也都超過了三十年，要讓這些政權再回去威權制度有一定難度。到底大正和威瑪兩政權和後面其他四個政權差別在哪裡？

　　大正民主時的日本帝國與後面四個政權差異比較大。此時日本的憲法

環境和德意志帝國時期的憲法差不多，根本不符合三權分立，也不是當代標準的民主制度。掌握司法裁判權的高層官員表面上由天皇直接任命，但是實際上裁判官（法官）和檢察官的人事權和預算權，都由行政系統的「司法省」控制；基本上司法權是為行政權服務的下屬部門，而非像當前的後面四個政權——其司法權通常有獨立的人事和預算，而且司法官和檢察官兩個系統分離，檢察官屬於行政權[23]。

　　明治政府於立憲之後，軍方與貴族仍可輕易左右首相人選。由眾議院的多數黨黨魁擔任首相並組閣的情況，僅僅出現在大正民主時期。在這個時期的中後期，許多民主派的首相與大臣被軍方相關的人員暗殺：1921 年首相原敬（1856-1921）被右翼分子刺殺身亡、1930 年首相濱口雄幸（1870-1931）被右翼分子刺殺重傷四個月後不治身亡、1932 年首相犬養毅（1855-1932）遭到海軍青年軍官暗殺（五一五事件）、1936 年首相岡田啓介（1868-1952，海軍出身）遇襲未死、內大臣齋藤實（海軍出身，1932-1934 擔任首相）與大藏大臣高橋是清（1854-1936）等人被皇道派少壯軍官發動「清君側」的政變所殺（二二六事件）。這個時期真所謂是首相墳場。

　　雖然 1925 年日本制定了《普通選舉法》，規定二十五歲以上成年男子擁有選舉權（但女性還沒有選舉權），可選舉眾議員，形式上合格的選民明顯擴增了，大約占總人口 25%，但是長期在教育敕語、社會與媒體軍國主義化的氣氛，以及沒有以前的歷史教訓參考之下，即便一些自由派人士像貴族元老西園寺公望（1849-1940）主張由國會由多數黨領袖組閣、實施民主憲政，終究獨木難撐大廈。

　　德意志帝國體系明顯崩潰後，威瑪共和建立了號稱最民主的憲法體制，可是到頭來為什麼最後失敗了？此一失敗不但讓德國政治擺盪到極右

派的納粹政權，而且讓當代極權國家，像中華人民共和國和伊朗等，成為其維持既有專制政權的辯護論述。許多檢討這一個體制失敗的研究[24]，首先、把威瑪共和失敗的主要原因放在選舉制度採取過於純粹的比例代表制的檢討上面。國會議員選舉採取純粹的比例代表制的憲政環境，結果造成小黨派林立，各自為政，或以相對激進極端的主張吸引選票，而不必花腦筋想辦法向中間靠攏或是提出妥協的政策以符合各地方的需求，這使得德國在這段時間沒有政黨得到過半數的支持。在這十五年當中，威瑪共和總共經歷了二十個不同的內閣，每一個內閣任期平均只有二百三十九天，因此很多法案難以過關，政府效率低落，使得許多保守派人士對於民主政體失去耐心，極力設想回到德意志帝國時期。其次、當時保守的容克貴族勢力依然在大學、官僚、國會擁有龐大的支持勢力。以及第三、經濟危機：凡爾賽和約後德國所面臨的債務危機以及在當時全球經濟衰退所面臨的失業潮，這些問題都不是威瑪共和七零八落的內閣所能解決的。

　　1948 年德國開始了二次大戰之後的制憲會議，比較大的兩個政黨，基督教民主黨和基督教社會聯盟，反省威瑪共和的失敗，強烈主張單一選區制，社會民主黨與其他小黨像自由民主黨、中央黨、共產黨、德國黨則主張比例代表制，雙方相持不下。最後在 1949 年通過自由民主黨提出的折衷方案，國會中一半的席次採取單一選區，一半的席次採取比例代表制，於是現在所謂的「單一選區兩票制」便成形了，最後經過占領區的美、英、法三國軍事首長做最後裁決，納入各邦總理所提的建議決定了 60% 單一選區制，40% 比例代表制；另外政黨票要在各邦占 5% 以上才有分配國會席次的權利。美英法這種相對老牌的民主國家在制度辯證與國家穩定的過程當中，在那時已採取單一選區制了。不過，後來許多國家如日本（1994 年通過新的選舉制度）、臺灣、韓國、匈牙利和俄羅斯（後來普

丁所建立的威權體制，實在值得進一步探究「單一選區兩票制」作用的限制）在相對民主化之後，也透過修憲採用了這種兩票制。

平民原則國家裡面的民主國家都採取了這樣的單一選區兩票制不能說是巧合。我們可以把它理解為這些社會的菁英隱約了解所屬社會文化太過保守僵化（即便他們通常未察此保守僵化主要由考試制度所衍生）。如果單單採用單一選區制，少數的、多元的聲音就很難出現，會造成整個體制更為僵化，因此採行兩票制便可以在國家穩定和社會創新之間維持某種平衡關係。

日本在二次大戰之後也進行了憲法的修訂，但是都讓美國不滿意。最後美國自己制定了日本的憲法的主體架構沿用至今——日本的憲法可以說是用英文寫成的。臺灣解除戒嚴和韓國軍人政府下臺的原因，某種程度上都與美國的影響不無關係。那些民主派的菁英很多都是留美歸國，臺、韓當地的民眾也長期受美國文化的影響。

及至目前，我們檢視的結果發現：平民原則國家不可能自然而然的，至少在經驗與運作邏輯上，產生「內生性」的民主制度。沒有美國等民主國直接（對德、日）與間接（對臺、韓）的外來影響力、沒有美國「扶一把、送一程」，民主的輪子很難滾動，民主自由的勢力很難取得後來的、較長期穩定的主導權。

小結

由上述對平民原則與民主制度發展的關係進行考察在這裡做一個小結。平民原則國家比較容易變成平穩的民主制度國家，至少要符合下列四大條件：

➤ 戰功集團受到抑制。

➤ 小選區投票制與至少三權分立的憲法（因怕保守主義反彈，所以最好採取保守主義較能接受的制度，也讓保守主義不至於過度分裂，失去了國家穩定的力量）。

➤ 美國等民主制度勢力適當干涉。

➤ 有閒／中產階級的數量的持續提升（「中產階級數量穩定增長的傳輸結構」＝義務教育＋升學考試＋國家公務人員／專業人員考試制度）與自身權利意識覺醒。

　　民主制度為平民原則帶來哪些好處呢？在平民原則的國家和社會中，有些事情是不會缺少的：第一個是國家的強盛，特別是硬體部分；它也不缺中產階級，因為這是平民原則發展必然產生的配備；它也不缺工程師、醫師、建築師、教師等這些專業人員，這也是平民原則運作之後，其內的行動者一窩蜂往賺錢行業集中的結果；也不缺民族意識，因為這是它的教育產出；也不缺工作效率、小創意和刻苦耐勞，因為這是經過考試制度長久訓練進入社會工作之後的必然結果。

　　民主制度來自於貴族原則的國家，那麼沒有民主制度下的平民原則會缺什麼呢？首先、它缺乏外國的信任，因為在非民主的平民原則政權裡面幾乎都採取軍國主義的形式來運作，不斷去設想存在的敵人以維繫自身存在的正當性，於是搞領袖崇拜、窮兵黷武、頻繁的軍事演習與閱兵典禮，隨時準備對外作戰；民族自信轉變成為民族傲慢，缺乏自省的能力，容易自我中心；但是當平民原則國家的民主制度落實了，上述的現象就會大大降低，因其內部自然會產生制約力量、反省力量、批判力量，讓周圍國家產生安全感。其次、非民主的平民原則國家裡，當國家經濟面臨緊急狀況

時政府很難籌錢來解決問題，就是所謂的借錢難。因為在這樣的國度裡，缺乏制衡的力量，官僚容易根據上司的喜好對數據做假，生產出有利於上司的數據，因此很難獲得國民和國外投資客的信任。國家不緊急時，國外的投資客可能還會進來投資，一旦國家緊急，國外投資客的不信任感變浮現出來，政府借用外債的成本便會攀高。德國在一次大戰結束之前明明西線有很好的進攻條件，可是卻因為資金匱乏、籌不到錢來運送物資，結果德軍很快投降，西線無戰事。不過，當平民原則國家由非民主制度轉到民主政體的時候，通常借貸的成本都會降低，國民也願意出錢買國家公債；當今日本國債幾乎都是由國民買單，表示信任政府的管理能力。第三、不民主的平民原則國家缺乏突破性的創意，因為思想管制的結果讓人們習慣不要想太多，過度尊重權威因此少提異議，因此在這種環境下難以有突破性的創意；看看民主制度建立之後，日本諾貝爾獎的人數不斷提高就可看出一點端倪（如果讀者問德國在德意志帝國時期，也是非民主的平民原則國家，為什麼出現那麼多的天才？那表示讀者沒有細讀我前面的論述。這些天才幾乎都出現在德國的西部與南部，他們遠離平民原則的中心——勃蘭登堡）。基於這三種理由，民主制度實在是平民原則的副作用某種層次上的解藥。

[01] 郭恆鈺，2011，頁 118。

[02] 邁克‧曼（Michael Mann），陳海宏等譯，2015，《社會權力的來源第二卷：階級和民族國家的興起 1760 － 1914》，上海市：上海世紀，頁 491-2。

[03] 以上參考郭恆鈺，2011，頁 118；法蘭西斯福山，2015，頁 87-8。

[04] 邁克‧曼（Michael Mann），2015，同註 1，頁 495。

[05] 丸山真男，藍弘岳譯，《日本的思想》，2019，新北市：遠足文化。

[06] 邁克‧曼（Michael Mann），2015，同註 1，頁 494-5。

[07] 孫國棟，2000，《唐宋史論叢》，香港：商務。

[08] 澎湃新聞，陸大鵬，2017-05-07，〈走向現代化的過程中德國的貴族何去何從〉，https://www.thepaper.cn/newsDetail_forward_1658927，搜索時間：2021 年 10 月 8 日。

[09] 邁克‧曼（Michael Mann），2015，同註 1，頁 494。

[10] 以上參考郭恆鈺，2011，頁 182-4。

[11] 郭恆鈺，2011，頁 131-9。

[12] 郭恆鈺，2011，頁 158。

[13] 郭恆鈺，2011，頁 192。

[14] 班納迪克‧安德森（Benedict Anderson），吳叡人譯，2010，《想像的共同體：民族主義的起源與散布》（*Imagined Communities: Reflections on the Origin and Spread of Nationalism*, New Edition, 2006），臺北市：時報。

[15] 以上參考吳叡人譯，2010，同前註。

[16] 引自郭恆鈺，2011，頁 123。

[17] 郭恆鈺，2011，頁 131-9。

[18] 郭恆鈺，2011，頁 198。

[19] 郭恆鈺，2011，頁 198。

[20] 郭恆鈺，2011，頁 199。

[21] 郭恆鈺，2011，頁 203。

[22] 引自尼爾佛格森著，區立遠譯，2013，《第一次世界大戰：1914 到 1918 戰爭的悲憐》，新北市：廣場：遠足文化，頁 201。

[23] 參考林禎瑩，2016，《司法官進用制度比較法研究：以日本為中心》，臺灣臺北地方法院檢察署，頁 6。

[24] 例如《自由的窄廊：國家與社會如何決定自由的命運》，劉道捷譯，2020，新北市：衛城出版：遠足文化發行，頁 501-19；Sartori, Giovanni. 1997, *Comparative constitutional engineering: An Inquiry Into Structures, Incentives, and Outcomes*. NYU Press, p.128.; Ferdinand A. Hermens, , 1972, *Democracy or Anarchy: A Study of Proportional Representation*, New York: Johnson Reprint Corporation, p. 293.

第二十四章

平民原則對日本貴族文化的改造

本篇前面提到明治維新前，到過日本旅行的外國人認為日本人民性格不同於亞洲大陸人民，而傾向於歐洲文明下的人民性格；比較像高山型而不是平原型。明治維新後日本人普遍開化，也開始檢討自身的性格。此時，日本的政治經濟落後於歐美國家甚多，於是日本菁英傾向從歐美的角度來看待日本的民族性，所以對日本性格的批判相對嚴厲。那麼平民原則發揮影響力之前後，日本的菁英是怎麼來看待日本這個民族的呢？針對這個問題，本書分析的材料來自這方面研究卓然大成的日本學者南博（1914-2001）所網羅之明治維新時期到 1990 年代初關於「日本人論」之近五百本論著。因為材料豐富，所以本書引用其中觀點時，會只標示此觀點產生的年代，而不標示提此觀點的人 —— 主要也因為在臺灣比較不熟悉他們，但對臺灣熟悉的學者則會標示出他們的名字。我們將發現當人們採取比較觀點看問題時，隱含就在界定系統的邊界。以下我們來看一下 1890 年以前的「日本人論」。

1890 年以前的「日本人論」

　　日本啟蒙思想家、今日一萬日元紙幣上的人物福澤諭吉（1835-1901）認為日本社會的權力、階層與智力被分割成上下兩段，而且上下不同氣，導致日本的貧窮；而上層階級卻沉眠酒色、窮奢極欲[01]。他又認為日本人的智慧和道德比西方低落；在人際關係中對權力服從的心態是整個社會的病根，這種倚重權力的現象（指上下、主客、內外的人際尊卑關係都有清楚的界線）是日本人在面對西方人的時候自卑感的根源。人民平常忍氣吞聲都不願意上法庭訴訟[02]。1874 年，擔任過外交大臣的陸奧宗光（1844-1897）認為日本的藩閥政治公私混淆、私相授受，而日本人個性精神委

靡、怯懦、沒有志氣。，1875 年，中村正直也同樣認為日本人奴性深厚、傲下媚上、無知文盲、沉迷酒色、不愛讀書、不知天禮、怠忽職守、知識短淺、格局狹隘、無法吃苦耐勞。植木枝盛在他 1878 年《民權自由論》中也提到日本平民沒什麼朝氣，只顧私人事務、對國家大事毫不關心、對公眾事務更是疏離。高橋義雄，1884 年，認為日本國民性普遍缺乏堅忍耐力，過於清談、太過浮疏、欠缺密實、頑硬不足。以上幾乎都是負面的。以下引用西周在他的《內地旅行》（1875）比較負責任的去思考日本國民性裡面較為正面的部分：忠（認真）良（溫和）易（清爽）直（正直），善用表面的關係；他也看到可能負面的傾向：日本國民氣質可能很適合專制政府，因為他們本質上是無力氣之國民性格，因此主張用軍人性格來重塑國民性。[03]

上述人物借用歐美文明開化的角度來看日本文明未開化的特質。此時日本人所具有特質的某些部分，似乎也是其他還未接觸或接受歐美現代化文明洗禮的人的性格，例如用這些話來描述清末民初的中國人，恐怕也相當適當。胡適（1891-1962）的〈差不多先生〉、魯迅（1881-1936）的〈孔乙己〉都在描述類似的人格特質。如果我們用這些特質來描述現在第三世界的一些國家人民，應該也差不多就是如此了 —— 又一個「差不多」了！但是我們若從另外一個角度來看這樣的人格特質，卻又是「**充滿個性、享受當下**」，與最早提到外國人對日本性格的觀點 —— 高山起伏班的個性（對比於亞洲大陸平原的個性）又頗能互相輝映。

本書不選擇大正民主以及二次大戰結束之前日本人怎麼看自己的論述，因此時言論管控的緣故，菁英所描述得日本人性格多半參考《教育敕語》的內容，所以不在我們考察的範圍。

1965 年之後的「日本人論」

為見識一下平民原則對於日本人的影響，我們選擇 1965 年之後，也就是在第二次世界大戰結束後的二十年後，此時平民原則制度時間已約八十五年，此時日本人的民族性格有了哪些轉變呢？整理 1973 年到 1988 年之間法律研究者對日本法學意識的研究，發現這段時間（1967 年的研究）日本人對於私人所有物（所有權和契約）的觀念並不明晰，即便被他人任意使用私有物或財產，日人心理上似乎不太反感；如果表達不滿或抗議，還會被視為慾望強烈的利己主義者。1973 年的研究指出日本人還是不太懂法律，混合著「依依愛戀」與害怕這兩種情緒，講究人情、凡事盡量配合通融，討厭在公共場所爭論不休，傾向私了。1983 年另一位學者的研究指出日本普遍不遵守交通規則，而且把違規當成佔便宜；同時也指出當時馬路狀況不佳，而且法律的規定也不切實際，有時很難遵守，民眾對警方的取締也不信任。這份研究認為即便到了 1980 年代，日本仍舊是以村落社會作為基底的社會型態，不太需要契約型態的法律，「以心傳心、表面服從、表裡分離」。不過到了 1988 年的研究指出了日本非常重視權威與社會評價，擔心自己成為社會規範中的脫軌者而淪為笑柄。[04]

上述的這些研究與 1890 年代以前相比，最大的差異在於研究者已經從對印象的批評提升到了以相對準確的概念來描述 1965 年前後日本人的特質，比較是從人類學的角度，而不是從生活習慣批評者的角度切入。

上述是在 1988 年以前的研究，已經與我們觀察到的當代（2010-2020）日本人很不一樣了，日本人在現在一般被視為是守法、有紀律、有秩序的社會。在比較貼近 1988 年以後的研究，已處在平民原則進行的制度時間超過一百年了，某種新的特質逐漸浮現出來。就像臺灣被視為安全而有秩

序的社會也是最近一二十年的事情而已，其背後原因除了平民原則的運作外，還可能有民主制度的推動、公民意識的提高，而各政黨也會教育自己的選民從而養成新的秩序習慣。

我們在從經濟層面來觀察，可以發現在 1890 年以前的特質與 1965 年前後的特質已經產生很大的差別。1958 年一位外國研究者阿貝格倫（J. C. Abegglen, 1926-2007）在《日本式的經營》一書中提到日本的企業通常以集團方式，而且花費了許多時間進行協商。一個決策通常必須要傳達給許多相關權限的單位，因此決策不可能由特定的個人完全負責。這個過程雖然犧牲了效率可是卻獲得人際和諧。這與歐美的企業採取非人格化的理性原則相違背 [05]。阿貝格倫的觀察持續被其他學者引用。1977 年津田真澂在《日本式的經營理念》書中認為歐美的企業是一個縱向社會結構，日本的企業是一個橫向的社會結構，重視集團主義和人間主義 —— 也就是人際關係，強調成員之間的信賴和承諾，依人格高低來評價和配置參與者。因為是以關係的永續行為原則，所以採取終身僱用制和年功序列制 [06]。日本當時經濟生產活動一連串的成功經驗，使得美國的社會學家傅高義在 1979 年寫下著名的《日本第一》，內容宣稱日本是最能妥善處理後工業社會問題的國家，而且日本有集團性的知識追求，也就是現在所謂的集體學習。當企業裡的成員意見不同時，日本不會以激烈爭辯來解決問題而是收集更多的資料。當集團內部出現異端時，集團成員會以集體的力量加以牽制，向異端施壓要求去做符合集體規範以避免對集團造成傷害。由於這樣的特質，日本社會較能有效控制犯罪，因為集體對於異端的違規者絕不寬大，一般的市民為了維持社會秩序會協助警察 [07]。關於法律這一點，與本章先前提到日本的法學意識（1983）的研究中指出「日本還是村落社會，對於法律的服從僅於表面」的看法似乎有點衝突，但是這裡提到的是服從警察

而不是服從法律，可能因為警察是可以看得到的權威。

傅高義還提到日本考試制度的特色：

1. 提供一批訓練有素的人力資源。
2. 讓人充滿好奇心（這一點觀察蠻令人好奇的！）。
3. 容易接受填鴨式學習。
4. 讓人具備克己之心。
5. 對人際關係的問題強烈關心。
6. 高度公德心。
7. 教育變成是社會政策的中流砥柱 [08]。

傅高義的這些提法正好呼應了本書在論述的平民原則所具有的製造中產階級的引擎作用：

「中產階級數量穩定增長的傳輸結構（提供一批訓練有素的人力資源）」＝義務教育（教育變成社會政策的中流砥柱）＋升學考試（填鴨式學習）＋國家公務人員／專業人員考試制度

至於第二項「讓人充滿好奇心」與第三項「容易接受填鴨學習」看似矛盾的事物為什麼會在同樣一個系統之中呢？那是因為當在學校與補習班接受了填鴨式的學習後，具備了較為全面的基本知識。於是在工作場合受到了一點啟發後就容易產生較高層次的好奇心，因此這樣的團隊在進行工業現場生產組裝時，會不知不覺開始運用起填鴨式學習來的知識；面對生產上的一些難題，很多知識便被「喚醒」，有時候會對突然運用上的知識產生好奇心，於是新的關鍵零組件又被發明出來了。但是這樣的系統因為被填鴨式學習和考試制度綁架太久了，這樣的好奇心所產生的創新的類型只適用在漸進主義式的創新，而很難出現突破性的創新。

對「班級」的現象學考察

　　至於4、5、6項（克己之心、強烈關心人際關係、高度公德心）會產生的原因必須透過「班級」這一個東亞學校教育最基本的單位來理解；在歐美的教育體系之中，中學之後就不存在班級這樣的單位了，因為他們可以自由選課進行跑班。以下我們必須對「班級」這一個實體進行「現象學」的考察。為了增加學校在升學考試裡面的優勢，制度演變成為必須將學生集中在一個班來訓練。為了增加班級的自我管理能力，班級與班級之間會進行競爭，這種競爭來自於各方面：整潔、秩序、體育競賽、壁報比賽、合唱比賽、全校成績排名、各種學科競賽等等，零零總總的比賽參差於學期中間。在這些東亞國家的學校教育理念與生活教育的內容是透過比賽競爭出來的，於是學生的公德心許多時候不是出自於良心或是道德理性，而是出自於周遭同班同學的壓力，所以這裡的學生常常根據同學的壓力來調整自己的行為。再來因為國小、國中和高中，學生有90%以上的時間都與同班同學在一起，因此摩擦便會很多；就好像（作者寫作的）現在2020年（4月21日）全世界許多國家因為新型冠狀病毒進行封城政策，人們被鎖在家裡面，於是家人之間、夫妻之間家暴的事件就變多了，這是因為過度頻繁的集中在一起所導致的結果。因此聰明的學生或是家人為了明哲保身就需要「克己復禮」，「多關心一點人際關係」才能夠避免被霸凌或是不小心霸凌別人而遭到苛責或處罰。把傅高義的這七點觀察放在東亞社會或是平民原則的國家裡面來解釋是再恰當不過了！

1890 vs. 1965

在這裡，我們開始對 1890 年以前的日本人論與 1965 年之後的日本人論做一個基本的比較，我們將發現日本人的特質在政治與法學意識上的變化的確沒有那麼大，但是在經濟活動的意識上變化卻是極大的。在 1890 年以前，日本人性格上可能存在有礙於經濟發展動力的「精神委靡怯懦、沒有志氣、奴性深厚、傲下媚上、無知文盲、沉迷酒色、不愛讀書、不知天禮、怠忽職守、知識短淺、格局狹隘、無法吃苦耐勞、缺乏堅忍耐力、過於清談、太過浮疏、欠缺密實、頑硬不足」等等一方面率性而為、一方面又尊卑有序的特質，而在 1965 年之後，長幼尊卑有序的特質可能還維持著，但是**率性而為的特質幾乎全然消失**，轉變成為重視集體生活、集體學習，壓抑個人慾望與情緒，活生生變成生產線上的優等生。可以說傳統貴族文化相伴而生的率性而為的性格，已經在平民原則的運作之中，逐漸消逝，轉變成為有利於工業生產裡面的螺絲釘和齒輪。

關於日本的部分，在比較明治維新時期的美學以及現在的美學時，似乎變化不大。當前日本一樣強調自平安時期、奈良時期以及到了武家政治時期由貴族文化所主導的美感。現在去日本看到的建築、庭園、佛寺、茶室、顏色的調配、對噪音的排斥、對聲音的講究、對大自然的安排等等感受到美學的東西，似乎一脈相傳。對這改變甚微的部分我們在這裡就不繼續討論。我們下一段想討論的是日本人論中所謂「永遠的自卑情結」是否存在。

永恆的自卑與中空結構

我在這一本書裡面不斷強調我的觀察所持的預設,那就是制度會形塑人們的思想和態度,還有行為模式;當制度改變了,思想態度和行為模式也會跟著改變。而誰會去改變制度呢?當然是人,也就是行動者。行動者為了追求更適當的生活方式,會利用現有的條件與資源來改變制度。如果有人說我是制度主義者,我是不會反駁;但是我不願意這樣被限定,因為我十分關心行動者的生活世界、行動者對他生活世界的批判,以及批判之後所採取的行動 —— 這些常常會造成制度的變遷。

平民原則的制度既然改變了日本明治維新前後的經濟行為和態度,讓日本的社會經濟強盛起來,但另一方面它又對日本的人格特質或是某種層次的文化底蘊帶來了非意圖的結果,最主要的結果就是「自卑」。1974年梅棹忠夫在他的著作《文明的生態史觀》裡面提到「日本人有民族自尊心,同時又受到某種文化自卑感的糾纏。它與現有的文化水平的客觀評價無關,(這樣的自卑感)一直控制著全體日本國民的心靈;類似一種陰翳(繁茂的樹葉掩蓋的陰暗處)[09]」。十年之後,也就是日本經濟生活水平以經爬升到歐美國家的水準了,這樣的自卑感依舊非常強烈。1984年尾高邦雄在他的著作《日本式經營:神話與現實》 中提到外國人認知到的日本經營方式都是神話,都是對日本各種經營習慣(而非經營策略)毫無反省的讚美。日本在無意識中也渴望這樣神話的存在,這是因為日本有很強烈的自卑感。他們一旦被批判就容易惱羞成怒;被讚美的時候就會得意忘形[10]。

日本的自卑情結

日本這種自卑感的內容到底是什麼呢？首先，這樣的自卑感呈現在「知」方面：日本人總是透過與他人比較來談論自己，這一點又可以分成兩個層次：（一）以距離「絕對權力」的遠近來決定自己的位置，這裡的絕對權力可以指涉日本天皇在軍國主義時代所代表的「終極價值實體」。日本當代最重要的政治思想家丸山真男研究日本過去軍國主義時的政治體制，結果呈現在 1964 年〈超國家主義的邏輯與心理〉一文中。他認為當時能夠制約官僚和軍人的行為最重要的機制並非法律或是合法性的意識，而是地位。更優越的人、更接近絕對價值體的人，才有辦法制約官僚和軍人。內田樹認為即便到了現代日本，這個機制依然運作的相當順暢，人們習慣與「與當下最有權勢者在空間的親疏遠近，暫且決定我是什麼，以及該如何行動」[11]。（二）根據大家都決定的「既成事實」來調整自己的腳步，可以完全放棄自己的看法。丸山真男在同樣一篇文章裡面指出日本明明引發了滔天大戰，可是不見有人出來承認自己就是始作俑者，感覺上是被一種不知名的力量推動著，拖拖拉拉到了最後使全國都捲入了戰爭的旋渦中。內田樹認為，即便到了二十一世紀日本的現實主義者眼睛只看見既成事實，只會附和既定的趨勢。並且認為日本自古以來便如此[12]。

其次，這種自卑感在「情感」相應的結果就是容易自我壓抑。D. C. Lummis 1981 年在他的書《內在的外國：菊花與劍再考》，裡面提到日本其實沒有所謂的壓迫者，就連政治上的壓迫機制都很少見。有的只是全體國民每個人都在自我壓迫，結果呈現出的是全體的壓抑狀態[13]。

第三，自卑感表現在「意志」層面，就是日本人如果不與世界同步，就會「變態的」不得安寧。因此總是努力追趕而從未建立比自己的民族

「求生存」更高尚的東西，例如日本人恐怕未曾認真問過自己能為國際社會做些什麼[14]。

在解釋這一個自卑感為何存在時，多數學者傾向於本質論，也就是日本人本來就如此。梅棹忠夫（1974）觀察到日本人總是認為真正的文化是由某個地方建構的，無論如何，自己就是矮人一截。他認定人類社會始終存在兩種類型的民族：一個始終以自己為世界的中心來發展文明，另一個則是位於該偉大文明的周邊的諸民族，日本屬於後者[15]。

河合隼雄在 2003 年《神話與日本人的心》這一書裡面從神話學來考察日本人的特質，他發現日本自古以來就有「中空均衡結構」，而影響著日本人的身分認同，也影響了日本在引進西方近代文明的時候比起其他非基督教文明圈的國家更能快速的理解和消化西方文明，這是中空均衡結構的優點。但是也因此讓日本相較於歐美人士較缺乏決斷力和責任感[16]。

丸山真男在《日本文化的隱藏形式》（2004）這本書裡面提到「日本思想史更迭遞嬗、千變萬化，但並非因此首尾一貫，而是有著某種思考和構想的模式。這並不是因為日本有所謂的正統思想而容許這些異端出現（才讓日本思想史千變萬化），而是因為該思想（指所謂「正統思想」）無法滿足真正的正統條件，才讓對異端的偏好之傾向一再地被再生產⋯⋯對外界變化的應變速度之快已成「傳統」[17]。」丸山真男認為「有一個外來的主要旋律被一個不斷出現的『低音部音形』（引號為作者所加）修正而且與之融合才發出聲音，而這一個『固定的音』的低音音型則會執拗地反覆登場[18]」。也就是說無論加入什麼外來的旋律，這一個固定低音都能保持相同音域，進而妥切地將這一個外來旋律拉回更為接近傳統歷史的軌道之中。而這並不意味著丸山真男以為日本的文化古層裡面有著超越歷史的不變之實體，而是說若是有唯一不變的，那就是「變化的形式」。他又

認為日本之所以會產生這樣變化的形式，乃是因為日本的歷史文化傳統是
「無結構性的」[19]。

2009 年內田樹在他的《日本邊陲論》的著作裡面指出日本人之所以無
法像美國人總有辦法隨時追溯到他的立國傳統（例如美國總統就職演說常
常會追溯立國的傳統精神以及論述獨特的世界戰略），是因為美國有著類
似手機裡面的「初始設定」，只要發現某些雜訊太強或是時常延宕，就能
夠回復到初始設定。但是日本是毫無初始設定的，所以也匱乏於用自己的
話語來論述世界戰略[20]。這樣的結論其實是響應河合隼雄的「中空均衡結
構」與丸山真男的「無結構性的傳統」這樣的論述。

日本人本質論的缺失

關於上述這些本質論者用以解釋日本人的自卑情結之觀點，本書在以
下提出幾個我觀察到的反例，來說明這些本質論可能存在的重大缺失：

（一）法國學者 de La Mazélier（生卒年不詳）曾經描述他對十六世紀
日本的印象時，說到這時候的日本雖然處於戰國時代，但是產生了類似義
大利人具有的勇敢獨創性，能忍受痛苦、堅強決心以及有實踐力的人才。
而且十六世紀是最能顯現日本人的種族特色，在亞洲大陸的人格特質就像
是一片平原，但是在日本則和歐洲類似人格特質有如山丘起伏一般[21]。

（二）日本明治維新早期的學者新渡戶稻造受平民原則和軍國主義的
影響可說少有痕跡可循，他認為當時日本的文化主要受到日本武士道精神
的影響。他概括了幾個武士道的特質：正義、節義、勇氣、仁、禮節、誠
實與真誠、重視榮譽、忠誠、自制等等特質[22]。迴異於學者們對二次戰後
對日本人的刻板印象：服從權威、唯唯諾諾、總是被動而不主動、總是要

等對手出手遊戲才開始 [23]、不想出頭負責任等等這。

（三）岡倉天心在 1906 年所著的《茶之書》所描述的日本茶藝美學創造的過程以及道家、禪宗在日本培育出來的本土美學、茶道、花道以及對漢文化在美學和思想上的超越、本居宣長（1730-1801）對日本本土哲學精神思想的改造行動，任何關於劍道、柔道、相撲、空手道、香道、書道（書法）和包括繪畫等這些藝術性的技藝、創造發明的大師，以上這一些創造性的人物開展出來的豐富內涵，說他們全都是「中空均衡架構」、「能快速消化外來文化但是缺乏決斷力和責任感」，我相信他們一定會不服氣的。或是我們回到德川幕府時期的元祿文藝復興的時代，問問那時候的人是不是自我壓抑、自我壓迫、是否有無窮無盡的自卑感、是否只是在求生存，我想那時代的人的回答一定會讓梅棹忠夫、丸山真男、河合隼雄、內田樹等等日本文化的本質論者感到錯愕。

在上面我們做了兩個層次的對比，第一個層次對比：在日本經濟社會現代化以前的日本人論，以福澤諭吉等人為代表，對比在日本經濟社會追上歐美後的日本人論，以傅高義等人為代表。第二個層次對比：日本思想文化的本質論者，以丸山真男等人為代表，對比於本質論的反例，以新渡戶稻作和岡倉天心的觀察為代表。從這兩層的對比，我們約可分析出兩種不同的人格特質，第一個是在明治維新成功之前，除了缺乏現代知識之外，人格特質有稜有角、安樂享受、有許多生活美學藝術的開創者。第二個是在明治維新成功之後，重視團體紀律、願意自我壓抑、屈就於謀生之道、發展現在經濟生活；但是又對比於西方，便時常發現自己沒有思想結構，在外國人面前感到自卑。這並不是說第一種類的人格特質裡面沒有自卑感，而是說他們不會常常、頻率很高地覺察到自己的自卑；也不是說這一類人沒有生活紀律，而是說團體的社會控制並沒有像第二類那麼的強而全面。

內田樹從知名的歷史小說家司馬遼太郎（1923-1996）的《坂上之雲》（1978）這一本書談日俄戰爭（1904-1905）小說的開頭，分析司馬遼太郎的日本人觀。司馬把日俄戰爭「之前的日本人」和「後世的日本人」視為不同的「物件」，並且認為日本人的頹敗是從 1906 年開始的 [24]。很可惜，內田樹並沒有在這一點上繼續往下分析，他提及此只在論證「要去判斷哪一個時代的日本人比較優秀是沒有共識的」這觀點。但是我們從前段做的兩個層次的對比，將發現明治維新成功以前的人格特質與明治維新成功之後的人格特質有著清楚的分別，我們相信以少尉軍官從二次大戰退職的司馬遼太郎反覆思考「為什麼日本打了敗戰？什麼時候日本人變笨了？」這樣的問題時，一定與我們有同樣的發現：那就是大約在日俄戰爭前後日本人的人格特質逐漸有了轉變。司馬遼太郎的歷史小說幾乎都是以這一個時間以前的人物作為主題。我們合理的推測他會做這樣的選擇原因，在於日俄戰爭以前的人格特質比較像是法國學者 de La Mazélier 所描述的如「山丘起伏」一般，而他自身所處年代的日本人格特質則如「平原」一般；司馬遼太郎認為選擇前者去書寫小說是比較有劇情的。相信他也看過許多事實，例如有許多證據顯示歷史上在日俄戰爭的時候，日本士兵比較有人權意識，不會殺掉戰俘；但是在二次大戰時間，士兵普遍缺乏基本的人權意識了，戰俘被當成軍用物資，沒有利用價值時便消滅他們。同時還在中國使用毒氣、細菌戰計畫，給中國小孩帶有霍亂病毒的點心、或從空中拋灑帶有瘟疫的跳蚤和炭疽病毒的羽毛，之後把這些計畫的受害者抓來解剖檢查疾病的傳播進展 [25]。這些極其殘忍的事情都不是在 1906 年以前會做的。

關於日本人這兩種人格特質產生分裂的原因以及分裂的時間點，我們的解釋如下：

首先、司馬遼太郎觀察到日俄戰爭的時間點開始了兩類人物性格產

生分別的現象，從平民原則理論來分析，其可能原因有以下幾點：（一）日本平民原則的制度元年是 1872 年，在司馬遼太郎所提到的時間，1906 年，來說，平民原則制度時間有三十四年，第一批開始接受義務教育的人在這一個時候，已經大約四十歲了，只要有一點程度的人都已經變成整個社會的中堅，擔任起主管了，也開始掌控了社會的話語權，特別是相對於之前所受教育不多的日本人來說。於是這一種受過考試制度洗禮的日本人開始展現了教育過程中被要求的壓抑、容忍、服從、努力工作的種種生活態度。（二）這一批人不再是福澤諭吉口中的沒有知識、懶惰、怠慢、只會喝酒的那種人了，反倒是見證了日本的興起和強大，他們也覺得自己所受到的教育是有效的，於是把同樣嚴格的教育方式結合新頒布的《教育敕語》來教育下一代，由於對外兩場戰爭的勝利讓他們對於國家的軍事化以及從軍事化中所獲得的利益深表贊同，於是軍國主義也不用上方政府來喊話，下方的民眾就自動配合，於是整個填鴨式的教育、忠君報國的思想讓整個民間社會昏了頭，還教育士兵如何殘忍的對待敵人。（三）即便在二戰結束之後，同樣以考試為主導的教育體制並沒有改變，僅僅缺少了《教育敕語》，因此民主化之後，教育出來的平民也庸俗化了，在某種程度上還會威脅傳統的日本貴族文化，使得日本文化變了味道，所以讓日本人隱隱約約感到不安。

其次、我們要討論丸山真男所謂日本文化裡面「無結構的傳統」與河合隼雄考察到的「中空均衡結構」是如何存在的。本書的觀點雖然反對他們所謂日本文化的本質論，但是對於他們觀察到的現象，像是無結構的傳統、中空均衡結構，或固定低音等等這些文化的印象，我認為還是極其有價值的觀察而需要加以解釋。在東亞傳統的文化結構裡面，相較於西方文化最缺乏的便是在與數學或科學概念相關的論證型態。我們如果把抽象名

詞的意涵分成三種層次：印象、印象概念、概念。傳統東亞所使用的語言思考因為缺乏數學和科學思考方式的架構，所以最多只發展到了印象概念這一層次；在東亞文字裡面仁、義、禮、智、信，或是天理、人欲、良知這些名詞指涉的內容，都僅僅只到了印象概念。要到概念的層次，通常要滿足類似幾何學的定義和推理形式。這種概念的層次最早是在西方完成的，因此從西方的論述和哲學來看東方，就會覺得東方沒有西方形式上的哲學──黑格爾與德希達就曾經這樣批評過中國的哲學。這兩位西方近代和現代的哲學家所指的意思與所謂的中空結構和無結構的傳統是有一定程度相關的。以幾何學的推理方式概化到所有的知識領域，在東亞要等到明治維新之後，日本吸收了西方的學問才開始的。但是日本開始的出發點就比德國來得差，雖然兩者都很快進入平民原則的運作過程；因為德國周圍全是貴族文化的國家，而且與希臘哲學和科學有親近性的關係，因此並沒有脫離西方的主流論述太遠。反過來看日本周圍全是科舉考試制度的東亞國家，因此即使在明治維新之後吸收了西方的概念化論述，它的發展還是很緩慢的。更何況在明治維新後的考試制度運作之下，人們習慣以記憶和背誦來代替思考，因此要讓日本人從日常生活的印象提煉出印象概念，再從印象概念中提煉出概念的這一個過程，根本無法從考試制度中得到任何支持，因此遲遲無法自行開發概念來架構那時甚至當今日本的政治與文化，通常只能借用西方的概念湊活著用，將就一下，而與傳統社會常常顯得格格不入。這也難怪兩位思想家會覺得日本有「中空」和「無結構」的感覺。

　　第三、我們要解釋日本文化人為何對日本文化缺乏原點或原型會如此焦慮。（以下雖然分點敘述，但是每一個要點之間都是連貫的。分點之必要在於這一段論述有點長，將論述之間進行區隔比較好協助讀者理解。）

（一）我們首先來看看這一個「問題背後的問題」：為什麼這一個問題會發生在日本，而不會發生在英國、美國、德國（或臺灣、韓國、新加坡），我們很少看到有文獻去報導這三個國家人民不斷地問自己英國人是什麼？德國人是什麼？美國人是什麼？臺灣人、韓國人、新加坡人是什麼？我們單單做簡單的跨國比較就會發現：出現這樣一個問題的原因就在於日本的特殊性。再來，我們做一個跨時間的比較，日本在過去歷史上有沒有哪一個時期會不斷的去追問日本人是什麼？我們將發現即便在平安時期和奈良時期，日本全面的學習唐朝的文化的時候，日本人也沒有如此焦慮去問「日本人是什麼」；即便後來的朱子學、陽明學從中國傳到日本，當時的日本也看不出有特別的焦慮。因此稍微對日本歷史文化有些概念的讀者心裡也一定會浮現出來，近一百年來才是日本對「日本人是什麼」這樣一個問題感到焦慮的時刻。因此在空間上與時間上的比較，都會發現日本的這一層焦慮顯得特別特殊。（二）針對這一個問題我們提供兩個可能的解釋：第一個是西方文化對日本的衝擊很大，日本是東亞國家裡面首先卯足全力去學習西方文化，更何況一個非基督教文化去面對基督教文化全面的衝擊，所以會更為焦慮；而韓國、臺灣、中國等不會那麼焦慮的原因在於他們跟隨在日本之後，學習日本消化出來的東西，相對來講焦慮感就不會那麼高。在某一個層次上，這樣的解釋是說的通，但是當我們看一下當前整個東亞比日本經濟發展更高的國家，當然這是從非常簡單的比較國民平均收入來判斷，新加坡、香港、澳門這三個地方都比日本的國民所得還要高，但是他們似乎對新加坡人是什麼、香港人是什麼（九七回歸中國之後，這問題確實逐漸浮現出來）、澳門人是什麼這些問題也沒有那麼大的焦慮，而這幾個地方的華人恐怕比日本更早面對西方文化。可見這一個早先面對西方文化論的解釋不完全站得住腳。（三）第二個解釋是「外

來文化會引發焦慮」，在一般人的觀念中這是毫無疑問的。中國在自強運動、維新運動中引進外國的文化制度也同樣有焦慮，即使後來採用「中學為體、西學為用」還是會有焦慮。或是說在德國日耳曼蠻族時期，他們引進的基督教文化與原先日耳曼人多神教的信仰相衝突，可能也會有某些焦慮；或者引進希臘的哲學和科學時，對當時社會產生既新鮮又焦慮的情緒是很自然的事情，但是恐怕都不會像日本人這樣在這一個時期生產出那麼多的「日本人論」。（四）以下我想從「自我認同不斷被消磨的焦慮感」這一個角度切入解釋。「日本人論」的大量生產其目的便是要找出日本人自己的參考座標，自我反思出一個相對完整的形象，也就是一種不斷在自我指涉（self-reference），而這種自我指涉的不成功、或是沒有說服力、或是說這自我指涉的過程本身就在破壞準備自我指涉的對象，這才使得「日本人論」需要不斷的被生產出來以彌補可能的完整性。（五）日本是一個有上千年貴族文化傳統的國度，因此我們可以說日本中心的認同是由貴族文化所形成的。這一點我們可以由許多的日本人論當中發現他們很少對傳統的美學展開批評，反倒是花了許多的心思去維繫當下的日本與傳統美學（或者說是各種的「道」）的關係，從這裡可以間接說明日本的核心認同。再來從西方文明而來的科學與民主文化，照理說也是西方貴族文化發展的一個支系，我們很自然的會想：照理說西方的貴族文化跟日本的貴族文化應該很容易水乳交融才是，就像是日本在德川幕府時期與荷蘭人傳過來的文化 —— 當然也是某種程度上的貴族文化，相處得似乎不錯，但為什麼現在反倒是讓日本人對自我認同產生那麼長大的焦慮呢？（六）**平民原則恐怕才是讓日本產生自我認同焦慮的主要因素**。本書在前面提到了明治維新後期平民原則逐漸在日本社會生根，形成了因應考試制度的「理性籠牢」，它以最明確而有效率的方式簡化西方傳進來的知識來因應考試。

這種長期訓練的結果產生了重視效率以及為了團體的紀律委曲求全而比較不重視美感和舒適的態度和習慣 —— 而這正是日本在經濟社會上趕上歐美的主要原因、主要引擎。但是這一種制度訓練出來的下一代相較於明治維新前的上一代將越來越不重視美感和舒適，而足以「侵犯腐蝕」傳統以貴族文化為主體的認同結構；一個讓自己富強起來的制度引擎，卻成為不斷在侵蝕自己文化認同、傳統文化的酸雨。所以日本的這一些文化人總有一種「搞得我心裡好煩」的念頭。文化與制度的衝突才是造成日本人論被大量生產出來的動力。（七）本書以上的論述並不是說現在日本人不重視美感和舒適了，必須說百足之蟲死而不僵，當代的日本還是全東亞最重視美感和舒適的國度，這是因為他有上千年的貴族文化產生的遺產。在這一點上也可以來解釋臺灣、韓國、中國、新加坡這一些國度自我認同的焦慮感不像日本那麼高的原因，因為他們（亞洲四小龍與中國）受到大約一千三百年科舉文明的薰陶，其所產生的平民文化與當前的平民原則衝突點不大，所以這種自我認同的焦慮也比較低。臺灣和中國當前的文化結構本質上就是對輸入的歐、美、日文化進行簡化之後的平民原則，像被電熨斗燙平的西裝一般，完全看不見什麼貴族文化的消逝，因為本來就沒有存在大量的貴族文化（臺灣有些人會哀悼貴族文化的消逝，通常指的是日本人留下來的文化物件）。有人一定會說臺灣或是香港自我認同有危機，因為迫於中華人民共和國的政治壓力 —— 這種情況是有的，但必須說這種認同危機多半是在政治上面，而不是在文化上面。日本人的認同危機十足是在文化上面的。

第四、我們想要來理解丸山真男所聽到的「固定低音（ostinato）」是怎麼回事。丸山真男所聽見的固定低音，是一個將外來思想的主旋律不斷的拉回傳統歷史的軌域「不斷變化的變化方式或變化型態本身，有著不斷

平民原則對日本貴族文化的改造

重複的音型」。必須說任何的文化在吸收外來文化的時候，也都有得著某種重複的音型。像是盎格魯薩克遜人接納的天主教之後，最後在自己的本土產生了英國國教，而這種英國國教卻非新（清）教徒的，也不完全是天主教的。因此像這種對外來文化的調整，應該說是常態，而不是日本獨特的現象。若是每一種文化都有它的固定低音，為什麼獨獨日本是像丸山真男所形容的「隨時東張西望向外界收尋新事物。從來都不改變的是那一個隨時左顧右盼的自己[26]。」當然丸山真男會把這一個問題指向傳統的無結構性。不過，我們認為丸山真男聽到的聲音是真的存在的，而且也可能有這類似的音型。前面提到任何新的外來的知識或者學問一進入到平民原則的國度裡面，就會被簡化和工具化，以因應考試制度的需要。而這種簡化和工具化之「便宜行事」的型態開始架構了行動者，而這一個行動者的日常生活中的所作所為在無形中卻與原來的貴族文化產生了距離，甚至侵蝕破壞了貴族文化。就好像是一把粗魯的鋸子在鋸切一顆花叢錦簇的「春之彼岸」櫻花樹，同時發出了「梗……梗……梗……」這種固定的低音。丸山真男所聽到的固定低音便是平民原則在鋸切日本貴族文化底層或者世家大族門閥傳統的時候所發出的聲音。

　　華特・班雅明（Walter Benjamin, 1892-1940）在他的著作《機械複製時代的藝術作品》中，提到「靈光（aura）」這一個具有感受性的概念。他認為早先的藝術作品皆有靈光，因為他們與傳統、崇拜儀式有的厚重的關聯，因此具有本真性（authenticity）。機械複製時代來臨後，大量生產的藝術作品不再有本真性，靈光開始消退，藝術的宗教價值也同時減退。不過在早先的藝術作品、那時代的人並不會覺察到靈光的存在，只有當靈光消逝時才會感受到它的存在感。因此靈光的出現和消失同一個時間完成。丸山真男聽到的固定低音應該與靈光類似吧，貴族文化與平民原則這

兩個板塊碰撞，發出了低沉的聲音，而聽到這一個低沉的聲音的同時則又看見某種貴族精神的消逝。

臺灣有一個腦筋急轉彎的笑話：

花為什麼會笑？

因為它有梗

老人為什麼會笑？

因為他有老梗

電鋸為什麼會笑？

因為它會一直：「梗梗梗梗梗～」

平民原則一直在當前的日本笑著……

[01] 福澤諭吉,北京編譯社譯,1998,《文明論概略》,北京市:商務,頁 167。

[02] 《文明論概論》(1875)引自南博,邱琡雯譯,2014,《日本人論:近代日本的百年情結》,臺北市:立緒,頁 20-1。

[03] 以上參考南博,同前書,頁 22-31。

[04] 同前書,頁 376-80。

[05] 同前書,頁 384。

[06] 同前書,頁 389。

[07] 同前書,頁 396-8。

[08] 同前書,頁 398。

[09] 引自內田樹,徐雪蓉譯,2018,《日本邊陲論》,新北市:立緒, 頁 30。

[10] 南博,同註 2,頁 390。

[11] 內田樹,同註 9,頁 52-3。

[12] 內田樹,同註 9,頁 56-61。

[13] 南博,同註 2,頁 398-9。

[14] 內田樹,同註 9,頁 38、89。

[15] 內田樹,同註 9,頁 30。

[16] 河合隼雄,林暉鈞譯,2019,《神話與日本人的心》,臺北市:心靈工坊,頁 334-5。

[17] 內田樹,同註 9,頁 35。

[18] 內田樹,同註 9,頁 34。

[19] 丸山真男,藍弘岳譯,2019,《日本的思想》,新北市:遠足文化,頁 36-9。

[20] 內田樹，同註 9，頁 40-1、92。

[21] 參考新渡戶稻造《武士道》之 3 種版本，李登輝，2004，頁 164-5；林水福，2007，頁 26-7；吳榮成，2003，頁 23-4。

[22] 同前註，李登輝，2004，頁 164-5；林水福，2007，頁 26-7；吳榮成，2003，頁 23-4。

[23] 內田樹，同註 9，頁 40-1、92。

[24] 內田樹，同註 9，頁 117-8。

[25] Michael Mann，郭台輝、茅根紅、余宜斌譯，2015，《社會權力的來源（第三卷）：全球諸帝國與革命，1890 年到 1945 年》，上海市：上海世紀，頁 520。

[26] 引自內田樹，同註 9，頁 33。

第四部分

中國與臺灣

　　此篇關於中國的部分本書將要論述幾個問題：第一、平民原則如何在當代中國形成；第二、平民原則在當代的中國發生什麼作用；第三、平民原則在中國的未來將帶來可能的結果；第四、中美全方位的對抗是否是平民原則與貴族原則的對抗關係？這一個對抗會產生什麼樣的可能後果？第五、中國的民主化可能的樣態與使命。

　　關於臺灣的部分有一個新鮮卻是本書最原始的觀察：街道空間的政治經濟學。第一部分是關於臺灣的街頭空間暴力，主要是研究臺灣的交通；第二部分「島與船」則是對臺灣街景的考察。這篇作為本書最後的註腳，卻是我最早、尚未萌發貴族原則和平民原則時的出發點。

第二十五章

中華人民共和國與平民原則之一：
毛澤東的思考：成長背景、語言暴力、唯物辯證法

平民原則如何在當代中國形成

　　沒有一個國家在形成之初就條件具足、制度完善，事實上，情況多半相反。建國者通常面對著奇差無比的條件：零碎的制度傳統、衝突橫生的外來政治與文化、生命安全常常受到威脅、個人權利不彰。為構築完整的國家，此時志同道合、利益相似的菁英自我組織起來，以武力為後盾，強制排除、驅逐或甚至（在創立極權政體的過程中）消滅政見差距太大的另一組人，強力建立起一個政權，對外獨立自主、對內制定法制，創造競爭性的權力系統來決定國家的控制權屬於哪些人。不論是短暫或長久，建國菁英都在企圖創造合法化的基礎。這些行動者若相信國家是建立在一種強制力或霍布斯（Thomas Hobbes, 1588-1679）所說的利維坦（Leviathan，又可翻譯為巨靈）——一種霸道——的基礎上，這些建國菁英就會在親情、友情、人性，甚至生命上有所覺悟，否則極可能失去走到最後的耐力 [01]。

　　在平民原則國家裡，臺灣算幸運了。中華民國在亂世紛紜的中國大陸顛頗前進了三十八年，將中華民國政府和經歷三十八年才逐漸形成的憲法，帶到了一個遠小於初始控制區的島嶼。一開始在島外有強大的戰爭壓力下，人民度過了四十多年的威權統治，跑出了還算穩定的社會發展過程，即便在九〇年代的民主化中重新修改憲法，也有了政黨輪替，幸運的是這種變遷的過程所付出的成本遠小於其他平民原則國家。當然，上述角度是從臺灣作為本體來看問題的；如果從整個中華民國的歷史來看的話，它損失了遠比臺灣大上二百五十倍以上的土地和五十倍以上的人民，這恐怕也是極其巨大的成本啊。德國和日本在初始的建國過程中成本也不高，一個是以軍力強盛的普魯士王國作為整合的核心，另一個也是武力強盛的

薩長土肥藩閥作為核心，只不過他們在建國之後國內各方勢力難以整合，戰功集團又忙於證明自身力量的可靠性，直接間接挾持整個國家進行了長期的擴張戰爭，最後以損失巨大的國家領土和人民生命作為代價，才回落到當前較為穩定的國家型態 —— 後面這個成本就高了。韓國的建國之初就是朝鮮半島的內戰，在美國、蘇聯、中共的妥協支持下，南北韓分治。但是韓國作為現代國家型態的存在根源不深，重建過程相對於臺灣就顯得坎坷：早先是學生與軍人政府之間的劇烈衝突，後有政黨之間的嚴重撻伐，直到 2022 年都還沒有一個卸任的總統沒被刑事定刑、逃過牢獄之災的。新加坡建國後經過了五十年都還在半威權階段，表面上其建國的成本相對於臺灣可能又小得多，但是在這個半威權的國度裡在可見的未來恐怕難以出現本土的大思想家、大哲學家、大詩人與大藝術家這樣人物，這算不算是一種成本呢？不過，似乎在平民原則的國家之中，國家越小，建國的成本相對就較低。其背後的原因可能是大國需要整合的國內勢力相對較多，而小國需要整合的國內勢力相對較少；小國的戰功集團相對較小，而且受到周圍大國的壓抑，所以不敢進行擴張戰爭，於是被戰功集團的自尊心拉下水的危險相對降低，但是大國的戰功集團本身就很龐大，看見平民原則所創造出來的政治經濟力量可以利用，自然而然想對外擴張，追趕比他先進的國家，並且企圖後來居上，讓戰功集團繼續存在的正當性獲得肯定，因此對外戰爭的風險相對增加。這造成了德國和日本這種大國建國之前的成本低，建國之後的成本高的現象。

　　現在我們要介紹出場的平民原則國家，它在建國之前的成本很高，建國之後的成本也很高的超級大國：中華人民共和國，這種巨大的成本是否是超級大國建國過程難以避免的成本呢？我們以下三章會對這個問題做說明。中華人民共和國的戰功集團 —— 中國共產黨，它在建國之初

就進行了第一次國共內戰以及（其黨史宣稱的）二萬五千里的「被長征」（1934 年 10 月－1936 年 10 月），時間將近十年。又經過第二次國共內戰（1945-1949）的重大傷亡，中華人民共和國才建立起來。建立之後，對內派兵收服了清朝二百多年留存下來的邊疆——新疆（1949）和西藏（1950），對外打了韓戰（1950-1953），傷亡五十萬以上。為了嘗試迅速發展經濟所展開的「大躍進」（1958-1960），以及為了鞏固領導中心而進行的「文化大革命」（1966-1976），損失的人口都以千萬計。

在這裡一定要提建國者毛澤東（1893-1976），他可說是從無到有打造了一個軍隊和一個國家，迥異於德國和日本靠著某一個階級——容克貴族和武士階級打天下。將毛澤東對諸中國歷史上千古風流人物，具相類似的出身、功業、文采、現實主義者，說他是韓信（不詳 - 前 196）和曹操（155-220）的綜合體是不誇張的。毛澤東在他的革命之初就積極推動識字教育、半工半讀的知識學習模式，終其一生反對考試制度與專職的義務教育——這是與平民原則的運行最相關的兩個部分（也是與毛澤東衝突的部分），反對西式的民主制度而堅持採取共產黨專政的所謂的「民主集中制」。他的政治遺產到現在的中國依然清晰可見。了解毛澤東的背景和影響力是了解當代中國平民原則發展的重要關鍵。

毛澤東思想的形成背景和過程

毛澤東成長於湖南鄉下中富農家庭中。他的父親精明能幹打下了家庭的經濟基礎，但是對毛澤東管教嚴格，也設定了讓毛澤東以後經商、種米、賣米的職業，不讓他讀太多書，認為是浪費時間，影響生產活動的行為。毛澤東起來反抗，甚至曾經揚言投湖自殺，性格算是激烈的。後來毛

主動到鄰近的城裡讀初中，開始見識了外在世界。到了長沙後，在圖書館大量閱讀國內外的訊息，也參加了 1911 年武昌革命後續的遊行示威。在家庭經濟壓力下，選擇就讀湖南師範學校 —— 主要因為可免學雜費，也減少父親對其經濟上的控制。他在這裡讀了五年，大約等同於臺灣早期的師專，畢業出來教授國小學生。毛澤東在師範學校裡的學習非常認真，奠定了他以後文學和思想的基礎。許多的歷史學家忽略了毛澤東在師範學校的教育對他以後政治家生命的獨特影響，因為在他往後的生涯裡一直以全體國民的「導師」自居；在他權力不斷的往上爬升的過程中，不斷的以導師的角色督導周圍的同事、部下以及他所謂的人民大眾在學習和思想上的自我精進和自我鞭策 —— 這在臺灣一些極其嚴厲的中小學導師身上，還看得到這種人類學才會發現的痕跡。對這樣的導師心態，毛幾乎不曾動搖過。

甚至說毛不只是一個導師，還是時代的「補習班老師」。師範學校畢業之後他並沒有馬上進入小學教學，反倒是在恩師楊昌濟教授（1871-1920）的推薦下與朋友、同學到北京參加法國勤工儉學的先修班。不過毛似乎知道自己學習外國語言的能力不佳，所以一直沒有成行。這樣的決定恐怕是中國未來的不幸，或許他到了法國之後感受到了法國的貴族文化與中產階級文化，對於國家未來的前景規劃，會有新的認定。可惜他認為他還沒有理解中國，因此打消了出國的計畫，在楊昌濟教授的引薦下他擔任了北京大學圖書館助理管理員。在北京五個月的時間，他接觸了當時在中國流行的最新思想文化，透過一些集會、聚會他認識了一些思想界的名流，對中國的思考也讓他產生了新的想法。後來因為母親生病，毛不得不離開北京回到湖南。他先在一間小學擔任歷史科教師，並且開始辦報。他常常能將新思想轉化為簡單易懂的語言文字傳達給大眾 —— 這不就是補習班老師

必備的工具嗎，這使得他的《香江評論》相當賣座。這一個時期他是一個自由主義者與改良主義者，響應了五四運動，發起推翻軍閥張敬堯（1881-1933）的運動。後來在譚延闓（1880-1930）將軍鎮守湖南期間，毛推動了湖南立憲運動，也就是湖南共和國運動（1920），主張先讓各省獨立再學習美國組成聯邦。以他的文筆才氣對於知識分子的動員力量很強，但是他認定這些動員要來改變湖南的舊社會和軍閥勢力，似乎是杯水車薪。

毛澤東此時看清楚了，擺在中國面前的問題就是統一和富強的問題，要達成這兩個目的，首先就是要掃除軍閥和舊勢力。

毛澤東動員技巧發展的過程

這段時期蘇聯的布爾什維克派取得了政權（1917），並開始向周邊國家宣傳理念。因為它宣稱放棄在中國所有的不平等條約，引發中國知識分子的好感；透過李大釗（1889-1927）、陳獨秀（1879-1942）等人的引介，毛澤東接觸了馬克斯、列寧的共產主義思想，很受吸引。在湖南共和國運動失敗之後，他開始投入策動城市的工人罷工運動（1922），地點在長沙。這時候的工人雖不多，但至少比知識分子還多，主要是礦工以及一些手工業者。毛動員群眾的天份開始展現出來。他的模式是透過辦理識字會或識字組，教工人識字及算數的方式來吸收會員，並且在教工人讀書識字的材料之中加入馬列主義的思想，觸動工人的階級覺悟，再從識字的會員中，組織幹部、推動罷工並且吸收工人菁英成為共產黨員。這種有效的教育－組織－動員模式下，讓毛澤東總是在黨中央的會議中成為吸引最多黨員的主要領袖之一，被稱為「湖南王」。

不過對毛澤東而言，用學運或者罷工來動員群眾，感覺的效果還是有

限的；毛的敏銳神經投向了可以動員更多人數的農民運動。在第一次國共合作（1923-1927）期間，他也利用相同的方式——「教育－組織－動員模式」吸引大量的農民和工人加入國民黨，並且介紹國民黨的三民主義理論，因為毛這種屬害的宣傳方式，後來便擔任國民黨的宣傳部代理部長——為什麼要做「代理」呢？應該是對毛的不完全信任吧！在國共合作期間，毛發現了動員農民可以獲得的巨大的政治能量。當時農民占中國人口70%，毛澤東從工人運動中訓練出來的共產主義補習班部隊，透過吸引農民識字、算數的過程裡推銷共產主義思想，而接受這樣訓練的農民展現了紀律性和積極性，也會拉更多的農民進來，透過大徒弟教小徒弟，於是變成了識字率極高的運動和戰爭團體。吸引這些農民積極參與的最大誘因便是批鬥地主，重新分配土地。《毛澤東自述》[02] 提到了：貧農和無產階級分配到土地就會堅守土地；國民黨來就意味著地主將要回來，他們也將失去土地，因此他們必然加入紅軍，堅守土地。毛澤東一開始從策劃學運、工運到現在的農運，反省的結果發現農民運動效果最大，改革也最根本，因此決定了未來的政治發展方向。

　　原本蘇聯共黨派駐在中國的幹部與當時中國共產黨總書記陳獨秀等中央的領袖都認為毛澤東的策略太過激進。因為根據唯物史觀，一定要先有大量的中產階級出現，再出現工人運動，最後才能達到共產主義；但是毛澤東搞的農民運動比較像是土匪搶土地、劫財的味道，引發共產黨菁英的反對。毛澤東為此在湖南的鄉下調查，寫下著名的《湖南農民運動考察報告》（1927）。毛發現農民批鬥地主的運動才是中國未來社會全面革新、國家全面富強最主要的動力來源，於是他陽奉陰違繼續搞他的農民運動。這激起蔣介石所代表的地主、士紳階級的緊張，於是在英美等國的勢力的支持下開始了國共分裂後的內戰模式，展開對共產黨的圍剿。從這時候看

來，毛澤東可謂一人害全黨，可是發展到後來卻又是一人救全黨[03]。

毛澤東動員的模式便是他將一些有用的相關的論述，不管是馬列主義、馬基維利的學說、中國古代易經、孫子兵法等戰略學說轉化成為小學生都能讀懂的話語，並摻雜著《西遊記》、《水滸傳》、《三國演義》裡面大家通曉的俚語，來推銷群眾動員的意識、策略與技巧。如果這不像是補習班老師，那還有什麼更像的？引用教材中的一小段說明：

農民苦，農民苦，

打了糧食交地主

年年忙，月月忙，

田裡場裡倉裡光。

（引自亞歷山大・潘佐夫、梁思文[04]）

你有錢財又有田，

我有斧子又有鐮；

工農團結暴動起，

紅旗飄搖佈滿天；

革命高潮來到了，

土豪劣紳淚漣漣。

（「興國蘇維埃政府文化部」編印之「初級用課本」第三十課題目「暴動」[05]）

合作社，

工農自己辦，

地主和富農，

滾他媽的蛋！

（「中央合作總社文化部」編印的「識字課本」第一冊第九課[06]）

這一些教材通常都具有政治性、鬥爭性、粗野性 [07]。（這不得不讓我想起我的國小課本第一課的課文：

一　上學去
好學生
早早起
背著書包
上學去

與中共的教科書比較起來，內容顯得空洞卻有趣！）

毛澤東主導下，這些政治鬥爭話語變成掃除軍人、農民和工人文盲的教材，激發其階級鬥爭的意識形態，覺悟自己所屬的階級，並且界定敵人階級，因而打造成為一個戰爭的團隊。這一種「學習－組織－宣傳－動員」一體成型的過程，是一種比唐朝府兵制更為進步的方式。府兵制是兵農合一，紅軍則是兵農工合一；前者兼顧生產和訓練，後者則兼顧生產、訓練還加上教育、組織、宣傳；前者以折衝府將軍和節度使領軍，後者以黨領軍。

由於毛澤東擁有擔任補習班教師的天生本領，我們可以想見受他啟蒙教育的學生對他可能的崇拜程度。在大躍進失敗之後，為了奪回權力，他煽動起的文化大革命，不只在中國發生效應，也引發了 1970 年代西方世界的學運浪潮。這些學生對毛澤東的崇拜，可以對稱的聯想到中學生對補習班名牌教師的崇拜，因為他們總能利用淺顯易懂、言簡意賅、入境問俗、輕鬆俏皮的口語來影響周邊的學生 ── 「革命無罪、造反有理」多麼有力！

毛澤東大概是中共裡面最早把鬥爭的哲學 ── 「與天鬥、與地鬥、與人鬥，其樂無窮」，和實踐發揮到極致的人物；這當然有受到達爾文

《物種原始》（1859）之生存競爭，適者生存概念的影響。即便是他在病痛纏身，行將就木之際，還講了一些格言：「不鬥爭就不能進步」，「八億人口，不鬥行嗎？」[08] 毛至死堅持政治鬥爭的原因，最主要的恐怕是他發現了鬥爭具有教育、訓練和動員的三層作用的意義，首先是維繫政權的正當性：不斷去界定敵人的角色和目標，敵人持續存在以及他們對國家造成的威脅，此時共產政權的存在就得負起鬥爭、解決敵人的任務。其次，鬥爭可以提高文化學習的動機：想要在鬥爭中獲勝，就必須有閱讀資料以及說話的能力，因此可以刺激人們文化學習的動力。第三、鬥爭的過程中可以不斷鞏固我方的力量來對抗「他者」—— 非我族類。毛澤東在他的《論持久戰》（1938）一文當中強調幹部在宣傳時，要將自己置於哀兵或弱者的角色，比較可以團結力量、進行動員。

再來看看毛那時的鬥爭，它的主題是階級矛盾，其過程是發現矛盾、界定危機跟亂源，接著對矛盾進行鬥爭以取得話語權。而在激烈的鬥爭中常常直接威脅到被鬥爭者的五個基本的需求：生理、安全、隸屬、尊嚴與自我實現。人們為了維持這五大基本需求，必然展開激烈的行動。毛澤東所設計的這種遊戲模式，非常相似有些中小學教師設計的點數遊戲，透過互相批評檢討錯誤的過程，激勵學生的學習和守秩序的行為。但是毛澤東又更進步，讓人們展開策略思考例如「聯合次要矛盾來打擊主要矛盾」。

因此鬥爭可以增加動員對象的學習能力和能動性的強度與持續性，而且機動調整鬥爭的對象以利清除 —— 特別是以前不得不與之合作的朋友，像是劉少奇（1898-1969）和林彪（1907-1971）。

毛澤東和言語暴力

伊凡斯（Patricia Evans）在《言語暴力》這本書中提到言語暴力的類型，包括了拒絕溝通、駁斥、減低重要性、以玩笑偽裝傷害、顧左右而言他、指責怪罪、批評撻伐、說對方所做的事情沒什麼大不了、削弱、威嚇、辱罵、遺忘、命令、否認、虐待性憤怒等十五種類型。伊凡斯指出習慣性使用這些言語暴力的人，其目的通常在於取得支配的權力，特別是發生在親密關係的人之間的情況，習慣會使用隱晦的手法貶低對方的興趣，也使自己感覺有優越感。這樣的施暴者無論是有意或無心的，都將旁邊親近的人視為敵人，或者是必須控制的威脅，所以使用言詞挑起戰爭，言語本身就是他的武器[09]。柯立安·斯考森（W. Cleon Skousen, 1913-2006）在1961 年撰寫的《赤裸裸的共產黨：共產主義如何危害自由世界》中提到共產黨找不到存在的好理由，所以在正常社會遇到問題，本來不需要大動干戈、好好說話便可以解決的事情，共產黨卻會用一種非常激烈的、特別神經質的態度去面對解決；從心理學來說，某種層面上，這樣大驚小怪的激烈處事方式是屬於權威型人格特質之一。所以會出現這種狀況是因為共產黨組織的本質是脆弱的，隨時隨地都處在生存危機狀態，所以對小事會有過度激烈的反應[10]。例如香港銅鑼灣書店事件中關於中共八卦新聞的作者和出版者，竟然需要勞動中共的特務在世界各地進行逮捕。又例如在中國境內禁止稱習近平是維尼小熊和包子。或是有人因為與習近平長相太過相似，而在抖音裡面的帳號被禁三次。用這種不相稱的手段來禁止中共領導人的八卦新聞與逗趣形象，在人類歷史上少有的。以使用言語暴力來維繫對權力的支配樣態，可能也源於階級鬥爭的持續不斷，只能說此類權力支配關係本身就極度脆弱。

在文化大革命時期的種種批鬥方式，大約就是這種言語暴力和不相稱的手段的翻版。將階級鬥爭正當化論述的籠罩下，讓這種言語暴力與不相對稱的手段無限制的成長，毛澤東是這方面的長才，紅衛兵緊跟其後——而這些人卻是當今（2020）中共政權的當權者。毛澤東利用巧妙的言語暴力有效地支撐其權威型人格的擴張，也不斷的去製造危機或是假裝危機的存在，界定亂源之所在而讓言語暴力獲得有效的隱藏。最後這似乎變成中國共產黨存在感重要的來源，共產黨只有在敵我分明的戰爭中才會被覺得有存在的必要。

在毛澤東晚年，他的老戰友周恩來（1898-1976）每每在向他報告時全身顫抖，深怕觸怒毛澤東。每當毛澤東睡不著覺的時候，就會拿起自己寫過的辱罵周恩來的九篇文章重讀一遍，頗為得意、心情舒暢、獲得存在感[11]。我不曉得讀者知道這種狀況心裡做何感受？一個蓋世的天才認為只有藉著同胞之間殘忍的政治鬥爭才能夠救中國，才能夠超英趕美。他所創造出來的一切都是人類社會前所未有。他不像希特勒瘋狂的對外發動戰爭，而是採取一切可能的手段對中國進行「家暴式」的統治。當前中共外交部辱罵美國國務卿蓬佩奧「突破做人的底線」、「長臂猿」，北京日報（2020/09/17）直接稱呼「肥豬蓬」等等；或是《環球時報》主編胡錫進常使用的文字，呈現出這麼生動的指責語言的時候，都還可以追溯到階級鬥爭這種家暴言語訓練後，展現於潑婦罵街的功力與民族的重要遺產，而這恐怕是受貴族文化影響的社會不可能發展出來的現象。第十七章提到清末傳教士明恩溥觀察到的《中國人的性格》就包括大聲喊叫、命令式批評別人，以及罵人技巧——英語於此難以望其項背。中國人開始爭吵後，穢言穢語就如骯髒的溪流般傾瀉而出。甚至文人和高官生氣時，也如此任意罵人。言語攻擊他人時，不會考慮以「恰當的形式」揭露其實際存在的缺

點，卻去追溯其最卑賤的出身，汙蔑其祖宗 [12]。明恩溥判斷的這些中國人難以根絕的積習，一百年後依然出現在中共官方文宣中。

　　毛澤東的這種天才以及當代中國可以容許殘忍鬥爭的社會環境，恐怕是一千四百年科舉制度下，創造的極其純粹的平民文化長期醞釀的成果；這麼長期制度性的平民文化在人類的歷史和其他社會中也是絕無僅有的。毛採取激烈的極權主義來排除敵對勢力，恐怕是因為「便利」的考量；相較而言，民主程序是比較不便利的、比較貴族方式的。因此在便利和效率的考量下，所有關於平民文化中最邪惡的想法和手段，在毛澤東的手裡透過唯物辯證法加以有系統的合理化並付諸實施，某種程度上還獲得了原本企圖的結果（例如壯大中國共產黨、打敗蔣介石、統一中國、在韓戰中阻卻美國軍隊、拿下新疆、西藏和內蒙古）。如果沒有這種人類獨特的、長期的、有制度的平民文化的薰陶，恐怕是無法產生毛澤東這樣的人物或社會條件。這是科舉文明傳統在清朝末年斷絕了五十年之後，一個意想不到的結果。

毛澤東的唯物辯證法

　　在閱讀毛澤東這樣一個人格特質過程中，一定有人會有疑問一個絕少拿槍、動刀、親自殺人的革命家，為什麼得到軍隊的擁護？他提出了「槍桿子出政權」的主張，可是卻是以文人革命家的型態抓到了槍桿子，卻不像韓信、曹操馳騁沙場，這不令人納悶嗎？我會建議對這問題有興趣的讀者可以去看看或是在 YouTube 上面聽一聽毛澤東選集中關於《抗戰統一戰線》的長篇大論，可見端倪。他的論證方式不完全是春秋戰國時代縱橫家之言，也不是以引經據典的雄辯方式來進行的，而是採取了事件研究的

概念辯證法，也就是他所謂的唯物辯證法 —— 一種迥異於中國傳統論證語言。

臺灣大學歷史系吳展良教授認為馬克思比較重視唯物史觀，但是毛澤東卻比較重視唯物辯證法[13]。在本書前面已經提過，如果根據唯物史觀，中國應該先發展資本主義和工人階級，還不是進行農民革命的時候，但是毛澤東卻採用農民革命作為主要的實踐策略，遠非是馬克思唯物史觀的結論。吳展良認為這是因為毛澤東利用了唯物辯證法重新認識中國歷史、中國當時的社會現況以及世界局勢。同時他也利用唯物辯證法檢視他所推動的種種改革運動，並且從不斷檢討中利用唯物辯證法建構了他的實踐策略。

吳展良教授進一步認為：與其說毛澤東是將馬克思主義「中國化」，倒不如說毛澤東是把中國思想「馬克思主義化」；毛澤東沒有讀過多少馬克思主義的書[14]。什麼叫做中國思想「馬克思主義化」？毛澤東運用了一些馬克思思想的概念，再加上利用唯物辯證法重新把中國傳統的想法，例如易經裡面的陰陽哲學和孫子兵法結合他自己親自動員、指揮、戰鬥的經驗，轉換為概念清晰的辯證語法。

在這裡也必須重述一下前面提過的「印象—印象概念—概念」在中文歷史分析型論述上的發展，對於中國傳統分析，說明人事物關係所使用的詞語多半停留在「印象—印象概念」，而對於「概念」的使用主要開始在清末民初從日本和西方的思想文化傳過來之後，此時會用西方的概念來分析中國的現況。關於使用概念來分析中國實際狀況分成兩種層次，第一個層次是重新觀察概念和概念之間的關係，並且找到這關係的命題，例如胡適（1891-1962）的「多談問題，少談主義」、毛澤東的「通過實踐而發現真理」[15]；第二個層次是觀察中國的現狀而提出新概念，例如費孝通（1910-2005）的「差序格局」或陳寅恪（1890-1969）的「關隴集團」。毛

澤東的立言，主要是集中在第一層次，而非在第二層次。而且毛澤東是中國第一批運用概念思考的那一群精英中，在第一層次上的佼佼者，若說是影響力最全面性的一位都不為過。

毛澤東將黑格爾「正－反－合」辯證法作為他對事物分析，以及分析之後實踐的基本框架。既然有「合」那必然是向一定方向去整合，這一個特定方向對毛澤東而言，主要是「動員群眾辦事」與「怎麼辦事」。他的辯證法還有幾個特點：第一個是簡單的二分法、簡單的主客對立、敵我對立，將問題「定性」；然後促使對立的東西要進行鬥爭往「合」的方向（動員群眾、怎麼辦事）去鬥爭。所以對立的東西會往「合」的方向移動，顯示毛澤東認為的矛盾的「同一性」：一切對立的成份又會互相連結、互相貫通、互相滲透、互相依賴。要了解這種對立關係必須進到第二層次的分析。第二、對客觀的事物進行客觀的分析，也要進行複雜的分析，這時候就不是簡單的二分法了，而是有利到有害、強勢到弱勢、可動員到不可動員這類的光譜性的分析；這樣分析的目的在於明白動員的條件和資源，以方便隨後制定可以採取的策略。就只有這個第二項比較像是貴族原則裡面追求多樣性等內容，不過這種追求的內容一下子就被下面的第三項給打住了。第三、將第一項和第二項的矛盾進行整合：將客觀分析中列舉我方有利的條件和資源，必須制定策略繼續保有；對於我方不利的條件和資源能為我所用者，制定策略加以爭取 —— 也就是統一戰線的策略，不能為我所用者則予以打擊。在這個階段開始形成向外宣傳的論述時，大量使用「全稱性」的詞語：「所有、都、無論、一切、任何」，這些詞語傾巢而出，這樣做可以讓一些思考能力不強的民眾不需要再去思考，「聽毛主席講的就對了！」而受到很大的鼓舞，方便動員 —— 其實就是增加洗腦效果的方法。

毛澤東這種簡單的二分法而且最後還要進行矛盾的統一，隱含著就是要消滅差異。毛澤東對「矛盾」這一個詞語的運用，就相當於「差異或者不平衡」（「不平衡」這個含意是毛澤東自己說的，見《矛盾論》，「差異」這一個含義是我從他的幾篇論述中提煉出來的概念）的意涵；矛盾要統一就得消滅差異和不平衡，因此對於差異和不平衡普遍缺乏所謂的容納、寬容的精神，而這變成他的唯物辯證法所建立的帝國中最後導致種種災害的來由。「矛盾一定要合嗎？不合難道不可以嗎？」這是吳展良教授提出來的質問[16]。毛澤東的辯證法最後導致他認定能夠動員的就是好友，不能夠動員的就要消滅。毛澤東前期的重要著作《中國社會各階層的分析》（1925）便顯示他如何（善用語言暴力）奚落一些動員不起來的人：「小資產階級……膽子小、怕官、怕革命」，可是事實上只要仔細去檢視 —— 本書在討論貴族原則的內容時便大量檢視過，就會發現小資產階級未必真的膽子小、害怕官僚或者害怕革命，事實上許多參加革命的菁英來自小資產階級，就連毛澤東自己的家庭都可以算是。但是經過毛澤東這樣一奚落，卻能團結無產階級的情緒，弱化無產階級的批判思考力。毛澤東這種統一的絕對性標示他不准有旁觀者／中立者，同樣的一篇文章裡面提到：「那動搖不定的中產階級，其右翼可能是我們的敵人，其左翼可能是我們的朋友 —— 但我們要時常提防他們，不要讓他們擾亂了我們的陣線。」連可能是我們朋友的人也不能相信、不能夠包容，因為他們最後都可能是階級敵人。

毛澤東有極強烈的企圖來建立他的論述的系統性，所以常會使用「全稱性」用語（以及類似駁斥、減低重要性、以玩笑偽裝傷害、指責怪罪、批評撻伐、削弱、威嚇、辱罵、否認、虐待性憤怒等暴力語言）而展現出某種霸道：

「所有」各種反對農民的議論,「都」必須迅速矯正……農民……其勢如暴風驟雨……「無論」什麼大的力量「都」將壓抑不住。他們將沖決「一切」束縛他們的羅網……「一切」帝國主義、軍閥、貪官污吏、土豪劣紳,「都」將被他們葬入墳墓……「一切」革命黨派……孫中山致力於國民革命40年「所要做而沒做到的事」,農民在幾個月內做到了。(《湖南農民運動考察報告》1927。引號部分為作者所加)

這種大量使用全稱性詞語論述方式,讓事實的論述與文學的論述交雜,讓思考能力不強的民眾陷入激情澎湃之中。上面的論述也可以明顯的看出毛澤東強烈地去界定他者／敵人。還會去警告那些搖擺不定的人最好選邊站。而且非常煽動的讓人以為農民革命可以解決「所有」問題,例如在這一本考察報告裡面便提到農民運動不但解決了帝國主義、土豪劣紳、貪官污吏、軍閥之外,還一定解決了迷信、毒品、菸酒、懶惰、知識不足、愚笨、一盤散沙、生產力的、賭博、囤積居奇、地方官作威作福,另外還包括遊民、放鞭炮、送奠儀的惡習。甚至還幫助了三民主義的傳播、革命人口的擴大、減租降息、刑事案變少、治安變好、推翻了祠堂族長的權威、也就是推翻了男權與父權,限制了每戶養豬養雞養鴨的數目、推動了信用合作社(可以放款、消費、販賣)、廢除了苛捐雜稅、推動了文化運動(例如辦理夜校、農民學校、漢學,經費來自於取消迷信祠堂的公款)、又辦理修道路、修塘壩的工作。實在是一本萬利啊!

這樣的唯物辯證法還可以轉進到對戰略和戰術的論述,例如對某些軍事概念的澄清,以及對軍事概念之間的關係(如遊擊戰、運動戰、 陣地戰、組織戰、狙擊戰)(毛澤東,1938,《論持久戰》)、軍事運動的過程進行辯證論述,可謂鞭辟入裡,詳盡而徹底,而這恐怕是曹操和韓信難以與之比較處。即便有人研究指出毛澤東親自建議的戰略通常失敗居多 [17],

但是他論述方式所帶來的啟發性，卻成為當時中國共產黨軍隊裡面必定要研習、閱讀、檢討反省的教材。後來毛澤東的思想策略態度廣泛的被全世界的毛派突擊隊所效法，但是沒有任何一個毛派學到位。

對於毛澤東唯物辯證法運用的功力，現在聽起來難以置信，可是當時越來越多的年輕人投入了共產主義的陣容。在一個歷史上缺乏概念辯證法的國度之中，突然闖進了一個新鮮的概念辯證法，而很容易的普遍認為：「毛澤東的思想探索擁有罕見的徹底性[18]」造成了一個人的思想在那麼短的時間內影響了一個十億人口國家，還可能長達百年，這恐怕是人類歷史上絕無僅有的現象。如果沒有把這個現象放在科舉文明傳統下的缺陷和重建來理解，恐怕很難讓一個國家走出過去的窠臼。

如果說毛澤東把中國文明吸引到另外一側去發展，或甚至走在此側的極端，這恐怕不是過份的評價。當然這一個發展，從我們已經接受過民主制度洗禮的人來說，未必是正確的。他的軍事論證的天賦得到了年紀比他還大的朱德（1886-1976）以及其他戰功彪炳的大將，如彭德懷（1898-1974）、林彪（1907-1971）、陳毅（1901-1972）、鄧小平（1904-1997）等人的支持。因此在毛澤東的帶領之下，不論在建國之前（國共內戰）或是在建國之後（大躍進與文化大革命）相關人員死傷慘烈，其他人至今仍然難以撼動毛澤東的權威。

小結

毛澤東以導師督促學生的心態來督促他的同僚和中國老百姓，他也善用補習班老師常常使用淺顯易懂、俏皮有趣的說法對老百姓進行文化教育與意識形態的洗腦。毛澤東在第一次國共合作時間即斷定平分地主的土地對農民的動員力道最強，而「教育－組織－宣傳－動員」四種行動合而為

一是將農民轉換成為有戰鬥力的工農兵最有效的模式。

「鬥爭」對毛澤東而言具有教育、訓練和動員三層作用。鬥爭的要點，首先是嚴格區分敵我，對敵人進行明確的「定性」以方便集中力量打擊。其次，塑造自己哀兵的角色，以喚起受害者情結，凝聚我群。第三，塑造周邊有敵人存在的氣氛，使人們不斷自我審查。

毛澤東認為在面對危機時，首先會界定危機以及危機的根源，其次要發現對手的矛盾，聯合主要矛盾打擊次要矛盾，第三要利用鬥爭取得話語權，鬥爭時主要攻擊對方的生理、安全、隸屬、尊嚴與自我實現等五大基本需求。

毛澤東的語言風格與整個中共權威型人格的塑造息息相關。為求在鬥爭過程中取得話語權，不只在語言上大幅採用「全稱性」用語降低聽眾的思考力，還大量使用當代家庭暴力研究中所謂的「言語暴力」以打擊周邊親近者使其順服。這類人格的塑造最後常導致以不相稱的手段處置不順從或意外事件。

在缺乏概念辯證法的國度中，突然出現的毛派的「準」概念辯證法對青年人和知識分子有很大的吸引力，對當代中國的影響可謂巨大。

[01] 最後一句參考劉季倫，2012，《青年毛澤東的思想與中國共產革命》，臺北市：政大，頁 188-9 頁。

[02] 毛澤東，1993，《毛澤東自述》，北京市：北京人民。

[03] 以上關於毛澤東動員技巧發展的過程參考以下幾本書籍：張戎、喬‧哈利戴，2006，《毛澤東：鮮為人知的故事》，香港：開放；中共中央文獻研究室編，逄知己、金沖及主編，2011，《毛澤東傳第一卷》，香港：中和；譚若思（Ross Terrill），胡為雄、鄭玉臣譯，2007，《毛澤東》，臺北市：博雅書屋；亞歷山大‧潘佐夫（Alexander V. Pantsov）、梁思文（Steven I. Levine），林添貴譯，2015，《毛澤東：真實的故事》，臺北市：聯經。

[04] 潘佐夫、梁思文，2015，見註 3，頁 165。

[05] 引自汪學文，1987，《中共教育評析》，臺北市：教育部教育研究委員會，頁 121。

[06] 引自汪學文，1987，見註 5，頁 121-2。

[07] 汪學文，1987，見註 5，頁 120-2。

[08] 譚若思，2007，見註 3，頁 561。

[09] 伊凡斯（Patricia Evans），張馨方譯，2018，《言語暴力》，臺北市：遠流，頁 104-6。

[10] 柯立安‧斯考森（W. Cleon Skousen），潘勛譯，2019，《赤裸裸的共產黨：共產主義如何危害自由世界》（*The Naked Communist: Exposing Communism and Restoring Freedom*），新北市：八旗文化。

[11] 張戎、喬‧哈利戴，2006，見註 3，頁 561。

[12] 明恩溥（Arthur Henderson Smith），1894, *Chinese Characteristics*, Chicago: Fleming H. Revell. Pp. 217-25. 參見 https://archive.org/details/chine-

secharacter00smitiala/page/224/mode/2up，搜尋時間：2022 年 4 月 18 日。

[13] 參見吳展良〈中國近現代思想史：毛澤東及中共領導階層思想（1）2020.05.08〉，https://www.youtube.com/watch?v=OtcO9xNPoNY&feature=share，搜尋時間：2020 年 6 月 1 日。

[14] 吳展良〈中國近現代思想史：毛澤東及中共領導階層思想（4）2020.05.25〉，https://www.youtube.com/watch?v=WimGRGxcqlc&feature=share，搜尋時間：2020 年 6 月 1 日。

[15] 毛澤東，1991，〈丟掉幻想，準備戰鬥〉，《毛澤東選集》第四卷，北京市：人民，頁 1487。

[16] 吳展良〈中國近現代思想史：毛澤東及中共領導階層思想（4）2020.05.25〉，https://www.youtube.com/watch?v=WimGRGxcqlc&feature=share，搜尋時間：2020 年 6 月 1 日。

[17] 參見蘆笛，2011，《毛主席用兵真如神？》，香港：明鏡。

[18] 陳晉，2009，《讀毛澤東札記》，北京：三聯書店，頁 25。

第二十六章

中華人民共和國與平民原則之二：
建國前、建國後、習近平時代、中國經濟復甦的動力

毛澤東與平民原則

對國家的發展所採取的觀點和態度上面，毛澤東站在平民原則的對立面，但是毛澤東卻創造了形成平民原則的幾個必要條件。首先是打造一個統一的國家以及最基本的中央政府。第二，提高識字率：毛澤東一直將識字率的提高作為基本路線之一，想必他與腓特烈威廉一世一樣，察覺到識字率的提高和軍隊動員、指揮、紀律的維持之間的正向關係，因此從湖南長沙工人運動開始、江西蘇維埃政府時期、延安時期，毛一直十分重視掃盲運動，並且藉由識字的過程讓民眾也認識共產黨、馬列主義以及他的思想。

建國前的教育狀況

在《毛澤東自述》一書中，毛澤東頗為自豪地提到在南方（江西）蘇維埃區經過三、四年的經營，人民識字程度就超過了中國任何其他農村地區；他舉出共產黨的模範縣興國縣，將近 80% 的人口都識字 [01]。根據學者高華（2009）的研究，1939 年延安地區一百五十萬人口，識字率只有 1%，婦女幾乎不識字。到了 1941 年總共辦了約五千八百個識字班或識字組，吸收了將近四萬人進行掃盲；政府部門也辦了七所師範學院、一千三百所小學、有四萬多名小學生，經過大約兩年的努力，文盲的比例下降到總人口的 93% ─ 95%[02]。

毛澤東在他寫的《論新階段》（1938）裡面提到抗戰教育政策：要廣泛發展民眾教育、組織各種補習學校、識字運動、戲劇運動、歌詠運動、體育運動、敵前敵後各種通俗報紙閱讀，還要辦理義務教育、夜校、冬校、個別學校、炕頭教學、送字上門、巡迴教學等等。內容要結合生產實

際和生活實際去編寫教材。為了大力掃盲，曾經強制年輕的成年人住校學習，也因此引發不滿，在整風運動中才有所改善 [03] —— 這令人想起今日在新疆的「再教育營」。

　　抗戰前在山東推動鄉村建設與教育的梁漱溟（1893-1988）與國民黨精幹派將軍徐復觀（1904-1982）在抗日戰爭時間前往延安考察時，都對這裡學校種類之多和軍民氣勢之盛，感到驚訝。徐復觀回頭寫了《中共最近動態》（1944）給蔣介石報告「匪情」，裡面提到在延安縣級以下的幹部多不識字，但是推動「機關即學校」、「主管即師長」這類由上級教下級的識字教育，而準備的識字材料多半以罵中央（政府）的文章為主 [04]。在延安整風運動之中，中共強調閱讀與檢查，指定所有參與者要再三的閱讀整風的文獻，而且閱讀之後必須對個人生活歷史、社會關係、思想成分詳加反省，並且在會議上要提報告、自我批評 [05]。這可以顯示當時在延安的教育與我們當前的義務教育有極大的差別。

　　與當前的教育進行比較，高華（2009）總結了四點延安時期教育的侷限，很值得參考。第一、以人為本的人道精神受相當程度的打擊：這一點是五四運動以來強調的自由主義、人本主義精神，但是延安教育時常會用政治思想訓練來取代知識和技能的學習，多少損害了教育的全面性。第二、短視而片面：延安教育最基層的只重視識字、會算數、認識路條即可的，一直維持著戰時生產需要的訓練模式，而不重視升學問題。為了因應不斷被製造出來的危機，還將這種短視、片面的教育「神聖化」。第三、忽視了受教者的天性、興趣和個性。對於兒童教育以及青少年成長期應給予的特別教育並未重視。第四、過度強調「做中學、學中做」這樣的生產勞動學習，缺乏廣泛的知識傳授，在某種程度上甚至對知識進行否定，例如批評講太陽系科學太空洞了，因為與鬥爭無關。

建國後平民原則的發展

汪學文（1987）將毛澤東、劉少奇（1898-1969）、鄧小平教育態度傾向分成主張半工半讀（毛）、全日制為輔－半工半讀為主（劉）、全日制為主－半工半讀為輔（鄧）這三種[06]。但是關注劉少奇在文化大革命以前的教育政策形式風格以及強調「學校要以教學為主」、「學生要以讀書為主」、「教師要發揮主導作用，以擔負出人才、出科學的任務」[07]等等主張，就可以看出劉少奇的態度與鄧小平沒什麼兩樣，他們都認為中國要發展經濟必得透過專業科學知識的發展，而非土法煉鋼所能達到。因此劉少奇在文革前的主張應該只是為了屈就毛澤東所做的調整。

文革之前中共在小學、初中、高中、中專（指小學畢業後的中等專業學校，包括了技術、師範、醫藥等等領域）、大學及專科之間的升學關係都以考試為主[08]，高考（臺灣稱大學聯考）在1952年便存在。這些升學方式與民國時期在城市地方的教育並沒有差別很大。這時候並沒有公務員和專業人員考試制度，因此政府和國有企業中工作人員的錄取方式，乃由政府對高中、中專、大學及專科的畢業生統一進行分發；畢業生可以依據學校表現選擇志願，再交由上級評選以分發單位。這與普魯士早期和明治維新早期的公務人員選定方式相似。如果這種「升學考試－畢業分配工作」這樣的體制再往前發展幾年，同樣學歷畢業的人口一多，工作的崗位不夠分配時，可能公務人員的考試制度就會出現了。所以在文革之前中國已經建立了基本的平民原則制度，而且根據數據顯示，這十多年顯示經濟快速的成長。但是因為中共在這一個時期發動過三反五反（1951-1952）以及大躍進（1958-1960）傷害到市場經濟的發展，有幾年造成經濟的負成長。毛澤東即便有自我反省卻不願意適可而止，不斷干擾這一條路線。

在文化大革命時期（1966-1976），教育政策走回毛澤東的「做中學」實踐學習路線，毛不認同當代的教育體制與平常的社會生活間隔太遠，因而認為學生不應該在課堂上上太多的課，而應該多花時間研究政治（主要是研究《毛語錄》和《毛澤東選集》）、半工半讀、半農半讀，反對強迫式教學法，提倡啟發、討論式。不只升學，包括在學校的教育應當廢除考試制度。毛澤東攻擊「考試是把學生當敵人看待，舉行突然襲擊。」[09] 主張「公開出考題，向同學公布」，「考試可以交頭接耳，甚至冒名頂替」，只有這樣才能搞活教育降低學生的功課壓力[10]。那麼如何判斷成績的優劣？如何升學？如何畢業後找工作？校內成績由學習小組「民主評議」，停止「五分制（甲乙丙丁戊等五個等級）」改為「評語制」。畢業後取消依據個人自願分發，改由上級分配到農村和邊疆。升學的方式改為推薦和選拔，有四個步驟：志願報名（但是以工農階級為限）、群眾推薦、領導批准、學校覆核[11]。毛澤東認為社會、政治、財富比較高的家庭（所謂的地、富、反、壞、右）成員，比較容易通過考試進大學，是資產階級復辟，因此在推薦和選拔大學生時，以工人（工）、農民（農）、解放軍（兵）優先。同時在文革中，許多的老師被打為走資派而無法工作，這使得文革那些年變成中華人民共和國建國之後教育上的一大浩劫。平民原則的制度在這一個時期消失，回復到毛澤東習慣的廢除科舉時候的清末民初的中國。即便如此，還是有許多透過毛澤東時代升學方式進到大學而獲益的學生，這些人裡面許多成員出現在現在（2020）中共中央的政治局裡面，因為他們是群眾推薦、領導批准的結果，因此他們具有精通毛澤東思想、對毛派表現極端忠誠的特質；另外要注意的是他們估計政策成本的面向與平民原則出身者截然不同。

毛澤東死後，文革結束，鄧小平掌權後迅速的廢除文革中對教育的規

定，重新恢復高考（大學聯考）以及其他升學考試。這樣的模式一直進行到現在。平民原則的初始階段獲得恢復，也促成了中共經濟的巨幅成長。1980 年鄧小平便有公務人員須得通過國家考試的構想，但是構想的落實卻遲至 1990 年代公務人員開始採取了全國性以及地方性的統一考試。為什麼需要十年的時間才去落實公務人員考試？這個問題是非常值得探究的。如果早一點實施公務人員考試的話是否可以避開六四天安門事件？（前面也提過因為公務人員考試、國家專業人員考試、甚至碩博士班考可以吸納一群前途不定的畢業生，給他們相對明確的前途目標，讓他們一邊找工作一邊準備考試，而以「考生」的角色短暫獲得自我認同。在臺灣非假期時間的圖書館閱覽室裡面聚集了準備考試的年輕人，可見一斑；這在歐美的圖書館是極其少見的。歐美的大眾圖書館甚至沒有專門的自習室，在臺灣公立圖書館設有自習室的比例極其高，只有極少數公立圖書館沒有自習室。這些以考生角色存在的人口，大大減弱了因為失業而可能造成的社會動盪）這是另一個更為有趣的問題。先前政府對學校畢業生採取統一分發工作的做法，雖然符合共產主義的精神，但是難免私相授受，特別會形成尋租集團運作政治人事關係，協助特權謀求有利位置，很難避免貪汙與利益交換；因此多了一層考試篩選可以減少這些弊病的發生。1988 年中央機構的人事部成立，直到 1993 年國務院頒布了《國家公務員暫行條例》之後，還要經過十多年，在 2005 年全國人大常委會通過《中華人民共和國公務員法》，內容規定主任科員以下以及其他非領導職務之公務員將採用公開考試、嚴格考察、公平競爭、擇優錄取。於是前後將近二十五年的規劃，包括中央和地方兩個層級的公務人員考試才帶進了歷史，這可能說明了中共的許多部門主管對壟斷底層公務員的任免權具有極大的利益，要逐步放棄權力需要一段時間。根據報導，在 2000 到 2003 年之間，全中國新

增的公務員約有七萬人，但是真正通過考試錄用的比例只有 62.7%，而在鄉鎮一級則僅有 43.3%[12]。可見部門主管的任免權力在改革開放 20 年後依然很大。不過中國逐步強化考試制度的發展過程中，也伴隨經濟從文革的谷底迅速往上爬，在 2010 － 2011 年間，正式成為世界第二大經濟體，該年 GDP 占美國比重 41%。而在江澤民和胡錦濤兩位總書記時代，國家也漸漸地朝開放制度前進，非常符合平民原則在現代的發展模態。

　　檢視公務員考試的錄取率將可發現這一個制度作為社會穩定器的作用。以下以「審核可以參與考試的人數：錄取人數」臚列出 2003 年到 2018 年之間的比例數字，依序是 16 比 1、15 比 1、35 比 1、48.6 比 1、42 比 1、46 比 1、58 比 1、59 比 1、59 比 1、53 比 1、53.5 比 1、57.3 比 1、47.2 比 1、46 比 1、49 比 1、58 比 1[13]。其中幾個突然增加到 58 比 1 或以上的數字，第一次出現在 2009-2011 年間，這是美國金融風暴出現影響的時間；第二次出現在 2018 年，這是中美貿易戰開打的時間。這兩個時間顯示了在失業壓力增大的時候，一些人們轉而花更多的時間準備考試。2020 年國家公務員考試平均競爭比達到 61:1（通過者可以在 2021 年擔任公務人員[14]），2021 年更高達 68:1（通過者可以在 2022 年擔任公務人員[15]），可見經濟情勢之嚴峻。

　　專業技術人員資格考試也在 1990 年開始試辦。1992 年資格考試的範圍擴大，參加考試的人數超過二百萬人，這個數字成為每年的基本規模。到了 2001 年資格考試的規模種類已經成為全國三大考試（職稱考試、高考、成人高考）之首。1999 年這一年各類職稱考試達 413.2 萬人，超過同年高考的 341.8 萬人[16]。可以說各種考試制度在 1990 年代結束前，已經完成了最基本的形式。

習近平時代與平民原則

自從習近平主政之後，整個社會氣氛、政治氣氛突然變化，國家似乎要走回（一）過度中央集權的老套路、（二）對外迅速擴張的新套路。其實要理解習近平時代的走向，我們只要檢查其青年時期的教育背景，並且比較在江澤民及胡錦濤時代進入政治局中常委人員的教育背景，將可看出一些端倪。江澤民時代（1989-2002）的政治局成員教育背景是屬於抗戰時期與國共內戰時期，他們多半畢業於大專院校的學生們。胡錦濤時代（2002-2012）的政治局成員教育背景則多半是屬於文化大革命之前畢業於大專院校的菁英。而習近平時代的政治局常委，前一梯次（第 18 屆，2012-2017）還有少數兩位中常委與胡錦濤的教育背景接近，其他幾位幾乎與第二梯次（第 19 屆，2017-2022）的中常委都是在毫無考試制度約束下，以半工半讀或者農民兵學生的形式，完成了學生時期的歷程，他們皆可視為文革時代教育的受益者。簡單的說他們都未經過升學考試進入中學或大學，而是由工作大隊推薦進入大學就讀，於是他們展現出自己所習慣的、毛澤東時代的習性變得更加清楚，對領袖權威與國家霸權難以遏止的崇拜，對於政治民主化過度的壓抑、對於言論自由的嚴格打壓等等，相較於江澤民和胡錦濤時代來得嚴厲。一般大眾所說的戰狼個性、缺乏中國傳統的基本層次的文雅作風，都可算是毛澤東時代留下來的遺產。

第十七屆政治局常委

胡錦濤（1942 年－）文革發生時二十四歲，1959 年高中畢業時，考入清華大學水利工程系學習。

吳邦國（1941 年－）文革發生時二十五歲，1960 － 1967 年清華大學無線電電子學系電真空器件專業學習。

溫家寶（1942 年－）文革發生時二十四歲，少年時就讀於天津南開中學，1960 年考入北京地質學院地質構造專業學習。

賈慶林（1940 年－）文革發生時二十六歲，早年曾先後在石家莊工業管理學校和河北工學院電力系學習。

李長春（1944 年－）文革發生時二十二歲，1961 － 1966 年哈爾濱工業大學電機工程系工業企業自動化專業學習

習近平（見下一欄目）

李克強（見下一欄目）

賀國強（1943 年－） 文革發生時二十三歲。1961 － 1966 年北京化工學院無機化工系無機物專業學習。

周永康（1942 年－）文革發生時二十四歲，1956 年考取學海中學。1958 年就讀於蘇州高級中學（今蘇州中學）。1961 年進入北京石油學院勘探系地球物理勘探專業學習，於 1966 年畢業。

以上除了習近平和李克強這兩位新進的中常委之外，其他的中常委都是在中共建國之後，前面十六年的考試制度下教育完成的，而且都是工程師出生。

第十八屆政治局常委

習近平（1953 年－）文革發生時十三歲就讀中學，1974 年加入中國共產黨，1975 年文革尚未結束，經由申請審查，進清華大學化工系學習基本有機合成專業。清華大學人文社會學院馬克思主義理論與思想政治教育專業畢業，在職研究生學歷，法學博士學位。

李克強（1955 年－）文革發生時十一歲，1977 年中國恢復高考後第一批北京大學法律系，在職獲得北大經濟學博士學位。

張德江（1946 年—）文革發生時二十歲，1971 年加入中國共產黨。1972 受推薦進入延邊大學朝文系學習，成為工農兵學員。1978 年被派赴朝鮮民主主義人民共和國留學，就讀金日成綜合大學經濟系。整個學生生涯受文革的影響不大。

　　俞正聲（1945 年—）文革發生時二十一歲，1963 年畢業於北京四中，後入讀哈爾濱軍事工程學院導彈工程系。1968 年畢業時正值文革高峰。但學生生涯受文革影響不大。

　　劉云山（1947 年—）文革發生時十九歲，1971 年加入中國共產黨，中共中央黨校本科（函授）畢業。學生生涯受文革影響不大。

　　王岐山（1948 年—）文革發生時十八歲。1973 年以工農兵學員身分被推薦進入陝西省西北大學歷史系，在職學習三年。

　　張高麗（1946 年—）文革發生時二十歲。1965 年由晉江市僑聲中學考入廈門大學經濟系學習（65 － 70 年）。學生生涯受文革影響不大。

　　俞正聲和張高麗兩人是從完整的考試制度出身。李克強有經過高考的篩選訓練，但是初中高中階段是在沒有考試的環境下成長。其他五人學生時期多半在沒有考試制度的環境下成長，算是文化大革命的受益者。

第十九屆政治局常委

　　習近平（見上一欄目）

　　李克強（見上一欄目）

　　栗戰書（1950 年—）文革發生時十六歲，1971 － 1972 到河北省石家莊財貿學校物價專業學習。1980 年進入河北師範大學夜校政教系學習。

　　汪洋（1955 年—） 文革發生時十一歲，中央黨校繼續教育學院兩年制本科畢業，中國科學技術大學管理科學專業在職研究生畢業，工學碩士。

王滬寧（1955 年－）文革發生時十一歲，1972 年被推薦到上海師範大學（今華東師範大學）外語系學習法語。1978 年參加全國研究生招生考試，由於成績優異被直接錄取為復旦大學國際政治系碩士研究生，1981 年獲得法學碩士。

　　趙樂際（1957 年－）文革發生時九歲，1975 年加入中國共產黨，作為最後一屆工農兵大學生，於 1977 年進入北京大學哲學系學習，1980 年 1 月畢業。另有中共中央黨校的研究生學歷。

　　韓正（1954 年－）文革發生時十二歲，剛好小學畢業。1983 － 1985 年復旦大學大專班學習，這時擔任上海化工團的書記時的在職進修。1994 年在華東師範大學國際問題研究所國際關係與世界經濟專業學習，獲得經濟學碩士學位，這算是當官時的在職進修。基本上其歷程都是在沒有考試制度之下的學習過程 [17]。

　　第十九屆的政治局常委最普遍的特徵是，他們人生歷程中最重要的學習階段絕大多數是在沒有考試制度影響之下，都是半工半讀的學習歷程。只有李克強一個人參加過高考的激烈競爭。因此把十八屆和十九屆的中常委視為文革菁英復辟，確實有根據。

　　習近平喜歡用的政治局委員多半屬於經濟、政治、法律、哲學背景出生，連他自己也是 —— 雖然他也有有機化學專業的背景。這樣選拔出的菁英族群和江澤民、胡錦濤時代已然不同，他甚至在他的第二屆領導班子裡面未像江澤民、胡錦濤去設定下一代的領導人。再加上他在 2017 年通過的廢除黨書記與國家主席任期制規定，很顯然是這些文革菁英企圖延續他們對中國的管控，因為他們生長過程的習性與現在的受到平民原則出生的下一代截然不同，他們認為必須負起歷史的使命來改變這下一代。他們提出了劃時代的「一帶一路」策略，並且透過孔子學院和新聞媒體在世

界各地滲透，影響當地的政治，營造對中國有利的條件。這些「超限戰」恐怕不是平民原則出身──橫亙在他們的上一代和下一代的老人和年輕人，所設計出來的。它所引發的中美衝突便是因應這一代的戰狼習性展開出來的對抗關係，短期之內是不可能消失的。文革菁英也不敢放權，深怕一放權，麻煩找上門；他們很可能必須像毛澤東一樣，死去之後才交出權力。這樣的危機在這一代人沒有離開和老去之前，臺灣乃至世界將難以避免地遭遇到他們的挑戰。文革菁英所要證明的不只是祖國的復興、偉大，更要證明他們這一代並非失落的一代。他們對熟讀毛澤東思想而一路上的荊斬棘走過來的歷程，有著濃濃的鄉愁，有著年輕時代相濡以沫的精神信仰。對他們而言，毛澤東沒有對不起中國，鄧小平的三七開恐怕是錯的。他們要證明自己年輕時代受到的訓練才是真正把中國帶往復興的道路。同時他們要證明上一代和下一代對他們這一代人的刻板印象，是錯誤的，必須透過這一代人來矯正。他們的種種努力事實上是對自己年輕時代的回歸。但是因為這一個群體參與者的背景太過類似，又缺乏監督制衡的機制，因此所有可能因為群體極化（Group Polarization）所造成的錯誤，恐怕也會發生在這一代領導人身上。

美國的中國專家孔傑榮（Jerome Cohen）表示：鄧小平有著令人驚訝的彈性和想像力，而習近平卻寸草不讓、絕不妥協，加深獨裁極權社會，全面倒退到鄧小平之後。在外交上不惜公開挑戰歐美各國。江澤民、胡錦濤二人將自己定位為鄧小平遺產的繼承人。如果胡耀邦不那麼早走，趙紫陽六四沒有下臺，總理朱鎔基更上層樓，現在的中國會不一樣的光影[18]。

所以當前中共在大陸的統治狀態要改變，恐怕要等到 1965 年左右出生的這一代，也就是馬雲這一代開始掌權的時候，中國才比較可能脫離或是遠離毛澤東和文革的夢魘。這是因為在這新的一代成長與受教育的過程

中，毛澤東和文革的影響慢慢削弱，而他們也正式成長在平民原則所形塑的體質當中。

是中國共產黨、毛澤東、鄧小平，或平民原則才是促進中國經濟發展的最主要因素？

　　當代中國經濟的發展屬於一個長期的歷史事件，抓出其成功的要素乃是當代重要的議題。任何一個長期性的歷史事件都是許多複雜的歷史因素和條件構成的，絕不可能只是單一個因素（這裡指的因素是一種能動因，也就是行動者所採取的策略）或單一個條件就能夠造成當前的所有結果。不過我們在反覆檢視這些因素和條件，總可以歸納出決定某一個時期、哪一個事件轉向的最主要與次要因素的組合，而這種歸納抽離出的重要條件和要素，將可以為後來的行動者提供智慧、策略，或者在面對問題時採取比較正確的態度，也能避免我們在思考過程將種種的因素和條件糊成一塊。

　　第一個問題是共產黨是否是促進經濟發展最主要的因素？如果這一個答案是肯定的話，那麼在二十世紀那麼多共產黨所建立的國家為什麼只有中國或越南經濟發展成功呢？而蘇聯、東歐各國、古巴、北韓等等共產黨政權要不是崩潰瓦解、奄奄一息，或處於貧窮邊緣。可見共產黨發動的革命以及隨後的統治並不是促進國家經濟發展最主要的因素，我們無法從共產黨所建立的任何政權提煉出共產主義結構與經濟全面發展之間的緊密關聯。那麼我們從中國和越南經濟發展成功的案例來思考，這兩個政權除了具有共產黨革命的體制之外，還具有儒家文化和平民原則這兩個制度因素，那麼，後面兩個因素中哪個重要呢？關於儒家文化本書在前幾章已經

論證過它並非是促成經濟發展最主要的制度因素，因為在東南亞華僑很多的國家，像泰國、印尼、馬來西亞等，經濟發展的幅度還是不及中國和越南（甚至在疫情的控制上面也是比不上中國和越南的），所以單單儒家文化只能視為輔助個人或家族取得經濟優勢的重要價值體系，還不能把它當成國家富強的重要制度。那麼就只剩下平民原則可以與國家經濟發展產生關聯了。

第二個問題是毛澤東個人是否是促進中國經濟發展最主要的因素？有些讀者或許會覺得這是一個愚蠢的問題，但是不要忽略兩者之間的可能連結。本章前面已經闡明過毛澤東不喜歡採用考試制度來篩選人才，而喜歡採用鬥爭的方式來產生具有戰狼性格的人才，特別是毛澤東喜歡用鬥爭的方式來提高識字率。可以想見毛澤東心裡一直在盤算如何讓後者來取代前者。

共產黨統一中國之初，中國的經濟並非沒有成長，即便是幾經波折。五〇年代造成中國經濟進步的要素，在經濟政策上包括了土地改革、人民公社、吃大鍋飯，並且利用龐大的農業生產來支援工業成長；以農業來發展工業的政策，在日本、韓國、臺灣都曾促成經濟的大幅成長。在教育政策上啟動全面性的掃盲。毛澤東比較強調做中學而不是學後再做，不過此時的毛澤東通常只負責國家大方向的業務，一些行政細節的事物交給周恩來、劉少奇和鄧小平主管。當時的教育業務，除了政治教育的內容有所修正之外，多半延用了國民政府時期的教育制度，簡單的說升學考試依舊。新加進來的政策是學生在專科、大學畢業之後由國家統一分派工作單位，這種新部分是因為國家統一了，而且實施共產主義，因此學習蘇聯由國家根據所學分配工作變成理所當然。有些讀者誤認為這一個時間經濟是不成長的，事實上長期來說中共的經濟成長率在多數的時間是正值的，只

有在大躍進與文化大革命時期的中的幾年，才有經濟大衰退的狀態（根據《中國統計年鑑（1984）》的資料，全民所有制下職工實際工資年平均的成長率在「一五（指第一個五年計畫，1953-1957）」、「二五（1958-1962）」、「1963-1965」、「三五（1965-1970）」、「四五（1970-1975）」、「五五（1975-1980）」時期分別是 5.4%、-5.4%、7.2%、-1.2%、-0.1%、2.9%，其中「二五」是大躍進，「三五」與「四五」是文革時期[19]）。當然這時期中共的經濟成長是比不上九〇年代之後那三十年的大幅邁進。

毛澤東的視野與策略，阻礙了建國初期的經濟發展，即便他原先的意圖並非如此。毛的許多想法和做法來自於農民起義建國的平民文化，他出國考察的國家只限於蘇聯，這影響到他「治天下」的視野。革命時期他慣用運動來動員群眾，大家一起工作、一起生產、一起打戰——習近平「舉國體制」的源頭。但是打天下難，治天下也不容易；即便是同樣一群能動者，治天下的時候所面對的卻是一群不一樣的條件。在革命戰爭時期可以透過共產主義的誘因來催化農民運動，以及透過學習反省這種思想改造來讓軍隊形成紀律，而且在戰爭過程因為有限的物資要充分利用，必然要注意生產與分配。但是戰爭一結束，國家實施的共產主義要求生產資料共有，所生產出來的財貨必須平均分配時，群眾再被動員起來進行生產的能量反而大大減低。人性中貪婪懶惰的一面就會呈現出來，公私不分；人民溫飽之後也不思進取了、沒有了提升生活品質的動機了。這樣的共產主義在當今的古巴和北韓還看得到。因此共產主義制度所犧牲的就是創新與提升生活品質的動機，這使得它的科學、科技很難取得突破性、全方位的進展，所以多半只會集中在軍火與簡單的重工業。因此，即便在文革之前有類似平民原則的教育制度，但是中央採取的共產主義制度常常讓生產工具的品質維持原狀、難以進步，而民生物品也缺乏多樣性。這種有就好、

夠用就好、差不多就好的心態，事實上沿襲著傳統科舉文明底下的平民文化中的某些價值。

　　毛澤東作為中國的統一者、建國者、實力的保存者這些角色，其論述在當今中國依舊具有影響力，但絕不是在經濟層面上的。在清朝留下來的版圖還處於四分五裂的時候，他的政治精算能力使他統一了大部分的版圖而形成了克里奇馬權威。這樣的權威一來讓他有能力去整肅與他意見相反的同僚，另一方面卻讓他陷入了他自己創造的「參考架構」的帷幕之中，也帶著整個國家陷進去。他企圖將他創造的「參考架構」變成為中國永遠的「結構」。毛的這個參考架構就是先設定自己是受害者、是資本主義的受害者、是地主階級和資產階級底下的受害者，受害者要統一戰線摧毀加害者。其次，不斷的去設定假想敵的存在，把假想敵打入資產階級，並且採用動員民眾的方式以戰爭的態度來整肅或者消滅假想敵，並且容許人民使用殘忍的手段進行鬥爭，這對他而言其樂無窮。這種從馬列主義以及中國傳統農民運動融合而來的參考架構，有助於消滅敵人，卻難以在經濟上超英趕美。（於此再簡要解釋第二章提到的兩的概念：參考架構與結構。參考架構 reference structure 指的是行動者用以解釋他的利益或是需求，並且採取的行動策略的相關論述，這些行動者所參考的價值體系論述、策略論述有些是從歷史文化來談，有些是從親朋好友的說法來談，有些是以其跨國旅行或是外國學說、或是經濟數據的學習來談他的行動，這些論述都可視為行動者的「參考架構」。結構 structure 則是行動者即使不存在、不指涉、不參考，可是它依然存在的社會實體，例如傳統文化、外國文化、長期性的社會結構、經濟結構、可以用數據展現出來的社會經濟資料等等。參考架構不可能等於結構，因為前者是屬於行動者的，後者未必完全屬於行動者，行動者通常只分享了部分的結構而變成他的參考架構）。

第三個問題是鄧小平個人是否是促進中國經濟發展最主要的因素？鄧小平在毛澤東之後掌握政權，將中國帶往了與毛澤東所設定的不一樣方向。相較於毛澤東尖酸苛薄得波瀾壯闊，鄧小平倒是比較大膽的小右派，時而陽光燦爛和風徐徐，時而又磨刀霍霍對準不成熟的民主派。鄧小平早期在法國勤工儉學的經驗讓他了解西方現代性的實際狀況；他也到莫斯科留學過，比較過資本主義國家與共產主義國家的長短優劣。中國對他而言就是一個大的實驗場，「摸石頭過河」、「實踐是檢驗真理的唯一工具」、「白貓、黑貓，能抓老鼠的就是好貓」這些耳熟能詳的口號更貼近俗民生活。他在毛時代擔任國務院副總理的時候，去莫斯科開會會帶回紅酒和特別的法國麵包來給他留法的同學們，而這是毛澤東不可能做的，這可以看出他們性格品味上的差異。他掌權之後到過美國、日本、新加坡考察，參考了亞洲四小龍經濟發展的經驗，開始走出了毛澤東時代以發展重工業為優先的經濟政策，改採輕工業為主，循序漸進，再發展重工業，以及技術密集工業的政策。在教育制度上恢復了文革以前的各種升學考試。而公務人員的選拔也從畢業生分配工作的模式，在 1990 年代逐漸變成國家統一考試模式。中國的平民原則是在鄧小平掌握政權的時候完成的。在走過六四事件的經濟封鎖之後，中共迎接了經濟快速成長的三十年。

　　鄧小平無疑是影響當代中國經濟發展最重要的人物，但是他的重要性會超過平民原則嗎？這是社會學裡面行動與結構孰輕孰重的問題，是個難題。不過可以從三方面來思考，（一）如果沒有鄧小平，或說鄧小平在文化大革命中不小心丟了性命，那麼平民原則會在文革之後出現嗎？這個問題不好回答尤其又是假設性的歷史問題。（二）或許我們可以反向問一個問題：如果沒有鄧小平，平民原則有充足的條件不出現嗎？這個問題比較好回答，因為平民原則的前身科舉考試制度在中國有上千年的傳統，這個

第二十六章
中華人民共和國與平民原則之二：建國前、建國後、習近平時代、中國經濟復甦的動力

傳統制度在中國再現可說是條件充足，而且可能會比其他制度的落實更加
輕而易舉、理所當然。因此如果沒有鄧小平，可能也只是延遲平民原則在
中國出現而已。（三）鄧小平掌握政權之後，有可能不採用平民原則嗎？
這個問題想必是否定的，因為在他與劉少奇合作時期，早就採用了平民原
則，主要是因為此原則可以相對公平的解決學習和努力結果之後的再分配
問題。再加上鄧小平掌政之後，還顧東亞諸國經濟發達者都採取平民原則，
他不採用平民原則的機會是相當低的。經過上述三個問題的分析，答
案應該是很清楚的。

　　一直以來有人宣稱：「中國的經濟發展的過程有獨特性，而且主要是
中國共產黨的領導完成的，沒有共產黨就沒有當前中國經濟的發展」，本
書肯定無法被接受這種說法；但是若另一極端的去主張「沒有中國模式這
回事」[20]，本書也無法接受，因為我們發現確實有「中國模式」這回事，
只是這個模式是平民原則底下的子集合。我們不必全然否認共產黨在中國
經濟發展這一個議題上的重要性，但是任何長期性的事件如果只有獨特性
沒有普遍性，那麼就難以學習，他們成功的經驗也難以轉化；反過來說，
如果一個長期性事件只有普遍性的沒有獨特性，那其實也沒有研究的必要
了。長期性的歷史事件需要加以分析，並且將類似的歷史事件放在一起分
析，主要的目的在於從中抽取共同的條件和要素，作為往後國家政策的參
考——這是因為我們無法把人的活動放在實驗室裡面把所有可能的因素
控制著（控制組），而只觀察一些需要觀察的因素。由於這種實驗設計無
法在人的現實生活中心行，特別在長期性的事件中、大規模的事件中去控
制他可能的因素。因此對長期性事件的分析就必須找尋他們共同的條件或
因素，以進行可能的因果條件解釋。因此本文將德國、日本、亞洲四小
龍、中國，甚至越南擺在同樣一個平臺研究，就是要研究這些政權由弱到

強最可能的關鍵性因素以及次要因素，可以讓未來不同國家的政策制定者進行參考。

　　無疑地在我上述大規模的論述中，這些國家經濟發展後來居上的國家成功的主要要素便是平民原則，而且平民原則是他們經濟迅速且平穩發展的必要條件。沒有這一個原則的運作，這些國家通常會陷入混亂或戰爭，例如納粹時期、日本軍閥時期、中共的文革時期。而一旦平民原則恢復運作之後就會為國家帶來長期的繁榮與穩定。那麼，中國共產黨的領導是否是中共經濟發展後來可能居上的必要條件呢，本書的研究答案是否定的；就如同本書也不贊成這些平民原則國家的發展單獨歸因於二戰後德國的基督教民主黨、日本的自民黨、臺灣的國民黨、南韓的軍政府、新加坡的人民行動黨。你可以說中國共產黨的領導可能為中國經濟的發展帶來某些獨特性，但是並不是普遍性的因素。世界上曾經進行過共產主義的國家，目前經濟狀況發展到可以後來居上者，也只有中國；所以共產黨的領導不可能是作為一個必要的普遍性因素。

　　從我們這種跨國研究顯示，德國、日本、亞洲四小龍、中國，他們的經濟可以快速增長的共同條件，也是必要條件，是平民原則，但是也都有展現他們各自的獨特性。例如貴族文化的領導風格對德國、日本的影響，英國的殖民地貴族領導風格對新加坡和香港的影響（新加坡更受到人民行動黨的影響），中國國民黨對臺灣的影響、韓國軍政府時期對韓國的影響。對於國家經濟在某方面可以與西方國家平起平坐這一個主題而言，容克貴族、武士階級、人民行動黨、中國國民黨、韓國軍政府都是屬於次要因素，他們或許可以展現為這一個國家在與其他國家跨國比較時展現的獨特性要素。因此對中國而言，共產黨這一個要素在這一個主題之下也是次要的。

小結

毛澤東為中國平民原則的發展創造了兩個條件：一是統一國家及中央政府，二是提高識字率，但是他提高識字率的方法和內容太過重視使用性而缺乏全面的知識訓練。

文化大革命是中國平民原則發展的空白階段。文革之前採用平民原則，文革之後也採用平民原則的發展路徑，但是在文革中毛澤東廢除了考試制度改成申請批准制，要通過批准者必得他熟悉毛澤東思想才有資格。

當今（2021年）中國第十九屆政治局委員絕大多數是在沒有考試制度影響下，以半工半讀的方式獲取學歷，表面上他們似乎是文革的受害者，可是透過申請批准制與熟讀毛澤東思想又使他們成為文革最大的獲益者。再則，這一群人多半是社會科學學歷出身，與前幾屆以工程出身者判斷政策的方式產生極大的分野。

推動中國今日經濟快速成長的助力，由大到小依次為由傳統科舉制度延伸出來的平民原則、鄧小平的改革路線、戰功集團 —— 中國共產黨的組織動員、毛澤東為平民原則創造的兩個條件。但是最主要的部分還是平民原則。

[01] 埃德加‧斯諾四次訪談，《毛澤東自述》，1993，北京：人民，頁 77。

[02] 高華，2009，〈革命大眾主義的政治動員和社會改革：抗戰時期根據地的教育〉，楊天石、黃道炫主編，《中日戰爭共同研究之三：戰時中國的社會與文化》，北京市：社會科學文獻。

[03] 參見陳元輝主編，璩鑫圭編寫，1982，《老解放區教育簡史》，北京：科學教育。

[04] 徐復觀，1944，〈中共最近動態〉，黎漢基、李明輝編，2001，《徐復觀雜文補編》，臺北市：中央研究院文哲所籌備處，冊五，頁 13。

[05] 徐復觀，1944，見前駐，頁 7。

[06] 汪學文，1987，頁 24-43。

[07] 汪學文，1987，頁 162。

[08] 汪學文，1987，頁 158。

[09] 汪學文，1987，頁 245。

[10] 汪學文，1987，頁 235-6。

[11] 汪學文，1987，頁 198、204、206。

[12] 盛若蔚，2003-08-18，〈建立與推行公務員制度 10 年回眸〉，《人民日報》，https://govopendata.com/renminribao/2003/8/18/2/，搜尋時間：2021 年 11 月 30 日。

[13] 參見句華，〈中華公務員錄用制度的發展歷程與變革趨勢〉，2019-09-29，《行政管理與改革》第九期，https://www.ccps.gov.cn/bkjd/xzglgg/xgglgg2019_09/201909/t20190929_134595.shtml，搜尋時間：2021 年 11 月 30 日。

[14] 參見聯合報，2020-11-29，〈大陸公務員考試逾 157 萬人今開考　平均錄取率 1.6%〉，https://udn.com/news/story/7332/5051911，搜尋時間：2021 年 12 月 1 日。

[15] 參見經濟日報，2021/11/28，〈中國公務員考試開始　平均 68 人爭奪一個職位〉，https://money.udn.com/money/story/5603/5922614，搜尋時間：2021 年 12 月 1 日。

[16] 潘晨光、婁偉，2008，〈我國職稱制度與職稱政策分析〉，頁 158，陸學藝、顧秀林主編《中國事業單位人事制度改革研究》，北京市：社會科學文獻，頁 145-166。

[17] 以上資料主要參考人民網，〈中共領導機構資料庫〉，百科知識，〈中共中央政治局常委〉，https://www.easyatm.com.tw/wiki/%E4%B8%AD%E5%85%B1%E4%B8%AD%E5%A4%AE%E5%8D%81%E4%B8%83%E5%B1%86%E6%94%BF%E6%B2%BB%E5%B1%80。搜尋時間：2021 年 10 月 10 日。

[18] 自由亞洲電視臺，2020-05-06，〈孔傑榮：鄧小平富有彈性　習近平絕不妥協〉，搜尋時間：2020 年 5 月 7 日。

[19] 引自楊繼繩，2016，頁 46，〈文革期間的國民經濟〉，《21 世紀雙月刊》，156 期，頁 42-60。

[20] 參見陳志武，2010，《沒有中國模式這回事》，新北市：八旗文化。

第二十七章
中華人民共和國未來的有閒階級與民主的可能

　　毛澤東、馬克思和范伯倫三者在觀察人類發展上共同犯的錯誤，是以為人類社會必然以生產方式作為人類生活的主要行動模式。他們無法預知到人類社會會走向一有閒階級或是至少相對有閒的階級作為主體的社會，這使得他們的理論在工業發展時代可能有效，但是在後工業時代恐怕大大降低了解釋能力。當代歐美與東亞這些先進國家的有閒階級化傾向，倘若讓毛、馬和范伯倫等三人見識到，那麼，他們的理論恐怕會有很大的不同；弔詭的是，這些先進國家全面有閒階級化的傾向，正是由於受到馬克思與毛澤東這種激進的左派學說運動的影響和壓力下，才開始從事社會福利制度，也才讓這些國家的勞工有比較合理的休息時間，而進位成「制度有閒階級」。

　　對范伯倫來說，有閒階級都是同一副樣子，這是他觀察的局限。在平民原則國家裡面，德國和日本受到上千年的貴族文化影響，他們有閒階級的文化會與法國英國、西歐、美國這些國家接近；但是受到貴族文化影響比較弱的平民原則國家像中國和臺灣，他們是純粹的平民文化的平民原則，所以他們有閒階級展現出來的文化品味，許多部分會與歐美這些貴族原則影響的國家或是貴族文化影響的國家產生差異。例如先前提過的歐美日的職業運動多半都能賺錢，但是在臺灣和中國的職業運動都要看情況。日本和德國一般只要有財力與空間都喜歡住獨棟的房子，而且擁有較大的花園；但是在中國和臺灣，他們喜歡將房子連在一起，把建築物擴張到最大，並且大量的水泥化，重視更多的隱私性而不是美感，即使他們搬到國外住也是如此，造成當地民眾的反感；在中國的路面上可以忍受喇叭按得很大聲，而在臺灣也可以忍受讓汽機車占據馬路、讓人行道失去功能。

　　不過我想大家很關心的一個問題是：有閒階級人數多了國家是不是會民主化、或是比較容易民主化、或是比較容易去接受民主化？在本書第一

篇貴族原則的分析時，已經為這一個問題提供的解答，答案當然是肯定的；單單只要看中國一些條件較為優渥的家庭通常想移民國外，特別是去歐、美、加、澳、紐，就可以看出這樣的趨勢。中國的經濟發展也會很快地進入後工業社會，於是接下來的問題是中國共產黨可以有效阻止有閒階級追求民主到什麼樣的程度？以及可以阻止多久？

中國古代文明與印度佛教的衝突

　　兩個文明相遇總會發生衝突。在中國歷史上最明顯的案例就是中國文明與印度佛教文明的衝突。佛教在東漢末年自西域傳進來之後，經歷了三武一宗的滅佛事件：北魏太武帝滅佛（446-452，道教與佛教的衝突）、北周武帝滅佛（574-578，因為佛教勢力過大威脅皇權）、唐武宗滅佛（842-846，因為佛教財富過多侵蝕中央稅收）、後周世宗要求和尚還俗（955-959，因為僧侶風氣敗壞）；我們把佛教還不成氣候時忽略，只去算第一次衝突到最後衝突減緩的時間大約有五百年（959 減 446），經過了五百多年的調整，佛教與政治的關係才算妥協下來。宋明理學開創出來的新想法便是妥協轉進的結果。佛教要融入中國文明之中不僅要有眾多的信徒，也就是不單單是信仰人口的問題，佛教衍生的制度也要能與中國傳統文化與君權統治制度能夠相互磨合，只是這是融合竟然超過五百年之久。因此從這一個特殊的脈絡來看，源自西方的民主制度要融入整個中國恐怕需要一段很長的時間，但是因為當代比過往資訊傳播更為便利，也因為有日本、南韓、臺灣走在前面的民主嘗試，因此可能會縮短磨合的時間；但是需要多少時間恐怕要深究，因為就連現今臺灣的民主都還在嘗試與調整。

　　十九世紀中葉近世東亞與西方文明的相遇，面對最大的衝擊在於西方

文明內涵中的民主、科學以及資本主義，東亞對後面二者的接受度頗高，但是對於民主制度的接受過程頗為坎坷，這是因為民主涉及的社會結構意涵更深也更為全面；此一結果，在本書第一篇探討有閒階級開發權利範疇的接力賽中，從第一代人權到第四代人權的剖析，可以看到梗概。

李光耀認為中國不會成為民主國家

當然有人會反對本書到此為止的觀點，李光耀（1923-2015）便是。他認為中國不會成為民主國家，因為如果這樣它就會崩潰。他認定中國將會堅持以中國的身分被接納，而不是成為西方的榮譽成員 [01]。對於他的觀點我們可以進行以下的理解。首先，李光耀那一個時代建國者的參考架構主要集中在維持一個國家的生存、安全和發展這個利益上，就馬斯洛的需求層次論來看，都是屬於最低層的基本需求，所以必須有一個強而有力的機構用法律和行動把一群人緊緊鎖在一起，並且依據紀律來行動。然而在當代，中國和新加坡的處境與他那個時代已經不一樣，由於長期的發展，當代中國與新加坡已經走出了不安全、飢餓而難以營生的時代，反而因為富足而開始追求更高的自尊與自我實現，因此應該有更恰當的制度來進行搭配。第二，中國倘若一成不變維持現狀，有助於新加坡依此辯護其半威權的政治體制。新加坡是以華人為主體的城市國家，很不容易地在周邊由馬來人和印尼人居多的環境下建立起來，原本就有很強的國家安全考量；但是近年來透過與美國海軍與臺灣等國各種軍備需要的合作，以及努力成為世界資本的亞洲經營中心，獲得世界肯定，成為世界重要的成員，事實上不應該再將安全感考量無限上綱到作為拒絕民主深化的主要原因。第三，李光耀認為接受了民主制度就是接受成為西方的一員，這是一種「策略性

的」認知，而非淺薄，沒有人會相信李光耀是淺薄之人；但是如果李光耀真的這樣認為，那確實是淺薄了，因為民主制度是人類發明的共同遺產，人們使用它是因為它好用、可行、便利、舒適；可以呈現並且面對衝突、並且盡可能去化解衝突，不會去壓抑衝突——即便還無法解決。人們使用了民主制度不主要是想把自己變成某一個區域的成員，就好像中國發明的科舉制度演變成為當今的公務人員考試制度，而現在全世界大多數的先進國家都有公務人員考試，那麼我們可以說這些先進國家都是中國文明的一員嗎？世界各國使用的指南針、造紙術、印刷術，難道就說世界各國都是中國文明嗎？這一點上面，李光耀使用了毛澤東所謂界定敵我、統一戰線的策略。李光耀算是留過學的毛澤東，幸好他有留學英國，否則新加坡看來也是多災多難。

民主制度因為具有工具性，因此它可以根據地理、歷史的因素來做調整，並且重新創造。李光耀自己本身便是這樣在治理新加坡，事實上李光耀是創造制度的天才，另一方面也是欺騙世俗的策略天才。一方面他採取西方的民主制度的型態，可是另一方面卻開發了單選區和集選區兩種不同的當選方式。當然這政策是在總理吳作棟（Goh Chok Tong, 1941-；1990－2004 年擔任新加坡總理）手上完成的，但是在這時候李光耀還是新加坡最有實力的人物。在這一個選舉制度下，人民選出的議員少數來自於單選區，多數來自於三到六個人同一組的集選區。這裡的同一組人要嘛同時勝選，要嘛同時落選，而且規定每一組當中一定要有一個少數民族身分。這種制度在確保選出來的議員中有一定比例的少數民族身分者。但是此一制度令人詬病的地方便在於每次選舉都可以根據選區範圍檢討委員會（Electoral Boundaries Review Committee, EBRC，由內閣秘書與四位高級公務員組成）的決議重新修改選區，而讓新加坡的人民行動黨取得更大

的利益。新加坡為了結合不同族群，避免他們產生分離主義，在住宅的安排上也極盡巧思，或可稱為「組屋的族群整合政治」：新加坡政府規定政府興建的公共住宅——稱為組屋，都必須按照國內不同族群人口比例，統一配額給每區的華人、印度人和馬來人，避免形成種族聚居區域，並且培養族群間的互助行為。必須說這兩種族群政策是新加坡政權極有智慧的創新，如果選區範圍檢討委員會可以更有公平性、公正性，那將會更為完美。

中國民主化過程中避免國家崩潰的可能制度策略

上面的分析在說明創造一個好的制度將可以削弱種族分離主義、國土分離主義——這卻是中國走向民主化普遍存在的焦慮問題。本書根據對貴族原則和平民原則的制度研究，政治上若想獲得比較平穩的民主化過程，同時可以消弱種族分離主義和國土分離主義的作用，建議採用以下三種在人類社會試行過的制度：眾議院採單一選區制、參議院和省長採集選區制、總統採選舉人票和勝者全拿制。

首先，本書建議採用單一選區投票制而非大選區、也非全部比例代表制的考量，來自德國威瑪共和國會選舉採取全部比例代表制的慘敗經驗的反省。如前面所說，比例代表制讓小黨林立，小黨要存活就會堅持極端的政見以在大選區吸引選票，而且不願意花時間、心力與其他政黨進行妥協、共同創造更好且彼此都可以接受的政策，而導致政策無效率，其後果是讓民眾認定原本德意志帝國時代的開明專制是較好的政體，這也才會讓更為極權專政的納粹政黨執政，而帶來人類的浩劫。因此中國如果成立代表人口的眾議院，可以採取單一選區投票制，或是像其他平民原則國家一

樣採取少比例的比例代表制作為搭配（也就是臺灣立委選舉採用的「單一選區兩票制」）以保持人民的意見在某種程度上的多樣性。

其次，由於參議院和省長代表著省、直轄市和自治區的利益，而且因為中國東西南北沿海、內陸、邊疆各個行政區的條件不一樣，所以呈現出來的利益也不一樣。如果令其各自選取代表人，則所代表的利益會有很大的不一樣，這會讓一些比較特殊的省份想要分離獨立出去。在這一點上，本書認為可以參考新加坡的集選區制和組屋的族群策略，但進行修改，成為跨省之三個聯合候選人全上原則（新加坡採取三到六個人一組，但是我認為如果採取三個人，則對於次要或者小的黨還算可以支應，如果要六個人一組就是在欺負小黨，因為小黨沒有這樣的財力和人才與大黨競爭。因此基於公正性的考量，建議採取三人一組，且不要超過三人為原則），並且依據以下四個原則進行跨省分組：（一）沿海—內陸—邊疆；（二）富—中等—貧；（三）同組省（也包括直轄市和自治區）份之間地理位置盡量不相鄰；（四）同組之間的人口數量相似（避免任何一省因人口數量過大變成最重要的決定性關鍵）。依照這四個原則，本書大約排了兩組進行說明，例如上海—新疆—吉林（人口在二千五百萬人上下）、福建—陝西—黑龍江（人口三千八百萬人上下）；上海、福建代表沿海、富有的省市，吉林和黑龍江代表邊疆、相對貧窮的省份。再以上海市作為說明：當他的市長和參議員的候選人進行競選的時候，同時就必須去照顧同一組別在新疆和吉林的市長和參議員參選人，因此上海的市長和參議員就不會只顧到自己的利益，也會同時考慮到新疆和吉林的利益，並且在選後會有許多合作的空間而不會只顧到自己的區域利益，藉此不同省份的人之間也可以分享更深刻的感受。這一個策略的觀念同時也得自於中國在四川汶山地震和武漢肺炎時間，各省都派出專業人員到現場協助幫忙的舉動。採用這種集

選區制有利於統合利益、減少分歧、互相合作。（註：其他跨省分組的成員建議名單於下，僅供參考：深圳－寧夏－青海、北京－內蒙古－甘肅、江蘇－四川－河北、浙江－湖南－廣西、湖北－安徽－雲南、重慶－遼寧－山西。有些省市自治區還未安排進來，主要還是因為人口差距太大，像是廣東、山東、河南人口近億，難以找到匹配的對象，實在應該將這些省份中較大的都市，像廣州、深圳、臨沂、濰坊、青島、鄭州、南陽等等千萬人以上的區域劃歸為直轄市，並與其他地方進行分組較為恰當）這樣的跨省分組可以每隔十五到二十年根據上述四個條件重新分組。

　　第三、總統選舉採選舉人票和勝者全拿制。這是考量到國家人口在七千萬以上的國家，某一區塊的少數族群和主要族群有不一樣的宗教、價值、習慣和生活所得，常常會有企圖獨立傾向，像西班牙的加泰隆尼亞、英國的蘇格蘭和北愛、德國的巴伐利亞、義大利的威尼托區（Veneto）和倫巴底區（Lombardy）、法國的布列塔尼和科西嘉等等，都有準備獨立的團體；人口只有 3,760 萬（2020 年）的大國加拿大的魁北克也有分離運動。但是很奇怪美國這種接近三億人口的國家竟然極少聽說有任何的邦州要退出聯邦（美國有所謂新加州獨立運動，其目的並非要脫離聯邦，而是希望將加州分成南加州和北加州兩個邦）。美國之所以如此，原因不僅僅是在文化上、歷史上（南北戰爭傷亡慘重）的條件，也在政治制度的設計上有更高一層的考慮，它不是像上述國家簡單的全國一起來相對多數決或是法國簡單的絕對多數決——因為這兩種多數決的選舉制度設計所呈現的民意，將導致一些少數的邦國的族群的利益在全國的議題上難以排上議程，不被重視的時間一久，鬧獨立的念頭就會強。美國總統選舉以州為單位，「勝者全得」州所有票的選舉人制度，勝與不勝所得票數幾乎像是豬羊變色、來回差距極大，所以任何總統候選人也不敢忽視小州的意見。這

種制度可以彌補因為人口、族群、經濟利益分布不均而造成的地域不平衡，這對於幅員遼闊、各方面差距很大的中國十分重要。

上面三種選舉制度都有實證上的基礎，某種程度上都可以消弭分離主義，避免政治上的不穩定，甚至崩潰，實在值得關心中國文明未來發展的讀者諸君參考。本書的立基點就是制度主義的，認為面對政治、社會和經濟的問題可以利用制度的調整來降低社會衝突並且創造更好的生活。

中國民主化過程國家不會崩潰的條件

在過去二十年來一直有人提起中國崩潰論，但是到現在都沒有出現。現在倒有兩種說法同時存在：一是中國沒有共產黨就會崩潰；二是，像李光耀說的，中國一旦民主化就會崩潰。這兩種說法存在著兩個迷思，例如沒有共產黨也沒有民主化，那麼中國會不會崩潰？以及中國民主化之後共產黨繼續存在，那麼中國會不會崩潰？在當前現實條件下第一個問題比較不會出現，但是第二個問題非常可能出現：中國民主化之後中國共產黨繼續存在，這個問題必須予以正視。

這兩種「崩潰論者」的論述所列舉的證據主要是：一、前共產主義國家蘇聯和南斯拉夫的民主化造成國家崩潰或者是；二、德意志帝國崩潰之後，威瑪共和民主化出現，結果造成希特勒上臺，最後發動世界大戰導致帝國崩潰。這些論述中所定義的「崩潰」所指的就是國土分裂。關於第一個證據我們認為不會出現在中國的原因有：（一）這兩個前共產主義國家管轄下的領域民族眾多，作為數量最多的民族沒有足夠力量去管理其他民族。以蘇聯為例，蘇聯在 1989 年的人口普查總人口約為 2 億 8,673 萬人，其中俄羅斯民族人口為 145,155,489，只占了總人口中的 50%。因此當蘇

聯內部時多個共和國獨立出去的時候，作為主體的俄羅斯就很難同時出手打擊那麼多的國家。但是中國的情況跟俄羅斯是截然不同，其漢族人口占全中國人口的比率高達 90% 以上，因此這樣的人口結構相較於蘇聯是相對穩定的。少數民族要獨立出去也要考慮到獨立的成本是否承擔得起。（二）前共產主義國家「沒有」一個在共產主義瓦解之前，就完成了國家經濟轉型，因此共產黨倒臺、國家民主化之後，經濟依然提振緩慢，但是中國當代的經濟相當健全，如果不是中美對抗還可能在十年之內超越美國；中國民主化之後，更可能減弱中美對抗的源頭，國家迅速恢復經濟，因此國家民主化之後瓦解的風險非常低。（三）不見得所有前共產主義國家，在共產黨消失後，國家便瓦解。東歐的波蘭、匈牙利、羅馬尼亞、保加利亞、阿爾巴尼亞這些前共產主義國家在共產黨消失之後國家依舊保持完整。

關於第二個例證必須分兩部分來談（一）威瑪共和失敗的原因與它的選舉制度相關，這在先前多次提過；但是即便威瑪共和失敗也還沒有造成國家崩潰。（二）希特勒獨裁之後國家也沒有馬上崩潰。（三）德國崩潰（丟掉德國東部的大片領土）的原因在於後來希特勒對外發動戰爭並且失敗。日本帝國的崩潰（丟掉所有的殖民地、庫頁島跟北方四島）同樣也是因為對外發動戰爭所引起的。依據上面三個觀察，在中國民主化的過程中只要採取本書在前一節對選舉制度的建議（就不會造成民主共和國的失敗，也不會出現希特勒）以及不對外發動戰爭，事實上國家發生動亂和崩潰的危險微乎其微。

由前面兩個例證的分析，我們得到一個相對清楚的結論：會誘發中國崩潰的原因最可能出現在對外發動戰爭；如果沒有發生對外戰爭，中國崩潰的風險極低。其次的原因就是民主化過程採用了不恰當的選舉制度。

造成中國不易崩潰的超穩定結構

　　由上面分析，我們會發現當前的中國不管有沒有民主化，都處在一種相對穩定的社會結構中；只是沒有民主化，會讓有閒階級感到十分不舒適，容易造成整體社會隱藏性的衝突，長此以往，多少也會影響這一個穩定結構。構成這一個超穩結構的原因當然就是本書在探討的平民原則；造成中國當今還沒有民主化的原因，也在於平民原則，因為它會親近保守主義與極權主義。

　　至少有兩個脈絡條件支持中國處在這種超穩定的結構中，但是第二點帶著極大的爭議：首先、從科舉文明的政權來判斷。唐朝、宋朝、明朝、清朝等政權是考試制度執行相對徹底的國家，國家壽命都很長，通通超過二百五十年。這些政權中曾發生權力的小更替，例如唐朝的武則天專權造成短時間的改朝換代、北宋和南宋之間的政權轉換、明朝的靖難之變與土木堡之變造成皇位繼承權的變更，不過國家依舊保持穩定。他們發生過一些較大的內亂，例如安史之亂、太平天國之亂，也都還不足以動搖國本。在這一些政權轉換和動亂發生的時候，考試制度依然繼續運作，成為君王吸引讀書人政治認同的重要手段，也顯示了政權轉換時國家權力傳承正當性，最終成為國家合法性和正當性的最主要機制。它作為政權穩定的避震器、阻尼器（damper 或 shock absorber）。因此不管是民主政權還是專制政權，有了這樣的考試制度通常都非常容易讓國家走向超穩定的結構。

　　但是考試制度並不是一勞永逸，它會遇到制度僵化的問題，而難以因應劇烈的國家危機，不過它不會是政權滅亡的主因。唐朝滅亡的主要原因在於藩鎮割據太過嚴重，中央失去的力量；但是現今的中國並沒有這種事情發生。宋朝滅亡的主要原因在於蒙古兵力太強，不過也必須注意當時的

宋朝相對於其他國家並不弱，也因此它是蒙古軍團最後控制的領域中最後
滅亡的國家；而現在的中國有足夠的核威攝能力，不可能有外敵入侵的危
險。明朝滅亡的主要原因是外寇和內亂，關於外患者跟南宋滅亡的原因一
樣，在此不提，內亂發生的原因是饑荒引發的流寇，沒有流寇，明朝也不
可能那麼輕易的滅亡；而目前的中國只有生產過剩的問題，很難發生饑
荒，即便發生了以中國現今鐵、公路運輸是世界一流的水準，飛機數量也
是全世界最大，相信也很容易把富足地方的食物引導到饑荒發生的區域；
如果全國境內發生饑荒，以它豐富的外匯存底從國外購買糧食來因應不成
問題，所以饑荒所造成的威脅並不大。清朝滅亡的原因當然是有許多的內
憂外患，但是導致清朝政府不再受到讀書人支持的重要因素之一是取消了
科舉制度，事實上，如果當時有足夠的視野，逐步改變考試的科目與提供
義務教育，而不是直接取消考試制度，或許君主立憲可能會成功；現在的
中國識字與有知識學習能力的人口比例已經遠遠超過了清朝政府，孩童從
小拼升學考試，長大以後許多為追求穩定也會爭取公務員與相關專業人員
的職缺，在這種狀況之下考試制度不可能廢除。因此唐、宋、明、清所發
生的滅國危機，在現在的中國發生的可能性極低。

　　第二點，是考察在內蒙古、新疆、西藏等地區推動的平民原則（就傳
統以來的考試措施而言，對於偏遠少數民族參加升學考試或是公務人員考
試通常都會給予一定比例的加分，或是給予保障名額，以彌補其先天文化
競爭力的不足，而這個方式是平民原則裡面的一個重要規則）。當代中國
於歷史上首次在邊疆地區所投放的科舉文明的秩序，並不能完全保障如若
中共發生政權更替，這幾個地方能完全和平的過渡。中共一直以來對自治
區裡面的教育採取由淺入深的國家教育方式。一開始採自願式的異地教
育，將少數民族的學生送往較大的城市進行教育，特別是師範教育這一

塊，之後再將教育出來的教師送回自治區對當地的少數民族進行教育[02]。1985 年開始，一些自治區，例如西藏自治區，農民、牧民子女在免費接受義務教育的基礎上，享受包吃、包住、包學習費用的「三包」政策，前後共十五年免費教育、學前雙語教育、城鄉義務教育。但是從 2008 年到 2015 年之間，由於新疆的暴力襲擊事件增加（註：2008 年一名維吾爾婦女涉嫌在飛機起飛後試圖點燃易燃液體。2009 年烏魯木齊市爆發示威活動，近兩百名漢族死亡，數千名維吾爾人被捕。2013 年一名維吾爾男子與妻、母共駕一輛 SUV 駛入天安門廣場人群中，造成兩名遊客當場死亡；車隨後爆炸，三人死亡。2014 年 3 月八名維吾爾人進入昆明火車站持刀殺人造成 31 人死。同年 4 月，習近平訪問新疆時，三名持刀人士在烏魯木齊火車站發動襲擊，三人死亡。同年 5 月，駕駛兩輛 SUV 的五名襲擊者在烏魯木齊的市場街道上炸死了四十三人。2015 年 9 月，十七名維吾爾人，包括婦女和兒童，在新疆拜城縣襲擊一座煤礦，導致逾五十人死亡。[03]）加速了中共採取強制性的教育，其中甚至強制不懂中文、已經超過義務教育年齡的少數民族進入「再教育營」，學習語文、職業訓練以及思想改造。這種處置策略在中共歷史上並非第一次，延安時期就有強制性的掃盲運動。這種強制性的掃盲運動以及馬列主義毛思想的洗腦教育，在國共內戰中發揮了極大的效果，因此對中共而言，採取再教育營方式的鎮壓手段是祖傳家法的一部分。只是平民原則的形成並非靠這種強制的學習行為，而是人們覺得有學習文字的必要並且參加考試，最後獲得妥善的社會地位分配，這種行動對他們實際而言覺得有利，之後才會要求自己周圍的親屬以及下一代自然而然投入這樣子的社會活動中。古代的猶太人流浪到全世界幾乎都保存下他們的信仰和血統，唯獨有一支宋朝時候來到中國的猶太人[04]，最後的信仰和血統消聲匿跡，這種獨特現象恐怕是拜考試制

度進行社會整合的結果，但是當時靠的並不是再教育營。所以中國目前所採取的「再教育營」是否會造成邊疆少數民族的反感，而不願意接受平民原則的安排得長久秩序，有待觀察；它最大的負面效果是衝擊了西方社會對人權與文化權的界定（本書第一篇分析已經充分說明西方社會對於人權的追求已經進入第四代和第五代了，人權對於西方價值體系的重要性自不待言，他們敏感地以這樣的價值體系衡量世界各個角落），而變成當前中美衝突的議題火藥庫。

根據上述分析，我們可以肯定中國未來民主化過程採取歷史教訓過的民主制度——也就是單一選區的小選區制，在政治經濟社會上繼續奉行平民原則，適當處理少數民族的問題，以及最重要的不對外發動戰爭，那麼中國也很難崩潰而變成分裂的國家。

小結

有閒階級的成長是任何工業國家生產技術提升到一定層次後的必然產物，馬克思和毛澤東都沒意識過這種結構的出現，范伯倫也忽略了這樣的趨勢。這樣的趨勢必然拓展了當前中國老百姓對貴族原則的各種特質的接受度。

然而當前中國囿於李光耀式的偏誤認知：民主化必將導致國家崩潰的恐懼，使其難以往前跨步。熟不知平民原則已為整個國家搭建了超穩定的結構狀態（更何況也已在邊疆投放了科舉文明的秩序），只要在選舉制度上進行適當的選擇，事實上可以接受任何來自貴族原則社會的衝擊，而且最後的表現不會比貴族原則國家差。德國與日本的案例在前。

當前中國拒絕直面貴族原則的挑戰，堅持純粹平民原則的社會型態，可是，中國未來的十年、五十年、甚至五百年還是得面對。古代中國面對佛教文明的案例在前。

[01]   Graham T. Allison, Robert D. Blackwell and Ali Wyne, 2012, *Lee Kuan Yew: : The Grand Master's Insights on China, the United States, and the World*. Cambridge, Massachusetts: The MIT Press. P.13,3.

[02]   參見國家教育研究院教育大辭典，2000，「異地辦學」 http://163.28.84.215/Entry/Detail/?title=%E9%82%8A%E7%96%86% E6%B0%91%E6%97%8F%E6%95%99%E8%82%B2%E7%95%B0 %E5%9C%B0%E8%BE%A6%E5%AD%B8%EF%BC%88%E5%A4 %A7%E9%99%B8%E5%9C%B0%E5%8D%80%EF%BC%89&sear ch=%E6%B0%91%E6%97%8F，搜尋時間：2021 年 8 月 20 日。

[03]   引自端傳媒，2019-07-09，〈新疆的「再教育」：從「多元帝國」到「民族同化」〉，https://theinitium.com/article/20190709-opinion-xinjiang-re-education/?utm_medium=copy。搜尋時間：2021 年 8 月 20 日。

[04]   魏千志，1993，〈中國猶太人定居開封時間考〉，《史學月刊》，5 期，頁 36–41。Weil, D.，2011，〈開封猶太後裔在十四世紀至十七世紀中的文化認同〉，收錄於鍾彩鈞、周大興主編之《猶太與中國傳統的對話》，臺北市：中研院文哲所，頁 263–307。

第二十八章

中國走出中美衝突結構的可能方式

自從習近平執政以來，中共更積極布局全球。在金融與科技上面準備更上一層樓，隱約以取代美國為目標。推動的政策包括人民幣國際化、一帶一路、孔子學院等措施。國際上一些歐美學者也開始鼓吹應該要適應中國的崛起。

　　美國政府與社會針對此趨勢展開反擊。川普總統就任後，先主動對美出超大國進行談判，企圖取回國際政治與貿易的主導權，因為中國在美國貿易逆差份額裡占比最大（20% 左右），於是名正言順地成為針對對象。為了減緩中國國力快速膨脹，川普展開與中國脫鉤的關稅壁壘策略，拉動在中國投資的美國企業回國或將投資轉移到中國之外其他地方；同時找尋夥伴，共同圍堵中國的政治與經濟活動，包括派遣驚人的海空戰鬥群進駐南海周邊，協助南亞諸國阻止中國的擴張，削弱中共在國際上的影響力。2021 年拜登總統繼任後，延續川普大部分的對中政策，而且更進一步聯合歐洲、澳洲、印度、日本、菲律賓、越南與韓國，共同針對中國在南海、臺海與東海的軍事擴張、其境內的人權問題等進行施壓。美國顯然清楚中美衝突是個長遠的結構性問題，因此即便發生俄烏戰爭（2022 年）後，美國依舊將主要戰力擺在太平洋西岸。

　　以下我們想處理一個問題：在不考慮美國故意阻擋的條件下，中共以現今體制企圖全球爭霸的可能性多大？以下我們分點分析。

　　當前中華人民共和國的企圖對世界帶來的影響

一、人民幣國際化

　　2016 年十月人民幣正式納入國際貨幣基金會（IMF）特別提款權貨幣籃，具有了國際儲備貨幣屬性。但是自此之後人民幣的價格就一再滑落。

這種結果當然與中美貿易對抗後引發的外資逃離中國有關，不過也顯示了人民幣幣值的脆弱性，國際對人民幣的信任度不足。為什麼會有這種結果呢？美金在戰亂或甚至在武漢肺炎疫情蔓延時刻，為了振興美國經濟而大量發行美金現鈔，可是美金依舊取得大家的信任。在 2018 年的時候中國的整體購買力（PPP）恐怕已經超過美國，國民生產毛額 GDP13.61 兆美元（2018 年）。同時間的美國 GDP 20.54 兆美元（2018 年），第三名的日本 GDP 近 5 兆美元。在二十世紀之後，歷史上 GDP 曾經如此逼近美國者是第一次世界大戰前的德國（1913 年美國 390 億美元、德國 183 億美元、英國 161 億美元）以及進入泡沫經濟以前的日本（1995 年日本 GDP 達 5.4 萬億美元，美國則為 7.6 萬億美元，日本達到了美國 GDP 的七成左右）。但是就人口數量來說，一次大戰前的德國（1913 年，美國人口 96,512,000，德國 66,978,000）與 1990 年代的日本人口（1990 年，美國人口 2.5 億，日本人口 1.24 億）遠少於美國的人口，而現今中國的人口卻接近美國人口的五倍。以這種龐然大物的身軀要取代美國似乎輕而易舉，更何況過去三十年來其經濟成長率遠優於美國，世界理應給予更大的信心，接受中國取代美國的趨勢，讓人民幣逐漸取代美金；但是，人民幣國際化之後，所企圖取得的效果竟截然相反，此結果值得反思。

　　當代經濟穩定的國家所發行本國貨幣的數量，通常根據本國中央政府手中的美金儲存量。當手中美金存量太低時，中央銀行多半不敢大量發行本國貨幣，因為容易引發本國的通貨膨脹造成金融災難，而中共也不例外。簡單說，人民幣沒辦法自己產生信用（這是指對外國人來說），當前的人民幣必須間接借助美元才能產生信用。

　　根據國際清算銀行 2020 年的資料顯示，最受歡迎貨幣裡的前三十名中，有二十九名是來自有自由選舉的民主國家，只有排名第八的人民幣

是例外，這應了本書討論英國在光榮革命之後貨幣發行與國債穩定成長的理論：民主制度的多元監督有利於幣值的穩定以及獲得國際在金融信用上的信任。受歡迎貨幣的的前四名為美元（88%）、歐元（32%）、日圓（16%）、英鎊（12.8%）（註：因外匯交易為雙向交易，故總交易量合計為200%）。人民幣在國際貨幣交易中僅占4.3%[01]，顯示人民幣國際化進展有限，不止遠遠難以撼動美元主導地位，人民幣的幣值都比不上一些人口相對極小的國家，像澳洲、加拿大、瑞士。國際對中國貨幣的信任度如此之低的這個結果，與經濟體作為世界第二、外匯儲備世界第一的大國形象，實在太不相稱了。這顯示沒有民主制度的中國，因為沒有形成國內的多元監督與制衡，對貨幣發行量的控制能力得不到國際的信任，因此它還是得借助美金對國際產生的影響力。想讓人民幣取代美元根本困難重重。當然，如果中共民主化了，它在世界金融中的地位恐怕會以指數型態擴大。

二、一帶一路

2013年，在習近平接任中華人民共和國國家主席的同一年，宣布「一帶一路」的國際整體戰略，有以下四個作用：首先、妥善利用自中共改革開放以來基礎建設上過剩的勞動力；其二、藉由興建鐵、公路通往中亞與東南亞，開啟中國內陸省份與中亞、中東以及歐洲的路上貿易，如此可將中國過度偏重沿海經濟的現象向開發不足的西部與西南部內陸省份與自治區轉移。第三、與第三世界中低收入的國家合作，藉由資金借貸、共同投資開發基礎建設，如此某種程度上可掌握其經濟，間接影響其國內政治，促使這些國家支持中國的國際戰略，包括在國際上封殺臺灣、法輪功與各

種分裂勢力，或者是反抗美國的圍堵政策，以及在國際制定商業和科技標準時給予中國支持。這種策略大約是毛澤東「以鄉村包圍城市」戰略的遺產。第四、是比較正面的，目的在解決第三世界國家貧窮的問題以及推動區域經濟繁榮。截至 2021 年三月止共有一百四十個國家與三十二個國際組織共同簽署了二百零六份合作方案 [02]。

在這將近七年的推動當中，由一開始多國熱烈響應 —— 這還包括歐洲幾個大號強權，像法國、義大利、德國的支持，及到今日這一方案顯得問題重重。其中所面對的問題實在值得當今的國際政治經濟學者加以研究。我們嘗試比較一下二戰後美國在東亞國家推動的美援 —— 馬歇爾計畫，以及當今世界銀行和開發銀行對第三世界國家提供的貸款以促使第三世界國家改革的方案，來了解這些被先進國家視為「問題」的國度，為什麼難以解決包括了貧窮、疾病、政府貪腐、人口過度膨脹、環境汙染、恐怖主義、犯罪、毒品和難民等等問題。

若從人類學的角度來檢視人類的歷史，會發現上述的「問題」恐怕是歷史的常態。在人為的制度控制力不強的狀態之下，這些問題的發生常常自然而然（這種觀察的結果絕非主張富國不需要幫助窮國）。而當今對於這些「問題」處理較好的國家當數平民原則和貴族原則國家，他們在人類的歷史上反而是一種「變態」。平民原則與貴族原則都是社會學含義下的「社會控制」，他們透過制度與文化之間的互相生產關係，大大解決或是削弱了上述的問題。在人類社會現代化的早期，貴族原則國家曾經利用了殖民地開發政策，或是後來類似的馬歇爾計劃，或是世界銀行和世界開發銀行的政策來處理這些問題，但是效果有限，不然這些問題不可能持續到現在。平民原則國家也曾經嘗試協助解決這個問題，像在臺灣早期派有農耕隊、農技團、技術團，或是現在財團法人國際合作發展基金會（國合

會）推動援外計畫，但是取得的效果有限。中共推出的「一帶一路」是中國與參與國共同投資經營鐵路、碼頭、機場、水壩、電廠等等基礎設施，資金取自於中國國有銀行或政府單位，但是放款利率近 6%，因此這些基礎建設一旦完成，償還本金和利息的壓力就大。近年來，債務壓力導致有些國家新上臺的政權否定前任所簽的「一帶一路」投資協定，企圖重新議約；或債務國將本國港口和基礎設施出借中共管理九十九年，以抵償債務，讓中共作實了殖民主義 3.0 版（1.0 版指的是大英帝國及同時期的軍事殖民主義；2.0 版指的是美國的文化殖民主義；3.0 版則是中共的債務殖民主義）。如果中共明知人家還不起錢，還利用優惠基建誘使對方投資並接受貸款，最終取得基建完成後的管理權，這樣的霸權意圖本身就是邪惡的；這等於是利用資訊與資金的不對等，欺壓弱小，其結果將誘發新型的國際對抗。（註：中國「一帶一路」項目可能給參與國家帶來七大類風險，包括侵蝕國家主權、缺乏透明度、不可持續的財務負擔、脫離當地經濟需求、地緣政治風險、負面環境影響和腐敗等 [03]。）

但是，如果我們放下邪惡視角，暫且從中共的良善企圖出發，我們將發現達成「共同投資基建來拉抬第三世界國家經濟，改善當地的生活品質」這一政策目標的侷限性。此種政策在平民原則國家和貴族原則國家，特別是在經濟不景氣、失業率高的狀態下，通常可以收到不錯的效果。但是，很顯然，在第三世界國家經過那麼多年的努力，取得的效果仍然有限。中共的此次（推動七年的）嘗試到目前為止也還看不出顯著成效。

顯然我們有必要從這些失敗的、效果不彰的嘗試中找出原因，才有辦法走出輪迴。中共的假設：基礎建設的共同投資可以改善當地的生活品質，背後隱含著另外一個前提，那就是在基礎建設較健全之後，促進商品交換的數量就會增加，進而創造價值，改變人們的生活。對於這樣的假設

我們提出幾點批判：首先，當代一個國家要較好地立足於全球化的資本主義社會是否只靠交換經濟就能夠完成？單單透過比較好的公共設施平臺來交換商品，難道最後真可以導致人民創出自有品牌，且在國際競爭中取得優勢？難道僅僅透過商品的交換就能夠促使一個國家的經濟獨立、自主、富裕而無需外援？本書認為上述問題的答案都是否定的。當代的資本主義型態與傳統的市場交換型態已經產生了截然不同的社會結構。當代的資本主義已經參雜了更為精密的科學、數學、會計、統計以及新型態的社會治理模式：從西歐，特別是英國民主制度，演化並且突變而來的貴族原則，以及從德國普魯士和東亞的考試制度演化而來的平民原則，似乎才足以將這些要素像變形金剛一樣重新組織起來，這些國家的總數大約就二十五到三十個，跟全世界二百多個國家數量上進行比較是極其少數的。因此我們認為單單透過交換經濟是不可能完成現代性的轉換，中共透過一帶一路想要完成其善良目標，最後達成的卻可能只有邪惡目標。如果善良目標和邪惡目標同時完成，那麼其他先進國家或許會睜一隻眼閉一隻眼；但是如果只完成了邪惡目標，而善良目標無一完成，那麼邪惡目標就會被擴大，想不被歐美強國干涉都很難，因為這時候看到的是一個逐漸變大的邪惡帝國。

三、孔子學院

在批孔揚秦的毛澤東時代，設想中國共產黨未來會在世界廣設孔子學院，將相當荒謬而不可思議。2004 年開始中共利用國家力量於世界各國建立孔子學院，以推動漢語和中華文化。截至 2017 年 12 月為止，全球共有一百四十六個國家和地區建立了五百二十五所孔子學院和一千一百一十三

個孔子課堂[04]。在中國成為世界工廠、商品通行全球的條件下，各國為了與中國做生意，有免費學習漢語及文化的入口機構當然會受各國歡迎。在2013 年以前，運作了近十年的孔子學院還算平順，沒有發生太大的爭議，但是從這一年之後爭議開始出現，甚至有抵制現象，因為習近平正式在中國主政。這些發生爭議與抵制都在貴族原則國家中。爭議的焦點包括了孔子學院干擾學術自由（要求大學的中文課堂上禁止討論中國政府視為敏感的問題或事件）、宗教自由（歧視法輪功、達賴喇嘛）、政治自由（打壓臺灣的國際參與空間）、學院中傳播的內容掩蓋歷史（如六四天安門事件）、扭曲事實、輸出意識形態、從事間諜活動[05]，甚至爆發貪汙舞弊、學院裡面的工作人員無相關學歷與教學經驗等等。許多國家因而陸續關閉孔子學院。習近平的執政團隊因為中學教育階段成長於文革，習慣採用毛澤東的鬥爭策略，進行「超限戰」，將教育群眾、收集情報、洗腦、重新塑造意識形態等套裝模式（毛便用此種模式把毫無知識的農民和固著於傳統宗族活動的人們，打造成為被國家統合的戰士，服從黨國指揮的宣傳家），運用在全球爭霸之中，利用孔子學院的文化滲透，重新構造上層建築，企圖取得優勢而成為新的世界規則的制定者。但是這樣的行動策略無疑干擾了原本貴族原則社會的生活習慣，歐美國家率先發難是自然反應。不過因為在非貴族原則社會裡面並沒有強烈的反彈聲音，習近平團隊可能仍認為這些策略可依持續。

從一帶一路、孔子學院、5G 爭霸、甚至俄烏戰爭引發結盟效應，處處引發以美國為首的貴族原則國家的反彈與抵制，這到底是平民原則與貴族原則發生衝突呢？還是僅僅習近平團隊的毛派操作方式引發貴族原則國家的深層不安？自由之家發布的《2019 年世界自由度報告》，指出「不自由國家」數目在 1988 到 2005 年間下降了 14%（從 37% 下降到 23%），「自

由國家」則上升 10%（從 36% 到 46%）；但是在 2005 到 2018 年間「不
自由國家」數目開始上升（達 26%），「自由國家」則逐漸下降到 44%[06]。
最近《2021 年世界自由度報告》進一步指出全球民主制度自 2006 年起開
始惡化，「非自由國家」的比例逐年擴大，2021 年已達五十四個，占世界
人口的 38%，是民主衰退以來的最高比例[07]。這樣的結果與中國和普丁的
俄羅斯的崛起，並且時不時向外輸出威權體制的優勢是同步的，這代表著
貴族原則的影響力逐漸減弱，危機感已經觸動民主國家的中樞神經。

中美衝突並非貴族原則和平民原則的根本衝突

　　貴族原則和平民原則根本上是兩套社會因素和條件的運作機制，兩者
之間有一定的系統邊界，但是，兩者並非處在互相對抗的絕對位置，二者
甚至可以處在互相彌補的相對位置。貴族原則是以有閒階級文化的傳遞作
為核心，連結到個人自由、所有權的保障、民主制度的開發、體力競爭、
多樣性與舒適感的追求，這些要素運作而成的歐美社會型態。平民原則則
是義務教育、升學考試、國家考試作為核心，連結到重視過程的平等、便
利和效率，以及一定程度的自我壓抑。從對德國、日本、韓國、臺灣，甚
至新加坡、中華人民共和國這幾個國家的考察，我們可以發現當代的平民
原則國家的人民事實上都可以接受個人自由、所有權的保障、民主制度、
體力競爭、多樣性與舒適感的追求等等這些貴族原則要素，只是每一個國
家達到的程度不太一樣，在許多時候平民原則國家還會羨慕這些貴族原則
國家為什麼把這些要素體現得那麼徹底。貴族原則國家對平民原則國家也
沒有根本上的衝突，他們只是覺得為什麼這些國家經濟力量崛起那麼迅
速，讓他們有點措手不及，特別是平民原則國家裡面的大國：第一次世界

大戰以前的德意志帝國、第二次世界大戰以前的納粹與日本帝國，以及可能快要第三次世界大戰的中華人民共和國，都給貴族原則國家帶來同樣的壓力。貴族原則國家有時還會苛責平民原則國家的人民在個人自由與所有權的保障上面不夠徹底，一黨獨大的、走得坑坑疤疤的民主制度令人納悶，體力競爭無法領先群倫、永遠在後面追趕（在新冠病毒疫情期間，臺灣的職棒率先開打，美國職棒的球探便說不會想要任何一個臺灣職棒的選手來大聯盟打球）、多樣性與舒適感的追求太馬虎（例如臺灣混亂的街道招牌、景觀，混亂的路邊停車、騎樓阻擋、路霸一堆、摩托車太多所造成的噪音與交通事故過多、房屋與工廠違建一堆；或者日本、韓國、中國大陸等工作時間太長、自殺率高）。但是，貴族原則國家有時還會羨慕平民原則國家的醫療、保險費用低廉，醫生、數學老師數量充足，犯罪率低、人民的忍耐力強、失業率低、工業發達、防疫能力遠遠好過貴族原則國家。

貴族原則國家和平民原則國家，特別是發展到現在，雖然彼此間會互相抱怨，也感受到對方的壓力，但也有某種程度上的羨慕，甚至互相學習。像在教育改革方面，貴族原則國家在學校教育時增加了一些考試，而平民原則國家則減少了一些考試和教科書的內容深度。古典音樂在歐美的市場受歡迎的比例雖然逐漸降低，可是在新興起的中國受歡迎的比例卻逐漸增加，在平民原則的社會裡對於貴族文化產生崇拜、傾慕的心理是可以想見的，這是因為在平民原則的社會之中難以產生貴族文化；即便是他的有閒階級也會不知不覺受到制約，因此對於美感和舒適感的追求變得非常依賴貴族原則國家的提供。因此可以說兩原則之間沒有根本上的衝突。

那麼為什麼現在中華人民共和國會與貴族原則國家發生那麼大的衝突呢？這個問題答案在前面討論中多少已提及，此處我總結成三點：首先，而且是最主要的，是中國毛派遺產下的文革受益者、同情者——執政團

隊掌握著戰功集團的統治權，並且在證明存在感，他們與毛澤東共享同樣的參考架構，他們認為想要爭霸就必須透過鬥爭，而毛澤東所發明的鬥爭模式 —— 超限戰策略，可以為他們贏得這一場鬥爭。這樣的參考架構與平民原則雖然沒有直接關係，但是與中國一千四百年來的科舉文明傳統所留下來的平民文化環境有間接關係，它讓毛澤東創造的參考架構有了豐富的存活空間。我們再把剛剛提到的貴族原則主要內容展開一次：個人自由、所有權的保障、民主制度、體力競爭、多樣性與舒適感的追求，我們將發現毛澤東的參考架構中，除了為在鬥爭中取得最後勝利所以必須講究體能競爭、還有強調鬥爭策略的多樣性這些範圍之外，多數貴族原則裡面的要素，毛澤東都是反其道而行，而且走到極端 —— 這恐怕是因為上千年的科舉文明沒有讓他的子民跟後代好好享受過一些有閒階級的遺產內容，反而讓他後代對這些內容產生極端的敵意，而企圖攻擊他們，使他們不存在。最後是這樣的平民文化導致一種極端的參考架構的出現：什麼都不是真實的，只有成功和實力才是真實的；為了達成這個目標，可以用盡一切手段。對毛派而言，最後的結果一定是零和遊戲，所有雙贏的局面都只是為了最後的零和遊戲做準備。當習近平執政團隊採取這樣的參考架構來採取策略時，一帶一路就變成為全球爭霸的策略，原本運作良善的孔子學院轉變成為統戰、間諜和洗腦機構，這種掌握媒介便掌握意識形態、掌握意識形態便掌握話語權[08]的手段一旦進入貴族原則國家的社會網絡中，馬上會被敏感地察覺到。文革受益者這一代如同歷史上的孤舟，前後都被平民原則出身的政治人物包圍。這一群文革的受益者他們在心理結構上略顯焦慮而孤單。他們在文革結束後的數十年，如同是在平民原則的制度時間裡面被畫成空白的線段，他們這些漂泊不定的孤魂野鬼急於尋找安身立命之處，難得的機遇讓他們找到權力宿主，全部都進入了政治局，同溫層

取暖展開出來的氣場也是讓人訝異的，包括對香港的鐵腕作風、對民主國家充滿攻擊性語言的戰狼外交。

第二點、貴族原則國家已經察覺美中霸權轉換的可能性逐漸增加，甚至難以避免。因此為了維繫貴族原則所創造的文明，必須即時採取圍堵中國的策略。格雷厄姆‧艾利森（Graham Allison）在《注定一戰？：中美能否避免修昔底德陷阱》[09] 書中找出了十六個修昔底德陷阱研究案例，最接近當代的八個案例中有六個案例有平民原則國家（主要是德國四次和日本兩次）參與其中，這些案例包括了十九世紀中，法國與德國爭取歐洲陸權；十九世紀晚期至二十世紀初，中國與俄國和日本爭取東亞陸權與海權；二十世紀初，（得到法國與俄國支持的）英國和德國爭取歐洲陸權與全球海權；二十世紀近中期，蘇聯、法國、英國與德國爭取歐洲陸權與海權（二戰）；二十世紀中美國與日本爭取亞太地區海權與影響；1990 年代迄今，英國與法國和德國爭取歐洲的政治影響力，其中只有一個案例（上面六個案例中的最後一案，德國取得歐洲領導權）是以非戰爭的方式解決；而六個案例中有五個發生在平民原則國家與貴族原則國家之間的相互對抗。可見貴族原則國家在面對新崛起的平民原則國家時，不但發生修昔底德陷阱的機率相當高，而且發生戰爭的機率也高。因此中國崛起的相關訊息不得不讓這些貴族原則國家提高警覺、及早準備，除了要避免戰爭的發生，也企圖讓霸權轉移的時間延後，以期待可能的改變。於是採取短期不利於自己的圍堵策略（脫鉤中國，將中國進口商品課徵高關稅，將導致國內基本民生物資上漲，造成國內的高通膨），退回冷戰狀態恐怕是現下成本最低的選擇了。

第三點、實在是平民原則與貴族原則制度所造成的不同習慣，引發的誤解與衝突。比如在國際旅遊時候，中國人給人的負面印象，例如亂丟紙屑菸蒂、隨地吐痰、大小便、高談闊論。本書先前提到蓋房子不留花園、

或者對香港民眾、法輪功、少數民族在海外抗議時進行嚴重干擾等不尊重人權的行為，總是讓貴族原則國家反感。但是反過來說，當今歐美各國防疫行為太過鬆散、不得要領、不習慣戴口罩等行為，也會引來中國人的嘲笑。西方近年來工人的工作倫理不復存在（如台積電在美國設廠因美國員工較難配合導致工程延宕，而大約同時間於日本設廠的工程卻因員工容易配合而如期完成）、家庭借貸過日、少有儲蓄、數學能力低落、遊民太多等等也會讓一些中國人看不起。這種生活習慣與印象的差距，雖然不是主要的一項，但是在第一點和第二點的加持之下，通常會被無限的放大。

因此，由於類似德意志帝國時期的容克貴族與日本帝國時期的薩長藩，中國共產黨，特別是同情文革的這一代，訴諸當前委屈受害之悲情而以復興歷史偉大榮光為訴求的戰功集團，非常容易失去駕馭的韁繩，而將平民原則構築出來的壯盛的馬車拉向難以逆料的未來。貴族原則國家企圖把這樣的未來控制在他可以承受風險的範圍，特別是阻擋毛派意識形態與戰略橋頭堡的擴張，而衝擊到既有的國際秩序，因此必然積極圍堵。那麼接著我們要問：這樣的衝突難道就無可避免嗎？有沒有化解衝突、避免戰爭之道？本書從制度主義者的角度來看問題、想問題，所以不會提供悲觀的答案。重複我們的信念是：制度可以解決問題；制度可以做更好的改變來面對、解決由於社會條件發展的改變所帶來的衝突。

中國可以怎麼做

在上述提到平民原則國家陷入最近的六次修昔底德陷阱，只有一次以不發生戰爭的方式解決問題，而且最後是由平民原則國家取得優勢。此案是歐盟設立過程中，德國在與英國、法國爭取歐盟的主導地位時，最後以

和平的方式勝出。必須說這時候的剛好完成兩德統一的德國已經由威權時代的德意志帝國走出來了，也從威瑪共和這一個孱弱的民主政體走出來了，更從希特勒的獨裁政體走出來了。這時候的德國有了四十多年的民主政治經驗，而且與平民原則協調的相當不錯，即使他所產生的一些文化是貴族原則國家不習慣的，但至少現在是一個負責任、受監督、可以課責的政體。因此在西歐權力轉移的過程當中，雖有衝突，但是以和平理性的方式完成了這一個轉移。這不能說德國完全接受了貴族原則，而應該說它願意走出過去去創造一個新的文明。中國想要和平的取得霸權轉移的局面，實在應該參考德國的這一個案例。

當代的民主制度也不是希臘時期那種簡單的多數決或抽籤民主，它經過了近代二百年來複雜的辯證體系。若我們將衍生自貴族原則的民主制度（因形成一個獨立的系統）視為一種 App，也把平民原則當成一個 App，那麼這兩款 App 同時在德國、日本平臺過去七十年的測試以及在韓國、臺灣過去三十年的測試，我們將發現這款 App 可以相容，而且可以互相驅動。在過去一百年，美國以霸權姿態嘗試將民主制度這一 App 輸入到世界各國，但是此 App 對許多國家的政治經濟多半難以驅動，或表現不盡理想，可是在德、日、臺、韓卻能進行高功能運作。有讀者可能會認為民主制度長期運行的結果不就等同於貴族原則嗎？其實這是錯的，民主制度在德國、日本、臺灣、韓國運作時間不能算短，也未有任何跡象顯示這些國家離開平民原則而移往其他地方；即便德國和日本社會存有豐厚的貴族文化影響力，也尚未看到平民原則在其中的運作有弱化的痕跡。再來我們看向民主制度運作的還不錯的以色列，我們就很難將其歸類為平民原則或是貴族原則中的任何一個國家，所以民主制度是一個相對獨立的 App，即便他是衍生自貴族原則的 App；算是同樣一家公司出版的不同型號。

在人類過去一百年，許多人曾經在四處推銷民主制度的 App、共產制度的 App、福利國家制度的 App，但是就沒有人努力在推動平民原則的 App —— 這是因為它還沒有被發現，即使發現了也把平民原則當成破爛不堪的傳統價值運作模式，有時還欲除之而後快。但是經過本書的分析，我們發現不能將平民原則單單當成是傳統價值的運作方式，而應該發現他的其他可能性：是否平民原則搭配民主制度才是共同可以驅動低度發展國家成長的兩組 App？單一的民主制度 App 如果驅動不了這些低度發展國家 —— 過去已有一百多個第三世界國家嘗試過民主制度，那麼若先搭配平民原則，而不是貴族原則的治理模式，說不定在這些低發展國家才能看到藥效。當然這絕對是書生之見，說不定平民原則並不是那麼容易植入；當代那六個平民原則國家，可能再加上一個越南，都有其文化條件的支持才讓平民原則的 App 容易植入。不過，對長期政治經濟混亂的第三次世界國家，平民原則這款 App 還是值得一試。

　　前面提過，當前中國的威權體制正足以壞了他的霸權擴張。中國在唐、宋朝之後的霸權所以在亞洲吃得開，通常都因為他們所發行的貨幣變成此區最值得信賴的貨幣 —— 這是他們稱霸的必要條件。當時的金屬貨幣只要掌握材料與製作技術、成色穩定而正確，便可以取得亞洲市場的信任；然而在今日是貨幣紙鈔化、數位化的時代，若要廣泛流通，靠的不再是紙鈔和硬幣的製造技術，最重要的是得到本國及外國人民的信任。中國的威權體制缺乏有公信力的機構來監督，他所發行的人民幣就難以獲得信任。同時，為因應緊急危機而發行公債的借貸能力，也因為政府的可責性低，政府的借貸能力自然受到限制。所以我們現在會看到中共在全世界展現影響力背後，許多是靠著血汗工廠裡辛苦的勞工生產產品、外銷之後所賺取的美金外匯作為信用來支撐的。這些美金外匯如同中共霸權的睪酮

素，一旦被美國的圍堵政策掐緊了，睪酮素的含量就會大減，難免面臨陽痿的壓力，實在可惜。因此我們證成：中國想稱霸於世界，必得經過民主制度的洗禮。想要避免戰爭而稱霸，成本最低的也是透過民主制度來稱霸。

當下中國的平民原則還可以怎麼做？

除了推動自身制度的民主化外，作為最純粹的平民文化的平民原則國家，中國還可以為世界做什麼呢？本文認為容易且重要者，是在徹底尊重少數民族語言文化的條件下，在新疆、西藏與內蒙古地區投放平民原則的秩序。

就新疆來說，政府可將區域內幾個少數民族語言文化妥善納入考試制度和教育制度中，嘗試對回教進行世俗啟明，以溫和的手段在回教世界中樹立起平民原則。當今回教世界似乎還沒有任何一個國家在現代化過程中發展順利的，沒有任何一個回教國家在政治經濟制度上取得好的立足點，而不至於與西方社會差距太大。德國近代與現代史脈絡顯示：平民原則不僅可以在東亞儒家文化圈裡面存在，還可以在基督教文化圈裡面存在。而我們今日可嘗試的是讓平民原則在回教圈裡站立腳跟，特別是在不破壞回教文化的前提之下，透過教育、公務人員考試，促使新疆回教地區產生可以自我管理的人才、科學研究員、商業人才、技術人才等等這些現代化國家人力結構必要的構成元素，並賦予性別平等與人權自由的價值觀。

依據科舉文明早期發展階段、德國腓特烈威廉一世和腓特烈大帝的改革，以及日本明治維新的經驗，平民原則發展的過程都必須穩定了超過五十年才能發揮效果。而這是中國與新疆的老百姓最有機會、也最有能力

為回教文明建立一個現代化的新榜樣。它的重要性在於新疆周圍的中亞地區都是回教國家，他們依舊處於中低度發展，國民的知識水平、現代化的管理技術、數學與科學能力提升緩慢的困境。如果平民原則是好運氣的一種，那中國或是東亞國家比其他各國提早了一千多年領略了考試制度和政治制度的結合的效果，可以有效建立人類集體在知識學習與權力分配之間的特殊平衡機制，為人類社會帶來一定程度的福祉。只是這種機制玩得太過火就會消滅貴族文化 —— 此文化在人類社會中一直有許多良善的一面，不過這個機制只要玩得不過火，卻是一個國家、一個政權建立小康社會的良方。如果運用了平民原則在新疆建構了一個回教的現代文明，這不止符合中國本身發展的利益，而且也可以為中亞開創另外一個可能的文明型態，甚至說為整的回教世界提供另外一個可能的發展路徑。

中國政府在西藏也應該如此嘗試。雖然這裡人口只有三百多萬，但是如果能夠將平民原則也在西藏落實，將藏文、宗教與當代知識納入教育與考試內容，生產現代化的人力資源，變成了一足以自我管理的區域政權，那將對中南半島地區的佛教文明國家同樣會起著作用。畢竟這一地區許多國家仍是中低度發展、政治不穩定。

如果平民原則可以在新疆、西藏，甚至內蒙古地區發展良善，並且確實推播到周圍國家，將可能是對人類現代文明產生重要貢獻。而且當企圖解決邊疆地區因發展不均與認知差異過大可能帶來的動亂疑慮，這或許是個不錯的嘗試方式。

前面提過猶太教徒在大流散時期，教徒流散到歐亞非不同的地方，而且他們多半都能保持原有的文化和信仰，但只有來到中國的一支最後卻失去了他們原來的文化和信仰，融入了中國文化之中。當然，漢文明愛好者把它理解為博大精深的中國文化將猶太人融合了。這群猶太人宋朝時來到

中國，當時中國宗教信仰非常開放，也對遠自西洋來的商人保持友善。而
這時候正值唐宋之變，科舉考試制度在社會之中的政治經濟權力分配取得
絕對的主宰的位置。想必這一群猶太人在不覺之中融入了這樣的文化情境
裡面，也開始以追求功名來穩定自己的社會政治經濟地位，於是逐漸忘記
或放棄了傳統的文化。但是，這恐怕不是大熔爐概念想要的結果，真正的
民族大熔爐應該是讓各自的文化有一定發展的空間，可是又能創造新的文
化或互動方式。任何一個新文明的特徵就是能包容差異文化。因此許多人
認為，或漢人認為，猶太文化消失在中華文化裡是一件好事，但是從文化
多元的角度來看，卻是一個值得檢討的結論。過份地被平民原則所宰制可
能會獲得一體性、共同性的基礎，但這並不是健康的，因為久而久之這個
制度將失去對多樣性的包容與彈性。中國的明朝和清朝就是一個非常明顯
的案例。因此平民原則在新疆、西藏、內蒙古的落實是必須帶著批判和調
整的態度，維持文化的多樣性，並且創造新的文明型態。

在臺灣對原住民社會正踏入了這樣的文明歷程中。原住民透過教育而
在社會上獲得較高社會地位的工作多數與軍公教相關，少數在演藝界和運
動界大展身手，不過很少有在商業上獲得成功的案例；但是最大部分的原
住民還是體力勞動工作。這樣的結果雖然不見得令人滿意，至少讓原住民
社會一方面保持他們的文化，一方面逐漸提高了他們的社會地位，過程雖
然緩慢，但卻為整個社會帶來和平。筆者因為工作的關係，偶爾會到臺灣
東部，就會租著摩托車在東部的山邊行進，常常發現原住民部落幾乎都掛
滿了國旗，許多的角落還有國民黨的黨旗，可見國民黨早期來到臺灣後，
在這些原住民部落老老實實推動教育與建設，升學考試中對少數族群給予
類似加分的優惠，這確實提高了原住民的社會地位而讓他們感念在心。對
國民黨的擁護能達到類似程度者，在臺灣的西半部相對城市化的地區已經

近乎絕跡。同樣的，中共如果能在新疆、西藏、內蒙古老老實實推動教育，並以公平的考試、給予某種程度的加分優惠，讓他們相對容易取得軍公教的資格，而不是採用現在毛派戰鬥的方式——強制蓋教育營訓練他們語言和技術，我想有一天，這些少數民族的部落和鄉鎮，也會對共產黨、對中華人民共和國心存感激。

小結

當前中華人民共和國政府的三個國際發展策略都受到挫折：首先，人民幣的國際化因其自身對人民幣的監管方式並未有類似民主社會之獨立監督的機制，因而難以獲得國際的信賴。其次，一帶一路不但造就了令國際苛責的「債務資本主義」，也無法帶給當地社會足夠的政治穩定，連帶難以有預期的報酬率，結果得不償失。第三，孔子學院變質為塑造中共之意識形態的教育洗腦機構，在貴族原則影響強烈的國家或地區中產生激烈的負面反應而被抵制。

對美國而言，人民幣的國際化對美元地位的威脅不大，因此不足為懼；但是一帶一路因威脅其既存之地緣政治利益，而孔子學院更根本的威脅到貴族原則影響下的各項人權的基礎因而讓中美衝突的結構更為緊張。

貴族原則與平民原則並無根本性之無可妥協的矛盾，但是中共當前的作為會激發兩者之間的矛盾與衝突。當前（指 2020 年前後）中共各種鬥爭作為背後的實力基礎，是毛派遺產下的文革受益者綁架整個戰功集團——中國共產黨，而戰功集團又綁架平民原則運作後的龐大政經資產所造成的。

就國際霸權爭奪的成本來看，民主化的平民原則國家會比極權專制化的平民原則國家來得低。在修昔底德陷阱中，涉及平民原則國家的六場爭

第二十八章
中國走出中美衝突結構的可能方式

霸中，只有一件以和平方式競爭成功者 —— 民主化的德國取得歐洲領導權，其他五場極權專制化的平民原則國家皆以戰爭方式爭霸，不但成本巨大而且徹底失敗。當前的中國應該學習當前的德國。

　　當代中國可能的歷史任務：首先是重新發現考試制度是國家穩定成長的 App，並且結合民主制度以緩和整個社會往過度保守極端的方向前進。其次是讓平民原則也能在回教、佛教影響的世界扎根，特別是在政治混亂的國度以協助他們現代化，投放平民原則的秩序；與其透過一帶一路和孔子學院去「拯救」他們，倒不如激勵他們採取平民原則以「自救」。

[01] 以上參考 Countries-ofthe-World，Top 25 most traded currencies, 2020，https://www.countries-ofthe-world.com/most-traded-currencies.html，搜尋時間：2021 年 8 月 7 日。

[02] 中國一帶一路網站，2021-0312，〈已同中國簽訂共建一帶一路國家一覽表〉，https://www.yidaiyilu.gov.cn/info/iList.jsp?tm_id=126&cat_id=10122&info_id=77298，搜尋時間：2021 年 8 月 7 日。

[03] 引自中央廣播電臺，2020-0422，〈疫情衝擊，一帶一路是否還走得下去〉，財經新報網，https://finance.technews.tw/2020/04/22/would-the-belt-and-road-be-affected-by-covid-19/，搜尋時間：2021/08/07。

[04] 孔子學院／課堂，〈關於孔子學院／課堂〉，https://web.archive.org/web/20140726190650/http://www.hanban.edu.cn/confuciousinstitutes/node_10961.htm，搜尋時間：2021 年 8 月 7 日。

[05] 新頭殼，newtalk，2019.10.31，〈中國間諜？比利時孔子學院院長被禁入境　耿爽 8 字回嗆〉，https://newtalk.tw/news/view/2019-10-31/319616，搜尋時間：2021 年 8 月 7 日。

[06] Freedom House, 2019, *Freedom in the World 2019*. NY: Rowman & Littlefield. P.1. https://freedomhouse.org/zh-hant/node/488，搜尋時間：2022 年 4 月 10 日。

[07] Freedom House，2021 年 3 月 3 日，〈新報告：全球民主的衰落加速〉，https://freedomhouse.org/zh-hant/article/xinbaogaoquanqiuminzhudeshuailuojiasu，搜尋時間：2022 年 4 月 10 日。

[08] 陳自勇，2019，〈牢牢掌握全媒體時代意識形態話語權〉，中國共產黨新聞網，引自光明日報。http://theory.people.com.cn/BIG5/n1/2019/1127/c40531-31476260.html，搜尋時間：2021 年 8 月 7 日。

[09] 格雷厄姆・艾利森（Graham Allison），包淳亮譯，2019，《注定一
　　　戰？：中美能否避免修昔底德陷阱》，新北市：八旗文化。

第二十九章

臺灣空間的政治經濟學

　　具有美感的原始自然環境是天生的，本章不討論這樣的空間，而只針對人造環境所形成的空間進行政治經濟學分析。與歐洲和日本相較，臺灣的人造環境具有美感的底蘊，還未達豐厚。沿著本書前面以貴族文化與有閒階級創造美感這一路線進行考察，會觀察到臺灣受貴族文化影響的範圍既不寬，時間也不長。以時間序列來看，曾存在臺灣的貴族文化有魯凱族、排灣族、西班牙、荷蘭與日本所創造的文化空間。魯凱族與排灣族雖在臺灣持續存在，但是在日本統治時期與國民政府時期逐步實施公民平等權與考試制度的結果，令其貴族文化逐漸衰弱，只留下一些珍貴的遺產，特別在建築、雕刻方面。西班牙與荷蘭治理臺灣的時間都不長，而且離現今過久，範圍也不大，所留下來的文化遺產僅限於像紅毛城這樣的空間。因此目前影響臺灣最強的貴族文化當屬日本，當前臺灣保留的古蹟以日式建築、日治時代的仿西洋的建築與空間居多，臺灣人出國旅行的目的地根據觀光局網站的統計也以日本居多，2019 年到日本旅遊的人數超過四百九十萬人次，也是這個脈絡下的產物。

　　二次戰後，當華人政權繼續治理臺灣，平民文化的影響經過五十年後又再恢復。七十年以來，持續進行現代化教育與考試制度的結果，讓平民原則的制度在臺灣扎根，因此當代強烈的平民文化在臺灣的空間展現出來。這一部分在前面幾章陸續提過，甚至可以說這本書在過去的討論，很大部分是在識別臺灣在當代東、西方的發展脈絡中的位置，因此隨處可見對臺灣文化、制度、空間的討論，本章不擬再做全面性的討論，只針對臺灣的人造空間作為主題，進行分析檢討。

　　本章首先定義「物性」的概念，以作為物體功能與美感的結合本身。接著討論物性的失去──主要受文化（在這裡指平民文化）所影響的「慣性」之作用。在文化慣性作用下，臺灣的道路空間產生四種暴力：汽

機車的動態暴力與靜態暴力，空間的形式暴力與內容暴力。再來討論空間權力（指不論公家或私人單位，一旦作為克制空間暴力的維護者，即具有此權力的意涵）的社會關係。最後本書討論減弱空間暴力方法。

物性與慣性

本文之「物性」乃指物件在美感與藝術感所誘發的操作後，呈現的最恰當狀態；此狀態必須同時滿足身體的、精神的、美感的與智識上的舒適感。本文的「物性」不指向物件的物理性與馬克思所說的「物化」概念，也非指向康德的「物自身」概念。從人類學角度看，「物性」與有閒階級的閒情逸致所開發出之物件的性質、功能、「（物件）之間」、「氣氛（氣氛美學）」息息相關。「物性」不單指向單一物件的形態與內容，還指向物件的周圍環境；而「環境」本身，若將之還原，則是眾多物件的組合。因此廣義的物性，乃指物件與物件組合所處的最恰當狀態。「物性」的出現，一開始是人類主觀的投射，但是「物性」一但顯露，受感染的人類便窮盡手段將之客觀化（「主觀的客觀化」行動），企圖拓張此「物性」的範圍，或將之複製到其他空間。因此定義之中「最恰當」的「最」，指涉的是人們永遠處於追求美感與舒適的狀態，精益求精。因此，尋求「最恰當」的「客觀化」行動必然預設著某種「秩序性」的建構；不是建構一個固定的秩序，而是讓物件呈現某種變化的「秩序性」，包括「失去平衡」的秩序性；尋求舒適感的有閒階級無法長期忍受固定的秩序。以上我將預設清晰化，也表明我採取了一個特定觀點看問題，而我也意識到這此觀點的局限性，但是就是因為觀點的局限性才能讓我們可以更深入觀察一個世界，就好像望遠鏡會侷限人們三百六十度的視覺，但是透過望遠鏡卻讓我

們熟悉的日常生活世界往前（或新奇之境）延伸。

此處之「慣性」，乃指人們使用與擺設物件的習慣，主要是基於一種直覺的、反射的、沒有規劃的、沒有批判反省的方式來使用與擺設客觀之物；所以此「慣性」並非是物理學上的「慣性定律」的慣性。

好的設計會同時考量慣性與物性，將兩者做適當的結合，例如符合人體工學而有美感的椅子。好的設計也會讓人對物性和慣性保持批判的空間，例如沿著河邊開闢行人和單車的休憩道路，讓人們接近河川，改變並且監督以往人們將垃圾丟進河川的習慣。

不過本文要討論的恰恰是不良的設計與沒有被管理的慣性，以至於對物性造成的干擾。在社會中物體被某些人任意使用，長久以來，被使用的物體就易變成被慣性所霸占的擺設。以下面照片說明，這些物件的擺置可定名為「被慣性所架構化的空間或物體」；這裡的「架構化」是一種任性、習慣性的堆積。

也就是說（作為生活用品與空間之）物體的存在，就人們原本的設定（可能具有「先天性」）來說，都有其目的性，而目的性之一如同我們先前對「物性」所進行的預設，是占有空間中一個最恰當的位置，以呈現物性。但是，如果此物體的位置既不是有意的擺放，或根本不加布署，只是一種習慣上的隨意的、方便的（就是「慣性」）置放，那麼，我們可以說是（空間和物體的）物性受到壓抑和限制，而無法釋放其性。

另一種狀況是，雖然物件加上一些有意的布署，但是，這樣的布署只基於方便，呈現出來的就只是物件的工具性取向，把美感與舒適拋擲於後，常此以往，形成另一種「被慣性所架構化的空間或物體」。

被慣性所使用的空間或物體是基於「方便性」而形成的，是一種長久的習慣，如果只是個人或是少數人，那麼還不至於造成嚴重的干擾，例如

個人的穿著。一旦多數人也跟著習以為常，視為理所當然，最後還難以改變，那麼我們可以說這是人們進一步把慣性給物化（reification）了，或說「慣性的物化」。

以下邊這二張圖進行說明：

物性之喪失與內容暴力（作者自行拍攝）

圖片說明：因為慣性的不受節制，致使物件自身失去物性，空間也失去獨特性

被慣性所架構化的空間或物體（作者翻拍自 Google Map）

圖片說明：為私人的便利，使空間脫離原先的設計目的，任意妄為，甚至還「積惡成習」，
整個社會見怪不怪，政府機關也因循苟且、得過且過、失去功能。於是「凌亂的物件關
係」被結構化了，於是「被慣性所架構化的空間或物體」。

　　人行道的功能本來要讓單車或是行人使用，人行道的「物性」在彰
顯行人與單車的尊嚴；在深夜，即便是沒有行人的人行道，其物性仍然

令人蕭然起敬。物性具有美的特質和尊嚴（或康德所謂的「崇高感（sub-lime）」），它既具有人主觀的投射，但明明又是一種客觀的擺設和設計。

但是當人行道變成了停車場，騎樓也變成商家的另外一個置物空間，而這樣的「慣性」竟然也被政府和民眾默默接受，這可以說是慣性被物化、被具體化、被客觀化，但是卻不能說這是一種物性。

汽機車的動態暴力和靜態暴力

機車有其物性，汽車亦有其物性；汽機車的廣告所強調的美感和個性就是一種汽機車物性的部分呈現。機車發動時的聲響、衝刺時的速度，都不得不讓人聯想到「雄性動物」，就連他們的坐墊設計一如勃起之陽物。

（作者自行拍攝）

　　其靜態時之物性，卻暗示著一種性衝動；汽機車速度與快感，也就是動態時的暗示，隱含著雄性霸權。

　　汽機車這樣的物性，對行人來說卻是暴力的。對於騎機車或者開汽車的人而言，機車和汽車本身當然有其自身存在的目的性、美感跟尊嚴，但是對這樣的物性不當的使用，其速度、噪音所帶來的恐懼或者是其所占據的空間所帶來的阻隔對於行人來說都是有暴力性的。

（作者自行拍攝）

（作者自行拍攝）

汽機車（對行人）的暴力分「靜態暴力」和「動態暴力」兩類，而且這兩種暴力是互相再生產的。靜態暴力指的是汽機車會霸占馬路旁邊的空間，也會霸占人行道和騎樓。對行人而言，汽機車就是一種「會移動的障礙」，靜止時，在行人的前面形成迷宮。在市中心或公家單位周圍，政府當局會稍微管制這種靜態暴力，清空騎樓和人行道違規停車，但是一旦離開了市中心或公家單位，基本上就是無政府狀態了！

　　靜態暴力彼此競逐公共空間，強悍者形成路霸。臺灣政府的態度卻是縱容路霸，採取不告不理的鴕鳥態度。公共空間被任意蹂躪與奴役，卻是一種慣性的物化。

　　當靜態暴力霸占了馬路旁邊的空間時，行人與單車就被迫與汽機車爭道，同時帶著害怕與恐懼來面對汽機車的動態暴力。

（作者自行拍攝）

（作者自行拍攝）

　　汽機車的「動態暴力」是具有武裝性的，特別是它在行進時，相較於行人而言，是占有絕對的暴力優勢的；因為兩者正面對撞的結果，多半是行人慘死。兩者的對抗，如同一個穿戴機器戰警的人對抗手無寸鐵的人，這機器戰警有著速度與聲響，帶給行人緊張與恐懼。行人必得縮在小小的馬路旁邊前進，不時還得東張西望。

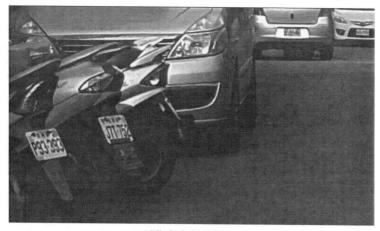

（作者自行拍攝）

　　於是，這產生了靜態暴力與動態暴力弔詭的再生產關係。在離開市中心之後，一般的行人要面對的就是彎彎曲曲的路邊道路，因為汽機車和路霸不時會擋在他們的前面，因此難以直線前進。當行人被不暢通的騎樓、路霸與路邊停車向外擠到馬路中心時，他們又得面對汽機車的動態暴力的威脅。因此在這樣的環境下為了直線前進而且又能對抗動態暴力，最好的方式就是把自己武裝起來，行人也開始騎機車、開汽車 —— 即便是很短的距離也是如此；以暴制暴，當為上選。於是更多的行人逐漸開始買汽機車、騎駕汽機車。汽機車的數量增加之後，不會一直在路上使用，到達目的地之後必須找地方停放，於是又更進一步霸占路旁的公共空間和騎樓人

行道。於是又有更多的行人被「擠出來」去與汽機車爭道，這些行人又基於害怕與便利，於是又再去購買汽機車，於是大街小巷、市面道路兩旁被汽機車的靜態暴力所攻占。

於是量變產生質變，當政府要回頭再管理的時候，民眾會透過議員向政府關說，要行政部門別插手管理路邊和人行道上的停車，否則就是擾民。這種惡性循環就陷入了跟美國槍械管制一樣的困境。

汽機車的動態暴力是他們的「可移動而非障礙特質」的物性，只要受過規範的訓練而擁有駕照的使用者，不應在管控的範圍。但是臺灣政府在對汽機車具有「障礙物性」的靜態暴力的管控上面，可以說是所有先進國家最落後的。這種靜態暴力的氾濫使得行人與公共空間疏離，馬路兩旁的公共空間產生了「異化」，變成汽機車理所當然的暫存之所，長久下來公共空間被物化。人行道失去了其作為人行道的物性。

（作者自行拍攝）

　　高官、大資本家和富裕的生產者則躲在市中心，當地騎樓暢通、有人行道，而且沒有路霸，很好過活。再加上停車費成本很高，阻止了市中心外的汽機車的進入，享福之所也。至於在市中心之外的地區，既然政府想要管這些靜態暴力又管不了，又怕民眾說擾民而失去選票，更何況民眾因為這些靜態暴力會促使民眾多去購買汽機車，對資本家有利，對股票市場也有利，於是菁英集團繼續縱容靜態暴力，資本家與路霸雙贏。官員從汽機車身上又可以抽到稅，無為而治、上善若水。所以離開了市中心基本上「行人已死」，最容易看到的景象是騎乘汽機車的數目比行人數目大上好幾十倍。

　　臺灣車禍死亡率高居不下，在世界上也名列前茅，這與汽機車的靜態暴力與動態暴力之間的再生產，以及菁英集團的理性選擇，脫離不了關係。

（作者自行拍攝）

738

道路交通事故死亡者道路使用狀態國際比較

單位：人

死亡者狀態別	中華民國 2014年	美 國 2012年	日 本 2014年	英 國 2012年	法 國 2012年	德 國 2012年	義大利 2012年	南 韓 2012年
總 計	1,819	33,561	4,838	1,802	3,653	3,600	3,653	5,392
行人	244	4,743	1,753	429	489	520	564	2,027
腳踏車	126	726	738	120	164	406	289	286
機車	1,111	4,957	810	332	843	679	944	948
汽車	311	12,271	1,053	831	1,882	1,791	1,633	1,283
其他	27	10,864	484	90	275	204	223	848

說　　明：我國死亡人數以肇事後 24 小時為計算標準，資料期為 2014 年；其他國家皆以事故後 30 天內為計算標準，除日本資料期為 2014 年，其餘國家資料期為 2012 年。

資料來源：International Road Traffic and Accident Database(OECD-IRTAD)。

道路交通事故死亡者道路使用狀態結構比國際比較

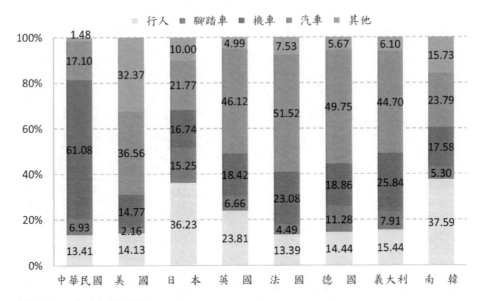

資料來源：內政部警政署，2015

空間的暴力型態

臺灣許多小馬路兩旁的建築，不只不美觀，而且充滿了汽機車任意停放的角落，路霸橫行，騎樓不得暢通，有時在騎樓外邊擺的東西十分複雜而凌亂，完全不考慮美觀的問題。這跟歐洲與日本的街道十分的不一樣，為什麼會產生這樣的差別呢？（讀者若是從頭到尾閱讀在這裡，一定會覺得納悶，這整本書不就在談這個問題嗎？答案不是昭然若揭嗎？請讀者此時給這一節一個空間，因為，這一小節接續上一小節都是極具原創性的分析，本書最初的觀點許多都是從這一小節迸發出來的）以下本節想針對這一個問題進行分析。

（作者自行拍攝）

華人在使用空間時，多半依照慣性而行，也就是說在沒有其他規範或強力規範的情況下，他們對空間使用的慣性考慮的要點並不多，通常是能用就好、能過就好。這種空間的使用形態是一種「空間暴力」。

空間暴力分兩種型態的一個是形式暴力，另一是內容暴力。形式暴力指的是窮盡一切可能使用「阻隔體」去占有使用空間，例如頂樓加蓋、或是違章建築、或者是設置路霸方便自己停車。其結果是導致市容混亂。

（作者自行拍攝）

　　如果有人說這種便利性考量的使用習慣是因為人口多、空間壅擠的因素，那麼我們可以看看前幾章體到的案例：華人搬到加拿大後，所擁有的土地應該比臺灣寬闊許多吧，但是華人還是習慣將綠地全部改成停車位，然後把房子在庭院中蓋到最大。加拿大人稱這些房子為「怪獸屋」，認為傷害了附近的景觀[01]，這種空間使用的情形在臺灣反而覺得正常。可見形式暴力是華人社會的通病。

內容暴力：「內容暴力」生產「形式暴力」

空間暴力中的「內容暴力」指的是將物件配置到各個位置時，無秩序的配置方式，所造成的空間內容凌亂。例如在家居時東西亂擺亂扔，路邊攤只求便利不求美觀，垃圾袋、佐料、鍋碗瓢盆凌亂，或只做到最低準則，只考慮便利不考慮其他。或者是廣告看板、鐵皮屋與違章建築的任意拼貼、電線和水管亂拉、鐵窗鐵門亂裝、汽機車亂停（汽機車所形成的靜態暴力）、廣告標語亂貼、花盆花臺亂放，也很少考慮質感與顏色協調的配置；有時候則是長年不重刷油漆，牆壁斑駁脫落；地表凹凸不平也少人理會。這種對空間的無秩序性，統稱叫內容暴力。這種內容暴力與華人社會專注「討生活」與「過得去」的價值與習慣型態息息相關。歐洲傳統教育對數學、幾何、科學的重視體現在生活秩序之中，而不像東亞最常體現在考試之中。

因為內容暴力，物的分類和擺置失去秩序，使得空間的收納功能大為降低、缺乏效率，因此產生空間的匱乏感，一直需要更大的空間來堆積物品，於是便開始盡可能的將非法的空間占為己有，這就產生了空間的形式暴力。也就是內容暴力產生了空間匱乏感，因而又產生了空間的形式暴力。「內容暴力」生產「形式暴力」，共同組成了感官必須忍受、毫無美感的空間暴力。

空間權力

與空間暴力相對者，我稱之為空間權力。空間權力指的是空間的形式和內容物本身呈現出較有秩序的樣態，物體較能呈現其物性，這是由於權力的強力運作所造成的空間秩序。在這樣的空間裡，因為使用人必須考慮

合法性的關係，使得違規停車減少很多、騎樓暢通，也看不見路霸，物件做了有秩序的分類和排列，也會考慮一些美學要素，例如舒適感、設計感、象徵意義等等。當然，為了分析的需要，我的分析中預設著暴力會使空間呈現無秩序的狀態，而權力則帶來秩序。

空間權力也可分成兩類：公權力和私權力。「公權力的空間」是指政府機關權力所緊密部署的空間，例如中央與地方政府機關所在地的空間、學校內外的空間、公園、圖書館和各類的文化中心。這些空間多半為了因應當前國家的美學政策要求，形式上較有設計感與舒適性；再者，其周圍因警察會加強取締，所以也很少有違規停車的狀況。「私權力的空間」指的是老百姓的大樓或是社區管理委員會能夠發揮力量，對周遭環境強制管制的地區，這也包括一些對空間秩序要求較嚴謹的私人住家，或是為了吸引購買力而將建築美化的建商；他們為了提高生活品質會考慮、學習美學要素和舒適性，也會強力介入權力在空間中的布署，例如會透過申訴、報警的方式處理周遭混亂的空間，所以很少會有違規停車與路霸的狀況；他們不會只考慮到「討生活、過得去」的要素。因此空間權力會壓抑空間暴力，當然也會制止汽機車所形成的靜態暴力。

█ 島與船 —— 空間權力與空間暴力的詮釋學

行走在臺灣的街道，就會看到許多交雜的景象，有時是一區殘破不堪、缺乏規範的鐵皮屋建築、凌亂的複合材料所組裝、包裝而成的屋瓦；在這一些建築前面，汽機車任意停放、路霸橫行，幾乎看不到行人 —— 因為行人為了武裝自己也都去購買汽機車代步了。而在另外一邊，卻可以看到整齊的公園和公共建築，或是私人宅第、乾乾淨淨，毫無路邊停車；

或至少在規範之內,行人安全地悠遊其間。

　　針對這兩種現象,我想用漁船與島兩個意象來說明空間暴力和空間權力之間的關係,應該是很恰當的。以漁船來代表空間暴力,小小一葉漁船代表一間臺灣的住宅。漁船漂洋在汪洋大海之中,漁船裡的人們都在討生活,生活過得去即可。曾經有一個作家隨著船出海,在面對波濤巨浪時,船員問作家這應該可以幫助你把大海的美感記錄下來吧!這位作家回答:我在這時候沒有一絲一毫的靈感和欣賞的能力,我只看到自己的恐懼。生活在於漁船裡的人們每天面對波濤巨浪,還要捕魚維持生計,喪失了美感的欣賞能力。非常特別的是,臺灣在這一些空間暴力發生的地區,多半屬於連棟建築(非獨棟、單戶建築),這大概非常像曹操在率領北方軍人南下的時候,怕這一些騎兵不服水土,於是將渡江的船連結在一起一樣,增加彼此的連結和安全感。於是人們在這一個連棟的漁船之中,產生了複雜的倫理關係。其實華人世界的倫理關係本來複雜,經營每種關係都得動腦筋,唯一不動腦筋的地方就是在屬於自己的空間裡面。於是最好的樣態就是往天空、往旁邊去將可能的空間盡量包裹進來,人們在自己的空間裡面可以暫時忘卻周圍的波濤巨浪以及複雜的人際關係 —— 此為空間的「形式暴力」之沃土啊。許多住在這種建築的人們平常也多半使用汽機車而不採取步行,這些汽機車我們可以把它比喻做小舟和小艇的意象,出了家門口,就是波濤洶湧的大海了,當然比較適合小舟和小艇航行;作為行人,好比是漁民在海上游泳,既危險又不上道,必須時常躲避小舟小艇的橫衝直撞,因此只要經濟許可,一概不游泳,自己也購買小舟小艇,衝撞出自己的生活。

　　在臺灣這樣的街道上面,除了清晨車輛少的情況下可以看到行人,其他時間是很難看到行人 —— 因為充滿著危機,是一個非常不友善的海

域。於是臺灣一出門所遇見的的空間是由內容暴力、形式暴力，還有汽機車的動態暴力和靜態暴力互相競逐的海域。

　　另一方面由空間權力所構築的區域，我們將之設想為島嶼。島嶼呈現出較完整的「物性」秩序，並且扎根在不同因素（美感與舒適）的考量之中，而非只是因襲慣性。行人踏在島嶼上產生了一種安定感、安全感，不會馬上面對波濤巨浪。於是「島嶼」成為漁民時而必要的棲身之所；在缺乏公園的市區，他們運動的場所不會選擇在大馬路上，許多人選擇在學校的操場、或是學校周圍的人行道繞圈圈，像老鼠在回籠裡面轉一般，這種現象迥異於韓國與日本，更別提歐美。臺灣的中小學、甚至大學，多半會提供這樣的活動區域給居民運動，特別是在早晨、黃昏時候。對行人而言，街道的不安全、不便利，自家狹小的外邊空間，促使人們不得不進入學校公園運動。慢跑者在歐美地區可以繞著整個地區來跑，但是在臺灣因為空間暴力與靜態暴力的影響，因而失去了這樣子的空間。

　　（當老百姓對生活的）危機感降低，於是有了審美意識。倉廩實而知禮節，衣食足而知榮辱。在島上面因為有禮節、有榮辱，物便容易呈現秩序性。相較於臺灣或是亞洲其他地方，歐洲、美國和日本的社會呈現較多的物的秩序（物性）或說審美觀念，主要的原因可能是與歐美歷史上長期以來基督教教堂、教會所主導的類似社會福利措施，所謂的「什一捐」，以及本書所提到的貴族文化的因素。在中世紀結束時，教會和教堂甚至主導了整個歐洲四分之一的土地，這些教會和教堂所帶給予歐洲類似社會福利的措施，讓歐洲社會處在穩定的狀況下；再來由於基督教本身的美學和從古希臘繼承的美學，造就了歐洲對物的秩序之掌控；第三就是本書強調的貴族文化。日本同樣存在貴族文化的影響，在這樣的文化底下藉由佛教的融合辯證，架構了日本的美感文化。當代日本的佛寺或是神道教的寺廟

加起來的總合比便利超市還多，形成了所謂的「寺家」。明治維新之前，代表朝廷的稱為「公家」、代表地方諸侯的稱為「武家」，以級代表出家眾的「寺家」，三家三足鼎立。寺家也管理著人們從出生到死亡種種節慶與典禮，也有類似社會福利制度的功能而更直接影響到日本的美學傳統，例如「侘寂」。因此這兩種地區的文化深入民間，還出現了很高的空間權力進而創造了「物秩序」── 物性獲得呈現。在臺灣，公權力和私權力所創造出的「島嶼」意象滲透度有限，原因就出現在多數人們（由於平民原則的影響）長期陷入討生活、「日頭赤焱焱，隨人顧性命」這種需要自我照顧的、深度匱乏感的集體意識之中。近年來臺灣因為社會福利逐漸普及（創造了許多制度有閒階級），深度匱乏的意識減弱了，所以美學的概念才逐漸過得重視。但是相較於歐美日還是不足的。我不敢說這是一種過渡狀況，但是現實是當前臺灣處在空間權力和空間暴力互相滲透的格局之中，而呈現出一些極其弔詭的現象。例如政府對違章建築、路霸的管理所採取的不告不理的態度，暗示著如果周圍社區能夠容忍你的空間暴力，那就有整個社區來承受集體的空間暴力吧，因為可能連在政府單位工作的員工們也都深深具有著討生活與空間匱乏感的集體意識，所以能夠彼此體諒，自我放棄公權力的擴張。也因為體認到街道凌亂破碎不堪不適合運動強身，所以傍晚、清晨開放民眾到中小學健身。但是，就結構上來看，政府偷懶沒有解決內容暴力的問題，根本就無法徹底解決空間形式暴力的問題；只要內容暴力存在，那麼違章建築、路霸、騎霸很難遏止，左右鄰居互相掩護、互相容忍，政府防不勝防，管理還會的來民怨。

聲音暴力之容忍

汽機車的動態暴力直接影響到的就是噪音暴力。噪音因為沒有經過權力的精緻管控，所以也是暴力。

臺灣街道白天一般的噪音大約六十五分貝上下，十字路口的噪音可能高達七十分貝。在這樣的噪音之下，在生理學上通常令人體釋出用來應付壓力的皮質醇、血壓升高，交感神經亢奮心律不整。在人的心理和精神上，這樣的噪音會令人精神難以集中而且會有焦慮、疲乏、疲憊、分心、憤怒、不滿意、憂鬱、焦躁不安、心浮氣躁、記憶力減退。因此走在街上的行人所要面對的就是這一些不安的情緒紛至沓來。

長期處在這種環境下，還將觸發心臟病、耳鳴、學習障礙，甚至噪音會導致低品質睡眠、不良身心健康狀態、差錯事故的發生。可是在臺灣人們卻長期忍受了這樣子的噪音而不自覺。「對噪音的高度適應能力，恰恰掩飾了它對人身心健康的危害，造成人們的麻痺思想[02]。」

因此噪音暴力直接影響的就是人的情緒暴力。對於情緒暴力的自我壓抑有可能導致的是精神性疾病與精神性暴力。臺灣在提供精神醫療，以及心理諮商方面資源的匱乏，能夠參與協助的社工人數、精神科醫師以及心理諮商師的數目都遠遠不及歐美日等先進國家，在某種程度上也代表著對情緒暴力的集體忽視。情緒暴力與凶殺案和傷害案之間的關係，在臺灣是否有呈現出特殊因果相關，值得進一步研究。

從這一分析來看將汽機車引擎改造成電動發動引擎來降低聲量，恐怕是一個必要的措施。

第二十九章
臺灣空間的政治經濟學

對空間權力之批判：外包導致靈光的消散

　　空間權力如何在空間暴力的環視之下存在呢？依據擁有空間權力的行動者被空間暴力入侵的層次大約可分為兩類：一類是純粹的空間權力，另一類是被空間暴力架構化的空間權力。前一項的行動者對於自我內在的空間暴力樣態有極細的自我梳理，對環境形成自我管理哲學，對環境有一種自我管理、自我修練的功夫，展現於外的就是一種空間權力的美學治理，有其個性和獨特性，因此在這類的行動者所主掌的環境有著裝置藝術一般的氣氛 —— 與後者（被空間暴力架構化的空間權力）對比之下產生了靈光（aura）效應。

　　後一項是因為掌握空間權力的行動者本身，或是自我處在空間暴力（內容暴力加上形式暴力）的影響之下，為了達成公民社會（或逐漸形成中的制度有閒階級）所要求的空間權力展現的環境，於是「強制」自己去設計、規劃、創造維持這樣一個權力空間出來，因為他們無力自我維持、自我規劃、自我創造，所以只能採取「外包思維」的方式。在經濟效益的考量之下，這種外包公司有一套維持、創造美學的 SOP 模式，某些容易得標的公司開始壯大，產生了市場規模，也產生了一個龐大的美學複製環境，於是進入了班雅明所謂「大量機械複製的年代」、「靈光消失」的事實，其顯現於外的便是僵硬的美學次序。班雅明指的是藝術品被大量複製來到觀者面前時，屬於原件特有的靈光消逝了。而我這裡指涉的是因為大量生產的景觀（包括行道樹、灌木、花草植栽等等，校園微型空間改造、以及高大的建築物和建築群），他們雖然各自有其設計，但是決定設計結果的人集中在少數幾個菁英手上，因此設計的結果相較大多的住戶而言是沒有場景的、沒有背景的、去疆界化的、去脈絡的。或者許多大樓管理委

748

員會（根據公寓大廈管理條例第八條規定，公寓大廈周圍上下、外牆面、樓頂平臺及防空避難室，非依法令規定並經區分所有權人會議之決議或規約另有規定，不得有變更構造、顏色、使用目的、設置廣告物、鐵鋁窗或其他類似之行為。這是大樓外觀不得任意修改的原則）針對住戶個人比較有創意和個人對社區景觀的偏好，在衡量大多數人的觀感下，會把這些個人性的考量排除在外，而維持原樣的景觀，這使得具有公權力和私權力的空間缺乏了多樣的脈絡性。於是個人對空間環境的主動裝置無法自然呈現，個人意志受到無情的壓抑，靈魂之光消失在這些大量複製的景觀之中。「什麼都是 SOP ！什麼都是 SOP ！」電影《海角七號》中鄉民代表會主席的抱怨是對大量複製所產生的無聊感。空間暴力隱藏在空間權力之中，事實上是一種「隱性暴力」，或是被扭曲的空間權力。

在「島」界域之中，這種隱性暴力氾濫成災，難得尋覓靈光，這也不難理解為什麼住在城市裡的人一到假日就要往山林田野或一些備老舊社區包圍的老街移動，去散散心。因而，弔詭的是，要尋找「島」的靈光，卻必須要往「漁船」的領域才容易追尋。這是因為在「漁船」的界域之中，挨家挨戶所及之物都展現出這戶人家的個性，即便這一個個性是有內容暴力的、有形式暴力的，但是在萬綠叢中幾點嫣紅。在「漁船」境域之內，許多小範圍的空間權力個體戶隱藏其間，就顯得耐人尋味。整體觀感雖未必引人入勝，但至少靈光還是隱隱約約，不至於像在外包工程所處理下的環境，導致的靈光消逝。

這種島的界域，也就是集合式住宅（大樓），或是具有管理委員會之社區所產生的扭曲性的空間權力，他們的救贖之道何在？

重振更大範圍的空間權力

根據上面的分析我們必須面對幾個問題：行人如何復活？轉型正義如何關注到行人正義？如何來面對空間權力與空間暴力互相滲透的現象呢？如何架構更適當、更全面的空間權力？

本書建議有以下的態度和策略來面對這些問題：

第一、以後現代主義的態度來面對這樣一個非現代的後果。這一個態度是以寬容以及更大範圍的脈絡來理解這些問題，並且在著大範圍的脈絡中找尋適當的策略。有這樣的態度就不會讓我們去反對暴力的過程當中，非常偏頗的去反對汽機車或者反對私人對公共空間某種程度上的改造。有這樣的態度之後，當我們在面對動態暴力和靜態暴力的時候，就可以把它想像為海浪與礁石，又可以想像在海浪與礁石之間惶恐不安的行人；又可以將空間暴力想像成為一個移動的漁村，在大海裡面撈魚，而帶著種種懷舊的鄉愁，欣賞凌亂也是美的一種（筆者認為臺南美術館建築的文化意象就是這種鄉愁的呈現），只是過多的「凌亂美」會造成視覺疲乏，而只剩下凌亂本身。這樣後現代的態度同樣也必須面對偏鄉老人或身障人士開著身障的車輛，或自己划著輪椅與汽機車爭道，或是走路上學的孩童的小心翼翼避開路霸與騎霸（封住騎樓自行使用者），以及汽機車的靜態暴力、動態暴力、噪音暴力等等無路可走的窘境。這些不公不義之事成為必要容忍之惡。

其次、是面對不完美，甚至「醜」的態度。義大利作家安伯托・艾可（Umberto Eco）在他的著作《醜的歷史》書中提到應該將「醜的本身」與「醜的形式」進行區分，前者包括了「排泄物、腐爛中的屍體、全身長滿爛瘡的人散發出令人作嘔的臭味」等等；後者則是「一個整體的部分之間

的有機關係缺乏均衡」[03]。臺灣街道景觀的醜並不是前者,而多半指向後者。不過面對這兩種類型的醜,艾可指出醜並非站在美的對立面,其自身有著更豐富、更為複雜的規律。而且不管任何類型的醜都能經由藝術上的忠實與效果的充分的呈現而化為神奇。亞里斯多德的《詩學》上也提到:模仿「可憎的事物」如果功夫精到,就能創造美[04]。上述說法暗示著能正視自己的「醜」乃是自信心的源頭。因此臺灣空間的問題不在它本質上的,而只是形式上的「醜」 —— 作為純粹的平民文化,會產生這樣的結果、會讓受貴族文化影響的人們抱怨是難以避免的;此結果的產生,與撐起平民原則的國家架構是共生的。因此面對臺灣空間的問題的轉機,在於面對「醜」的態度與行動策略。這樣的文化既然與長期受貴族文化影響的「美」有一個必然的距離,那麼我們何不在顧及平民原則重視的「功能」與「便利」這兩種價值下,在稍微往「舒適」價值靠攏的過程中,加以藝術化,因為只有藝術可以包容醜、而變成一個獨特的個性。但請讀者不要誤認上述兩點是一種阿 Q 心態,因為要讓臺灣社會產生原創性就必須先清楚我們社會的地方脈絡,並且從「此在」的地方脈絡展開我們篳路藍縷、以啟山林的行動。這樣的行動呼應著莎士比亞名作《馬克白》第一幕裡面巫婆的呼聲:「美就是醜,醜就是美」。

第三、拓展私權力覆蓋的範圍。既然我們發現代表私權力的大樓/社區管理委員會因為繳納管理費的關係,讓住戶對周邊的公共利益開始斤斤計較,間接導致這種社區周圍的路霸、騎霸與人行道亂停車的狀況消失。管理委員會既然可以產生這種外部效益,那麼我們何不利用私權力的作用,借力使力來維護街道的秩序性呢?就長期來看,逐步透過宣導與立法,協助鄰里居民組成鄰里管理委員會,例如規定新社區每月每戶繳交管理費以成立管委會的必要性,並且獎勵舊社區成立管理委員會。透過管

委員會來管理周圍環境,以達到事半功倍的效果。

　　第四、重振公權力。公權力不彰,將導致人類生活在危險的街道環境之中,為了提振公權力來面對靜態暴力,本書建議幾個比較強硬的措施,當然這樣的措施,既「擾官」又「擾民」。(一)可以請大法官釋憲:政府對路霸、對騎樓不暢通、對汽機車任意占用人行道採取「不告不理」的態度是否違憲,是否侵犯了人民的環境權與社會權,甚至可能侵犯了些許的人身自由權。(二)行人與機車、汽車發生車禍的地點,若有證據顯示周圍有長期違規停車而當地政府卻未解決的狀態導致車禍或行人受傷,應該可以申請國賠,因為他們多半是因為政府先前的消極與不作為間接所導致。(三)中央與地方政府應該監控全國各地路霸、騎霸、違規停車頻繁的人行道數數量,並且公布負面排名,以督導地方管理。

　　第五、結合私權力、公權力與個人三方共同來面對停車位的問題。車商作為這一提案中的主要私權力,也應該對停車位負起責任。車商是過去四十年靜態暴力與動態暴力之惡性循環之下最大的獲利者,因此準備停車位的責任不應該完全由較弱勢的民眾、購車族還有政府扛起。民眾常常礙於無奈、礙與政府社會住宅政策落後,使得家居距離工作地點過於遙遠,才會無奈的選擇汽機車通勤,所以也不應該將準備停車位的責任完全由底端的民眾負責。當然,想購車的民眾也必須付部分責任,公平來說,新購買的汽機車的停車位應該由車商、政府與購車者三方面共同承擔,而且鑒於車商在過去四十多年獲利最大,在未來應該為停車位負較多的責任。

　　第六、誠實去面對空間暴力、汽機車的動態與靜態暴力,並且設定恆心與耐心想盡辦法去減輕與改善這些暴力。特別要提高行人的權利,打破汽機車所造成的動態暴力與靜態暴力之間的互相生產關係,讓行人復活。要達成這樣的目的必須多重管道下手。(一)立法規定除了高速公路跟快

速道路之外，任何大街小巷都至少保證有一側是行人可以安心走路的道路。（二）或許可以將人行道提高、或是利用柵欄的方式禁止汽機車的入侵。（三）若更進一步想要減少汽機車對整個臺灣生態環境的破壞與噪音的汙染，就更應該限制道路的寬度，並且在人行道兩旁栽種樹木花草，不但可以阻擋臺灣強烈的夏日陽光並且能降低噪音，讓行人或是單車騎士的舒適度提到最高，吸引大家使用行走或是騎乘單車。（四）在人行道上也都應該完成無障礙空間，讓殘障人士、老人的電動四輪車、拖著行李的旅行人士都能非常順利的行走前進。只有讓這一些在道路上最弱勢的人們享受最極端的福利，才能夠徹底切斷汽機車動態暴力與靜態暴力的惡性循環關係。如此這般徹底保證行人行走的安全及舒適，於是行人就不會再被汽機車的動態暴力威脅，而到最後不得已去選擇以騎機車的方式到達目的地；在這裡行人也不會被汽機車的靜態暴力所阻擋，而被逼著去與動態暴力對抗，而且產生行走上的焦慮。

第七、從教育著手改善空間暴力中內容暴力，逐漸斷絕內容暴力對形式暴力的生產關係。就內容暴力的遏止方面，此種結果是由於華人的慣性以及對此慣性覺察不足所產生，因此重新教育以及政府的宣導就占了非常大的角色。當前中小學教育之中，空間暴力的遏止議題最相關的就是家政教育。在當前教育部修訂的內容方面，家政教育分別談論飲食、衣著、生活管理與家庭四大方面，其內容絲毫未談及收納、擺物秩序與家居空間的管理，這正可以說明國人對空間暴力的無感與無知。因此當前家政教育應該加入一些批判性的內容，其中包括對當前家居空間的重新批判與檢討，例如如何處理無用之物，如垃圾袋、衣物、雜物過多的問題，如何選擇丟棄、如何安排次序、擺置、清潔，甚至進入二手市場，這當然也要加入一些空間美感素材的設計。日本與英國的空間收納達人或是舊屋改造節目，

就是非常好的引進策略，而且這樣的策略必須要政府的支持才能收到時效。臺灣在做垃圾分類教育方面所收到的實際效果其策略可以做為改善內容暴力的參考。

第八、以「裝置藝術」來化解空間的高度複製性。俄羅斯藝術評論家鮑里斯·埃菲莫維奇·格羅斯（Boris Efimovich Groys）針對班雅明提出大量複製年代靈光消逝的問題提出抵抗的戰略。格羅斯對藝術原件的研究提出了一個有趣的觀察：一般人會認為藝術原件就可以產生靈光，可是事實上當原件離開了他的脈絡之後靈光也會消逝；就好像達文西〈蒙娜麗莎〉的畫作放在羅浮宮展示與放在臺北故宮展示是不一樣的效果，因為達文西與蒙娜麗莎在法國背景的呈現之下有它的脈絡性，因此可以維繫靈光的存在，但是當蒙娜麗莎來臺北故宮展出時便失去了它的脈絡性，一樣會面臨靈光消逝的問題。因此在面對大量複製以及藝術原件去脈絡化之後靈光消逝的問題，格羅斯提出「再脈絡化」的策略：不要讓藝術品走向我們，而是我們走向藝術品。因此當我們在展示藝術原件的時候，必須用「裝置藝術」的思維將藝術原件再脈絡化。簡單的說「布展／策展」本身就是藝術創造的延續而不是只是在展出藝術而已 [05]。我們以同樣的思維來面對臺灣大量複製西方的建築物，大量複製的騎樓文化、建築物的外觀與屋頂所產生的靈光消逝的問題，一樣可以透過裝置藝術來再脈絡化，讓整個大量複製的城鎮空間重拾靈光。在許多的公共空間如公園、比較寬的人行道、比較高的空中、社區中許多人聚集運動的通道、交通圓環、街角等等地方，請藝術工作者製作裝置藝術。裝置藝術本身就是「去功能性」的，剛好可以與臺灣功能性強大的、大量複製的建築物形成有趣的對話空間。因為「功能性」與「去功能性」的對話，讓靈光湧現。

第九、別忙到忘記自由。

小結

在本章之中，物性、空間權力和島等三組概念可是為貴族原則的投影，而慣性、空間暴力和船三組概念則可視為平民原則的投影。

臺灣的街道，特別是在人行道不足於不暢通的狀態下，汽機車的活動「慣性」中存在著動態暴力（包括速度和聲音兩個成分的暴力）和靜態暴力這兩種暴力型態。兩種暴力之間會有「再生產」的關係。臺灣社會要過得更安全、舒適，必須梳理兩者之間的再生產關係。

臺灣街道的景觀「慣性」中也存在兩種空間暴力：一是內容暴力，二是形式暴力，前者會生產後者。因此臺灣社會想要有更好的街景首要疏離內容暴力。

空間暴力被平民原則整合之後，會產生一種「被空間暴力架構化的空間權力」。這種被平民原則過度形式化的空間權力，將使得高樓林立的都會景觀變得單調而一致，似乎進入了「靈光」消逝的年代。裝置藝術可以是這種年代的解藥。

—— 因為協助研習去了一趟屏東，在崇蘭蕭氏公廟的大廣場樹蔭下
體悟了上述的道理，誌之。

[01] 三立，2016，〈消失的國界／瘋移民！中文攻佔加拿大 當地居民連署要英文〉，http://www.setn.com/m/news.aspx?newsid=192443，搜尋時間：2021 年 12 月 3 日。

[02] 蘇曉婷、毛靜馥、王永權，1998，〈試論噪音對人體健康的影響〉，《中國公共衛生管理》，02 期，頁 78-80。

[03] 安伯托・艾可（Umberto Eco），彭淮棟譯，2008，《醜的歷史》（*La storia della brutezza, History of Ugliness*），臺北市：聯經，頁 19。

[04] 安伯托・艾可，2008，見前註，頁 16-19。

[05] 以上參考 Boris Groys 的文章〈生命政治學時代的藝術：從藝術作品到藝術文獻〉（*Art in the Age of Biopolitics: From Artwork to Art Documentation*），載於其 2008 年著作《藝術力》（*Art Power*），郭昭蘭、劉文坤譯，2015，臺北市：藝術家。

第三十章

結語：貴族原則與平民原則的未來

本書提出建構現代文明的兩個對開的觀點：一是貴族原則，指向由歐洲封建貴族社會到近代中產階級所構成的有閒階級，開展出了當代西歐與美國文明，並且持續對世界散布影響力。另一是平民原則，認為公務員與教育升學上的考試制度，特別是指具有嚴格公正的紙筆考試制度的影響下，處於長期考試壓力下的個體逐漸喪失有閒階級的習性，長期發展下，此原則會改造一個文明的習性與社會結構；不過，此原則的優勢卻在近代造成德國與東亞的經濟文明可以追趕上西方的腳步，同時此原則也在西方社會滋長，逐漸影響西方社會的結構。

　　貴族原則和平民原則是對當前世界的政治經濟範疇最有影響力的兩個原則，也是理解當今世界社會結構、文化、教育與美學相當有效的概念圖示與分類原則。

　　貴族原則和平民原則兩者之間互為「鏡像」；兩者各自本身就是鏡子，但是都無法自己看到自身，卻都只能從對方的鏡面才能看到自己的形象。兩者原來都與世界黏結在一起，無法被察覺，在人類集體意識的運作下偶爾相遇，才看到自身的完整影像，於是從世界「異化」出來。這是從拉康「鏡像理論」的脈絡來說的。

　　在貴族原則和平民原則還沒有從世界「異化」出來之前，兩者在不同的脈絡之中，有時被理解為相同的印象，有時則相異。在經濟發展階段論中，前者（貴族原則）與後者（平民原則）都被理解為先進國家，但是後者是「後發型」的，也就是後來才追上的先進國家。在毛澤東的三大世界理論中，由兩者分類的國家或政權多被理解為第一世界，但後者中的中國與越南除外。在文明論中，前者多被理解為西歐和西方文明，後者則被理解為東亞文明（德國除外）。在文化分類中，前者被理解為新教文化（法國、奧地利除外），後者則被理解為儒家文化（德國除外）。這些脈絡都

看不到貴族原則和平民原則的作用，因而兩者被遮掩在濃密的（智識）樹叢之中。

　　相信本書經過前面二十九個章節的闡明，已經明白指出原生於西歐的有閒階級文化以及原生自東亞的考試制度文化對當代世界的重構，但是這兩種文化都存在「污名」的印記。有閒階級是貴族原則的發動機，考試制度則是平民原則的發動機，但是二則對當代文明的作用還未被揭露之前，前者被嘲弄（本概念建構者范伯倫總是帶著嘲笑的語氣來談有閒階級）為不知民間疾苦的紈絝子弟，而對後者的重視（升學主義）也會被指責為迷信、傳統遺毒。因此二者的作用長期來被忽略是可以理解的。

　　考試制度的作用被具象化之後，才更加突顯了有閒階級在人類歷史制度上的作用，特別在解釋平民原則政權追求教育改革、文化創新、經濟突破、社會發展之方向設定與歷程。在考察世界各國現代化的過程和結果時，特別是「後來追上」的政權類型，普魯士與東亞各個政權將顯得特別顯著。在考察其制度因素時，「早期軍事管制」這個要素很快被排除，因為當世界進入現代性的時候，許多國家都有實施軍事管制可是未必都可以達到後來追上的效果。因此在考察現代性的影響下普魯士與東亞的制度共性時，本書突顯出「早期建立嚴格考試制度」所帶來的政治經濟影響。並且在考察東亞國家和西歐（也包括美國）現代性的後果時，將發現其細節處仍然存在巨大的差異，東亞國家「一直在學習」，這是怎麼一回事呢？這種差距逼迫我們必須更進一步去檢視兩個文明更為長期而本質的差異，以尋求更合理的解釋，此時有閒階級的積極性角色才被發現 —— 在范伯倫得筆下有閒階級是有礙生產的、殘根的、消極的角色。

　　貴族原則包含著有閒階級的四個習性（尋求力量、所有權、多樣性與舒適感）、陪審團制度長期衍生的司法獨立精神，以及數學型態的概念所

塑造的民主制度和科學。單單有閒階級這一個概念沒辦法完整呈現歐美的現代性效果，因為有貴族文化的地區就會有有閒階級，可是所有存在的有閒階級未必都能發展出歐美的社會型態，因此還必須加入最早促進現代性的必要條件：民主制度和科學，才能有一個較完整的解釋模式。

平民原則包含著國家考試制度與現代化的義務教育 —— 特別是語文、數學與科學概念的教育。單單國家考試沒辦法解釋東亞國家現代化的過程，因為他們在沒有現代化以前多半存在考試制度了，在國家社會面臨西方衝擊的時候，傳統考試制度還被認為是妨礙國家前進的動力而遭到廢除。所以考試制度還必須加上現代化的教育，才能完善整體性的解釋。

制度的發展必然是路徑相依的，但是路徑相依不是簡單的因果論。路徑相依標示者行動者的路徑選擇關係，這裡的行動者擁有屬於他自己的「參考架構」，參考架構則是由行動者依據主客觀環境主動和被動形成的「智識體系」，行動者在根據這一個體系與現況中的利益做出判斷，選擇行動策略。眾多行動者的「類似」參考架構與眾多策略的「類似」結果的集結，在某一個時期「固化／結構化」為制度。因果論常常指涉事物或事件的因素之間時間前後的連結關係，但是他看不到因果關係之外，行動者的參考架構－利益－策略這一個橫斷面的關係。

歐洲在文藝復興與科學革命之後，有閒階級的參考架構逐步充滿著「數學式的概念」，重新架構了他們的四個利益範疇（也就是有閒階級的四個習性），經過長期與君權抗爭的政治革命，最終形成的貴族原則。具有「接地性」（指容易懂、容易被人接受、有感）和「抓地力」（指能夠形成有效的判準並且協助判斷）的眾多數學式概念被發現或發明之後，不但打開有閒階級理解世界的窗口，並且讓他們可以重新更加明確的去界定各種關係，成為他們追尋四大利益的資料庫和蓄電場。英國得天獨厚的陪審團

制度，形成了民主制度良好運作的溫床，加上從荷蘭引進的金融制度，人類首次完成了民主制度與當代金融制度的結合，造成有效信用（包括政府與銀行的信用）的加乘效果，市場的融資能力與政府國債規模以數量級成長，間接助長的工業革命的發生而直接促成其擴大；請注意，在上述整個過程中，數學式的概念所形成的參考架構／智識體系發揮了難以估計的效力。貴族原則首先在英國成型，接著傳遞到美國與法國，以及整個西歐。

考試制度建立於中國第七世紀初的隋唐時代，其將貴族式的世家大族影響力驅除在中國歷史之外的時間，約在第十世紀的「唐宋之變」，不過最早建立平民原則的政體則是歐洲的普魯士。西元前三世紀的商鞅變法的成功導致後來「周秦之變」，取消了貴族世襲制並且確立了中央集權，為中國長期的社會平民文化奠定根基；不過此變之後，世家大族仍然保有政治經濟上的優勢，直到唐宋之變才徹底消弱了世家大族的絕對優勢。佛教思想傳進的平等觀念、紙張與印刷術的發明造成了學習文字的成本降低、讀書人增多，直接間接刺激中國採取考試制度來為政府選才。自此而後，中國讀書人的參考架構充滿著寒窗苦讀、通過考試、贏得功名、光宗耀祖的觀念。激烈的考試競爭，窄化了讀書人興趣上可能的選擇，也降低了追求美感或舒適感的動能。有閒階級文化即使在某些較富有的家庭或個人還是存在，但是整個社會已經失去有閒階級最原始的活力。隨著制度時間的拉長，考試制度開始影響行動者去選擇其他容易配合運作的制度來銜接，例如佛教中相對容易修行的禪宗和淨土宗（而疏遠了天臺宗、華嚴宗、法相宗、密宗等等）、新儒家新道家新佛家等的入世轉向、方便批改也相對公平的八股文寫作、參考書（時文）與補習班（書院）、相對合理的司法審判制度等等。這些選擇一方面讓行動者以為活在自給自足的生活世界中，另一方面則失去了應對複雜、陌生事件的活力和洞察力；這些結果都

結語：貴族原則與平民原則的未來

是「科舉文明」非企圖的後果。十八世紀初普魯士開始的公務人員考試制度和義務教育，是第一次完整創造了平民原則，政治結構接近的日本向德國學習，帶回東亞，並在 1950 年代之後一下點燃受科舉文明影響深厚的臺灣與韓國；中國在 1980 年代鄧小平主導下迅速被平民原則整合進來。香港與新加坡受到英國的影響很深，有義務教育也有嚴格的考試制度，是處在科舉文明的影響範圍，所以兩者一樣呈現平民原則的效果。

在有閒階級的四個利益範疇中，平民原則的制度後果遠不及貴族原則。在力量崇拜範疇，運動產業的數量和參與人口、歷屆奧運成績中一個國家「單位人口的含金量（指一國金、銀、銅三獎牌的總量除以此國總人口數）」、為了捕抓物質力量和精神力量所發明的概念與技術總量與品質，貴族原則的影響區域遠好過平民原則。在所有權和權利追尋的範疇，不論第一代、第二代、第三代、第四代人權，以及對類似智慧財產權這種特權內容的規範和公平性考量之詳細，幾乎只有貴族原則國家的有閒階級（特別是先天有閒和後天有閒）涉足其間，平民原則國家似乎對這一個範疇只能亦步亦趨的跟隨，從未超前。在多樣性的追尋範疇，貴族原則國家在休閒產業、設計產業、金融產業等面向的複雜性和多樣性，遠遠超過平民原則國家。追求舒適的範疇包括了身體的、精神的、美感的、智識上的四種舒適感，在貴族原則影響區域中，總體上人們為了追求此四種舒適，寧可放棄便利；但是在平民原則區域的人們為了便利，寧可放棄舒適。

在平民原則影響的國度中，原本設計用來彰顯公平與平等這種價值的考試制度，其產出的非意圖結果在社會型態上是便利的呈現。考試制度的長期影響促成公平、平等和便利三種價值古怪地綁在一起。就對此三個價值學理辯證的深度來說，貴族原則國家還是好過於平民原則國家；但對這三個價值執行面的強度來說，平民原則國家比貴族原則國家來的徹底。重

762

視平等的共產主義和社會主義的理論最早完成於德國地區，最早實行社會政策的也是德國前身普魯士。美蘇冷戰時期，平民原則國家所處的地理位置剛好繞著共產主義國家，此現象不能說是巧合。24 小時「便利」超市密度最高的國家出現在東亞；即便此區民眾同樣基於「便利」考量，致使街道景觀凌亂不堪，但是當夜色降臨而遮蔽了大半凌亂景觀，此時便利商店在下一個 12 小時放出親民的光芒。「工具理性」在平民原則影響的區域內暢行無阻，主要因為考試制度造成人們習慣於「一階觀察」，缺乏多樣辯證的「二階觀察」習性，阻礙了對工具理性的批判和突破型創新。在工業發展方面，平民原則區域利用貴族原則區域發展出的概念和「突破型」創新，逐步去修改生產方法以讓產品更便利的生產出來，其出來的代工與加工產業技術獨步全球，這種「漸進型」的創新的執行效果遠非貴族原則影響區域所能企及；鴻海董事長郭臺銘的語錄之一：「走出實驗室就沒有高科技，只有執行的紀律」恰如其分說明了此類創新在降低成本、方便生產、展現效率的執行力上的基本態度。平民原則區域由於考試制度逼著大家磨練聽、說、讀、寫、算等基本能力，使得他們的這方面的能力遠遠優過於貴族原則區域。因此，在面臨同屬平民原則國家中國大量勞力競爭的狀況之下，相較貴族原則國家所衍生的極高的結構性失業人口，此區的失業人口少了很多。考試制度的結果也導致他們不是根據興趣來選擇科系與職業而是根據哪一個時代的職業市場價值，因此產生「一窩蜂」擠進熱門科系和行業的現象，所以在這樣的區域，相較於貴族原則區域，較不缺工程師、醫生、護士（目前臺灣大醫院缺護士的原因，多半是因為工時長、待遇不佳，使得有護士資格者轉換跑道或前往先進國家就業，而不是總體數量不足的問題）。因此在這一個區域，全民健保制度也比較容易運作，一些民眾每年看醫生的平均次數數十倍於貴族原則國家的民眾。戴口罩、勤洗

手、常使用消毒液、進出人群密集場所掃描 QR Code 等等「不舒適」的防疫措施，在平民原則國家執行起來相對徹底，致使新冠肺炎感染率相較於貴族原則國家明顯少了許多；當然要迅速而徹底的根治，缺不了貴族原則國家的疫苗。

　　貴族原則與平民原則彼此之間互相影響。最早是貴族原則先影響平民原則，而且是深層的影響。此影響讓平民原則國家先後產生兩個階段的現代性：「簡化的現代性」與「複雜的現代性」。在簡化的現代性階段，平民原則政權先完成了中央集權，模仿貴族原則國家的憲政體制與科學教育內容，不過憲政體制會被修改成適合戰功集團專權的型態，科學教育的內容也會被教科書簡化成為容易讓學生學習、記憶的型態。通過考試的加壓下，「價廉物美」的勞工被生產出來。在「農業支持工業」與「加工出口區」政策的催化之下，第二級產業迅速發展起來，國家逐漸富有、中產階級大量增加，大量的「後天有閒階級」被製造出來。其中的大國（如二戰前的德國、日本，當前的中國）之戰功集團會被突然的復興沖昏頭，為了轉移國內中產階級要求民主化的聲浪，開始煽動民族主義並對外進行侵略或擴張（當前的中國還處在這一個階段），戰敗之後在貴族原則國家對其政治干涉、引導下，開始展開民主化，民生經濟也迅速恢復，第三級產業也蓬勃發展，因而進入了複雜的現代性。平民原則中的小國（臺、韓、新加坡）或經濟體（香港），在其中產階級的積極爭取與貴族原則國家推波助瀾之下，進行了民主化（或還在民主化 —— 指香港），第三級產業同樣成為最大的產業，也進入了複雜的現代性。在複雜的現代性階段，由於國家立法保護勞工權益與縮短工作時間，所有公民都變成了「制度有閒階級」，開啟了全民模仿貴族原則國家的有閒階級生活型態 —— 這些國家的教育改革也要放在這一個脈絡才能獲得充分的理解。

「當前」，平民原則對貴族原則的影響僅止於淺層，或說只在策略的層次，而不在社會基本結構的層次。平民原則國家絕少影響到貴族原則國家的各種基本價值、沒有影響到四代人權的內容（社會主義與共產主義來自於德國受貴族原則影響比較深的西部和南部地區，人類社會最早的社會福利政策來自於德國東部、屬於平民原則政權的的普魯士，其首相俾斯麥是為了因應這兩個主義所帶來的社會衝突才出擬的對策，因此我們必須說社會權的產生主要還是在貴族原則的區域）、也未影響到各種產業的基本內容和形態。最大的影響應是平民原則國家突然在某些產業或軍事實力的體量膨脹太快，而促使貴族原則國家必須調整策略以為因應。兩次世界大戰貴族原則國家都面對來自平民原則國家（德國與日本）的挑戰，他們調整策略打敗平民原則國家並且調整平民原則國家的政治本質，也就是憲法與政治制度。1970 年到 1980 年代，平民原則國家、民主化尚未徹底的日本，因其經濟體量增速太快，影響到貴族原則國家的經濟利益，於是美國迅速調整金融戰略，節制了日本的發展優勢。如今的中美大戰，除了因為中國的經濟體量增速太大影響了其他貴族原則國家的利益，還因為中國帶著專制型態之平民原則國家的價值體系，透過一帶一路、孔子學院、文化交流、收買媒體、科學家與政治人物等等管道企圖影響貴族原則國家的價值體系以改變對中共政權的看法，並且威脅貴族原則國家的國際戰略利益與生活習慣。中共的這些對外政策比德國、日本所帶給貴族原則國家的衝擊將更為深層。由於當前中國是有史以來體量最大的平民原則國家，促使美國不得不團結其他英語系國家 —— 所謂五眼聯盟，在經濟與軍事上採取圍堵中國的策略。在面對中國的經濟壓力時，貴族原則國家中的有識者認為應該學習東方的考試制度以加強對於學生運作上的訓練，增進其基本能力，避免中產階級被中國大陸龐大的經濟利益抽空，於是增加了學生考試的

次數，具體成效有限，不過這一部分也只是在策略層次調整，還不是結構的、本質的因素，貴族原則的價值體系在日常生活各種面向依舊持續下去。

長期來看，平民原則對貴族原則的影響是一種潛移默化的形式，比「溫水煮青蛙」的形式還要長；凱因斯（John Keynes, 1883-1946）說：「從長期來看，我們都死了（In the long run we are all dead.）」，沒有錯的，非常可能「我們都死了」仍無法明顯看出平民原則對貴族原則國家的影響。唐朝開元盛世（713-741）時代的人們絕對無法想像造就唐朝繁華盛世的世家大族與貴族文化會在其後的兩三百年左右變成一種「思古之幽情」。當代的英國、美國、法國，還有西歐等國都有公務人員考試制度，有義務教育、國家考試，也有升學考試制度。這些制度雖然不像平民原則國家來的嚴謹，教育型態也沒有完全充滿記憶性質的練習，但是長此以往為了滿足中下階層追求公平與平等的價值觀，難免發展出具有統一價值意義的、有標準答案、呆板卻方便標示出考生的基本學力的測試或證照考試。倫敦政經大學人類學教授大衛・格雷伯（David Graeber, 1961-2020）已經嗅到這樣的味道，他在《規則的烏托邦：官僚制度的真相與權力誘惑》[01] 書中提到人類最偉大的成就大多出自於唐吉軻德式的理想的追求，但是當代發展完備的科層體制創造了比以往更加專斷的權力來操控自由，創造了讓人們無法喘息的規約，致使科學與創意遭到壓抑，而讓我們每個人在日常生活中花越來越多的時間填寫表格。格雷伯對官僚制度的觀察應該放在平民原則的影響力逐漸在英美社會擴大的脈絡下考察。長此以往，這些非平民原則國家的人口非常可能在未來進入了科舉文明的軌道。以（下表）科舉文明發展的時間軸（最左邊）來標示右邊不同時代的政權「科舉文明的沉澱深度」，英國、美國、法國與西北歐等貴族原則國家的公務人員考試制度與義務教育制度發展的時間不超過一百五十年，因此其科舉文明的沉澱

深度大約可以對應唐朝安史之亂以前的社會生活型態。二戰之後的西德地區，被整合進去普魯士王國所建立的平民原則時間，大約超過了一百五十年，因此其科舉文明的沉澱深度大約可以對應中唐時期的社會生活型態。原普魯士地區、二戰之後的東德，其國家的公務人員考試制度與義務教育制度發展的時間約剛好三百年，因此其科舉文明的沉澱深度大約可以對應「唐宋之變」時期的社會生活型態。當代日本接受平民原則進行整合的時間與西德地區差不多，都剛好超過一百五十年，但是由於其歷史上奈良時代和平安時代曾經採取唐朝形式上的科舉考試制度大約二百年，兩者加總起來大約三百五十年，因此當代日本其科舉文明的沉澱深度也大約可以對應「唐宋之變」時期的社會生活型態。當代韓國的平民原則實則延續了歷史上超過九百年的科舉文明，加總起來超過一千年，對應科舉文明的沉澱深度應屬晚明的社會生活型態。考慮新加坡不只在地理位置上遠離漢文化的中心、人口中四分之一為馬來人和印度人口，又受到英國殖民時期貴族原則的影響，所以斟酌之下減少其受科舉文明沉澱深度的時間。當前之臺灣、香港與中國都可算是科舉文明的延續。

　　上述的分析當然牽涉到本書對於制度的基本假設：制度作為一個文明的「基因序列」之一，在此文明影響的區域之內，會「跨代」或「跨區」遺傳。這一個假設並非沒有經驗基礎。人類最早的民主制度出現在希臘，而人類文明相對成熟的民主制度最早出現在英國，在這一個歐洲文明的影響區域中，前後兩個制度之間的關係便有「跨代」或「跨區」遺傳的特質。歐洲的共和體制也相繼出現在希臘城邦、羅馬共和、文藝復興前後的一些特許城市，以及延伸到今日的美國、法國與德國，一樣是「跨代」或「跨區」遺傳。因此在東亞，人民根深蒂固對考試制度的執念，也會「跨代」或「跨區」遺傳到日本。

結語：貴族原則與平民原則的未來

表：科舉文明與平民原則制度時間對照表

科舉文明的沈澱深度	科舉文明政權	受平民原則影響的政權（括號內為平民原則制度時間，以 2022 年作為截止時間）
0 — 150 年	隋唐初年—安史之亂	英國、美國、法國、西北歐
150 — 300 年	中唐—唐朝末年	原西德區域（約 150 年）
360 — 700 年	唐宋之變 宋朝（960 — 1279 年）	原東德區域（約 300 年）、日本（約 150 年）
700 — 800 年	元朝（較弱）	
800 — 1000 年	明朝	韓國（約 65 年）、新加坡（約 55 年）
1000 — 1300 年	清朝	臺灣（約 70 年）、香港（約 150 年）、中國（約 40 年）

　　將「科舉文明沉澱深度」當成縱軸，「平民原則的制度時間」作為橫軸，則上述受平民原則影響的政權所處的位置便可以標示出來（如下圖）所示。細心的讀者如果還記得本書第一章引介英格爾哈特－韋爾策爾（Inglehart & Welzel）的「世界價值普查文化地圖」，將會發現它與我們現在這個「平民原則政權制度時間位置圖」中，各個政權之間有著極其類似的相對位置。這樣的類似絕非巧合。

科舉文明深度（年）	50	100	150	200	250	300
	中國					
1,200		臺灣	香港			
		新加坡				
		韓國				
900						
600						
			日本			
300						德東
	英美法		德西			

平民原則制度時間（年）

不過請讀者務必注意，此處將「科舉文明沉澱深度」縱軸與「平民原則的制度時間」的橫軸展開成直角 90 度的關係，目的只是為了幫助大家理解這個政權之間所處的位置關係。實則上，兩個軸線的展開應該低於 5 度 —— 意思是：兩個軸線雖然不同但是在某些文化的表現型態上非常類似。技術上這麼小的角度很難標示出各個政權所處的位置關係，本書為理解方便才以 90 度展開。請讀者不要讓此圖誤解成德國、日本與科舉文明

似乎越走越遠。甚至說這兩個軸線非常可能是在同一個球面上發展開來的，隨時會有交會點。

　　平民原則的政權中，作為先行者的德國和日本處在貴族文化（或貴族原則）與平民原則激烈辯證的過程之中；此種辯證並非全然的接納，也非全然的對抗，而是進行概念性的反思和調整。德國處在西部與南部的貴族原則和東部與北部的平民原則的辯證中，借用尼采在其《悲劇的誕生》一書中的詞語，貴族原則猶如崇拜力量與多樣性的酒神精神，平民原則猶如靜穆、冷酷、理性的太陽神精神，兩者互相賦予對方「美」與「生命力」的型態。日本則處在傳統貴族文化與當前平民原則的整合辯證當中，這個過程真是前無古人，傳統上日本又沒有發明「概念」尋求自我理解與確認未來方向的習慣，因此和德國比較起來顯得有些倉皇失措，不過卻也勉勵為之。坐落在德國經濟中心的法蘭克福學派發出的聲音，或是日本社會多到無法數計的「日本人論」之日本國民性之探討，都是處在貴族文化（或貴族原則）與平民原則激烈辯證過程中所發出的吶喊。

　　受到貴族文化影響極弱的亞洲四小龍，並未出現於日本和德國類似的吶喊（可能韓國會有一點），在平民原則的整合過程中，其政府和民眾主要的議題是如何順應現代性的問題。亞洲四小龍所進行現代化的功夫，便是將貴族原則社會所發展出來的眾多建構現代性的概念或概念關係進行「加工」或「代工」，而且考試制度的訓練也使其國民有能力這樣做，因而很容易就順應了現代性，最後展現出一種極其平民化的現代性。當然整個社會也有著傳統「靈光」消逝的嘆息。嘆息畢竟不是吶喊。

　　當前中國的政治體制是平民原則國家中的例外，真正處在貴族原則和平民原則的對抗當中。不過這種對抗也不全面，中國政府接納了貴族原則生產出的科學面向的概念，卻拒絕了民主權利面向的概念。平民原則社會

通常不會自行去接受民主的概念，他們對保守主義和民族主義比較親近，但是當此種政權的領導者並非透過平民原則的考試手段出身來接近政權時，他們就容易利用這兩種主義，動員力量，來對抗所有對自身政權的威脅。當前的中國正處在這樣的統治型態：「非平民原則出身的文革受益菁英」支配著「平民原則出身的戰功集團（中國共產黨）」，並藉此支配「平民原則出身的大眾」；簡化版是：極少數的「非平民原則出身者」支配著絕大多數的「平民原則出身者」。這樣的統治型態不只弱化了平民原則社會菁英精於成本計算的特徵，也由於平民原則本身的訓練就使人們比較親近保守主義和民族主義，這使得他們沒有足夠的勇氣去挑戰戰功集團的綁架，也沒有足夠的智識去面對民主開放社會的挑戰。反對此種支配型態的民眾對於自己或周圍的人如此馴服而不加反抗的態度也時常感到沮喪，強烈沮喪者只能外逃；根據聯合國統計在習近平上臺之後將近六十萬人到國外申請政治庇護，這還不包括香港的出走潮[02]，一個政權可以生產出如此規模，實在是壯烈！不過因為平民原則菁英精於成本計算的特徵，對於當前中國的統治型態遲早會覺悟，較難以覺悟的就是那些「非平民原則出身者」，因為他們對自己有自我實現的諾言，他們得不斷的透過這樣的對抗來進行自我肯定，以獲得權力的正當性基礎。文革受益菁英之「非平民原則出身」夾在前後兩代「平民原則出身者」之間，難免有種「孤憤」的心理特徵，因而需要不斷的生產「危機」與「敵人」，將政權形塑成戰爭結構的心理機制，以超乎尋常的控制慾汲取平民原則生產出的各種政治經濟資源，完成政權存在的目的；要讓此政權從這種「孤憤」精神症中「退駕」，實屬不易。此政權周圍的已經民主化的平民原則國家千萬不可忽略此政權在孤憤的精神症下過人的意志力，而失去了長期對抗的準備。

清朝學者徐繼畬（1795-1873）在 1849 年出版了《瀛寰志略》，最早

結語：貴族原則與平民原則的未來

對中華大地介紹了西方的民主制度，例如英國議會制度、美國各州州長及
總統制度。他肯定了華盛頓「提三尺劍，開疆萬里，乃不僭位號，不傳子
孫，而創爲推舉之法，幾於天下爲公，駸駸乎三代之遺意。」我們如果將
這一年當作是中華社會與民主制度相遇的元年，在此大地上的人們心理上
必須有五百年之準備工夫來消化貴族原則，特別是其來自政治層面對人類
文明的啟發，以及貴族原則本能性地將自己推銷到第三世界時常常面臨的
慘敗經驗進行反省（特別是英美對中東政局的重建經驗）。同時，在此中
華大地的覺醒者也應該正視中華文明對當前世界社會具有「使命」性質的
任務：貴族原則還不足以安定天下，必須搭配平民原則才足以安定天下。
這或許是更務實的天下爲公、三代之遺意！

[01] 大衛·格雷伯（David Graeber），李尚遠譯，2016，《規則的烏托邦：官僚制度的真相與權力誘惑》（*The Utopia of Rules: On Technology, Stupidity, and the Secret Joys of Bureaucracy*. Melville House. 2015.），臺北市：商周城邦文化。

[02] 新頭殼 Newtalk，2021，〈UN 統計習近平上台 60 萬人大出逃〉，https://newtalk.tw/news/view/2021-08-05/615688，搜尋時間：2021 年 8 月 29 日。

後記

　　這本書思考的起點是在 2002 年到 2005 年間，我的博士論文指導教授 Professor Hugh Lauder 與我在英國的巴斯大學（University of Bath）對話的延續。我對這一個主題的觀察持續了二十年，觀察的角度主要是我長年的興趣：政治經濟學、社會哲學、美學、人類學。

　　這個主題圍繞在兩個觀察點展開：一、各國為了因應經濟變遷所進行的教育改革，二、考察西歐和東亞的美感差別。我在 2010 年發表了兩篇文章：〈科舉文明：被視為臺灣教育改革阻力的文化〉［臺灣教育社會學研究，201006(10:1)，pp. 227-276］與〈本土（化）教育的另一個出路——「村」的「氛圍」與「尊嚴」〉［當代教育研究季刊，2010(18:1)，pp.77-110］就是在回應這兩個問題，不過在當時這是兩個相當獨立的問題。後來的十年，因為學校工作稍嫌繁忙，研究工作似乎轉入了「業餘」，不過我也開始利用系統信任與系統理論來觀察科舉考試制度。這段時間旅遊兼觀察，跑了香港、中國、新加坡、韓國、日本、法國、德國、丹麥、挪威、瑞典、芬蘭、澳洲、菲律賓等地方，觀察重點在這些地方的政治經濟與美學。2013 年因參與了臺北大學犯罪學研究所橄欖枝中心「修復式正義實踐」校園促進者的推廣案子，得以在臺灣、澎湖、金門等地觀察地方美學的型態。2017 年參加 Ex LAB 的攝影理論研讀，開啟了我用更精確的美學概念觀察臺灣的景觀。2018 年 4 月寫下本書第二十九章的臺灣街道景觀政治經濟學考察一文，當年 7 月前往北歐四國觀察回來，若有所思，即確定的從貴族與平民這兩的角度來回應這兩個問題。經過三年，終告完成。再經過一年沈澱、改寫、校正，而有現在的成果。

後記

　　本書的完成，首先要感謝 Professor Hugh Lauder 啟發我從政治經濟學的視角觀察教育制度，我很懷念和他相處時的各種討論；有次在他的研究室討論到一半，窗外突然下雪，我驚喜喊聲「Snow」，他馬上走去拉開窗簾讓我看夠，他總能放寬學生的視野。第二個要感謝的是余安邦教授，他在中研院民族所期間舉辦的一系列「當代哲學思想與心理學的相遇（2015-2020）」工作坊，延請了臺灣當前最專門的學者來談法國、德國、日本、朝鮮、中國的思想，十足拓展了我的思考維度，如果讀者嫌我這本書引用的思想太雜，他要負點責任。再來要感謝大學老友周延霖博士，一路上陪我討論哲學與社會學，提供相關的材料，深刻回應我的提問。也要感謝橄欖枝中心的成員：周愫嫻教授與侯崇文校長兩位老師、林育聖教授以及歷任幾位助理的幫忙，讓我在臺灣的活動有更大的空間、進行更深入觀察。感謝臺北大學師資培育中心吳璧純教授請我參加師資檢定考題的研製，讓我重新思考到古代考試出題者的考量點與以前從未注意到的考試系統邊界問題。感謝臺北大學圖書館提供校友借書，讓我在自宅不必有滿屋子的書也能進行研究。感謝 Ex LAB 的攝影理論研讀的帶領者鍾易庭與一起討論的同學，活絡了我的美學與哲學思想。感謝鶯歌國中提供我穩定的工作環境，也感謝同事林東鵬博士討論一些哲學上的問題、林清福老師激發我將貴族原則運用在藝術創作上 --- 原先的封面、封底、書背由此而來。感謝家人的諒解與無限的包容；感謝姑丈廖如龍博士對本書書名畫龍點睛的建議與出版過程的大力協助，感謝廖御佐醫師、廖棣儀法官、秀碧姑姑，一直在我旁邊扮演著耐心的聽眾，並對我的觀點保持批判。感謝陪我對話、旅行的好朋友：鍇偉、逸清與璽哥，豐富我的生命經驗。最後誠摯感謝黃榮華先生願意協助本書的出版。

這本書主體完成後，一些事件的陸續出現，常常引發筆者感慨。2021年8月，美國倉皇撤出阿富汗，我總不自覺認為若是平民原則可以在阿富汗推行五十年，相信可以讓阿富汗人民自立自強起來。當初唐太宗和唐高宗兩代父子的努力、普魯士國王腓特烈威廉一世和腓特烈二世也是兩代父子的努力，不都是改變了歷史的走向嗎！或如近日，臺灣被海外旅遊網站標識為「行人的地獄」，政府與民眾逐漸開始重視起「行人的權利」。我私下統計臺灣每年交通意外死亡人數對總人口的比例，美國死於槍擊人數對美總人口比例，沒想到前者是後者的三倍左右。臺灣社會常報導美國槍枝氾濫，再報導臺灣的治安有多麼安全，可是實際上臺灣「車禍」猛於美國槍枝，令人唏噓。台積電在美國設廠時程延誤、以巴衝突等也常促發筆者思考本書的觀點。

2023 年 10 月 14 日於新北秋風細雨的三峽

東西文明的競合：
貴族原則與平民原則

作　　者：林民程

發 行 人：黃振庭

出 版 者：崧燁文化事業有限公司

發 行 者：崧燁文化事業有限公司

E-mail：sonbookservice@gmail.com

粉 絲 頁：https://www.facebook.com/sonbookss/

網　　址：https://sonbook.net/

地　　址：台北市中正區重慶南路一段六十一號八樓 815 室

Rm. 815, 8F., No.61, Sec. 1, Chongqing S. Rd., Zhongzheng Dist., Taipei City 100, Taiwan

電　　話：(02)2370-3310

傳　　真：(02)2388-1990

印　　刷：京峯數位服務有限公司

律師顧問：廣華律師事務所 張珮琦律師

定　　價：950 元

發行日期：2024 年 03 月第一版

◎本書以 POD 印製

國家圖書館出版品預行編目資料

東西文明的競合：貴族原則與平民原則 / 林民程 著 . -- 第一版 . -- 臺北市：崧燁文化事業有限公司，2024.03

面；　公分

POD 版

ISBN 978-626-394-005-5(平裝)

1.CST: 政治經濟學 2.CST: 社會學 3.CST: 比較研究

550.1657　　　　　113000990

電子書購買

臉書

爽讀 APP